心灵秩序与世界历史

奥古斯丁对西方古典文明的终结

增订本

吴 飞 著

生活·讀書·新知三联书店

图书在版编目（CIP）数据

心灵秩序与世界历史：奥古斯丁对西方古典文明的终结／吴飞著．—增订本．—北京：生活·读书·新知三联书店，2019.1 （2024.3 重印）
ISBN 978 – 7 – 108 – 05951 – 2

Ⅰ．①心⋯ Ⅱ．①吴⋯ Ⅲ．①奥古斯丁（Augustine, Aurelius 354-430） –哲学思想 – 研究 Ⅳ．① B503.1

中国版本图书馆 CIP 数据核字（2018）第 251232 号

责任编辑 冯金红
装帧设计 宁成春
责任校对 常高峰
责任印制 董 欢
出版发行 **生活·讀書·新知** 三联书店
　　　　 （北京市东城区美术馆东街 22 号 100010）
网　　址 www.sdxjpc.com
经　　销 新华书店
印　　刷 河北鹏润印刷有限公司
版　　次 2019 年 1 月北京第 1 版
　　　　 2024 年 3 月北京第 2 次印刷
开　　本 635 毫米 × 965 毫米 1/16 印张 36
字　　数 495 千字
印　　数 6,001 – 8,000 册
定　　价 89.00 元
（印装查询：01064002715；邮购查询：01084010542）

当代学术

总 序

生活·读书·新知三联书店从 1986 年恢复独立建制以来，就与当代中国知识界同感共生，全力参与当代学术思想传统的重建和发展。三十年来，我们一方面整理出版了陈寅恪、钱锺书等重要学者的代表性学术论著，强调学术传统的积累与传承；另一方面也积极出版当代中青年学人的原创、新锐之作，力求推动中国学术思想的创造发展。在知识界的大力支持下，通过多年的努力，我们已出版众多引领学术前沿、对知识界影响广泛的论著，形成了三联书店特有的当代学术出版风貌。

为了较为系统地呈现中国当代学术的发展和成果，我们以上世纪八十年代以来刊行的学术成果为主，遴选其中若干著作重予刊行，其中以人文学科为主，兼及社会科学；以国内学人的作品为主，兼及海外学人的论著。

我们相信，随着当代中国社会的繁荣发展，中国学术传统正逐渐走向成熟，从而为百余年来中国学人共同的目标——文化自主与学术独立，奠定坚实的基础。三联书店愿为此竭尽绵薄。谨序。

生活·读书·新知三联书店
2017 年 3 月

目　录

导言：奥古斯丁与罗马

在公元 410 年罗马城被蛮族攻克之际，奥古斯丁写了洋洋洒洒二十二卷《上帝之城》来回应异教徒的攻击，证明罗马的衰落不是基督教导致的。奥古斯丁一生经历过无数次论辩，包括他初出茅庐时与摩尼教的论辩，中期与多纳图派剑拔弩张的论辩，晚年与佩拉鸠派如思想地震般的论辩，以及其他很多论辩。与佩拉鸠派的论辩几乎同时的这场针对异教徒的争论，却和其他几次都不同。我们虽然也隐约听到了异教徒对基督教的攻击，但是奥古斯丁对面却似乎没有一个明确的对手，我们不知道他针对谁写了这么一部巨著，更没怎么听到他的对手的回应，因为当时的头等大事是罗马的生死存亡，他的同胞和教友都在忙于对付西哥特人，对基督教的攻击云云似乎只是其中的一点杂音而已。但是，这却变成了奥古斯丁最重要的一次辩论，他的对手，可以说是整个古典文明，就是他生活在其中、他的教友们都非常认同的希腊罗马文明。在这个意义上，这次似乎没有对手的辩论，反而成了他一生无数次论辩中最为激烈的一场。

那么，奥古斯丁在这场论辩中是赢了还是输了呢？《上帝之城》不仅击退了异教徒对基督徒的攻击，打消了基督徒心中的疑虑，而且使基督教文明理想逐渐取代了古典文明理想。在这个意义上，奥古斯丁的辩护是完全成功的。

但是，他的这种辩护在更深层次上却是失败的，因为，在阿拉利克的铁骑攻破了罗马城垣之后，奥古斯丁又用他的笔打碎了罗马人的心灵。《上帝之城》恰恰证明了，正是基督教导致了罗马的灭亡。或许正是这个原因，使一千多年后的吉本，再次将罗马灭亡的原因归给了基督教。[1]

我们必须同时认真看待奥古斯丁辩护的成功与失败，才能真正读懂《上帝之城》。

凡是拿到这部结构混乱、语言啰唆[2]的巨著的人，都要耐着性子才能把它读完，但为什么还有很多人那么喜欢它呢？西方人在读它的时候，或许都像奥古斯丁一样，一边深爱着正在衰亡的罗马，一边却诅咒着这个伟大的帝国，而内心则不禁涌起摧毁这个帝国的一种快感，随后又为这个帝国的灭亡而欷歔。尽管西罗马帝国在奥古斯丁死后还苟延残喘了四十多年，但《上帝之城》的真正意义在于，它结束了古罗马的文明理想。不是阿拉利克或其他的蛮族人，而是奥古斯丁攻陷了罗马人的精神世界。

奥古斯丁和罗马的读书人一样，热爱希腊文化。作为一个修辞学教师，奥古斯丁深受希腊罗马文明的浸润，修养深厚。[3]但是，他却剥去了希腊哲学的辩证法外衣，使希腊哲学做了自己信仰的婢女，用它来诠释希腊人不曾听说、明确反对，或不屑一顾的无中生有、言成肉身、世界末日等观念，并以此终结了罗马帝国的尊严。[4]

----

[1] 参见爱德华·吉本，《罗马帝国衰亡史》，席代岳译，长春：吉林出版集团有限责任公司，2011年。

[2] 关于《上帝之城》的结构，参考 Jean-Claude Guy, *Unité et structure logique de la "Cité de Dieu" de Saint Augustin*, Paris：Études Augustiniennes, 1961. 作者认为此书背后还是有一个精心安排的结构。确实，奥古斯丁在书中和《回顾》中都反复强调这个结构，使我们无法完全忽视它，虽然《上帝之城》的读者很难愉快地将此书读完。

[3] Henri de Marrou, *Saint Augustin et la fin de la culture antique*, Paris：E. de Boccard, 1983. 本书关于奥古斯丁与古典文明终结的关系，大量参考了马鲁的著作，虽然写作目的非常不同。

[4] 李斯特的著名研究里，把奥古斯丁与古典思想的关系称为"洗礼"。在我看来，李斯特强调奥古斯丁与古典思想的连续性固然有理，但他把这种关系理解得过于善意了。John Rist, *Ancient Thought Baptized*, Cambridge：Cambridge University Press, 1994. 麦克唐纳指出奥古斯丁对柏拉图主义的使用有很多原创的观念，但这种"原创性"正是滥用的另一种说法。Scott, MacDonald, "Augustine and Platonism：The Rejection of Divided-Soul Accounts of Akrasia," in Gorge Gracia and Jiyuan Yu edit, *Uses and Abuses of the Classics: Western Interpretations of Greek Philosophy*, Hampshire：Ashgate, 2004.

一 罗马的陷落

西罗马帝国的灭亡，是西方文明史上一件天崩地裂的大事，它标志着古典文明的真正终结，虽然严格说来，到了西罗马帝国后期，在历史学中已经只能算"古代晚期"（Late Antiquity）。[1]正是因为西罗马帝国灭亡的这一标志意义，一方面，直到现代，西方人一直在检讨罗马衰落的历史原因；另一方面，他们又试图以各种方式恢复罗马帝国的光荣。

历代知识分子对罗马的兴衰做出了种种反思，包括马基雅维利、孟德斯鸠和吉本的名著。西方人之所以对罗马的灭亡耿耿于怀，是因为罗马是西方文明的最高峰。他们对这一高峰的崩塌痛心疾首，既希望能找出罗马衰亡的原因，更希望能回到罗马的光荣。伟大的罗马，成为永远萦绕在西方人心头的梦想与情结。

西罗马帝国刚刚灭亡之后，神圣罗马帝国曾经试图以自己的方式恢复罗马帝国，但历史学家都一丝不苟地把它归入中世纪，没有人认为它曾经真正达到过罗马的辉煌。现代相继崛起的大英帝国、拿破仑帝国、希特勒帝国、美利坚帝国，也无一不把古罗马当作自己的努力目标。从但丁的世界帝国之梦，马基雅维利对罗马共和的迷恋，再到现代知识分子对全世界或全欧洲联合起来的一个个计划，古罗马一直都是他们可望不可即的文明理想。罗马是西方文明的最高峰，而且不幸成为一个永远无法复制的最高峰。现代文明虽然创造了古人不可想象的物质财富，但始终不可能回到古罗马的光荣时代。可以说，公元 5 世纪的那场剧变，是西方人的数千年未有之大变局，决定了西方文明在后来的命运。它在西方历史上的决定性影响，远远超过了周秦之际的礼坏乐崩对中华文明

---

[1]　关于古代晚期的概念，参见 Peter Brown, *Augustine of Hippo*, Berkeley, The University of California Press, 1975; Peter Brown, *The Making of Late Antiquity*, Cambridge: Harvard University, 1978。

的影响；至于晚清以来历史大变局对中华文明的影响能否赶上那次灾难，现在还无法确定，因为这还要取决于现代中国人在未来几个世纪中的智慧和机遇。

西罗马帝国的灭亡为什么具有如此重大的文明意义？为什么雅典、斯巴达，乃至亚历山大帝国的崩溃都没有这样的影响，而且东罗马帝国的灭亡也不再具有这样的影响？在我看来，真正终结了西方古典文明的，并不是蛮族对罗马的攻克，也不是罗马皇帝的被废黜，而是奥古斯丁在《上帝之城》中对罗马帝国的抛弃。就像历史上曾经出现过的任何帝国或王朝一样，一个政权灭亡之后，本来完全可以再建立一个。王朝更替是再正常不过的事情，而且后来西方大帝国的建造者都有继承罗马帝国的雄心壮志，但他们的事业却再也不可能成功，因为奥古斯丁已经把人们心中的罗马彻底摧毁了。基督教已经不再让人们以大帝国的方式追求真正美好的生活，而要在上帝之城中寻求新的文明理想。这种文明理想，就连建立那些帝国的皇帝都是认同的，因而他们也要用《上帝之城》中的理论来证明自己的合法性。但恰恰是这种文明理想，使人们彻底丧失了对帝国理想的真正兴趣。这使西方古典文明永远终结了。

西哥特首领阿拉利克于公元410年8月24日率军攻入罗马城，这件事虽然在实际的政治和军事上对罗马帝国的打击并不大，但它为罗马帝国敲响了丧钟，使知识分子们意识到罗马的末日可能会很快到来，使罗马的有识之士努力寻求并纠正罗马的错误，以图挽狂澜于既倒。于是，当时出现了很多针对罗马陷落的言论，特别是有些人认为，罗马的陷落是因为她放弃了祖先崇拜的神，转而皈依了基督教，奥古斯丁也正是为了反思这一事件，回应人们对基督教的批判，而写了《上帝之城》这部书。但无论攻击基督教的异教徒还是其他的基督徒，此时真正关心的，都是如何保住罗马。但奥古斯丁却有完全不同的态度。他为了捍卫基督教的地位，宁可毁掉罗马。

和所有罗马人一样，在面对罗马的陷落之时，罗马的基督徒们也感到极为震惊，做出了种种反应。比如哲罗姆在巨大的恐慌中，以为世界的末日将随着罗马的陷落而到来；历史学家索佐门（Sozomen）和君士坦丁堡主教苏格拉底等人则认为，陷落的恰恰是异教徒的老罗马，而新罗马，即罗马帝国当时的首都君士坦丁堡，却依然固若金汤。[1]《上帝之城》既是对罗马异教徒的反驳，更是对基督教内部这些观点的拒绝。

奥古斯丁没有像哲罗姆等人那样恐慌，但他也深切意识到，这是一个不可回避的问题。他曾经无数次与异端辩论，但现在，奥古斯丁所处的情势却完全不同。他似乎面临着三个敌人，但好像又找不到真正的对手。西哥特人正在攻打他的祖国，罗马的异教徒正在批驳他的宗教，他的教友们正在颤栗中等待世界末日的到来，这三者似乎都是奥古斯丁的敌人，他不可能三方同时作战，那么究竟应该把谁当作主攻对象呢？作为罗马的公民，这本来是一个最简单不过的问题：奥古斯丁当然应该和他的同胞们一起，捍卫自己的祖国。但他却发现，这些蛮族人是和他一样的基督徒，他们宽免了躲在教堂中的罗马人。在皇皇二十二卷的《上帝之城》中，竟无一处批驳或攻击蛮族人的地方。于是，在罗马城的生死存亡之际，罗马那些恐慌的异教徒成了他主要的批驳对象，罗马的基督徒成为他教育的对象，而蛮族，不仅不是他的攻击对象，甚至成了帮他论证上帝之城的盟友。

奥古斯丁一生都在写论战著作，这次所谓"驳异教徒"的任务，奥古斯丁起初也曾经想像往常一样，以一部三五卷的小册子，就事论事地批驳异教徒对基督教的攻击；但他一发而不可收，把《上帝之城》写成了一部二十二卷之巨的大书。在写作过程中，他的想法逐渐发生了变化，结果，这部书并不像以前那样，直接批判某种系统的学说，而是重新建构了一套

---

[1] Jaroslav Pelikan, "The Two Cities: The Decline and Fall of Rome as Historical Paradigm," *Daedalus*, Vol. 11, No. 3, pp. 85-91.

世界历史，全面清算自己置身其中的文明传统和政治架构。所以，《上帝之城》中包括了对希腊罗马的宗教、哲学、政治、历史的全面清理。此书的风格虽然与他的《忏悔录》迥然不同，但两部书隐相呼应。在《忏悔录》中，奥古斯丁做了极为严酷的自我批判，描写了自己如何脱胎换骨、摆脱自己的生存环境和习惯，在上帝中获得新的自我的过程；而在《上帝之城》中，他将这种脱胎换骨的过程从自我移向了罗马文明，甚至整个世界，让人们都像他那样经历和自我的殊死搏斗，以最严厉的方式做自我批判。在《忏悔录》中，奥古斯丁否定了自我，在《上帝之城》中，他要否定的，却是自己所在的文明和历史，甚至是全部的人类制度。奥古斯丁要使罗马人乃至全世界的人都要像他一样，先使自己断绝一切自然关系，变成赤裸裸、无中生有的灵魂，然后再以赤裸裸的方式，在上帝之城中结为一体，重塑世界历史。结果，他没有帮助自己的同胞抵御蛮族的入侵，反而帮助蛮族毁灭和抛弃了罗马。

确实，《忏悔录》和《上帝之城》呈现出来的是非常不同的心态。《忏悔录》中满纸焦虑和挣扎，奥古斯丁似乎时刻处在崩溃的边缘；但《上帝之城》中却冷静得让人感到恐惧，好像奥古斯丁面对罗马陷落这样的大事完全无动于衷，根本不像哲罗姆那样惶恐不安。[1] 面对风雨飘摇的祖国，和成千上万同胞的涂炭，奥古斯丁一点也不谴责攻陷罗马的蛮族人，却能平静地思考那些哲学问题，这即使在斯多亚派哲学家看来，也不免会惊讶吧。但《忏悔录》和《上帝之城》，都是同一个奥古斯丁写的。在《忏悔录》中，他在极度的焦虑中抛弃了自我；在《上帝之城》中，他以可怕的平静抛弃了祖国。

---

〔1〕 面对罗马的陷落，奥古斯丁到底是什么态度，很多学者都有不同的理解。有些人认为奥古斯丁也有出于爱国者的同情，有些人认为他对此事完全漠然。关于这个问题的争论，可参考 Samuel Angus, *The Sources of the First Ten Books of Augustine's De Civitate Dei*, a dissertation of Princeton University, 1906, Kessinger Publishing's Rare Reprints。

二　神圣的永恒帝国

在奥古斯丁之前，罗马人的文明理想是永恒的帝国，这是对希腊城邦文明理想的延续，更是罗马人引以为荣的地方。众所周知，按照亚里士多德的政治学说，从家庭到部落、村镇，最后到城邦，就实现了人的自然。人天生是城邦的动物，文明人应该生活在城邦里。[1] 在诸多城邦中崛起的罗马攻城略地，开疆拓土，逐渐成为横跨三大洲的世界帝国。当奥古斯都在罗马建立帝制之后，他吹嘘自己以一种特殊的方式保留了城邦的文明。[2] 在一定程度上，罗马帝国是希腊城邦文明的延续和发展。无论罗马人自己，还是后来的历史学家，都不认为罗马帝国结束了希腊的城邦文明，而是认为罗马帝国使古典文明走上了一个空前绝后的高峰。罗马不仅全面吸纳了希腊文明的神话、宗教、政治、哲学、科学、艺术、文学等方面的成就，而且以强大的武力捍卫着这些文明成果，以博大的胸襟吸纳着埃及、波斯、犹太，乃至各个蛮族的宗教与文化。

罗马并不只是一个巨大的城邦，其复杂的统治制度，以及罗马城与各行省之间的关系，使西方古典文明进入了一个更加辉煌的时期，罗马人认为，他们的帝国应该是整个世界的帝国。维吉尔在《埃涅阿斯纪》中借朱庇特之口说罗马将是个没有时间和空间限制的帝国。[3] 和维吉尔同时代的诗人奥维德和史学家李维等人，都用过"永恒罗马"的概念。此后这更成为一个非常普遍的观念，出现在各种官方文件和思想著作中。可见，永恒罗马不仅是诗人的理想和历史学家的观念，而且成为罗马帝国对自己的

---

〔1〕　亚里士多德，《政治学》，1253a；吴寿彭译，北京：商务印书馆，1983 年，第 7 页。
〔2〕　Augustus, *Res Gestae divi Augusti: Text, Translation, and Commentary*, Cambridge：Cambridge University Press, 2009.
〔3〕　维吉尔，《埃涅阿斯纪》，1：279；杨周翰译，南京：译林出版社，1999 年，第 10 页。

文明定位。[1]正是在这个意义上，罗马成为西方古典文明的最高峰。它不仅是众多城邦中的一个，也不仅是最强大的城邦，而是将所有城邦都囊括在帝国之中，将城邦文明推向了全世界，包容了它所遇见的各种文化，构筑了一个永恒的世界帝国。

在西方文明史中，恐怕很难再找到罗马帝国这样胸襟宽广的时代。对于它所遇到的各种文化和其中稀奇古怪的宗教，罗马尽可能兼收并蓄，使各民族的神在他们的万神殿中占据一个位子[2]，现代西方国家的宗教宽容思想，只是罗马宽容政策的低劣模仿而已。不过，罗马也遇到了很难纳入其万神殿的宗教，那就是犹太人的一神教和后来的基督教。一神宗教具有过强的排他性，不易纳入罗马的宗教谱系和祭祀系统当中，因而犹太教和基督教都和罗马帝国发生了一定程度的冲突。不过，比起后来基督教对异教的迫害，乃至基督教不同教派之间的相互迫害，这些冲突真是小巫见大巫了。[3]《新约》中，特别是《启示录》中对罗马帝国的攻击，就是这些冲突的反映。但在经过了几次冲突之后，罗马帝国与基督教会的关系终于缓和下来。君士坦丁大帝接受了基督教，后来的西奥多一世（即奥古斯丁时代的罗马皇帝）更成为一个名副其实的基督徒。虽然吉本认为，对基督教的接受已经使罗马开始走向衰落[4]，但毕竟，基督教也加入到了构筑永恒罗马之梦的事业当中。《启示录》中那种仇视罗马的态度已经荡然无存，罗马皇帝的迫害已经不再是历史的主题，反而是另外一个声音逐渐成为主流：罗马是基督教的神圣之城，基督的天上王国将在罗马实现。

以尤西比乌为首的基督教历史学家从新的角度论证了罗马的永恒。在他看来，君士坦丁是可以和摩西乃至耶稣相媲美的伟大君王，因而他统治

---

[1] Kenneth Pratt, "Rome as Eternal", *Journal of the History of Ideas*, Vol. 26, No. 1（Jan-Mar, 1965）, pp. 25-44.

[2] A. D. Nock, *Conversion: The Old and the New in Religion from Alexander the Great to Augustine of Hippo*, Johns Hopkins University Press, 1998.

[3] 吉本，《罗马帝国衰亡史》，第一册，第 460 页。

[4] 同上书，第二册，第 411 页。

的罗马也在完成上帝救世的神圣使命。他在《君士坦丁传》里说,君士坦丁就像摩西一样,住在不敬的敌人的家里,长大后解救上帝的选民、击败上帝的敌人。[1] 他又把君士坦丁同耶稣类比,因为君士坦丁造就了众多的信仰者,使对上帝的信仰遍布全世界。[2] 尤西比乌不仅盛赞君士坦丁对基督教的推崇,而且歌颂他对各民族的征服,认为这是在为上帝完成征服与传播的任务。他说:

> 无论我朝哪个方向看,无论是向东,向西,是向全世界,还是向天堂,无论哪里我都总是能看到,这位受赐福者统治着他的帝国。在地上,我看到他的儿子们,就如同他的光芒的反射镜,将他们父亲的光芒传布到各处,而他自己则好像仍然活着、大权在握,甚至比以前更完满地治理人事,随着他的后代的继承而不断增加。他们本来就有罗马恺撒的尊位;现在,由于他的个人魅力,由于他的文治武功,由于他的虔敬,他们又被称为主权者、奥古斯都、崇拜上帝的人,以及皇帝。[3]

在尤西比乌看来,君士坦丁将基督教君主和罗马帝王的特点集中于一身,通过罗马的武力传播基督教信仰,从而使罗马帝国在基督教的世界历史中占有至关重要的地位。基督教虽然产生于和希腊罗马完全不同的文化背景,而且逐渐用基督的教堂取代了罗马的万神殿,但在君士坦丁之后的一百多年,基督教似乎只是以自己的方式重建了罗马的祭坛。[4] 基督徒只是以新的方式来论证罗马的伟大、神圣与永恒,并没有否定罗马帝国和

---

[1] 尤西比乌,《君士坦丁传》,1:12;参考英译本,Eusebius, *The Life of Constantine*, Oxford: Clarendon Press, 1999。

[2] 同上书,4:72。

[3] 同上书,1:1。

[4] Jörg Rüpke edits, *A Companion to Roman Religion*, Wiley-Blackwell Publishing Ltd., 2011.

它的文明传统，因而罗马文明尚未遭到毁灭。据说，有一块刻有"永恒之城"和"马可森提乌斯"等字样的石碑，君士坦丁时代刮去了皇帝"马可森提乌斯"的名字，却保留了其他所有内容。[1]这颇能代表基督教与罗马两种历史观在君士坦丁朝的结合。罗马的基督徒和以前的罗马人一样，相信罗马是最伟大而神圣的永恒帝国，可以征服当时所知道的全世界。不过，这时的罗马已经不是因为朱庇特的庇护而得以强大和永恒，而是因为上帝选择了罗马，让耶稣降生在罗马帝国的统治之下，并借助罗马的强大，向全世界传播基督教，使整个世界结合为一个统一的教会，以便实现未来的上帝之国。

尤西比乌的历史学接过了罗马传统的史学家和诗人的任务，证明罗马在世界历史中的特殊地位。他还编辑过一部《编年史》。该书分为五部分：一、迦勒底和亚述历史；二、《旧约》历史；三、埃及历史；四、希腊历史；五、罗马历史。这是从基督教的角度对世界历史的一种划分，其中各民族的历史虽然基本是并列的，但还是呈现出明确的先后次序，最终归结于罗马，由此可以看出罗马在尤西比乌的世界历史观中的位置。

在基督教历史学的攻击之下，异教史学几乎毫无还手之力。[2]希腊罗马都有过很多伟大的历史学家。不过，这些历史学家很少将历史学发展为一门历史哲学。希腊历史学家的工作，主要限于记录伟大的事件和人物，以帮助人们从中吸取历史的教训、学习伟大的美德，等等。罗马历史学比希腊历史学有了更多的理论色彩，因为他们要在历史的叙述中展现出罗马作为永恒之城的神圣与伟大。到罗马衰落之后，历史叙事则要帮助罗马人了解祖先的伟大，他们的美德，从而教育当时的罗马人。但在犹太教

---

[1] Kenneth Pratt, "Rome as Eternal", *Journal of the History of Ideas*, Vol. 26, No. 1 (Jan-Mar, 1965), pp. 25-44.

[2] Analdo Momigliano, "Pagan and Christian Historiography in the Fourth Century A. D.," in *The conflict between paganism and Christianity in the fourth century*, Oxford: Clarendon Press, 1963.

和基督教中，历史哲学（或历史神学）有着天然的优势地位，因为他们的主要教义必须借助历史的发展来讲述，所以历史书占了《圣经》中相当大的篇幅。基督教更以创世—堕落—拯救—末日的基本线索来理解世界，这已经成为一套非常系统的历史哲学。面对这样的历史哲学，罗马的历史叙事自然毫无招架之力。

尤西比乌使基督教的历史哲学加入到永恒罗马的颂歌当中，其力量比异教历史学家有过之而无不及。他的历史观随后逐渐流行起来，成为罗马的基督徒对待世界历史和罗马帝国的标准态度。哲罗姆将尤西比乌的编年史译成拉丁文，君士坦丁堡的苏格拉底和索诺门等历史学家都续写过《教会史》。他们都接受了尤西比乌的历史观。

三 永恒罗马的颠覆

由此我们就可以想见，阿拉利克攻陷罗马城这件事，对罗马人意味着什么。无论是基督徒还是非基督徒，罗马人心中的永恒之城竟然被摧毁了，他们都感到了巨大的恐慌。虽然罗马以前也曾经被高卢人攻克过，但那时候罗马还没有获得现在的地位。因此，虽然哥特人在三天后就撤离了，罗马的政权和版图都没有遭受很大的破坏，但这个事件的文化意义极为重大。罗马似乎不再永恒，希腊罗马文明的最高峰似乎就要崩颓，无论异教还是基督教给它的神圣光环，似乎顷刻间就要消散了。基督徒这个时候已经成为神圣罗马的祭司，所以他们尤其应该为这些灾难提供一个解释，而异教徒对基督徒的批判正是由此而来的。在基督教内部，我们看到了这样几种不同的反应。

第一种以神学家哲罗姆为代表。他是基督教历史上著名的教父，这时却呈现出少见的恐慌，以为世界的末日就要到来。

哲罗姆后来回忆说："西部的混乱，特别是罗马的劫掠，使我极为震惊，就像人们常常说的，我甚至忘了自己叫什么。我很长时间保持沉默，知道这是该哭泣的时候。"〔1〕"攻下了整个世界的城也被攻下了。"〔2〕他在对《以西结书》的诠释中写道：

> 每日每夜，我想的都是全人类的安全。每当我的朋友们被抓了，我也总想到自己被抓了……当世界上最亮的光熄灭了，当罗马帝国的首都动摇了，整个世界会随着这一个城而灭亡……谁能想象得出，罗马在对世界的征服中强大起来，却会毁灭，既是各民族的母亲，也是各民族的坟墓？〔3〕

面对这些灾难和毁灭，哲罗姆慢慢形成了自己的解释。他越来越把这种毁灭等同于末日的灾难。罗马的衰落和灭亡，就意味着整个世界的灭亡，而在世界灭亡之后，就是末日审判了。他说："我们没有意识到敌基督已经近了。是的，敌基督近了，主耶稣基督'要用口中的气灭绝他'。"〔4〕

这种末世论延续了从使徒时代就有的一种观念，即认为世界末日会很快到来。所不同的是，哲罗姆并没有欢呼末日的到来和基督的重临，而是感到恐惧，祈求末日能够来晚一些。〔5〕

罗马的陷落究竟是否意味着末日即将来临，时间会很快给出答案。这一解释也就不攻自破，根本不可能说服异教徒。

相对而言，教会史学家们的解释要乐观得多。历史学家索佐门在叙述这一段历史时指出，虽然西罗马帝国陷入了战乱，但是，"东部帝国却完全没有战争，而且和一般想的不同，其中的事务都井然有序地完成着，因为

---

〔1〕 哲罗姆，《书信》，126：2。
〔2〕 同上书，127：12。
〔3〕 哲罗姆，《〈以西结书〉诠释》，转引自 Pelikan 前引文。
〔4〕 同上。
〔5〕 参见 Pelikan 对这一点的理解，见 Pelikan 前引文，pp. 86—87。也可参考夏洞奇，《尘世的权威》，上海：上海三联书店，2007 年，第 60 页。

统治者还很年轻。看起来，上帝公开向现在的皇帝展示了他的青睐"〔1〕。君士坦丁堡的苏格拉底在叙述了阿拉利克给罗马带来的灾难后，特别强调他在三天后就迅速离开，原因是，据传皇帝西奥多就要率军前来。阿拉利克不等谣言得到证实，就仓惶逃出罗马。〔2〕这位历史学家继承了尤西比乌写君士坦丁的风格，也把皇帝西奥多同摩西类比，用《民数记》中评论摩西的话说他"为人极其谦和，胜过世上的众人"，就是因为这种谦和，所以上帝让这位皇帝兵不血刃，就能屈人之兵。"无所不在的上帝赐给我们时代这位最虔敬的皇帝以超自然的帮助，就像赐给此前的所有义人一样。"〔3〕

这种理解把希望寄托在君士坦丁堡这座新罗马上。但是等到以后新罗马也面临同样的命运时，这种观点也就失去了解释的力量。

奥古斯丁显然对这些解释都不满意。他着手在《上帝之城》中反驳异教徒的同时，也鼓励自己的学生奥罗修斯写一部关于人类历史的著作，于是，奥罗修斯写出了他的七卷《历史》，以思考罗马在人类历史中的地位，以及阿拉利克的灾难究竟意味着什么。

奥罗修斯的《历史》从亚当夏娃讲起，一直讲到自己生活的时代，集中于罗马历史。其中特别注重谈各个时代的灾难，以表明，并不是只在基督教的时代才有灾难。这一点固然完成了奥古斯丁交给的一个重要任务，但他的历史观却没有超出尤西比乌等人。他仍然赋予罗马以无比寻常的神圣意义，认为罗马的强大与基督的诞生有内在的关联：

　　因为上帝的安排，就在恺撒达到了最强大、最真实的和平的时

---

〔1〕　索佐门，《教会史》，9；Sozomene, *Histoire ecclesiastique*, Paris：Editions du Cerf, 1978（希腊文—法文对照本）。

〔2〕　苏格拉底，《教会史》，7：10；Socrates, *Histoire ecclesiastique*, Paris：Cerf, 2004 - 2007（希腊文—法文对照本）。

〔3〕　同上书，7：42。

候，基督降生了。……无疑，只要有信仰，能观察，每个人都能清楚理解，是主耶稣基督使这座城达到了权力的顶峰，繁荣而得到神佑。所以他在到来的时候，特别希望自己被称为罗马公民。[1]

当他直接叙述阿拉利克的灾难时，奥罗修斯强调了这样几点：第一，罗马是因为自己的渎神行为招致了上帝的愤怒，才有了这一灾难；第二，城中的一些基督徒感动了蛮族人，使他们饶过了很多罗马人；第三，哥特人放的火，远远没有尼禄放的火大，以至于罗马好像什么也没有发生过。[2]

奥罗修斯的解释和前面两种都不同，而且这些应该都是和奥古斯丁多次讨论后的结果，因为这三点也全都出现在奥古斯丁的著作中。不过，奥古斯丁对他的这部书并不满意。奥罗修斯虽然把奥古斯丁的很多想法写到了书中，但他对世界历史的总体理解并未超出尤西比乌的框架，仍然认为罗马在人类历史中具有至关重要的地位。他的《历史》更像对尤西比乌的《编年史》的一部诠释，虽然有些自己的想法，却老老实实地继承了尤西比乌的历史观。

上述三种解释虽然各不相同，但都建立在尤西比乌历史观的基础上。哲罗姆、索佐门、君士坦丁堡的苏格拉底、奥罗修斯都同意尤西比乌的观点，认为罗马（或新罗马）是上帝为基督教的发展而设立的城。在根本上，他们的理论都无法彻底解释地上连绵不断的灾难，但他们也都坚决与罗马站在一起，在异教徒的铁蹄面前，捍卫罗马作为神圣的永恒之城的历史地位。

其中，哲罗姆虽然最为慌乱，但恰恰是他最清楚地看出了局势，而不像索佐门、君士坦丁堡的苏格拉底或奥罗修斯那样抱有盲目的信心。他或

---

[1] Paulus Orosius, *The Seven Books of History Against the Pagans*, Washington, D. C.: The Catholic University of America Press, 1981, 6: 22.

[2] 同上书, 7: 40。

许意识到了，虽然这次对罗马的实质伤害并不大，但罗马的灭亡是迟早的事。如果罗马是神圣的永恒之城，那么它的最终覆亡是否就意味着世界的末日呢？

奥古斯丁运用了奥罗修斯的很多材料，也像历史学家那样坦然，但他对局势的判断，却更接近于哲罗姆。他更清醒地意识到，罗马是终究会灭亡的，暂时的延迟并没有多大意义。能够有哲罗姆等人那样的清醒判断，却保持了历史学家们那样平静的态度，说明奥古斯丁一定发生了重大的思想变化，使他给出了和上面三种都不同的一种态度。正是在最关键的一点上，奥古斯丁和他们都不同：他不再为永恒罗马的神圣地位辩护，而是彻底放弃了罗马，转而加入到罗马的敌人阿拉利克的阵营中，给了罗马和他的公民最致命的一击。这种态度的转变使他不再以罗马为自己的祖国，他还怎么可能像哲罗姆那样恐慌呢？

四　奥古斯丁对罗马的抛弃

《上帝之城》是奥古斯丁对自己一生思想的整理和总结，其中包括他曾经谈过的几乎所有重要的思想问题，并把它们重新组织进了一个思想体系中。不过，这绝不仅是一个简单的总结和回顾，因为他此前的思考从未在如此尖锐的情境之下，直接面对古典文明。这一背景使他在整理自己以前的思想时，把它们都赋予了非常不同的意义，因而也就起到了与以前非常不同的作用。他的这些思想碎片在《上帝之城》中被重新组织起来之后，竟然变成了奥古斯丁谋杀古典文明的锋利武器。如果说，他一生的思考与写作为这把武器提供了最初的材料，罗马陷落这个事件，则成为奥古斯丁打造这把武器的铸造炉。罗马刚刚陷落之后奥古斯丁的几篇布道辞，就是这个铸造炉里最初的火花。

在 410 年 9 月 25 日[1]、410 年底[2]、411 年 6 月 29 日[3]、411 年夏[4]、411 年底 412 年初[5]的五篇布道辞里，奥古斯丁都谈到了罗马陷落的问题。从这些布道辞中，他由这一现实事件联系到了很多其他的神学、哲学和宗教问题。而正是对这些问题的关注和整理，使他从 413 年开始，在随后十几年的时间里，为了思考罗马的意义及其陷落，用《上帝之城》这部巨著，将他一生的思想整合进一个历史框架之中。[6]在读《上帝之城》之前，我们需要首先理清楚，罗马陷落的事件究竟向奥古斯丁提出了什么问题。

在五篇布道辞中，奥古斯丁通过对《圣经》中不同经文的解读，从几个角度入手思考这个历史事件。在罗马城破一个月之后 410 年 9 月 25 日的讲道中，奥古斯丁针对的经文是《路加福音》16：19—31 拉撒路和富人的故事，并由此联系到亚伯拉罕的信仰，鼓励大家要心态平和地对待罗马的事件。在 411 年 6 月 29 日的《布道辞》296 中，奥古斯丁分析了《约翰福音》中耶稣对彼得所说的"你爱我吗"，并谈到了使徒彼得和保罗的信仰与牺牲，由此讲到了肉身之死与信仰的关系。几乎与此同时的《布道辞》105 针对的经文是《路加福音》11：5—8 所讲的，一个人深夜到朋友那里乞饼的故事。奥古斯丁借此指出，社会生活中的灾难可能反而会对基

---

[1] 奥古斯丁，《布道辞》(*Sermo*) 24, in *Patrologia Latina*（简称 *PL* 本），Vol. 46, pp. 921–932, 另有法文版，称为 Sermon Denis 24, 见于 Saint Augustin, *Sur la Chute de Rome*, Paris: Institut d'études Augustiniennes, 2004. 所列五篇布道辞的法文版均见于此书。本书所引奥古斯丁及其他教父著作拉丁文均以 *PL* 本为底本，参考 CC（*Corpus Christianorum*）本。如参考某译本，将注出译本和页码信息。凡直接参考原文者，均为 *PL* 本，只注出章节号，读者可很容易找到，不再一一注出版本和页码信息。

[2] 奥古斯丁，《布道辞》，81, in *PL*, Vol. 38。

[3] 同上书，296, in *PL*, Vol. 38。

[4] 同上书，105, in *PL*, Vol. 38。

[5] 同上书，397, in *PL*, Vol. 40。

[6] Leo C. Ferrari, "Background to Augustine's 'City of God'," *Classical Journal*, 67 (1), 198-208; Theodor E. Mommsen, "St. Augustine and the Christian Idea of Progress: the Background of the *City of God*," in *Journal of the History of Ideas*, 12, 3 (1951), pp. 346-374; Rudolph Arbesmann, "The Idea of Rome in the Sermons of St. Augustine," *Augustiniana*, IV, pp. 305-324.

督徒有益。奥古斯丁并由此出发，谈到尘世的幸福和永恒幸福的关系。410 年底的《布道辞》296 针对的经文是《马太福音》18：7—9"这世界有祸了，因为将人绊倒……"，奥古斯丁由此谈到尘世的灾难和罗马的被劫。在 411 年底的《布道辞》397 中，奥古斯丁讨论了《但以理书》9：20"我说话、祷告，承认我的罪和本国之民以色列的罪"，对比了但以理、挪亚、约伯三个信仰者，并由此谈到罗马的陷落。由于《布道辞》397 特别集中地谈罗马的毁灭，它又常常被单独列出，称为《论罗马的毁灭》。

综观这五篇布道辞中的讨论，我们大体可以看到奥古斯丁思考这个问题的理路：

奥古斯丁和哲罗姆等人一样，特别关注罗马陷落对基督教带来的负面影响。他深知，不仅那些信仰伪神的异教徒，哪怕在聆听奥古斯丁讲道的基督徒当中，也有很多人产生了恐慌："我看到了你们心中所说的：'看罗马在基督的时代所遭受的掳掠和焚烧。'"针对这些攻击和怀疑，哲罗姆等人的解释都没有什么理论力量。奥古斯丁甚至暗示，哲罗姆那种末世论者和这些人没有什么区别。奥古斯丁提到有人攻击说："看啊，就是在基督教的时代，出现了这么多压抑人的事情；整个世界要毁掉了。"[1] 这些应该是出自异教徒的攻击，但是和哲罗姆唯恐世界毁灭的说法相比，并无根本的差别。无论是哲罗姆还是这些异教徒，其根本问题都在于过于看重尘世的生活了，或者说，他们太爱罗马这个祖国了。而奥古斯丁所要做的，就是让人们放弃对这个祖国的爱。

奥古斯丁和奥罗修斯一样，告诉他的听众们，罗马发生的这种灾难并不是只在基督教的时代才有。很早以前，高卢人就曾经攻陷过罗马；后来尼禄自己也曾经焚烧过罗马。[2] 不过，奥古斯丁的用意和奥罗修斯很不

---

[1] 奥古斯丁，《布道辞》，81：7。
[2] 同上书，296：9。

同。奥罗修斯描述基督教时代以前的诸多灾难，只是为了告诉读者，当时的灾难并不能证明基督教时代的罗马比异教时代的罗马更差。奥古斯丁举出这两个例子，并不只是为了说当时的灾难不算什么，而是告诉罗马的基督徒，像眼前这样巨大的灾难，罗马并不是第一次遭受。他要告诉大家一个更加残酷的道理：无论有没有基督教，罗马这样的尘世之城总会毁灭的；就像无论有没有罗马的陷落，人总是会死的一样。没有哪个人的尘世生命是永恒的，也没有哪个城邦会长盛不衰，尤西比乌学派所谓的永恒之城根本不存在。后来他在《上帝之城》中罗列罗马的诸多灾难，正是出于这样的考量。

值得注意的一点是，奥古斯丁在谈论罗马的政治灾难的时候，总是联系到个体生命的幸福与痛苦。"上帝为你创造了有一天会毁灭的世界，也创造了有一天会死去的你。"〔1〕因此，他看到的不仅是罗马作为世界名城的毁灭，更是其中每个个体所遭受的厄运。在他看来，所谓罗马，不过就是生活在其中的罗马人，而不是罗马城的城墙和宫室。罗马的城墙是建筑者一块石头一块石头垒起来的，也可以被一块石头一块石头地毁掉。在罗马的陷落中，真正受伤害的不是罗马城，而是罗马人。〔2〕因此，要思考罗马城乃至罗马帝国的历史命运，重要的不是思考罗马的建筑的意义，而是思考生活在其中的每个人的命运。

奥古斯丁问大家，罗马城陷落与否，难道真的会在实质上改变每个罗马人的命运吗？他说："你不愿你儿子死在你前面，不愿你妻子死在你前面，但如果罗马不被攻陷，难道你们当中就没有人先死了吗?"〔3〕奥古斯丁完全取消了爱国之情的神圣意义，反而把罗马人对祖国的爱说成是一种极为自私且愚蠢的贪生怕死。他说，每个人对罗马陷落的畏惧，根本上是对死亡的畏惧。但是，即使没有罗马的陷落，每个人还是都要死的。

---

〔1〕 奥古斯丁，《布道辞》，81：9。
〔2〕 同上。
〔3〕 同上书，296：11。

但他并不是要嘲笑这种贪生怕死，而是把这种贪生怕死的逻辑贯彻到底：要正确面对罗马的陷落，根本上就是消除对死亡的畏惧。要消除对死亡的畏惧，最好的办法是告诉人们可以不死。因此他在410年9月25日那篇布道辞的一开篇就说："基督徒的这信仰，是不敬者和不信者所嘲笑的，但我们回答说，在此生之后，还有另外的生命，在死后还有复活，在世界终结之后，还有一次末日审判。"[1] 奥古斯丁通过拉撒路和富人的故事指出，真正重要的不是尘世的生命，而是死后的幸福。拉撒路生前过着非常贫困的生活，但死后却进入天堂，被天使放在亚伯拉罕的怀中；富人死后则下了地狱，痛苦不堪。他借这个故事说明，现世的遭遇可能和死后的去处相反。上帝会让人最终去哪里，往往并不在此世显示出来。因此，尽管蛮族的入侵带来了巨大的灾难，甚至使很多人指责"基督的时代是坏的"[2]，但这只是此世的情况，并不能说明最终的归宿。

无论罗马多么伟大，在奥古斯丁看来，其中的生活也只是尘世生活的一部分；如果每个人的尘世生活是不可能永恒的，那么罗马帝国也是不可能永恒的。罗马的皇帝虽然执掌世界上最大的帝国，甚至可以被当作整个世界的统治者，但是他也和一般人没有实质的区别，因此没有任何神圣的意义。

奥古斯丁在410年9月25日的《布道辞》中非常明确地对比："恺撒的形象在一枚钱币上，而上帝的形象在你当中。"[3] 虽然他在此处并没有明确反对尤西比乌以来对罗马皇帝的吹捧，但他用耶稣区分恺撒与上帝的经文，将尘世与来世明确分开，显然已经否定了罗马帝国的神圣意义。因此，面对蛮族人的进攻，就不应该在哪位皇帝或哪个政权那里寻找新的希望，而应该在每个人的自我中，通过寻找上帝的形象，追求末日审判之后的希望。"上帝命令你要信，他为你预留了你要看到

---

〔1〕 奥古斯丁，《布道辞》，24：1。

〔2〕 同上书，24：13。

〔3〕 同上书，24：8。

的那些。但如果在他命令你要信的时候你不信，他就不为你预留和他见面的机会了。"〔1〕

既然罗马只不过是地上生活的一部分，罗马皇帝也并没有什么神圣的意义，也就谈不上罗马的永恒了。"人自身是这个城的美之所在，是这个城的居民、统治者、执掌者，他来了就会去，生了就会死，来到世界就要离开世界。连天地都要废去（《马太福音》，24：35），一个城在某个时候终结，有什么奇怪的？"〔2〕奥古斯丁非常严厉地批驳了永恒罗马的说法：

> 那些应许了地上王国的神，不是在传达真理，而是在奉承恭维。他们的诗人说这是朱庇特说的，他这么说罗马人："我不施加任何空间和时间方面的限制。"（《埃涅阿斯纪》，1：279）这和真理不符。你们这些什么都给不了的神啊，你们所给的这个没有终结的王国，究竟是在地上，还是在天上呢？应该是在地上。如果是在天上："天地要废去"（《路加福音》，21：33），罗慕洛所建造的，难道超过了上帝亲手创造的？……兄弟们，我们没有错，所有的地上王国都会有终结。如果这个终结现在到了，上帝会看到的。也许现在还不是，而我们希望只是罗马衰弱了，或是悲悯了，或是悲惨了，但那样就不会终结了吗？她以后也不会终结吗？把希望给上帝，欲求永恒，期求永恒吧。〔3〕

既然罗马和所有其他的地上事物一样，不可能永恒，那么，发生在罗马的灾难也只是暂时的，和未来的拯救与惩罚都无关系。这个主题奥古斯丁在几篇布道辞中都在反复强调。他说：

---

〔1〕 奥古斯丁，《布道辞》，24：11。
〔2〕 同上书，81：9。
〔3〕 同上书，105：10。

上帝将地上的幸福和痛苦混杂……对这些痛苦和压制，你们嘟囔说："看，一切在基督教时代都毁灭了。"你又抱怨什么呢？上帝从未向我应许说，这些不会毁灭，基督也没有向我应许这个。永恒者只会应许永恒之事。如果我信仰，我会从必朽变为永恒。这不洁的尘世啊，你抱怨什么呢？你抱怨什么呢？

这一段既是对异教徒和那些摇摆不定的基督徒的批判，更是对哲罗姆等人的讽刺。奥古斯丁再次粗暴地抹杀了罗马人的爱国之情，认为，罗马的陷落之所以让他们那么痛苦，归根到底还是因为他们太看重尘世的幸福。同样，当索佐门和君士坦丁堡的苏格拉底把希望寄托给东部帝国的时候，他们也混淆了尘世幸福与永恒生活。而对这些教父的根本否定，意味着对尤西比乌历史观的根本否定。在现在的奥古斯丁看来，现实政治中的兴衰成败都成了无意义的事；罗马帝国的历史与拯救历史是没有实质关系的，于是对罗马的爱也就变成毫无意义的。

但奥古斯丁并非不关心现实政治。他有很清醒的政治头脑，深切地知道，罗马城当时的陷落并不意味着罗马帝国的毁灭。上帝只是想借此惩罚一下罗马人的罪。[1] 奥古斯丁没有陷入哲罗姆等人那么大的焦虑和恐慌中，或许也是因为他更清楚这次灾难的程度。不过，罗马究竟是不是很快就要毁灭又有什么关系呢？无论罗马延续多长时间，她终究是要毁灭的，因为她的历史不是真正的历史。真正的世界历史，是心灵秩序的历史。

五　心灵秩序

奥古斯丁为什么会有如此怪异的观点，甚至还堂而皇之地为它们寻求哲学上的理由？若对比上文提到的同时期的几位教父，我们很清楚地看到，

---

〔1〕　奥古斯丁，《布道辞》，81：9。

奥古斯丁引入了他们在讨论罗马陷落时都未能谈到的两个维度：一、尘世与天国的心灵秩序；二、个体心灵与人类整体的关系。这两层关系成为所有这几篇布道辞中最基本的理论前提，也是后来《上帝之城》中的基本出发点。

强调尘世与天国之间的绝对差别，是奥古斯丁应对罗马陷落的根本策略，自然也成为《上帝之城》最基本和最为人所知的架构。天堂与尘世的区分，源自《圣经》两约，特别是《新约》中已有的观念，但奥古斯丁又受到了摩尼教和多纳图派的很大影响，将原始基督教中的二分法逐渐发展和细致化，而形成了一种系统说法。[1]

沃尔特认为，奥古斯丁的两城说在理论上与摩尼教的善恶二元论有密切关系，这一看法虽然未必有多少文本上的直接依据，却透露出相当高的见识。奥古斯丁和他的摩尼教朋友一样，深切地意识到恶在尘世中的普遍存在。[2]但他又不肯接受摩尼教的二元论，坚持万物都来自至善的上帝。万物都来自上帝，罪恶却无处不在，那么，恶究竟是怎样起源的？这不仅成为终生困扰奥古斯丁的问题，而且也困扰了整个基督教思想史。

奥古斯丁把上帝理解成深度自我和心中的至善，认为世界历史中的所有问题都在于遵从还是背离这个至善，所以善恶问题是心灵的问题。他并没有取消摩尼教的善恶二元结构，而是认为这个二元结构根本上存在于心灵秩序当中。既然包括罗马在内的地上之城都难以免于不义和罪恶，那它们只能算是魔鬼之城；所谓上帝之城，并不是另外一个政治性的城，而是

---

[1] J. van Oort, Jerusalem and Babylon：a study into Augustine's City of God and the sources of his doc-trine of the two cities, Brill, 1991.

[2] 关于奥古斯丁与摩尼教的关系，特别是在宣称弃绝摩尼教后，摩尼教对他持续的潜在影响，学术界已经有了不少研究。近年来 Beduhn 的研究，对于我们通过奥古斯丁理解摩尼教，以及通过摩尼教理解奥古斯丁，都有非常大的帮助。Jason D. Beduhn, *The Manichaean Body: in Discipline and Ritual*, Baltimore：Johns Hopkins University Press, 2000；*Augustine's Manichaean Dilemma, I: Conversion and Apostasy*, 373-388 C. E., Philadelphia：University of Pennsylvania Press, 2010；*Augustine's Machichaean Dilemma, 2：Making a "Catholic" Self*：389-401 C. E., Philadel-phia：University of Pennsylvania Press, 2011.

存在于每个人的心灵深处。奥古斯丁把世界历史理解为两座城之间斗争的历史，其实就是每个人心灵中的斗争。无论奥古斯丁处理怎样宏大的政治和历史问题，在根本上都是心灵秩序的问题。

上帝之城存在于灵魂深处，只能在末日审判的时候才能实现出来；现实中存在的城都是尘世之城，上帝之城的公民如同客旅，和尘世之城的公民相混杂，只有在末日才真正分开。所以，奥古斯丁在谈"上帝之城"时，始终是以末世论的眼光来反观现实。现实中并不存在两个城，只有一个城，即地上之城，也就是魔鬼之城[1]。基督徒建立的国家也只是地上之城，人间的教会组织也只是地上之城。以上帝之城反对地上之城，就是以内心反对人类的现实生活。而这，正是奥古斯丁在《忏悔录》中描述的状态，现在正在成为所有罗马人的最终命运。

上帝之城与尘世之城的区分，根本上来自心灵中的善恶秩序，因此这对区分是绝对的，即，尘世间的任何组织或团契，都只能是地上之城的一部分，而不可能属于上帝之城。巴比伦和罗马，是尘世之城的代表；以色列的耶路撒冷和基督徒的教会，是上帝之城在尘世的代表，但并不等同于上帝之城，就其自身而言，永远都只是尘世之城的一部分，也就是魔鬼之城的一部分。所以，中世纪教廷和世俗国王关于究竟谁是上帝之城的争论，都是误解奥古斯丁原意的结果。[2]

也是在这个意义上，我认为奥古斯丁的思想中是不会有第三座城的。虽然他在一些地方也表现出对世俗政权的肯定，但那是因为完全否定尘世之城的意义过于极端，无法诉诸政治实践。就他总体的思想框架而言，尘世政治既然属于魔鬼之城，就是毫无意义的。

正是出于对尘世政治的这种态度，奥古斯丁全面批判了罗马的历史、政治和宗教。他虽然承认，罗马会有兴衰强弱的问题，但罗马的强大必然

---

[1] 地上之城是罪恶的魔鬼之城，不是中性的第三座城。参考舒尔兹的经典研究，Heinrich Scholz, *Glaube und Unglaube in der Weltgeschichte*, Leipzig: J. H. Hinrichs'sche Buchhandlung, 1911。

[2] Robert Markus, *Saeculum*, Cambridge: Cambridge University Press, 1970.

是罪恶的霸欲的结果。在他眼中，罗马的历史就是一部充满罪恶的历史，而且罗马越是强大，罪恶就越是深重。这样的政治，怎么可能是神圣而永恒的呢？

对罗马的政治批判，始终是在心灵批判和宗教批判的框架下进行的。他一方面热情地赞美罗马英雄的德性，另一方面又惋惜他们无法得到真正的救赎。由于他们将德性献给了地上之城，他们在根本上都是可怜的罪人。只有彻底弃绝自己的家庭、祖国和所有自然的关联，人才能真正在心灵中实现至善。在他的两城说中，只要无助于拯救的，无论性情还是德性，在根本上都属于罪恶的地上之城。

奥古斯丁对尘世政治的批判也是绝对的，即，他批判的不是罗马或别的哪个政权，不是帝国或别的哪种政体。政治学中的政体之分在他这里毫无意义。他所否定的是人类的所有社会或政治组织。

六　世界历史

如果上帝之城并不是一种组织，上帝只存在于每个人的灵魂深处，那么，为什么又把信仰者的团契理解成一个城呢？人类共同的历史还有什么意义？奥古斯丁虽然否定了人类的任何社会和政治组织，但他并没有否定人的社会性，甚至认为社会性是神圣的，是上帝所赐福的。世界历史，正是这种社会性的实现，但世界历史与罗马毫无关系。社会性必须从新的方面理解，因为这种社会性无法通过任何尘世制度体现出来。

也正是出于他对社会性的理解，奥古斯丁说，罗马城不是由城墙和宫殿组成的，而是由人组成的。这句话无疑呼应了《圣经》中的名言："主乃活石，固然是被人所弃的，却是被神所拣选、所宝贵的。你们来到主面前，也就像活石，被建造成为灵宫，作圣洁的祭司。"[1] 这个比喻中蕴

----

〔1〕《彼得前书》，2：4—5。

涵着对希腊罗马政治思想的全面颠覆。罗马固然是由人组成的，但没有城墙，它就不足以抵抗外侮，遑论对外扩张。没有宫室，就没有政府和各种政府部门，也就无法使罗马成为一个城邦或帝国。而在奥古斯丁的理解里，城墙和宫室都可以不要，那么剩下的，就是赤裸裸的个人了。不通过城墙和宫室，罗马人怎样组织成社会呢？

个体心灵与全人类的关系，是奥古斯丁思考世界历史的基本维度，也是他对西方历史观产生巨大影响的一个方面。《上帝之城》卷四第三章有一句话："就像文章是由单个字母组成的一样，城邦和王国的元素是每个单个的人，无论她占地有多么广阔。"[1] 研究者指出，这一说法是从柏拉图《理想国》中著名的灵魂与身体的比喻转化而来的。[2] 由于没有文本的直接依据，这个类比是否真的是从柏拉图那里来的，我们很难判定。不过，这个类比确实展现了奥古斯丁关于个体与群体关系的理解，也呼应了他关于城墙与宫室的说法。

关于柏拉图那个著名的类比，当前学界研究很多[3]，我们不必多谈。其中一个基本的理念是，为了理解个体灵魂中的正义德性，首先要理解城邦的正义问题，个体的正义与城邦的正义是一致的，但个体的正义不好理解，需要借助对城邦正义的研究才能理解。奥古斯丁此处的逻辑却正好相反。在他看来，要谈城邦或帝国的好坏不容易，所以就先假设一个很焦虑的富人和一个生活安宁的穷人，对比一下他们两个，就可以理解，像罗马那样不断扩张，究竟是否会得到真正的幸福了。和柏拉图一样，奥古斯丁也认为个体与群体之间有内在的相似性，但他却认为个体更好理解，群体不好理解，所以反而要借助个体来理解群体。

〔1〕 奥古斯丁，《上帝之城》，4：3；吴飞译，上册第136页。
〔2〕 如 Gerard O'Daly, *Augustine's City of God*, Oxford University Press, 1999, p. 89。
〔3〕 可参考 Bernard Williams, *The Sense of the Past: Essays in the History of Philosophy*, ed. Myles Burnyeat, Princeton and Oxford: Princeton University Press, 2006；吴天岳：《重思〈理想国〉中城邦—灵魂类比》，载《江苏社会科学》2009 年第 3 期。

虽然看上去相似，但奥古斯丁的类比已经和柏拉图有了非常根本的差别。柏拉图的类比，是建立在古希腊城邦生活基础之上的。因为城邦能实现人的自然，"人在自然上是城邦的动物"[1]，所以，严格说来，脱离了城邦的人，根本谈不上正义。不在城邦的政治生活中实现正义，任何个人的修养和德性都无的放矢。他先谈城邦，后谈灵魂，并不只是出于类比的关系，而且体现了希腊生活中城邦与德性之间更根本的关联。所以，虽然表面看上去，他笔下的城邦和灵魂的结构并不相似，但他的这一类比仍然有着内在的合理性。

但在奥古斯丁这里，无论"地上之城"还是"上帝之城"，都不是古典意义上的城邦。在他所生活的时代，罗马帝国已经远非古典城邦可比，无论政治制度还是文化观念，都发生了巨大的变化。罗马成为一个跨越三大洲的大帝国，治下包括操各种语言、来自不同文化背景、生活在不同行省的罗马公民；传统小城邦中的民主制度已经无法维系[2]；随着各民族的信仰进入罗马，传统神话也渐渐失去了过去的支配地位。[3] 在这样的大帝国中，是不可能实现柏拉图构想的那种几千人的理想国的。"地上之城"并不是指罗马城这一个城市，称之为"城"，只是沿用了传统城邦的概念。更恰当的概念应该是"帝国"（*Imperium*）。

"上帝之城"更不是一个城。它既不是一个有城墙和宫室的城堡，也不是一个有政府和公民的政权，而是所有好的天使和好人的团契。并且，这个团契只有在末日审判的时候才能实现。在现实中，上帝之城的公民只是混居在尘世之城的公民当中做客旅。把上帝之城说成"城"，只是相对"地上之城"而言的。尘世之城本身已经不是一个古典意义上的城了，上帝之城就更不是这样的城邦。

---

〔1〕 亚里士多德，《政治学》，1253a，吴寿彭译，北京：商务印书馆，1983 年，第 7 页。

〔2〕 Ronald Sym, *The Roman Revolution*, Oxford：The Clarendon Press, 1939.

〔3〕 Arthur Darby Nock, *Conversion: the old and the new in religion from Alexander the Great to Augustine of Hippo*, Johns Hopkins University Press, 1998.

因此，无论是在"尘世之城"的意义上，还是"上帝之城"的意义上，奥古斯丁都不会简单套用柏拉图的类比。但是，个体与群体的类比，在《上帝之城》中又经常出现。比如，在卷一谈到勒古鲁斯的时候，他说："城邦之福和人之福并不是两回事，因为城邦不过就是很多人组合起来。"〔1〕但在卷二十二谈到萨共廷的时候，他不再认为个体与城是完全类似的。萨共廷人为了保卫罗马牺牲了自己，但城的牺牲和人的牺牲是不同的，因为人牺牲后，会在上帝之城中永生；城毁灭后就再也没有了。〔2〕

萨共廷的毁灭提供了个体与群体类比的一个反例，或许这个反例可以帮助我们挖掘奥古斯丁的类比的深层含义。虽然个体与群体是类似的，但是在面临毁灭和拯救的时候，二者却有根本的差异。到了世界末日，每个死去了的人都会复活，但毁灭了的城邦却永远不会再活过来了。其实，对于勒古鲁斯和萨共廷的那些异教徒，这个类比没有什么不恰当的，因为他们无论多么有德性，复活后都不能获得真正的拯救，最终会和萨共廷城一样进入永死。而凡是真正的圣徒，复活后都会结成上帝之城这个新的团契，这就是和他们一起复活的城。

奥古斯丁坚持认为，真正组成城邦的是人，不是城墙或制度，个人和群体是一致的，其实这个观念，与其说来自柏拉图的类比，不如说来自《圣经》中的另一个类比："正如我们一个身子上有好些肢体，肢体也不都是一样的用处。我们这许多人，在基督里成为一身，互相联络作肢体，也是如此。"〔3〕

所有圣徒共同组成的教会，即上帝之城，就是基督的身体，基督是这个身体的头，每个人是这个身体的不同肢体。人类群体的命运，就是基督的命运，这和每个人的命运，当然可以说是相似的。因此，奥古斯丁最关

---

〔1〕 奥古斯丁，《上帝之城》，1：15.2；吴飞译，上册第25页。
〔2〕 同上书，22：6.2；吴飞译，下册第293页。
〔3〕 《罗马书》，12：4—5。

心的，不再是城邦内的正义与每个公民的关系，而是每个人的所作所为是不是在模仿基督。全人类的救赎，最终体现在一个人一个人的救赎上。

这样，我们就可以体会奥古斯丁与柏拉图的差别所在了。在柏拉图笔下，每个个体在城邦中都有各自的位置，根据自己灵魂的具体情况，或做国王，或做护卫者，或从事其他的职业。只有每个人各尽其职，充分根据自己的灵魂结构来生活，城邦才能实现真正的和谐。但在奥古斯丁笔下，每个个体之间的这种差别都不重要。每个人无一例外地要模仿基督，成为一个小的基督。基督的身体的和谐，并不是通过人们各司其职和相互依赖达到的，反而是要使每个人成为一个小的基督。在柏拉图笔下，个体的差异性是不可避免的，而且应该得到强调。但在奥古斯丁笔下，这种差异性必须泯灭，上帝之城中的每个个体，都是没有差别的，他们之间甚至不必发生关系，上帝之城中唯一的关系，是每个个体与上帝之间的关系。因为消除了差别性，这个城可能比罗马帝国更好地包容全世界，但这个城越大，生活在其中的人越是孤独。

正是在这个意义上，奥古斯丁笔下的世界历史与每个个体的心灵秩序有根本的关联。对全人类的命运的关心，恰恰就体现在对每个灵魂的关心上。只要安顿好了每个人的灵魂，就安顿好了上帝之城，因为上帝之城就是由一个个人组成的。上帝之城的历史，最终会转化为个体心灵的历史。因此，《忏悔录》和《上帝之城》在根本上是在处理同一个问题。

七　新的历史观

以天堂的至善将尘世政治界定为魔鬼之城，以模仿基督的方式将人类重新整合为一——正是靠了这两个维度，奥古斯丁整合了他一生的所有重要思考，建构了一个迥异于尤西比乌的历史观，并对古典文明作了非常系统的批判。确立这种历史观，终结罗马的文明理想，就是《上帝之城》的任务。

此书的前十卷是对罗马宗教的批判，其中除第一卷是针对罗马陷落而写的开场白外，第二到第五卷是对罗马尘世生活的批判，指出罗马诸神没有给他们带来尘世的幸福和道德；第六到第十卷则意在指出，罗马诸神也没有给他们带来永恒的幸福，其中包括了对罗马哲学、神话和宗教的总体批判。第十一到第二十一卷是这部书的第二部分，意在勾勒两座城的历史，其中又分为三部分，第十二到第十四卷是世界历史的第一阶段，包括两座城的开端；第十五到第十八卷是第二阶段，包括两座城的发展，第十九到第二十二卷是第三阶段，即两座城的结局。[1]虽然奥古斯丁的行文常常超出这种安排，但我们若明白了前述两个维度和奥古斯丁的用意，这本书的写法还是不难理解的。他以前十卷否定了罗马人的文明理想，而后十二卷的世界历史，既是他创造出的新历史观，也是否定罗马历史的理论基础。在本书中，我们将以后十二卷的世界历史为总纲，在梳理奥古斯丁世界历史的三个阶段的过程中，看他对古典文明是怎样否定的。

奥古斯丁世界历史的基本架构来自《圣经》，因此，三个阶段大体上都来自《圣经》。第一个阶段中所谈的两座城的开端，就是《创世记》中所描写的世界的创造、人的创造及其堕落。第二个阶段中两座城的发展，就是以《旧约》历史为主要线索，以耶稣基督的言成肉身为最关键的历史事件的整个人类历史。第三个阶段中两座城的结局，就是世界末日。在这三个阶段中，严格说来只有第二个阶段是通常所说的世界历史。在第一个阶段，奥古斯丁谈的更多的是上帝、时间、善恶、人性、堕落等哲学和神学问题，在第三个阶段，他谈得更多的也是末世、终极善恶、永死永生等哲学和神学问题。他将所有这些问题都纳入到世界历史当中，来自于他独特的解经方法。

奥古斯丁自称，他结合了字义解经法和寓意解经法。字义解经法，就

―――――――――

〔1〕 Jean-Claude Guy, *Unité et structure logique de la "Cité de Dieu" de Saint Augustin*, Paris: Études Augustiniennes, 1961.

是严格按照《圣经》的字面意思，将《圣经》当作历史书的解经法；寓意解经法，就是不在字面上理解《圣经》上的说法，不把《圣经》所写的事情当作历史事实，而认为其中蕴含着更深的寓意。但奥古斯丁认为，两种解经法都有道理，一方面，《圣经》中所写的都是历史事实，另一方面，这些历史事实都包含着更大的意义，那就是其中蕴含的象征意义。比如，坚持寓意解经法的犹太人斐洛和希腊教父奥利金把伊甸园和里面的植物都当成比喻，奥古斯丁一方面相信伊甸园中的一切都有比喻意义，另一方面，伊甸园和里面的事情都确实发生过。《旧约》中的历史，按照寓意解经法，全都是对耶稣来临的预言，奥古斯丁相信这里面有对耶稣的预言，但也并不因此就认为那些事情没有发生过。对末日的理解也是一样，奥利金不相信世界历史真的有一个终结，认为末日并非历史中的某段时间，但奥古斯丁认为，末日真的是历史的终结。因为坚持了这双重解经法，奥古斯丁的世界历史既是历史也是哲学。这样的一套历史哲学成为终结罗马文明的最有力武器。比起希腊罗马的历史叙事来，奥古斯丁的历史哲学无疑有着更强大的理论力量。但是，他的世界历史恰恰在取消着历史的真正意义。他把大量非历史的东西塞进世界历史当中，而在对第二阶段的讨论中，古典历史学家真正看重的事件和人物都变得不重要了，因为在世界历史的整个进程中，只有一个事件具有决定性的意义：那就是耶稣基督的言成肉身和受难，而所有其他历史内容都被掏空了。

正如莫米利亚诺指出的，基督教思想虽然形成了一套非常系统的历史哲学，而且能够很好地吸纳古典历史学研究的成果，不过，经过奥古斯丁的瓦解之后，古典历史学家所津津乐道的人物和事件都失去了意义，因为在整个拯救历史中，这些都是没有价值的。[1]奥古斯丁虽然很欣赏勒古鲁斯、西庇欧、西塞罗、维吉尔这些罗马人物，但在拯救历史中，却无法给他们安排一个位置，因为在根本上，尘世之城中究竟发生了什么事，出

---

〔1〕 Analdo Momigliano, "Pagan and Christian Historiography in the Fourth Century A. D. ".

现过什么人，都是无关紧要的。在上帝宏大的救恩历史面前，人类历史反而被消解了。世界历史获得了目的，却被抽空了其中的人；这究竟是成就了世界历史，还是取消了世界历史呢？还是莫米利亚诺说得好：古典历史学并没有被基督教历史学所取代，并没有死亡，"而只是要沉睡几个世纪"[1]。但是，等到古典历史学在现代复苏，并在新的框架中成就世界历史的意义的时候，奥古斯丁的历史观也并没有死，而是始终徘徊在欧洲新文明的头上，不断让我们回想起 5 世纪的罗马和她所面对的问题。[2]

---

〔1〕 Analdo Momigliano, "Pagan and Christian Historiography in the Fourth Century A. D.". p. 99.
〔2〕 卡尔·洛维特，《世界历史与救赎历史》，李秋零、田薇译，北京：三联书店，2002 年。

心灵秩序：至善下的二元分裂

在本书的第一部分，我们将讨论奥古斯丁世界历史的第一个阶段：开端。世界历史的开端是上帝创世；两座城的开端是善恶天使的分离[1]；人类历史的开端，是亚当被造在伊甸园里；人类两座城的开端，是初人被赶出伊甸园后，该隐和亚伯的相争。若是按照历史叙述，这几个开端应该按照顺序相继发生。但若从哲学上讲，这几者之间并无时间的先后顺序，而只是世界构成的秩序。说上帝创世，表明万物都从至善的上帝而来；说天使分离，表明出现了善恶二原则；人低于天使，但人的创造未必晚于天使的创造；人的堕落和分裂，也未必是后来的事。因此，这部分的实质内容是，善恶秩序如何在世界历史中展开。其中包含两个相互关联的重大问题：如何理解历史，如何理解善恶。[2]

奥古斯丁要在一套新的历史哲学中思考人类的幸福生活，历史问题当然至关重要。他借助于新柏拉图主义关于永恒与时间的哲学，将时间的绵延理解成一种心灵秩序。但是，他又不满意普罗提诺的历史循环论，因为基督教对善恶问题的处理不允许以循环论来理解历史。为了在世界

---

[1] 奥古斯丁，《上帝之城》，11:1；吴飞译，中册第78页。

[2] 奥古斯丁的神义论与时间哲学之间的关系，参考张荣，《自由、心灵、时间：奥古斯丁心灵转向问题的文本学研究》，南京：江苏人民出版社，2011年。

历史中处理善恶秩序的问题，他必须坚持线性历史观。

　　善恶之间的对立，是基督教的基本主题，但为了对抗灵知派，奥古斯丁要刻意避免将世界说成善恶二元的，而要强调，万物都是由至善的上帝创造的。既要强调善恶的绝对对立，又不能把善恶二元当成世界的本来结构，奥古斯丁只能借助被造的天使与魔鬼来理解善恶二元问题。天使与魔鬼的分裂导致了善恶两座城的分裂，人在堕落之后，也必然分别属于这两座城，奥古斯丁理解的世界历史就是这样一种善恶秩序的线性历史。但人并没有像天使和魔鬼那样判然二分，而是到末日审判时，两座城才真正彰显出来。由于奥古斯丁拒绝历史循环论，到末日来临时，善恶的二元区分不仅没有消失，反而才真正显现出来。归根到底，他还是无法摆脱二元论。

　　让善恶秩序在世界历史中展开，这就是奥古斯丁世界历史观的主题。

第一章
世界的开端：历史作为心灵秩序

    至善的上帝创造了世界，但魔鬼和人的堕落开启了真正的历史。这是奥古斯丁诠释《创世记》的基本思路。奥古斯丁在一生中曾经五次反复诠释《创世记》前三章，这构成了他形而上学的基本内容。[1] 他的《创世记》诠释中讨论了很多重大哲学问题，其中每一个都可以有专门的研究，我们在此只能简单地概括。

    奥古斯丁认为，上帝是唯一真正的存在，这个唯一的存在创造了万物。《创世记》第一句话"上帝以太初造天地"[2] 中的"天地"分别指两种质料，其中，天是最初的精神质料，地是最初的物质质料。[3] 三位

---

[1] 奥古斯丁在388/389年写了《驳摩尼教论〈创世记〉》（*De Genesi contra Manichaeos*）两卷，这是他解释《创世记》前三章的第一次努力，主要采用寓意解经法；在393到395年之间，他尝试用字义解经法解释《创世记》前三章。但奥古斯丁没有完成这本书，就把这个计划搁置了。这就是《未完成的〈创世记〉字解》（*De Genesi ad Litteram imperfectus*）；几年之后，奥古斯丁在《忏悔录》（*Confessiones*，写于397—401年）的第十到十三卷中，做出了解释《创世记》前三章的第三次努力；401年，奥古斯丁再次从字义角度诠释《创世记》前三章。但他并没有接着当年未完成的著作写下去，而是另起炉灶，重新思考。这本书直到414年才最后完成，就是十二卷的《〈创世记〉字解》（*De Genesi ad Litteram*），这是他的第四次努力；第五次努力，就是《上帝之城》的第十一到第十四卷。参考 Gilles Pelland, *Cinq Études d'Augustin sur le Début de la Genèse*, Tournai：Desclée & Cie，1972；Yoon Kyung Kim, *Augustine's Changing Interpretations of* Genesis 1-3：*From De Genesi Contra Manichaeos to De Genesi Ad Litteram*, Lewiston：The Edwin Mellen Press，2006。

[2] 根据奥古斯丁的理解，我们把这句话译为"上帝以太初造天地"。

[3] 如何理解天地，是奥古斯丁在几部解释《创世记》的著作中反复讨论的问题，且几易其说。在《忏悔录》的第十二卷，他就列举出很多种不同的说法。但我认为，他比较坚持的说法是，"天"就是未被赋形的精神质料，地就是未被赋形的物质质料。关于这个问题，笔者还将另文讨论。参考 Etienne Gilson, *The Christian Philosophy of Saint Augustine*, New York：Vintage Books，1967，pp. 189-190；Jean-Luc Marion, *Au lieu du soi*, Paris：Presses universitaires de France，2008；近期的研究，参考 Andrea Nightingale, *Once out of Nature：Augustine on Time and the Body*, Chicago：The University of Chicago Press，2011。

一体的上帝无中生有地创造了最初的两种质料，又给它们赋予形式，在奥古斯丁笔下，形式又称为道理（ratio），就是永恒真理中包含的万物的道理。精神质料被赋予形式，就是天使；物质质料被赋予形式，就是各种物质。[1] 奥古斯丁强调无中生有的创造，一个重要用意是要批驳善恶二元论。只有上帝是真正的存在，万物都来自虚无，只能由至善的上帝创造，不可能由任何其他存在物创造，也不可能有第二个神。而至善的上帝所造的一切都是好的，无论物质还是精神，无论质料还是形式，都是好的。

"太初"一方面指的是三位一体中的第二位格，永恒的圣言、永恒的真理，另一方面也是世界的时间开端。说它是时间的开端，并不意味着它是时间中的第一个阶段，而是因为它是时间的真正原因。[2]

一 时间与灵魂

在讲上帝创世的故事之前，我们先要弄清楚，上帝在什么时候创造了世界。这个问题曾经使奥古斯丁非常困惑，在几部书中都试图提出一个解释。在这个问题背后，则是至关重要的时间哲学。

奥古斯丁的时间哲学，受到了新柏拉图主义的深刻影响。[3] 普罗提诺《九章集》第三卷第七篇论文的主题就是永恒与时间。普罗提诺在这篇文章中表达出的许多思想，很明显应该是奥古斯丁时间哲学的来源。奥古斯丁在《论音乐》、《忏悔录》和《上帝之城》中所表达的很多重要的时

---

〔1〕 奥古斯丁通过新柏拉图主义，从亚里士多德哲学那里学来了质料的概念，但有两点与亚里士多德哲学非常不同。首先，他认为，质料可以脱离形式而存在，纯质料就是被造物的可变性的来源；其次，他认为精神被造物和物质被造物都分别有形式和质料。关于无中生有，参考 Joseph Torchia, *Creatio ex Nihilo and the Theology of St. Augustine*, New York：Peter Long, 1999, p. 23。

〔2〕 William Christian, "Augustine on the Creation of the World," *The Harvard Theological Review* Vol. 46, No. 1（Jan. , 1953）, pp. 1-25.

〔3〕 Jean Guitton, *Le Temps et L'Eternite chez Plotin et Saint Augustin*, Paris：Librairie Philosophique J. Vrin, 1959.

间观念，都可以在普罗提诺那里找到原型。比如，奥古斯丁和普罗提诺都认为，时间就是过去、现在、未来的流动，永恒并不是无限的时间，而是不动的现在；[1] 时间是对永恒的一种模仿；[2] 时间是灵魂的一种延伸和度量；[3] 等等。

普罗提诺和奥古斯丁更重要的一个关联是，奥古斯丁的三位一体哲学是从普罗提诺发展而来的。普罗提诺有三个本体的学说，认为太一是第一本体，太一中流溢出最高的存在和理智，是第二本体，第二本体中流溢出世界灵魂，是第三本体，再由第三本体流溢出个体灵魂，就是万物的创造，也是时间的创造。他用一个神话故事讲了时间的创造：

> 我们几乎不可能靠缪斯——当时还不存在——告诉我们"时间最初是怎样产生的"。但我们完全可以（即使缪斯当时已经存在）在时间已经进入存在之时请它告诉我们，它是怎样进入存在，怎样显现出来的。它可能会这样讲述自己：以前，事实上，它还未造出这"以前"或者感到有必要有"以后"的时候，它与永恒一起住在真正的存在中；那时它还不是时间，只是安安静静地停留在那里。但有一种不安宁的活动本性想要控制自己，做自己的主人，并且不满足于现状，决定寻求更多的东西，这种本性开始运动，时间也就随之运动；于是，我们一直就向着"下一步"和"以后"以及不保持同一、而是不断变化的事物运动，经历了一次长长的旅行，构造了作为永恒之像的时间。[4]

"我们一直就向着'下一步'"中的"我们"指的是个体灵魂，宇宙灵魂的一部分。世界灵魂本来是一体的，并不存在个体的灵魂，也不存在

---

[1] 普罗提诺，《九章集》，III：7.3；石敏敏译，第 324 页。
[2] 同上书，III：7.11；石敏敏译，第 337 页。
[3] 同上书，III：7.9；石敏敏译，第 336 页。
[4] 同上书，III：7.11；石敏敏译，第 337—338 页。

时间。灵魂作为第三本体，虽然弱于太一和理智，仍然不是在时间中变动的。但当灵魂中的一部分因为不满足于现状，想要控制自己，它就堕落了，于是产生了运动，运动就带来了变化，这样就有了时间。因此，时间的产生、堕落、个体灵魂的创造是在同一个瞬间发生的。但另一方面，普罗提诺又认为，个体灵魂的运动是某种环形运动，即它们虽然脱离了永恒的神，但最后必然回归到神；因此，时间虽然从脱离永恒开始，但最后必将回归到永恒。正是在这个意义上，时间是对永恒的模仿，甚至可以说，时间"只是永恒以另一种方式存在于一切拥有同一形式的存在者中"。[1]

总括一下，在普罗提诺那里，时间是由第三本体堕落为个体灵魂，而形成的灵魂的环形运动，这种运动最终仍将回归到永恒。奥古斯丁那里既呈现出与普罗提诺很多重要的相同之处，又有非常根本的不同，比如，他认为时间的产生与第二位格更相关，时间的运动不是环形的，而是线性的，等等。

比起普罗提诺来，奥古斯丁似乎更为过去、现在、未来的问题所困惑，为时间的度量问题苦苦思考。虽然他也得出了很多与普罗提诺非常类似的结论，但在不同的思考体系中，这些说法的意义是不同的。在《忏悔录》中，奥古斯丁是以向上帝发问的方式思考时间问题的，于是这就呈现为一个在时间中思考和言说的灵魂与一个永恒的智慧之间的对话：

> 永恒中却没有过去，而全部都是现在；时间不可能全部是现在；谁能看到所有的过去被将来所驱逐，所有的将来又追随了过去，所有的过去和将来都由那永远是现在的所创造，奔跑而去？谁能把握住人心，使它停下来观看，那既无将来又无过去的现在，如何调遣将来与过去的时间？[2]

---

[1] 普罗提诺，《九章集》，III；7.13；石敏敏译，第345页。
[2] 奥古斯丁，《忏悔录》，11：11 [13]。

在普罗提诺那里，虽然时间的产生和个体灵魂的出现也可以看作一种堕落，但是因为时间的运动是环形的，最终仍将归于永恒，所以时间不仅是对永恒的模仿，而且简直就是永恒的另外一种存在方式。于是，神与万物之间似乎处在一种相互依赖的关系中，这就成为普罗提诺思想的一个内在矛盾。[1] 但在奥古斯丁这里，时间与永恒的距离却是根本的、绝对的，在时间中存在的人心是无法停下来把握永恒的。灵魂越是在时间中奔波，就距离永恒越远。虽然在总体上，整个世界因为都是上帝造的而是美的，但"被秩序所把握是一回事，把握秩序是另一回事"。[2] 虽说万物都在自觉不自觉地模仿永恒，但个体灵魂却悲惨地挣扎在流动的时间之中，不仅无法认识永恒，而且无法把握时间。

过去的已经不复存在，将来的尚未存在，真正存在的只有现在；但是因为现在转瞬间即变为过去，更是不可把握的。和普罗提诺一样，奥古斯丁也认为，真正的存在就是永恒存在。只有上帝那个永恒的现在，才是真正的存在；时间中的人的存在处在永远的流动中，根本把握不住存在。奥古斯丁在考察了对时间的几种定义之后，得出结论："在我看来，时间只不过就是延展；但是什么的延展，我不知道；但如果不是心灵的延展，我就奇怪了。"[3] 因此，时间中的过去、现在、未来，不过就是心灵的三种存在状态。过去，就是心灵的回忆；现在，就是心灵的注意；将来，就是心灵的期望。归根到底，这三者都存在于现在。[4]

虽然奥古斯丁和普罗提诺一样，都把时间归结为灵魂的运动，但普罗提诺说那是世界灵魂或它的一部分的运动。对于由世界灵魂分化出的个体灵魂而言，时间就似乎不再是那么主观的了；但奥古斯丁说，时间是每个

---

[1] Richard Sorabji, *Time, Creation, and Continuum*, Chicago: University of Chicago Press, 2006, p. 162.

[2] 奥古斯丁，《论音乐》(*De Musica*, *PL*32)，6：14 [46]。

[3] 奥古斯丁，《忏悔录》，11：26 [33]。

[4] 同上书，11：28 [37]。

精神被造物的灵魂的运动，那么，他的时间似乎就都是主观时间了，难道世界上就不存在客观时间或物理时间了？或者说，在心灵之外，就不存在时间了吗？[1]

在《上帝之城》中，奥古斯丁的说法似乎又有不同了：

> 没有运动变化就没有时间，而在永恒中没有变化。既然如此，谁不能明白下面的道理？没有被造物，就没有时间，因为只有有了某物的某个运动，才有变化。而各个运动变化不可能同时发生，要一个结束，另一个接续，时间就是这些接续的阶段之间或长或短的空隙。[2]

如果时间就是前后接续的不同运动阶段之间的空隙，那还怎么说它是灵魂的延展呢？在人的心灵之外，不也存在着各种各样的被造物吗？它们的运动，难道不会构成时间吗？要弥合这两种说法之间的差异，我们必须考察他对时间的创造更详细的解释。

二 时间的创造

上帝以太初创造了天地，太初既是永恒的圣言，又是世界的开端。于是，这里就出现了一个很棘手的问题：永恒的上帝怎样创造了时间呢？他是在永恒中，还是在时间中创造的时间呢？奥古斯丁说：

> 我看不出，谁要说世界的创造发生在一段时间之后，能不同时说在世界之前就有了被造物，被造物的运动才会形成时间。既然《圣

---

〔1〕 参考孙帅，《奥古斯丁〈忏悔录〉中的时间与自我》，《哲学门》第十七辑。
〔2〕 奥古斯丁，《上帝之城》，11：6；吴飞译，中册第83页。

经》上面说的"上帝以太初造天地"是无比正确的，我们就要理解为，此前无物存在，因为如果有什么东西比别的被造物都更先创造，那就应该把创造此物的时候称为起初。无疑，世界不是在时间中造的，而是与时间同时创造的。[1]

上帝自身不会变化，却创造了变化的和时间中的万物。普罗提诺就是为了解决这个问题，才讲了那个时间创造的故事，说那是第三本体的事，与第一和第二本体无关。奥古斯丁既坚决认为时间不是在时间中被造的，就必须解决同样的问题。为了解决这一问题，有些人否认世界有个时间上的开端，认为世界也是永恒的；也有些人认为，永恒的上帝是在永恒地创造世界，"他们这样说，是担心别人攻击他们，说上帝好像突发奇想制造了世界，好像此前从未有过制造世界的想法，或是一个新的意志偶然出现，但上帝本来又是完全不变的"[2]。普罗提诺把时间说成永恒的一种存在方式，多少也是为了解决同样的问题。奥古斯丁既认为上帝不是在时间中创造了世界，又认为创造是发生在时间中的，这岂不是矛盾的吗？

在《上帝之城》中，奥古斯丁并没有详细谈这个问题如何解决。在《〈创世记〉字解》中，他就这个问题谈了很多。他说：

> 上帝"让光被造出来"的言说是某种永恒之物，因为上帝的圣言，与上帝同在的上帝，上帝的独生子，是与圣父共永恒的，尽管当上帝在永恒的圣言中说这句话时，一种时间中的造物被创造出来了。"当"和"某时"（对我们来说）诚然是时间词，但是某物应该被造时的时间，对上帝的圣言来说，却是永恒的，因此，当圣言说它应该

---

〔1〕 奥古斯丁，《上帝之城》，11：6；吴飞译，中册第83页；奥古斯丁，《〈创世记〉字解》，1：2〔4〕表达的意思基本相同。
〔2〕 奥古斯丁，《上帝之城》，11：4.2；吴飞译，中册第81页。

被造的时候，它就被造了。但圣言之中既不存在"当"，也不存在"某时"，因为全部圣言都是永恒的。[1]

在这一段，奥古斯丁似乎接受了他在《上帝之城》中批评的那种认为上帝在永恒地创造世界的说法。既然圣言是永恒之物，上帝言说圣言就是永恒地言说，那么，以圣言创造，难道不也是一件永恒发生的事吗？但奥古斯丁强调的是，虽然对于上帝而言，这是永恒的，但对于被造物而言，这却是时间的开端。他说：

> 与此同时，与圣父共永恒的圣言，以某种方式把这一言说固定和铭刻在精神造物的心灵和理性之中，以便那低级的、黑暗的和没有形式的物质自然可以根据这一言说而被置入运动中，并转向恰如其分的种类，这样，光就将被创造出来。我们这里是说，精神造物在其对真理的沉思中超越一切时间，而上帝在时间之外发布一条命令，精神造物则在时间之外倾听这一命令，但又让这些道理（ratio）[2]，如许多可理解的言说一样，从上帝不变的智慧那里铭刻在它的理智之上，然后把它们传送给较低等级的造物，这样，时间中的运动就可以在时间中的事物中被建立起来，无论是为了给予它们特定的形式，还是为了控制它们；我们几乎不可能理解以上这一切是如何可能发生的。[3]

这是非常值得玩味的一段话。其中描述了这样一个过程：圣父言说圣

---

[1]　奥古斯丁，《〈创世记〉字解》，1：2［6］。

[2]　在《〈创世记〉字解》中，道理（ratio）与形式基本上是同义词。参考 Cathrine Conybeare, *The Irrational Augustine* (Oxford：Oxford University Press, 2005), pp. 148-165 对奥古斯丁早期对话中的这个概念的分析。

[3]　奥古斯丁，《〈创世记〉字解》，1：9［17］。

言是永恒的，因而是发生在时间之外的，它本身不构成时间中的一个阶段，而精神被造物，即天使，对永恒圣言的倾听也必须发生在时间之外。对圣言的倾听，就使得圣言所言说的内容，即各种道理，铭刻在精神被造物的理智之中。这些精神被造物还要把这些道理传送给更低等的被造物，即那些黑暗的、没有形式的物质质料，使之获得形式。这些物质质料在获得了形式之后，就可以运动了，于是就产生了时间。正如奥古斯丁自己所说的，这是一个非常神秘的过程，人难以理解；而正是通过这个神秘的传递过程，永恒的上帝创造出了时间。

奥古斯丁也正是按照这个过程来理解，为什么最先的被造物是光。这光并不是物质之光，而是精神之光。但真正的精神之光其实是圣言，是上帝发出的光，而不是被造的光，这种被造的精神之光，只是被圣言的永恒之光照亮了的精神被造物：

> 如果上帝说"要有光"时，所造的是一种精神性的光，它并不是与圣父共永恒的真光，也就是说，不是万物藉之而被造、且照亮每一个人的真光，而是那种光，关于它可以用《圣经》的话说："智慧受造于万物之先。"[1]

普罗提诺在讨论三个本体时也比喻说，第二本体如同第一本体发出的光。[2] 圣言是上帝发出的真光。当圣言以某种神秘的方式将道理铭刻到精神被造物的理智中时，就如同这真光照亮了它们，而这些被照亮的精神被造物，也可以称为光。但它们是作为万物之先的被造物，而不是受生非

---

[1] 奥古斯丁，《〈创世记〉字解》，1：17 [32]。

[2] "那必是太一发出的光；太一发光而自身保持不变。这就如同环绕太阳的光，源源不断地发出，太阳却始终保持不变。一切存在的事物，只要存留在存在中，就必然根据各自当下的能力，从它们自身的实体产生出某种包围性的实在，并指向自身之外的东西，这就是由原型产生的一种影像。"普罗提诺，《九章集》，5：1.6；石敏敏译，第552页。

造的真光。

> 一旦永恒不变的智慧——它受生而非受造——进入精神性的和理性的受造物之中，正如它进入圣善的灵魂之中一样，它们自身就会因被照亮而成为光源，于是在它们之中就有了一种传递发光理智的能动作用；而这种能动作用就是上帝说"要有光"时被造的光。[1]

正如物质之光具有传递性，精神之光也有传递性。当作为圣言的真光照亮了精神被造物之后，这些精神被造物自身也成了光源，可以照亮其他的被造物，即，将它们从圣言那里倾听到的道理传递到物质被造物当中。当这些道理被传递给了物质造物，物质质料就获得了形式，于是就产生了运动和时间。[2]

奥古斯丁这里的创造过程比普罗提诺那里复杂了很多，但我们仍然可以看到他对新柏拉图主义的继承。[3]和普罗提诺一样，奥古斯丁意识到了由永恒创造时间的理论困难，上述这一过程，就是他解决此一困难的尝试。他没有把万物的创造简单地理解为堕落和流溢，而认为创造出自永恒上帝的意志。在时间的创造中，起决定作用的不是第三位格，而是第二位格。但万物并不都是由圣言直接创造的，而是圣言直接照亮了天使，因为只有天使可以聆听永恒的圣言。天使再把从圣言那里得到的道理传递给物质造物，于是物质造物就具有了形式。[4] 由于物质造物是低等的造物，它们的形式只能在时间中做有限的运动，于是在物质造物获得了形式、开

---

〔1〕 奥古斯丁，《〈创世记〉字解》，1：17〔32〕。
〔2〕 关于这个创造过程，我们会在下一章详述。
〔3〕 参考周伟驰《记忆与光照》，北京：社科文献出版社，2001年；《奥古斯丁的基督教思想》，北京：社科文献出版社，2005年。
〔4〕 这一哲学观念直接来自亚里士多德的形式质料说。奥古斯丁认为，上帝最初创造了天地，就是质料；圣言是永恒的真理，其中包含了万物的道理，即形式。当圣言中的道理进入质料，万物的质料与形式结合，就真正被造了。

始了运动之后，时间就出现了。

如果结合《忏悔录》与《〈创世记〉字解》中的讨论，我们就能理解，奥古斯丁说时间是心灵的延展，不止是就人的心灵而言的。在人之外的时间，也并不是物理时间，而是来自天使的心灵。

如果把第二位格理解为世界历史的太初，这并不意味着，圣言就是由此展开的历史过程的第一个阶段，而是说，圣言是时间产生的根本源泉。圣言既然是上帝的一个位格，它就不可能处在时间当中。但作为真理、智慧、太初，它以永恒的言说，却可以将各种道理教授给万物。但是，并不是万物都能直接倾听圣言，只有天使能倾听。于是，天使接受了圣言所讲的道理，并传递给其他被造物，由此就产生了时间。时间并不是堕落的产物，堕落是因为自由意志和犯罪。

奥古斯丁坚决否定了普罗提诺的环形运动论和任何形式的循环历史观。永恒并不依赖于时间，并不是所有的时间都要回归到永恒。只有那些能够倾听和响应圣言，在圣言的作用下转向上帝的被造物，才可能回归永恒。但对于这些回归永恒者而言，历史是不是一种循环呢？

既然被造物的一切道理都来自圣言，时间中发生的一切都逃不出永恒圣言的智慧，在上帝面前就没有真正的历史，上帝以永恒的智慧理解和把握人类的一切。世界历史的开端是在圣言那里，其终结也在圣言那里，因为进行末日审判的是圣子。而世界历史中最重要的事件，又是圣言化为肉身。但对被造物来说，这种来自圣子、归于圣子的运动，是否也是一种永恒轮回呢？

三　上帝何时创世

将世界历史确定为有一个开端的线性历史，是奥古斯丁形而上学与时间观念的一个必然推论。但如何看待永恒的上帝与线性历史之间的关系，却是奥古斯丁历史哲学面临的巨大难题。在抛弃了新柏拉图主义的循环历史观之后，这就尤其是一个不易解决的困难。[1]《上帝之城》中关于创造和历史问题的一些疑问，大多和这个困难相关。比如："为什么永恒的上帝想造他此前没有造过的天地呢?"[2] 若说世界历史有一个起初的始点，则很可能意味着，上帝在某个时刻造了他从未造过的世界，那么，永恒的上帝岂不是有变化了?

西塞罗在《论神性》中也曾问过类似的问题，却给出了和奥古斯丁截然不同的理解："世界的创造者睡了无数个时代，为什么突然醒来? 哪怕世界不存在，时间也不会不存在。"[3] 西塞罗进一步论述说，真正的时间并不是由日月星辰的运动构成的，任何事物都在时间中存在，因此不可能有完全没有时间存在的状态。这个问题使他推导出，虽然世界有可能是神创造的，但时间不可能是神创造的，而是永恒的。

奥古斯丁同样认为，时间不是由日月星辰的运动构成的，因为在日月星辰被造之前，就已经有了时间。[4] 但他并不认为时间是永恒的。他更认真地对待上帝为什么突然创世这个问题，在不同的著作中反复考量。

在《论〈创世记〉驳摩尼教》中，奥古斯丁从三个层次回答了这个问题。首先，他指出，"上帝以太初造天地"的意思，并不是说上帝在时间的开端造了天地，而是说他用第二位格造了万物。

但以第二位格来理解"太初"，并不能否定创造时间的含义，于是，奥古斯丁开始了他第二个层次的讨论：如果把这理解成时间的开端，仍然可以回答这个问题。因为时间也是上帝造的，所以并不存在创造"之前"的时间，因而问上帝在这之前干什么，就是一个无意义的问题。要是问上帝为什么突然想到了造天地，仍然必须假定，在造天地之前有很多时间过去

[1] 参考索拉布吉对这个问题的梳理，见 Richard Sorabji, *Time, Creation, and the Continuum*, pp. 232-252。
[2] 奥古斯丁，《上帝之城》，11：4.2；吴飞译，中册第81页；类似问题又见于《论〈创世记〉驳摩尼教》，1：3.4；奥古斯丁，《忏悔录》，11：10 [12]—12 [14]。
[3] 西塞罗，《论神性》，1：9 [21]；石敏敏译，上海：上海三联书店，2007年，第10页。
[4] 奥古斯丁，《忏悔录》，11：23 [29]。

了，但这是同样不可能的，因为如果上帝不造时间，时间是不可能过去的。

如果说上帝创世之前没有时间，而天地从时间的开端即已存在，就时间而言，被造的天地岂不是和上帝一样久远吗？奥古斯丁随即指出，这样的想法也是错误的，因为上帝的永恒与世界的永远是不同的。上帝的永恒先于所有的时间，正如上帝的好高于所有被造的好，上帝的存在高于所有被造的存在。但是，上帝"先于"所有的时间是什么意思呢？这难道不暗示了，在时间被造之前，已经有了时间吗？如果没有时间，又怎么谈"先于"呢？奥古斯丁似乎很难完满地解决这一问题。于是，他最后的结论是，人的知识是有限的，不可能真正理解上帝。[1]

到了《忏悔录》中，奥古斯丁再次遭遇了这个问题。他几乎要对问这样问题的人说："在造世界之前，上帝正在为那些饶舌的人造地狱。"但他意识到，面对如此严肃的问题，不能这样轻易打发过去。虽然奥古斯丁最后总能以人的知识无法真正了解上帝来回避这一问题，但他还要尝试以哲学的方式给出一个相对圆满的回答。他在《忏悔录》中，先把这个问题问得更加清楚和系统：

> 上帝在造天地之前在做什么？如果他闲着没事做，他为什么不保持永远不变，就像创造之前那样呢？因为，如果在上帝中有了任何新的变化或新的意象，要造他从未造过的世界，就有了一个此前从未有过的意志，怎么会有真正的永恒？因为上帝的意志不是被造物，而是先于被造的秩序，因为若是上帝的意志不在先，什么也造不出来。因此，上帝的意志属于上帝的实体。如果在上帝的实体中，有什么此前没有的东西出现了，这个实体就不能真正称为永恒了。但如果是上帝永恒的意志使被造秩序存在，被造物为什么不是永恒的呢？[2]

[1] 奥古斯丁，《论〈创世记〉驳摩尼教》，1：2 [3—4]。
[2] 奥古斯丁，《忏悔录》，11：10 [12]。

这个问题的要害之处在于，说上帝从不造万物到创造万物，意味着上帝之中发生了一个变化，这就违背了上帝的永恒不变；如果上帝并不需要变化就可以创世，则创造也是永恒的，被造物似乎还是会和上帝共永恒。普罗提诺之所以要说有三个本体，一个目的就是要回答这个问题，而奥古斯丁将上帝说成三位一体的，使精神造物主动倾听圣言，然后又把圣言中的道理传递给物质造物，也是为了解决这个问题。无论普罗提诺还是奥古斯丁，为了解决永恒与创造的冲突，使创世变成了一个极为复杂的过程。即便是在这样处理之后，奥古斯丁还是对这个问题感到不安，因而又重新把它提了出来。

除了要以三位一体来解决这个问题之外，奥古斯丁感到，必须进一步思考时间和永恒的关系，才能更好地讲清楚上帝与创世之间的关系。他在《忏悔录》中已经非常细致地讨论了时间和永恒的差别，将永恒理解为一个不变的现在，于是，他提出了比他在《论〈创世记〉驳摩尼教》中更成熟的一个回答：

> 这样说的人并没有理解你，上帝的智慧啊，心智之光，没有理解，凡是被造的，都是由你和通过你造的。他们的心还在过去和未来变动的事物中摇摆，归于虚妄，竟还试图把握永恒。谁能抓住这心，让它固定下来，使它哪怕在一瞬间稳定下来，在一瞬间把握那永远的稳定的永恒的光芒，将它与永远不会稳定的时间对比，就会看到那是不可比拟的，看到很长的时间都是由无数个过去的运动组成的，这些运动不可能同时存在，不可能是长的。而在永恒中，不可能有过去，一切都是现在。但没有时间是真正现在的。他会看到，所有的过去都是从未来推过来的，所有的未来都追随着过去，而所有的过去和未来，都是被那永远现在者所创造和安置的。谁能抓住人的心灵，让它稳定下来观看，那没有过去和未来的永恒是稳定的，统治着过去和未来？我的手有这能力吗？我的嘴的手仅仅靠说，就有这能

力吗?[1]

在此，奥古斯丁没有像在《论〈创世记〉驳摩尼教》中那样，简单说，上帝在时间之前。上帝的永恒并不是在时间之前，而是超越于时间之外。时间是由过去、现在、未来组成的，在过去、现在、未来三个维度中变换，但永恒是一个永恒的现在。世界可以是永远的，意味着，它可以从时间的开始绵延到时间的终结，但它仍然是在时间中存在。上帝超出于时间之外，并不是说上帝也从开端绵延到结尾，也不是说，上帝的绵延比世界的绵延更长，在世界被造之前已经绵延，在世界毁灭之后还将继续绵延，这个绵延无始无终。上帝的特点在于，他根本就不绵延，没有过去和未来，而是一个永远的现在，这才是奥古斯丁所理解的永恒。被造物无论在时间中绵延多么长，甚至哪怕永远绵延下去，也仍然无法和永恒相比。时间和永恒，根本就是两个维度的存在。因此，说永恒的上帝创造了时间中的世界，并不是说上帝在时间的某一刻创造了世界，而是说，一个永恒不变的存在，以他永恒不变的智慧和永恒不变的意志，创造了在时间中变动的世界。

在《上帝之城》中，奥古斯丁又一次讨论了这个问题："那么，为什么永恒的上帝想造他此前没有造过的天地呢？这样说的人宁愿把世界看作永恒的、没有开端，从而就不是上帝造的了，这离真理太远了，其不敬与荒谬已病入膏肓。"[2] 这里所批评的，是亚里士多德一系的观点，即认为世界不是无中生有被造，而是永恒存在的。[3] 奥古斯丁指出，从被造万物的有序和美好，一定可以推知它们是上帝所造的，而不可能是永恒

---

〔1〕 奥古斯丁，《忏悔录》，11：11〔13〕。

〔2〕 奥古斯丁，《上帝之城》，11：4.2；吴飞译，中册第81页。

〔3〕 针对这一点，亚里士多德在《论天》中批评了柏拉图《蒂迈欧》中类似无中生有的创造论，认为天不可能是生成的，而应该是永远存在的（280a30）。见亚里士多德，《论天》，徐开来译，《亚里士多德全集》第二册，第301页。

的。最后，奥古斯丁给出了和《忏悔录》中一样的答案，认为要解决这个问题，根本上是要区分时间和永恒。如果理解了，永恒中没有变化，时间就是变化形成的，就可以理解，世界是和时间同时被造的，而不是在时间之中造的。[1]

四　线性历史

奥古斯丁关于时间和永恒的论述，很大程度上是从普罗提诺那里学来的。普罗提诺并没有发展出一套线性历史观，而是讲出了循环历史观。在希腊化时代的哲学中，循环论是很多哲学家接受的历史观。可见，仅仅这样理解时间和永恒，并不足以发展出线性历史观。这里还有很多问题有待解决。比如，时间若是来自永恒，那么它是否还会归于永恒？如果在时间开端之前什么都不存在，那么在时间终结之后是否也会什么都不存在？换言之，奥古斯丁既然认可无中生有，那么无中生有的存在在末日之时是不是还要回归于无？本来是无的东西，怎么会变成永恒的存在呢？若是那样，被造物岂不是和上帝一样永恒了？普罗提诺的循环论，可以较圆满地回答这些问题，基督教的线性历史观反而是需要证明的。为了确立线性历史观，奥古斯丁批评将世界当成永恒的观点：

> 一些人承认世界是上帝造的，却不愿认为这在时间之中，说这创造并没有一个时间上的开端，从而认为世界是因为一种不可理解的力量，永远在被创造。他们这样说，是担心别人攻击他们，说上帝好像突发奇想制造了世界，好像此前从未有过制造世界的想法，或是一个新的意志偶然出现，但上帝本来又是完全不变的。[2]

---

[1]　奥古斯丁，《上帝之城》，11：6；吴飞译，中册第83—84页。
[2]　同上书，11：4.2；吴飞译，中册第81页。

这种观点也可以很好地回答上帝为什么突然要创世的问题，但取消了时间。它的基本思路是，既然上帝不在时间之中，那他就永恒地处在时间之外。上帝既然创造了，也就不可能有不创造的时候，因而可以说，他在时间之外，永恒地创造着。既然上帝在永恒地创造着，被造世界也是永远地被创造着。于是，被造世界虽然看上去存在于时间之中，但它根本上还要回归永恒。既然时间中的万物根本上要回归永恒，时间归根到底就还是永恒。这是循环论历史观的一种极端形态。

这一观点表面上仍然承认时间和永恒是不同的，但认为时间终究会归于永恒，于是，在时间中堕落了的被造物，必将回归永恒的幸福，也就谈不上真正的堕落和罪，当然也就无所谓拯救了。历史循环论与善恶秩序格格不入，所以奥古斯丁无法接受它：

> 如果他们认为灵魂与上帝一样永恒，那他们就不能解释，为什么灵魂会出现以前从未有过的新的悲惨。如果他们说悲惨与幸福永远交替出现，那他们必须说它们将来也永远交替出现；这就会得出荒谬的推论：所谓灵魂的幸福并不是幸福，因为她会预见到将来的悲惨和下流；如果不能预见到自己还会变得悲惨和下流，而认为永远会幸福，那么幸福就是虚假的意见。没有比这说法更荒唐的了。[1]

为了给基督教的善恶秩序和救赎论提供一个恰当的世界历史，奥古斯丁需要更加有力地反驳循环论，确立线性历史观。

在希腊化时代，各种版本的历史循环论是很多哲学家持有的观点，甚至基督教的一些教父也接受了历史循环论。比如，奥利金认为《传道书》里的这段话表达的就是这个意思："已有的事，后必再有。已行的事，后

---

[1] 奥古斯丁，《上帝之城》，11：4.2；吴飞译，中册第81页。

必再行。日光之下并无新事。岂有一件事人能指着说，'这是新的？'哪知，在我们以前的世代，早已有了。"[1] 他解释说："靠了这些见证，我们可以断定，在我们的时代之前已有别的时代，在我们的时代之后也还有别的时代。我们不能认为同时存在好几个世界，但在现在的世界结束之后，另外的世界就会开始。"[2] 奥古斯丁坚决反对各种形式的循环论，他讽刺这些哲学家说：

> 某个世代有个哲学家柏拉图在雅典城那个名为学园的学校里教他的学生，在无数个世代以前，不知几度沧桑，也有同样的一个柏拉图，在同样的城里，在同样的学校，给同样的学生讲课，而且这在无数个世代之后还要重复。我说，这实在无法让我们相信。[3]

但这种讽刺并没有足够的理论力量，因为那些哲学家并不像奥古斯丁描述得这么荒谬。是否只有一个世界存在，是哲学史上一场非常严肃的争论。奥利金并没有否定很多世界可能存在，而只是认为它们不会同时存在。那种承认有多个世界或同时或历时存在的哲学家，并不必然认为，这些世界之间只是机械地重复。奥古斯丁也深知自己的讽刺不能击败这些哲学家，因而花了很多篇幅来反复讨论，以证明世界历史是独一无二、线性发展的，耶稣基督的死也是独一无二的。

这个问题的关键，还是如何理解永恒与时间的关系。对于《传道书》中的那段话，奥古斯丁比较倾向的理解是："万物的发生都在上帝的前知之内，这样，太阳下也就没有什么新的东西了。"[4] 对于永恒的上帝而言，没有什么新的事物；但对于被造世界和人类而言，却总有新的事情在

---

[1] 《传道书》，1：9—10。
[2] 奥利金，《论太初》，3：5.3。
[3] 奥古斯丁，《上帝之城》，12：13.2；吴飞译，中册第132页。
[4] 同上。

发生："上帝是永恒的，没有开端，但他使时间有一个开端。在这个时间之前，上帝没有造人，他在时间中造人，不是新的和突然的，而是上帝不变和永恒的计划。"[1] 上帝在时间之外创造了万物，但万物都存在于时间当中，这是普罗提诺已经讲过的了。基督教的立场使奥古斯丁无法停留于这种哲学的讲法。但要抛弃普罗提诺的循环论，强调上帝不依赖于任何被造物，上帝还能称为"创世主"吗？"但我知道，上帝总是主，如果并不是总有被造物，那他是谁的主呢？"[2] 奥古斯丁除了再次诉诸人类无法了解上帝的全部智慧这根救命稻草之外，回答说：

> 也许我会说永远有被造物，因而它们的主永远是它们的主，从未不是什么的主；但是一会是这个的主，一会又是那个的主，在不同的时间里各自不同。我们不能说哪一个与造物主共永恒，因为信仰和健康的理性谴责这种说法。[3]

奥古斯丁进一步说，在所有被造物中，天使是从起初就被造的，永远存在的，因此就可以说，上帝永远是天使的创造主，天使永远是上帝的被造物。但这并不意味着，天使是与上帝共永恒的。永远存在，只是说天使永远存在于时间中，而不是像上帝那样永恒。上帝之永恒，不在于它比所有被造物存在的时间更长，更不在于它在所有时间之前，而是因为它在时间之外。而无论多长的时间，都不是永恒。

这是对《忏悔录》中所说的时间与永恒关系的进一步澄清。永恒既然是在时间之外的，就不可能在任何时间的意义上来理解它，不能说上帝在某段时间之前、之后等等，严格说来，也不能说上帝是永远的。即使是像天使那样永远存在于时间中的被造物，也不是上帝那样的永恒。于是，永

〔1〕 奥古斯丁，《上帝之城》，12：14；吴飞译，中册第132—133页。
〔2〕 同上书，12：15.1；吴飞译，中册第133页。
〔3〕 同上书，12：15.1；吴飞译，中册第13页。

恒上帝变成了完全外在于时间的一种存在。

可是，这一思路面临进一步的问题。如果上帝之永恒是时间之外的一个维度，那么就完全可以说，时间是无始无终、永远延续的。如果说时间有一个起点，似乎就已经预设了，这个起点本身就有之前，它就在时间之中；同时，如果时间有起点，怎能说它没有终点呢？如果奥古斯丁承认时间有终结，那么这终点是否还有以后？起点和终点，毕竟只能在时间的坐标轴中才谈得上。下面的观点就是从这个角度考虑的：

> 他们要么认为，世界虽然在变化，却没有不存在的时候，在时间中没有开端，但还是被造的；要么认为，世界永远在生灭，永远在重复同样的轮回。否则，如果我们说上帝在某个时候开始他的最初工作，那就要承认，他认为他开始工作之前的空闲是虚度光阴，这让他不快，他要谴责和改变自己的做法。[1]

按照奥古斯丁前面对永恒和时间的理解，永恒的上帝只是任何时间之外的永恒原则和终极因，他不可能作为时间中的一个点来开启或终止时间，否则他也必然被卷入时间之流当中。基于上述考虑，于是有了这两种解决方案。第一种认为，永恒上帝所创造的时间，就时间而言是无始无终的；第二种认为，时间虽然有始有终，但终而又始，始复入终，周而复始，往复循环，再次陷入了循环论。这两种意见都认为，一旦使上帝进入时间，成为时间的太初，则必然意味着上帝有变化，有忙碌和空闲之分，那就无法维护上帝的永恒。

奥古斯丁认为上帝不仅可以成为时间的起点，而且还会言成肉身，直接进入世界历史，这无疑有着巨大的理论困难。但根本的困难在于，奥古斯丁并不是以和开端同样的方式来理解终结的。他虽然承认世界有一个时

---

〔1〕 奥古斯丁，《上帝之城》，12：17.1；吴飞译，中册第137页。

间上的开端，但似乎并不认为世界会在同样的意义上终结。得救的灵魂在末日以后并不是重新回归于无，而是继续存在。时间至此已经不存在了，世界将和时间被造之前（如果可以这么说的话）一样，除了永恒的上帝之外一无所有，只能存在于时间中的被造物要么重新归为虚无，要么加入到永恒上帝之中，和上帝一样永恒。奥古斯丁说，被救的灵魂将会享受永恒的幸福，那么，他们是加入上帝吗？但更麻烦的地方在于，还有那些遭受永罚的灵魂，他们不会变成虚无，他们的痛苦也不会终结，那他们以怎样的方式存在呢？

对这个问题，奥古斯丁回答说："如果认为世界是在时间中创造的，却永远不会在时间中毁灭，这就如同数字，只有开端没有结尾，那么，灵魂曾经遭受悲惨，以后会被解救出悲惨，将来永远没有悲惨。"[1] 按照这里的说法，似乎世界只有开端，没有终结。只有绝对地肯定，被救的灵魂既不会回到悲惨，也不会重新化为虚无，才能不把世界与时间的开端和终结说成一种循环，真正打破历史循环论。但奥古斯丁只能在这两者之间摇摆。他先是将历史循环论描画成非常荒谬的理论，然后又以不断重复永恒和时间绝对的差异来强调他的历史观。世界既然有开端，就一定有终结，但他不肯将这个终结说成是时间的再次消失，因为这样必然还会陷入时间循环论，而且无法安置那些受永罚的人们。他只能含糊其辞、但又坚决地塑造出一个线性历史观。

虽然有着巨大的理论困难，但奥古斯丁一定要把世界历史理解成线性的，才能在其中安顿基督教的很多重大问题。而此处所说的理论困难，将会伴随他的整个世界历史观。现在，我们就进一步来看，时间是如何随着天使的被造而被造的。

---

[1] 奥古斯丁，《上帝之城》，11：4.2；吴飞译，中册第82页。

第二章

善恶的开端：天使的创造与分裂

一　天使和万物的创造

天使是永恒的上帝与被造的世界之间的中介，它们的创造也导致了时间的真正产生。奥古斯丁认为，上帝在第一日所造的光就是天使。他说：

> 《圣经》里说："神说'要有光'，就有了光。"如果我们把这光的创造理解为天使的创造是对的，那么天使们就分参了永恒之光，那就是上帝不变的智慧。一切都是用这智慧创造的，我们把这智慧称为上帝的独生子；于是，天使们被创造它们的光照亮，也成为光，被称为"日"，因为它们分参了上帝不变的光和日，也就是圣言，它们和万物都是藉圣言创造的。"那光是真光，照亮一切生在世上的人。"这光也照亮世上所有纯洁的天使，但光不是来自它们自己，而是来自上帝。[1]

由于天使是纯粹的精神性被造物，它们有理智，能思考，而且可以直接聆听上帝永恒的真理，即第二位格。"从被造的那一刻起，它们就一直在神圣而虔敬的沉思中安享圣言之永恒。"[2] 这种直接的聆听使天使成为最

---

[1]　奥古斯丁，《上帝之城》，11：9；吴飞译，中册第 87 页。
[2]　奥古斯丁，《〈创世记〉字解》，2：8 [17]。

智慧、最美好的被造物。奥古斯丁注意到，上帝在造完每一类物质造物之后，《圣经》上都说"事就这样成了"，但在造完光之后，没有这么说。他认为，这正表明了天使这种精神性造物和其他被造物之间的根本差别：

> 是因为这种理性造物并非先知道它要获得形式，然后才获得形式，相反，它是在被赋形的过程中，也就是说，在被真理（它转向这真理而获得形式）照亮的过程中知道它获得了形式。然而，其余那些较低等级的造物却是先在理性造物的知识中被造，再在其特定的种类中被造。[1]

《创世记》第一句话中的"天"是精神质料，当这种精神质料听到了永恒的真理的时候，就学到了这些真理，于是被真理之光照亮了，即它们被赋予了形式。上帝对天使的创造是直接创造，但上帝并没有从不造到创造的变化。真理永恒地在那里，天使若要主动聆听，就被赋形了。但物质被造物不同，不是直接由上帝造的，而是要经由天使，间接造出来的。比如，奥古斯丁在谈到物质之天的创造时说：

> 根据受生的智慧，天先是在上帝的圣言之中形成，然后根据天使中受造的智慧，在精神受造物中被造，也就是说，在天使的知识中被造，只有在此之后，天才被造，以便实际受造的天能作为特定的事物而存在。这种说法同样适用于水和旱地的分离或各自的创造，也适用于草木的自然，天上的光体，以及水中和地上生出的生物。[2]

此处说的是这样一个过程：先是在永恒的圣言中，形成物质之天的道理；圣言言说这道理，天使倾听圣言，于是，这道理先造在天使之中，然

---

[1] 奥古斯丁，《〈创世记〉字解》，2：8［16］。
[2] 同上书，2：8［16］。

后再造出天的特定形式，完成天的创造。

在奥古斯丁这里，诸被造物之间并不是机械地排列在一起，而是彼此相关，构成了一个有机的系统。上帝并不是先造光，再造其他各种造物，又造了人。如果是这样，则哪怕不造光，或是后造光，他还可以造其他的事物。但是，上帝如果不造光，是不可能造出其他事物的形式的，因为天使是万物的形式的传递者。于是我们看到，在任何物质造物被造的过程中，天使都起到了重要作用。这就是低等被造物被造的大体过程：

> 因此，光被造出来之后，我们凭借它来理解被永恒之光赋形的理性造物，而每当我们在其余的创造中听到"上帝说，要有某物"，我们都应当认为《圣经》是在将笔触转向上帝的言之永恒。然而当我们听到"事就这样成了"，我们都要认为在理智造物中产生了关于将要形成的事物之道理（这道理存在上帝的圣言之中）的知识。因此，在一定的意义上，这一被造物首先在某种自然之中被造；经由某种朝向上帝的言的先行运动，这种自然首先认为这种造物理应被造。因此最后，当我们听到《圣经》重复说"上帝就造出……"，我们就应当认为，实际的被造物在其特定的自然之中被造了。再者，当我们听到"上帝看着是好的"，我们应当认为，上帝在其仁慈中对被造物感到喜悦，因而它可以按照其自身的方式持存。[1]

奥古斯丁非常强调圣言与被造物的根本区别：圣言是受生的，万物是无中生有被造的。圣言是上帝的一个位格，是永恒的。当上帝要造某物时，这个事物的道理就存在于圣言之中了。但是，因为上帝是不变的，圣言也是永恒的，所以并不是上帝先前没有某个道理，突然有了这个道理，而应当是，这个道理就永恒地存在于圣言之中；但这并不意味着，被造物

---

〔1〕 奥古斯丁，《〈创世记〉字解》，2：8〔19〕。

也永恒存在，因为被造物尚不存在，只是其道理存在于圣言之中。

所以，"上帝说，要有某物"之时，并不是上帝有了这个想法的时候，而是《圣经》作者将笔触转向圣言的这个想法的时候。"事就这样成了"，并不是说已经这样造了，而是说，天使聆听到了圣言中的这个道理，它们获得了关于这种被造物的知识。所以，虽然这种被造物本身还没有造，但是天使们已经有了关于它们的知识。天使们获得这种知识的过程，就是"朝向上帝的言的先行运动"，它们由此知道，这种被造物应该被造。随后，《圣经》上说"上帝就造出"，那就是被造物自身被造了出来。最后，上帝看着是好的，是圣灵的作用。

那么，在创世的过程中，就不止是上帝的三个位格在起作用，还有天使的作用。一方面，奥古斯丁为了解决永恒与时间的过渡问题，在很多地方暗示了，天使对光的传递是创造的必要过程；但为了避免使天使也成为造物者，他又把天使的聆听圣言说成被动的：

> 它们当然也不知道上帝的理智，除非上帝自身显示了他的理智。因为"谁知道主的理智？谁作过他的谋士呢？谁是先给了他，使他后来偿还呢？因为万有都是本于他，依靠他，归于他"。[1]

天使本身不是真光，不能依靠自身照亮任何被造物，只是作为中介，先被圣言的真光照亮，然后再照亮别的被造物。天使与上帝之间的不同是根本的、绝对的。

二　天使的智慧

按照奥古斯丁上面的解经法，《圣经》里在谈到天使之下每种造物被

---

[1]　奥古斯丁，《〈创世记〉字解》，2：8 [18]。

造时，都说"上帝就造出"和"事就这样成了"〔1〕，从而表明了每种道理从圣言到天使，再到被造物，这三阶段的创造过程，但在造人的时候，却没有说这两句话。这正表明人与天使相似的地方：

> 如果《圣经》先说，"事就这样成了"，然后说，"神就造出"，这就意味着，先在理性造物的知识中受造，然后再实际受造，这指的是非理性造物。但我们这里说的是理性造物，它在自身的认识中得到完善。人堕入罪之后，根据上帝的形象，"在对上帝的认识上渐渐更新"，同样，人本来就是在这种认识中造的，后来因罪过而变得衰颓了，最终会从这种衰颓中渐渐更新，回到原来的认识。〔2〕

人和天使一样是精神的造物，因此，人的形式不需要通过天使的传递。不过，奥古斯丁指出，尽管人和天使都是精神被造物，而且人的灵魂还是按照上帝的形象造的，但人仍然与天使有很大的差异，这尤其表现在认识能力上。天使可以直接倾听永恒的圣言，但人哪怕在堕落之前，也无法做到这一点：

> 天使终归不像动物那样只用身体的感官来感知可感知的物体；而即使它们使用这种感官，这也只是它们认知这些事物的一种方式。在上帝的圣言（天使被这圣言照亮，以便能智慧地生活）之中，它们可以内在地、更好地认知它们。〔3〕

天使倾听圣言并传递圣言中的道理的过程，也是认识圣言以及其中的道理的过程。说上帝要通过天使的传递来创造被造物的形式，并不是说上

---

〔1〕 和合本《圣经》中很多地方没有"上帝就造出"，但奥古斯丁依据的版本是有的。
〔2〕 奥古斯丁，《〈创世记〉字解》，3：20〔32〕。
〔3〕 同上书，2：8〔16〕。

帝有任何欠缺或不足，从而需要天使的协助才能完成万物的创造。包括天使在内的所有被造物，都来自上帝，都接受上帝的支配。天使传递圣言的时候，就直接从上帝那里认识到了这些被造物的道理，所以它们不像人一样，先通过感官认识物质事物，然后再用理性能力整理和分析这些事物，最后慢慢接近真理。"天使不像我们那样逐渐获得智慧，'藉着所造之物才可以晓得上帝的不可见之物'。"[1]它们是直接从上帝那里接受真理，甚至在各种事物被造之前就已经认识到了："在被造物本身形成以前，它们赖以形成的道理先在上帝的圣言之中；同样，有关同一个道理的知识也先产生于未因罪而黯淡的理智造物之中，然后被造物本身才形成。"[2]

在创世六日中，天使的认识都起到了重要作用。因此，要理解天使的认识，就要理解六日以及每日的昼与夜。在《〈创世记〉字解》中，奥古斯丁花了很大篇幅来讨论这个问题，使之成为时间创造之后的又一重大理论问题。

《创世记》中说，日月星辰是在第四日创造的。那么，在没有日月的时候，前三日是怎样形成的？特别是，如何区分每一日的晚上与早晨呢？前面既然已经说了，第一日被创造的是精神之光，而不是物质之光，那么，前三日晚上与早晨的交替，就不是通过物质之光的运行完成的，而必须从精神的角度理解。对于这精神被造物而言，黑暗就是其未赋形状态。早晨就是，"在光认识到自身的自然并非上帝之所是之后，它转而赞美上帝自身所是的光，并通过沉思这光而被赋形"[3]。在它转向和沉思光，并被照亮之际，它认识到了圣言中的道理，因而就导致了其他被造物的被造。"如果没有它的认识，它之下的其他造物就不会被造，所以，那同一日每次都重复，目的在于：随着事物各从其类地被造出来，可以通过那同

---

〔1〕 奥古斯丁，《〈创世记〉字解》，2：8［16］。

〔2〕 同上。

〔3〕 同上书，4：22［39］。

一日的重复造出许多日子，直到终结于数字六的完全性。"〔1〕物质造物被造的过程，就是天使在圣言之中认识它们的道理的过程。因此，每一日都是天使对圣言的认识与沉思；而其中的晚上与早晨，则代表了圣言认识事物的不同状态。下面这一段，便详细描述了从第一日的晚上到第二日的晚上的变化：

> 因此，第一日的晚上也是光的自我认识，即认识到它不是上帝之所是；而第一日的晚上（它标志着第一日的结束和第二日的开始）之后的早晨则是它的转向，借此它通过自身之被造来赞美造物主，并从上帝的言中得以认识在它之后的造物，即苍穹。苍穹首先在光的认识中被造，这就是《圣经》说的"事就这样成了"，然后在被造的苍穹自身的自然中被造，这就是《圣经》"事就这样成了"之后说的："神就造出苍穹。"而当光不像以前那样在上帝的言中、而是在苍穹的自然中认识苍穹的时候，它就有了晚上。由于这是一种较低的认识，所以用"晚上"之名来表示是正确的。〔2〕

前面谈到，天使可以直接在圣言中认识被造物的道理，也可以通过被造物自身认识这个道理。第一日的晚上，就是它通过自身认识自身，认识到自己与上帝的差异；等到它转向上帝，赞美上帝，并从中认识到了苍穹的道理时，就又进入了第二日的早晨。苍穹被造之后，天使又在苍穹的自然中认识它，于是又进入到第二日的晚上。

从天使的认识角度出发，奥古斯丁是这样定义昼、夜、晚上、早晨的：精神之光"出现就是昼，它不在就是夜，它开始不在就是晚上，它开始出现就是早晨"〔3〕。他注意到，在这六日中只提到了昼、晚上、早晨，

---

〔1〕 奥古斯丁，《〈创世记〉字解》，4：22〔39〕。
〔2〕 同上。
〔3〕 同上书，4：21〔38〕。

却没有提到夜。那是因为，天使哪怕在通过被造物认识的时候，也从未真正背离过上帝。晚上不同于夜，因为天使不会使光真正彻底消失的："天使的知识不会停驻在被造物之上，而会通过它来赞美和爱他；在它之中，它们认识到的不是它已经被造，而是它应该被造；而立在这真理中就是昼。"[1] 如果天使认识的仅仅是事物的已经被造，那它就彻底转向了被造物，忘记了被造物与上帝的关联，真的进入夜了；但它在通过被造物自身认识时，永远是就上帝与被造物的关系而言的。天使认识到的，是从上帝的角度出发，被造物应该存在，即，在上帝的总体计划中，每个被造物都是好的；因此，它不会停留在被造物自身中，反而越认识到被造物的好，越领会到上帝的伟大，于是就通过被造物来赞美上帝，那就立即转回上帝那里，于是就从晚上转向了早晨，然后就进入了昼。这样，天使的认识永远在昼、晚上、早晨这三个维度中转换，不会进入到夜。

如果一旦进入夜，那就是天使转向了被造物自身并停留在那里，而不再通过被造物认识和赞美上帝；而这被造物，更可能是天使自身。这样，"它们就将充满骄傲并堕落，就像魔鬼那样。"[2]

既然天使不会停留在夜当中，它在晚上欣赏被造物的美的时候，也是在赞美上帝，所以，其实它从未真正离开过上帝。这里的晚上之所以光芒黯淡，不是因为天使背离了上帝，而是因为被造物毕竟没有那么强的光：

> 在那里，有晚上并不是由于高处的光离开了，而是由于低级的认识有别于高级的认识；早晨并不是指在夜的无知之后继之以早上的认识，而是指将晚上的认识上升到对创世主的荣耀。[3]

---

[1] 奥古斯丁，《〈创世记〉字解》，4：24 [41]。
[2] 同上。
[3] 同上书，4：30 [47]。

三　创世六日

奥古斯丁甚至进一步说，这被造的一日不是别的，就是天使本身：
"它们在他之中沉思用以创造万物的永恒道理，而在无比和谐的沉思中它们就是主造的那一日；从羁旅中解放出来的教会将加入那一日，那时我们也将在其中高兴欢喜。"[1] 天使怎么会是一日呢？这里说的一日并不是物理的日子，即，不是由太阳与月亮的运转而形成的二十四个小时，而是精神性的日子。这个日子包括昼、晚上、早晨三个部分，不包括夜。

奥古斯丁强调："不要以为我以上所说都不是字面意义上的，而是对昼、晚上和早晨的比喻性的和隐喻性的解释。我的解释当然不同于如今我们对物质之光的理解，但这并不意味着，如今我们是在字面意义上说的，而《创世记》是在比喻意义上说的。"[2] 奥古斯丁并不认为，他仅仅是把天使的知识比喻成光，也不仅仅是在比喻的意义上说天使是一日，以及这一日的晚上和早晨等。他恰恰认为，精神之光才是真正的光，把基督说成真光也不是比喻；而人眼所能看到的物质之光，反而是次一等的光。

既然天使作为一日不是从比喻意义上说的，那么如何来理解此中的时间问题呢？奥古斯丁在讨论创世时，习惯于否定此中的时间顺序。像天地的创造、光的创造、物质的赋形，虽然有着因果关系，但他都说成是同时发生的。难道天使这一日中的昼、晚上、早晨是时间中的不同阶段吗？奥古斯丁花了很多篇幅讨论这个问题。

他在说了一日是字面意义上的之后，给出了一个设问：

　　　　因此，也许有人不同意我的观点，说最高的天上的天使并不是一

---

[1]　奥古斯丁，《〈创世记〉字解》，4：25［42］。
[2]　同上书，4：28［45］。

个接一个地凝视，即，首先凝视被造物的道理（这道理不变地存在于上帝的言不变的真理中），其次凝视造物本身，然后通过对它们的认识来赞美造物主；相反，天使的心智具有神奇的能力，能够同时做所有这些事。……因此，它们同时有昼、晚上和早晨。[1]

在对这个问题的回答中，奥古斯丁有些含混。一方面，他认为，天使先是通过圣言认识被造物的道理，就是昼；然后物质被造，天使再通过事物本身重新认识它，这是晚上；最后，天使在对事物的认识中转而赞美上帝，这是早晨。而这是在三个阶段发生的，"因此，昼、晚上和早晨并不是同时造的，而是按照《圣经》提到的顺序逐个造的"[2]。

但随即，奥古斯丁又说："不过，也许昼、晚上和早晨是同时的?"也许这三者并没有现在的日子中的时间间隔，"在天使心智的精神性权能中，它们可以无比容易地同时把握它们愿意认识的"[3]。那么，前面所说的次序只是因果次序，不是时间次序。这里等于回到了前面设问中的那个观点。归根到底，奥古斯丁还是同意了他的反驳者的说法。

奥古斯丁为什么要兜这么一圈，回到前面否定过的说法呢? 他随后的一段话，就转而讨论人的认识问题了：

> 人的心智先通过身体感官经验已经被造之物，并以软弱的人的方式获得对它们的认识；然后再寻找它们的原因，如果它能够通过某种方式透达那原因（它从起初就不变地待在上帝的言中）、从而通过被造物得见上帝那可知却眼不能见之事。由于"这必腐朽的肉身，重压着灵魂"，所以，谁会不明白心智在做这些事时是多么迟钝和艰难，

---

[1] 奥古斯丁，《〈创世记〉字解》，4：29[46]。
[2] 同上书，4：31[48]。
[3] 同上书，4：32[49]。

又需要多么长的时间间隔呢？[1]

奥古斯丁之所以花费这么大力气思考天使的认识，是因为他一直在关心人的认识能力。天使的认识是从上帝，到被造物，然后再回归到上帝；但人的认识能力比天使低，无法直接从圣言中认识，因此无法从昼开始，就必须从天使本来没有的夜开始："相比在上帝的言中凝视到的光，我们借以在事物自身中知道事物的所有认识都可称为夜。"[2] 人从无知的夜，经过通过感官认识的晚上，再到转向上帝的早晨，最后到认识圣言的昼，这一定是在时间中发生的。但是，夜—晚上—早晨—昼这一顺序，却和我们看到的日子完全不同。

但对于奥古斯丁来说，以日月星辰计算的时间并不重要，甚至都不能算对时间的度量。[3] 时间的真正起源是心灵的延展和运动，包括天使的心灵和人的心灵。而上述天使的认识和人的认识，都是心灵的真正延展。或许这是真正使奥古斯丁犹豫的地方。既然天使心灵的运动就是时间的起源，那么，天使这一日从昼到晚上，再到早晨，岂不就是它的心灵发生了变化，不就应该有时间了吗？可是这和奥古斯丁关于创世六日说的总体理念不合，所以他最终抛弃了这一说法，认为天使的这些不同状态可以发生在同一时刻。但不管怎样，当类似的延展发生在人心中的时候，就是确凿无疑的时间了。世界历史中的时间标准并不是日月星辰所形成的日月时年，而是根据天使这一日形成的，就对圣言的认识而言的日子。这样的世界历史，同时也是拯救历史。因此，人类历史的目的，就是加入到天使这一日当中，也就是与天使们共同组成上帝之城。

对天使即一日的理解，涉及奥古斯丁时间哲学更深的思考。奥古斯丁并不认为过去、现在、未来是三种并列的存在，而只认为这是心灵现在存

─────────────────

〔1〕 奥古斯丁，《〈创世记〉字解》，4：32［49］。
〔2〕 同上书，4：23［40］。
〔3〕 奥古斯丁，《忏悔录》，11：23［29］。

在的三种状态，即记忆、注意和期望。时间的流逝，其实是心灵被记忆和期望所拉扯，从而变得支离破碎，而无法收束成一个真正存在的现在。现在转瞬即逝，无法停驻，是被造物与造物主之间最大的不同。上帝是永恒的现在，是绝对的存在；天使能够安享圣言之永恒，但自身仍处在时间的流动中，因为它毕竟会在被造物中认识，因而有光与暗之间的流转变化。它若能转向上帝，即通过被造物理解和赞美永恒上帝之伟大，则自身被永恒之光照耀成光明的白昼，虽仍然处在时间当中，却是被造物中最接近永恒，最能安享永恒的。一日，是时间的最基本单位，但这并不在于它包含昼、晚上、早晨这些时间段，而在于，它与永恒最像，是所有时间的模板。其实，时间的真正模板是"太初"，是最初的光源；天使之所以成为最基本的时间，恰恰是因为它最大可能地摆脱了时间。处在时间中的被造物，只有都像天使那样，虽然在时间中流转，但安享永恒，才可以摆脱支离破碎的尘世悲惨。人"加入"到这一日，就是努力像天使那样，以太初为自己真正的来源和归宿，安享永恒。

在早期教父中，如何理解创世六日说既是一个最基本的《圣经》诠释学问题，也是一个关键的神学哲学问题。奥古斯丁从最开始诠释《创世记》，就非常关注创世六日说，而且试图把它与世界历史联系起来；在他的天使学和时间哲学的体系中，他对创世六日说也有非常独到的解读。

奥古斯丁认为，要理解创世六日，最根本的问题在于："前六日真的在时间中过去了吗？"[1] 这六日是不是人类历史中最开始的六个二十四小时，在它们流逝之后就永远不会回来，然后出现了第七日，第八日，一直到现在？

如果按照前面的理解，一日就是天使，那么，创世六日当然不是最开始的六个二十四小时，而是天使的六次认识，即每个昼就是它在圣言中认识到了一种道理，每个晚上就是它在被造物中再次认识到了这个道理，每

---

〔1〕 奥古斯丁，《〈创世记〉字解》，4：1〔1〕。

个早晨就是它从这种认识转向上帝，赞美永恒上帝的伟大。奥古斯丁在《上帝之城》中概括了自己的这层意思：

> 在被造物通过对自己的认识达到这点时，这就是第一日；当通过对苍穹的（下面的水和上面的水之间的部分就称为苍穹）认识达到这一点时，就是第二日；当通过对大地和海洋的认识，以及对从地上长出的有根的造物的认识达到时，就是第三日；当通过对大小光体和所有行星的认识达到时，就是第四日；当通过对水里游的和天上飞的一切生灵的认识达到时，就是第五日；当通过地上的所有生灵和人类自身的认识达到时，就是第六。[1]

前面说，昼、晚上、早晨都不是不同的时间段，而是天使心灵的不同状态。同样，这六日也不应该是时间意义上的六天，而是同时造出来的：

> 因此，我们怎么能说那光在天使的认识中从晚上到早晨重复出现了六次呢？天使足以一次同时拥有这三者，即昼、晚上和早晨：正如万物是同时造的，同样，天使也可以同时在万物藉以被造的、原初且不变的道理中沉思它们（这就是昼），在它们自身的自然中认识它们（这就是晚上），由于早晨而从这一较低的认识转而赞美造物主（这就是早晨）。[2]

如果说每日的昼、晚上、早晨有先后，或六日的顺序有先后，那并不是因为它们按照时间的顺序先后出现，而是因为它们之间存在这样的因果关系。既然如此，为什么要在六日中创造，而不是其他的日数呢？奥古斯

---

[1] 奥古斯丁，《上帝之城》，11：7；吴飞译，中册第 85 页。
[2] 奥古斯丁，《〈创世记〉字解》，4：34 [53]。

丁指出，这是因为六是第一个完全数，即第一个等于其全部真因子相加之和的数。[1] 上帝用"六"日来造万物，就是为了表明他的完美。

圣言是"太初"，是时间产生的根源和最初动力；天使与时间同时产生，天使的认识构成了一日，并成为物质世界中的时间及其度量的原型。由此我们就知道了世界历史的基本概念及其拯救意义。但要进一步理解奥古斯丁的世界历史观，我们需要对创世六日，特别是神圣的第七日，有一个更系统的把握，因为在他看来，这七日当中包含着世界历史的全部秘密。

四 第七日

第七日和前六日很不同，因为上帝在这一日什么也没有做，而是休息了，并且他又赐福这一日。此外，这一日还有一个重要特点：没有说"有晚上"。

上帝的休息是什么意思？上帝是不会变化的，上帝造人的工作中也不会给他带来任何变化，更不会使他费力，因此，他不会因为工作而感到辛劳。所以，上帝既不可能因为劳累而需要休息，更不可能有从工作到休息这样的变化。那么怎样理解上帝的休息呢？奥古斯丁说：

> 我们不能幼稚地把这理解为，上帝的工作需要劳作。"他说造就造。"他的言充满理智，是永恒的，不是时间中的声响。而上帝的休息，指的是那些在上帝中休息的万物的休息，正如说屋子的欢乐，指的是那些在屋子中欢乐的人的欢乐。[2]

---

[1] 奥古斯丁，《上帝之城》，11：30；吴飞译，中册第110页；奥古斯丁，《〈创世记〉字解》，4：2 [2—6]。

[2] 奥古斯丁，《上帝之城》，11：8；吴飞译，中册第85页。

在奥古斯丁看来，上帝在第七日的安息包括好几层的含义。首先，它是指上帝对完美幸福的安享，而不是劳累之后的休息。但上帝一直都在安享他的安息，为什么偏偏在第七日说呢？那是因为，上帝要向人指示出，什么是真正的安享幸福。人必须在上帝之中安息，上帝也会在人之中安息，而上帝在人之中的安息，也就是上帝在自身中的安息。我们逐次讨论这几层意思。

耶稣在《约翰福音》中说："我父做事到如今。"[1] 可见，上帝的安息并不是指他结束工作，什么也不做了。不变的上帝不可能由做工变成不做工。如果他真的什么都不做了，那就是不再管理世界了，于是世界就会陷入虚无的混乱状态；上帝永远在管理世界，不会结束这样的工。说他在第七日休息了，只是说他不再创造其他事物了。

此外，"休息"一词有更深的属灵含义："这预示了灵性的安息——上帝以自己的安息为榜样，隐秘地将这种灵性的安息恩赐给那些完成其善工的信仰者。主基督只在他愿意的时刻受难，也通过他的入葬来确证这种安息的神迹。"[2]

安息并不是不工作的意思，而是安享伟大的幸福。因此，他赐福他休息的那一日。但是，上帝既然是不变和至善的，那他就应该随时都在安享这种幸福。那么，为什么创世的任何一日都没有被赐福，甚至由完全数六指示的第六日也没有被赐福，而第七日就要被赐福呢？

> 上帝本身既不会因创造而疲倦，也不会因停歇而放松；而是，通过向我们宣布他已将这日定为圣日（在这日他歇了一切的工，安息了），他意愿通过他的《圣经》在我们身上激起安息的欲望。在创造万物的整个六日之内，我们读不到上帝圣化了什么；在六日之前，即

---

[1] 《约翰福音》，5：19。
[2] 奥古斯丁，《〈创世记〉字解》，4：11 [21]。

在说"上帝以太初造天地"的时候，《圣经》也没有说圣化它们。但他意愿把这日定为圣日，他在这一日歇了他一切造物的工，就安息了，好像对于不会因工作而有丝毫辛苦的他来说，安息也比活动更有价值。[1]

奥古斯丁指出，上帝恰恰是在以这一点为榜样告诉人，神圣的不是任何被造物，而是上帝自身。上帝并不因缺乏而需要任何被造物；上帝也警告人，不要犯这样的错误："由于罪过和软弱，灵魂会因自己的工而喜悦，从而在它们之中安息，而不是歇了它们，在自身中安息。"[2] 上帝一直在自身中安息，并不是只在这一日才安息。他只是在这一日向人们指出来这一点。

上帝选择这一天向人们揭示这一点，表明他在用自己的安息来劝勉人的安息：

> 在上帝通过圣灵的恩赐（圣灵将神的爱浇灌在我们心里）使人获得完善之后，他把自身中的安息赋予理性被造物，其中也包括人；这样我们就受欲望的驱使朝向我们应该安息之处，在那里我们不会再渴望任何东西。事实上，当我们做上帝在我们之中所行的，我们可以说上帝在做，同样，当我们因为他的恩赐而安息时，也可以说上帝在安息。[3]

上帝希望人能像他一样，安享伟大的幸福。人的安息也是上帝的安息，这还不仅仅是因为，人的安息在根本上都来自上帝的赐予，而且因为，人要在上帝中才能获得安息，即人只有通过安享上帝，才能得到真正

---

[1] 奥古斯丁，《〈创世记〉字解》，4：14 [25]。
[2] 同上书，4：15 [26]。
[3] 同上书，4：9 [16]。

的安息。人不能只安享被造物的好，也不能只安享自身的好，因为所有这一切都不是独立存在的好，而是来自上帝。只有安享上帝，才是在上帝中安息。所以，当上帝把第七日定为圣日的时候，他就是在赐福给人，在他里面安息，同时，这也是上帝在人里面的安息：

> 上帝的安息（他自身因之而幸福）提示我们要正确地理解，在什么意义上说上帝也在我们之中安息；只有上帝将在他之中的安息赐予我们，才能说他在我们之中安息了。因此，正确的理解是：上帝的安息指他不需要其他的好。上帝在我们之中的安息就是他在自身中的安息，因为我们也在他所是的好中得到幸福，而不是他在我们所是的好中得到幸福。[1]

上帝在人之中安息，并不是说上帝需要在人之中才能得到安息，更不是说上帝需要人来完善他自身。上帝是不需要其他的好的，上帝住在人之中，就是他将自己作为恩典赐给了人，从而使人可能安享上帝。这样，上帝就在人之中安息了，也就是在他自身之中安息了。

但什么是人在上帝中的安息呢？正如上帝歇了他的工，就在自身中安息了；当人歇了他们的工，也应该在上帝之中安息：

> 因此，当我们因被他称义而完成善工后，他把自身中的安息恩赐给我们，这样，他也将在他的善工后获得安息。对我们来说，从他之中获得存在是伟大的，在他之中安息将更加伟大。正如他自身的幸福不是由于他造了这些事物，而是由于，即使在造的时候，他也并不需要它们，因此他在自身中而不是在它们中获得安息。所以，被他定为圣日的不是工作的日子，而是安息的日子，以此表明，他的幸福不在

---

[1] 奥古斯丁，《〈创世记〉字解》，4：16 [27]。

于他的创造，而在于他不需要他所造的。[1]

这安息要等人皈依上帝，甚至在末日审判之后进入上帝之城的时候才能实现。而《创世记》中第七日的安息，实际上就是末日时的安息，因为只有那时，上帝之城中的所有公民才完成了他们的善工，真正实现了安息。

也正是因为它指的是世界末日，所以第七日才没有晚上。对于上帝而言，他的安息存在于永恒之中，是无始无终的，因此既无早晨，也无晚上；但对于被造物而言，则是只有早晨，没有晚上的：

> 上帝于第六日完善万物、并造出晚上之后，接着也造出了早晨——此时，被完善的造物开始安息在创造它的他之中。在这个开始中，被造物发现上帝安息在自身中，那也是它能够安息之处，而它越是需要他（而不是他需要它），就越能稳固坚定地在他之中安息。但是，由于不管经历怎样的变化，所有被造物都绝对不会变成虚无，所以它们会一直停驻于它们的创造者之中；因此，在那个早晨之后，不再有晚上。[2]

如果说，一日就是天使，则第七日就是天使和圣徒的共同体。他们都将不再通过其他被造物认识上帝，而是直接认识和赞美上帝的永恒圣言。在第七日，"天地以及天地中的万物，即所有精神和物质造物，都并不停驻在自身中，而是显然都停驻在他之中"[3]，永远赞美上帝。那将是被造物彻底回归上帝之时，于是不再存在黯淡的知识。

---

〔1〕 奥古斯丁，《〈创世记〉字解》，4：17〔29〕。
〔2〕 同上书，4：18〔35〕。
〔3〕 同上书，4：18〔33〕。

五　创世七日与世界历史

随着对第七日的诠释，我们可以看到奥古斯丁创世说的另一个维度。六日创世并不是在时间中展开的六个二十四小时，而是同时发生的；但这也并不意味着，它们是世界历史开始时的一刹那。它们不构成任何一个时间段，而是上帝与整个世界历史的关系。从上帝的角度说，它们发生在不变的永恒当中；但从人的角度说，它们又包含了全部世界历史。在《驳摩尼教论〈创世记〉》中，奥古斯丁正是在讨论第七日的含义时，用创世七日来代表世界历史的七个阶段的：

第一个阶段，是从亚当到大洪水，是人类的婴儿期，对应于光的创造，亚当被造，如同婴儿初见到光。这一日的晚上，就是人类的罪导致了大洪水。

第二个阶段从挪亚方舟到亚伯拉罕之前，是人类的儿童期。这一日的早晨，是挪亚方舟的拯救，漂泊在地上的水和天上的水之间，如同苍穹。这一日的晚上，是人类造巴别塔。

第三个阶段从亚伯拉罕到大卫之前，是人类的少年期。这一日的早晨，是亚伯拉罕的信仰。在异教的包围中，亚伯拉罕坚持他的信仰，如同海中露出陆地。这一日的晚上，是扫罗的罪恶。

第四个阶段从大卫到巴比伦之囚，是人类的青年期。这一日的早晨，是大卫建立了犹太国，信仰有了坚实的基础，如同日月星辰照耀在苍穹上。这一日的晚上，是巴比伦之囚。

第五个阶段从巴比伦之囚到耶稣来临之前，是人类的壮年期。这一日的早晨，是信仰被散播到以色列以外。选民居住在外邦，如同海里的动物，居无定所，如同天上飞的动物。这一日的晚上，是犹太人的罪越来越重了。

第六个阶段，即基督的时代，是人类的老年期。这一日的早晨，是基督的来临。人到老年又获得了新生，所以人在这一日按照上帝的形象被造了，同一日被造的各种动物，象征着皈依信仰的外邦人。这一日也有晚上，但还没有到来，所以奥古斯丁无法想象是怎样的。或许就是敌基督的统治。

第七个阶段的早晨，基督将在光荣中重临，完美的人将在上帝中获得安息。那一日不再有晚上。[1]

这七日的早晨，都体现了上帝之城的公民对上帝的亲近；晚上，都是上帝之城的公民陷入灾难的时候。七次反复，就和创世七日是一样的。这就是创世七日揭示出的人对上帝的两种关系，在时间中展开成为世界历史，就形成了这样七个大的阶段。

如果我们一定要将奥古斯丁前面对创世七日的细密分析与这七个历史阶段的描述一一对应的话，肯定会找到很多牵强之处。或许正是因此，奥古斯丁对这个历史分期法也犹犹豫豫，并不能贯穿始终。[2]不过，我们从中还是可以看到，对奥古斯丁而言，世界历史并不只是从世界开端到世界末日的一个线性发展，而且其中贯穿着人类的堕落和拯救两大主题，即，线性历史不能脱离善恶主题。这样一种历史观的背后，是对时间与永恒更深入的哲学理解。善恶和拯救主题在时间中的展开，正对应于永恒与创造之间的辩证关系。这是奥古斯丁历史观的哲学根基。

世界历史就是心灵秩序，正是因为对时间和历史的这种理解，奥古斯丁才会以时间概念来理解存在物：圣言是太初，天使是一日，基督徒是基

---

〔1〕 奥古斯丁，《驳摩尼教论〈创世记〉》，1：23〔35—41〕。

〔2〕 奥古斯丁在《论〈创世记〉驳摩尼教》1：23（35—41）中最详细地讨论了这种分期方式，在《论三位一体》第四卷和《上帝之城》的第十六卷、第二十二卷等处又谈到了这种历史分期。有些学者认为，奥古斯丁开始坚持这一七阶段的历史分期方式，但在《上帝之城》写到十六卷以后，就放弃了。见 Gerard O'Daly, *Augustine's City of God*, Oxford：Clarendon Press, 1999, p. 180. 笔者认为，他始终没有彻底放弃过这一框架。因此，在《上帝之城》最后一卷最后一章，他又回到了这一分期方式。而《上帝之城》第十五卷到第十八卷之间对上帝之城历史的叙述，基本上是按照这种分期方式进行的。

督的时代[1]；上帝之城就是第七日。在一般逻辑看来，这是颇为不伦的比喻，但却恰恰来自奥古斯丁以心灵秩序理解世界历史的原则。

六　魔鬼的背叛

在讨论天使时，奥古斯丁只谈到了昼、晚上和早晨，说那里并没有夜，因为他把夜归给了魔鬼。奥古斯丁说，两座城的起源在于好坏天使的分裂，而之所以有两类天使的分裂，是因为有魔鬼的背叛。魔鬼的背叛背后的理论问题，就是善恶的关系。

灵知派的善恶二元论是早期正统大公教会非常凶恶的对手。基督教中的灵知派拒绝和否定《旧约》，认为《创世记》中所创造的世界包含着固有的恶。奥古斯丁所理解的摩尼教就持这样的观点：

> 有人认为有些自然[2]是坏的，他们说，这种自然产生于自身之中一种完全相反的太初，难怪他们不愿意接受这样的创世原因：好的上帝创造了这些好。他们认为，因为坏的势力反叛了，与上帝为敌，为了驱逐坏的势力这极大的必须，他不得不创世。他把自己好的自然与坏的自然交叠混杂，这样才能压服和战胜坏的自然。因而，他的自然也就被无比下流地污染，被无比残酷地挟制和压抑了。于是他要花费很大力气来清洗和拯救。但他无法清洗全部，有部分污染他不能清

---

[1]　异教徒攻击基督教，说罗马在基督教的时代（christiana tempora）衰落了，这里的"基督教时代"，指的是相对于罗马的异教时代而言的基督教时代。奥古斯丁在《上帝之城》第一卷中回应这些攻击时，也不断使用 christiana tempora 的概念；但在奥古斯丁看来，基督的时代就是人类历史的第六个阶段，即基督两次来临之间的时代。他甚至会认为，基督徒就是 christiana tempora。参考 Goulven Madec, "Tempora Christiana," in Petites études augustiniennes, Paris: Institut d'études augustiniennes, 1994。

[2]　奥古斯丁所用的 natur（英文 nature），有自然、本性、天性等含义，为保持概念统一，本书均译为"自然"。

洗。这一部分成为将来囚禁被征服的敌人的监狱和锁链。[1]

从摩尼教中背叛出来的奥古斯丁要彻底清算摩尼教，就必须更成功地解释恶的起源问题。

在影响奥古斯丁很大的新柏拉图主义思想传统中，恶的起源也一直是一个重要问题。普罗提诺也意识到了灵知派的威胁，因此也要反驳善恶二元论。他认为，太一流溢出理智，理智流溢出世界灵魂，世界灵魂又流溢出具体的灵魂，形成了世界万物。物质是这一流溢过程中最低等的、近乎不存在的东西，因而就是恶的根源。[2]一方面，普罗提诺承认，恶并没有独立的根源，只是善的缺失，这构成了新柏拉图主义关于恶的起源的基本理论，也成为奥古斯丁思考同一问题的出发点。但另一方面，普罗提诺又认为恶来自于质料，也就是流溢的最低端。他虽然可以避免灵知派那种两个太初，乃至善恶两个神的二元论观点，但他和灵知派都认为，质料是恶的源头。同时，他又认为时间中的被造物，包括物质造物在内，终究会回归永恒的神，甚至被造的世界和太一之间是相互依赖的。这也是基督教无法接受的说法。奥古斯丁不认为形式就是善，质料就是恶，而是把善恶都理解为心灵问题。

奥古斯丁吸收了新柏拉图主义的主要思想，但由于与摩尼教的关系，他早年受到的灵知派影响依然没有彻底消失，以至在他的晚年，佩拉纠派甚至说奥古斯丁仍然是一个隐秘的摩尼教徒。有的学者认为，他的两城说其实就受到了摩尼教思想的影响。[3]而两座城的对立，根本上就来自好坏天使的对立。

和新柏拉图主义不同，基督教的神学思想中除了三位一体的神之外，

---

[1]　奥古斯丁，《上帝之城》，11：22；吴飞译，中册第 101 页。

[2]　普罗提诺，《九章集》，1：8.7；石敏敏译，第 83 页。

[3]　J. van Oort, Jerusalem and Babylon : a study into Augustine's City of God and the sources of his doctrine of the two cities, Brill, 1991.

还有天使和魔鬼。在一定程度上，天使承担了新柏拉图主义的第三本体的一些功能；而魔鬼，似乎又能承担摩尼教中黑暗之神的功能。于是，天使与魔鬼的对立，似乎既能避免摩尼教中善恶二元两个太初的问题，又能弥补新柏拉图主义那里关于恶的起源的理论缺陷。不过，天使与魔鬼，是否又是一种隐秘的二元论呢？

为了避免重新陷入二元论，奥古斯丁努力不把魔鬼理解成黑暗之神或来自另外一个太初，也不是自然就是恶的，而是和人一样，因为自由意志而骄傲和背叛。这样，魔鬼和好的天使一样，最初都处在完美的幸福中。但这样就又产生了新的问题。由于他前面给了天使一个极为哲学性的解释，甚至说天使辅助了上帝的创造。这样的天使，怎么会变坏呢？他们从何时变坏呢？奥古斯丁花了很大力气来思考这个问题；但在我看来，他这里始终存在巨大的理论困难。

《创世记》在谈光的创造时，并不是没有谈到夜。上帝在第一日造了光之后，"就把光暗分开了。上帝称光为昼，称暗为夜"[1]。奥古斯丁认为，此处说的"夜"，并不是随后一句里说的"晚上"。"晚上"指的是黄昏，光还在照耀着，只是比昼暗淡了些；但夜则是没有光的黑暗。如果光代表的是天使，夜就是魔鬼，即背叛的天使。他解释说：

> 如果我们理解成上帝创造了天使，把神圣的天使和肮脏的天使分开，这在我看来根本不是荒唐的观点。上帝在魔鬼堕落之前就能够预知，他们会堕落，其真理之光会缺失，会永远留在骄傲的黑暗里，所以只有他能区分两种天使。……那真正的光就是天使的神圣团契，发出的光可以理解为真理的照耀，这与黑暗相反。黑暗就是坏的天使的集合，他们背离了正义之光，心智昏乱。这不是来自自然，而是来自坏的意志。只有上帝能区分他们，因为他们未来的坏事无法向上帝隐

---

[1]《创世记》，1：4—5。

藏，无法使上帝不确定。〔1〕

如果说，魔鬼本来也是天使，那么，魔鬼是否和别的天使一样，参与了其他被造物的创造呢？前面我们看到，万物的创造是同时发生的，虽然其间有复杂的因果关系，但这个因果链条并没有形成前后相继的时间顺序。如果魔鬼最初是和所有其他天使一起被造的，后来才堕落，那么，魔鬼就应该和别的天使一样，参与了物质世界的创造；如果魔鬼没有参与的话，则它从一被创造就已经和其他天使不同了，那就不是自己堕落的，而是本来就是完全不同的天使。如果魔鬼一开始就和天使不同，就很容易推论出，不是他们自愿堕落的，而是上帝创造成那样的，但这是奥古斯丁不愿接受的一个说法。于是，这个问题就被转化为：魔鬼究竟是什么时候堕落的？

奥古斯丁虽然并未用我们上述的方式设问，但他深知，在自己的体系中，魔鬼何时和怎样堕落是一个至关重要的问题。在《上帝之城》中，他是在讨论天使的幸福时引入这一问题的：上帝在创造的时候，就把天使造成光明的，"让它们在光照下智慧而幸福地生活。这智慧和幸福生活的超绝性，无疑是永远的，而且其永远性是确定和有保障的"〔2〕。和幸福的天使相比，背叛的天使同样不会失去理性的生活。不过，奥古斯丁随后就遇到了理论问题：魔鬼在多大程度上分享了天使的幸福呢？天使享有最高的智慧和幸福，这"最高"就意味着是永远的，而且这永远性也是确定和有保障的。但是，背叛天使最终失去了这幸福，所以它们的幸福不可能是确定和有保障的永远。但最重要的问题还不只在于它们是否享有永远的幸福，而是它们是否能知道，自己将失去这幸福：

如果它们知道，恐惧会使它们不幸福；如果它们不知道，谬误也

---

〔1〕 奥古斯丁，《上帝之城》，11：19；吴飞译，中册第97页。
〔2〕 同上书，11：11；吴飞译，中册第90页。

会让它们得不到幸福。如果它们确实不知道，但又没有错误或不确定的希冀，而是在犹疑，自己的好究竟会永恒，还是在某个时候会终结，对于如此重要的幸福竟这般摇摆不定，根本没有幸福生活应有的完满，而我们相信，神圣的天使有这种完满。[1]

无论它们知道还是不知道自己将失去天上的幸福，这些背叛天使的幸福都不可能是完满的，因而都无法和那些神圣天使相比。神圣天使的幸福是永远的，并且因为它们可以倾听圣言，它们明确地知道，自己的幸福会永远持续下去；但背叛天使不仅幸福不是永远的，而且在堕落之前，还会因谬误、恐惧，或者犹疑而无法享受完满的幸福。它们岂不是从一开始就和天使们不同吗？于是，奥古斯丁设想了几种可能：

> 要么天使们是不平等的，要么它们是平等的，但只是在其中一些毁灭后，另外一些才确切知道它们的幸福是永恒的。除非有人说，主在福音书中就魔鬼说的话"它从起初是杀人的，不守真理"的意思是，魔鬼不仅起初就是杀人的，……而且它在自己被造的起初就不守真理，就不像神圣天使那么幸福，因为他反对遵从造物主，也因为它的骄傲，它耽于自己缺失了的力量，骗己骗人。[2]

《上帝之城》中的这段论述，是对《〈创世记〉字解》中梳理更多、更清晰的讨论的一个总结。说天使最开始都不知道自己将来是否会幸福，直到一些天使堕落之后，另外的天使才知道，是非常荒谬的。

奥古斯丁认真对待的，是两种解释。第一种是，神圣天使和堕落天使从一开始就属于不同的种类；第二种是，魔鬼从一被创造就堕落了，并不

---

〔1〕 奥古斯丁，《上帝之城》，11：11；吴飞译，中册第91页。
〔2〕 同上书，11：13；吴飞译，中册第93页。

曾享受过真正的幸福。我们先来看第一种可能：这些背叛天使从一开始就和神圣天使属于两类天使，但它们并没有被上帝造成了坏的，而是仍然享有一定的幸福，只是无法知道自己是否犯罪：

> 有些人这么认为：魔鬼并没有安享高天上的天使们的崇高幸福；而是被造在了世界上某处更低的地方，被赋予了各种职分。它们也许能享受某种非法的快乐；但是，如果他们不愿意享受，可以用自由抉择来控制。[1]

这类天使从一开始就不同于神圣天使，虽然有某种幸福，但是也总会倾向于下流的欲望；虽然本来可以用自己的意志限制欲望，但并没有这么做。这种天使的处境，就和人，或者初人，一样。它们并不知道自己将来能否享有永恒的幸福，甚至缺乏希望。奥古斯丁认为，这种假设简直无法容忍，因为在他看来，没有信心或希望，是不可能幸福的。如果这些天使对未来的幸福既不知道，也没什么希望，那怎么能说它们有一定程度的幸福呢？除非加上一个条件：

> 这些天使被造，是为了让它们在更崇高、更受赐福的天使下面辅佐他们，如果它们能正确地完成自己的职责，就会得到幸福和崇高的生活，对于这一点，它们还是极为确信的。因为这种希望而高兴，所以它们也可以说是幸福的。[2]

这就是说，它们本来就是低于幸福天使的一类天使，是要辅佐大天使完成创世或其他任务的。在基督教后来的思想体系中，天使之间确实分出

---

[1] 奥古斯丁，《〈创世记〉字解》，11：17〔22〕。
[2] 同上书，11：19〔25〕。

了很多类别和等级，奥古斯丁在将古代神话中的神当作天使时，也给它们分出了等级：希腊人认为住在以太中的大神，都是天使，而那些住在空气中的鬼怪，则属于较低的等级。[1]

奥古斯丁虽然并没有彻底否定这种可能，但若从理论上细究的话，这一说法缺乏深度和根据，在圣经中更是找不到支持，所以，他并不倾向于两类天使的解释。这样，他就只能走向另外一种解释了：

> 我们可以认为，魔鬼是从时间的开端就因骄傲而堕落的，在此之前，它并不曾和神圣的天使们一起生活在和平与赐福中，而是在刚被创造的开端，就背叛了自己的制造者。因此，主说："它从起初是杀人的，不守真理。"我们要把这两部分都理解为，是"从起初"的，即它不仅杀人，而且不守真理。[2]

为了避免上述提到的种种理论困难，奥古斯丁断言，魔鬼从一被创造就堕落了。它从未生活在幸福中，从未遵守过真理，因此也就不是先享受了一段时间的幸福，然后才堕落的，这样就不存在"预知"未来的堕落的问题了。

七　魔鬼与好的世界

不过，新的问题又产生了，既然魔鬼是上帝造的，并且它从一开始就堕落了，那岂不是要认为，是上帝把它造成罪恶的了："于是，有人认为，那就不是因为它意志的自由抉择变坏的，而是一被创造就是坏的。"[3]这样认为的人并且举出了七十子本《约伯记》中的证据："它在神的作

---

[1] 奥古斯丁，《上帝之城》，8：25；吴飞译，上册第314页。
[2] 奥古斯丁，《〈创世记〉字解》，11：16［21］。
[3] 同上书，11：20［27］。

品中为首，神创造它为了天使们的游戏。"（40：19）这一说法显然违背了上帝将万物都造成好的信条，于是，解经者又面临一个非常棘手的问题。

有些人提出了一种解释。他们认为，虽然魔鬼一开始就是坏的，但是它们的坏不足以破坏上帝所造的整个宇宙的完美，反而因为它们的坏也能得到应有的位置，整个宇宙仍然是完美的。所以，哪怕这些魔鬼存在，上帝所造的宇宙仍然甚好。[1]

奥古斯丁颇为欣赏这样解释的人的智慧，但还是认为他们是错的，因为，他们虽然认可了整体的美，但还是认为魔鬼的坏是一创造就这样的。如此，要么上帝自己创造了坏的魔鬼，但又谴责自己的造物；要么就会像摩尼教那样，将魔鬼的创造归给上帝之外的一个神了。奥古斯丁坚信，任何被造物的变坏，一定不是因为固有的自然，而是因为自己的意志。那么，从一开始就是坏的魔鬼怎么会是因为意志变坏的呢？奥古斯丁这样阐述他自己的立场：

> 认为魔鬼不曾守过真理，从未和天使们共享幸福生活，而是从它被造的开端就堕落了，不能被理解为，它好像被好的上帝造成了坏的，而不是因为自己的意志变坏的；如果是这样，就不说它从一开始就堕落了；如果它被造成坏的，就不是堕落了。而是，就在它被造的那一刻，它立即背离了真理之光，因骄傲而膨胀，因欣赏自己的能力而腐化。于是它无法品尝天使们那幸福生活的甘美，并不是它在接受了这生活后又拒绝了，而是它根本就不愿接受，放弃了。[2]

这样一个解释不仅可以解决前面的理论矛盾，而且与此前奥古斯丁关

---

[1] 奥古斯丁，《〈创世记〉字解》，11：21 [28]。
[2] 同上书，11：23 [30]。

于天使和创造的论述贯通起来。在"上帝以太初造天地"的表述中，魔鬼和天使们一样，属于最初被造的"天"，是没有获得形式的精神质料。它们都有能力聆听永恒的圣言，并且只要聆听这圣言，就可以转向上帝，从而获得自己的形式，被光照亮了；但是，魔鬼拒绝聆听圣言。奥古斯丁特意在此处强调，并不是魔鬼在听了圣言之后又固执地拒绝了，而是它根本就不愿意聆听圣言，耽于自己的精神能力。因此，魔鬼始终未曾和天使们共享完美的幸福，而是从一开始就骄傲地拒绝了幸福。这幸福并不是它先拥有，然后放弃了的，而是它本来有能力拥有，但始终未曾拥有过的。它主动放弃了这种幸福。

前面谈到，天使们在转向上帝、聆听永恒的圣言的时候，就获得了它们的形式。以此类推，魔鬼们究竟是始终没有获得形式，还是得到了上帝一定程度的赋形呢？奥古斯丁没有明确说这一点。他只是讲："因此，它也不可能预知到自己的堕落，因为智慧是虔敬的果实。它立即就被证明是不敬的，因而也在心智上成为盲目的。"[1] 真正的形式只能通过转向上帝来被赋予，魔鬼应该是始终未能获得天使应该有的形式，所以，魔鬼始终没有真正的知识，因此它们就是真正的夜。但魔鬼若是完全没有形式的质料，那还能存在吗？奥古斯丁虽然承认质料是独立于形式的，但他还是不能说，真的有什么被造物可以不靠形式就能存在，更何况魔鬼这种精神被造物。这个问题无疑是奥古斯丁的魔鬼学中一个极大的破绽，我们在下一节再进一步讨论它。

且不管奥古斯丁的魔鬼学有多少破绽，他这一解释的深刻性在于，他在强调上帝的至善、全知与万能的同时，也为意志的自主性保留了最大的空间。任何精神被造物，无论是天使还是人，其幸福都来自上帝的恩典；它们的幸福都取决于它们对圣言的聆听。不过，永恒不变的上帝不会强行把圣言赋予谁，每个个体能否获得拯救，根本上取决于它是否根据自由意

---

〔1〕 奥古斯丁，《〈创世记〉字解》，11：23〔30〕。

志，主动选择了聆听圣言。奥古斯丁在此处对魔鬼的讨论，已经决定了他对人的自由意志和犯罪的讨论模式。其实，人和魔鬼一样，并不是先享受了真正的幸福，经过一段时间后放弃了曾在自己掌握中的幸福，而是始终都未曾享受到真正的幸福，又拒绝了本来有可能享有的幸福。犯罪的人和堕落的天使的区别首先在于，天使本来都有能力，很容易就聆听到圣言，但魔鬼放弃了对圣言的聆听；而人并没有天使那样直接聆听圣言的能力，犯罪之人所放弃的，是本来也并不那么容易获得的一种幸福。换言之，天使的堕落极大地违背了自己完美的天性，但人的堕落，却恰恰是人性之缺陷的逻辑结果。

上述《〈创世记〉字解》中的段落，是奥古斯丁解释魔鬼堕落最清晰的文字，可以帮助我们理解《上帝之城》中许多语焉不详的地方。而他之所以强调，魔鬼既是在刚被造时就堕落的，又是因为自由意志而变坏的，一个根本的出发点，是为了反对摩尼教的善恶二元论，强调任何被造物的自然都是好的，所有的坏都来自意志。他关于善恶天使之分裂等问题的理论讨论，都可以看作对魔鬼一被造即悖离真理而堕落这一事件的诠释。我们看《上帝之城》中的论述：

> 这样，我们发现了好的天使幸福最真实的原因，那就是与至高者的亲近。而要探讨坏的天使悲惨的真正原因，我们该想到，那是因为它们离开了至高者，转向自身，而它们自己不是至高的。它们的这个罪过，不就该称为骄傲吗？[1]

因为魔鬼的堕落发生在世界的开端，所以两座城的分裂就发生在被造世界的开端，或者说整个时间的开端。上帝造了最初的精神质料和物质质料。精神质料中的一部分立即就转向了上帝，聆听永恒的圣言，以此获得

---

〔1〕 奥古斯丁，《上帝之城》，12：6；吴飞译，中册第122页。

了永远的幸福、伟大的智慧；魔鬼也在那一刻就背离了上帝，不愿倾听圣言，转向了自身。就是在那一刻，昼和夜分开了。创世的那一日并不是只有早晨、昼和晚上，那一日也有夜。只是，《创世记》在强调至善上帝的创世时，要描述他所造的好的天使和自然本善的万物，于是只讲了天使知识的三个方面，而没有讲完全悖离上帝的魔鬼的黑夜。

这就是善恶天使的分裂，也就是两座城的开端。因此，在上帝创世的最初一刻，也就是时间产生的那一刻，不仅发生了天使的被造与被赋形，六日中的万物的被造与被赋形，也发生了魔鬼的堕落和两座城的各自开端。由天使组成的上帝之城，和由魔鬼组成的邪恶之城，都是在时间的开端出现的，奥古斯丁岂不是以善恶天使重述了灵知派所谓的善恶二原则吗？

奥古斯丁并非没有认真对待摩尼教的考虑。出身于摩尼教的他深知现实世界中无处不在的邪恶需要一个有力的理论解释。他知道，不仅上帝和他的天使们遍布整个天地，魔鬼也是无孔不入，从世界一开始存在就在作恶了，所以说"魔鬼从开始就犯罪"。奥古斯丁不仅没有否定魔鬼无时无刻不在这个事实，甚至他对人世间的邪恶的洞察与忧虑，也丝毫不亚于摩尼教。不过，奥古斯丁坚持善是更根本的原则，是万物的本质和自然。虽然人无一例外都堕落了，但他们的自然仍然是好的；不仅必朽之人是这样，而且邪恶之城的领袖，其自然也是好的。奥古斯丁既承认恶的普遍存在，又强调世界本质的善，努力在这两个观念之间找到一个平衡点，使自己不要把魔鬼讲成另外一种黑暗之神。

八　魔鬼的骄傲

《圣经》里说，骄傲是所有罪恶的开端。奥古斯丁认为，这骄傲就发生在创世之初、魔鬼堕落的时候。魔鬼堕落时所犯下的，是宇宙间第一桩罪恶。但它为什么会犯罪呢？按照奥古斯丁通常的讲法，当意志不指向至高的上帝，而指向了更低的被造物时，就有了罪恶。比如，人如果不爱上帝，而爱身体的享乐或金钱，哪怕爱世间的德性，就都是犯罪。但在一开始的时候，还没有任何其他被造物，而且魔鬼的精神质料也不允许它对任何物质性的东西产生欲望。那么，它的欲望就不是针对任何其他被造物的，而只能是针对自己的。它转向了自己而不是上帝，从自己中寻求幸福和智慧，这就是魔鬼的骄傲。

怎样理解魔鬼转向自己这种骄傲呢？奥古斯丁认为，之所以转向自己是错的，根本上是因为任何被造物都是无中生有的。[1]

奥古斯丁反复强调，魔鬼和天使乃至所有其他被造物都一样，其自然都是好的：

> 上帝同时制造了它们的自然，并给予了它们恩典。在没有好的意志，即对上帝之爱的地方，我们不能相信存在神圣天使。而一些天使被造时是好的，后来变坏了。这坏的意志并不是好的自然造成的，而是因为它们主动丢失了好。[2]

如何理解魔鬼自然的好呢？上帝无中生有创造的质料都是好的，但这些质料的好体现在它们的形式上。[3]魔鬼和天使一样，其质料就是上帝以太初造天地时的天，即最初的精神质料。但仅有质料是不可能存在的。这质料要真正存在，就必须被赋予形式。通过精神质料和相应的形式，天使和魔鬼都有极大的能力。但它们毕竟仍然是无中生有的，因而就与永恒的上帝之间有着巨大的距离：

> 我知道，上帝的自然是从未欠缺、无处欠缺，也不可能欠缺的；

---

〔1〕 奥古斯丁，《上帝之城》，12：1.3；吴飞译，中册第117页。

〔2〕 同上书，12：9.2；吴飞译，中册第127页。

〔3〕 Joseph Tochia, *Creatio ex Nihilo and the Theology of St. Augustine*, New York, Peter Long, 1999, p.170.

而无中生有的事物却可能变得欠缺。无中生有的事物有越高的存在，完成越多的好事（因为它们会做一些好事），就越有动力因；而它们越是欠缺，因而做了坏事（它们所做的不都是虚妄的吗），它们就有了欠缺的原因。[1]

天使和魔鬼，都是被造物中地位最高的，即拥有最高的存在，这种最高的存在，是它们的精神性质料和形式共同确立的。尽管其地位如此之高，但毕竟是被造物，因而仍然是无中生有的。既然是无中生有的，就和上帝不同，可能变得欠缺。无中生有的造物的存在都来自虚无，因而是不可依靠的，只有转向上帝，即其存在的源头，它才是有力量、能够完善的；相反，如果被造物转向自身，而拒绝转向给它存在的上帝，那么，它所依靠的，在根本上就是虚无。正是在这个意义上，魔鬼的骄傲即转向自身，"骄傲而自大地模仿不存在的事物"[2]，在根本上是虚妄的：

> 另外一些却更喜爱自己的力量，把自己当作自己的善好的来源，脱离了它们共有的更高的幸福的善好，陷入自身之中；它们宁愿自我膨胀，也不愿要最卓绝的永恒；宁愿陶醉于虚妄的狡黠，也不愿要最确定的真理；宁愿狼狈为奸，也不愿要不分彼此的爱。它们变得骄傲、欺骗、嫉妒。[3]

我们前面一直在谈魔鬼的质料和形式。但从这样的角度来理解魔鬼，奥古斯丁就不得不澄清我们曾经提到的那个问题：魔鬼究竟有没有形式，或者它的形式是怎样的？但在我的阅读范围内，还没见奥古斯丁系统清理过这个问题。在诸多研究著作中，也很少见到对这个问题的讨论。像吉尔

---

[1] 奥古斯丁，《上帝之城》，12：8；吴飞译，中册第125页。
[2] 同上书，11：13；吴飞译，中册第93页。
[3] 同上书，12：1.2；吴飞译，中册第117页。

松等奥古斯丁研究大师，谈到恶和犯罪的时候，直接谈人，而不谈魔鬼。[1]固然，对天使和魔鬼的讨论，根本上还是为讨论人做准备；但是，我们不能认为奥古斯丁谈天使和魔鬼只是在以另一种方式谈好人和坏人。毕竟，对于他而言，天使和魔鬼都还有相对独立的意义。

　　但我们由于找不到明确的文本依据，只能推测奥古斯丁关于魔鬼的形式的可能观点。按照希腊哲学以及早期基督教所理解的形式与质料的关系，任何存在物若没有形式，就不可能存在。[2]奥古斯丁虽然认为有纯质料，并且认为纯质料就是无中生有的，但他并不认为，纯质料可以独立构成存在和自然。所以，无论从哪个哲学体系考察，我们很难想象，魔鬼会是一种没有形式的存在。我们也不敢贸然假设，在所有被造物中，只有魔鬼是没有形式的质料。对于形式，奥古斯丁又说：

　　　　只有当事物以适合其属的方式转回它真实所是和总是所是的存在，即转回其自身存在的创世主时，它才真正模仿永远不变地与圣父在一起的圣言的形式，从而领受它自己的形式，成为一个完美且完全的造物。[3]

　　天使只有转向上帝、聆听永恒圣言，才会获得形式，而魔鬼从未转向过上帝，即并不是一开始转向了上帝，然后又背叛，而是从一被造的时候，就拒绝聆听圣言，因骄傲而膨胀，转向自身，耽于虚无，因而堕落了。既然没有主动亲近上帝，那魔鬼岂不是就没有获得天使应有的形式吗？魔鬼如果有形式，这形式从何而来，魔鬼又为什么会存在呢？

　　但奥古斯丁又承认，魔鬼有很好的自然，甚至是和天使一样好的自

---

〔1〕　Etienne Gilson, *The Christian Philosophy of Saint Augustine*, New York: Vintage Books, 1967, p. 143.

〔2〕　Etienne Gilson, *The Christian Philosophy of Saint Augustine*, p. 144.

〔3〕　奥古斯丁，《〈创世记〉字解》，1：4 [9]。

然。他在解释魔鬼的堕落时，可以说魔鬼从一开始就没有聆听圣言，但魔鬼不能是不存在、没有自然的纯质料，因为魔鬼又有很大的能力，甚至知识，而且是精神性的造物。这个矛盾，在根本上还是前面魔鬼何时堕落的问题的延伸。他把魔鬼堕落的时间一直推回到创世的一开始，似乎只有这才是一种可能的解释，但这只不过是把原来的困难推到了创世之始，结果不仅没有化解原来的矛盾，反而激化了这对矛盾，甚至越来越接近灵知派的二元论。当奥古斯丁把矛盾推到这里，已经无法再推的时候，他保持了沉默。但恰恰是在这里，我们看到了原来的矛盾的实质：问题仍然出在他对形式与质料的理解上。

奥古斯丁在《忏悔录》中满怀信心地肯定了纯质料"存在"的时候，又忠实地坚持了质料必须被赋形才能真正成全的希腊哲学传统，这便是此处矛盾的哲学根源。他认为纯质料是被造物会变化的根本原因，因而并未否定质料作为潜能这一基本定义。于是，所谓天使的被照亮和赋形，就是指精神被造物得到了最充分的成全。因为毕竟有被造的质料，天使还是会有晚上、早晨、白天之间的变化，但天使的被成全始终不变，即它们始终是被照亮的，因为它们始终在凝思圣言中的真理。而魔鬼一开始就未能倾听圣言，所以，它们虽然也和天使一样有精神质料，即有最高的精神潜能，但是这潜能始终未能得到成全。若是精神潜能未得成全，那不就会像物质的纯质料一样，保持在混沌状态，无知无识，甚至接近于不存在吗？但魔鬼又不是这样一种混沌的存在，而是非常强大的恶灵。虽然恶是存在的缺失，但在奥古斯丁的体系里，虚无本身却不是恶，只有倾向于虚无的存在，才是有力量的恶。或者说，纯粹的无并非恶，但以无为有、依赖于无的有就是恶了。

我们若是勉强给奥古斯丁这个无解的难题提出一种解决的可能的话，就可以说，因为纯质料就是变化性[1]，则魔鬼一开始的堕落并非是没有

<hr>

[1] 在《忏悔录》中，奥古斯丁花了很大力气来理解是否存在纯质料。他最后得出结论，认为纯质料就是变化性，既然时间中的万物有变化，那它们就有纯质料。纯质料在理论上可以和形式分开，虽然事实上不可能有无形式的质料存在。见奥古斯丁，《忏悔录》，12：6 [6]。

接受形式，而是它们始终在不同的形式之间变来变去，找不到确定性，或者不愿找确定性。虽然魔鬼没有主动聆听圣言，因而无法获得完美的天使的形式，但是，当魔鬼背离上帝的永恒之光的时候，它还是被永恒之光照亮了一部分，即被赋形了，因为这永恒之光是无所不照的，没有哪种质料会完全黑暗。这就是魔鬼的形式。这种形式，使魔鬼得以存在，使它得以成全其精神质料所具有的种种能力。而且，魔鬼也能认识各种被造物中的种种形式，但它和天使不同，不会通过这些形式思考上帝。可以说，魔鬼和天使一样，认识所有被造物的形式，即拥有关于被造世界的所有知识，只是并不能把这些知识归结于圣言，不通过它们思考上帝。当天使通过万物的道理思考圣言时，它们在这纷纷杂杂的知识中看到了不变的永恒，将万物中的光汇聚起来，指向永恒的光源。但魔鬼无法通过它们看到永恒，反而使自己的质料追逐这些纷杂错乱、不断变化的知识，结果知识越多，就越支离，越倾向于虚无，虽然不可能变成彻底的虚无。

完全没有光的黑夜，是彻底的虚无，即根本就不存在；但魔鬼不是根本就不存在，也不是最接近于不存在，而是在所有无中生有的被造物中，最倾向于虚无的一种存在，或者说，是变化最多的一种存在，因为它最充分地成全了精神质料的可变性，却没有通过形式成全为天使那样近乎不变的存在。在创世的第一日中，那些通过自身认识被造物的天使，构成了晚上，但它们会很快转向早晨，去亲近永恒之光；但是魔鬼不是晚上，而是一旦通过自身认识被造物，就不愿再亲近上帝，不会再回到真正的光明中。魔鬼误以为，上帝照亮它们和其他被造物的那一部分光，是它们自己的光，因而耽于自己的知识，在黑暗中越陷越深；这黑夜是被造的世界中最黑的部分，是距离上帝最远的所在，但始终不会变成彻底的虚无，因为它毕竟还有力量，毕竟还有对世界的很多认识，这很多认识，本来也是来自上帝的，因而也是好的；而且，这种好与它们超绝的质料相配合，也赋予了它们相当大的力量。

上帝的永恒之光是无所不照的，但在精神造物之中，只有主动接受了光为自己的本质和自我的，才真正被光照亮，甚至自己也成为光的一部分，去主动照亮别的被造物。魔鬼的黑暗不是因为它没有接受光，而是因为它将它所具有和它所看到的光搅得错综复杂，没有聚合成最强最亮的光源，反而成为散乱破碎的光点，这就是"存在"着的黑夜。

奥古斯丁在任何地方都没有做出上述的推论，我们是依照奥古斯丁的逻辑姑妄言之的，因为这是他的解释逻辑应该指向的方向。正如魔鬼一旦拒绝承认知识的真正来源，就会被它错误而渊博的知识所误，奥古斯丁一旦坚持一个荒谬的哲学前提，就被他强大而雄辩的知识推向一个极为荒谬的道理中，而且把这个荒谬的道理讲得自己和自己的听众都逐渐坚信不疑了。

九 恶的存在

在与摩尼教的辩论中，奥古斯丁一方面完善了他关于"无中生有"的学说，另一方面也发展了关于魔鬼和恶的理论。对魔鬼的思考，就是对"恶"的思考。在奥古斯丁这里，魔鬼并不只是神话中的恶神[1]，而且具有其自身的哲学地位，因为恶的问题在他的思想中有着至关重要的哲学意义。

关于魔鬼的思考，奥古斯丁首先强调的是，魔鬼和天使一样，其自然是好的："好的天使和坏的天使之间的冲突，并不是因为它们有不同的自然和太初。上帝是万物的好的作者和建立者，创造了两种天使，冲突来自二者的意志和欲望的差异。"[2] 上帝创造的万物都是好的，不可能有什么被造物的自然是坏的，因为坏的事物不可能像摩尼教说的那样，来自另外一个坏的太初。"所有事物的自然都不是坏的，没有好的缺失，就没有

---

〔1〕 关于魔鬼的神话学起源，参考 Elaine Pagels, *The Origin of Satan*, New York：Random House, 1995。
〔2〕 奥古斯丁，《上帝之城》，12：1.2；吴飞译，中册第 117 页。

'坏'的名字。"〔1〕 按照我们上一节的梳理，则这自然既包括魔鬼的精神性质料，同时也指其不完美的形式。在这个意义上，七十子本的《约伯记》(40∶19)中说，魔鬼"在神的作品中为首"。〔2〕 奥古斯丁强调：

> 理性的自然即使是悲惨的，也比缺乏理性、缺乏感觉，从而不会陷入悲惨的自然更高。因此，这些自然被创造时就出类拔萃，虽然是可变的，但可以亲近不变的好，也就是至高的上帝，从而得到幸福。它们除非获得幸福，否则就不能满足需求；而只有上帝才能让它们满足。不亲近上帝当然是一种罪过。因为所有的罪过都伤害自然，因而是违背自然的，所以，亲近上帝的与不亲近上帝的之间的区别，不在于自然，而在于罪过。而这罪过恰恰表明，其自然是伟大而更值得赞美的。我们应该谴责罪过，但无疑要赞美自然。〔3〕

天使和魔鬼本来都既可以亲近上帝，也可以变得悲惨，比那些既不能亲近上帝，也不能变得悲惨的非理性造物等级更高。魔鬼的形式残缺了，因而陷入黑暗中，变得悲惨，但它仍然高于非理性造物。那些非理性造物不能主动拒绝或接受形式，因为它们只能被动地接受经天使传递的形式；主动亲近或背离圣言的能力，本身就是精神性造物所独有的，恰恰表明了它们的自然的高贵。这种高贵的精神性质料与上帝之间又是什么关系呢？

和万物的自然一样，魔鬼的自然也是无中生有的，因而就不是最高、不变、永恒的好，而是可变的。"不过，这可变的好仍然是巨大的好，因为它们可以亲近不变的好，从而获得幸福。这不变的好就是它们的好，因为没有了他，它们一定变得悲惨。"〔4〕 无中生有的万物虽然有了好的自

---

〔1〕 奥古斯丁，《上帝之城》，11∶22；吴飞译，中册第100页。
〔2〕 同上书，11∶15；吴飞译，中册第94页。
〔3〕 同上书，12∶1.3；吴飞译，中册第117—118页。
〔4〕 同上书，12∶1.3；吴飞译，中册第117页。

然，即好的存在，但由于这不是永恒的存在，而是来自虚无的存在，所以必须依靠上帝这个不变的好，即通过亲近上帝，从上帝那里获得形式，否则就无法获得完满，而要堕入悲惨。那么，无中生有的存在与永恒的存在是什么关系呢？

奥古斯丁援引了《出埃及记》3：14 中上帝对摩西说的"我就是那存在的"，说：

> 上帝是最高的存在，也就是说，他最高地存在着，同时是不可变的。上帝赋予了无中生有的万物以存在，但是那并不是像他一样最高的存在。他让某些存在多一些，让某些少一些，这样按照等级安排存在者的自然。正如"智慧"（sapientia）一词来自"知"（sapere），"本质"（essentia）一词来自"存在"（esse）。这个新名词在古拉丁语的作者那里是没有的，我们的时代却习以为常了，这样我们的语言中就不会缺少词语来对应希腊语中的 οὐσίαν。拉丁语的 essentia 所指的恰恰就是它。因此，没有任何自然与制造所有存在者的至高的自然相悖，除非不存在。每个存在的事物，都不会和存在相悖。上帝是最高的存在，是所有存在者的作者。没有和他相悖的存在。[1]

在他讨论存在问题的这一重要段落中，奥古斯丁首先指出，《出埃及记》中那句话的意思是，上帝是最高的存在，是不变的、永恒的存在，是其他一切存在的根本来源，万物的存在都要归结于他。正是这个上帝，使万物无中生有，都有了自己的存在，并在宇宙体系中给它们各自安排一个位置。

关于 essentia 与 esse 的语言学关联，以及这个词与希腊文 οὐσίαν 的对应，塞涅卡和昆体良都有过讨论。奥古斯丁在此继承了拉丁哲学传统中的

---

[1] 奥古斯丁，《上帝之城》，12：2；吴飞译，中册第118—119页。

这一讨论，并从基督教的角度给以新的诠释。上帝是绝对的存在，因而只有他才是绝对意义上的 *esse*。这一点，与柏拉图和普罗提诺的理解都很不一样，因为，柏拉图笔下"好"的相和普罗提诺笔下的太一，都不是存在本身，而是超越于存在之上的。[1]因此，当奥古斯丁一方面从质料的角度思考无中生有的创世过程，一方面将上帝理解为最高的、永恒的、唯一真实的存在，因而也是最高的本质（*essentia*）的时候，他已经有意无意中偏离了柏拉图主义哲学了。[2]

奥古斯丁的上帝不仅是最高的存在，而且所有被造的存在都来自于它、依赖于它。相对于这个存在而言，其他的存在都不是最真实意义上的存在。只有依靠他，才能成为真正完美的存在，所以不可能有哪种存在的自然与他相违背，否则，就成了"存在物"与"存在"本身的矛盾了。就像吉尔松评论的：

> 奥古斯丁当然很清楚地知道，创造就意味着由存在赋予存在，但是，由于对他而言，存在被化约为本质（*essentia*），在他的教导中，创造自然就倾向于被化约为"真正存在的"存在与并不真的配享"存在"之名的存在之间的关系，也就是，不可变者与可变者的关系，永恒的与时间中的关系，同一与他者的关系，一与多的关系。就其形而上学的本质而言，这些关系从属于存在者分参其本质的秩序。[3]

在吉尔松看来，奥古斯丁以柏拉图主义的分参来解释创造，这种分参应该是存在物对其本质的分参，而上帝这个最高存在，就成了万物的本

---

[1] Etienne Gilson, *The Christian Philosophy of Saint Augustine*, p. 209.
[2] 马里翁认为，虽然奥古斯丁此处说上帝是最高的存在，但他其实是将上帝理解成了本质，而非存在。这一说法与传统的解释很不同，我们并不接受他的这一理解。见 Jean-Luc Marion, *Au lieu du soi*, Paris: Presses universitaires de France, 2008。
[3] Etienne Gilson, *The Christian Philosophy of Saint Augustine*, p. 202.

质。上帝给万物赋形，就是让万物分参自己，从而使这些被造物是其所是，依靠上帝成为其自身的存在，即，万物必须通过他来存在。[1]

魔鬼的堕落不是来自其自然，而是因为它主动选择背离了至高者，即它没有主动追求至高者，以实现自身的完美存在。这个罪完全出自魔鬼自己的意志。"如果我们要寻求产生这坏的意志的动力因，那就什么也不会找到。它们自己做了坏事，那还有谁制造了它们的意志呢？"[2]

按照亚里士多德的四因说，动力因是导致变化的原因，例如雕刻家就是雕塑的动力因，而神就是万物最初的动力因。在讨论恶的原因时，奥古斯丁特别强调，坏的意志是没有动力因的，即没有任何原因推动魔鬼背叛。他随后进一步思考坏事的动力因问题：

> 导致那些坏事的动力因，就是坏的意志，但是没什么是坏的意志的动力因。如果这坏的意志来自另外一个事物，那么这个事物就要么有，要么没有另外的意志。如果有，它就要么有好的意志，要么有坏的意志。如果是好的，谁会荒唐地说，好的意志制造了坏的意志？因为如果是这样，那么好的意志就导致了罪。还能想出比这更荒谬的事吗？如果这个被认为导致了坏的意志的事物自己也有坏的意志，我们还会接下来问，那么是谁制造了它呢？如果用这种方式追问，我们会追问到最初的坏的意志的原因。[3]

坏事的动力因是坏的意志，坏的意志如果还有动力因，那只能是另外一个坏的意志。那么，这最初的坏的意志为什么不能像摩尼教说的那样，是另外一个永恒的坏的太初呢？这里根本的问题，还在于如何理解这些无中生有的存在："有人会回答说，这个坏不是被导致的，而是永远是坏的；

---

〔1〕 Etienne Gilson, *The Christian Philosophy of Saint Augustine*, p. 143.
〔2〕 奥古斯丁，《上帝之城》，12：6；吴飞译，中册第122页。
〔3〕 同上书，12：6；吴飞译，中册第122页。

那我就会问它是否有自然。如果没有，那此物就根本不存在。如果有，这自然就应该遭受到罪过和腐坏，造成伤害，是好的缺失。"〔1〕

凡是存在物都有自然，而任何自然都来自上帝，因而都是好的；但又由于这些自然是无中生有的，因而是可以腐败、可以变坏的。所以，不可能存在永恒的坏的自然，而只可能由好的自然变得缺失，成为不完全的自然。"是意志把自己从高转到低，从而产生了坏。所转向的东西并不是坏，而是'转向'（conversio）本身是堕落。"〔2〕 这里的转向，和"皈依"是同一个词。好的天使从在自己中沉思转向沉思上帝，是皈依；但坏的天使从沉思上帝转向背离上帝，就是一种堕落。〔3〕

如果按照前文的描述，坏的天使并不是先存在于完美的幸福中，然后转向了坏；而是它们一开始只是精神性质料，没有主动转向圣言，来完善自己的存在，就背离了上帝，堕落为魔鬼；而那些好的天使，反而是在更主动的皈依中，才获得了自己完美的存在。魔鬼的"转向"，并不是从面对上帝，然后转身离开上帝，而是在该转向上帝时没有主动转向上帝。因为任何被造物的存在都是无中生有的，不是自足的，所以只有主动皈依，才能获得完善的自我；如果不主动转向，哪怕原地不动，也是转向了恶。这看上去是个微妙的区别，却来自无中生有的创造观，对理解善恶的关系至关重要；其中也蕴涵了人的堕落的基本模式。于是，奥古斯丁指出，意志堕落的哲学原因是，它的自然是无中生有的：

谁要问，"为什么会变成这样，究竟是因为自然，还是无中生有的"，他会发现，坏的意志不是因为自然是自然，而是因为，自然是无中生有的。因为如果自然是坏的意志的原因，我们不是要说，坏来

---

〔1〕 奥古斯丁，《上帝之城》，12：6；吴飞译，中册第122页。
〔2〕 同上书，12：6；吴飞译，中册第123页。
〔3〕 关于奥古斯丁对皈依概念的哲学理解，参考 Marie-Anne Vannier, "Creatio", "Conversio", "Formatio" chez S. Augustin, Suisse：Editions Universitaires Fribourg Suisse, 1997。

自好，好是坏的原因吗？[1]

恶的起源，不来自自然之外的任何原因，而是来自自然本身。但自然都是好的，怎么会是坏的原因呢？那当然是因为自然产生了变化；自然之所以会产生变化，是因为它是无中生有的。于是，奥古斯丁又回到了恶的动力因的问题，进一步指出，恶根本就没有动力因，因为它不是一种主动力，而是动力的缺乏：

> 谁想发现这原因，就如同想看到黑暗，想听到沉默。我们知道什么是黑暗和沉默，知道黑暗要用眼睛，知道沉默要用耳朵。但不是看或听形式，而是形式的缺失。没人会从我这里知道，我知道不能知道的东西；除非他想学会不知，我们知道不可知的事。对于那不能通过形式，而通过形式的缺失认识的（如果可以这么说或这么理解），只能通过不知来认识，从而又通过认识来不知。[2]

黑暗并不是一种光，而是光的缺失，眼睛并不能看到黑暗，只是在什么也看不到时，知道是黑暗了；耳朵并不能听到沉默，只是在什么也听不到的时候，知道是沉默了。同样，恶也并不是一种存在，只是在好的存在缺失的时候，人知道是恶了。魔鬼的堕落并没有什么其他的原因，而是当它应该获得的形式缺失的时候，它就变成了堕落天使。如果完全没有了任何形式，就是彻底的黑暗和不存在，但也就不是魔鬼了；魔鬼毕竟还是一种有形式的存在，但这种形式不是完美的。

> 坏的意志没有自然的动力因。或者，如果可以这么说，没有什么

---

〔1〕 奥古斯丁，《上帝之城》，12：6；吴飞译，中册第124页。
〔2〕 同上书，12：7；吴飞译，中册第124页。

存在物作为其本质的原因（*essentialis causa*）。意志使可变的精神开始出现坏，减弱和缺失自然之好。如果不是因欠缺而抛弃了上帝，也就没有坏的意志，这种欠缺的原因，当然也是欠缺。[1]

前面说过，"本质"（*essentia*）来自"存在"（*esse*）；但坏的意志不是一种存在，也没有什么存在物导致它的存在，因而，意志是无中生有、可变的精神变坏的原因。

十　善恶的谱系

于是，奥古斯丁用自己理解的柏拉图哲学，讲述了两座城的分裂这个历史事件：上帝无中生有，创造了天地，即精神质料和物质质料。当神圣天使聆听永恒圣言的时候，就被赋形，获得了永恒的幸福，并将永恒的道理传递给非理性造物，使它们赋形。而另外一些天使，虽然其质料和神圣天使完全一样，出于自己的意志的选择，不愿意聆听圣言，于是就背离了上帝。但它们并不是完全没有形式，而是也被动地接受了上帝的光，使它们的质料也获得了相应的形式，魔鬼因此得以存在。但是，因为它们并不主动去亲近永恒之光，它们的形式是残缺不全的，无法获得天使本来应该得到的完美形式，魔鬼就背离了上帝，远离了光，构成了倾向虚无的黑夜。就像基督是教会的头，教会是基督的身体一样：

> 同样，魔鬼也是它的头，而魔鬼的身体，就是众多的不敬者，首先是那些从基督和教会中跌落，从而从天堂跌落的，也称为魔鬼。所以，很多事情是在比喻意义上，指着肢体说的，而不是指着头说的。所以，路西法，在早晨就升起而又堕落的路西法，可以被理解为基督

---

[1]　奥古斯丁，《上帝之城》，12：9；吴飞译，中册第125页。

或教会中的那些叛教者。它们脱离了本来承载着的光，转向黑暗；而另外一些人则从黑暗中朝向光，即本来是黑暗，变成了光。[1]

魔鬼的首领路西法虽然有很高的自然，但是从未真正见过黎明，而是自始至终就在黑暗之中。那些跟随它堕落的人们，组成了魔鬼的肢体，也就是魔鬼之城；而另外一些从黑暗中转向光明的人，则进入教会，成为基督的肢体，组成了上帝之城。

对天使与魔鬼的理解，是奥古斯丁对善恶问题的一种处理方式。从苏格拉底和柏拉图开始，善就是哲学追问的一大问题。在古希腊哲学中，善总是和相、灵魂、形式、最高存在联系在一起的。有了对善的思考，必然就会有对恶的思考。到了希腊化时期，对恶的思考也就相应地成为一个重要的哲学问题。在普罗提诺看来，从至善的太一流溢出万物，流溢到最后就是质料，质料距离太一最远，就是恶。[2]虽然普罗提诺认为恶是善的缺乏，但在他的这个体系中，恶又是必然的。灵知主义以二元论来理解善恶的存在，虽然遭到了普罗提诺的批判，但和普罗提诺的理解有很多共同之处。普罗提诺所批判的一派灵知主义认为，灵魂坠落到黑暗中就产生了恶。普罗提诺指出，若是这样理解，则黑暗必然在灵魂之前就已经存在了；或者如果恶不是在灵魂之前存在，则是灵魂导致的恶。无论怎样理解都是荒谬的。[3]普罗提诺固然不能接受灵知派的这些具体说法，但他和灵知派一样，认为恶来自于质料。他虽然极力避免把恶说成一种存在，而要把恶当作形式的缺失，但在他的体系中，恶是必要的，而且在所有有质料的被造物中，都有恶的成分。这与二元论的解释有着内在的关联。

奥古斯丁对恶的问题的思考大大受益于普罗提诺，但他并不认为普罗提诺的解决方式是完美的，因为他既不愿意把恶理解成是质料带来的，也

---

〔1〕 奥古斯丁，《〈创世记〉字解》，11：24［31］。
〔2〕 普罗提诺，《九章集》，1：8.7；石敏敏译，第83页。
〔3〕 同上书，2：9.12；石敏敏译，第195页。

不愿意认为恶是必然的。为了更彻底地批判灵知派，他需要更根本地改变对质料，乃至对整个世界的理解。于是，他不再以形式和质料来解释善恶之分，而是以天使和魔鬼来解释善恶的两端。善恶的对立不仅不再体现为善恶之神的对立，也不再是精神和物质或形式和质料的对立，而是以天使为首的上帝之城与以魔鬼为首的地上之城的对立。

在他的哲学体系中，物质和质料都不再是恶的来源，因为不仅形式来自上帝，质料也是上帝所造的，既然是上帝造的，就不可能是坏的，虽然是无中生有造的。虽然质料是变化的根源，但它本身并不是恶。奥古斯丁在否定了以质料来承担恶的思路之后，就把普罗提诺以欠缺来解释恶的思路更进一步贯彻了下去。在他看来，虽然好来自于形式，但完全没有形式的质料也不是恶，无论精神质料还是物质质料。这才在根本上拒绝了灵知派的二元思路。

天使和魔鬼作为最初的善恶二极，并不是因为它们会构成世界或人类的善恶（换言之，奥古斯丁并没有以天使和魔鬼来取代灵知派的善恶二神），而是因为它们代表了归向善与归向恶的典型，人的善恶，分别是对天使之善和魔鬼之恶的模仿。善恶都取决于意志。天使之所以是善的，是因为天使皈依了永恒的圣言，于是被智慧之光照亮了；魔鬼之所以是恶的，是因为魔鬼背离了永恒的圣言，于是就转向了黑暗。凡是好人，都将像天使那样皈依上帝；凡是恶人，都将像魔鬼那样背离上帝。那些和天使一样皈依上帝的，就组成了上帝之城；那些和魔鬼一样背离上帝的，就组成了地上之城。之所以说天使和魔鬼的分裂是两座城的开端，是因为它们分别是这两座城最初的成员。

奥古斯丁以意志的朝向来解释善恶的产生，而不再把恶归给某种存在物，这是关于善恶的哲学思考的巨大转变。不过，意志本身还不能构成全部的解释，他还要在他的形而上学体系中为善恶找到一个位置，即，在谈论善恶之时，他仍然不能完全放弃对形式质料关系的考察。奥古斯丁认为，上帝把万物造成好的，就在于他通过天使为万物赋形，而所有物质被造物的道理都存在于永恒的圣言之中。万物要存在，都必须以质料来接受上帝给的道理。天使皈依上帝，就是不仅归向了圣言中自己的形式，而且还主动在圣言中思考万物的道理；魔鬼背离上帝，就是拒绝从上帝获得形式，而且还不愿意在上帝中思考万物。但是，魔鬼若没有形式就不能存在，所以，它还是被赋形了，但不肯承认这形式来自上帝；它也能认识万物，但不肯认为万物的形式来自上帝。这样，魔鬼的恶就在于，它虽然有形式，但拒绝认可这种形式。魔鬼的背离，就是它对自己的形式的背离，是它的内在分裂。

奥古斯丁不仅不再把质料或物质当作恶的来源，甚至认为恶与物质无关，而只与灵魂有关。物质没有意志，是不可能作恶的，只有有意志的精神造物，可以主动皈依或背离，才能作恶。善恶都是心灵中的事。在根本上，恶就是精神性的被造物与上帝的冲突，也就是灵魂与自己的形式的冲突，是心灵的内在分裂。

于是，天使与魔鬼的冲突，上帝之城与魔鬼之城的冲突，就是每个人与上帝的冲突，也就是每个人心灵中的内在冲突。奥古斯丁既否定了灵知派的二元论，也重新解释了恶的起源和善恶对立。取消二元论，并不意味着取消了善恶的永恒对立。他不仅没有取消这种对立，反而把这种对立拉进了每个人的内心深处，使世界历史的兴衰跌宕，都要在小小的方寸之间上演，甚至要让每个人的内心来承载两座城的根本对立。他在解决希腊哲学中的善恶问题的同时，又以一种更严峻、更冷酷的方式，把这个问题重新提了出来。

第三章

人性的开端：没有历史的乐园

天使是最好的被造物，而且永远不可能再堕落；魔鬼从一开始就堕落了，并且永远没有得救的可能。天使和魔鬼的分离，是世界历史的真正开始，因为有了天使和魔鬼，就有了上帝之城和魔鬼之城。但人和天使、魔鬼不一样，无论多好的人，都还有堕落的可能，无论多坏的人，都有得救的可能。所以，人类并没有从一开始就分别进入两个城，而是任何人身上都有善良的人性，也都有作恶的可能，天使和魔鬼都在每个人的心里。这种微妙的中间地带，是理解人性的入手点，也是导致很多争论的根本原因。为了区分人身上的恶，奥古斯丁和他以后的大多数基督教思想家区分了堕落前的人性和堕落后的人性。在基督教的世界历史中，堕落前的人性应该是人性的完美状态，到了堕落之后，人才有了原罪。可是，人究竟为什么会堕落，却在堕落前的人性中已经有了伏笔；并且，由于奥古斯丁强调末日之后还有人性的一种状态，而且那个状态是超出伊甸园中的状态的，似乎堕落之前的并非最完美的人性。于是，堕落前、堕落后、末日三种人性之间就有了更加复杂微妙的关系。

一 人的形式和道理

和天使一样，人也是精神性造物，具有理性灵魂。那么，人的精神质料，是否也包含在"上帝以太初造天地"中的"天"里呢？若是这样，人是否也和天使们一起聆听或背离永恒的圣言，甚至和天使一起参与到物质世界的创造当中呢？奥古斯丁认为，人并没有和天使一起聆听永恒圣言的能力。那么，人是否和别的被造物一样，也是通过天使赋形的呢？

人介于天使和物质被造物之间的这个位置，使他的创造既不同于天使，也不同于物质被造物。[1]奥古斯丁可以比较容易地以他的哲学理论来解释天使和物质被造物在六日中的被造，但关于男人和女人的创造，《创世记》中有情节清楚的描述："上帝用地上的尘土作人，将生气吹在他鼻孔里，他就被造成了活的灵魂。"[2]奥古斯丁要继续用哲学理论来解释永恒的上帝如何抟土、吹气、造出有身体和灵魂的人，就面临着更多的理论难题。

如果说，上帝不是通过天使，而是直接造的人，那么，这种直接造人，难道竟是上帝分别用手抟土、用口吹气造的身体与灵魂？这样，就完全违背了前面的解释原则，上帝也不再是不可变的永恒者了。为了解决这个问题，奥古斯丁首先要澄清，《创世记》中两次谈造人，究竟是对同一件事的复述，还是造人的两个不同阶段。

在《创世记》第一章26—27节，上帝在第六日造了人；在第二章第7节，上帝又在伊甸园里造了人。如果两处是在说同一件事，那么，伊甸园的建立、男人从泥土中的创造、他为万物起名、他的沉睡，以及上帝从他的肋骨创造女人，就都是发生在第六日的事。可是，奥古斯丁指出，前六日的创造并没有发生在时间之中，而这些先后相继发生的事情，好像都发生在时间当中。因此，两处说的，似乎不会是同一种创造。[3]

其实不仅人是如此，前六日中所说的一切创造，都不能理解成在时间

---

[1]　Christopher J. O'Toole, *The Philosophy of Creation in the Writings of St. Augustine*, Washington, D. C. : The Catholic University of America, 1944, p. 84.

[2]　《创世记》，2：7。

[3]　奥古斯丁，《〈创世记〉字解》，6：3［3］。

中的产生。比如树木，本来在第三日就已经造了，为什么在造了伊甸园后，上帝"又使各样的树从地里长出来，可以悦人的眼目"？这是因为，上帝在第三日造各种植物，是使它们以原因的方式长出，即造出这些植物的道理和原因，但并没有让它们存在，而在立了伊甸园以后，则让它们"以可见的方式长出来"。以原因的方式，上帝同时造了万物，这就是前六日的工作。第六日之后，上帝就歇了他的工，指的是，他不再以无中生有的方式创造其他的造物了。但是，上帝并没有抛下他所造的世界不管，而是一直在支配和安排着世界中的万物，所以他又"工作直到如今"。正是靠了这样的工，那些原因才逐渐在可见的形体中实现，造出了各种具体的被造物。[1]

按照这样一个模式，我们也就可以理解人的两次创造了。上帝在第六日按照他的形象造男造女，并不是造出一个一个的人，而是以原因的方式创造；而后来在伊甸园中的创造，则是在时间中分别造出具体的男人和女人：

> 关于第六日《圣经》说得非常清楚：上帝"造男造女，并赐福给他们"，等等，这说的是男人和女人，也是对男人和女人说的。因此，当时的他们和后来的他们是不同的：当时，他们显然是根据潜能藉着上帝的言造的，就好像种子一样播在了世界中，这发生在上帝同时造万物（他在第七日歇了这工，安息了）的时候。……后来，他们则是根据上帝在时间中给定的工造的，是根据上帝工作直到如今的工造的：在其特定的时间，亚当要从泥土中被造，他的女人要从男人的一侧被造。[2]

---

[1] 奥古斯丁，《〈创世记〉字解》，6：4 [5]。
[2] 同上书，6：5 [8]。

按照奥古斯丁在这里的说法，在上帝第六日造人后，不但没有现在这样的成人，而且没有婴儿，甚至没有胎儿和精子。不过，这并不意味着那时候不存在人。既不能认为第六日造的是男人，而后来造的是女人，也不能认为第六日造了真正的人，后来没有造，或是第六日没有造人，后来才真正造人；甚至不能说，这两次造的，是两种不同的人。两次造的，是完全一样的人，只不过两次的"创造"是在不同的意义上讲的。那么，这两次创造的差别究竟在哪里呢？

> 他们会问我如何不同。我的回答是：后来是以可见的方式造的，人体的形式和我们知道的一样，不过不是父母生的，而是男的来自泥土，女的来自他的肋骨。他们会问当时是怎么造的。我的回答是：当时是以不可见的方式造的，是以潜能和原因的方式造的，人作为将来存在的事物被造，并未实际受造。[1]

在《〈创世记〉字解》中，奥古斯丁经常用"种子"来比喻这种原因的创造，"因为种子之中蕴藏着将来的生长"[2]。但是，这毕竟只是比喻，当时造的并不是胎儿或精子，因为这种原因先于所有的种子而存在，是无形的。

那么，上帝在第六日按照自己的形象造的这不可见的人，是否就是人的灵魂，而伊甸园中所造的可见的人，是否就是人的身体呢？奥古斯丁也否定了这一说法，主要有两个理由。第一，既然上帝在前六日歇了一切的工，他就已经创造了世界上的所有被造物，不会留下什么没有创造的，因此，他不会只创造了灵魂，而剩下身体没有造。第二，经文里明确说，上帝在第六日造男造女，而男女的区别只是身体上的，不是灵魂上的。如果

---

[1] 奥古斯丁，《〈创世记〉字解》，6：6 [10]。
[2] 同上书，6：6 [11]。

那时候上帝只造了人的灵魂，就不可能说"造男造女"。那里不仅说了造男造女，而且说上帝要赐给人各种食物。如果造的只有灵魂，就更无法解释食物的问题了。因此，第六日造的这不可见的人，并不是灵魂，而是包括灵魂和身体在内的，整体之人的原因和种子。[1]

第六日被造的人，既不是男人，也不是胎儿或精子，甚至不是人的灵魂，那它到底是什么呢？其实，那就是人的形式，或"道理"（ratio）。如前所述，万物的道理最开始都永恒地存在于圣言当中，不是被造出来的；当物质造物的道理通过天使向物质造物赋形后，那些造物未必就实现了出来，但道理都已存在于世界的物质元素中。有灵魂的造物的道理并不存在于物质元素中，但是他们也会在各自的时间获得各自的形体，人就是这样的。当人已经出现在地上以后，并不是每个个体的人都实现了他的存在，但每个将会出现的人的形式，都存在于其祖先的精子中。当上帝在第六日造了人以后，亚当的身体尚未从泥土中被造，他的灵魂也没有出现，但人的形式已经存在了。

第六日造的是人的道理，而不是已经在时间中生活过的活人。尚未在时间中生活过的人，就既没有做过好事，也没有做过坏事。由于具体的人尚未实现出来，人根本就没有办法做事，当然也不可能做好事或坏事。因此，虽然在亚当中存在的所有未来之人的种子，已经沾染了他所犯的罪，但上帝在第六日所造的人的形式，却是不可能有原罪的。

这形式来自永恒的圣言，是上帝按照自己的形象，用永恒的圣言造的，代表了人的最高境界，应该是人的至善状态。这种至善状态，并不是灵魂才具有的，而是灵魂和身体都有的。或者说，人的道理，就是人的本质，而无论灵魂还是身体，都只是这一本质的实现，是具体的存在。人的灵魂并没有构成身体的本质。正是在这个意义上，奥古斯丁说：

---

[1] 奥古斯丁，《〈创世记〉字解》，6：7［12］。

人堕入罪之后，根据上帝的形象，"在对上帝的认识上渐渐更新"，同样，人本来就是在这种认识中造的，后来因罪过而变得衰颓了，最终会从这种衰颓中渐渐更新，回到原来的认识。[1]

只有在第六日按照上帝的形象造的人的形式，才是人的真正本质，是上帝创造在人的认识中的道理。人在堕入罪中之后，就丧失了这一认识和本质，虽然它还保留着一些痕迹。人从这衰颓的罪的状态中渐渐更新，就是要回到原初的认识，恢复人的本质，而并不是恢复伊甸园中的状态，因为那只是人的一种存在状态。于是，人的形式的至善状态，与人的灵魂和种子的原罪状态，将构成人性中的一对最基本张力。[2]

二 灵魂的创造

《创世记》第二章第 7 节说："上帝用地上的尘土作人，将生气吹在他脸上，他就被造成了活的灵魂。"在奥古斯丁看来，与身体相比，灵魂的创造是一个更重要，也更棘手的问题，因为这是理解人之创造的关键环节。前面谈到了，上帝在第六日造了人的道理，但人并不像所有其他被造物那样，道理先造在天使当中，再经由天使，赋形在物质质料上，而是直接造在人当中，即由人先认识，然后实现在人的身体上。在这个意义上，人这种有理性的精神造物，和天使是类似的。但这样就必然会产生另外一个问题，即，人的灵魂是否和天使一样，来自上帝最初所造的精神质料，即"天"？如果是，则上帝吹气造灵魂，就是用这最初的精神质料来造人的灵魂；如果不是，那么，人的灵魂是从哪里来的呢？这个问题所涉及的，是人在宇宙中的位置究竟在哪里这个根本问题。

---

[1] 奥古斯丁，《〈创世记〉字解》，3：20 [32]。
[2] Lydia Schumacher, *Divine Illumination: The History and Future of Augustine's Theory of Knowledge*, Chichester：Wiley-Blackwell, 2011, p. 25 以下。

上帝吹气造了人的灵魂，这指的究竟是什么意思呢？在造身体的问题上，上帝之"手"只是比喻；同样，在造灵魂的问题上，上帝之"口"也只能是比喻。那么，上帝吹的"气"是指什么呢？如果说，用土造身体，可以直接理解为，人的身体来自物质的土；但用气造灵魂，却不能理解为就是用物质的空气造了灵魂，因为灵魂不是物质的，所以它不可能是用物质元素造成的。这是比较容易证明的一点。[1]

如果灵魂不是从物质元素创造的，则存在三种可能性：它要么是从上帝自身造出来的，要么是从另外的精神造物中造出的，要么是从虚无中造的。

但要理解灵魂的创造，就必须理解奥古斯丁在人的形式和灵魂之间所做的区分。在谈天使的创造时，奥古斯丁明确区分了精神质料与道理。精神质料是上帝创造的天，但道理却永恒地存在于上帝的圣言中。精神质料在转向上帝时，就被圣言的永恒之光照亮了。于是，道理为精神质料赋形，就创造了天使。我们如果照此推论，人的道理和灵魂之间，也应该有同样的区分。我们从上一节看到，第六日所造的，是人的形式和道理，并不是人的灵魂。但奥古斯丁笔下的"内在之人"有时候是指灵魂，有时候是指人的道理。在谈人的灵魂的创造时，奥古斯丁意识到了这个困难，说：

> 如若灵魂是某种不变的东西，我们就不该以任何方式追问其质料。但是，现在其可变性显而易见，因为它有时因欠缺和错误而变得畸形，有时因德性和对真理的认识而被赋形，尽管它仍然保持在灵魂之为灵魂的自然之中。[2]

---

[1]　奥古斯丁，《〈创世记〉字解》，7：4 [6]。
[2]　同上书，7：6 [9]。

奥古斯丁与其他哲学家，乃至很多基督教教父非常不一样的地方，在于他没有把质料直接等同于物质，把形式直接等同于精神，而是认为存在精神质料。他自己或许也意识到了这一说法的离经叛道之处，在此处发生了一些犹疑。但恰恰是在这犹疑中，我们看到了他提出精神质料的内在理由。如果灵魂是不变的，即，如果灵魂一直是好的，不会变坏，那么，它就是人的本质和形式，就不必追问它的质料是什么了。但奥古斯丁和摩尼教一样，需要面对世间普遍存在的恶，却又不愿意像摩尼教那样，把恶理解为物质的本质，只能把它归结为意志的自由抉择，也就是灵魂的变坏。既然灵魂可以由好变坏，又可能由坏变好，它就不是永远好的本质，其可变性只能来自某种质料。当这种质料做了好事、认识真理的时候，它就被赋形，成为人的道理和本质的实现；当这种质料陷入错误和罪过的时候，它就背离了自己的本质。

人的道理，包括灵魂和身体的本质，都是在第六日按照上帝的形象造的。那么，灵魂的质料来自哪里呢？

既然灵魂可以由好变坏，那么，它应该就不是来自上帝本身。由于《圣经》上说，上帝向人吹了一口气，就造出了人的灵魂，所以有些人认为，"灵魂是来自上帝的实体本身的某种东西，就是说，灵魂的自然和上帝的自然一样"[1]。由于灵魂是可变的，而上帝是绝对不变的，所以，奥古斯丁认为，这一说法是渎神的，不可能正确。

剩下还有两种可能，即，灵魂要么来自虚无，要么来自精神之天。

关于来自虚无的可能性，奥古斯丁说："我们相信上帝在同时创造万物之后，就不再从虚无中创造某物，相信他完成开始造物的工之后就安息了，以至于后来造的都出自已经造的；如果这样，我们就不知道如何理解上帝从虚无中造出灵魂。"[2] 灵魂既然是在六日之后造的，它就不可能

---

〔1〕 奥古斯丁，《〈创世记〉字解》，7：2〔3〕。
〔2〕 同上书，7：5〔7〕。

还是出于虚无，而必须出自上帝在前六日中所造的某种质料。

现在就只剩下了一种可能性，即，灵魂来自天使，来自上帝最初所造的"天"。在奥古斯丁关于创造的理论中，这是非常棘手的一个问题。奥古斯丁也花了很多笔墨来讨论这种可能性。

用来造人的灵魂质料不会是物质的，也不可能是上帝本身，那就应该是从某种精神质料中造的。但这会是怎样一种精神质料呢？在此处，奥古斯丁感到了巨大的困难，对这种精神质料的性质提出了种种可能性和疑惑：

> 如果它当时存在，灵魂从中被造，或者如果它现在存在，灵魂都从中被造，那么，它本身是什么呢？它的名称是什么，形式是什么，在被建造的事物中有什么用？它有没有生命？如果有，那它的活动是什么？如何作用于宇宙的效力？它活得幸福，还是悲惨，抑或是既不幸福，也不悲惨？它是否能赋予某物生命？或者，它不做任何工作，而是悠闲地停在宇宙的某个隐蔽之处，没有清醒的感觉和充满生命力的运动？如果它根本就不是生命，那么，非物质和非生命的它，怎么会是将来某种生命的质料呢？这要么是错误的，要么过于隐秘。而如果它活着，既不幸福也不悲惨，它怎么会是理性的呢？如果当人类灵魂的自然从中被造出来的时候，这种质料就被造成了理性的，无理性的生命岂不是成了理性灵魂（即人的灵魂）的质料了吗？这样，这种生命和兽的生命又有什么区别呢？它是否已经具有理性的可能性，只是尚不具有理性的能力？[1]

所有这些疑问的核心都是这一点：这种质料和被造后的灵魂究竟是什么关系？即，它究竟比后来的灵魂更幸福，还是更悲惨？如果灵魂是从比

---

[1]　奥古斯丁，《〈创世记〉字解》，7：7［10］。

它更低的质料中造出来的，则这种质料可能是一种非理性灵魂，即动物和植物的那种灵魂。但这样的非理性灵魂归根到底还是从物质中来的；这样，理性灵魂还是来自于物质。所以，这是不可能的。[1]

三　人与天使

如果那种精神质料是比人的灵魂更幸福的，则当这种精神质料被赋形，成为人的灵魂之后，就变得更不幸福了。但这是不可能的："因为如果某种质料被赋形，特别是从上帝那里获得形式，赋形之后无疑会变得更好。"[2]

奥古斯丁在此描述了灵魂被赋形对于人的意义：在第六日，上帝按照"自己的形象"造了灵魂的道理，"造男造女"就是造了身体的道理。当他用土造人，就使身体的道理实现出来；当他吹气造灵魂，就以灵魂的道理为灵魂的质料赋形，造出人的灵魂。人的灵魂为人的身体赋予生命，就成了既有身体，又有灵魂的活人。[3] 这是造人的整个过程。由于奥古斯丁将灵魂与人的形式区分开，所以这一过程就变得非常复杂。身体和灵魂都只是具体的存在，都需要被赋形，而身体又需要被灵魂赋予生命。

那么，上帝吹气造灵魂这件事，就既使精神质料被赋形、灵魂的道理得到实现，又使身体被赋予灵魂、获得生命。但这两方面却有着不同的意义。灵魂的被赋形，是使灵魂变得更好；但灵魂与身体相结合，却使灵魂与比它更低的身体结合起来。于是，这里就出现了奥古斯丁所说的那个困境：精神质料的被赋形，本应该是变得更好，但是，由于这又是灵魂进入身体的过程，它反而又变得更不好了。

---

[1]　奥古斯丁，《〈创世记〉字解》，7：9 [12]。
[2]　同上书，7：8 [11]。
[3]　同上。

上帝创造某种形式，都要把它造在某种自然当中。如果某种形式不存在于某种被造物中，那它就只能存在于上帝中；形式确实本来存在于上帝中，但那时候它还没有被创造，它一旦被创造了，就一定已经存在于某种被造的自然当中了。[1] 对于身体的形式，他说，这道理潜在地存在于身体的质料，即"地"当中，就像种子那样；那么，灵魂的道理应该造在什么自然当中呢？

当上帝说"我们要照着我们的形象和样式造人"（只有从灵魂上讲，才能正确理解这一点）的时候，要是当时根本没有可以把灵魂的道理建造在其中的自然，那么，为了将来造灵魂，也就是造那口气（即人的灵魂），最初被建造的是什么原因道理？[2]

其实，这还是上面那个问题的继续：灵魂来自什么样的精神质料？在每种形式被造、但尚未实现的时候，它已潜在地存在于相应的质料当中了。灵魂的道理在第六日被造的时候，就也应该潜在地存在于灵魂的质料当中了。"所以，为了产生灵魂，某种精神造物已经被建立，将来的灵魂之道理就存在于其中。只有当上帝通过呼气把灵魂造在人之中的时候，灵魂才得以存在。"[3] 上帝在第六日对灵魂的道理的创造，就是造在了这种精神被造物当中。那么，这种精神被造物是什么呢？

或者，要是可以把上帝最初建造的"日子"正确地理解为理智性的精神，那么，当上帝在第六日照着自己的形象造人的时候，他是否把将要被造的灵魂之道理置入了那日子的自然之中？就是说，上帝先固定原因和道理，第七日过后再根据它们造人，这样我们就可以认

---

[1] 奥古斯丁，《〈创世记〉字解》，7：22 [33]。
[2] 同上书，7：22 [32]。
[3] 同上书，7：22 [33]。

为，上帝把人的身体的原因道理创造进地的自然中，把灵魂的道理创造进那"日子"的自然中。可是这样说无非意味着，天使之精神就好比是人的灵魂之母，如果将要被创造的人的灵魂之道理已经预先被建造在天使之精神中，正如人将来的代已经被建造在人之中；如此，人的身体之母是人，人的灵魂之母是天使。而上帝则是身体和灵魂的创造者，他从人中造出身体，从天使中造出灵魂；或者说，他从地中造出第一个身体，从天使的自然中造出第一个灵魂，因为当他最初把第一个人造在他同时创造的造物中时，他把其原因道理预先固定在地或天使中，而往后则是从人中造出人，从身体中造出身体，从灵魂中造出灵魂。[1]

这就是奥古斯丁对上述问题的回答：灵魂的道理，最初就造在了天使当中；天使，就是灵魂的精神质料。这样理解，当然可以避免将灵魂理解为从物质、虚无、上帝的实体，或非理性灵魂中创造的种种困难。而且，这样就揭示了人与天使的内在关联。虽然就创世的次序和宇宙中的等级而言，天使是高于人的；但在奥古斯丁的体系中，对善恶天使的讨论，往往可以看作对人的相关讨论的准备和提升。天使的皈依，决定了人的皈依的方式；天使的背叛，也预示了人的堕落的基本模式；善恶天使之间的斗争，就表现在善恶之人之间的斗争。所以，奥古斯丁强调，上帝之城是由好的天使和好人组成的；魔鬼之城是由堕落天使和坏人共同组成的。并不存在四个城（天使两个，人两个），而只存在两个城。[2]

不过，这一解决方式却好像和奥古斯丁前面的一种说法相矛盾。我们在本章第一节讨论人的道理的时候，曾经特别提到，奥古斯丁说，由于人

---

[1] 奥古斯丁，《〈创世记〉字解》，7：23 [34]。
[2] 奥古斯丁，《上帝之城》，12.1.1；吴飞译，中册第116—117页。

和天使一样是理性造物，人的创造和其他被造物不同，不是先由天使认识其道理，再将道理实现在具体的被造物当中，而是先由人自身认识其道理。但现在，奥古斯丁又说，人的灵魂的道理，就是先造在天使之中，然后再成为人的灵魂。这对矛盾应该如何理解呢？

我们若仔细对比两处的说法，还是会发现它们的区别的。在《〈创世记〉字解》第六卷，奥古斯丁谈的是，人如何在其道理中得到完善。人必须自己认识到他的道理是怎样的，才能够完善自己；但非理性造物无法认识自己的道理；所以，只有在天使认识它们的道理时，它们才可以达到完善。

而在同一书的第七卷，奥古斯丁谈的是道理与质料的关系。那些物质造物的道理虽然造在了天使当中，但天使并不是它们的质料。它们的质料是"地"，即物质质料，它们的道理也已潜在地存在于地之中。它们的道理既可以说被造在了天使之中，也可以说被造在了物质质料当中。这两方面是从不同角度说的。所以，当上帝通过天使为它们赋形的时候，那天使所认识、潜在地存在于物质质料中的道理，就在物质造物中实现了出来。同样，就对人的道理的认识而言，人和所有的物质造物都不同，不需要在天使那里获得认识，只要人自己认识了自己的道理，就能获得完美。但是，它也和其他的被造物一样，需要一种质料，以便在其中实现自身。当灵魂的道理被造的时候，它就作为原因形式存在于这一质料中。可由于人的灵魂和天使一样，是有理性的，它的质料就应该是精神质料。除了上帝所造的天使，即"日子"之外，还有什么精神性的存在物呢？于是，人的灵魂就来自于天使。

但这里还有一个小问题需要稍加辨析。按照奥古斯丁此处的说法，似乎是被赋形的天使构成了人的灵魂的精神质料，因为"日子"就是被赋形了的天使。但若是已赋形的天使是人的灵魂的质料，人与天使的关系就会显得很奇怪，也会导致很多复杂的问题。所以我认为，奥古斯丁的意思应该是，天使的精神质料，即上帝最初所造的"天"，也是人的精神质料。不能说，人的灵魂是由已经赋形的天使来的；但可以说，人的灵魂与天使出自共同的精神质料。

天使是上帝最初的造物，万物的创造都和天使有关。但是，人与天使的关系，却和其他被造物不同。无理性的被造物与天使的关系在于，它们的道理要通过天使来认识，否则它们就无法被赋形，根本不能存在。但是，人的道理并不需要天使来认识，他自己就可以认识。人与天使的关系在于，人和天使出自共同的精神质料。这使人在整个宇宙中都处于一个非常高贵的地位。它不仅不像物质被造物那样，需要通过天使来创造，而且和天使分享同样的精神质料。

所谓认识人的道理，并不是在亚当被创造的时候发生的，因为亚当从未真正认识这个道理，而是在拯救的时候才会认识；于是，人的完美创造，并不是在世界历史之初完成的，而是在整个世界历史的过程中完成的。但就人的道理与精神质料的关系而言，却不是这样的。任何人要存在，都必须依赖于其灵魂的存在，而没有形式怎么存在呢？因此，哪怕是在初人亚当那里，其形式也已经在某种意义上为其精神质料赋形了，只不过，他所得到的，并不是完美的人的形式；他和他的后代，还需要整个世界历史的时间，来认识自己的形式。

这样，我们就看到了人与天使的重大区别：虽然人的灵魂和天使都是从共同的精神质料来的，但是，天使从一开始，就转向上帝，被圣言照亮，因而被完美地赋形了；甚至整个世界的创造，都依赖于天使的完美赋形。同样，魔鬼从一开始就堕落了，离永恒圣言越来越远，并且永远没有机会被重新赋形。天使与魔鬼的善恶二分，都是从世界的最开端发生的，而且无法改变。但人不同。人的身体和灵魂虽然从一开始就被赋形了，但由于人没有转向/皈依上帝，没有真正认识自己的道理是怎样的，所以始终未能获得完美的赋形，而必须靠整个世界历史的时间，来认识其道理，以得到真正的赋形。在这个意义上，人是介于天使和魔鬼之间的一种精神存在。他既不像天使那么完美，也不像魔鬼那么无可救药，因为他总是有一个得到完美赋形的希望。也是在这个意义上，天使和魔鬼都不需要世界历史；但世界历史对人而言，却是至关重要的。

不过，这却又生出一个相当困难的问题：如果人的灵魂和天使都出自共同的质料，那么，人和天使之间的巨大差异，是从哪里来的呢？

四　灵魂的起源

奥古斯丁深刻意识到了这个困难。如果人的灵魂和天使来自共同的精神质料，那么，它岂不是和天使一样高贵？那它为什么要选择进入身体呢？这是否是因为灵魂的堕落，或者别的什么原因？奥古斯丁一生都很关心灵魂起源的问题，在许多著作中有过讨论，而且前后观点也并不完全一致。

在奥古斯丁研究界，长期以来一直存在一个关于灵魂起源的争论。一方认为，奥古斯丁接受了普罗提诺的理论，认为灵魂在身体被创造之前就存在了，后来因为堕落了，才进入人的身体，成为人的灵魂。这一派最有力的支持者，就是奥康奈（Robert O'Connell）。[1]另一方认为，奥古斯丁并没有完全接受普罗提诺的灵魂学说，因而并不认为灵魂是在堕落后，才成为人的灵魂的。马德克（Goulven Madec）是这一派的主要

---

[1] 奥康奈坚持奥古斯丁是普罗提诺哲学的继承者，认为奥古斯丁笔下的堕落并不是在亚当吃禁果的时候才发生的，而是一种更内在的本体性的堕落，即，是在人被造的时候就已经堕落了。不过，奥康奈也无法忽视奥古斯丁著作中很多与此非常矛盾的说法。于是，奥康奈渐渐修正了自己的理论，认为，奥古斯丁早年是一个坚定的普罗提诺主义者，但是到了中期，鉴于普罗提诺哲学中很多与基督教思想无法调和的内容，奥古斯丁否定了自己早年的说法。不过，奥康奈又坚持，奥古斯丁到了晚年，特别是在《论三位一体》和《上帝之城》当中，又回到了早年的说法，承认了灵魂堕落的观点。Robert O'Connell, S. J., *St. Augustine's Early Theory of Man*, A. D. 386-391, Cambridge：Harvard University Press, 1968；Robert O'Connell, S. J., *The Origin of the Soul in St. Augustine's Later Works*, New York：Fordham University Press, 1987.

代表。[1]

我们可以暂且不必穷究奥古斯丁是否了解普罗提诺哲学这个历史问题。单就思想而言，这一争论似乎是对更早的那场争论的继续：即，奥古斯丁在387年皈依的，究竟是基督教，还是新柏拉图主义。[2] 虽然这场争论已经平息，但以前这场争论的实质问题，即，奥古斯丁的基督教思想与新柏拉图主义所代表的希腊哲学，究竟是什么关系[3]，却仍然是一个重要问题。[4]

双方学者都能在奥古斯丁的著作中找到支持自己观点的文本，也都认为自己把握了奥古斯丁灵魂学说的精神实质。笔者认为，奥古斯丁并没有接受普罗提诺的灵魂堕落说。虽然人的堕落确实不能简单地理解为从亚当吃禁果开始，但奥古斯丁的基督教思想还是和新柏拉图主义有实质的差异。不过，最重要的不是哪一派的观点正确，而是如何看待奥古斯丁灵魂学说中的内在张力。这种张力，在普罗提诺那里就已经露出了端倪。奥康奈用一生的学术生涯来证明这一个命题，正是因为他觉察到了奥古斯丁与普罗提诺的内在关联。不过，奥古斯丁的基督教思想还是在哲学史上带来了巨大转变。这一转变把普罗提诺的内在矛盾推到了极端，从而导致了一

---

[1] 奥康奈的批评者马德克和克拉克（Mary Clark）等人首先认为，奥古斯丁并不是直接从普罗提诺那里，而是从波斐利等人那里，了解柏拉图主义哲学的；其次，他们坚持，奥古斯丁的基督教哲学，与新柏拉图主义哲学之间有着根本的差异。关于这两派争论的详情，参见 Ronnie J. Rombs, *Saint Augustine and the Fall of the Soul: Beyond O'Connell and his Critics*, Washington, D. C.：The Catholic University of America Press, 2006。关于两派的主要代表人物，参见此书导论（p. xxiii）。

[2] 从哈纳克开始，学者们就质疑，387年奥古斯丁究竟是皈依了基督教，还是皈依了新柏拉图主义。从考赛尔（Pierre Courcelle）的经典著作《奥古斯丁〈忏悔录〉研究》发表以来，人们大多已经不再怀疑，奥古斯丁皈依的是基督教。见 Pierre Courcelle, *Recherches sur les Confessions de Saint Augustin*, Paris：E. de Boccard, 1968。

[3] 对这一问题的新近研究，参考 Brian Dobell, *Augustine's Intellectual Conversion: the Journey from Platonism to Christianity*, Cambridge：Cambridge University Press, 2009。

[4] 奥康奈的学说，从另外一个角度继承哈纳克以来的观点，认为奥古斯丁与新柏拉图主义有更实质的思想继承关系；马德克等人则坚持考赛尔以来的主流观点，认为奥古斯丁的基督教思想与希腊哲学之间的断裂是更实质性的。

个完全不同的思想世界的产生。

现在简述一下普罗提诺的说法。在普罗提诺看来，由太一流溢出理智原则；再由理智原则流溢出世界灵魂；世界灵魂再进一步分裂，就形成了个体灵魂，也导致了物质世界的创造。这一过程导致了世界的创造和时间的产生。普罗提诺笔下世界灵魂在创造过程中扮演的角色，很像奥古斯丁笔下天使扮演的角色。他认为，"灵魂赋予躯体生长并存在的能力"，[1]这就如同奥古斯丁笔下天使为物质被造物赋形一样。

普罗提诺的思想体系中不可能有天使，也并没有奥古斯丁在身体/灵魂/道理之间做的复杂区分。我们在他这里看到的是单纯的灵魂/身体的二元概念。不过，他这里还是存在理论上的一个张力。一方面，他认为从世界灵魂到个体灵魂的过程是一种堕落；另一方面，他又认为这是神所决定的一种必然，甚至整个宇宙的完美和谐也要依赖于灵魂的堕落和物质的创造。为了化解这里的矛盾，他指出，灵魂为物质赋形本身并不是坏事。"灵魂与躯体的伙伴关系之所以令人不快，有两个原因：其一，躯体是思想的障碍；其二，躯体使灵魂充满了快乐、欲望、悲伤等情绪。"[2]灵魂的堕落不在于它为身体赋形，而是在于身体在流溢的最末端，会阻碍灵魂的思考，并给它带来人性的种种弱点，使它无法像在神圣之域中那样纯粹。普罗提诺的这种解决方式并没有很好地化解他理论中的张力。

奥古斯丁不再认为上帝对被造物有任何的依赖和需求，更不认为世界的完美有上帝之外的任何原因。万物都来自于上帝，万物都依赖上帝。永恒的上帝和在时间中流动的被造物之间，永远不会是相互依赖、相互需要的关系。这使他似乎避免了普罗提诺的矛盾。

也恰恰是为了保证上帝至高至善的地位，奥古斯丁在思考创造时，极

---

〔1〕 普罗提诺，《九章集》，4：8.2；石敏敏译，第526页。
〔2〕 同上。

大地依赖于天使这个中介，甚至发明了"精神质料"这样的概念。但是，当他用精神质料的概念来解释人的灵魂的创造时，却出现了和普罗提诺类似的困难：

> 如果说灵魂早已被造并潜藏起来的话，哪里会比灵魂更好呢？因此，既然灵魂无罪地活着，它为什么要被置入这肉身的生命呢——在肉身中，它将因犯罪而冒犯创造它的那一位，结果罪有应得地遭受劳作的艰辛和诅咒的折磨？是不是要说：灵魂凭自己的意志就倾向于掌管身体，而在这身体的生命中，它既然能够或正义或罪恶地活着，那么选什么就有什么，选择正义就有奖赏，选择罪恶就有惩罚？这种解释也不与使徒下面的说法相矛盾：尚未生出来的人，既没有行善，也没有作恶。[1]

在此，奥古斯丁几乎是在以自己的语言重述普罗提诺在《九章集》第四卷第八章的说法。灵魂被造的时候是高贵的，它竟然会进入更低的肉身之中，这就是一种堕落。那么，灵魂进入肉身，就是因为它的堕落吗？如果是这样，则灵魂在进入肉身之前就已经堕落了。可是，使徒保罗在《罗马书》第九章 11 节关于以扫和雅各的评论，"双子还没有生下来，善恶还没有作出来"，使他感到了困难。

虽然奥古斯丁的困难来自《圣经》，但他解决这对矛盾的方式，表面上看，也和普罗提诺很像：他说，灵魂如果按照意志要掌管身体，这既不能算正义的，也不能算罪恶的行为；所以，应该相信，灵魂进入身体，是上帝的命令。"在上帝的审判面前，正义或罪恶的行为都会得到相应的回报，各人都会根据藉着身体所行的，或善或恶受报。""在身体中，它如果愿意根据上帝的诫命生活，就将得到奖赏，即，获得永生，加入天使的

---

[1] 奥古斯丁，《〈创世记〉字解》，7：25 [36]。

团契，而如果无视上帝的诫命，就会遭受最正义的惩罚。"[1] 这两句话，是为了回应《罗马书》中的说法而讲的。既然保罗说，人在出生之前不会有善恶，则灵魂进入身体这件事，本身不算堕落。只有在与身体结合之后，人藉着身体做的事，才算得上道德善恶。

奥古斯丁和普罗提诺一样，也感到了这种解释方法不够令人满意："如果灵魂预知自己会因某些罪而遭受正义的永罚，那么，我们根本就不相信它会凭自身的意志而倾向于成为身体的生命。"[2] 为解决这个问题，就只能承认，人无法预知自己将来是否会犯罪。凡是创造物，没有本质上坏的。奥古斯丁与普罗提诺的一个重大差异是，他不相信身体是坏的，而认为物质造物的自然也是好的。可是，在创造的序列中，身体毕竟是更低的。如果灵魂倾向于更低的身体，这和魔鬼背离上帝，有什么区别呢？所以，灵魂只能是在无知的情况下，进入更低的身体的。但有没有可能，灵魂不愿意进入更低的身体，但上帝强迫它进入了身体呢？

> 但我们最好相信灵魂在自然上就愿意被派到身体中，就是说，它的这种自然是被创造成的，所以它愿意；正如我们在自然上愿意活着，但坏的生活并不是来自自然，而是来自邪恶的意志，因而招致正义的惩罚。[3]

奥古斯丁对这个问题最后的回答是，人的灵魂在被造的时候，它的自然就愿意与身体相结合，所以这种结合不算恶，它也不可能被上帝强迫进入身体。但他随后的话似乎在否定自己：坏的生活来自邪恶的意志。灵魂的意志倾向于更低的身体，这难道不是一种邪恶的意志吗？如果说，因为灵魂不知道自己将来会犯罪，或者不知道身体不是最大的好，而愿意进入

---

[1] 奥古斯丁,《〈创世记〉字解》, 7: 25 [36]。
[2] 同上书, 7: 26 [37]。
[3] 同上书, 7: 27 [38]。

身体，那么，他经常说的，无知是意志犯罪的重要原因，岂不还是无法为灵魂开脱吗？

五　四元人性结构

奥古斯丁在此处的论述，可谓捉襟见肘，漏洞百出，不仅没有解决普罗提诺的矛盾，反而加剧了普罗提诺那里已有的困难。

或许正是因为奥古斯丁对这个问题的解决充满矛盾和漏洞，研究者要想在他这里找到一个成系统的说法，就不得不去掉一些东西，添加一些东西，于是就会出现奥康奈和马德克等人的争论。我们可以看出，奥古斯丁比较倾向于灵魂是在造人前已经被造的。虽然保罗的话使他难以承认，灵魂在进入身体前就有罪，但是，由于他对这个问题的证明并不周延，奥康奈就认为，奥古斯丁实际上还是认为灵魂是堕入身体的。但另一方面，他毕竟努力要证明保罗的说法，所以，马德克等人也可以认为，奥古斯丁并不真的认为，灵魂是先在的和堕入身体的。

但如果我们从前面关于创造的讨论出发，也可以为奥古斯丁找到另外一个相对圆满的说法。他说，人的灵魂和天使一样，出自最初造的精神质料。不过，天使是第一日被造的，即第一日被赋形；人是第六日被造的，即第六日被赋形，那么，虽然人的灵魂和天使具有相同的质料，但是形式不同，这应该是导致了他们的差异的最重要原因。所谓第一日、第六日等说法，并不是时间上的先后关系，而只是逻辑的先后，所以，这里说的，并不是天使和人的创造的时间差异，而是它们在宇宙体系中的位置不同，即形式不同。

奥古斯丁所谓灵魂已经在造身体之前被造了，指的只是灵魂的形式被造了，而身体的形式也被造了。所以，不能说灵魂是先于身体被造的，只能说，灵魂和身体的形式，都是先于具体的灵魂和身体被造的。不过这个

"先于"，也"不是在时间上先于，而是在根源上先于，正如声先于歌"。[1]当然，灵魂的质料和身体的质料也被造了，分别包括在"天"和"地"当中。当身体的道理为物质质料赋形，在具体的身体中实现出来的时候，灵魂的道理也为精神质料赋形，实现在了具体的灵魂中。被赋形的身体和被赋形的灵魂结合在了一起，就成为有灵魂的活人。这样一个复杂的过程，和普罗提诺所说的，世界灵魂因为进入身体而变成个体灵魂，有着相当大的区别。

奥古斯丁以灵魂的道理/精神质料/身体的道理/物质质料这样的四元关系取代了普罗提诺那里简单的灵魂/身体的二元结构，似乎避免了普罗提诺时间循环论和神与被造世界之间的相互依赖关系，但是，由于奥古斯丁始终没有令人满意地解决灵魂（无论是就灵魂的道理，还是精神质料而言）为什么愿意进入身体的问题，他仍然面临着巨大的理论困难。

这个理论困难，不只是像在普罗提诺那里一样，表现为本来很幸福的灵魂，为什么愿意进入更低一级的身体，而且还体现在更深的层次上。我们在上一节已经看到了，精神质料与被赋形的灵魂究竟哪个更好，是奥古斯丁一直在思考的一个问题。由于他将人性分成了这种四元结构，则上帝向人吹气，就不仅使灵魂的道理为精神质料赋形，而且为身体赋予灵魂，使灵魂与身体相结合。为精神质料赋形，应该使精神质料变得更好，但使灵魂与身体结合，却使灵魂变得更不好。这是奥古斯丁讨论精神质料时面临的一个困境。

这个困境，体现了奥古斯丁哲学的一个重大矛盾。他对形式（道理）与质料的理解虽然基本遵循了亚里士多德以来的哲学思路，但是，当他因为基督教的灵魂问题而不得不发明了"精神质料"这一说法之后，他对这一对基本哲学概念的理解已经偏离希腊哲学的传统说法非常远了。一方面，他对身体与灵魂关系的理解，所遵循的仍然是希腊哲学身心二元的基

---

[1] 奥古斯丁，《〈创世记〉字解》，7：27〔39〕。

本思路；但是另一方面，他又拒绝将灵魂理解为人的形式，而是在灵魂上面创造出"灵魂的道理"，在身体上面也创造出一种"身体的道理"，这样就提高了身体的地位，但降低了灵魂的地位，使身体和灵魂都变成了产生于某种质料的存在物，其本质分别来自于各自的形式。

当希腊哲学中身体/灵魂的二元关系被转化成了身体的质料/身体的形式/灵魂的质料/灵魂的形式这样一个极为复杂的四元关系，奥古斯丁就面临着比柏拉图、亚里士多德、普罗提诺等人都大得多的困难。这个困难，在柏拉图和亚里士多德那里并不是完全没有，但是并不严重，而且可以化解在古典哲学的辩证思考当中。在普罗提诺的创世论中，这就变成了一个无法忽视的问题。奥古斯丁以基督教的方式继承了普罗提诺哲学的一些基本观念，并试图避免普罗提诺那里的理论困境，但是，当他以新的方式重新解释世界和人的创造的时候，却又制造出比普罗提诺更为尖锐的矛盾。于是，他也继承了希腊哲学中的基本矛盾，甚至把它推上了一个不可化解的极端。

六 另一种尝试：三元人性结构

在不同的著作中，奥古斯丁从不同的角度探讨了人性结构。除了上文讲的四元结构，他还常常讲灵性、灵魂、身体的三元结构。以这样的三元结构来理解人性，是教父中长期以来的一个传统，奥古斯丁继承了这一传统。[1]不过，如何为灵性赋予哲学意义，将它纳入到对人性结构的哲学理解当中，却是一个更复杂的问题。笔者认为，奥古斯丁综合和修正了以

---

[1] 著名天主教学者吕巴克认为，三元人性观是基督教传统中非常独特的一个方面，而且与现代人普遍接受的身心二元人性观形成对照。在他看来，这种三元人性观在保罗那里就已经基本形成了。吕巴克梳理了从保罗到现代基督教中三元人性观的种种形态，认为奥古斯丁的思想固然非常深入，但后来的主流传统却更接近奥利金的理解。Henri de Lubac, "Tripartite Anthropology", in *Theology in History*, San Francisco：Ignatius Press, 1996, pp. 117-220.

前教父传统中的三元人性结构，以与他的创造论和世界观相适应。这一三元结构与上述的四元结构虽然不完全一样，却呈现出人与上帝之间的类似关系。[1]

三元人性观的经文依据，是保罗在《帖撒罗尼迦前书》结尾处的问候语："又愿你们的灵性、灵魂与身体得蒙保守，在我们主耶稣基督降临的时候，完全无可指摘。"[2] 保罗这里是否真的已经有一个明确的三元人性观，还是像多数研究者所说的那样，只不过是一种修辞，我们且不必细究。但正如吕巴克所言，从基督教时代的一开端，三元人性观就得到了极大的重视。早期的安提俄克的伊纳爵、塔提安，以及后来的伊里奈乌、奥利金等系统性的神学家，都谈到了这种三元人性观。简单说来，奥古斯丁之前的三元人性观有两个传统。奥利金、尼撒的格里高利和安布罗斯等人认为，灵性是每个人都具有的人性部分，哪怕已经堕落了的人也有；伊里奈乌等人则认为灵性就是圣灵居住在人当中，因而并不是每个人都有的，只有充满了圣灵的人才会有。而我认为，奥古斯丁对两派的说法都有接受。

我们首先来看奥古斯丁人性观的第一个方面。奥古斯丁有时喜欢用灵魂与身体两部分来理解人性结构，但也常常以灵性、灵魂、身体三者来描述人性结构。他在《论信仰与符号》中说：

> 人是由三部分组成的：灵性、灵魂和身体。但我们也说是两部分，因为灵魂和灵性经常放在一起说。人的理性部分，是野兽所没有的，称为灵性，灵性就是我们最高的部分；其次，使身体获得生命的，就称为灵魂；最后，那可见的部分就是身体，是我们中最低的部分。[3]

---

[1] 伯内尔指出，奥古斯丁的三元人性观与二元（灵魂/身体）人性观只是同一个观念的两种说法。见 Peter Burnell, *The Augustinian Person*, Washington: The Catholic University of America Press, 2005, p. 18。

[2] 《帖撒罗尼迦前书》，5：23，根据和合本，略有改动。

[3] 奥古斯丁，《论信仰与符号》（*De Fide et Symbolo*, *PL*40），10［23］。

吕巴克指出，奥古斯丁笔下的 *anima* 和 *spiritus* 并不完全是同义词，而有微妙的区别，即，*spiritus* 是 *anima* 中较高的部分。[1] 但在很多时候，奥古斯丁还是把两个词用做了同义词。只是在特别强调灵性的时候，他才赋予 *spiritus* 别的含义。这是我们读奥古斯丁的三元人性观时尤其需要注意的地方。

在谈到人性的构成时，奥古斯丁通常的说法是，人由灵魂和身体组成，但是灵魂（*anima*）也常常被称为 *spiritus*。小写的 *spiritus* 和相应的形容词，在奥古斯丁这里并不能都译成"灵性"，比如前文谈到的"精神质料"。奥古斯丁在理解保罗笔下的 *spiritus*（πνεῦμα）的时候，有时也当作灵魂的同义词，或者是泛指的"精神"。在《忏悔录》第十卷里，奥古斯丁引了三元人性论者非常喜欢的《哥林多前书》中的这句话："除了在人里头的灵，谁知道人的事?"[2] 然后解释说："但人有些事，是连在他里面的灵都不知道的。"[3] 显然，此处的"灵"既不是住在人里面的圣灵，也不是人的灵性，而是人的灵魂。

他在《论灵魂及其起源》中，区分了这两个词的两种关系：第一种，有时用 *spiritus* 这个词来指代全部灵魂。比如《传道书》里说："谁知道人的灵是往上升，兽的灵是下入地呢?"[4] 但奥古斯丁认为，这更多只是言辞上的说法，而非实际情况。第二种，所谓的 *spiritus*，指灵魂（*anima*）中的一部分，比如保罗在《帖撒罗尼迦前书》中的问候语，就属于这种用法；七十子本《约伯记》第七章第 15 节中说"把我的灵魂与 πνεῦμα（*spiritus*）分开"，奥古斯丁认为也属于这种用法。奥古斯丁似乎更倾向于这种说法。随后，他进一步指出，当保罗用 *spiritus* 来指代灵魂的一部分时，他常常把它理解为心智（*mens*），也就是人用来思考和推理的部分。

---

〔1〕 Henri de Lubac, "Tripartite Anthropology", in *Theology in History*, p. 147.
〔2〕 《哥林多前书》，2：11。
〔3〕 奥古斯丁，《忏悔录》，10：5 [7]。
〔4〕 《传道书》，3：21，译文有改动。

奥古斯丁认为，保罗在《罗马书》中所说的"我以心智顺服神的律，我肉体却顺服罪的律了"[1]，和他在《加拉太书》中所说的"因为肉身和灵性相争，灵性和肉身相争"[2]，是同一个意思，因而后一句中的"灵性"，就应该是前一句中的"心智"。虽然奥古斯丁也谈到，保罗在某些地方也将灵性与心智相区别，但他还是坚持认为，灵性就是心智。[3]

在对《诗篇》第三首第三句"叫我抬起头来"的讲说中，奥古斯丁认为，这里的"头"，指的就是心智，因为心智是灵魂之头。[4] 同时，这头也是指灵性，因为灵性是灵魂和身体的头。[5] 此处的说法，与《论灵魂及其起源》中是一致的。

心智，是奥古斯丁笔下极为重要的哲学概念。在这里，他将灵性等同于心智，即灵魂中较高的理性部分，在一定程度上是继承了尼撒的格里高利的思路。从这个角度理解，灵性似乎很难和圣灵关联起来；而且，既然理性的心智是每个人都有的，则灵性也应该是每个人都具有的。那么，就人性结构而言，堕落之人和被救之人究竟有什么区别呢？人的灵魂中的这一较高部分，究竟和上帝有何关系，又对每个人心灵的救赎史有什么意义？

在《论三位一体》的第十二卷，奥古斯丁详细区分了人的理性灵魂中较高的部分和较低的部分。其中较低的部分，是处理物理事物和时间中的事情的，但也必须带有理性的成分，因此也是野兽所没有的；其中较高的部分，关心的是非物质的和永存的相，是人类赖以攀升到真理的能力。低级理性是高级理性的帮手，就像上帝造了亚当后，又造了夏娃来做他的帮手那样。因此，奥古斯丁认为，在某种意义上，伊甸园中的男人和女人，

---

[1]《罗马书》，7：25。

[2]《加拉太书》，5：17。

[3] 奥古斯丁，《论灵魂及其起源》（*De Anima et eius Origine contra Vincentium Victorem*，PL44），4：22 [36]-23 [37]。

[4] 奥古斯丁，《〈诗篇〉解》（*Enarrationes in Psalmos*，PL36），3：4。

[5] 同上书，3：10。

就象征了这两种理性。[1] 他在这里所说的高级理性，就是《论灵魂及其起源》中所说的灵性。他随后说道：

> 但是在灵性的至高层，没有什么是能破坏和腐败的，也没有什么是在时间中出生或从无形的质料中被赋形的……他必定会以这样的一种方式，习惯于在物体中发现灵性事物的痕迹，当他由此世转而向上，开始以理性为向导攀登，以达到不变的真理本身，他并不将底层没有什么价值的东西携带到顶层上去。[2]

人的高级理性，是对至高者的模仿，并且是连接人与永恒真理的途径，人必须靠了这种理性，才能够逐渐达到真理本身；尘世中的物理事物，以及与之相关的低级理性，都和这最高的真理无关。

奥古斯丁又说，《创世记》中所谓的人是照着上帝的形象造的，是就理性的心智而言的。为了说明这一点，他又引了《以弗所书》（4：23—24）中的"又要将你们的心智改换一新，并且穿上新人，这新人是照着神的形象造的"，以及《歌罗西书》（3：9—10）中的"脱去旧人和旧人的行为，穿上了新人。这新人按照他的造物主的形象，在对上帝的认识上渐渐被更新"。[3] 如果人的理性灵魂就是上帝的形象，而且每个人都具有这样的理性能力，那么，就应该人人都有上帝的形象，他这里为什么又说，只有那"新人"，才是上帝的形象呢？

奥古斯丁随后解释这两段经文中"新人"的含义："现在，我们藉着基督教的洗礼，也被造为神的儿子，这是就这一更新而言的，并且当我们穿上新人时，当然就是藉着信仰穿上基督了。"[4] 看起来，这新人并不

---

〔1〕 奥古斯丁，《论三位一体》，12：2 [2]—3 [3]；周伟驰译，第310—311 页。
〔2〕 同上书，12：5 [5]，周伟驰译，第313 页，译文有改动。
〔3〕 同上书，12：7 [12]，周伟驰译，第318—319 页。
〔4〕 同上。

是创世的时候造的，而是在得到基督的拯救之后才穿上的。那么，上帝的形象似乎不是一开始就有的，而是在接受了洗礼之后才获得的，也就是，只有在充满了圣灵之后才会有的。这就是他的灵性学说的另一个方面。

在字面上，奥古斯丁并没有说，人在被造时没有上帝的形象，而是认为，当高级理性被低级理性所羁绊和限制，失去了对永恒真理的凝思时，上帝的形象就失去了：

> 藉着被挑来应付尘世事务的那理性，他可能会因不受限制地迈进而陷溺于外物；就是说，在理性的内部，作为男性部分高居于上的理性（高级理性）没有尽到应有的职责管辖住低级的理性。低级理性采取不当的行动，可能还得到了她的头领（高级理性）的同意，这高级理性我们称之为"亚当"，而低级理性可以称之为"夏娃"。在这样的情形里，内在之人就在其敌人即众鬼及妒嫉美德的魔鬼长的包围下变得苍老憔悴了，对永恒之物的凝视就在头领自身（亚当）与其伴侣（夏娃）一同吃禁果时撤销了，他眼里的光也就没有了。[1]

这是奥古斯丁对原罪故事的一种哲学讲法，或者说，是以原罪故事来比喻两种理性之间的关系。本来，高级理性应该管辖住低级理性，那么，两种理性都服务于对永恒真理的凝视。但是，如果高级理性无法辖制低级理性，甚至还认可低级理性去胡作非为，那么高级理性也就失去了其作为高级理性的意义，人性中的上帝形象也就被扭曲，甚至彻底失去了。

不过，伊甸园中的人真的有过完美地保存着上帝形象的时候吗？或者把这个故事换成一种哲学的问法，人真的曾经有过完美的高级理性，即，低级理性绝对服从高级理性的状态吗？这不仅涉及对原罪问题的理解，而且关系到对人性结构的认识。如果真的完全以亚里士多德的哲学语言来理解

---

[1] 奥古斯丁，《论三位一体》，12：8［13］，周伟驰译，第320页。

高级理性和低级理性的关系，则这种完美状态在现实中确实可能出现；但若是以基督教的灵性和灵魂的概念来理解这对关系，人凭自身的理性能力其实是做不到这一点的。奥古斯丁对这一问题有清楚的把握，知道要真的变成完美的"新人"，必须通过上帝的恩典："倘是追随神之指引，并完美地遵循神之律法，它或可欢享受造宇宙之大全；但它凭了被称作'罪之始'的骄傲的变节，竭力要抓住大全之外的某物，并以它自己的律法统领它。"[1]

七 灵性学说的内在张力

奥古斯丁继承了基督教三元人性观的基本观点，也继承了这一人性观传统中的基本矛盾。一方面，三元人性观认为，人性当中最高的部分灵性，应该来自上帝，特别是和圣灵相关；另一方面，这一部分无论与上帝有什么关系，也应该是人性中内在的一部分，而不能外在于人。但灵性怎么会既来自上帝，又内在于人呢？进一步，如果灵性来自上帝，那它就是得救的人才能获得的，一般人不能具有；但如果它是人性结构的一部分，则应该人人都具有灵性。基督教人性论者很难平衡这两方面的关系。由于过多强调它与上帝的关联，伊里奈乌那里的灵性似乎不是人性结构的内在组成部分，而只是居住在人当中的圣灵，因而也就不是任何人都具有的；由于过于强调它内在于人性结构的特点，从奥利金，经尼撒的格里高利，到安布罗斯等人，都把灵性当作每个人都具有的内在部分，结果逐渐在消解它与上帝的关联，其三元学说似乎慢慢变成了亚里士多德灵魂观的另一种讲法。

奥古斯丁把灵魂分为高低两部分的思路，将灵性等同于心智，即灵魂中的高级理性，使灵性不可能外在于人，而必须深刻地存在于人性之中。为了进一步建立灵性与上帝的关联，奥古斯丁也同样使上帝内在于人。就像他在《忏悔录》中一再宣布的，上帝深深地内在于自我，是人的

---

[1] 奥古斯丁，《论三位一体》，12：9 [14]，周伟驰译，第320页。

认识能力的内在来源，在人没有认识上帝时，就与人同在。[1] 人不能在外面寻求上帝，而必须深入自我，沿着上帝在自我当中留下的形象和痕迹，逐渐攀登到真正永恒的真理。因此，高级理性的意义，并不在于它能为人装备更高的能力，去思考外在于自我的知识和道理，而在于它本身就与上帝有内在的关联，当人充分运用和注意它的时候，就已经找到了寻求上帝的道路。因此，奥古斯丁一个极端的说法是："一个人可以有三个要素：上帝、灵魂、肉体。"[2] 这句话虽然是就耶稣的言成肉身而言，却也讲出了三元人性观的基本结构。人性中的最高部分，灵魂中的高级理性，既属于人，也属于上帝，是人和上帝之间的桥梁。

在《论三位一体》第十四卷，奥古斯丁有一段对"灵性"和"灵魂"关系的讨论，和《论灵魂及其起源》中非常相似。[3] 他在这一段中又谈到，《圣经》中说的"照着神造的"和"照着神的形象造的"常常可以通用。比如前引的《以弗所书》和《歌罗西书》中关于"新人"的两句话，在《以弗所书》中说，是"照着神造的"，而在《歌罗西书》中说，"正如造他主的形象"：

> 所以心智的这一更新或复新，是照着上帝或照着上帝的形象发生的。它说"照着神"，是怕我们以为它是照着别的某个受造物发生的，"照着神的形象"则帮助我们理解，这一更新发生在可在其中找到神的形象的地方，即心智里面。[4]

上帝的形象被造在了人的心智里面。之所以说它是上帝的形象而不是上帝，并不在于它与上帝之间有多大差距，而在于它有可能脱离上帝，而

---

[1] 奥古斯丁，《忏悔录》，10：7 [11]，27 [38]，40 [65] 等处。
[2] 奥古斯丁，《论三位一体》，13：17 [22]，周伟驰译，第359页。
[3] 同上书，14：16 [22]，周伟驰译，第392—393页。
[4] 同上书，第393页。

失去或扭曲上帝的形象。若是凝思上帝的形象，其实就相当于凝思上帝，因为这是人凝思上帝的必由之路；若是关注上帝的形象，差不多就相当于关注上帝自己了。所谓按照上帝的形象更新，在根本上就相当于按照上帝自己来更新，成为新人。

因此，按照上帝的形象成为新人，就是按照自己的高级理性去思考和做事，使高级理性能够全面控制低级理性和肉身，成为整个人的主宰，让自己所做的一切都朝向上帝，朝向永恒不变的真理。让高级理性爱上帝，其实就是让它以最恰当的方式爱自己、认识自己、深入到自我深处。

奥古斯丁认真对待基督教三元人性观的基本思路和矛盾，并以他独特的哲学思路，化解了前辈的思想矛盾。他的这一思路，是从一个新的角度，探讨了上帝和人的关系，以新的方式，讲出了关于人的形式、人的自我的思想。但是，在他化解这对矛盾的同时，新的内在矛盾也已经产生了。

在亚里士多德的灵魂学说当中，灵魂作为身体的形式，是无法和身体完全分开的；从营养灵魂、感觉灵魂，到理性灵魂，是一个自然的递进过程，即，营养灵魂为基础，其次是感觉灵魂，最高是理性灵魂，后面的灵魂都必须以前面的灵魂为前提，形成一个自然的序列。虽然理性灵魂是最高的，较低的灵魂并未遭到否定。但是，从尼撒的格里高利到奥古斯丁，都没有从这样由低到高的顺序思考。特别是在奥古斯丁笔下，低级理性并不是高级理性的基础，只是高级理性的辅助者，而在很多时候，还是高级理性的阻碍者。当高级理性攀登到永恒的真理的时候，它必须放弃低级理性所关心的尘世事务。人之为人的基础不再是身体的自然存在及其灵魂，而是上帝按照自己的形象造的人的形式。因此，当人寻求上帝的时候，他从外在自我进入到内在自我，由低级理性进入高级理性，由尘世中短暂的事务进入到永恒的真理，并不是一个自然上升的过程，而是追寻本来的自我的过程。换言之，在现实的自我和永恒真理之间，并不存在一种自然的上升，时间中的自我、身体、低级理性及其相关的事务，都是应该舍弃的；而最高的理性，才是使人成为人的基础。[1]

因此，当奥古斯丁把人的要素说成"上帝、灵魂、肉体"的时候，他并没有把自然的身体当作基础，反而把最高的上帝当作基础。这个基础，以及这个基础的形象，是使人成为人的根源，因而必须是人人具有的；可是在现实中，大多数人却得不到这个基础，必须苦苦寻觅这个基础。人性当中的上帝的形象，使人成为人，因此，灵性必须是人性的内在组成部分；但是，人又必须苦苦寻求灵性，通过灵性认识上帝，才能成为"新人"，而这新人，恰恰是最本质的人。人生在世，就永远也无法成为真正的自我，而必须永远苦苦寻觅。于是，奥古斯丁虽然在理论上解决了以前的教父们三元人性观的内在矛盾，但在实质上，却把其内在矛盾更深刻地暴露了出来。

八　灵性的身体与灵魂性的身体

把对灵性的理解放在奥古斯丁更大的思想体系中看，我们也就可以理解，他虽然在《上帝之城》中采取了另外一个角度来讲类似的问题，但他的思想倾向还是一贯的：不论灵性被解释为什么，它都是介于上帝与自我之间的媒介。一方面，它是人性中最高的部分，是人最本质的自我；另一方面，它又是上帝的形象，是人认识永恒上帝的必由之路。

在《上帝之城》里，奥古斯丁和伊里奈乌一样，大大借助于《哥林多前书》中关于"灵魂性的身体"与"灵性的身体"的区分：

---

[1] 奥古斯丁的内在自我和相关的人性概念，无疑是他最核心的哲学问题之一，也是奥古斯丁哲学研究中讨论非常多的问题。近年比较突出的研究是卡利的几本著作，Phillip Cary, *Augustine's Invention of the Inner Self*, Oxford: Oxford University Press, 2000; *Inner Grace: Augustine in the Traditions of Plato and Paul*, Oxford: Oxford University Press, 2008; *Outward Signs: The Powerlessness of External Things in Augustine's Thought*, Oxford: Oxford University Press, 2008。

所种的是必朽坏的，复活的是不朽坏的；所种的是羞辱的，复活的是荣耀的；所种的是软弱的，复活的是强壮的；所种的是灵魂性的身体，复活的是灵性的身体。若有灵魂性的身体，也必有灵性的身体。经上也是这样记着说："首先的人亚当，成了有灵魂的活人。"末后的亚当成了叫人活的灵。但属灵的不在先，灵魂性的在先，以后才有属灵的。[1]

上帝用土造了人的身体，吹气造了人的灵魂。通过在泥土中赋形，人的道理便实现了出来，成了现实存在的人的身体。奥古斯丁认为，这里创造的人的身体，是"灵魂性的身体"。

亚当的身体就是必朽坏的、羞辱的、软弱的、灵魂性的身体；而耶稣和他所拯救的人的身体，则是不朽坏的、荣耀的、强壮的、灵性的。奥古斯丁进一步解释这两种身体的区别说：

初人是在地上用尘土造的，靠灵魂活着，而没有使人活的灵，这灵只有遵从上帝的人才配获得。因此，他的身体需要饮食来充饥解渴，并没有绝对的和不可消解的不朽性，而是靠生命之树来抗拒必然的死亡，保持青春。无疑，这不是灵性的，而是灵魂性的。[2]

按照这里的说法，初人只有灵魂，还没有接受圣灵，因而只具有灵魂性的身体，不具备灵性的（spiritale）身体。只有真正遵从上帝的人，才能获得"使人活的灵"，然后他的身体才会变成灵性的身体，永远不朽。可见，此处所谓"使人活的灵"，既是上帝的圣灵，也是人性中的灵性。只有在上帝将圣灵赐给人之后，人性中才会有灵性。因此，并不是每个人都

---

[1] 《哥林多前书》，15：42—47。"灵魂性的"，和合本译为"血气的"。
[2] 奥古斯丁，《上帝之城》，13：23；吴飞译，中册第175页。

有灵性,只有得救了的人才具有。这里所讲的,正是伊里奈乌的理解。

灵性是使人活的灵,灵魂是身体的生命。奥古斯丁认为,身体与灵魂的结合,给了身体生命;灵魂服从上帝,就给予了灵魂生命。而灵魂若服从上帝,则是灵魂与灵性的结合,因为,"灵魂的生命就是上帝的圣灵,没有了这圣灵,理性的灵魂就会死去,哪怕灵魂的存在使身体看上去是活着的"[1]。灵魂抛弃了上帝,与圣灵分离,人就堕落了,奥古斯丁称之为"灵魂之死"。当身体抛弃了灵魂,则身体也死了,而这正是原罪的结果。不过,当人尚未犯罪的时候,他是否有灵性呢?那时候,他还没有堕落,还没有违背上帝的诫命。但他若有灵性,岂不就应该像复活之后的人那样,获得完美确定的幸福了吗?如果幸福是完美确定的,他怎么还会堕落呢?

在奥古斯丁看来,伊甸园中的人,所具有的是灵魂性的身体,而不是灵性的身体;即,那时候虽然身体和灵魂相结合,却没有和使人活的灵相结合:

> 我们也不能以为,犯罪之前的人就有灵性的身体,犯罪之后才罪有应得地变成了灵魂性的。谁要是这么认为,那就是忽略了这位导师如此重要的话:"若有灵魂性的身体,也必有灵性的身体。经上也是这样记着说,'首先的人亚当,成了有灵魂的活人。'"[2]

人只有在复活以后,才能得到灵性的身体。初人是靠灵魂活着的,这种身体不是必然不朽的,因此需要饮食来抗拒死亡。虽然他在伊甸园中也能不死,但那是因为有生命之树上的果子,不是因为他的身体的特质;但灵性的身体本来就是不朽的,不用饮食也永远不会死:

---

[1] 奥古斯丁,《上帝之城》,12:24.1;吴飞译,中册第179页。
[2] 同上书,13:23.3;吴飞译,中册第178页。

义人的身体在将来复活之后，并不需要那棵树来抵抗死亡或年老寿终，也不需要别的物质的食物来充饥解渴；他们被赋予了确定的不朽，在任何方面都是不可侵犯的，他们只在愿意时吃，他们不必吃，但可以吃。……这些身体并没有去除饮食的能力，而是去除了饥渴需食的状态。因此，所谓灵性的，并不是缺少身体，而是能够靠使人活的灵维持生命。[1]

表面上看，灵魂性的身体和灵性的身体，只是两种不同的身体；在此，它们的差异也只是体现在身体的必朽与不朽之间。虽然奥古斯丁一再强调，即使到了复活以后，人的身体也仍然是身体，不会变成灵性[2]，但这恰恰表明，二者之间实质的差异并不在于身体。灵魂性的身体，就是与灵魂相结合的身体，是靠灵魂活着的。如我们前面所说，在伊甸园中的时候，这灵魂也处在完美的状态。因此，初人的灵魂性的身体，就是完美的灵魂与完美的身体的结合。但完美的灵魂与完美的身体结合，并不足以构成完美的人。要成为完美的人，还需要接受圣灵，获得灵性：

初人是在地上用尘土造的，靠灵魂活着，而没有使人活的灵，这灵只有遵从上帝的人才配获得。因此，他的身体需要饮食来充饥解渴，并没有绝对的和不可消解的不朽性，而是靠生命之树来抗拒必然的死亡，保持青春。无疑，这不是灵性的，而是灵魂性的。[3]

只有使人活的灵，才能使人的形式得到最充分的实现，使人成为真正完美的存在。人的灵魂性的身体，是靠灵魂活着的；人的灵性的

---

[1] 奥古斯丁，《上帝之城》，13：22；吴飞译，中册第174页。
[2] 同上书，13：20；吴飞译，中册第172页。
[3] 同上书，13：23.1；吴飞译，中册第175页。

身体，是靠圣灵活着的。[1] 当圣灵降临到人头上，人充满圣灵的时候，就能获得拯救，进入永生，也就得到了人的形式。圣灵不是属人的，而是来自上帝。确切地说，它是耶稣基督赐给人的。保罗说："末后的亚当，成了叫人活的灵。"[2] 人要获得圣灵，就必须通过耶稣基督这个中保。

在《上帝之城》的第十三卷，奥古斯丁详细对比了上帝造人时吹的那口气，和耶稣复活后对他的门徒们吹的那口气。《约翰福音》中记载，耶稣在复活之后，向他的门徒们吹了一口气，说："你们受圣灵。"[3] 奥古斯丁认为，《创世记》第二章第7节所说的，上帝在造人时所吹的气，和耶稣基督吹的这口气，有根本的区别，不可混淆。

由于这两处经文的写法很像，所以颇有人认为，"这里不是赐给初人灵魂，而是本来已存在的灵魂，得到了使人活的圣灵"[4]。这一派还有一个重要证据：《创世记》在说上帝吹了这口气后，又说，"他就成了活的灵魂（*animam viventem*）"[5]。奥古斯丁相信，身体的生命来自灵魂，而灵魂的生命，则来自圣灵。按照此处的说法，这口气使人成了"活的灵魂"，那岂不是赋予了灵魂以生命？它不就应该是上帝的圣灵吗？

如果这样来理解，则上帝最初造的人就是有灵魂的，后来又吹气赐给了他圣灵；等到后来亚当犯罪时，背离了上帝，失去了这圣灵；待到义人在末日复活的时候，就重新获得了这圣灵。如果是这样，则奥古斯丁关于人性和堕落的全部学说，都面临着巨大的挑战。

奥古斯丁似乎很难直接反驳对方的理由，只能给出《圣经》里其他的用法说明，此处"活的灵魂"未必是指灵魂获得生命。比如，在《创世

---

〔1〕 奥古斯丁，《上帝之城》，13：23.1；吴飞译，中册第175—176页。

〔2〕 《哥林多前书》，15；45。

〔3〕 《约翰福音》，13：24.1。

〔4〕 奥古斯丁，《上帝之城》，13：24.1；吴飞译，中册第178页。

〔5〕 同上书，13：24.4；吴飞译，中册第181页。

记》第一章第 24 节，上帝在造各种动物的时候说："地要生出活的灵魂。"两处用词相同。所以，如果这里的"活的灵魂"只是指动物，则上帝吹那口气造出的，也未必是灵魂的生命。于是，他相当牵强地证明，《创世记》里所说的"活的灵魂"，只不过就是有灵魂性的身体。

人只要遵从上帝，就能获得灵性的身体。如果初人只有灵魂性的身体，这是否意味着，他从未遵从上帝？于是，堕落之前的人，就处在既没有遵从上帝，也尚未违背上帝的诫命的状态，既不好也不坏，甚至既不死也不生（因为，灵魂只有在遵从上帝的时候，才有真正的生命），或者说，亚当既没有真正完美地得到人的道理，也尚未彻底背离这个道理。怎么可能有这样一种存在状态呢？

九　复活以后的人

奥古斯丁深切地意识到，人们之所以争论上帝为初人造下的是什么样的身体，是因为这涉及对原罪和拯救等重大问题的理解。一方面，"如果当时造的是灵魂性的身体，那么，我们将来接受的，就不会是我们在他之中失去的，而是某种更好的。灵性超越灵魂性多少，就好多少，到时候我们将会与上帝的天使一样"。而"另一方面，可以毫不荒谬地说，被更新和重获不死性就是将来回到最初的，即亚当所失去的"[1]。

既然亚当从来都没有获得过灵性的身体，那么，复活之人将来获得灵性的身体，当然应该是超越了亚当在伊甸园中的那种状态，但为什么又说，复活之后获得的，就是亚当所失去的呢？如果亚当本来有灵性的身体，因罪堕落后失去了这身体，只有灵魂性的身体了，那他就不会一开始只有灵魂性的身体；但反过来，如果他一开始有的就是灵魂性的身体，到了末日审判后，复活的人会获得他所没有的灵性的身体，则亚当无论堕落

---

[1]　奥古斯丁，《〈创世记〉字解》，7：20 [31]。

与否，都是一样的，那么，原罪还有什么意义呢？

奥古斯丁不愿意说复活后不是回到最初的状态，因为，上帝造的万物都在最好的状态，就不能认为人在复活后会达到上帝没有造的更高状态。怎样解决这个问题呢？有人提出这样一个方案："人一开始有的是灵魂性的身体，不过当他被安置在伊甸园中的时候，就被改变了，就和我们复活之后将变成的一样。"[1]

这个解决方案不仅在经文中找不到根据，而且违背了奥古斯丁关于两次造人的理解。因为它假定，第六日所造的，只是灵魂性的身体；而在伊甸园中所造的，则是灵性的身体，或者，伊甸园中的果子，使他的身体变成了具有灵性的。奥古斯丁最不满意的是，这种说法认为伊甸园中的状态和复活之后是完全一样的，那么，复活和拯救就不意味着更新。[2] 奥古斯丁坚持认为复活给人带来了更新，又认为上帝创造了人的最好状态，这对矛盾有可能化解吗？

在死亡问题上，奥古斯丁也进一步意识到了这对矛盾："许多《圣经》经文证明人的死亡是罪导致的，这说明，如果不犯罪，人将来就不会死。因此如果他不死，又如何是有死的？或者，如果他的身体是灵魂性的，他又如何不是有死的？"[3]

在驳斥了他之前的那些解释后，奥古斯丁给出了他自己对这个问题的解决方案：

> 显然，在一种意义上我们重获亚当所失去的，在另一意义上则不是重获亚当所失去的。我们重获的不是灵性身体的不死性，这初人还没有；我们重获的是正义，初人因罪而从正义堕落。因此，我们将从根深蒂固的罪中被更新，不是获得最初亚当所拥有的灵魂性的身

---

[1] 奥古斯丁，《〈创世记〉字解》，7：20 [31]。
[2] 同上书，7：21 [32]。
[3] 同上。

体，而是获得更好的身体，也就是灵性的身体；到那时，我们将变得与上帝的天使一样，可以住在天上的居所，在那里不会再需要易腐的食物。所以，我们应该根据创造我们的那位的形象（亚当因罪而失去这一形象），在心智的灵性上被更新。我们也将在肉体上被更新，到时这有腐的将披上不腐性，以成为灵性的身体；亚当并没有变成灵性的身体，但如果他没有因罪而招致灵魂性身体的死亡，本来也会变成灵性的身体。[1]

亚当失去、复活之人所重获的，并不是灵性的、不死的身体，因为亚当并没有灵性的身体，不可能失去它，而是"正义"。这里所谓的"正义"是什么呢？奥古斯丁在后文再次谈道：

> 使徒还说："你们已经脱去旧人和旧人的行为，穿上了新人，这新人按照他的造物主的形象，在对上帝的认识上渐渐被更新。"这印在心智之灵性上的形象，就是亚当因罪而失去的形象，就是我们通过正义之恩典重获的形象；它不是灵性的、不死的身体，亚当并没有这种身体，所有圣人从死里复活后才会有：这是对某种品质的奖励，亚当失去了这种品质。[2]

堕落之后又获得拯救的人，在复活时所重获的，并不是灵性的身体，那身体只是一种奖励。他真正重获的"正义"，或"正义之恩典"，就是亚当所失去的"印在心智之灵性上的形象"。这个形象，其实就是上帝在第六日按照自己的形象造的人的形式和本质。

按照奥古斯丁的这个解决方案，亚当只有灵魂性的身体，原罪导致他

---

[1] 奥古斯丁，《〈创世记〉字解》，7：24 [35]。
[2] 同上书，7：27 [38]。

失去的，并不是他所没有的灵性身体，也不是他所有的灵魂性的身体，而是上帝在第六日创造的那个形象；人若行了正义，或是由于上帝的恩典而因信称了义，则他会重新获得那个形象，作为奖赏，上帝也会同时赐给他灵性的、真正不朽的身体。这灵性的身体纵然强壮而光荣，却不是最重要的。最重要的，是行事的义和人的形式。

既然灵性的身体只是对义人的一种奖赏，那么，即使只有灵魂性的身体的人，在理论上也是可以获得人的形式的；而且，既然上帝是在第六日造了人的道理，又在伊甸园里使这道理实现在亚当和夏娃身上，亚当就不该从一开始就没有这个道理。因此，说亚当本来有这个形式，但由于原罪失去了这个形式，就是一个很自然的说法了：

> 按照这种观点，亚当拥有的是灵魂性的身体，不仅进入伊甸园之前是灵魂性的身体，被安置在伊甸园的时候也是；尽管就内在之人而言，根据他的造物主的形象，他是灵性的[1]——他因罪而丧失这种灵性，并罪有应得地致使身体死亡，而如果不犯罪，他本来可以变成灵性的身体。[2]

这一段告诉我们，亚当的身体虽然是灵魂性的身体，但是他的内在之人却是灵性的，即，拥有按照上帝的形象所造的人的道理。不过，这一段最后一句却暗示，凡是真正拥有人的形式的，其身体都会变成灵性的。如果亚当不犯罪，即按照正义的方式行事，遵守上帝的诫命，保住人的形式，他就也会得到奖赏，获得灵性的身体。这里展示的逻辑就是，有灵魂性的身体的人若按照正义做事，认识人的道理，即上帝在第六日创造的人

---

[1] 奥古斯丁在《上帝之城》中说"内在之人"就是灵魂（12：24.2），但在此处谈亚当的内在之人时，又说那是灵性的。由于他认为亚当的灵魂没有灵性，此处的"内在之人"指的应该是人的道理，而不是灵魂。

[2] 奥古斯丁，《〈创世记〉字解》，7：28 [39]。

的本质，那么，他的身体就会变成灵性的。若是这样，亚当最开始就是人的形式的实现，在他没有犯罪的时候，他是不是应该拥有了灵性的身体，后来在犯罪后又失去了呢？

奥古斯丁显然不会承认这一点。亚当应该是从未拥有过灵性的身体的。他之所以不能拥有灵性的身体，岂就不是因为，他从未真正按照人的道理去做过事吗？可是，上帝造的这个初人是人的道理和形式的实现，他怎么会没有按照人的道理去生活和做事呢？

十　亚当何时犯罪

于是这个问题转化成了：亚当究竟何时犯罪，何时失去了人的道理，从而放弃了获得灵性身体的机会？三元人性观和四元人性观都有很大的理论困难，二者最终都指向了这个问题。关于灵魂起源的争论的困难是，亚当究竟是吃禁果时犯罪的，还是没造时灵魂就已经犯罪了。关于三元人性观的困难是：亚当是否曾有过灵性的身体？两个困难的实质都是，堕落了的亚当与上帝造的人的形式究竟是什么关系？

这就使我们回想起第二章对魔鬼犯罪的讨论。当时奥古斯丁面临着类似的困难，最后得出的结论是，魔鬼其实从未真正转向过圣言，而是在一被造的时候，就运用自己的自由意志，背离了永恒的光，转向了黑暗。人的堕落问题与此非常相似。虽然奥古斯丁没有明言，我们似乎也只能推出来，初人从被造的时候，就从未真正遵守过上帝的命令，没有按照人的道理生活过，否则他就应该被奖赏了灵性的身体。奥古斯丁之所以没有这样明言，是因为《创世记》中关于人堕落的故事，不容他说在人的创造和堕落之间，没有时间的流逝。但我们很难想象，在这段"时间"里，初人曾经做过什么好事——因为他的身体没有变成灵性的；当然，他也不该做过什么错事——否则，那件最初的错事就是原罪了。那就只能说，在这段时间里，没有发生任何事情，既无好事也无坏事。或者说，这段时间根本就不是时间，而是一种人性状态。

关于原罪，我们后文还会更详细地讨论。但现在更紧迫的问题是，不能把人的形式或灵性当作亚当曾经具有、后来失去了的一种特质。正如在天使和魔鬼的讨论中，永恒圣言照亮天使，就是为它赋形；魔鬼背离了永恒圣言，则未能得到完美的天使形式。同样，上帝根据自己的形象，用圣言创造了人的道理，这道理实现在泥土中，就有了亚当的身体。亚当如果转向（皈依）上帝，那么，他在完全得到自己的本质的同时，也认识了上帝，获得了永恒的幸福，于是身体就变成灵性的；但如果他的身体没有变成灵性的，则他没有获得永恒幸福，没有认识上帝；由此反推过去，则他不可能转向了上帝，没有真正得到自己的本质，而是和魔鬼一样，从一开始就背离了上帝，也放弃了本来应该获得的人的道理。

奥古斯丁在《回顾》中谈到这一段时说："我在第六卷写道，'亚当因罪而失去了上帝的形象，他正是照着这形象造的。'这不是说在他身上没有保留任何上帝的形象，而是说它变得如此畸形，以至于需要重新形成。"[1] 也和魔鬼一样，亚当虽然失去了人的道理和本质，但是他并没有完全失去人的形式，上帝的形象在他身上还是保持着一些痕迹。只是，这个形象已经大大损坏和变形了。

在《上帝之城》里谈上帝的创造时，奥古斯丁说：

> 有两种形式（species），一种是从外部给物体加上的，比如人间的陶工、木匠之类的工匠所造的，他们甚至可能按照生灵的身体绘制出相似的形（formas）。另外一种形式则是内在的动力因，来自生活和思考着的自然的隐秘和潜在的抉择，不是被造的，而会制造，不仅造出

---

[1] 奥古斯丁，《回顾》，2：50。

自然的身体形式，而且造出生灵的灵魂。[1]

这里说的第二种形式，就是上帝所造的形式。上帝创造的形式，不是从外部加给已经存在的事物，而是从内部造出事物的动力因，或者说，它不是事物的一个特质，而是事物的本质。就人而言，第六日所造的，就是人的动力因和本质，是先于身体和灵魂的，身体和灵魂都要依赖于它。但是，由于人和天使一样，具有精神性的灵魂，灵魂中也有自由意志的能力，有可能按照这个形式做事，也有可能不按照它做事。于是，他若是按照这个形式做事，遵守上帝的诫命，则保有了人的本质，身体就会变成灵性的；他若是不按照这个形式做事，违背上帝的诫命，就会失去或损坏人的本质，虽然仍然保留自由意志的能力，但那只是人的变形了的本质。

于是，在人的道理和人的灵魂之间存在一个非常微妙的张力。一方面，身体和灵魂的能力都依赖于人的道理，失去道理，灵魂就无法完善自己；另一方面，灵魂又可以主动选择是否转向自己的形式。其实，人是不可能"放弃"自己的本质的，因为若是没有这本质，他就根本不可能存在，所以，哪怕在再坏再堕落的人那里，都会保留人的形式的一些痕迹；但同时，人也很难完全"保住"自己的本质。人必须努力追寻，遵从上帝的诫命，才能获得真正完美的本质。

人的皈依和拯救，并不是超出上帝所创造的人，而恰恰是完成上帝对人的创造。虽然对于人而言，从亚当的堕落到末日复活后的拯救，中间隔着整个的世界历史，但是对于永恒的上帝而言，并没有这种时间间隔，即，他的创造不一定在世界历史的开头完成。他创造出的人的形式，在亚当身上并没有得到完全的实现，而是在被拯救的人身上，才能真正实现。这样，人在皈依上帝之后，就是回到上帝所创造的人的道理，实

---

[1] 奥古斯丁，《上帝之城》，12：25，吴飞译，中册第147页。

现这个道理，但超越了亚当这个人的状态。只有在完成了对人的创造之后，上帝才安息了，人也才在上帝之中得到了永恒的安息。因此，人的拯救是对上帝造人的完善和实现，而不是超越到比上帝造的人更高的位置。

在这个意义上，奥古斯丁也可以解决初人的死亡问题了。灵魂性的身体虽然可以不死，但并不是本质上不朽的。即，它只是"能不死"，但不是"不能死"；而灵性的身体所达到的，则是完全"不能死"的状态。对初人而言，原罪带来的，就是失去这种"能不死"的能力，变成"不能不死"。而等到获得了灵性的身体之后，人不仅改变了这种"不能不死"的悲惨状态，而且超越了"能不死"的状态，进入到"不能死"的永生当中。[1] 关于死亡的问题，我们在第五章还会详细讨论。

奥古斯丁在《上帝之城》中所讲的"灵性的身体"和"灵魂性的身体"，和他在《论灵魂及其起源》等书中说的三元人性观之间有很大差别，而且用了两套不大一样的语言。也许，当他讲"灵性的身体"和"灵魂性的身体"时，他并没有联系到三元人性观，此处的 *spiritale*，是更纯粹意义上的圣灵。但无论这与三元人性观有无关系，它与伊里奈乌的三元人性观有着明显的相似性，却是不言而喻的。

虽然奥古斯丁用语不尽相同，但他要表达的，却是同一个意思。在《论灵魂及其起源》和《论三位一体》中，奥古斯丁更强调灵性在人性结构中的位置和意义，以及人获得拯救的理性努力；在《〈创世记〉字解》和《上帝之城》中，他更强调的，是第一亚当和第二亚当的差别，以及堕落与拯救之间的历史关联。从人性结构上讲，灵性就是心智，是灵魂中的高级理性，是上帝形象的体现，并且应该朝向上帝。如果高级理性能够统摄低级理性，人就可以真正认识自我，也真正认识上帝，从而走

---

[1] 奥古斯丁，《〈创世记〉字解》，6：25［36］。

向永恒的真理；但在现实中，高级理性却往往被低级理性牵着鼻子走，结果陷溺在肉体的快乐中，失去了上帝的形象。历史地来讲，亚当在刚刚被造的时候，虽然有能力通过做正义的事转向上帝，获得自己的形式，但是他立即背离了上帝，因而就没能得到灵性的身体，而只有灵魂性的身体。随着他离开伊甸园，灵魂性的身体就面临着必死性的威胁。只有在耶稣基督来临之后，人能够接受圣灵，从而可以真正转向上帝，做真正的义人。在获得拯救之后，他就会得到上帝的奖赏，获得灵性的身体，永远不朽。

奥古斯丁哲学性的三元人性观，必须在世界历史中才能得到理解和实现；而他关于从灵魂性的身体到灵性的身体的历史观，正是对心灵秩序的历史铺展和诠释。在奥古斯丁笔下，每个人的心灵秩序都和世界历史有着内在的关联。心灵秩序的颠倒和更新，是在世界历史中展开的；而世界历史的意义，也必须在心灵秩序中才能实现。

第二部分

原罪：心灵的内在冲突

从保罗以来，基督教思想家就试图以更哲学化的语言来描述《创世记》中人的堕落。[1]他们之所以要在原罪概念上下这么大工夫，根本上还是为了解决恶的起源问题。[2]但也恰恰是这一思想动力，使原罪概念从一开始就有着极大的内在张力，带来了无穷的困难与可能性。原罪首先指代一个历史事件，即亚当夏娃偷吃禁果并遭到惩罚。这件事，是万物和人都被造了之后发生的，使耶稣基督的言成肉身和末日审判成为可能。但若从哲学的角度讲，原罪所描述的，就是人以上帝为本质，但尚未皈依这个本质、未能证成自己的灵性的状态。对于生活在尘世中的人而言，原罪代表一种人性状态和生活处境。因为亚当的子孙都是原罪的产物，他们都背负着原罪所带来的后果：死亡、辛苦的劳作、女人生产的痛苦、羞感、肮脏的性欲、分裂与战争等。我们在前面谈到，从人的创造到亚当的堕落之间，并没有真

---

[1] 关于原罪概念的发展史，以及奥古斯丁在这一思想传统中的位置，学术界一直有很多争论。威廉姆斯的经典研究至今仍有重要的参考价值。见 N. P. Williams, *The Ideas of the Fall and of Original Sin: A Historical and Critical Study*, London: Longmans, Green and Co., 1927。近年来的研究可参考 Tatha Wiley, *Original Sin: Origins, Develpments, Contemporary Meaning*, New York: Paulist Press, 2002; Ian A. McFarland, *In Adam's Fall: A Meditation on the Christian Doctrine of Original Sin*, Chichester: Wiley-Blackwell, 2010。

[2] Williams, *The Ideas of the Fall and of Original Sin*, p.19 以下。

正的时间间隔。严格说来，并不存在从创造到堕落的历史，人一被创造，就堕落了。不过，基督教中将创造和堕落当作相互独立的两个历史事件，却有着特别的意义。将原罪说成是历史事件，就意味着人的犯罪只是一个阶段。虽然人从来没有在无罪的状况下生活过，但上帝并没有把人造成有罪的，人将来也不会永远处在罪中。人无法摆脱的性欲、必死性、人与人之间的杀戮争斗，一概都只是人类历史现阶段中的状况。

奥古斯丁基于自己的三位一体学说，认为理性被造物的堕落都来自意志。无论是魔鬼从一开始的背叛，还是人的堕落，都是意志转向的结果。而人的意志的堕落，导致了非常严重的后果：性情和欲望的产生、死亡的产生、人类的分裂。这三个方面，构成了人类历史的基本动力，从而也就成为人间各种坏事的哲学根源。正是由于世界历史的根本原因和动力在人的心灵当中，我们说，世界历史正是每个人的心灵史。

在随后的三章，我们将分别从这三个方面来理解奥古斯丁的原罪观念。

第四章

意志之罪：性情与骄傲

奥古斯丁认为，任何罪都是意志之罪。正如魔鬼是因为意志的转向而堕落，人也是因为意志转离了上帝而堕落。但和原罪相关的意志问题却分为两个方面：性情与骄傲。

性情，是希腊哲学，特别是斯多亚哲学中就极力批判的。斯多亚哲学认为，神和哲学家都不应该为性情所动，这个讨论和中国哲学中的圣人有情无情的讨论隐然呼应。但在基督教中，耶稣的受难却是性情的一次爆发（Passion）。奥古斯丁一方面把斯多亚派对性情的否定推到极端，认为任何本能的反应都是罪的结果，另一方面又肯定了，在尘世中既然不可能完全消除性情，反而可以把性情用在好的地方。

骄傲，在亚里士多德和其他多数希腊哲学家看来，根本不是罪；但在基督教中，却被当作所有罪的开端，无论魔鬼还是人的堕落，都是因为骄傲。在伊甸园中，尚无性情之罪或其他任何形式的罪的时候，人就逐渐滋生了骄傲，而这骄傲，恰恰是把人的知识与爱看得过重，超过了上帝。

骄傲和性情，都是意志所犯的罪。骄傲，是堕落的原因，性情，是堕落的结果。

一 所有罪之前的罪

在《上帝之城》卷十四第十章，奥古斯丁曾经这样谈亚当和夏娃的罪：

他们是不是欲求接近被禁的树，吃它的果子，但又怕死？如果是这样，即使在那里，这欲望和畏惧也都搅扰了这两个人。我们认为，在根本不会有罪的地方，不会是这样的。欲求上帝的法律所禁止的，因为惧怕他的惩罚，而不是因为对正义的爱而不敢做，这不会不是罪。主说："凡看见妇女就动淫念的，这人心里已经与她犯奸淫了。"我认为，在所有罪之前，人对树不会有主说的对女人这样的罪。[1]

这是奥古斯丁对原罪的讨论中一个非常微妙的段落。稍微细读一下，我们就会发现其中蕴涵着至少下面几个重要的疑问：第一，偷吃禁果之前"根本不会有罪"，是"在所有罪之前"，但奥古斯丁似乎并不是断然否定这之前不会有罪，而只是说，"不会有主说的对女人这样的罪"。如果他指的是那里有别样的罪，这不是有非常明显的矛盾吗？第二，"对女人这样的罪"究竟是什么样的罪？如果偷吃禁果的罪不是这样的罪，那是什么样的罪呢？第三，如果那个时候不会有"对女人这样的罪"，那么对女人那样的罪是什么时候产生的呢？而所有这些问题都指向了奥古斯丁思想的一个核心问题：人的堕落究竟意味着什么？

《上帝之城》卷十三和卷十四的主题都是初人的堕落和原罪，但是从两个不同的角度谈论的。卷十三关心的是死亡问题，即初人的堕落如何带来了人类的死亡，以及这对以后的人类意味着什么；卷十四关心的是性情问题，即如何理解性情（passio）[2]，特别是淫欲（libido）与原罪的关系。死亡与淫欲，是理解原罪的两把钥匙，当然也是理解堕落之后的人性的两个关键词，这一视角无疑与后来的弗洛伊德隐然对应。不过，和奥古斯丁正好相反，弗洛伊德把性欲排在了死亡前面，他是一个颠倒过来的奥

---

〔1〕 奥古斯丁，《上帝之城》，14：10；吴飞译，中册第203页，本段译文有误，已改正。
〔2〕 相关问题可参考吴天岳，《意愿与自由》，北京：北京大学出版社，2010年。

古斯丁。而上引一段话的最后一句无比明确地显示了奥古斯丁与弗洛伊德的区别：人的原罪不是对女人的淫欲，也不可化约为淫欲，而是与之完全不同的另一种罪。[1]

在第十章之前，奥古斯丁全面批评了斯多亚学派提倡无情（apatheia）的性情观，指出，人在栖居于尘世之中的时候，应该正确地使用各种性情，而不是虚妄地认为自己可以消除性情；只有在将来上帝之城中的灵性身体里面，人才可能真正消除这样的状态。第十章紧接这个话题，继续问道："但是初人（亚当一个，或亚当与他的妻子两个）在犯罪之前，在灵魂性的身体里，是否有那些性情呢？"在指出幸福的初人会有快乐，但不会有畏惧、悲哀、忧愁等负面性情之后，就出现了我们前面引的那一段，讨论的主题是，初人是否会有欲望。既然上面已经谈到了初人不会有畏惧，那初人就不是因为有了欲望但又害怕犯罪而不吃禁果，所以，他应该没有对禁果的贪欲。因为，如果初人只是由于害怕惩罚，而不敢吃自己欲求的禁果，那就已经是罪了，正如耶稣说的，那些行为上没有犯奸淫，但心里已经对妇女动了邪念的人，其实已经有了奸淫的罪了。在所有罪之前，应该不会有任何的罪，那么这种罪当然也不会存在了。看上去，奥古斯丁已经说得很清楚了，这一段并没有多么难于理解。

不过，在不久之后的第十三章，奥古斯丁却非常明确地说："他们暗中已经开始坏了，公开的不服从才会践行。没有坏的意志在先，就无法做出坏的行为。""那在暗中的毁灭，先于明处的毁灭，虽然那在先的毁灭不被认为是毁灭。"[2]他在这一章中再三强调，在偷吃禁果的行为之前，初人的心灵已经堕落了，虽然这种堕落尚未付诸行动。显然，在"没有任何罪"之前，已经有了某种"暗中的毁灭"，虽然这种暗中的毁灭不是对

---

〔1〕 关于奥古斯丁与现代性问题的关系，参考 Jonathan Dollimore, *Sexual Dissidence: Augustine to Wilde, Freud to Foucault*, Clarendon：Clarendon Press, 1991。

〔2〕 奥古斯丁，《上帝之城》，14：13.1, 2；吴飞译，中册第207、209 页。

女人那样的罪，甚至"不被认为是毁灭"。而正是这种"暗中的毁灭"，才是原罪的心理起源。要理解奥古斯丁此处的说法，我们需要先考察他对"前性情"的观点。

二 前性情

我们先简要回顾一下自塞涅卡以来斯多亚哲学的前性情观念。在性情问题上，斯多亚派最著名的说法是"无情"（*apatheia*），即认为最智慧的人应该是绝对理性，不受性情的搅扰的。他们又有"中正之情"（*eupatheia*）的说法，即认为，智慧者虽然没有悲哀、恐惧、欲望等性情，但还会有审慎、快乐等好的情感，不过这些不是由于理性受到了搅扰，而只是理性的一种恰当表达。[1]但与此相应，斯多亚哲学中又有另外一个概念，即"前性情"（*propatheia*）[2]，这个概念在塞涅卡那里得到了最充分的表述（虽然他自己并未使用这个希腊词），与上述两个概念形成了微妙的平衡。

前性情的观念究竟是从什么时候产生的，我们现在已经很难确定。[3]索拉布吉认为，塞涅卡之所以那么重视前性情，是为了平衡之前斯多亚派的两种倾向。古典希腊哲学普遍认为，性情是一种认识活动，斯多亚学派的克里希波继承了这一传统，但芝诺却认为，性情并不是理性本身的错误，而是对理性的不遵从。[4]为了调和这两派的观点，塞涅卡把性情的发生看作三阶段的过程。其初动是尚无理性介入的前性情，二动是理性的判断，三动才是智慧者应该避免的性情，也就是作为认识活动的性

---

[1] Brad Inwood, *Ethics and Human Action in Early Stoicism*, Oxford: Clarendon Press, 1985.

[2] 对这三个概念的翻译，笔者目前都很难找到恰当的中文词，此处姑妄译之，希望得到读者的指正。

[3] Brad Inwood, *Ethics and Human Action in Early Stoicism*, pp. 175-181.

[4] Richard Sorabji, *Emotion and Peace of Mind*, Oxford: Oxford University Press, 2000, pp. 55-61.

情。因为斯多亚派文献不足，我们很难确定这是否塞涅卡的独创。但不管塞涅卡的观点与正统斯多亚派有何关联，它与斯多亚派关于性情和无情的理解非常契合。罗马时期的其他斯多亚派哲学家也时常表现出类似的倾向。

塞涅卡对这个问题最详细的讨论是在《论愤怒》中。在此书的卷一，塞涅卡非常严厉地谴责了所有形式的愤怒，否定了试图为愤怒正名的任何努力，强调，无论在什么情况下，愤怒都表明了灵魂的一种软弱，不是德性，只能是欠缺。一个智慧的人，不能以任何借口允许愤怒的存在，更不能妄想通过愤怒来强化甚至实现德性。不过，到了卷二，他笔锋一转，指出，上述的论述全部建立在如何理解愤怒的基础上："我们要问，愤怒究竟是从判断开始的，还是从刺激开始的，即，它究竟是自愿产生的，还是像我们心中的很多事情那样，是在我们不知道的情况下产生的？"〔1〕这涉及古希腊哲学中的一个重要问题：包括愤怒在内的各种性情，是不是在经过了理性判断之后产生的？〔2〕塞涅卡对这个问题的回答很明确：没有经过理性判断的本能冲动算不上有罪的性情，只有在经过了理性判断之后仍然坚持的，才是应该戒绝的。

所有的愤怒都是由伤害引起的，不过，伤害刺激人产生的怒气和确定要报复的愤怒却是不同的。塞涅卡指出，只有在经过了心灵的首肯之后，才形成愤怒。真正的愤怒并不是一个简单的心理触动，而是一系列复杂的心理过程："心灵意识到了某事，并且很反感它，随后谴责它，最终要报复。如果心灵没有赞同对它的刺激，是不可能有这个过程的。"〔3〕

对愤怒的理解和定义适用于所有性情，而这些问题涉及了斯多亚哲学

---

〔1〕 塞涅卡，《论愤怒》（*De Ira*）（用 Loeb 本），ii：1.1。
〔2〕 Richard Sorabji, *Emotion and Peace of Mind*, pp. 29-54.
〔3〕 塞涅卡，《论愤怒》，ii：1.5。

关于认识论更大范围的讨论。[1] 塞涅卡认为，并不是所有的感性都是能被理性控制的，凡是不自愿，即没有意志赞同的感性活动，都是不可控制、不可避免的，比如"跳进冷水中带来的冷战，接触某物时的退缩，噩耗传来时的毛发竖立，粗俗的言辞导致的脸红，面临悬崖带来的眩晕"[2]。这些都是人性的本能反应，任何理性都无法控制，哪怕最智慧的人也难免这些感觉。除去这些本能性的身体反应外，塞涅卡把观看戏剧或阅读故事时产生的共鸣也包括了进去。歌曲会激起人的喜怒，战鼓会激发人的斗志，一张图画、一个场景都会给人带来本能的刺激，而与理性判断无关。哪怕完全正义的处罚，其行刑场面也会让人毛骨悚然。人们还会受到周围气氛的感染，别人的笑会让人跟着笑，哀悼的场面会让人心有戚戚，海上的风暴会让人陡然变色，美女在侧也会让人春心萌动，而这些也都和理性判断无关。塞涅卡指出："这些不是性情，而只是性情之前的初始点。"[3]

塞涅卡认为，这些初始点都是偶然地推动心灵，是中性的，无所谓好，无所谓坏。好坏的判断都来自于心灵，但这些触动都是心灵被动遭受的。"因此，性情，并不是来自于推动心灵的这些东西，而是在于心灵允许这些发生，并随着这种偶然的刺激运动下去。"[4] 这种偶然的变色、恍惚、颤抖、刺痒、落泪等等，都只是"身体的触动"，而情感必须是心灵主动的刺激。"如果没有心智的赞同，就不会有这种刺激；在心灵不知情的状态下，人是不可能报复或处罚的。"[5] 比如，如果一个人在受到伤害时忿然作色，但是随后经过理性的分析和判断，很快平静下来，那么塞涅卡就认为他没有愤怒。"只有那冲破了理性，裹挟了理性

---

[1] 　参考章雪富，《斯多亚主义（I）》，北京：中国社会科学出版社，2007 年，第四章。
[2] 　塞涅卡，《论愤怒》，ii：2.1。
[3] 　同上书，ii：2.6。
[4] 　同上书，ii：3.2。
[5] 　同上书，ii：3.4。

的，才算是愤怒。"〔1〕这种先于性情的起点，是外部的伤害导致的灵魂的"初扰"（*prima agitatio*），本质上和外部的伤害一样，二者都不能算作性情。只有心灵主动赞同了这种初动之后，才会形成愤怒等各种性情。

于是，塞涅卡给出了著名的性情三阶段说：

> 这样你就能明白，性情是如何开始、发展、反叛的。首先，初动（*primus motus*）不是自愿的，而是对性情的准备，是一种威胁；二动，是与意志结合，但尚不顽强，使我认为应该报复，因为我受了伤害，或应该施加惩罚，因为某人犯了错；三动就完全失去了控制，就愿意报复，不管应不应该，理性被彻底击垮了。〔2〕

这三阶段被当作斯多亚派的"前性情"说的一个标准表述。只有到第三步的时候，才谈得上善恶对错。斯多亚派所主张的无情，并不是消除心灵的初动，而只是使理性的心灵能够控制自己，不要把初动转化成爆裂的情感。

三 《论登山宝训》

由于斯多亚学派在罗马世界的巨大影响力，很多基督教教父受到了前性情观念的影响，用这一理论来思考基督教的问题，或是从基督教的角度重新诠释前性情论。《圣经》中的一些讲法，比如亚伯拉罕的恐惧，《诗篇》中的各种情绪，耶稣关于"看见女人就动淫念"的说法，耶稣自己在克西马尼园的退缩，等等，都被从前性情的角度来理解。但由于基督教

---

〔1〕 塞涅卡，《论愤怒》，ii：3.4—5。
〔2〕 同上书，ii：4.4。

的特殊出发点，这些理解逐渐在发生着变化。正如索拉布吉所说的，早在奥利金的时候，塞涅卡那里完全中性的前性情就已经被当成有罪的思想了。[1]奥古斯丁虽然没有使用斯多亚派的概念，但这个问题是他理解原罪的一个重要角度。

奥古斯丁较早讨论到类似问题的文本，是写于 394 年的《论登山宝训》。此书的卷一第十二章全部用于解释《马太福音》著名的第五章第27—28 节："你们听见有人说：'不可奸淫。'只是我告诉你们：凡看见妇女就动淫念的，这人心里已与她犯奸淫了。"

奥古斯丁对这一段的解释有几个层次。首先，他非常直白地解释耶稣的诫命："仅仅不和她发生肉体相联的奸淫，只是一种较小的正义；但在上帝的国中，更大的正义是不在心里奸淫。"[2]

不过，奥古斯丁随后的分疏却不再这么苛刻："我们应该注意，他说的不是'凡对妇女动淫念的'，而是'凡看见妇女就动淫念的'，也就是，带着目的和心意注视她，为的是和她淫乱；他不只是受到了肉体之欢的挑逗（titillari），而是赞同了淫欲，以致其非法的欲望不受约束，只要得到机会，就会满足它。"按照这个解释，耶稣所说的，并不是一般地受到性欲的刺激，对女人生出非分之想，而是已然经过了复杂的思想过程，那种非分之想已经化为很明确的欲念，只要可能，就会付诸行动了。这种"淫念"如果没有付诸实施，只算是强奸未遂，和实际犯奸淫的差别很小了。而仅仅出现一点非分之想，并没有这么大的罪。

到此为止，奥古斯丁给出了和哲罗姆在几年后解释同一个段落时非常相似的一个说法。哲罗姆明确认为，那种最初的刺激，就是斯多亚派哲学家所谓的"前性情"（propatheia），不会遭到上帝的惩罚，因为就连耶稣

---

〔1〕 Richard Sorabji, *Emotion and Peace of Mind*, pp. 346-351.
〔2〕 奥古斯丁，《论登山宝训》（*De sermone Domini in monte*, *PL*34），1：12 ［33］。

自己，也曾有畏惧和退缩的瞬间，那都是一种本能的刺激。只有在意志赞同之后，才会产生罪恶的邪念，才是应该惩罚的。[1]如何理解"淫念"这种罪，其实就是如何理解斯多亚派的"前性情"。

奥古斯丁对淫欲之罪的进一步分析很像塞涅卡列出的这三阶段。他说：

> 罪通过三个步骤实现自己：建议、喜爱、同意。建议，要么来自记忆，要么来自身体的感觉，即当我们看到、听到、嗅到、闻到，或是触摸到什么的时候，如果对这种感觉的享用让我们愉悦，我们就该扼制这种非法的愉悦。就像当我们禁食时，我们看到了食物，嘴中的欲望就被激起了，没有愉悦这就不会发生；但是如果我们不同意这一欲望，就会以占统治地位的理性的力量压制它。而如果形成了同意，就是充分的罪了，我们心里的事上帝会知道的，哪怕所做的事没有告诉别人。[2]

虽然奥古斯丁并未明确提到塞涅卡或别的斯多亚主义者，但鉴于奥古斯丁对塞涅卡的熟悉程度，以及哲罗姆等其他教父对塞涅卡的前性情的熟悉程度，索拉布吉认为这一段一定和塞涅卡的三阶段有关系。[3]

但正如索拉布吉指出的，奥古斯丁的三个阶段还是和塞涅卡的有重要的差别。首先，奥古斯丁对三个阶段的划分就和塞涅卡不同。奥古斯丁说的"建议"是完全外在的刺激，但塞涅卡的"初动"是外在的建议已经引起的灵魂触动。当然，塞涅卡认为这个时候灵魂只是被动遭受，并没有主动参与，它对外界刺激的反应和外界刺激是基本上相当的；但奥古斯丁其实是把塞涅卡所说的初动扩大成了他的第二个阶段"喜爱"。他的这第

---

〔1〕 Richard Sorabji, *Emotion and Peace of Mind*, p. 353.

〔2〕 奥古斯丁，《论登山宝训》，1：12〔34〕。

〔3〕 Richard Sorabji, *Emotion and Peace of Mind*, p. 372.

二个阶段，虽然是一种尚未经过理性的检验和意志的赞同的心理倾向，已经是对外界建议的反应了，其中就包含了主动的成分；而且他所谓的"喜爱"也只是就上面举的欲望的例子而用的词；在愤怒、悲哀等性情中，也存在这么一个阶段，虽然未必是喜爱。当然，奥古斯丁这里的"喜爱"比塞涅卡所说的那种完全无法控制的初动更重一些，并不可以和外部的刺激等量齐观。奥古斯丁的第三个阶段，我认为包括了塞涅卡所说的第二、第三两个阶段，主要侧重于塞涅卡的三动。在这个阶段，理性灵魂已经介入了，而且作出了判断，最后形成了犯罪的意志。只有在形成意志之后，才有了完全的罪。不过，即使到了第三个阶段，也还没有通过行动去犯罪，即，意志尚未付诸行动。如果回到犯奸淫的那个例子，奥古斯丁指的是，动淫念就已经有了犯罪的意志，即已经达到了这里的第三个阶段，虽然尚未真正去实施，但已经算是有罪了。因此，耶稣之所以说动淫念的就是犯了奸淫，指的就是，那已经形成了奸淫的意志的，就已经犯了罪，应该受到惩罚了。

奥古斯丁甚至认为，在某种程度上，这种意志的罪比行动的罪还要严重。当意志的罪变成行动的罪时，欲望得到了满足，反而被熄灭了。看上去，把意志变成行动反而以宣泄的方式扼制了罪。不过，意志变行动仍然是非常危险的，因为，一旦有了行动，以后再出现建议的时候，人们就会比第一次喜爱得多，于是不断地把意志变成行动，罪就变成了一种习惯。奥古斯丁随后说，正如人们通过三个阶段犯罪，罪也有三种形式：心里的罪、行动的罪、习惯的罪。

随后，奥古斯丁用亚当夏娃的罪来解释犯罪的过程。他说，蛇对女人的引诱就是第一个阶段建议，女人受到引诱就是第二个阶段喜爱，而男人也赞同了女人去犯罪就是第三个阶段同意。人在付诸行动之后，就被赶出了乐园。

他在此处运用了寓意解经法，认为亚当和夏娃又分别象征着理性和感觉。[1] 因为女人代表了感性,所以在接受了蛇的引诱后感到了喜悦;在男人也接受了这个诱惑后,就是理性赞同了这种喜悦,于是形成了意志之罪。这样,亚当夏娃的罪就成了人之罪的典范。

总体上看,奥古斯丁在《论登山宝训》中的观点受斯多亚派的影响很大。虽然他的三阶段与塞涅卡不同,但奥古斯丁也认为前性情基本上是没有罪的,最多只是罪的准备阶段。

四 言辞之争

在奥古斯丁思想更加成熟的后期,他还是不断涉及前性情,但他对斯多亚派的批判却越来越严厉。在《上帝之城》卷九第四章,奥古斯丁通过盖留斯(Aulus Gellius)讲过的一个故事明确评价了斯多亚派的初动说。

盖留斯有一次在大海上航行,同船有个斯多亚派哲学家。大海上起了风暴,那个斯多亚派哲学家和同船的别人一样,吓得脸色苍白。等风暴过去后,一切都恢复了平静,船上一个亚西亚的富人走上前来,嘲笑哲学家因恐惧而变色,吹嘘自己泰然自若。哲学家以苏格拉底的弟子亚里斯提普在类似情况下曾给出的回答打发对方说,自己的灵魂比对方宝贵,所以他更应该珍惜。在富人走后,盖留斯走上前来虚心求教,斯多亚哲学如何解释此事。哲学家见他确有诚意,就拿出爱庇克泰得的书给他看,里面讲,心灵无法控制外界幻象何时侵扰自己,因此即使智慧者也难免为恐怖所动,但理性心灵会控制自己,不屈服于本能的冲动,这才是智慧者区别于常人的地方。[2]

爱庇克泰得今存的著作中并没有这样明确的说法,盖留斯使我们了解到,爱庇克泰得有和塞涅卡非常像的关于前性情的观点。奥古斯丁指出,

---

[1] 参见奥古斯丁,《论三位一体》,周伟驰译,12:7[12]。

[2] 奥鲁斯·盖留斯,《阿提卡夜话》(*Noctes Atticae*),19:1。

柏拉图和亚里士多德都认为智慧者的心中会有性情，只不过，他们会运用理性来节制和制约性情，把它矫正到较好的模式上；斯多亚派否认这会发生在哲学家身上，却用另外一个概念来解释哲学家实际发生的情感。奥古斯丁认为，这只是无谓的言辞之争，所指的内容都是一样的：

> 斯多亚派纠缠于此只是因为喜欢新词。在我看来，性情究竟能降到智慧者的心灵，还是只能外在地起作用，都是词句之争，没有实质的差别。我认为，若注意问题的核心，而不是字词的说法，斯多亚派与柏拉图学派和漫步学派的观点在此没有区别。[1]

在他看来，无论柏拉图、亚里士多德，还是爱庇克泰得或盖留斯，都认为性情会发生在智慧者的身上，但智慧者会通过理性来战胜和控制它们。斯多亚派的新概念并不会使他们比学园派或漫步学派更少恐惧，更少变色。

奥古斯丁认为这种区别只是词句之争，当然有失公允。在性情问题上，斯多亚派与古典希腊哲学有着相当实质的区别，绝不是仅有言辞上的不同，我们在此不必展开细论。而相当熟悉斯多亚派的性情学说的奥古斯丁提出的对斯多亚派的反对，当然也有着非常重要的思想史意义。[2] 不

---

〔1〕 奥古斯丁，《上帝之城》，9：4.1；吴飞译，中册第4页。
〔2〕 索拉布吉说，奥古斯丁之所以认为斯多亚学派只是在玩文字游戏，就是因为盖留斯在描述那个哲学家时混用了 *pallescere*（变色）和 *pavescere*（战兢）这两个字形和词义都很接近的词。本来，塞涅卡也使用过加了前缀的 *expavescere* 这个词，来描写动物的恐慌；而盖留斯用它来描述哲学家的态度，也是没有多大问题的；不过，由于这个词毕竟比 *pallescere* 更重一些，奥古斯丁在引述盖留斯时，就忽视了它与 *pallescere* 相近的、描述很轻的触动的那一面，反而把它与 *timor*（恐惧）这个词当作了同义词，而后者一般是用来描述三动层面的恐惧。这样，奥古斯丁在用词的时候就无意中忽视了初动与三动的区别。他说斯多亚派只是玩弄文字，其实是因为他自己没有分清楚这两个状态的差别。但从奥古斯丁自己的讨论中看，我们没有理由认为他误解了斯多亚派对初动和三动的区分。我们反驳索拉布吉的一个重要证据是，奥古斯丁虽然在此处反对斯多亚的区分，但他并不是简单地反对斯多亚主义，反而是在相当欣赏斯多亚主义的基础上，又不同意他们的最终结论，这和他对待很多古代哲学家的态度是一致的。

过，我们不能简单地看待奥古斯丁对斯多亚派的批驳。且不提他在《论登山宝训》中对塞涅卡三阶段的使用，即使就在《上帝之城》中的这一段里，奥古斯丁也并没有否定斯多亚哲学家的智慧和德性。他最后评价那个哲学家说：

> 如果那个哲学家不看重沉船时候他要丢掉的，即生命和身体安全，那他就不会因危险动容，从而也不会吓得色为之变了。不过哪怕他遭受了那些动荡，他还能保持心智的坚定，认为生命和身体安全虽然即将因为暴风雨的来临而失去，但它们无足轻重，因为这不是好的，拥有这些不会使拥有者变好，而拥有正义才能使人变好。[1]

虽然奥古斯丁认为那个哲学家如果完全没有前性情会更好，但他并没有说这个哲学家的境界不值得尊重。他甚至从未说过尘世上的哪个人可以达到完全不受前性情搅扰的境界。在这一段的末尾，他不无赞赏地提到，自己极为崇敬的诗人维吉尔也以同样的态度描写埃涅阿斯挣脱狄多时的状态："他的心智坚定不移，尽管泪水徒然地流着。"

后来，奥古斯丁在419年写了《旧约前七卷的问题》，再次引用了盖留斯的这个故事。《创世记》第十五章第12节写道："日头正落的时候，恐慌笼罩了亚伯拉罕，看，巨大的恐惧落在他身上。"如果按照斯多亚派的说法，智慧之人的心里是不会遭受性情的搅扰的。如果亚伯拉罕是个先知，那黑暗怎么会让他感到害怕？为解释亚伯拉罕的恐惧，奥古斯丁引述了盖留斯在《阿提卡夜话》里写的那个故事，并且解释说，亚伯拉罕的恐惧也许只是像那个斯多亚哲学家一样，是受到刺激时的"初动"或"前性情"。在此处，他引用盖留斯和爱庇克泰得的说法，完全是正面的，并没有批评斯多亚学派的意思。他最后说："我们应该看看奥鲁斯·盖留

---

[1] 奥古斯丁，《上帝之城》，9：4.3；吴飞译，中册第6页。

斯是怎样谈这个的，并好好使用他的说法。"[1] 奥古斯丁认为，像亚伯拉罕这样最伟大的先知身上，也完全可以发生斯多亚派哲学家所发生的事，而且斯多亚派的理论恰恰证明，亚伯拉罕的害怕并不妨碍他成为伟大的先知，正如斯多亚哲学家的恐惧变色并不妨碍成为哲学家。

在《旧约前七卷的问题》中引用盖留斯来为亚伯拉罕辩护，这表明，奥古斯丁不仅完全理解斯多亚派的观点，而且哪怕是在《上帝之城》卷九写完几年之后，还很欣赏它。我们认为，奥古斯丁应该和同时期的不少教父一样，很深入地研究和思考过斯多亚派的前性情说，甚至可以在某个范围内肯定它。不过，他从基督教哲学的立场出发，无法完全赞同斯多亚派对这个问题的解释。即使在用盖留斯的故事为亚伯拉罕辩护的时候，他能成功地证明，就连亚伯拉罕这样的大先知也曾经恐惧，但这并不意味着恐惧就像斯多亚派说的那样，是完全无罪的。其实，就连盖留斯也承认，恐惧变色仍然表明了人性的"软弱"（*informitati*），只不过，因为这种软弱是无法克服的，因此不能用它来判断人是否智慧。奥古斯丁晚年两处引述盖留斯的故事，从一正一反两个角度评述了斯多亚学派的前性情说，二者并不是矛盾的，却恰恰表明了他对这个问题的复杂态度。

那么，所谓斯多亚派的言辞之争到底意味着什么呢？柏尔斯认为，斯多亚派本来要把所有的性情都归结为判断的结果，但无法将这一点贯彻到前性情上面，而奥古斯丁做到了这一点，因为他还是认为，即使那种非常本能的反应，那种人性天生的弱点，仍然有其判断上的原因。[2] 比如，在《马太福音》第十四章24—31节著名的彼得海上行走的故事里，彼得之所以被海上的风浪吓倒，根本上还是因为他的信仰不坚定，没有作出明确的判断。盖留斯所说的这个斯多亚哲学家，还是因为看重本不该看重的尘世利益，而不是明确无误地把德性当作唯一重要的善好，所以才会在暴

---

〔1〕 奥古斯丁，《旧约前七卷的问题》（*Questionum in Heptateuchum*，*PL*34），1：30。
〔2〕 Sarah Byers, "Augustine and the Cognitive Cause of Stoic 'Preliminary Passions'."

风雨中变色恐惧。当然，由于这种前性情往往是一瞬间的，而且在哲学家或圣徒那里可以很快被理性控制住，而不至于发展到犯罪的意志或行为，因此这种反应常常可以原谅，不会招致惩罚。虽然奥古斯丁看上去和塞涅卡一样，同意这种本能的软弱不必惩罚，但他认为，这并不意味着它在本质上是无罪的。于是，前性情和有罪的性情之间只是程度有差异，并无根本的不同，二者都是由于堕落的人的软弱导致的。因此，在奥古斯丁看来，过度强调两者的本质差异，只是言辞之争。

五　前性情的罪

奥古斯丁在《论三位一体》中有这样一段话：

> 要知道，不可否认的是，心智若只是耽乐于考虑不法行为，即没有在实际上做出来而只是持有它们，并对之呵护有加，这乃是罪，因为在它们进到心灵里时，心灵本来是马上可以扔掉它们的。不过，与它决定将这不法的想法用行动予以完成相比，这仍然算是小罪。所以我们要为有这样的思想请求赦免。[1]

这一段可以算作上面几处讨论的一个综合。他重申了《论登山宝训》中的观点，认为心里的罪和行动的罪都是罪，但行动的罪是较大的罪，而心里的罪只是较小的罪。和《论登山宝训》中一样，奥古斯丁随后也把初人夫妇的偷吃禁果当作典型的人之罪。不过，他在此更明确区分了字义和寓义两种解释：从字义上讲，两个初人都被当作自行其是的人，如果只是夏娃吃了禁果，那当然就只有她一个人去承担死的惩罚了。但若是从寓义上讲，如果男人"任意地以非法的快乐喂养他的思想

---

[1]　奥古斯丁,《论三位一体》, 12：12 [18]; 周伟驰译, 第323页。

（这本是他马上就该避免的），还未决定行出错事来而只是在回忆中宠爱地把玩它，我们不能说在这个人里面的'妇人'要受谴责而'男人'不用"[1]。这是对前性情一个更明确的谴责。从寓义角度看，若只有女人吃了禁果而男人不吃，就是只有身体感到了快乐而理性并没有赞同，也并没有形成犯罪的明确意志。即使在这种情况下，也不能认为只有感觉犯了罪，理性是无辜的，虽然"这些事一般只被认为是思想的罪，没有任何要行出来的意思"，但"这毕竟只是一个人，一个位格，他之受谴是整个人受谴"。[2]

奥古斯丁从寓义角度假设的这种情况，初人对禁果垂涎三尺，但由于理性的严厉阻止，不肯去吃，而只能在树下流连忘返、画饼充饥，这正是我们在本章开头所引的那段话说的情况：

> 他们是不是欲求接近被禁的树，吃它的果子，但又怕死？如果是这样，即使在那里，这欲望和畏惧也都搅扰了这两个人。我们认为，在根本不会有罪的地方，不会是这样的。欲求上帝的法律所禁止的，因为惧怕他的惩罚，而不是因为对正义的爱而不敢做，这不会不是罪。主说："凡看见妇女就动淫念的，这人心里已经与她犯奸淫了。"我认为，在所有罪之前，人对树不会有主说的对女人这样的罪。[3]

这段话里明确谈到，初人在吃禁果之前没有任何罪，特别是不会像心里对女人犯奸淫那样对待区分善恶之树，指的不仅是人不可能在意志中形成对禁果的罪，而且，人根本就不会有对禁果的前性情，因为这在奥古斯丁看来已经不是无辜的了。伊甸园中真正无辜的状态，并不是只有前性情、但意志不去赞同的状态，而是根本就不会存在前性情的状态。

---

[1] 奥古斯丁，《论三位一体》，12：12 [18]；周伟驰译，第323页。
[2] 同上。
[3] 奥古斯丁，《上帝之城》，14：10；吴飞译，中册第203页。

不过，奥古斯丁究竟为什么连前性情都这么严厉否定？回到上面对亚当夏娃的寓义理解，为什么即使只有感性犯罪，理性也要负责呢？究竟从什么意义上说"他之受谴是整个人受谴"？柏尔斯的解释固然可以帮助我们理解奥古斯丁与斯多亚派的根本差别，但是她也没有说明，为什么明明是感觉的触动，奥古斯丁一定要说成背后有理性的欠缺在作怪呢？奥古斯丁应该有更深的理由认为，表面上尚无理性意志同意的感觉触动，本质上已经有了理性的参与。奥古斯丁与斯多亚派的区别，有着更深的人性论基础。要进一步了解这个问题，我们必须深入到他对堕落状态的思考。

六　淫欲之罪

在前性情的问题上，奥古斯丁与斯多亚派的本质区别在于，他不认为现世的人存在一个无辜的状态。斯多亚派对性情的批判虽然严厉，但他们把尚无理性介入的前性情当作无辜的。虽然盖留斯也承认前性情出于人性无法克服的软弱，但恰恰是因为这一点，所以人可以不必对此负责，因而就无所谓罪。奥古斯丁却认为，这种无法克服的状态虽然可以宽容，但它本质上并不是无辜状态，而初人在犯罪之前，才是处在真正的无辜状态，即连前性情这种触动都不可能有的无罪状态。

奥古斯丁在《上帝之城》里对堕落之后的状态有两个标准的描述，一个是灵魂之死的状态，另一个是身体与灵魂冲突的状态，而这二者本质上是同一个状态，或者说，身体与灵魂的冲突，就是灵魂之死的结果和症状。他说："那不服从的灵魂，感到身体的不服从的冲动，从而要遮住私处，这是感到了第一次死亡，即灵魂被上帝抛弃。"[1]

奥古斯丁认为，灵魂的生命来自上帝，正如身体的生命来灵魂。当

---

[1]　奥古斯丁，《上帝之城》，13：15；吴飞译，中册第164页。

亚当偷吃禁果的时候，他的灵魂没有服从上帝的禁令，于是就抛弃了上帝。灵魂与上帝的分离就是灵魂之死。而灵魂之死的一个直接结果，就是初人夫妇用无花果的叶子遮住了私处。为什么会这样？奥古斯丁的解释是：

> 虽然他们的器官与以前无异，但是以前这并不让他们害羞。他们感到了自己不服从的肉体中的新的冲动，这是因自己的不服从而受的惩罚。他们的灵魂乐于恣意下流，蔑视对上帝的侍奉，于是也失去了身体先前的侍奉。因为他们抉择丢弃了在上的主，于是就不能留住更低的奴仆。于是，他们不能像以前那样，无论怎样都能让肉体服从，就像上帝命他们服从一样，于是肉体开始与灵性起了争端，我们就出生在这争端里，从第一次堕落中有了死的起源，我们在自己的器官和有罪过的自然里，承受这种争端，或者说承受肉体的胜利。[1]

身体对灵魂的不服从，就是灵魂对上帝的不服从的一个结果；而身体对灵魂的不服从的一个直接表现，就是性器官不再根据意志来运动。有些时候，意志根本没有要求，但性器官也会冲动；有些时候，意志有强烈的要求，但性器官却很冷淡，根本不配合灵魂。[2] 如果看到美女，在没有意志赞同的情况下，性器官发生反应，这是《论登山宝训》中说的第二个阶段"喜悦"，也就是一种前性情。也许斯多亚派会认为，哪怕是最有智慧的哲学家，也难免会在看到美女时发生反应，但他会用理性扼制这样的触动，使它不至于变成淫念。但奥古斯丁认为，哪怕尚未到达耶稣所谴责的有意志赞同的淫念，那也恰恰表明了身体对灵魂的不服从，正是对人不

---

〔1〕 奥古斯丁，《上帝之城》，13：13；吴飞译，中册第163页。
〔2〕 同上书，14：16；吴飞译，中册第212—213页。

服从上帝的一种惩罚，不是无辜的。

索拉布吉质疑奥古斯丁的这一说法，认为他说的现象只限于男性生殖器，不适用于女性，也不适用于身体的其他器官。[1]奥古斯丁确实也提到，别的器官和性器官很不一样。比如在愤怒的时候，如果没有意志命令手和舌头，就不会做出过激的动作，也不会说出愤怒的言辞。[2]但他也明确说过："谁能数出，人愿做但不能做的，有多少事呢?"[3]生气之后的言行确实受意志的控制，但脸色的变化和毛发的竖立却不受意志的控制；女性固然没有男性那么明显的勃起，但她在受到刺激后的身体反应，也不完全受意志的控制。再比如看到好吃的食物时唾液的分泌，遇到暴风雨时脸色的变化，这些都不受意志的控制，都有可能在意志不赞同的情况下发生变化。塞涅卡所列举的各种初动的现象，都可以归入奥古斯丁所谓的身体对灵魂的反对。因此，他这里所说的，其实还是前性情的问题，只不过性欲的反应尤其明显，因此，初人由此产生了最明显的羞感，并用无花果叶子遮住了私处。

在奥古斯丁看来，人堕落之后，灵魂和身体就处在一个永久的不和谐状态。身体对灵魂的反抗有各种形式。奥古斯丁说，所有身体的欲望，比如饥饿、口渴等，在日常语言中都可以称为"淫欲"（libido）。"这种对报复的淫欲，被称为怒；对占有钱财的淫欲，是贪婪；不惜一切都要做成某事的淫欲，是固执；对光荣的淫欲，称为虚荣。这众多而不同的淫欲，有些有恰当的词语表示，有些没有。"[4]但是严格所说的淫欲，"所指的就是当身体的龌龊之处受到刺激时，心灵的触动"[5]，也就是性器官的前性情。把所有这些欲望和淫欲勾连起来，奥古斯丁的意思并不是说性欲

---

〔1〕 Richard Sorabji, *Emotion and Peace of Mind*, p. 416.

〔2〕 奥古斯丁，《上帝之城》，14：19；吴飞译，中册第216页。

〔3〕 同上书，14：15.2；吴飞译，中册第212页。

〔4〕 同上。

〔5〕 同上书，14：16；吴飞译，中册第212页。

是所有欲望的根基。他和弗洛伊德最大的差别在于，奥古斯丁认为淫欲只是身体对灵魂最强烈的一种反抗。

淫欲对理性意志的反抗，是肉身对灵魂反抗的一种表现，是对堕落后人类的普遍状态的一种揭示。在这个状态里，身体会悲痛，会变老，会死亡；虽然任何追求幸福的人都不愿这些事情发生，但无论意志多么不情愿，身体的自然过程使得人必然会走向衰老和死亡。身体的死亡，即灵魂与身体的分离，是身体与灵魂之争的最终结果，"灵魂与身体本来一直在亲密地共生共栖，而今被一种力量撕开，就产生了一种绝望和违背自然的感觉"〔1〕；而淫欲，则是身体反抗灵魂的最高程度："身体的享乐没有比这种享乐更大的，以致在到达高潮的那一刻，人的所有敏感和警醒的想法都被遮盖了。"〔2〕只要身体的欲望在反抗着理性的意志，几乎可以说，人就处在通往死亡的过程中；当欲望彻底战胜了理性，使人的一切敏感和警醒的想法都被遮盖的时候，就是对死亡的一次模仿。对奥古斯丁来说，死亡永远是人类的软弱性最痛苦的标志。〔3〕只有死亡，才是人类一切欲望和痛苦的根基，一切欲望和软弱，都可以化约为死亡，但不能化约为性欲。

亚当对上帝的抛弃导致了他的灵魂之死，而对灵魂之死的惩罚就是身体之死，是身体与灵魂的分离。堕落后的人处在身体与灵魂的永恒冲突中，最终导向身体之死。身体和灵魂的这种冲突，导致了前性情，表现为无奈的饥渴、不情愿的战栗和恐惧，以及嘲弄理性的淫欲，在在提醒着亚当的罪，揭示着人性的根本弱点。

从原罪观出发，奥古斯丁认为，包括淫欲在内的一切前性情，都表明了身体与灵魂的不和谐，都在揭示着亚当的反叛和堕落。这种根本的软弱

---

〔1〕 奥古斯丁，《上帝之城》，13：6；吴飞译，中册第156页。

〔2〕 同上书，14：16；吴飞译，中册第212页。

〔3〕 Peter Brown, *The Body and Society: Men, Women, and Sexual Renunciation in Early Christianity*, New York：Columbia University Press, 1988, p. 405.

是无法避免的，它时刻提醒着人类根深蒂固的罪性。哪怕像亚伯拉罕这样的大先知，也无法免于前性情。

奥古斯丁在很多具体方面是接受斯多亚派的思想的。他也认为无情是最高的境界，不能凭前性情来惩罚人，人应该努力靠理性来克服前性情，不过，由于原罪观使他认为人的根本处境就是有罪的，[1] 于是，他不再认为前性情是完全无辜的，而认为这是原罪的一个结果，也是所有进一步的罪的人性论基础，因此，他认为强行区别前性情和意志之罪只是言辞之争。由于原罪根本上是意志的犯罪，所以无论前性情表面上多么与意志无关，他也认为这最终要归结到意志和理性的错误上，所有罪都是因为意志的不坚定。同样，他也认为，由于原罪，在此世做到绝对的无情是不可能的。人生在世，最多只能较好地利用各种性情，至于真正神圣的无情境界，只能在天堂中获得。

于是，在奥古斯丁看来，人没有任何无辜的自然本能，没有任何偶然的命运。他的所有性情和缺陷，都有道德上的原因，都要由他自己来负责。

七　意志和意志的斗争

上述的论证使我们看到，淫欲之罪和所有其他的性情，都被奥古斯丁说成是身体对意志的反抗。但身体是没有理性，更没有意志的，低于灵魂。那么，身体怎么有能力反抗更高的灵魂呢？奥古斯丁虽然经常说身体对灵魂的反抗，但他深深知道，身体是无力反抗灵魂的。欲望在根本上还是灵魂的自我反抗。我们在上一章已经看到，奥古斯丁区分了人的灵魂中的高级理性和低级理性，并认为高级理性就是灵性。于是，所谓身体对灵魂的反抗，根本上是低级理性对高级理性的反抗。他还以寓

---

〔1〕　John Rist, *Augustine: Ancient Thought Baptized*, Cambridge: Cambridge University Press, 1994.

意的方式指出，伊甸园中的男人就代表了高级理性，女人就代表了低级理性：

> 正如在所有野兽中找不到与人相似的、能帮助人的配偶，只有从人身上取下的东西才能成为他的良配，所以，我们的心灵，我们用来请教最高最内在的真理的，在我们与动物共有的灵魂部分中也找不到一个与它自身相似的帮手，来以满足人的本性的方式使用物体。所以，我们的某个理性的东西就被指派做这一工作，这不是说它与心灵相分离、没有统一，而是说它是从高级理性衍生来的、一个帮忙的伴侣。正如男和女是一体中的二，我们的理解力和行为，或建议与执行，或理性与合理的欲求，或用你能找到的更能达意的词表达的任何这类东西，也都是一个心灵本性中的二。[1]

这里明确说，男人代表的较高理性，就是用来凝思最高存在的理性；女人所代表的低级的理性，就是用来处理尘世的低级事务的理性。这些事务虽然和尘世与身体相关，是低级的，但还是不能用人与野兽共有的身体和更低的灵魂部分完成。虽然人本来应该朝向永恒的存在，但在此生当中，不处理世俗的事务，就无法活下去。为了处理这些不得不处理的事务，就从高级理性中衍生出了低级理性，如同从男人的肋骨造出了女人。在正常秩序下，男人服从上帝，女人服从男人，所以女人是男人的荣耀。

奥古斯丁进一步谈到，男人所象征的沉思理性和女人所象征的行动理性，并不是真的两个部分，而只是同一个实体的两个功能。[2]当人运用理性思考最高存在的时候，那就是高级理性；当人运用理性处理和身

---

[1] 奥古斯丁，《论三位一体》，12：3 [3]；周伟驰译，第310—311页。
[2] 同上书，12：4 [4]；周伟驰译，第311页。

体相关的事务的时候，那就是低级理性。无论哪一种，都是人所独有、野兽不具备的功能，属于内在之人。说女人代表身体的感觉，其实是说，女人代表了理性在身体中的活动，而不是人和非理性野兽共有的那些感觉。[1]

因此，身体对灵魂的反抗，就又化约为灵魂的行动功能对沉思功能的反抗。也就是，那用来处理尘世事务的理性功能，不受限制地陷溺于它所处理的事务，而作为其首领的高级理性不仅没能管辖住，反而还首肯甚至纵容。于是，内在之人就在他的敌人魔鬼的围攻之下变得苍老憔悴了，那高级理性也就无法凝视永恒的存在，人的真理之光被褫夺了，人的眼睛睁开了，陷入了羞耻状态，只好用树叶来遮盖羞处。[2]

所谓身体与灵魂的相争，根本上是同一个灵魂和自己的斗争，是灵魂的自我分裂。所以他说，如果男人"任意地以非法的快乐喂养他的思想（这本是他马上就该避免的），还未决定行出错事来而只是在回忆中宠爱地把玩它，我们不能说在这个人里面的'妇人'要受谴责而'男人'不用"。[3]

那么，理性的自我分裂究竟为什么变成了身体对灵魂的反抗呢？奥古斯丁指出，这是因为理性在试图反对统治宇宙的大全律法时，竭力要抓住大全之外的某物，但没有什么在大全之外，于是它就只能被抛回到对大全的一部分的焦虑当中。

> 它试图用自己的一套来反对统治宇宙的律法，它这么做是凭着它自己的身体的，后者是它唯一拥有部分所有权的部分。所以，它在物体的形式和运动中找到了乐趣，并且由于它不能把它们搬到它里面来，它就把自己卷到它们的形象中去，后者是它放置在记忆里的。这

---

[1] 奥古斯丁，《论三位一体》，12：13 [20]；周伟驰译，第 324 页。
[2] 同上书，12：8 [13]；周伟驰译，第 320 页。
[3] 同上书，12：12 [18]；周伟驰译，第 323 页。

样，它就以一种新奇迷魂的通奸把自己搞得污秽不堪。[1]

身体是不会主动反抗灵魂的，但灵魂有可能沉溺于身体。当灵魂试图裹挟着自己的身体反抗上帝的时候，它又无法成功做到；在灵魂里面，高级理性的功能也彻底让位给了低级理性。灵魂没能控制自己的身体，反而成了身体的奴隶。"它将物体的欺骗性的相似形象拉入自身之内，在徒然的冥想里玩味它们，到了最后，它除了这般的物事之外，什么神圣的东西也想不到了。"[2]

当灵魂把尘世的事务和身体的快乐当作自己追求的对象时，人使自己堕入同野兽类似的境地；但他的状态比野兽还要悲惨，因为野兽并没有这样的灵魂分裂和扭曲。人的身体感觉都和理性灵魂有关。堕落后的人的身体痛苦，是灵魂与身体相争的结果，其实更是灵魂自身的分裂。所以奥古斯丁谈道：

> 所谓肉身的悲痛，其实是灵魂的悲痛，只是出现在肉身中，发自肉身。如果没有灵魂，肉身靠自己怎么会有悲有欲呢？如果说肉身欲或悲，要么如我说的是整个人，要么是部分灵魂，遭受了肉身的情感的触动。触动重，则悲痛；触动轻，则享乐。而肉身的悲不过就是灵魂感到的身体的巨大冒犯，而又不认同这种触动；灵魂的悲，即所谓哀，就是对我们不愿意发生在自己身上的事情的不认同。[3]

当人的淫欲在经过理性或正或误的判断后仍然要坚持去犯罪的时候，"情感认可后，又有意志推动"[4]，已经形成了意志之罪。这种罪比前

---

〔1〕 奥古斯丁，《论三位一体》，12：9〔14〕；周伟驰译，第320页。
〔2〕 同上书，12：10〔15〕；周伟驰译，第321页。
〔3〕 奥古斯丁，《上帝之城》，14：15.2；吴飞译，中册第211页。
〔4〕 同上书，14：19；吴飞译，中册第216页。

性情的罪当然更严重，但人没有那么强烈的羞感。不过对于前性情而言，特别是在前性情表现最剧烈的淫欲上面，生殖器官的运动完全受到淫欲的控制，只要淫欲受到物理的刺激，就会勃起，丝毫不管意志是否同意。奥古斯丁虽然没有明说，但以此类推的话，饕餮之徒的馋欲也会与意志相冲突，不管意志是否同意，也会流出口水；脾气暴躁者的怒欲也会与意志相冲突，不管意志是否同意，也会勃然变色；胆小如鼠者的恐惧也会和意志相冲突，不管意志是否同意，也会惊慌战栗。这些都不是大罪，但都是羞感的来源，会使人感到更尴尬、更痛苦，内心的交战更激烈，体现了不止是身体和意志的不和谐，更是心灵内部的欲望和理性意志之间的冲突。

那么，心灵内部的这种冲突，到底是谁和谁的冲突呢？奥古斯丁在《论三位一体》中一再强调，把这两种理性比喻成男人和女人只是为了方便，它根本上是同一种理性在不同对象上的表现。

奥古斯丁在说淫欲和意志的冲突的时候，暗中把意志定义为了必然是理性的、朝向好事的意志。索拉布吉指出，在柏拉图那里，意志被认为是理性的，朝向不可见之物，欲望被认为是朝向物质的。[1]斯多亚学派也继承了这一学说。奥古斯丁在有些时候，也会这样使用意志这个词。不过，对于奥古斯丁至关重要的意志学说之所以和古典的意志说不同，首先就在于，他这里的意志既可朝向好的事物，也可朝向坏的事物。他在《上帝之城》卷十四第八章批评了斯多亚派的用词，因为斯多亚派认为，智慧者"有意志，而不是欲"。斯多亚派的观点是，智慧者不受情感的搅扰，但并不是完全没有对好的事物的欲求。只不过这种好的欲求不是欲望，而是意志，因为意志是理性的、正当的。但奥古斯丁引用了《圣经》和古典作家的很多例句，证明"意志"可以指向坏的事物，"欲望"也可以指向好的事物，因此，对任何事物的朝向都可以称为意志，也都可以称为

---

[1] Richard Sorabji, *Emotion and Peace of Mind*, p. 322.

欲望。[1]

这样，奥古斯丁所谓的淫欲和意志的冲突，其实就是指向永恒的意志和指向肉体的意志的冲突。所谓身体和灵魂的冲突，最后就变成了两种意志之间的冲突。而对于不同意志的冲突，他在《忏悔录》中有过非常著名的描述："这样我就有了一新一旧的双重意志，一属于肉体，一属于精神，相互交战，这种内讧撕裂了我的灵魂。"[2] 在奥古斯丁的个人体验中，两种意志的交战远远不止发生在性器官上。即使像"搔头、敲额、抱膝"这样的动作，本来只是"因为我愿意，才做出来"，可是即使这种动作，也有许多时候"我的意志和动作是不一致的"，还有的时候，"我又不做那些我以非常强烈的意志所想望的事，这些事，只要我愿意做，立刻就能做"。于是，当灵魂命令肉身的时候，肉身立即就会去做；但当意志命令灵魂，也就是灵魂自己命令灵魂的时候，灵魂却不肯服从。比起生殖器的反叛来，这些更像是灵魂对灵魂的反叛。[3]

如何理解灵魂对自己的反叛这种怪事？奥古斯丁既不想接受摩尼教的二元论，也并不愿意像柏拉图那样把灵魂分成几部分，虽然他对男女的寓义用法看上去有这样的倾向。在他看来，不仅一个灵魂里可能有两个意志，而且可能有更多的意志，但这并不意味着有多少意志就有多少个灵魂：

> 愿的是我，不愿的也是我，都是我自己。我既不是完全愿意，也不是完全不愿意。我和我自己的斗争，造成了内部的分裂，这分裂的形成，我并不情愿；这并不证明另一个灵魂的存在，只说明我所受的惩罚。造成这惩罚的不是我自己，而是"住在我里头的罪"，是为了

---

[1] 奥古斯丁，《上帝之城》，14：8.2；吴飞译，中册第196—197页。
[2] 奥古斯丁，《忏悔录》，8：5 [10]，周士良译，北京：商务印书馆，1997年，第145页。
[3] 同上书，8：8 [20]，周士良译，第152页，译文略有改动。

处分我自觉自愿犯下的罪，因为我是亚当的子孙。[1]

双重意志并不是因为双重灵魂，也不是因为灵魂真的一分为二了，而是因为灵魂自身出了问题。奥古斯丁更明确地把这称为"灵魂的游移"：

> 灵魂不是以她的全心全意发出命令，才会令出不行。如果全心全意发出命令，即无此命令，意志亦已存在。因此，意志的游移并非怪事，而是灵魂的病态。虽则有真理扶持它，然它被积习重重压着，不能昂然起立。因此我们有双重意志，双方都不完整，一个有余，一个不足。[2]

灵魂的游移状态，就是信仰的不坚定状态，是理性充满怀疑的状态，柏尔斯认为，这就是奥古斯丁对前性情的最终理解。[3]所谓淫欲和意志的冲突，就是这里所说的双重意志，其实是意志的游移状态。奥古斯丁相信，既然人的灵魂是按照上帝的形象造的，那么即使在最堕落的人的灵魂里，也仍然保持着上帝的形象，也仍然会有朝向永恒的痕迹，但这种努力严重不足了。同时，那种朝向物质的欲望又过于强烈，是有余的。双重意志的冲突，就是朝向永恒的意志和朝向物质的意志之间的游移摆动。

人的前性情，被归结为身体对灵魂的反抗；身体对灵魂的反抗又被归结为低级理性对高级理性的反抗，或淫欲对意志的反抗；这种反抗其实是双重意志之间的冲突；但双重意志的冲突，又来自同一个灵魂的游移状态。为什么会有这种游移状态？因为本该朝向永恒的意志朝向了更低的存在，因为他对上帝的侍奉不坚定了。这就是奥古斯丁关于"对女人的罪"

---

[1] 奥古斯丁，《忏悔录》，8：10 [22]，周士良译，第153—154 页。

[2] 同上书，8：9 [21]，译文略有改动。

[3] Sarah Byers, "Augustine and the Cognitive Cause of Stoic 'Preliminary Passions'," *Journal of the History of Philosophy*, vol. 41, no. 4 (2003).

的最终结论。

八 伊甸园中的婚姻与淫欲

既然这种前性情是堕落之后才有的，那么，在偷吃禁果之前就不可能存在。不过，奥古斯丁又坚持认为，婚姻不仅是好的，而且是在堕落之前就有的。但婚姻能和淫欲分开吗？由此，就产生了奥古斯丁研究中又一个广泛争论的问题：伊甸园中究竟有没有淫欲？

奥古斯丁一生都很关心婚姻和性的问题，不仅是因为个人的经历和学术兴趣，而且因为前后期完全不同的论敌提出的挑战。前期的奥古斯丁在叛离摩尼教后，需要系统地清算摩尼教的思想，包括他们谴责婚姻的主张。为此，奥古斯丁在早期的很多著作中（如《布道辞》354A）谴责了摩尼教，指出婚姻本身是好的；到了中期，为了调和哲罗姆的极端禁欲主义和约维安对禁欲主义的极端否定，奥古斯丁写了《婚姻之好》《论圣贞》等书。在这些著作中，奥古斯丁指出了婚姻的三个好处：生育后代、维护忠贞、完成圣事。但到了后期，佩拉鸠派的兴起，特别是朱利安的发难，却给奥古斯丁提出了新的挑战：佩拉鸠派认为婚姻甚至淫欲完全是自然的，而奥古斯丁的原罪说谴责淫欲，其实是一种隐秘的摩尼教。[1] 奥古斯丁与朱利安的争论是早期基督教中最令人炫目的思想事件之一，布朗把它比喻成一场思想地震，人们眼睁睁地看着基督教思想的地图发生着不可思议的变化。[2] 虽然朱利安的很多说法都只能通过奥古斯丁的批判来复原，还是有很多学者认为，奥古斯丁在这场争论中实际上输了，只不过，他凭借自己的权威维护了原罪说的正统地位。[3]

---

〔1〕 参考 David G. Hunter, "General Introduction," in Augustine, *Marriage and Sexuality*, New York：New City Press, 1999。

〔2〕 Peter Brown, *The Body and Society*, p. 408.

〔3〕 Richard Sorabji, *Emotion and Peace of Mind*, p. 400.

奥古斯丁面对各种各样的论敌逐渐修改和完善着自己的观点，对此我们不必详论。[1]但与本章紧密相关的一个问题是，伊甸园中到底有没有淫欲？按照奥古斯丁的说法，淫欲应该是前性情最集中的表现，是堕落的后果；但他又坚持认为，婚姻并不是坏的。

作为前性情的集中代表，淫欲的一个基本特征是不受意志的控制。那么，如果意志能够自如地控制淫欲，想触动就触动，想不触动就不触动，从而使得人在达到高潮的那一刻，"所有敏感和警醒的想法"不会"都被遮盖"[2]，伊甸园中的淫欲是不是就是好的，因而是初人夫妇所具有的呢？奥古斯丁自己也说：

> 这种淫欲是最该羞耻的，因为，像我所说的，淫欲的器官是触动还是不触动我们的意志，不完全取决于我们的抉择，所以它们应该被称为"羞"处，不过在人犯罪之前，它们不是这样的。经上写着："当时夫妻二人赤身露体，并不羞耻。"[3]

但奥古斯丁指出了淫欲一个最基本的特点，即，在初人堕落之后，不论是非法的还是合法的交媾，人们都不愿意公开去做，也没有人真正毫无羞耻地裸体走在大街上。喜欢裸体的野蛮人或裸智派也还是要遮住羞处；[4]哪怕是倡导公开性交的犬儒主义者，真的在大庭广众中作出交媾的姿势的时候，恐怕根本不能勃起；[5]无论怎样的正人君子，与配偶合法性交的时候，都不能让任何人看见。[6]

无论是与奥古斯丁同时代的朱利安，还是现代的索拉布吉，都指出奥

---

[1] 参考孙帅，《自然与团契》，上海：上海三联书店，2014年。
[2] 奥古斯丁，《上帝之城》，14：16；吴飞译，中册第212页。
[3] 同上书，14：17；吴飞译，中册第213页。
[4] 同上书，14：17；吴飞译，中册第214页。
[5] 同上书，14：19；吴飞译，中册第216页。
[6] 同上书，14：18；吴飞译，中册第214—215页。

古斯丁的这一说法并不成立。但奥古斯丁坚持这样认为，并指出，如果淫欲真是合法的事情，为什么还要遮遮掩掩呢？"无疑，人自然要为这淫欲害羞，而且也应该害羞。……人的自然因为最大的罪而变坏，繁衍这种变坏的自然的身体器官，就尤其应该遭到报应。"[1]

这种绝对的羞感使淫欲与其他性情，甚至其他的前性情都不同。人的生殖器遭到了特别的惩罚，使得人无论合法还是不合法地使用它时，都会感到羞耻。羞感，就是前性情的一个结果，表明了身体和意志的冲突，或者说意志的游移状态。而今，人并不是只有在生殖器擅自勃起的时候才害羞，而是生殖器官在堕落后就一直以羞耻的方式存在着，就已经成了罪恶的器官。灵魂的分裂与游疑，就内在地存在于人的生殖器官当中了。初人在偷吃禁果后之所以用树叶遮住私处，并不是因为他们当时就有了性欲的萌动，而是因为他们已经感到了淫欲的羞耻和意志的游疑："在犯罪后，他们的自然才产生了羞耻心，因为这自然丧失了使身体各个部分服务于自己的力量，于是感到这种淫欲，注意这种淫欲，为这淫欲而脸红，掩盖这淫欲。"[2]前性情所带来的羞感，已经不是一种特定的性情，而是人在堕落之后的存在状态，这种存在状态最集中地体现在生殖器官和它的欲望上面。从此，人的意志总处在游疑状态，任何情感都可能导致灵肉的纷争。并且，人如果不靠这种淫欲，连生育都无法完成。

既然淫欲本身就是有罪的，伊甸园里的初人夫妇就不会是靠这种淫欲结合的，而是处在一种完全不同的存在状态。但奥古斯丁又坚持，上帝在他们犯罪之前就已经向他们应许说："要生养众多，遍满地面。"正是这应许，使得婚姻成为一个圣事："生育子嗣来自婚姻的光荣，而与对罪的惩罚无关。"

上帝创造出女人来，不仅是为了让她和亚当做伴，而且要和他一起繁

---

〔1〕 奥古斯丁，《上帝之城》，14：20；吴飞译，中册第 217 页。
〔2〕 同上书，14：21；吴飞译，中册第 217 页。

衍后代。但若没有淫欲，怎么生育后代呢？奥古斯丁指出："谁要是说，如果他们不犯罪，就没有房事，也没有繁殖，那他不是在说，为了增加圣徒的数目，人有必要犯罪？"初人应该不是通过淫欲来生育的，虽然现在的人无法想象这如何可能。那个时候，性器官和别的器官一样，完全服从于意志："男人用生殖器官为子嗣播种，女人则接受种子。什么时候做和做多少，这取决于意志的运动，而不是淫欲的催动。"[1]

在堕落之前，人们也有生殖器官，也要通过生殖器官的受精完成生育。如果淫欲仅仅是像别的器官那样听从意志，仅仅不会擅自勃起，这和那些合法夫妻之间的性交到底有什么实质的区别呢？

在这个问题上，奥古斯丁显然面临着非常大的困难。无论是像摩尼教那样全面谴责婚姻，还是像佩拉鸠派那样根本肯定性欲，都是更简便的解决方式。但奥古斯丁一方面肯定婚姻，另一方面又否定淫欲，使自己陷入了两个异端都不曾面临的困境。

奥古斯丁对这个问题的回答并不明确，所以导致了后来很多不同的理解。我认为，奥古斯丁比较倾向的观点是，伊甸园中的性交所缺乏的，乃是淫欲所带来的肉体之欢。他在《上帝之城》中谈到，伊甸园中"没有不健康的乐"，"夫妻之间相互忠诚，因为真诚的爱结合"，"生殖器官会和别的器官一样随意志的首肯运动，没有淫邪的激情刺激，心灵平静，身体不腐，可以在妻子完整不破的子宫里授精生子"。[2]按照这个思路，堕落所带来的并不是性交，而是淫欲中的快乐。在堕落之前，初人清楚地知道，性交的目的是生育，并且仅仅为了这个目的交媾，而不会有肉体的享乐。堕落之前，人保有纯洁的意志，仅仅按照上帝的命令，为了荣耀上帝而做事，不会有别的欲望；但在堕落之后，由于意志的游疑和灵肉的分裂，人耽于这种最强烈的肉体之欢。如果这样理解，则奥古斯丁对淫欲的

---

〔1〕 奥古斯丁，《上帝之城》，14：24；吴飞译，中册第221页。
〔2〕 同上书，14：26；吴飞译，中册第224页。

批评实际上是对性快感的批评。这一点也可以在《上帝之城》中得到印证。我们回顾一下他对淫欲的定义：

> 淫欲……所指的是当身体的龌龊之处受到刺激时，心灵的触动。这不只是整个身体，并不只是外部，还有内部的反应，必须让人整个触动，心灵的情感与身体的欲求相联相混，随后是享乐，身体的享乐没有比这种享乐更大的，以致在达到高潮的那一刻，人的所有敏感和警醒的想法都被遮盖了。[1]

无论是合法的还是非法的交媾，无论是得到意志首肯的，还是不自觉的春心萌动，无论是登徒子的放荡淫行，还是正人君子的传宗接代之举，这种巨大的快感都会遮盖人的所有敏感和警醒的想法。淫乐对理性的这种疯狂攻击，而不是性器官偶尔的擅自勃起，才是淫欲的最大危险。伊甸园中的交媾不仅是完全按照意志进行的，而且不会带来这种无法抑制的快感，遮蔽理性的任何痕迹。

我认为，这种对性快感的全面否定最符合奥古斯丁的一贯思路[2]，不过，这却没有像他的很多其他观点那样，成为基督教的正统。索拉布吉认为，奥古斯丁在这个问题上的观点几经变化；最后在朱利安的逼迫下，承认伊甸园中会有淫欲，只是这淫欲服从意志。[3]但是，就像克拉克等学者指出的，奥古斯丁的这种承认只是一种假设。[4]比如，他在《驳佩拉鸠派的两封信》中说：

---

〔1〕 奥古斯丁，《上帝之城》，14：16；吴飞译，中册第212页。

〔2〕 John C. Cavadini, "Feeling Right: Augustine on the Passions and Sexual Desire," *Augustinian Studies*, Volume 36, Issue 1, 2005.

〔3〕 Richard Sorabji, *Emotion and Peace of Mind*, pp. 407-408.

〔4〕 Elizabeth Clark, "Adam's Only Companion: Augustine and the Early Christian Debate on Marriage," *Recherches augustiniennes*, 21 (1986), pp. 139-162; John C. Cavadini, "Feeling Right: Augustine on the Passions and Sexual Desire."

如果你不愿选择第四种可能，即，所有器官都服从，处在最大的平静当中，没有淫欲，因为你的辩论中的冲动已经使你敌视它，那么你就会选择我放在第三位的可能性，即，在乐园中，肉身的欲望（当它运动到极致的享乐时，使你极为兴奋），如果不是有生育的必要，是不会得到意志的首肯而勃起的。[1]

这是奥古斯丁在此书和其他驳朱利安的著作中诸多类似说法中的一个。他并没有真的向佩拉鸠派让步，而只是假定即便在伊甸园中存在淫欲，那淫欲也不会在没有生育的需求时擅自追求快乐。奥古斯丁的让步是，也许伊甸园中的夫妇也有性爱之欢，但这种欢爱只是生育后代的目的所带来的，他们不会仅仅为了快感而性交，那么，性快感仍然没有其独立的意义。奥古斯丁在此的观点和《上帝之城》中相比并没有实质性的变化。

九　禁果的故事

在堕落之前，没有淫欲，也没有任何形式的前性情。奥古斯丁说对树的罪不应该是对女人那样的罪，指的就是，初人在吃禁果之前，没有对禁果的前性情，更不会由前性情发展成对禁果的馋欲。不过，初人一旦吃了禁果，就开始感到了羞耻，就有了灵魂的分裂和灵肉的相争，就产生了前性情，有了淫欲。那么，是一种什么样的罪心，导致了这样的堕落呢？

在《上帝之城》里面，奥古斯丁对偷吃禁果这个故事的字面含义，给出了一个非常有趣的解释。魔鬼为什么从夏娃下手，而不去直接引诱亚当呢？奥古斯丁认为，因为在亚当和夏娃之间，男人是较高的一方，不会轻易受骗，所以魔鬼不会从他这里下手，而要从更轻信的夏娃那里下手。所

---

[1] 奥古斯丁，《驳佩拉鸠派的两封信》（*Contra duas Epistolas Pelagianorum*, *PL*44），1：17（35）。

以，保罗才会说："不是亚当被引诱，乃是女人被引诱。""所谓'引诱'，他希望我们理解为那些犯了罪，但又不认为自己所做的是犯罪的人；但是亚当知道这是罪。"[1]

亚当没有受到引诱，所以他自始至终都清清楚楚地知道，禁果是不应该吃的，因为吃了禁果就是犯罪。那他为什么还要吃呢？奥古斯丁的回答是："难道不是女人把蛇的话当真了，而他不愿意与这唯一的伴侣分开，宁可一起犯罪？"这里说得再明白不过了。亚当之所以吃下禁果，是因为他希望和夏娃共患难，所以在夏娃已经犯罪之后，亚当仍坚持和她在一起。这个想法，是亚当对夏娃的爱，是一种至死不渝的情感。在偷吃禁果犯罪之前，还没有前性情，因而也没有完全身体性的淫欲，所以，这种爱并不是男女之间的性欲吸引，而是一种精神性的人类之爱，是人与人之间的友谊。下面这段话解释得更清楚："那个男人也是因为那女人，这一个是因为那一个，此人是因为彼人，夫是因为妻，才违背了上帝的法。男人并不相信女人说的是真的，但是这个团契使他必须如此。"[2]

人与人的团契使亚当不得不偷吃禁果，但这究竟是怎样一个团契呢？奥古斯丁在前文谈到过，上帝之所以创造单个的人，再从他当中创造夏娃和所有别的人，而不是像创造别的生物那样"各从其类"，是因为人类本质上就该联合为一。

> 人们之间不仅彼此之间有相同的自然，而且还通过人间的宗亲情谊勾连起来。上帝不仅像创造男人那样创造了女人，而且还把她作为男人的妻子，直接从男人中创造她。这样，所有的人都是从一个人产生的，散播成为全人类。[3]

---

[1] 奥古斯丁，《上帝之城》，14：11；吴飞译，中册第206页。
[2] 同上书，12：11；吴飞译，中册第206页。
[3] 同上书，12：21；吴飞译，中册第145页。

在奥古斯丁看来，人类的一个根本特点，就是其社会性；而这种社会性的表现和纽带，就是人对人的爱。也正是因为这种社会性，才使得婚姻和生育后代成为一件神圣的事。[1] 出于这样的爱，亚当强烈地希望能和夏娃在一起，哪怕在夏娃犯罪之后也不离不弃，宁愿和她一起犯罪，也不愿意和她分开。人类的社会性使他不得不也吃下必然带来巨大惩罚的禁果。[2]本来是用来维护其本质特征的友爱，为什么反而成了导致堕落的罪魁祸首呢？

对于亚当的诊断，奥古斯丁还有另外一层意思，我们也不能忽略："但是他并不知道，一旦犯罪，神的惩罚是多么严厉，所以他认为所犯的只是小罪。"亚当之所以会认为这只是小罪，不只是因为奥古斯丁在下文所说的，以为吃点东西不算什么大事，而且因为，他有一个自以为高尚的借口，因而在明明知道禁果不该吃的情况下，还是听从妻子的劝诱。他或许认为，自己既然为了对妻子的爱去铤而走险，上帝或许会体察民情，法外开恩，赦免了他的罪，或最多只是给他一个小小的惩罚。而奥古斯丁也非常明确地指出："但这不会使他的罪更轻，因为他明知故犯。"亚当主动去犯罪这一点不仅没有为他争取到任何宽宥，反而大大加重了他的过犯。于是，未受引诱的亚当比受了引诱的夏娃犯下了更大的罪。奥古斯丁不仅否定了自然的性欲，而且否定了人类精神之爱的独立意义。

十　骄傲之罪

奥古斯丁说，在堕落之前，生活在伊甸园中的初人夫妇没有任何罪，不仅物质上完美，精神上也是高贵的。但他又说，在罪行发生之前，必然已经有了意志的罪。这两种说法在逻辑上无疑是矛盾的。但我们还应该仔

---

[1]　详见本书第六章。
[2]　Elizabeth Clark, "Adam's Only Companion: Augustine and the Early Christian Debate on Marriage," *Recherches augustiniennes*, 21 (1986), pp. 139-162.

细揣摩这对矛盾背后的良苦用心，而不能把它仅仅当作一个未加详审的失误。

这种没有罪之前的罪，就是骄傲。他说："他们暗中已经开始坏了，公开的不服从才会践行。没有坏的意志在先，就无法做出坏的行为。坏的意志的开始不就是骄傲吗？'骄傲是一切罪恶的起源。'"[1]

奥古斯丁对骄傲的讨论非常多，给了它一个极为特殊的位置。虽然他认为，斯多亚派所拒绝的性情，如欲惧乐哀等大多不是绝对坏的，而可以用来做好事，但骄傲是例外。[2]骄傲无论如何不会是好的。

骄傲是其他一切罪的开始，无论魔鬼还是人，都是因为骄傲堕落的。奥古斯丁经常引用《约翰一书》第二章第16节中的说法，认为人有最基本的三种罪：骄傲、好奇、肉欲。说骄傲是一切罪的开始，也是指，在这三者当中，骄傲是最先出现的，即，在没有好奇和肉欲之前，人就已经骄傲了。[3]说人在根本没有罪之前，意志就变坏了，其实就是说，在人还没有彻底变坏，即没有这三位一体的罪的时候，他已经开始骄傲了。

因此，在亚当和夏娃尚未受到引诱之前，他们应该是精神和物质都完美，没犯下任何一种罪的。他们既没有对禁果的馋欲，也不会奢求不该知道的知识，更不会妄自尊大。在蛇出现的时候，先是夏娃遭到了引诱，随后亚当也因为对妻子的爱，而决定吃下禁果。这个时候，骄傲就在他们心中滋生了，是二人犯罪的开始。等到他们真正吃下禁果，那骄傲就引导着他们沾染了好奇和物欲之罪，于是，他们就彻底堕落了。等到他们的罪已经完成，他们才会有了前性情、淫欲和羞感。奥古斯丁说在没有任何罪的地方，他们不会有那样的罪，意思就是，在骄傲尚未发生之前，他们不可能有意志的冲突；但在这种状态中，却可能产生骄傲之罪，虽然在蛇引诱

---

〔1〕 奥古斯丁，《上帝之城》，14：13.1；吴飞译，中册第207页。
〔2〕 Richard Sorabji, *Emotion and Peace of Mind*, p. 399.
〔3〕 N. Joseph Torchia, "St. Augustine's treatment of *superbia* and its Plotinian Affinities," *Augustinian Studies*, Volume 18, 1987.

之前，连这也不会有。

但这骄傲究竟是什么样的罪呢？为什么把亚当夏娃最初的罪称为骄傲呢？奥古斯丁解释说："骄傲不就是对妄自尊大的欲求吗？妄自尊大，不就是抛弃心灵本来应该亲近的那个太初，而把自己变成太初，并一直如此；这是因为人太爱自己。"如果人还不会追求物质的享乐，也还没有矜夸虚妄的知识，那怎么算是太爱自己呢？特别是像亚当那样，他爱的明明是妻子，甚至是没有任何肉欲的精神之爱，怎么能说太爱自己呢？奥古斯丁解释说：

> 太爱自己，就是离开那不可变的好，那本来应该比自己更该爱的一个。那在上的、不可变的好，带来了光，让人能看；带来了火，让人能爱。如果意志保留在对他的爱之中，永远稳固，不会转而爱自己，从而变得黑暗冰冷，使女人把蛇所说的信以为真，男人把妻子的意志放在上帝的命令之上，认为如果自己为了不抛弃生命的伴侣，而和她一起犯罪，只是小的僭越。如果不是已经变坏了，人就不会做坏事，也就是僭越上帝，偷吃禁果。[1]

这段话里讲的是三种罪的先后关系。本来，至善的上帝带来了使人能看的知识，和使人能爱的意志，现在，骄傲者太爱自己，抛弃了上帝，把自己的智慧当作智慧，把人类之间的爱当作爱，结果，由于失去了上帝这个至善的根源，光明的智慧变成了暗淡的好奇心，火热的爱变成了冰冷的默然。

这表现在夏娃身上，使她轻信了蛇的话，以为只要吃了禁果，"你们便如神"。夏娃若是想通过偷吃禁果使自己变成上帝，当然就是骄傲，这应该是比较容易理解的。但亚当为了不抛弃妻子而和她共同犯罪，为什么也是骄傲呢？奥古斯丁其实并没有认为爱妻子是坏事，更不会认为人类之

---

[1] 奥古斯丁，《上帝之城》，14：13.1；吴飞译，中册第207—208页。

间的联合为一会是坏事。所以他解释说："提升自己的心是好事；但是不能向自己提升，因为那是骄傲，而应该向主提升，这是服从，只有谦卑才能做到。"亚当对妻子的爱并不是罪，他的自以为是才是罪的根源。他以为自己的小错误有情可原，不至于遭到多么大的惩罚，这才是他最大的罪。"做了上帝禁止的事，任何假想的正义都无法辩护了。"奥古斯丁甚至认为，如果初人犯下更大更明显的罪，那倒于他们更好些，那样他们就会因为如此公开的罪而不那么爱自己。

男人把女人的意志放在上帝的命令之上，正是这种自我之爱的结果。人间的智慧和友爱固然伟大，但它们的伟大来自上帝，如果抛弃了上帝，任何智慧和爱都变成了罪。"坏的起源，是因为人爱自己，把自己当成了光，背离了真正的光，而人只有爱那光时，才会把自己也照亮成为光。"〔1〕没有了上帝这个光源，人的智慧会化为没有根基的光点，是虚弱无力的。这和魔鬼堕落后的状态完全一样。

亚当先是自以为是地为了夏娃铤而走险，继而在被上帝追问时把罪责推给了她。亚当在向上帝解释的时候说："你所赐给我，与我同居的女人，她把那树上的果子给我，我就吃了。"女人也说："那蛇引诱我，我就吃了。"这两句话正是初人夫妇骄傲的明证。他们一个被引诱，另一个明知故犯，但他们都认为，责任不在自己这里，自己是无辜的。奥古斯丁说，这不是忏悔，甚至不能说是借口，而是指责，是骄傲使他们把罪归给别人。〔2〕

骄傲是对自我的过度抬升。奥古斯丁引用《诗篇》第七十三章第18节"他们抬高自己时，你使他们掉在沉沦之中"，解释说："这里不说'他们抬高自己后'，不让人以为他们先被抬高再沉沦。"〔3〕当人抬高自己时，自我膨胀就已经使他偏离了上帝。只有谦卑的人，才能享受到上帝

---

〔1〕 奥古斯丁，《上帝之城》，14：13.2；吴飞译，中册第209页。
〔2〕 同上书，14：14；吴飞译，中册第209—210页。
〔3〕 同上书，14：13.1；吴飞译，中册第208页。

的光和热，在智慧和爱中提升自己。只有时刻想着上帝，人的智慧和爱才会使人们联合为一，每个自我才能找到他在宇宙中的位置和价值。

骄傲之罪使人的自我迅速膨胀，很快就完成了全面的堕落，导致了其他的罪和惩罚的形成：

> 他们在骄傲之中取悦于自己，而今因为上帝的正义，把自己交付了自己。但这并不是说，他可以全权控制自己，而是他自己与自己不和了，他的犯罪就是认可了这一点，于是，他没有获得自己欲求的自由，反而要遭受冷酷、悲惨的奴役；他自愿地遭受了灵性之死，却不自愿地遭受身体之死。[1]

初人在骄傲中取悦自己，背离了上帝，把自我放在比上帝更高的位置，试图从自我这里获得正义和爱。于是，上帝也让人把自己交付了自己。但这种交付并不是让他全权控制自己。本来，当人并不在意自我的时候，他可以从上帝那里获得一切；而今，当他刻意从自我中寻求爱的资源的时候，他发现自己不仅无法以自己的方式来爱别人，甚至无法爱自己。自以为是的亚当把罪责推给了夏娃，人间的友爱一下变成了冰冷的相互指责。随之而来的，就是意志的分裂和灵肉的冲突。身体之死也不期而至了。人一旦去拥抱自我，自我就成了一个大问题。自我的这个问题导致人生活在自我分裂和相互猜忌当中。

在奥古斯丁看来，任何犯罪都是意志的一种犯罪。而骄傲作为"坏的意志的开始"，就是意志指向了自我。当人本来应该指向上帝的意志指向了自己，他就不再亲近上帝，就只知道为自己存在，变成了一种缺失了的存在，也就是堕落了的人。

前性情中体现出的意志的分裂和相争，根本上就是本来应该朝向至善

---

[1] 奥古斯丁，《上帝之城》，14：15.1；吴飞译，中册第210页。

的意志朝向了较低的造物；而骄傲的实质是本该朝向上帝的意志，朝向了无中生有被造的自我。这样看起来，两种罪的实质都是意志朝向了被造物，似乎并无根本的不同。奥古斯丁认为，任何罪的实质都是自由意志指向了无中生有的被造物，无论这被造物是天使、人，还是别的物质或精神的造物。

要说骄傲与淫欲有什么真正的区别，那就应该是，骄傲的意志所指向的是抽象的自我，而淫欲的意志所指向的是身体的快乐。刚刚被引诱的初人既没有好奇，也还没有淫欲，甚至还会因为没有这些更低下的罪而沾沾自喜，认为自己是相当正直，人与人之间的爱是相当纯洁的。但恰恰是这种沾沾自喜被当作了罪的开端，使人发现他所自诩的那些德性也是脆弱不堪的。本来不屑一顾的身体欲望一下子冲破了灵魂的藩篱，本来只是指向自己的德性的意志，竟然羞羞答答地指向了物质的快乐，本来自以为纯洁的友爱迅速为猜忌和推诿所湮没，夫妻俩靠了不惜共同犯罪建立的牢固一体，很快就因为后代的仇杀、血腥、争斗而变得四分五裂。

在人类这种悲惨的处境中，淫欲，而不再是骄傲，成为罪的典型。所以，保罗在《加拉太书》第五章第19—21节把"奸淫、污秽、邪荡、拜偶像、邪术、仇恨、争竞、忌恨、恼怒、结党、意气、异端、嫉妒、醉酒、荒宴"等都说成是"肉身的事"。奥古斯丁指出："这里不仅有和肉身的欲望相关的，比如奸淫、污秽、邪荡、醉酒、荒宴，而且还有那些与肉身欲望无关的，心灵的罪过。像邪术、拜偶像、仇恨、争竞、忌恨、恼怒、结党、意气、异端、嫉妒，谁把这理解为肉身的罪过，而不是心灵的罪过？"[1] 哪怕有人因为异端邪说而刻意抑制甚至打击身体的欲望，他们的罪还是称为"肉身的"罪，因为陷入这些罪中的人都已经是在按照肉身生活。

至此，我们看到，无论骄傲之罪还是肉身之罪，都是对原罪的一种理

---

〔1〕 奥古斯丁，《上帝之城》，14：2.2；吴飞译，中册第187页。

解；但这二者之间却有着微妙的区别。骄傲，作为一切罪的开端，是从人耽于自我，从而导致自我分裂这个角度来描述人的罪；而淫欲，或说肉身之罪，成为堕落之后的人的罪的统称，则是从人的意志变得游移不定，从而导致自我分裂、灵肉对抗的角度来描述人的罪。作为"对树的罪"的骄傲，就是人之罪的哲学根源；作为"对女人的罪"的淫欲，就是人之罪的现世表露。奥古斯丁用前者否定了人的自然本能，用后者否定了人的德性的荣誉感。这双重否定，构成了奥古斯丁理解尘世中的心灵处境的基调，也确立了他批判罗马历史的主要方式。

第五章

死亡之罪：永无终结的悲惨处境

必死性，是人生在世的基本处境，也是原罪最重要的结果之一。我们在上一章已经谈到，在奥古斯丁看来，原罪给人带来了灵魂与身体之间的冲突；而这一冲突的极端形态，就是灵魂与身体的分离，即死亡。死亡对于理解人的存在状态，以及时间与永恒的遭遇，都有重要意义。

一 在死

人因为堕落而有了死亡，这是原罪最基本的含义。那么，死亡究竟是什么呢？奥古斯丁在《上帝之城》第十三卷中这样界定身体的死亡：

> 灵魂与身体本来一直在亲密地共生共栖，而今被一种力量撕开，就产生了一种绝望和违背自然的感觉，这种感觉一直持续，直到因灵魂与肉体的结合产生的感觉完全被褫夺。所有这些烦恼并非从未发生过。对身体的一击或灵魂的创伤都时有发生，但因为非常迅速而不能被感觉到。发生在死者身上的一切，都在以沉重的感觉褫夺死者的感觉。[1]

死亡，是灵魂与身体的分离。对于依靠身体和灵魂来感觉的人来说，

---

[1] 奥古斯丁，《上帝之城》，13：6；吴飞译，中册第156页。

190

死就是身体与灵魂分离时巨大的烦恼。在平时的生活中，身体和灵魂都常常受到伤害，身体和灵魂也经常发生冲突，死亡就是所有这些伤害的总和，是身体与灵魂的最终决裂。感受死亡的人因为身体和灵魂的双重创痛而极度痛苦；但更大的痛苦却是，对痛苦的这种感受力正在慢慢消失。当死亡完成的时候，人的灵魂已经无法感觉到身体所承受的痛苦，灵魂的痛苦也不再作用于感官之上。因此，对于人而言，死亡既是对最大的痛苦的感受，又是任何感受力的消失。垂死者之所以能感受到最大的痛苦，就是因为他的感受力正在被褫夺。

奥古斯丁由此产生了一个疑问："灵魂与身体分离的时候，不论好人还是坏人的，应该说是在死后发生呢，还是在死时发生呢？"[1] 人人都知道死亡存在，但死亡似乎无法把捉。对于垂死的人来说，他虽然感到了巨大的痛苦和烦扰，但他毕竟还是在活着，没有死去。只要他的感觉能力还在，他就是活着的，因此他越是能感到痛苦，他就越不是死去了。对于已死的人来说，死亡已经发生了，身体和灵魂已经分离了，他已经没有了感觉能力，感受不到痛苦了。于是，人要么是将死，即活着，要么是已死，即死了，似乎没有任何人处在死着的在死状态："关于死，我们说有三个时间段：死前，在死，死后。这三个又分别对应于活着、死着、已死。死着的状态即在死之时，不是死前活着的状态，也不是死后的已死，而就是死着，即在死，这是最难界定的。"[2] 我们用一个简表来描画这三种状态：

死前 (*ante mortem*)	在死 (*in morte*)	死后 (*post mortem*)
活着 (*vivens*)	死着 (*moriens*)	已死 (*mortui*)

左面第一列是人能感觉到身体和灵魂分离时的状态，奥古斯丁描述这

---

〔1〕 奥古斯丁，《上帝之城》，13：9；吴飞译，中册第158页。
〔2〕 同上书，13：11.1；吴飞译，中册第160页。

样的人的状态说：

> 只要人们有感觉，那就是在活着；只要活着，那就应该说是在死
> 之前，而不是在死的时候。死亡逼近时很让人烦恼，而当死亡来临之
> 时，身体的所有感觉都消失了。正是因此，我们很难把那些还没有
> 死，但是濒临死亡，被抛入了极端的和垂死的痛苦中的人的感觉描述
> 成"死着"……哪怕濒临生命的终点，甚至我们说灵魂要移动了，但
> 只要他还有灵魂，那就是还活着。[1]

右面那最后一列是人已经无法感觉到痛苦的时候，死亡已经完成了，
灵魂离开了，死了的人已经没有感觉的能力了，那就是死后的已死状态。

我们在讨论死亡之时，真正关心的当然是中间那一列，处在死时的、
在死的人。他正在死着，即既不是活着，也不是已死，而是正处在死亡的
过程中。死对于他而言，是现在进行时。但是，并不存在正死着的人。人
要么是处在死前的活着状态，要么是处在死后的已死状态，没有人正在经
历死亡。但是，如果没有死这件事，死前的人怎么会变成死后的状态呢？

二　死亡作为现在

奥古斯丁自己提到，死亡这种无法把捉的状态，正如同"现在"的不
可把捉状态："如果活着，那就是死前，如果不活了，就是死后。所以死
着，即在死，是不可把捉的。这就像在流转的时间中寻找现在，是找不到
的，因为现在没有长度，是从未来走向过去的过渡。"[2] 而今，"死亡"
似乎就是时间中的"现在"：死前是尚未到来的，死后是已经过去的，死

---

〔1〕　奥古斯丁，《上帝之城》，13：9；吴飞译，中册第158—159页。
〔2〕　同上书，13：11.1；吴飞译，中册第160—161页。

亡就是正在发生的现在，但是这个现在却不可把捉。如果只有现在是真实存在的，难道它不该和活着更接近吗？我们现在为什么看到，它似乎和死亡更接近呢？

死亡或现在之所以不可把捉，并不是因为它非常迅速，转瞬即逝，而是因为它在本性上就是无法把捉的。即，死亡和现在都不是一段时间，哪怕只是转瞬即逝的须臾。它们不可把捉，是因为它们没有长度，只是一个点。之所以无法用现在进行时来描述"死着"，就因为它不是一个可以绵延持续的时间段。《忏悔录》中著名的这一段，讲的就是这个意思：

> 人的灵魂啊，我们看，现在的时间是否会是长的，因为你可以感觉和测量时间的绵延。你怎么回答我呢？现在的一个世纪是不是长时间？先看一个世纪能否是现在。如果我们在其中的第一年，那就是现在，九十九年都在将来，尚未存在。如果我们在第二年，则一年已经过去，另一年是现在，剩下的都是将来。在这一个世纪中间的任何一年，我都可以说是现在。这一年之前的是过去，之后的是将来。因此，一个世纪不可能是现在。那么看一年是否是现在。如果我们在它的第一个月，剩下的月都是将来；如果在第二个月，那么一个月是过去，其余的尚未存在。于是，一整年也不会是现在，如果一整年不是现在，一年就不是现在。一年是十二个月，其中只能有一个月是现在，剩下的要么是过去，要么是将来。也不会有一个月是现在，现在只会是一天。如果是第一天，其余的是将来，如果是最后一天，其余的是过去，如果是中间，就介于过去和将来之间。[1]

奥古斯丁随后以同样的逻辑进一步分析，在一天之中，不可能每个小时都是现在，只有一个小时是现在，其余的都是过去或未来；而在一个小

---

[1] 奥古斯丁，《忏悔录》，11：15 [19]；周士良译，第 243 页，译文有改动。

时中，也只有一分钟是现在，其余的都是过去或未来；在一分钟之中，也只有一秒钟是现在，其余的都是过去或未来……可以无限这样分下去，任何一个时间段，哪怕再小，都不可能是现在，因为现在只能是其中的一个点，而不是一个时间段。这段分析的实质就在于，现在不是任何长度的时间段，而是一个没有长度、不可绵延的点。

我们可以将奥古斯丁的这个观点与亚里士多德关于"现在"的经典说法做一对比。亚里士多德在《物理学》第四卷第十三章说："现在是时间的连接点，因为它连接过去和未来的时间。它也是时间的界限，因为它是一个的开端，另一个的终结。"[1]亚里士多德认为，现在只不过是过去和未来之间的一个临界点。它就像数学中的点一样，并不是一个存在的实体，或者说，现在并不是时间，只有过去和未来才是时间。

奥古斯丁和亚里士多德最大的区别在于，他坚持认为，只有现在才是真正存在的，上帝就是永恒的现在。但奥古斯丁并不能改变亚里士多德所描述的"现在"的本性，它仍然是不可把捉、没有长度的一个点，而不是一个时间段，因而现在并不是时间。这些观点和亚里士多德都是一致的。不过，在奥古斯丁看来，时间是虚幻的，过去和未来都不是真正的存在；而恰恰是这个没有长度、不可绵延的点，才是真正的存在。正是在这个地方，形成了奥古斯丁与亚里士多德对时间与存在完全不同的判断。在亚里士多德那里永远存在的时间，被奥古斯丁说成是虚幻的；但亚里士多德那里的临界点，变成了真正的存在，甚至是上帝的体现。

奥古斯丁说，只有上帝是真正的存在，是永恒的现在。那么，就只有上帝才是这个不变的点。上帝是没有过去、没有未来的，他的存在是不可绵延、没有长度的，因而他也不可能存在于时间与空间之中。上帝这个绝对的存在，恰恰就是亚里士多德那里那个并非存在的临界点。

和永恒的上帝相比，处在时间中的人，却只能在并非真正存在的未来

---

[1] 亚里士多德，《物理学》，4：12。

和过去之间流转，无法把捉到现在。只有现在是真正存在的，而人却无法把握现在，这正是人生在世的悲惨处境。时间的流转将人的存在变得支离破碎，无法收束聚合到一起。[1] 现在，只是相对于未来和过去而言的。有了过去和未来的对照，才有了现在这个"时间"。但现在就是存在，所以，无论是上帝这个绝对的存在，还是人这个无中生有的存在，其存在，都只能有一个点，即，人并不是有很多个现在。人只有一个现在，但由于他处在时间当中，他的现在这个点表现为不同的时刻，看上去好像人有很多个现在。但这是时间给人造成的幻象，时间使人的存在被分裂为无数的时刻，而这些时刻又在未来和过去之间流转演变。于是，他的现在就被无休止地牵扯和延伸，而无法凝固为一个点。人的时间感，就来自于他的现在的拉扯和延伸。[2]

因此，只有不处在时间当中的上帝才能真正把握住现在。彻底把握住现在，就不会有死亡，而是真正意义上的永生。生活在时间中的人，是没有能力把握现在的。他的生活虽然以现在为主轴，但是充满他的生活的却是虚幻的未来和过去，左右撕扯牵连着他的现在，使他的存在不可能安定平稳下来。人生在世就是一场试探[3]，自我的生命成为一个沉重的负担，充满着各种烦恼和操劳。

阿伦特认为，奥古斯丁将人对幸福生活的希望投向绝对的未来，但这个未来又变成了最初的过去。[4]归根到底，真正的幸福是在永恒的现在。但无法把握住现在的人却只能到未来和过去寻求幸福。

---

[1] 尘世中的自我是破碎的，只有在上帝中收束起来，才能获得真正的自我，这是《忏悔录》全书中俯拾皆是的说法。参考 Andrea Nightingale, *Once out of Nature*, p. 55 以下；Carol Harrison, *Christian Truth and Fractured Humanity*, Oxford：Oxford University Press，2000.

[2] 按照奥古斯丁的时间观，我们常常会理解为，时间就像一辆车，人们坐在车上经过很多不同的风景；但其实，更恰当的理解是，人们站在车下面，看着一辆很长很长的车从我们面前驰过。真正的存在，是人们所在的那个不动的点，但他们却误以为那辆车才是。

[3] 语出七十子本《约伯记》，7：1，奥古斯丁非常喜欢用它来诠释人生在世的状态，如奥古斯丁，《忏悔录》，10：32 [48] 和奥古斯丁，《上帝之城》，19：8，等处。

[4] Hannah Arendt, *Love and Saint Augustine*, Chicago：The University of Chicago Press，1996，p. 49.

对生活在时间中的人而言，堕落以及堕落带来的死亡到底意味着什么？奥古斯丁说，未来、现在和过去，其实都是现在的一种心智活动。现在，就是心智的注意；过去，就是心智的记忆；未来，就是心智的期望。[1]若是这样，从生到死的历程，只不过是心智的历程。人从被创造，就和所有其他被造物一样，生活在时间中，有未来、现在、过去，而不可能像上帝那样，存在于永恒的现在。从那时候开始，人就有记忆和期望，但这并不意味着人是悲惨的，而是表明人与上帝有根本的不同。人只要把自己的记忆和期望都指向上帝，即那个永恒的现在，那他的未来、现在、过去就不是支离破碎的，而会收束聚合成一个坚实的自我，紧紧围绕上帝永恒的现在，成为上帝的完美形象。

但因为人的堕落，他没有把心智指向上帝，没有指向绝对的未来和最终的过去，因而也就失去了与永恒现在的关联。于是，他的未来、现在和过去，相互分离，他的自我就变得支离破碎了，心智中的记忆和期待都变成了牵扯现在的力量，而无法再帮人皈依上帝。记忆、期待和当下的注意，不再共同指向永恒的现在。记忆，指向曾经经历过的某些快乐；期待，指向幻想出来的某种快乐；注意，则徒劳无功地在现在的时刻寻求快乐。时间三个维度的分离破碎，其实就是心智中三个维度的相互分离，结果就变成了灵魂中的内在冲突。如我们在前一章说的，所谓身体和灵魂的冲突，归根到底是灵魂之内的自我冲突，或者说是灵魂的游移状态。因为灵魂找不到真正的美好生活，就在过去、现在、未来的某种快乐之间徘徊犹豫，于是形成了内心的冲突。人的自我在这三个维度中游移，他就成为上帝的一个破碎的形象。

作为灵魂和身体的分离，死亡是灵魂和身体冲突的极端体现；但在根本上，这是灵魂的内在冲突的结果。因为人的自我被时间切割分离，对人而言最重要的现在则被虚幻的未来与过去所遮盖，人无法把握住它。死介

---

[1] 奥古斯丁，《忏悔录》：11：20［26］。

于活着和已死之间，就像现在介于过去和未来之间一样。人无法真正把握住死亡，就像无法把握住现在一样。未来经由现在，马上转变为过去，生命经由死亡，也马上转变为已死。

其实，并非死像现在，而是死就是现在。和人一生中经历过的无数个时刻一样，死是拉扯他的现在的一个时刻。他的存在，在经历了生活中的每个时刻之后，而今来到了最后一个时刻，即死亡。这时候，所有的生活都已经变成了过去，他已经没有了未来，因为未来就是以后的已死状态，即不存在的状态。不过，即使在这本来不会再有未来的时刻，他的存在仍然不能凝固成一个点，而是还要被时间的流转所拉扯，于是，他的死也马上过去了，变成了过去。人即使在死时和死后，他的存在也无法安定下来，而要被时间拉扯撕碎。他并不知道现在是最重要的，那已经过去的生活中充满了暂时的快乐，他在记忆中留恋这些虚幻的快乐；那永远不会再到来的未来，也不可能有什么快乐，但他却把期望投射到这空洞的未来；本来是真正存在的现在，正在被卷入庸庸碌碌的过去，被虚无缥缈的未来吞噬。这种毫无意义的现在，就是死。生活在灵魂的冲突中的他，最终必将在死亡中终结自己的生命。但因为灵魂是不朽的，终结生命，并不意味着身心的共同毁灭，而是幸福的希望彻底丧失。在身心撕裂的巨大痛苦中，人渐渐失去了感觉，失去了皈依上帝的可能，也失去了任何有实质意义的希望。死了的人本来连时间也应该一并失去，但时间所带来的痛苦和撕扯似乎并未失去。死后的人，只会处在更加悲惨的境地。

三　在生在死

在时间的框架中，死和生命中的任何时刻都没有根本的不同。生命中的每个时刻，都是存在的一个时刻，死则是存在的最后一个时刻。死这个时刻之所以特殊，是因为这个时刻恰恰是取消存在、取消现在的一个时刻。从这个时刻以后，那个有生命的活人就不复存在，他也就不再有实质意义的现在。人因为堕落而死亡，即因为堕落而取消了自己的存在。那么，这对于处在日常生活中的人有什么影响呢？堕落之后的人的生命将以死亡为终点，那么这样的生命是怎样的呢？

奥古斯丁在很多地方说，尘世的生活与其说是生，不如说是死。在《上帝之城》中，他在讨论了死前、死时、死后的三个维度后，解释了这种说法的意义：

> 只有活着的人才会在死，因为哪怕濒临生命的终点，甚至我们说灵魂要移动了，但只要他还有灵魂，那就是还活着。这样，同一个人既是死着，也是活着。但是他在走近死亡，生命在离开。不过我们还是说他有生命，因为灵魂还在身体中。他还没有在死，因为灵魂还没有离开身体。但是如果灵魂离开了，也不是在死，而更应该是死之后。那么该说谁是在死呢？如果没有人能既死着也活着，那就没有人死着。只要灵魂在身体中，那就不能否定他是活着的。如果更应该说身体要死的人死着，而又不能说他既活着，也死着，我不知道他什么时候活着。[1]

若是严格从时间的角度来看，在死是从活着过渡到已死的临界点，而不是任何时间段，因此并不存在在死的人。但现在，奥古斯丁似乎做了一点让步，不再将在死当作一个点，而是宽泛地将生命的消逝说成"在死"和"死着"。一个人在濒临死亡的时候，他的生命在逐渐消逝，直到最后彻底丧失了生命，完成了死亡。这就是日常用语中一般所谓的"在死"。但这个在死的人毕竟还是活着的。那么，难道可以说这个人同时活着和死着吗？

看上去，奥古斯丁此处是在玩文字游戏，因为说一个垂死的人"活

---

[1] 奥古斯丁，《上帝之城》，13：9；吴飞译，中册第159页。

着"和"在死"，并不是在同一个层面上讲的。不过，奥古斯丁随后由死亡开始了对必朽者的人生的一番讨论，却非常认真地将人生说成了在死。

既然垂死的人是既活着又死着的，那所有活人是不是都既在生又在死呢？垂死的人当然距离死亡很近，他的生命正在迅速消逝，所以才说他"在死"，但那些距离死亡稍远的人，只不过在程度上与他不同而已，为什么就不能也说是"在死"呢？奥古斯丁说：

> 每个人从住在这个必朽的身体中开始，死亡无时无刻不在起作用，逐渐逼近我们。整个此生（如果还可以称为生命），时间都在流转，死亡都在逼近。无论对谁而言，死亡都后一年比前一年更近，明天比今天更近，今天比昨天更近，过一会儿比现在更近，现在比刚才更近。我们生活过的每个瞬间，都要从整个生命的过程中减去，生活日用中一点一点地过，此生中的每个瞬间，无不更接近死亡，无人被允许停下哪怕一小会儿，或是走得慢一点。[1]

垂死之人之所以是在死，并不是因为他距离死亡更近，而是因为他的生命在消逝，在完成死亡这件事。若是这样，哪个人不是在完成死亡的过程中呢？只要他的生命在绵延，他活着的时间就在缩短；只要他的生命在缩短，他就是在完成死亡的过程，死亡就在起作用，那就算是"在死"或死着。"如果在死亡开始起作用，也就是生命开始减少之时，就算是每个人死亡的开始，即'在死'（因为，等到生命减完了，就是死后，不是在死了），那么，从我们开始在这个身体之中，我们就在死了。"[2] 于是，活一天就是死一天，活着就是死着，活难道就是死？

活当然不能等同于死。活与死是完全相反的一对概念，就像存在与不

---

〔1〕 奥古斯丁，《上帝之城》，13：10；吴飞译，中册第159页。
〔2〕 同上书，第159—160页。

存在、善与恶、光明与黑暗是完全相反的几对概念一样。但奥古斯丁说的是，在这短暂的尘世，必朽的生活和死是没有什么区别的：

> 一天一天、一小时一小时、一瞬间一瞬间地过，不就是死亡在逐渐完成吗？等到死亡完成了，就开始了死后的时间，怎么还是在死（即生命的消减）呢？如果人不能同时在生在死的话，一个人岂不是从有身体开始，就与其说是活着，不如说是死着？也许人可以同时在生和在死，说他在生，是因为他有生命，直到消减尽为止；说他在死，是因为生命的消减就是死亡。[1]

奥古斯丁清楚地意识到，无论具有怎样的修辞效果，严格说来不能认为一个人同时在生在死。当他说人在生在死时，他是在不同的两个层面上说的。但他之所以要把生说成是在死，根本上在于这是原罪的结果。就其本质而言，作为存在的生，和作为不存在的死，是完全相反的；生最终会归结于死，是一种再正常不过的自然现象，无需大惊小怪。死亡的发生并不必然意味着生是无意义的，因为生命中会有很多有意义的事情和品德，比生死本身还要重要。可是，奥古斯丁所理解的真正的生，是像上帝那样的生，即永远没有终结的生命和至善至美的存在。天使和人不是上帝那样的永恒。但作为精神创造物，他们只要转向上帝，就可以获得真正有意义的、不朽的生命。可是当人因罪而有了死，这生命就发生了变化。人的生命失去了不朽的可能性，而最终会归结于死亡。与不朽的生命相比，这种必朽的存在就是不稳定的、暂时的、虚幻的，甚至可能是假的，严格说来它甚至不是"存在"。背离了上帝，人的存在就失去了本质，生命就没有了依托。其本质回归于虚无，因此也就和死亡无异，和不存在无异了。

---

[1] 奥古斯丁，《上帝之城》，13：10；吴飞译，中册第160页。

人对上帝的背离使人必然死亡，死亡又决定了人的生命的性质。人的创造和死亡都不是人类历史的开端；人类历史的开端，乃是亚当的生命变成了必朽的时候。本来，上帝以太初造天地，并在六日之中通过天使创造万物，然后在第七日休息，这七日就是世界历史的全部。但是，魔鬼和人并没有像天使们那样，主动转向上帝，聆听圣言，而是在刚刚被创造的时候，就背离了上帝，堕落了。这是亚当这个人心灵史的开端，同时也为他的所有子孙开启了他们的心灵史，构成了人类历史的开端。

人的堕落，是他被创造以后发生的第一件事，也是发生在他的心灵中的一件事。他的内心变得躁动不安、狂妄自大，背离了创造他的上帝，抛弃了上帝为人造的本质，于是，他内心深处的上帝形象变得残缺和扭曲了，他的未来、现在、过去，变成三个毫无关系的时间维度，相互背离和拉扯，使他的自我变得支离破碎，无法聚合为一。堕落之后的人变得敏感、脆弱，内心充满了矛盾和冲突，产生了各种各样复杂的情感。而对所有这些状态的描述就是"必朽"。人从此成为不得不死的，他的生命的终点是死亡，他一生的所有时刻都指向这个无法回避的大限。怕死，从此成为人的最大弱点，也成为他一切苦恼的来源。他的一生都被时间的三个维度所撕扯，无时无刻不处在悲惨之中。说活着的人是"在死"的，首先是因为，他处在被时间拉扯的这种状态中，一步步走向死亡。

被时间的三个维度拉扯着走向无法抗拒的死亡，就是人生在世的存在状态，也是每个人心灵历史的基本内容。如果一个人最终只能走向死亡，则他的存在就消失在了死亡之中，但他的痛苦会延伸到永远；但如果一个人试图抗拒这种命运，重新找回自己的本质和上帝的形象，那他就需要上帝的恩典和心灵的皈依，以此将自己融入到世界历史当中。

但说人生是一种死亡，还有另一个层面的意义，即，亚当之后的人，都处在灵魂已死的状态。要理解这个层次，我们必须先讨论两次死亡。

四　灵魂之死与身体之死

上文所讨论的死亡，只是奥古斯丁所认为的身体之死。在他看来，除了身体之死，还有灵魂之死。在《创世记》第二章第 17 节，上帝对他刚造的人说："只是分别善恶树上的果子，你不可吃，因为你吃的日子必定死。"可是初人在偷吃禁果的那一天并没有死，而是在很多年之后才死，但上帝难道说的是假话吗？该怎样理解上帝所警告的死亡呢？为了解释这个问题，奥古斯丁对死亡做了复杂的区分。首先，他认为不仅身体会死，灵魂也会死：

> 虽然人的灵魂确实是不朽的，不过她也有自己的死亡。说灵魂不朽，是指灵魂在某种程度上不会停止生存和感觉。说身体是必朽的，是因为它可能失去全部生命，而不能凭自己活着。因此，当上帝抛弃了灵魂，灵魂就死了；同样，当灵魂抛弃了身体，身体就死了。当上帝抛弃了灵魂，灵魂又抛弃了身体，灵魂和身体就都死了。二者都死了，整个人也就死了。这时，灵魂无法从上帝得到生命，身体也无法从灵魂得到生命。[1]

身体与灵魂的分离，是对死亡的经典定义，但奥古斯丁不再满足于这一理解，而提出了"灵魂之死"的说法。灵魂之死不再是存在的消失，因为他认为，灵魂是永远存在的。正如身体的生命来自灵魂，灵魂的身体就来自上帝。于是，正如身体之死是身体与灵魂的分离，灵魂之死就是灵魂与上帝的分离。"灵魂之死"的说法，在《圣经》中有经文的根据："那杀身体不能杀灵魂的，不要怕他们；惟有能把身体和灵魂都灭在地狱里的，正要怕他。"[2]

---

[1]　奥古斯丁，《上帝之城》，13：2；吴飞译，中册第 152 页。
[2]　《马太福音》，10：28。

在奥古斯丁的世界秩序中，又怎样来理解灵魂之死呢？前文谈到，在奥古斯丁这里，不仅有身体和灵魂的区分，而且身体和灵魂又分别有各自的质料和形式。既然灵魂也有自己的质料和形式，那它就有可能失去自己的形式而死去。在灵性、灵魂、身体这一三元人性观的架构当中，当灵魂不与灵性结合的时候，也可以说她因丧失了本质而死去。从奥古斯丁的这两种人性观表述来看，我们都可以理解他所谓的灵魂之死。

因此，奥古斯丁讲的灵魂之死，就是指灵魂失去了她的本质。当人堕落了，灵魂背离了上帝，也就失去了灵魂的形式，扭曲了上帝的形象。人失去了上帝这个本质，丧失了灵魂中最高贵的部分，或者说，丧失了使人的灵魂成为灵魂的形式，就可以说，人的灵魂死去了。这样看来，灵魂之死只不过是对灵魂堕落的一种描述，而灵魂之死又是身体之死的内在原因。

在奥古斯丁的思想框架中，身体之死只是灵魂之死的一个结果。前面谈到，身体之死，人最切身感受到的这种死亡，是身体和灵魂的冲突的极端结果；而身体和灵魂的冲突，根本上是灵魂内部的冲突，或者说，是灵魂的自我分裂和游移状态；而灵魂的游移状态，就是灵魂背离了上帝之后无所适从的状态，这种状态，其实就是奥古斯丁所谓的"灵魂之死"。因此，虽然身体之死是人通常理解的死亡，但死亡的根源和实质却是灵魂之死。灵魂之死是所有其他死亡方式的原因，也是人的堕落的根本原因。

本来，在古典哲学与宗教中，死亡只是被当作一个不可抗拒的自然现象和命运。虽然死亡也通常被当作一件极大的坏事，但很少人认为它来自人的错误或罪。面对死亡之大限，有人会幻想死后的冥界，有人会思考人生的意义，有人会思考是否存在比生死更重要的德性。

现在，奥古斯丁虽然同样把死亡当作一种"无法拒绝"的必然归宿，[1]但这不再是一种自然而然的人生大限，而成为人之罪的一个结果，人要为他自己遭受的死亡负责，要努力改变他的存在状态。这就在很重要

---

[1] 奥古斯丁，《上帝之城》，13：11；吴飞译，中册第162页。

的方面转变了古典思想对生死的理解。连死亡这样的自然现象都被赋予了浓重的道德色彩，人生在世的各种苦难、困顿、烦扰、弱点，也都具有了强烈的道德意义。

于是，人那些天生的缺陷就不再是命运偶然赋予的弱点，而成为他自己犯罪的后果。人不仅被无情地抛到了极为悲惨的尘世当中，而且是被自己抛进来的。他不仅要承受这些悲惨所带来的种种后果，而且要承担沉重的罪责。面对每一个困境，他的苦痛都是双重的。每一种看似偶然的、外在命运造成的患难，都要在受苦者的内心找到更根本的痛苦之源。人生中虽然充满痛苦，但这些痛苦本来都只是外来的、可以战胜的，甚至可以磨炼人的毅力，成就人的品德。希腊悲剧的精神，正在于命运与德性的这种冲突。奥古斯丁将包括死亡在内的一切灾难道德化，在根本上取消了希腊式的悲剧精神。[1] 但现在，每一个外来的敌人都会唤起内心的妖魔。人在遭受外在患难之时，还必须和内在的妖魔搏斗，而这种搏斗才是最残酷、最可怕的。死亡变成身体与灵魂的双重死亡，使身体遭受的极度疼痛转变为灵魂中不可克制的负罪感，正是这种双重患难的极端体现。

有了灵魂之死的概念，那么上帝对初人的警告并未落空。虽然初人在偷吃禁果的那一天并未遭受身体之死，但他们遭受了灵魂之死。奥古斯丁又进一步指出，当上帝向人警告的时候，他所指的并不只是灵魂之死，而是包括了所有的死亡。

五　第二次死亡

除了灵魂之死和身体之死这对区分之外，奥古斯丁又区分了第一次死亡和第二次死亡。这对区分，来自《启示录》中的几处经文："得胜的，

---

[1] 我们在第八章会看到，维吉尔对布鲁图斯杀子故事的解读，就出于这样的古典悲剧精神，但奥古斯丁的理解，恰恰取消了悲剧的意义。

必不受第二次死亡的害。""第二次的死在他们身上没有权柄。""这火湖就是第二次的死。""他们的分就在烧着硫磺的火湖里，这是第二次的死。"〔1〕奥古斯丁还认为，耶稣在《马太福音》里说的"惟有把身体和灵魂都灭在地狱里"〔2〕，指的也是第二次死亡。

《新约》中提到第二次死亡的这几处，都明确指的是末日之后罪人遭受永罚的处境。因此，第二次死亡，应该是指末日之后的一种状况。奥古斯丁认为，亚当堕落之时，先是灵魂死了，等到他被赶出伊甸园后，又过了若干年他的身体也死了，第一次死亡就完成了。亚当之后的每个人，都要遭受这第一次死亡。到了末日的时候，所有人都复活，那些恶人所将要遭受的，就是第二次死亡。

本来，由于灵魂之死与身体之死的区分，已经有了两种死亡；奥古斯丁为什么没有把灵魂之死和身体之死分别说成第一次和第二次死亡，而一定要以另外的方式区分两次死亡，结果形成了如此复杂的死亡观呢？灵魂之死和身体之死虽然表面上不同，其实却是同一次死亡。我们前面已经谈到，灵魂之死就是身体之死的根源，身体之死就是灵魂之死的结果。或者说，灵魂之死，是对身体之死的道德诠释；身体之死，是灵魂之死的外在表现和结果。这两种死亡，虽然在《创世记》中发生在不同的时间，却是人之堕落的两个方面，而并非两次不同的死亡。现实中的人都是要死的；奥古斯丁却告诉我们，人们所看到和经历的死亡，背后来自更深刻的罪性根源，是背叛上帝这件事导致的灵魂之死。既然人之死只是一个历史事件的结果，它就有可能被克服，使人进入一个没有死亡的状态。因此，灵魂之死与身体之死的区分，是对现实中的死亡的基督教诠释，第二次死亡，才是另外一次死亡。但若细究起来，第二次死亡也是对人之死的进一步诠释。

奥古斯丁这样理解第二次死亡：

---

〔1〕 分别见《启示录》，2：11；20：6；20：14；21：8。
〔2〕 《马太福音》，10：28。

在最后的责罚中，人不会失去感觉，但是因为既不能感觉甘美的享受，也不能感觉宁静的拯救，而只能感到痛苦的责罚，这时候与其说是生，不如说是死。说这是第二次，是因为它在第一次之后，二者都是本该亲近的自然之间的分离，要么是上帝与灵魂之间，要么是灵魂与身体之间。第一次死亡，可以说是好人的好事，坏人的坏事；而第二次根本不会发生在好人那里，所以不会是好事。[1]

第二次死亡发生在末日之后，是恶人才能感受到的。身体和灵魂分离就不会有感觉。既然人能感受到痛苦，那他的身体和灵魂就没有分离，即，他的身体没有死。恰恰因为身体没有死，他才能感觉到地狱中无尽的痛苦。而这种身体的生命又被描述成一种死亡。奥古斯丁甚至说："第一次死亡包括两种死亡，第二次死亡包括全部的死亡。"[2] 如果在第二次死亡中，身体又活了，不仅有感觉，而且其感觉还尤其敏锐，那么，"第二次死亡"在什么意义上包括全部的死亡呢？奥古斯丁自己也感到了这里的困难，所以特别讨论了末日审判后身体的状况：

> 在身体未被灵魂抛弃之时，要说身体会被死亡杀死，显得很奇怪；身体恰恰因为有灵魂，有感觉，而受到折磨。在最终的永罚中，可以谈灵魂之死，因为她不能从上帝获得生命了。但是若身体尚能从灵魂获得生命，何谈身体的死亡？[3]

但是，将来复活的时候，身体又不能是死的；因为若是那样的话，身体没有了感觉，就无法感受到地狱中的种种折磨。或许，正如灵魂之死并不意味着灵魂丧失了存在，此处身体的生死也许并不是指身体是否与灵魂

---

[1] 奥古斯丁，《上帝之城》，13：2；吴飞译，中册第153页。
[2] 同上书，13：12；吴飞译，中册第162页。
[3] 同上书，13：2；吴飞译，中册第152页；此处译文有误，有改动。

结合："是否因为任何生命都是好的，痛苦是坏的，所以，如果灵魂不是生命的原因，而是痛苦的原因，我们就说，身体不是活着的?"[1] 那时的身体虽然还有感受力，但是因为它感受的是无尽的痛苦，没有机会再感受到任何意义上的快乐，所以，尽管灵魂赋予身体以生命和感受力，但这些只是意味着更大的痛苦，我们就可以不把这叫作"生命"，而称之为死亡。那么，第二次死亡实质上是一种灵魂之死，而不是身体之死。

灵魂在死去以后，还可以赋予身体以生命吗？奥古斯丁说："即使死去的灵魂，也就是被上帝抛弃的灵魂，也能够给予这些身体以生命。"[2] 其实，自从亚当堕落之后，人的灵魂就都已经死了，但身体还活着，甚至还世世代代生儿育女。虽然这些人的灵魂都是死的，但这并不妨碍身体仍然有生命。在这个意义上说，尘世的生命与其说是生，不如说是死。

因此，第二次死亡的状态，不过就是对尘世中身体与死去的灵魂相结合的状态的一种延续。不同之处在于，在尘世的生命中，虽然灵魂已经死了，但身体还在享受着它的生命中各种暂时的快乐；而在第二次死亡中，身体将感到无尽的痛苦，没有任何快乐可言。其实质的区别在于，在尘世这必朽状态中，人虽然注定要死，但是还有通过努力获得拯救的希望，即，虽然第一次死亡是无法拒绝的，但在上帝的恩典之下，人还有可能拒绝第二次死亡；但是，在第二次死亡中，人会失去任何希望，只能永远陷溺在死亡的痛苦当中。奥古斯丁认为，我们在现实中找不到的"在死"和"死着"的状态，在第二次死亡的时候，就实现了：

> 这次死亡是更加沉重的，是一切坏事中最坏的，不是灵魂与身体分离，而是使二者结合在一起陷入永罚之中。在那里，人们不是在死前，也不是在死后，而是永远在死。这样人们既不是活着，也没有已

---

[1] 奥古斯丁,《上帝之城》, 13：2；吴飞译, 中册第 152 页。
[2] 同上书, 13：2；吴飞译, 中册第 153 页。

死，而是无休止地死着。比起无死之死来，在死之人还能处在更糟的境地吗？[1]

我们前面说过，之所以无法找到在死之人，是因为死和"现在"一样，不是一个时间段，只是一个点。但在第二次死亡中，在死似乎不再是一个点，而变成了一个永无终结的时间段。对于处在这个状态中的人而言，死永远是现在进行时。他已经过了死前的整个一生，又永远过渡不到死后的已死状态，而是时时刻刻感受到灵魂与身体分离时的巨大痛苦，但灵魂与身体又不会分开，使他丧失对痛苦的感受。在奥古斯丁的时间理论中，怎么能允许这样无限延长的"现在"存在呢？

上帝是永恒的现在，时间则是被过去未来牵连拉扯的现在，现在就是存在。在人的一生中，他的存在要经历无数个时间点。而死亡，作为对人之存在的否定，却仍然被时间拉扯，因而死不是一个时间段，只是人的存在的最后一个时刻。如果人没有死亡，会是怎样的状态呢？比如人若在伊甸园中没有犯罪（虽然这是不可能的），而是永远生活下去，那么，他的生活仍然将会是无数个时间点，只不过，这些时间的拉扯不会使人衰老死亡，而是让人永远处在最健壮、最完美的状态之下。而第二次死亡中的状态，应该看作与伊甸园中完全相反的状态，那就是，人并没有取消时间，而是仍然处在过去、现在、未来的流转之中，但是，他的存在状态已经不会随着时间的流转而改变，而是永远处在最坏、最痛苦的状态。

六　人的最坏状态

但随即就出现了问题：什么算是最坏的状态呢？对于人而言，难道不存在不是最坏的状态吗？为什么永死之人不是永远消失了存在，而是永远

---

[1] 奥古斯丁，《上帝之城》，13：11；吴飞译，中册第 162 页。

能够感受到折磨呢？除去奥古斯丁不愿意让恶人就此一了百了的顾虑之外，这里是否还存在一个更深层次的理论考虑？

《圣经》上屡屡将已经死去的人说成"在死"，奥古斯丁认为，虽然严格说来这不准确，但按照人们的用语习惯，也可以这么说。就像人在醒来之前，可以说人在睡一样，也可以说，复活以前的人在死。不过，无论如何都不能说他死着，虽然可以说睡觉的人睡着。[1] 睡就是醒的反面和否定，用睡和醒这对完全相反的概念来对比死和生，是无论古代哲学，还是《圣经》中都常使用的概念。[2] 但奥古斯丁似乎并不认为，死就是生的反面和否定。生是人的存在状态，但死并不是人的不存在状态，他甚至认为，人不会完全消失存在。类似于睡着了的已死状态，就是身体和灵魂已经分离、人丧失了感觉能力的状态，应该是人最接近不存在的状态，但奥古斯丁坚持认为，那不是死的状态，而只是死发生之后的状态，并且不是人最不好的状态。在他看来，死是一个事件，人只有处在死这个事件当中，感受到身体与灵魂分离的巨大痛苦，而不是在身体与灵魂分离以后，才是最痛苦的"死着"的状态。他为什么这样认为呢？

笔者并未见到奥古斯丁自己对这个问题的明确回答，但通过奥古斯丁通常的思想框架，我们或许可以尝试着做些推断。在他看来，上帝这个永恒的现在是绝对的存在，他从虚无中造了万物，万物都以上帝为本质，以构成自己的存在，但它们都不是自足的存在，即，它们都不能通过自己实现完美的存在，而必须依赖上帝。当它们背离了上帝的时候，它们变成了扭曲的、残缺不全的存在，但也不是非存在。在谈到灵魂之死的时候，奥古斯丁并没有认为，背离了上帝的灵魂会完全丧失生命。他说："即使死去的灵魂，也就是被上帝抛弃的灵魂，也能够给予这些身体以生命，不论

---

〔1〕 奥古斯丁，《上帝之城》，13：11.2；吴飞译，中册第161页。
〔2〕 如《约翰福音》，11：11，"拉撒路睡了。"《使徒行传》，7：60，"说了这话，他就睡了。"《哥林多前书》，15：20，"成了睡了之人初熟的果子。"等等。

她们自己的生命还有多少——这生命使她们变得不朽。"[1] 他没有说
"不论她们自己的生命还有没有"，而是说"还有多少"，因为，灵魂总还
有一点生命，而不是彻底丧失生命。他还补充说，灵魂所残存的那点生
命，还是会使灵魂不朽。奥古斯丁坚持认为，灵魂虽然是可死的，却是不
朽的，即，永远不会丧失存在。灵魂背叛了上帝之后就死了，但是依然存
在着，而且会永远存在下去；正是灵魂的这种不朽，才会赋予身体以生
命，哪怕她自己已经死了。

所谓的灵魂之死，并不是灵魂丧失存在，而只是背离了上帝这个永生
之源。可见，灵魂之死本来就是对灵魂的一种折磨，而不是取消其存在；
既然灵魂永远存在，那么人也不会彻底丧失存在。灵魂和身体分离之后，
身体没有了感觉，灵魂却依然存在，处在一个虽然并不幸福，但也感受不
到痛苦的状态之中。比起这种状态，还是让灵魂与身体结合，从而能感觉
到强烈的痛苦，才是对人一种更大的惩罚。

在奥古斯丁笔下，人既不是完全的存在，也不会变成绝对的不存在，
而是介于存在与不存在之间。已死是最接近于不存在的状态，但死本身却
只是人的一种存在状态，而不是对人的存在的取消或否定。死，本来是从
活着到已死的临界点。按照通常的理解，因为有死前的存在状态和死后的
非存在状态，死这个取消存在的事件才有意义。死之所以会给人带来巨大
的痛苦，就是因为在存在取消的这一刻，身体和灵魂处在最剧烈的冲突
中。如果存在不能被取消，这个事件还怎样发生？而按照奥古斯丁的想
法，在第二次死亡中，人一直经受着取消存在所带来的极大痛苦，但总也
取消不了存在。我们前面说过，死和现在一样，只是一个临界点，而不是
很短的一个时间段，本质上就是无法绵延的。由于人既不可能完全丧失存
在，又不可能脱离时间变成永恒，我们很难想象，人们怎么会待在这个点
上，这一刻怎会像奥古斯丁说的那样，永远延续下去。如果人在巨大的痛

---

[1] 奥古斯丁，《上帝之城》，13：2；吴飞译，中册第 153 页。

苦之后不会消失存在，而是继续延续这痛苦，那么这种痛苦和生活中其他的痛苦有什么区别，又为什么称之为死呢？

后来，但丁在《地狱篇》中天才地构想出解决这个问题的一种可能，即地狱中的鬼魂周而复始地经历濒死的痛苦。他们的死并不是不会完成，而是在每次完成之后马上复原，重新经历。这样，一方面地狱里并未变成没有时间的地方；另一方面这种时间是无意义的，因为一切都是周而复始，没有新的事情发生，没有任何实质的变化。[1] 不过，但丁的解决方式毕竟是诗歌，并不能完全化解第二次死亡的理论困难。

第二次死亡，和初人在伊甸园中的状态形成对照，或许也可以用类似的方式来理解。虽然按照《圣经》中讲的故事，初人曾经在伊甸园中有过一段非常幸福的日子，然后才堕落了，即，堕落被当作一个历史事件看待，但是，我们看到，从理论上讲，这段时间是不可能存在的。初人应该是在被创造之后，马上就堕落了。那么，伊甸园中的生活，是以一种历史事件的方式，来表达人若是没有犯罪，但也没有皈依上帝的情况下，可能达到的最高状态。同样，若把末日之后的第二次死亡理解成一段实有的历史阶段，也会存在巨大的理论困难。与其把它当作一个确实会发生的历史事件，把第二次死亡当作确实可能经历的一种状态，不如把它看作一个比喻，即以历史事件和经历的方式，来描述人生在世可能的最悲惨处境，并以此来定义人之死。按照这种理解，人生中最大的坏事不是存在的消失，而是陷入无法化解、没有间歇的内在冲突。当人处在必朽的生活中时，灵魂和身体会常常处在相互冲突的状态，但生活中还是会有些短暂的快乐；当灵魂和身体的冲突发展到不可化解的程度，以至于必须分开的时候，就是人的死亡。但奥古斯丁说，人还有一种更悲惨的境地，那就是，身体和灵魂永远都处在一个不可化解的激烈冲突中，已经不得不决裂，但是又无

---

[1] Eric Auerbach, *Dante: Poet of the Secular World*, Chicago: The University of Chicago Press, 1974, p. 142.

法分开。这是人之罪的极端结果，是对人生在世的悲惨处境生动而夸张的概括。

这样，我们也就可以理解，奥古斯丁为什么说第二次死亡包括了整体的死亡。他的意思并不是说，其中既包括身体之死，又包括灵魂之死，还包括所有其他的死亡类型。他指的是，第二次死亡最集中地展现了死亡对于人性的意义。作为上帝所造的一种精神造物，人是不会彻底丧失其存在、返回虚无的；死作为人可能经历的最大坏事，并非存在的彻底丧失，而是人所陷入的一种罪性状态。这种罪性状态导致了灵魂的背叛和游移；而灵魂的游移又体现为灵魂和身体的冲突。人若是获得上帝的恩典，转回（皈依）上帝，就可以摆脱这种罪性的状态；但若是没有转回上帝，则这种罪性状态将成为一种永远不可化解的状态，任何希望和安慰都将消失。所谓第二次死亡，就是一种彻底的、不可改变的、没有任何希望的罪性状态。因为死亡来自人的罪性状态，所以奥古斯丁说，第二次死亡是总体性的死亡，是彻底的死亡。

奥古斯丁将伊甸园中的生活、人的堕落和死亡的产生、第二次死亡的来临等，都以历史事件的方式来描述。当奥古斯丁把这些说成是历史中的一个事件或一个阶段时，他应该是真诚相信这一点的；但另一方面，若严格从历史的角度出发，对这些事件的理解往往有很多内在矛盾，难以化解。虽然存在这些理论困难，但奥古斯丁还是坚持将人性的这些方面放到历史中来理解，应该有他很深的用意。这样一种历史的理解，塑造了他的人性观的基本品格。

七　好人的死与坏人的死

在《上帝之城》第十三卷，奥古斯丁花了很多篇幅讨论死亡对好人和坏人的意义。前面我们已经看到，死亡的产生就是罪的结果，是人的罪性的体现。在这个意义上，罹患原罪的所有人，都必须遭受死亡所带来的惩罚。从必朽的日常生活，到身体与灵魂的彻底分离，再到第二次死亡，是一个越来越严厉的发展过程。已经犯罪的人，本来必然会经历这三个阶段，最终陷入彻底的罪性之中。这是必朽之人的一般走向，只有很特别的一些人，才会获得上帝的恩典，打破这一惯常走向。即便是这些人，也还要经历肉身的死亡，甚至死亡对他们来说是好事。为什么会这样呢？

奥古斯丁说："第一次死亡，可以说是好人的好事，坏人的坏事；而第二次根本不会发生在好人那里，所以不会是好事。"[1] 第二次死亡，展现的是彻底的罪性，所以不可能是好事。但第一次死亡同样也是罪性的结果，"是对罪的惩罚"[2]，为什么会是好事呢？为解决这个问题，奥古斯丁首先阐释了原罪对人的影响：

> 初人之中包含了整个人类，初人夫妇接受了神的责罚，就通过女人的繁衍，把这责罚传到她的后代。这样，人变得不再像他被造时那样，而是像他犯罪和被惩罚时那样，流传了最初的罪和死亡。罪与罚并没有把初人降到心灵与身体都很弱小的婴儿状态。而上帝让以后的人之初像野兽的幼崽一样弱小，因为上帝让他们的父母降低到像野兽一样生死。[3]

不仅死亡，而且人的基本存在状态，都因为原罪而改变了。奥古斯丁在此暗示，初人犯罪之前，应该没有经历过婴儿状态，而是处在最强壮的壮年状态。但在犯罪之后，人的身心都变得很柔弱，每个人要从弱小婴儿的状态开始生活，还要像野兽一样死亡。人类的婴儿根本不如野兽的幼崽强壮。但是，这种惩罚并不都意味着坏处："但人的力量会把自己提升到

---

[1] 奥古斯丁，《上帝之城》，13：2；吴飞译，中册第 153 页。
[2] 同上书，13：3；吴飞译，中册第 153 页。
[3] 同上书，中册第 153—154 页。

超过别的动物的程度。这就如同拈弓搭箭，拉得越靠后，速度越快。"〔1〕
每个人都是从比野兽幼崽还要弱小的婴儿状态起步，若能进入到如天使一
般的永福之中，必须经历相当不一般的心灵历程。

在这段心灵历程中，人若能蒙神的恩典脱离罪的桎梏，"就会只遭受
一次死亡，就是灵魂与身体的分离。因为从罪中解脱了，就不必再遭受第
二次死亡，即永无终结的惩罚"〔2〕。但第二次死亡与第一次死亡只是程度
上的差别。如上所论，第二次死亡不过是对人的罪性处境的极端展示，而
第一次死亡同为这种处境的结果。人若是仍然遭受第一次死亡，就意味着
他仍然处在罪恶之中。"如果死亡是对罪的惩罚，为什么那些通过恩典解
除了罪的人，仍然要承担死亡呢?"〔3〕这是否表明，原罪之大，其实是不
会那么轻易原谅的? 奥古斯丁给出了这样一个解释:

> 如果圣徒们靠了重生的洗就不必再遭受身体的死，那他们的斗争
> 也就没有胜利，没有光荣了，因为那就根本没有斗争了。否则谁不会
> 带着孩子前去洗礼，接受基督的恩典，使身体不再分离? 这样，信仰
> 就不能靠不可见的奖赏来证明，而是靠洗礼这件事迅速得到和消费的
> 商品，那就不再是信仰。〔4〕

在这段文字中，奥古斯丁从信仰的角度讲了，罪是不能轻易被赦的，
否则，信仰者的斗争就没有意义了。但是，为什么一定需要斗争呢? 信仰
者严肃地参与进上帝所立的圣事，在和平中洗去初人的罪，为什么就不够
呢? 为什么一定要有斗争和流血，才能获得拯救? 奥古斯丁于此处的说法
稍嫌简单。不过，他指示我们去看他在另一本书里的专论:《论罪有应得

〔1〕 奥古斯丁,《上帝之城》, 13:3; 吴飞译, 中册第 154 页。
〔2〕 同上。
〔3〕 同上书, 13:4; 吴飞译, 中册第 154 页。
〔4〕 同上书, 中册第 155 页。

与赦罪，以及婴儿的洗礼》（*De Peccatorum meritis et remissione et de Baptismo parvulorum*）。他在这本书里谈到，关于洗礼的意义，需要参考保罗在《罗马书》第六章里的著名论断：

> 岂不知我们这受洗归入基督耶稣的人，是受洗归入他的死吗？所以我们藉着洗礼归入死，和他一同埋葬，原是叫我们一举一动有新生的样式，像基督藉着父的荣耀从死里复活一样。我们若在他死的形式上与他联合，也要在他复活的形式上与他联合。[1]

洗礼并非简单的仪式，其含义是要加入到耶稣当中，与他同死："通过他们的信仰和洗礼，与基督在死的形状上联合，因成义而从罪中解脱，因复活而从死中解脱。"[2] 他在《上帝之城》中也解释道："这些圣徒的死是如此宝贵，基督的死已经应许和预言了他们的死中的巨大恩典，于是他们丝毫不犹豫地用自己的死亡来接近基督，以此来证明了，这个早先确立的对罪的惩罚，而今诞生了丰盛的正义之果。"[3]

耶稣之死，是所有圣徒之死的典范。关于奥古斯丁的基督论，我们在第十章再专门讨论。现在单从死亡的角度看，基督恰恰没有死所展示的罪性。死是原罪的结果，而耶稣没有原罪，本来是不应该死的。但耶稣主动承担死亡这件坏事，以此赎了世人的原罪。于是，死亡这件坏事，就成为耶稣拯救世人的方法。奥古斯丁论及死亡作为好事，都需要从耶稣之死的典范意义来理解。死成为圣徒们获得拯救的必由之路，就是因为他们通过死亡加入进了耶稣基督之中，而洗礼只是对这件事的象征。所以他说：

---

〔1〕《罗马书》，6：3—5。
〔2〕 奥古斯丁，《论罪有应得与赦罪，以及婴儿的洗礼》（*De Peccatorum meritis et remissione et de Baptismo parvulorum, PL*44），1：32〔61〕。
〔3〕 奥古斯丁，《上帝之城》，13：7；吴飞译，中册第157页。

上帝对人说：你若犯罪，你就会死；而今他对殉道者说：死去吧，你无罪了。他当初说：如果你们违背了命令，你们必定死。而今他说：如果你们拒绝死，那你们就违背了命令。当初是靠怕死使人不敢犯罪，而今是承担死亡使人赎罪。通过上帝不可言说的悲悯，对罪过的惩罚变成了德性的武器，对罪人的惩罚变成了对义人的奖赏。本来死亡是因犯罪而得的，而今正义靠死亡证成。……这不是因为死亡以前是坏的，现在变好了，而是因为上帝奖励给信仰者以恩典，使得本来与生命相反的死亡，而今变成了朝向生命的工具。[1]

死不仅可以变成好事，甚至是必须的。从字面上看，奥古斯丁好像是在这一段中鼓励人们去死和自杀，但这绝不是他的真正用意。他在这一段里所说的死亡，都是就耶稣之死而言的。只有加入到了耶稣之中，和他同死，才算是靠死赦了罪。死之所以变成好事，是因为耶稣利用它完成了救赎，击败了魔鬼。圣徒们只有加入到基督之中，才能通过基督之死赦罪；而加入到基督中最恰当的方式，就是像基督那样去死。洗礼的意义，正在于它象征了人们加入基督中，通过基督之死，清洗自己的罪。但这绝不意味着，死是加入到基督中的唯一方式。

奥古斯丁对比了两种极端情况："也有些人，不能拖延死亡了，于是接受洗礼，在离开此生时清除了所有的罪，他们的品德不如那些本可以延缓死亡，却不这么做的人。后者愿意在对基督的忏悔中结束此生，而不是为了获得他的洗礼而拒绝他。"[2] 前一种人，看死亡渐渐逼近了，担心死后的归宿，于是匆忙接受洗礼；后一种人，没有机会接受洗礼，却为基督而死。两种人都得到了拯救，可是前一种人不如后一种人，因为他只是接受了洗礼的仪式，并没有接受洗礼所表达的内容：与基督同死。后一种

---

〔1〕 奥古斯丁，《上帝之城》，13：4；吴飞译，中册第155页。
〔2〕 同上书，13：7；吴飞译，中册第157页。

人虽然未能接受洗礼的仪式，但是接受了洗礼的内容，反而更接近洗礼的本来用意。奥古斯丁甚至认为，前一种人的做法是"因为畏惧死亡而否定了基督"，是一种罪，当然，通过洗礼是可以赦去这项罪的。

于是，通过洗礼加入基督之中，指向的是世界历史的核心事件：言成肉身与十字架上的受难。将死亡变成好事，并不是一般意义的勇敢、牺牲、无畏，而是因为耶稣受难这件事，已经通过无罪之死，击败了魔鬼，赦去了原罪，挫折了死亡的毒钩。因此，死亡的几种含义，都要在世界历史中来看：人的堕落带来了死亡，使人都处在必死的犯罪状态，这是人类历史的开端；耶稣基督言成肉身，死在十字架上，以死亡赎去了人们的罪，以后凡是加入到基督之中的，与他同死，就不必经受第二次死亡，这是人类历史的转折点；到世界末日的时候，那些没有得到赦罪的人，都将进入永恒的死亡，陷溺于罪中无法解脱，这是人类历史的终结。

奥古斯丁笔下的死亡，已经不再是一个自然现象，而完全和人的罪性与救赎联系在一起。从死亡的出现，到耶稣受难，再到第二次死亡，贯穿了整个世界历史；而这世界历史的意义，都在人的心灵之中，因而又是人类的心灵史。世界历史最重要的转折点，是耶稣受难；耶稣受难的意义，将在两座城的历史中展现出来。

第六章

繁衍之罪：亚当和他的后代

　　亚当是所有人的祖先。相对于耶稣这个第二亚当，保罗又把他称为"第一亚当"。第一亚当中包含着人性的尊严和罪恶。不过，第一亚当和全人类，却不仅仅是抽象比喻的关系。奥古斯丁坚持字义解经法，相信存在从亚当到全人类的历史发展。因而，如何理解亚当与他的后代的关系，也就成为奥古斯丁历史哲学中一个极为重要的环节。

　　首先，从堕落的亚当到他的后代，是原罪传播的一个过程。亚当究竟传给了他的后代什么，患有原罪的后代如何承负亚当的罪责，又怎样修正这固有的罪性，是奥古斯丁反复思考的一个问题。其次，对于他的后代而言，亚当并不只是罪性的来源，也代表着人类的尊严和希望，因而第一亚当身上影射着以后的第二亚当。人类从一个亚当分裂为相互纷争的万国，又从万国重新团结到第二亚当之中，这就是世界历史的进程和意义。这一历史过程中蕴含着对人性和原罪的理解，同时又构成了对人类命运的描述。和前面一样，奥古斯丁是在哲学与历史的双重意义上诠释这一过程的。

一　亚当中的全人类

　　我们在前两章从意志和死亡两个角度考察了奥古斯丁的原罪观。

但亚当的罪何以会遗传到他的后代，影响全人类，而成为"原罪"[1]，却是另外一个问题，也是奥古斯丁一生都在反复思考的问题。我们若从哲学的角度分析，则原罪的概念极为深刻地描述了人性；但奥古斯丁并没有仅仅抽象地把亚当之罪理解为对人性的象征，而是更实在地理解罪从亚当到后代的遗传。因此，他才会那么认真地对待婴儿的罪和洗礼。

原罪及其传播，都是非常复杂的问题。奥古斯丁在讨论这些问题时，时不时表现出一些自相矛盾的地方，这是不容否认的。[2]但奥古斯丁反复思考这个问题，冒着自相矛盾的危险，顽固地坚持一些很难自圆其说的观念，也恰恰表明这个问题的重要性。

亚当的原罪为什么会传播到所有人？奥古斯丁给出了两种相互补充的基本理解：参与论和遗传论。[3]这二者并不是相互矛盾的两个说法。他在《上帝之城》中讲道："初人之中包含了整个人类，初人夫妇接受了神的责罚，就通过女人的繁衍，把这责罚传到她的后代。"[4]这句话里既包括了参与论，也包括了遗传论。按照《〈创世记〉字解》中的说法，当上帝最初造世的时候，每个物种都以种子的方式存在了：

> 正如在时间中长成一棵树的这一切，都以不可见的方式同时存在于种子自身中；同样，当上帝同时创造万物时，我们也要这样来思考世界自身，"在日子被造的时候"，世界同时有了在它之中且与它一起被造的万物。这不仅包括天，以及在循环运动时形式保持不变的太

---

〔1〕 罗马法关于遗产继承的观念，大大影响了奥古斯丁对亚当原罪遗传的理解。关于这一点，参见孙帅，《自然与团契：奥古斯丁思想中的婚姻与家庭》。

〔2〕 Jesse Couenhoven, "St. Augustine's Doctrine of Original Sin," in *Augustinian Studies*, 36：2 (2005)，p. 386.

〔3〕 Ibid., p. 370.

〔4〕 奥古斯丁，《上帝之城》，13：3；吴飞译，中册第 153 页。

阳、月亮和星座，不仅包括一直在经历运动且共同构成世界较低部分的地和深渊，而且还包括那些在通过时间段长出来（正如我们在上帝"工作直到如今"的工中所知道的那样）以前，水和地就以潜能和原因的方式产生了的事物。[1]

这里所说的"潜能和原因"并不是具体的种子。上帝造出万物的道理时，一切都潜在地被造了；而当最初的物种出现时，它所有的后代就都以种子的方式潜在地被造了。具体到人这里，奥古斯丁在解释第六日上帝造人的道理时说："当时，他们显然是根据潜能藉着上帝的言造的，就好像种子一样播在了世界中。"[2]这里说的，仍然是以种子来比喻人的形式。按照奥古斯丁讨论万物被造的逻辑，就可以由此再推一步，得出每个人的种子（或精子）都在亚当中的结论："他藉着智慧从人之中造出人的后代，并为之赋形，不管是造在精子中还是造在已经成形的后代中。"[3]既然亚当之中包含了他的所有后代，当人类的始祖犯罪的时候，就可以说，整个人类都以种子的方式参与到了其中。奥古斯丁写道："使徒说'在亚当里众人都死了'，整个人类都是从亚当起源的，所以他们作为一个整体，都触犯了上帝。对他们所有人进行惩罚，就是正义的。"[4]所有人是一个整体，亚当就代表了这个整体，在亚当之中包含了全人类。所以，在亚当犯罪的时候，众人都在他之中犯了罪。

但既然亚当的后代都是以种子的方式存在于他之中，参与论必须通过遗传论来实现。恰恰是在这个问题上，基督教内部发生了巨大的争论。奥

---

[1]　奥古斯丁，《〈创世记〉字解》，5：23［45］。

[2]　同上书，6：5［8］。

[3]　同上书，7：22［33］。

[4]　奥古斯丁，《就若干问题致辛普里安努斯》（De diversis Quaestionibus ad Simplicianum, PL40），1：2.16。

古斯丁很明确地指出了这个问题的症结所在：

> 因此，既然人类显然是自我繁衍的，关于人，《圣经》为什么不说"我们要照着我们的形象，按照我们的样式造人，各从其类"呢？这是否是因为，如果人愿意遵从诫命，上帝便不会把人造成必朽的，既然人不会死，也便没有延续后代的必要了？是否是因为，人只有犯罪之后，才变得"如同死亡的畜类一样"，从此"这世界的人"才会繁衍不息，从而必死的人类能持续存在下去？但是，上帝在造人之后又赐福给人："要生养众多，遍满地面，治理这地"（这当然只有通过繁衍才能发生），这赐福有什么意涵呢？[1]

在此处的前一段，奥古斯丁刚刚谈到，上帝每造一种动物后，都会说"各从其类"，可能指的是动物的繁衍。但造人的时候，为什么没有这么说呢？虽然他很快否定了对"各从其类"的这种解释，但此处的问题却依然存在，即，如果人类不犯罪，是否需要繁衍？我们在第四章已经从性情的角度讨论过奥古斯丁对伊甸园中的淫欲的理解。此处涉及的是同一个问题，但是从不同的角度谈的。

按照参与论，亚当作为人类的整体，包含了以后所有的人，因此亚当做的事，他的全体后代也都做了。但只有通过繁衍和遗传，才谈得上亚当的后代，参与论才能实现出来。可是，如果亚当没有犯罪，是不死的，那么，是否就不需要后代来继承他，因而也就没有繁衍的必要了？人类的繁衍，是否只是原罪的一个结果呢？

奥古斯丁相信，亚当没有经过婴儿期，一造出来就是成年的，也不会经历衰老和死亡；只有在有了原罪之后，人才遭到惩罚，像野兽一样从婴

---

[1] 奥古斯丁，《〈创世记〉字解》，3：12 [20]。

儿期开始成长。[1] 如果伊甸园中有繁衍后代的事，亚当所生的后代也应该是没有婴儿期的，于是，两个成年人生出和他们一样大的成年人，并如此繁衍下去。这幅图景是不是很荒谬呢？

但奥古斯丁坚决捍卫婚姻和繁衍的神圣性，因为上帝是在人堕落之前就祝福他们的婚姻，让他们"生养众多，遍满地面"的。他在许多著作中，特别是在晚年和佩拉鸠派的争论中，都奋力捍卫这一观点，这些我们在第四章已经看到了。但奥古斯丁在讨论这个问题时，面临着巨大的困难。他一方面捍卫婚姻和繁衍的正当性，另一方面又否定淫欲。最后，他只谴责了性快感，而肯定了性交本身，这是一个相当勉强的结论。现在，同样的困难又以不同的方式暴露了出来。他一方面肯定繁衍的神圣性，另一方面又无法证明繁衍不是原罪的结果：

> 谁要是说，如果他们不犯罪，就没有房事，也没有繁殖，那他不是在说，为了增加圣徒的数目，人有必要犯罪？否则就只有不犯罪的两个留下了，因为，像他们所想的，如果他们不犯罪，他们就不能生育。要想不仅让两个正义的人存在，而且有更多的人，那就必须犯罪。既然相信这个是荒谬的，那么，就更该相信，即使没人犯罪，在最幸福的上帝之城里，圣徒还是会凑足数目，就和现在一样。现在，靠了上帝的恩典，众多罪人得到拣选，在这生育和被生育的尘世之子中选出了圣徒。[2]

奥古斯丁在这里说，认为只有通过犯罪才能生育后代、完成上帝的赐

---

[1] 这一观念在《上帝之城》里说得不很明确，但也并非完全没有，比如这一段："罪与罚并没有把初人降到心灵与身体都很弱小的婴儿状态。而上帝让以后的人之初像野兽的幼崽一样弱小，因为上帝让他们的父母降低到像野兽一样生死。"可见，初人是没有婴儿状态的。奥古斯丁，《上帝之城》，13：3；吴飞译，中册第154页。

[2] 同上书，14：23.1；吴飞译，中册第219页。

福是荒谬的，因为上帝早已预定了上帝之城中公民的数目，无论人堕落与否，这个数目都会凑足；但是，按照他自己的理论，却很难证明亚当即使不犯罪也可以生育。且不说他费了很大力气，才勉强将性交和性快感区分开；若是亚当永远是壮年不死的，怎样证明他有生育的必要和能力，却是一个困难得多的问题。

当他讨论遗传论的时候，这个问题的困难就进一步显现出来。遗传和繁衍，是必须通过性器官来完成的："人的自然因为最初的大罪而变坏，繁衍这种变坏的自然的身体器官，就尤其应该遭到报应。"[1]以一种遭诅咒的器官，通过邪恶的欲望和快乐，繁衍出被惩罚的、如同畜类的婴儿，这种事情为什么会是神圣的呢？奥古斯丁既不愿意像摩尼教一样全面否定婚姻，又不愿意像佩拉鸠派那样全面肯定性欲，誓死捍卫一个极为危险的立场，以致现代学者都并不认为奥古斯丁真正在理论上战胜了佩拉鸠派。他难道看不出自己立场的艰难所在，难道不知道自己思想的内在矛盾？或许，我们不应该纠缠于他的逻辑是否周延，也许这种顽固的坚持恰恰表明，奥古斯丁有着更深的考虑。

奥古斯丁在极力捍卫婚姻和繁衍的神圣性的时候，暗中强调了人的社会性。如果亚当必须通过犯罪才能繁衍后代，则人的社会性是原罪的一个结果。但在奥古斯丁看来，上帝之城中人的数目是固定的，不可能只有亚当一个人进入上帝之城，必须是以亚当为首的圣徒们进入其中。换言之，人即使不犯罪，也应该生活在社会中。因此，人类数目的增加并不是从生下该隐开始的，而是从造出夏娃开始的。自从有了夏娃，人就已经不再独处，而进入了社会生活的状态。从夏娃的创造开始讨论人类社会的开始，给奥古斯丁的社会观提供了一个有力的支持。

但也正是对这种社会性的强调，使奥古斯丁陷入了理论的两难。虽然亚当的后代天生就烙着原罪的印记，虽然他们是在罪恶中出生、成长，结

---

[1] 奥古斯丁，《上帝之城》，14：20；吴飞译，中册第217页。

成邪恶的地上之城，虽然人的社会生活中无往不是原罪的痕迹，但奥古斯丁强调，人的社会性本身却不是罪恶的。从一个亚当繁衍出所有人类，再从人类中组成社会与国家，都是神圣的事情，虽然社会和国家中都充满了罪恶。而这正是上帝之城与地上之城的历史中一个核心的主题。

二　遗传了什么？

参与论和遗传论是相互补充的。从亚当到整个人类，这个整体在无数个体身上实现出来，却必须通过繁衍和遗传。但繁衍到底是怎样完成的，以及到底遗传了些什么，却是一个更微妙的问题。奥古斯丁强调，原罪是通过性器官繁衍的，但只有肉身能通过性器官繁衍；所遗传的，也应该只是肉身的各种特点。可是，奥古斯丁又一再强调，原罪是灵魂犯的罪。这里是不是存在矛盾呢？

严格说来，只有在已经堕落了的亚当和夏娃生子之后，原罪才通过性器官传播到了后代。但奥古斯丁特别强调，包括夏娃在内的所有人都是从亚当来的。因此，他对这个问题的讨论，是从女人的创造开始的。他特别指出，虽然夏娃的肉身是从亚当造出来的，但她的灵魂并非来自亚当。

人之区别于其他动物最根本的特点，在于人有理性灵魂，而且这灵魂是上帝造的。但在《〈创世记〉字解》中，奥古斯丁却坚决认为，女人的灵魂不是从男人的灵魂中造出来的。他坚持，只有女人的肉体来自男人，她的灵魂却是独立于男人之外的；进一步，以后凡是每生出一个新人，只能说他的身体来自父母，但他的灵魂不可能来自父母。一方面，奥古斯丁强调所有人来自亚当这个根本特点；另一方面，他又极为强调每个人灵魂的独立性。

于是，奥古斯丁面临一个相当棘手的问题：他必须回过头来重新思考，人的灵魂究竟是从哪里来的。他给出了三种可能性：第一，人的灵魂最初造在了某种被造物中；第二，只有第一个人的灵魂是造在那种最初被造物中的，其他人的灵魂都来自于他；第三，所有新的灵魂都是独自创造的，与最初六日的创造没有直接关系。将灵魂起源的问题放在人类繁衍的语境下，我们可以看到这一问题对于奥古斯丁世界历史观的意义所在。

奥古斯丁仔细分析了每一个可能性，重申了他在《〈创世记〉字解》第十卷中关于灵魂起源的说法，即，灵魂既不是来自上帝的实体，也不是来自天使，更不是来自物质。[1] 针对女人灵魂的起源问题，奥古斯丁觉得经文还是存在巨大的理解困难。不过，他坚持，女人的灵魂是和男人的灵魂一样被造的，不是从男人那里造出的：

> 如果《圣经》上也说，上帝造了女人后，朝她脸上吹了一口气，于是她就成了活的灵魂，我们就能清楚得多，相信，在人的肉身被造时，他的灵魂不是从父母来的；虽然对于我们今天熟悉的，从人生人的繁衍方式，这里还存在疑问。最早的女人不是这样繁衍的，因此我们可以说，上帝没有从亚当那里给夏娃灵魂，是因为她不是他所生的后代。但如果《圣经》上说，他们所生的第一个人，不是从父母得到的灵魂，而是从上面得到的，对于其他的就都可以这么理解了，虽然《圣经》上并没有这么说。[2]

奥古斯丁在《圣经》里并没有找到对他最有利的证据。但他基于自己关于灵魂的学说，坚持认为，只有肉身是遗传的，灵魂是不会遗传。但这一说法随即就遇到了巨大的困难，《罗马书》第五章说："这就如罪是从一人入了世界，死又是从罪来的。""如此说来，因一次的过犯，众人都被定罪。"这是原罪说重要的经文依据。可是，原罪不是灵魂中的罪吗？如果人类的繁衍只是在繁衍肉身，原罪为什么会是遗传的呢？奥古斯

---

[1] 奥古斯丁，《〈创世记〉字解》，10：5 [8]。
[2] 同上书，10：10 [17]。

丁自己也深深意识到了这一点：

> 那些认为灵魂会繁衍的，就试图用使徒的这些话来支持他们的观点。他们说：如果我们只从肉身来理解罪和罪人，我就不会被这些话逼着相信，灵魂来自父母；但是，如果是因为肉身的诱惑，也只有灵魂会犯罪。如果灵魂不像身体那样，是从亚当繁衍而来的，怎样来理解所谓的"众人都犯了罪"？如果他当中的罪只是肉身之罪，而不是灵魂的，怎么理解"因一次的过犯，众人都被定罪"？[1]

这段设问中的反驳是非常清楚的，而且其中所坚持的原罪观正是奥古斯丁自己的观点。可见，奥古斯丁认为灵魂不遗传的观点，与他的原罪观有着巨大的内在张力。这一问题涉及原罪观的基本内涵，以及洗礼圣事的救赎意义。他警告读者说："我们必须小心，既不要使上帝好像是罪的制造者，让他把灵魂给了一个她必将在其中犯罪的肉身，也不要使得除了基督之外，还能有别的灵魂不需要基督的恩典就能得救。"[2]

如果只有肉身是从有罪的亚当遗传来的，而灵魂都是上帝直接造的，则只有肉身是有罪的，灵魂却是无辜的。那么，每次出现一个新人时，上帝就将无辜的灵魂送到那有罪的肉身中，于是上帝就必须为灵魂的犯罪负责。这种可能性无疑是荒谬的。进一步，基督教认为，只有基督的灵魂无染原罪，其他所有的灵魂都是有罪的。如果认为灵魂不是从亚当繁衍而来的，则几乎所有人都没有原罪了。这一说法不仅直接违背奥古斯丁的原罪观，而且根本取消了婴儿洗礼的意义。刚刚出生的婴儿之所以需要洗礼，难道不是因为他们的身体和灵魂都来自亚当，因而需要靠基督的恩典来清

---

[1] 奥古斯丁，《〈创世记〉字解》，10：11 [18]。
[2] 同上书，10：11 [19]。

洗？婴儿还什么事都没做，他们的灵魂谈不上什么善恶；他们的灵魂如果不是从亚当那里遗传来的，就应该是完全无辜的。"因此，谁若是这样理解灵魂，证明灵魂若是未经洗礼就离开身体，必然应该遭到谴责，他就是应该被称许的。"[1]

到这一段，奥古斯丁似乎又认可了完全相反的一种观点。如果婴儿受洗是正确的，则原罪必然是遗传的；原罪的遗传，应该不会只在身体上遗传，否则很难解释有罪的身体和无罪的灵魂之间的关系；更何况，奥古斯丁一向认为，真正的罪都是灵魂之罪。既然如此，灵魂就应该是可以遗传的。

一方面，原罪是遗传的；另一方面，灵魂却不是遗传的。奥古斯丁的原罪观面临着巨大的困难，但他还是不愿意妥协。他虽然非常称许那些用婴儿的洗礼来证明灵魂是遗传的人，但最终还是抛弃了这一观点。他说：

> 上帝将新的灵魂赐给每个人的身体，其目的是，在由原罪而来的罪性的肉身中，人能正直地生活，在上帝的恩典之下，征服充满欲望的肉身，从而能在复活的时候，与身体一起变得更好，与天使们一起，永恒地活在基督之中。[2]

在这一段，奥古斯丁明确说，灵魂不是天生有罪的，也不是遗传的，而是上帝分别创造的，并且被上帝分别放到每个人的身体当中。只有身体才有原罪，灵魂不仅不患有原罪，而且是带着克服原罪的目的，进入每个人的身体之中的。如果灵魂是正直的，只有身体才有原罪，那么灵魂岂不是应该一开始就战胜有罪的身体？为什么灵魂没有这么做，而且将自己陷入罪恶之中呢？

---

[1] 奥古斯丁，《〈创世记〉字解》，10：11〔19〕。
[2] 同上书，10：14〔24〕。

三 遗忘的眩晕

为了解决这个问题，奥古斯丁在《〈创世记〉字解》中提出了一种非常怪异的解释：当灵魂进入身体的时候，她会暂时把自己的使命忘掉。他说："而这必然意味着，当灵魂以一种奇妙的方式进入到土做的、必朽的，特别是在罪中繁衍的身体之时，为了先是激活身体，随后在一定的年龄能支配身体，她必须陷入遗忘。"[1] 奥古斯丁似乎在以柏拉图的遗忘与回忆说来解释灵魂和身体的关系。这种遗忘应该不是一种恶，但它的结果，却使灵魂不再意识到她的真正使命，甚至可能受制于身体。或许正是在这种遗忘当中，灵魂忘记了自己的本质和形式，不再知道自己是按照上帝的形象造的，从而丧失了真正的自我，误把有罪的身体当作真正的自我，并追求肉身的快乐。按照奥古斯丁在此处的理论，我们可以修正他的原罪说：虽然亚当在犯罪时灵魂变坏了，但他的后代的灵魂并没有因为原罪而变坏，只有身体在原罪中变坏了，就其本质而言，每个灵魂都是按照上帝的形象造的，因而都是神圣而无辜的，但是灵魂在进入身体的时候，会陷入遗忘，因而就有可能被有罪的肉身拖着走，若是灵魂不能找回真正的自我，记起他的形式和本质，那就变成有罪的，无法获得拯救了。

无辜的灵魂与有罪的肉身结合，就变成了有罪的灵魂，甚至成为原罪的主要承担者。放在他关于心灵秩序和原罪的总体思想中，这一说法极为怪异和费解。奥古斯丁也意识到了这一点，但他既不能让上帝为灵魂的罪负责，也不愿意把这种遗忘说成是恶，于是进一步解释说：

> 如果这种遗忘是无论如何不可消解的，那就可以把它归给造物主；但是灵魂可以一点一点地摆脱这种遗忘的眩晕，转向（皈依）她

---

[1] 奥古斯丁，《〈创世记〉字解》，10：14 [24]。

的上帝。她先是通过虔敬的皈依，然后通过坚持服从他的诫命，获得了他的悲悯和真理。如果她能通过好的意志选择好的生活，让她暂时沉入到睡梦中，然后再从中慢慢醒来，进入理智之光（她正是因此而被造成理性的灵魂），又有什么不好呢?[1]

奥古斯丁极力澄清，这种遗忘既不是上帝造成的，本身也不算什么坏事。就像《〈创世记〉字解》的英译者希尔（Edmund Hill）指出的，奥古斯丁所谓的"遗忘的眩晕"，就是一种完全丧失意识的状态，即婴儿没有理性能力的状态。如果人完全丧失了意识并且不会恢复，那就只能归因给上帝；但现在的情况是，人在出生的时候，理性灵魂暂时不起作用了；但随着年龄的增长，灵魂慢慢恢复了记忆，重新获得了理性思考的能力，并重新有了分辨善恶的能力。这种遗忘，就只是人生成长中的一个阶段。[2]

按照他的这种理解，虽然原罪是初人的意志所犯的罪，但罪的痕迹只保留在肉身上；以后的人的灵魂并不必然犯罪。初生的婴儿是无意识的灵魂与有罪的身体的一个结合体。奥古斯丁虽然承认灵魂的这种无辜，但他又认为，如果不借助耶稣基督的恩典，灵魂是无法完成真正的皈依的：

> 但如果没有上帝的恩典通过中保的帮助，她是无法做到这一点的。如果人忽略了这一点，那就不仅在肉身上和亚当一样，而且在精神上也和亚当一样；如果他关心这一点，就只在肉身上和亚当一样；在精神上，他正直地生活，甚至可以找回亚当因为罪失去的东西，清洗掉堕落的罪，可以像圣徒们一样，在复活时获得转化。[3]

---

〔1〕　奥古斯丁，《〈创世记〉字解》，10：14［24］。
〔2〕　Augustine, *On Genesis*, translated by Edmund Hill, Hyde Park：New City Press, 2002, p. 412, n. 21.
〔3〕　奥古斯丁，《〈创世记〉字解》，10：14［24］。

他在这一段非常清楚地指出，每个人所遗传的原罪，都只在身体上；沉睡中的灵魂没有罪。如果灵魂在恩典的帮助下，主动寻找自己的本质，就只有身体是有罪的，而灵魂不是，甚至可以在复活的时候，把身体的罪也清洗掉；但如果忽视恩典，他的灵魂就会变成有罪的，身体和灵魂就真的和亚当完全一样了。可见，当奥古斯丁说灵魂无辜的时候，他的意思并不是，灵魂什么都不做就可以无罪，而是灵魂还要主动接受上帝的恩典，努力寻找自己的本来面目，否则就会陷入到更重的罪之中。也是在这个意义上，奥古斯丁给出了婴儿洗礼的理由：

> 但是，在他们尚未到按照灵性生活的年纪的时候，他们需要接受中保的圣事，这样，他们无法靠自己的信仰做到的，可以靠爱他们的人的信仰做到。即使在婴儿期，他们也可以靠基督的圣事，解除原罪带来的惩罚。没有这帮助，青年人也无法控制肉身的欲望，更不能在征服欲望后获得永生，除非靠他们努力取悦的那一个的赐予。[1]

婴儿之所以要接受洗礼，并不是因为他们的灵魂继承了亚当以来的罪性，而是因为他们的灵魂尚在沉睡之中，没有能力克服肉身的欲望。所以，他们必须靠基督的恩典，才能解除原罪带来的惩罚。

随后，奥古斯丁又举出了《圣经》中支持双方各自观点的诸多例证，最后谦虚地说，无论支持灵魂遗传说的，还是反对的，都可以在《圣经》中找到支持，自己不敢妄加评判。[2]但从《〈创世记〉字解》第十卷的行文来看，奥古斯丁应该是更倾向于只有肉身遗传，灵魂并不遗传的说法的。也正是基于这样的观点，奥康奈才认为，奥古斯丁到了晚年的时候，

---

[1] 奥古斯丁，《〈创世记〉字解》，10：14〔25〕。
[2] 同上书，10：23〔39〕。

又重新回到了早期认为灵魂先在的观点。[1]

奥古斯丁此处的说法明显与他更经常讲的原罪观有冲突。按照我们在第四章的理解，身体的欲望根本上还是来自灵魂，因为身体并不会有欲望，那些对物质事物的欲望，只不过是灵魂中较低部分的欲望而已。所以，奥古斯丁如果认为人的身体及其欲望是可遗传的，他等于承认灵魂中的某些功能还是会遗传的。于是，所谓沉睡中的，似乎就只是灵魂中的理性部分，或者说是作为上帝的形象的，人的形式，理性的心智。因此，我并不像奥康奈那样，认为此处的说法可以代表奥古斯丁晚年的一贯观点。这里只是奥古斯丁在思考人类的繁衍时的诸多说法中的一种。

但和上一节的问题一样，在如此明显的矛盾面前，奥古斯丁为什么还会提出和坚持如此怪异的观点？我们可以暂且放开具体问题中的矛盾与不协调，更认真地体会奥古斯丁的良苦用心。

在《〈创世记〉字解》第十卷的结尾处，奥古斯丁说出了他的一个担忧：

> 对于那些坚持这样的意见，相信灵魂是从父母繁衍而来的人们，我尽可能警告他们，让他们仔细考察自己，不要把他们的灵魂当成身体。因为，若仔细考察，则没有什么自然比按照上帝的形象造的被造物更接近上帝，上帝是超越于他造的万物之上，不可变，因而也要被理解为超越身体之上。……因此，有些人习惯于用身体的感觉来理解事物，不愿意相信灵魂不是身体，因为如果它不是身体，就什么也不是了。[2]

随后，奥古斯丁花了很大篇幅来批评德尔图良误以身体的方式理解灵

---

[1] Robert O'Connell, S. J., *The Origin of the Soul in St. Augustine's Later Works*, New York：Fordham University Press, 1987.

[2] 奥古斯丁，《〈创世记〉字解》，10：24 [40]。

魂的想法。此处的批判和反思对应于奥古斯丁早年的一段经历。他在《忏悔录》中说，自己早年很难真正理解"精神性的存在"，而只能把存在都理解成某种物质性的；等到他理解了精神性的存在，就离皈依基督教不远了。[1]

奥古斯丁坚持灵魂不能被繁衍和遗传，就是因为他相信灵魂是一种精神实体。这种精神实体不是亚里士多德说的形式，而是由精神性质料和精神性形式共同组成的实体。如果认为灵魂是可以被遗传的[2]，则很容易陷入把灵魂当成物质性的身体的错误。

在奥古斯丁哲学体系的总体框架中，我认为他以这种方式再次阐释了人类的灵魂与上帝的关系。在谈上帝两次造人的时候，奥古斯丁把《创世记》第一章中的创造理解成灵魂的形式的创造，把第二章中上帝吹的气理解成灵魂的质料；在谈体、魂、灵的关系的时候，奥古斯丁把灵性理解为上帝的形象和人的本质。现在，当奥古斯丁说灵魂在身体中陷入沉睡的眩晕时，他同样是在说，灵魂忘记了它的本质，忘记了它作为上帝的形象的真正自我。这三次的具体表述不尽相同，但都传达出了人的灵魂与上帝的一种关系：灵魂是上帝的形象，上帝才是人最深处的自我；但有原罪的人类都忘记了真正的自我。与身体结合的灵魂，奥古斯丁要么把它说成模糊或扭曲了自己的形式，要么说它丧失或掩盖了灵性，要么说它处于沉睡的状态，总之，灵魂都处在遗失了真正的自我、尚未找回到上帝那里的羁旅状态。这三者，都是对原罪中的灵魂状态的表述，但因为侧重点不同，为基督教理解灵魂与身体的关系，提供了不同的可能性。

奥古斯丁之所以不断以新的方式来理解人性，正是因为他的人性观当

---

[1] 奥古斯丁，《忏悔录》，7：1 [1]。
[2] 奥古斯丁在《〈创世记〉字解》7：23 [34] 中即举出了这样一种观点："他从地中造出第一个身体，从天使的自然中造出第一个灵魂，因为当他最初把第一个人造在他同时创造的造物中时，他把其原因道理预先固定在地或天使中，而往后则是从人中造出人，从身体中造出身体，从灵魂中造出灵魂。"

中难以化解的巨大困难：一方面，人从上帝那里获得了神圣性；另一方面，人又是天生有罪的。人性中这两方面之间的张力，使奥古斯丁发明了原罪概念，把从神性到罪性理解为历史性的变化。这一方案虽然暂时解决了问题，但无法深究。如我们前文所说，在堕落之前并没有真正的历史。于是，原罪说既是对人性的一种哲学描述，又是世界历史中的一个重要事件。在没有发生偷吃禁果一事时，罪性已经存在于人性之中，但若人一被造就有罪了，上帝又难逃罪责，奥古斯丁仍然难以完全避免二元论的问题。心灵秩序中的善与恶总难找到一个令人满意的平衡点，使奥古斯丁不断变换着他的人性观。

奥古斯丁在说人只是繁衍了有罪的肉身，却没有繁衍有罪的灵魂时，给出了关于灵魂/身体关系最激进的一种理解。按照这种理解，只有肉身承担原罪的印记，灵魂却处在无辜的状态，虽然可能被身体所污染，但在清醒时，即获得充分的理性能力之后，是有力量战胜肉身中的罪，找回真正的自我的。比起前面的两种理解来，这个理解最大程度地保留了人性中的神圣性，但却也最难融入奥古斯丁的总体思想。

四　由一到多

一方面，奥古斯丁认为，尽管所有人都参与了亚当的犯罪，但繁衍并不是罪恶的，反而是上帝给人的一种赐福；另一方面，亚当的后代都遗传了他有罪的肉身，但是并没有遗传他有罪的灵魂。综合这两方面的表述，我们就可以推出奥古斯丁关于人类历史的一个重要理论：从亚当一人到全人类，既是人类的堕落，也蕴含着人类历史合众为一的意义：

> 从上帝所造的最初一人，通过繁衍形成了整个人类，比起认为从多个人繁衍要好得多。至于别的生灵，他让一些独来独往，独自栖息，更愿意独处，比如黑鹰、狮子、狼，等等。他让一些群居，更愿

意成群结队地生活，比如鸽子、白头翁、牛、小鹿之类。上帝没有让这两类动物从一个开始繁衍，而是命令很多同时存在。……因此上帝只创造单独的一个，这并不意味着人可以离开社会独居，而是为了让社会能更有效地实现社会的合一与和谐的结合。人们不仅彼此之间有相同的自然，而且还通过人间的家族情谊勾连起来。上帝没有像创造男人那样创造了女人，而是把她作为男人的妻子，从男人中创造她。于是，所有的人都是从一个人产生的，散播成为全人类。[1]

以上所引，是关于人性至关重要的一段话。奥古斯丁认为，上帝造人的方式非常独特，人既不像那些猛兽一样独处，也不像另外一些动物那样群居，而是由一个人繁衍出全人类。从一到多，但又必须统合到一个当中：人天生是社会的动物。

怎样理解人的这种社会性呢？第一步，当然就是从一个人到两个人，即女人的创造。女人并不像男人那样直接创造出来，而是从男人当中创造的；以后的所有人也都一样，不是像第一个人那样重新创造，而是从已有的人中造出来。归根结底，所有人都来自第一个人。奥古斯丁认为，这是一个极为重要的象征。但这个象征的意义却是双重的。第一，由于所有人都来自同一个祖先，所以人有一种天生的社会性；第二，由于人的后代遗传了亚当的一切，所以每个人都有原罪，而原罪的直接表现，又是人类的分裂。于是，在这一个象征中，既有人类全体的希望，也蕴含着人类好斗的天性。

首先，奥古斯丁充分肯定人的社会性，认为这是上帝的赐福，是人类不同于所有其他动物的地方。人由一到多，并不是堕落的结果，而是即使不堕落也必然会发生的。为了肯定人类的社会性，奥古斯丁强调，早在人尚未犯罪之前，上帝就祝福他们"生养众多，遍满地面"。婚姻以及随后

---

[1] 奥古斯丁，《上帝之城》，12：22；吴飞译，中册第144—145页。

的生育和繁衍，都充分体现了人类一和多的辩证关系："所以显然，上帝最初这样造了男女，使我们现在看到并知道有两性不同的人，他说要么是因为婚姻结合为一，要么是因为女人的起源，本来是男人的肋骨造的。"[1]

从此亚当不再是孤独的一个人，而有了一个伴侣，此时人类尚未犯罪。上帝之所以使人类的数目增加，并不是要分裂亚当这个一，所以，他又以婚姻的纽带，将两个人重新联合起来，成为新的一个一。这就是婚姻的意义："夫妻不再是两个人，而是一体了。因此，神所配合的，人不可分开。"[2] 同时，这也是所有社会制度的意义所在。人类在不断地繁衍增加，但因为他们都来自共同的祖先，上帝命令人类，要重新合众为一。

人类的家族不断发展，并形成了各种相应的亲属制度和禁忌。在最初的一代，无论男女都是亚当和夏娃的孩子。他们除了兄弟姐妹之间通婚，别无选择。于是，"兄弟姐妹相互嫁娶，亚当一人既是父亲也是岳父，他的妻子夏娃是所有儿女的母亲，既是母亲也是婆婆"[3]。但到了亚当、夏娃的孙辈，就可以不必再在亲兄弟姐妹之间结婚，而是堂表兄弟姐妹之间结婚，这样，就形成了新的关系："一个人有一个姐妹，一个妻子，还有一个表亲；一个父亲，一个舅舅，还有一个岳父；一个母亲，一个姑姑，还有一个婆婆。这样社会纽带就不必限制在一小群人中，而是会更广泛，可以靠复杂的社会纽带联结起不同而众多的亲属。"[4] 奥古斯丁解释这些现象的原因说："古代的族长出于宗教性的关心，担心亲戚之间在世代相传后逐渐疏远，不再是亲戚，于是趁着关系还没变疏，通过婚姻的

---

[1] 奥古斯丁，《上帝之城》，14：22；吴飞译，中册第218页。
[2] 《马太福音》，19：6。
[3] 奥古斯丁，《上帝之城》，15：16.1；吴飞译，中册第252页。
[4] 同上。

纽带结合，把疏离的亲戚重新聚合。"〔1〕随着人类的代代繁衍，不仅亲兄妹之间，就是堂表兄妹之间的婚姻也被禁止了，人与人之间形成了非常复杂的关系纽带。只有这样，才能把尽可能多的人勾连起来。

在人类繁衍到数目非常多之后，仅仅通过家族或姻亲纽带都不足以联合起来，于是，出现了城邦；随后，各城邦又联合成为世界帝国。"人类社会从家庭开始，随后发展到城镇，然后发展出现整个世界。"〔2〕随着人类的繁衍和分化，家庭、城邦、世界帝国，是人类合众为一的三个阶段。这一论断和亚里士多德在《政治学》中关于从家庭到部族，再到村镇，然后再发展为城邦的著名论断应该有一定的继承关系。〔3〕当然，奥古斯丁和亚里士多德之间也有重要的差别。首先，在亚里士多德的政治学中，并没有世界帝国。这是在罗马成为跨民族的大帝国之后，形成的新的政治理念；其次，由于罗马帝国几乎征服了当时所知的整个世界，奥古斯丁这里产生了一个和亚里士多德非常不同的，世界一统的观念。当亚里士多德说城邦是人的自然时，他并没有统一全人类的意思；但在罗马帝国以后，全人类通过世界帝国和合为一，却成为一个更重要的观念。在奥古斯丁这里，世界帝国代表着人类发展的方向，其重要性已经超过城邦，因为在人类极度繁衍分化的时代，只有统一全世界的帝国，才能将全人类统一起来，回到亚当这个一之中。

随着罗马帝国带来的政治版图的变化，罗马人已经大大改变了亚里士多德所理解的政治生活；这一点并不是奥古斯丁的发明。在奥古斯丁之前，无论异教徒还是基督徒，都已经有了类似的永恒罗马和世界帝国的观念。基督徒也已经将罗马帝国的政治理念与基督教的天上之国的观念结合了起来。

在此，我们回到了本书导言中所提出的问题。在罗马陷落之前，罗马

---

〔1〕 奥古斯丁，《上帝之城》，15：16.2；吴飞译，中册第 253 页。

〔2〕 同上书，19：7；吴飞译，下册第 139 页。参见夏洞奇在《尘世的权威》中的论述。

〔3〕 亚里士多德，《政治学》，1253a；吴寿彭译，北京：商务印书馆，1983 年，第 7 页。

的基督徒和异教徒都认为，罗马帝国就担负着建立世界帝国、统一全人类的历史使命。但当西哥特人攻克罗马之后，我们就可以想见罗马的基督徒所遇见的文明困境了。而也恰恰是在这个地方，前述奥古斯丁的理论困境变成了他与其他人都不同的独特视角。

奥古斯丁充分肯定人的社会性，认为人类的繁衍并不是堕落的结果。他既然认为婚姻不是罪恶的，人的繁衍本身也是值得赐福的，那么，人类社会的所有这些发展，就也都不是原罪的结果；人类用以合众为一的城邦和帝国，也不应该是罪恶的。若是这样，他岂不是和尤西比乌等人的观点一样了吗？他又如何面对罗马城的覆灭呢？

五 虚假的合一

奥古斯丁确实肯定了人类这些制度的意义，但他也非常清楚地意识到，人类的社会制度每发展一步，都会伴随着进一步的堕落和更多的罪恶。我们前面看到，人类从一到多的第一步，是夏娃的被造；随着夏娃的被造，是婚姻和生育的出现。奥古斯丁虽然极力捍卫婚姻和生育的神圣性，但他也深切地意识到，现实中的婚姻和交媾，都必然伴随着污秽的快乐和罪恶。我们在第四章也已看到，亚当与夏娃之间的爱，也伴随着很多罪的因素。当亚当把对夏娃的爱放在对上帝的爱之上，宁可犯罪也要与夏娃在一起的时候，他其实是犯了更大的骄傲之罪；而这种罪的结果，使亚当和夏娃相互推诿，爱的温暖立即就变成了冰冷的指责。既然不再只有一个人，而是分裂成了两个人，就有了分裂和争斗的可能。人类数目的增长虽然在理论上未必伴随着罪，但事实上，如果不是因为有了夏娃，亚当也不会堕落。

除了亚当、夏娃的原罪，人类历史之初的几次大罪大多伴随着人类的进一步分裂。亚当夏娃的儿子该隐和亚伯是亲兄弟，兄弟相残，发生了人类历史上第一桩谋杀案。奥古斯丁对这件事谈了很多，因为，杀弟的该隐成为地上之城的创建者，也因为，该隐的杀弟之罪，隐隐预示了罗马的建城者罗慕洛的杀弟之罪。第一座地上之城的创建者是杀弟者，最大的地上之城的创建者也是杀弟者。[1] 地上之城都是在罪恶中建立的，虽然大城的建立体现了人类合众为一的历史梦想，但包括罗马在内的任何一座地上之城都无法成为第二亚当，承担起统一人类的历史使命。

到了挪亚的时候，地上充满了强暴，导致了上帝的震怒。而人类的彻底分裂，则是巴别塔。巴比伦城和巴别塔的建造，导致了人类语言的变乱。在西方的罗马兴起之前，巴比伦曾经是东方世界最强大的帝国，在《旧约》中又是灭亡以色列的帝国。奥古斯丁认为，西方的罗马正是东方的巴比伦的延续。[2] 奥古斯丁指出，这座巴比伦城就是变乱之城，而它的建造者，就是巨人宁录：

> 他和自己的人民建起一座反对上帝的塔，这象征了他们骄傲的不敬。哪怕这种坏的情感没有成功，也应该被惩罚。那么他应该受怎样的惩罚？他用语言来称霸传令，那么就应该谴责他的骄傲，使这个不愿理解和遵从上帝的命令的人，自己的命令也不被理解。既然他的每个人都无法理解，那么这个密谋就解体了，因为每个人只和能够相互说话的人为伍，否则就要离开。因为语言分散，民族也布满大地。[3]

语言的分化，使人类无法相互理解；巴比伦这个世界帝国的建立，伴随着人类的彻底分裂。世界帝国的建立，依靠的是人类的不义和骄傲，不仅不可能在真正的意义上实现合众为一，反而会导致人类世界的分崩离析："人类世界如水相汇，越是大，危险越多。最初是语言的分化使人和

---

[1] 奥古斯丁，《上帝之城》，15：2；吴飞译，中册第232页。
[2] 同上书，18：2.2；吴飞译，中册第50页。
[3] 同上书，15：4；吴飞译，中册第281页。

人分离。"〔1〕 为了规避语言的分化,世界帝国派翻译来沟通不同的民族,但成群结队的翻译却必须伴以频繁而惨烈的战争。

结果,人类用以弥合分裂的各种方式都没能成功。上帝虽然为联合亚当与夏娃而赐福给他们的婚姻和后代,但先是夫妻共同偷吃了禁果,接着是他们的儿子骨肉相残,家庭并没有完成合众为一的使命;随后,地上之城在杀弟的血泊中建造起来,这以不义为根基的城,也无法把人类重新统一起来;再以后,人类凭着骄傲,在血腥的战争中建立起世界帝国,这帝国导致的是人类更彻底的分裂,也不可能实现合众为一的梦想。于是,奥古斯丁说:

> 他们希望智慧的人过社会生活,这是我们更为赞同的。但是,谁能计算,在这必朽的艰苦的人类社会,有多少和多么沉重的坏事?谁能算得清呢?他们应该听听自己的一个喜剧人物的感觉,而这是所有人都同意的:"我娶了媳妇;我在这里发现了多少悲惨!然后生儿育女,又多了操劳。"这个特伦西还记录下了人间之爱的种种罪过:"伤害、疑心、敌意、战争、和平,等等。"这些不是到处充满了人间事务吗?不是就连尊诚相爱的朋友之间,也不缺少这些吗?不是在人间事务的每个角落,我们都能感到伤害、疑心、敌意、战争,以及各种必然的坏事吗?〔2〕

奥古斯丁对人世间的黑暗有深刻的洞察,甚至到了冷酷的程度。虽然他肯定人的社会性,但是他不相信任何人间的制度能够使人获得幸福。于是,本来最具社会性的人,却陷入了最残酷的战争和自相残杀当中:

---

〔1〕 奥古斯丁,《上帝之城》,19:7;吴飞译,下册第139页。
〔2〕 同上书,19:5;吴飞译,下册第136—137页。

哪怕没有理性的生灵，那些水里和地上长出的群居物种彼此之间也会比人更安全而和平地过日子；而从一个人繁衍出整个人类，本来就是为了其后代能和谐相处。狮子之间和龙蛇之间都不会像人们之间这样发动战争。[1]

人类都来自亚当一人这个事实，虽然标示着，人类只有在重新和合为一时才能真正获得拯救；但仅凭着人类自己的力量和制度，不仅不足以完成这一使命，而且还会离这一理想越来越远。那些群居的物种虽然并没有注定要和合为一，但也没有像人类这样相互仇杀；像狮子那样独来独往的物种，虽然本来就不具有社会性，却也没有人类这么大规模的血腥战争。

从亚当繁衍出众人这件事的意义，更多不在于揭示现实，而在于促使圣徒们思考："上帝知道，这些人将会思考上帝从一个人造出多人，从而创造整个人类这件事，就会明白，众人联合如一是神恩所愿的。"[2]

上帝虽然设立并赐福了婚姻制度，祝福人类的繁衍传承，而且从家庭到城邦和世界帝国的一系列制度，都象征着人类和合为一的理想；但奥古斯丁认为，这些制度所实现的，都不是真正意义上的和合为一。真正的和合为一，只能是在上帝之城中才能实现，最终容纳所有圣徒，组合成第二亚当，即耶稣基督。

怎样来理解在耶稣基督中的合一，我们在第十章会详细讨论；但此处却需要进一步理解，奥古斯丁所谓人的"社会性"究竟是什么意思。本来，基督教是非常强调自我的个体性的，而拯救也必须落实到每个灵魂上面；但生活在罗马帝国中的奥古斯丁同样非常重视对人类集体性的强调。将全人类统一到一起，这观念应该和罗马帝国的现实有密切关系。原罪概念对人性的深刻洞察，使他无法把这一希望寄托给罗马帝国。尘世帝国所

---

[1] 奥古斯丁，《上帝之城》，12：23；吴飞译，中册第145页。
[2] 同上。

能实现的，最多只不过是政治强权下的结合，其中必然掩藏着诸多竞争、仇恨、嫉妒、杀戮、不义，而不可能是完美的幸福生活；但奥古斯丁所希望的，却是在上帝之中更完美的合一。这种合一，是建立在个体灵魂得救的基础之上的，即，只有圣徒们的灵魂都得到了真正意义上的拯救，才能实现和合为一。没有个体灵魂的拯救，是谈不到真正的合一的。

奥古斯丁一方面强调人的社会性，另一方面又坚持灵魂的不可遗传性。人的社会性的根基在于亚当肉身的繁衍，但人最重要的灵魂却永远是相互分离、相互独立的；而人的拯救在根本上又是灵魂的得救。于是，所谓"社会性"，只不过是无数个单独个体的集合。奥古斯丁越是讲社会性，越是在强调灵魂的个体性。

奥古斯丁强调，上帝之城中的每个公民，都只是地上之城中的羁旅之客。[1] 他们和地上之城没有必然的关系，只是暂时利用其中的各种事物而已。地上之城中的世界不是他们的世界，其中的国家不是他们的祖国，其中的家庭也并不是他们的归宿。他们真正的归宿在这世界之外；天上的国才是他们真正的祖国和家乡。[2] 虽然这些社会制度都在提醒他们，要进入合众为一的状态，但若真的回到亚当之中，必须走出这些尘世的组织。吊诡的是，"社会性"恰恰是以破坏人世中的种种自然纽带、分离各种社会组织为前提的：

> 因为我说的原因（不过也许还有别的更重要的潜在原因），上帝只造了一个人，却又不会让他孤独。没有哪个物种比人的自然更具社会性，也没有哪个物种比人更犯有不和谐之罪。为了对抗不和谐之罪，无论是在没有这种罪过时更好地避免它，还是在它发生后救治

---

[1] 这是充斥了《上帝之城》全书的一个概念，在第一卷前言中就提了出来，见吴飞译，上册第6页。

[2] 以上帝之城为真正的祖国，这也是《上帝之城》全书中不断重复的观念，特别参见5：18；吴飞译，上册第199—203页。

它，人性最方便呼唤的，就是对那先祖的记忆（上帝愿意创造他一个，然后从他繁衍众多）。这样就能提醒众人和谐如一。[1]

通过否定尘世的社会制度，来寻求这些制度所象征的神圣"社会"，在死后的天国实现最终的合一，这就是奥古斯丁理解世界历史的出发点。他在讲人性自然的时候，把人类的自然情感、死亡这种自然事件都理解成罪的结果，而把一种从未存在过的状态称为完美的自然，借助上帝之城里的生活，否定了现实中的人性自然；同样，他在讲社会性的时候，也把各种政治制度都说成反社会的，而在虚无缥缈的来世，构筑了一个怪异的大同世界。借助原罪概念，奥古斯丁否定了人性自然和政治团体，这成为他抛弃罗马文明理想的人性论基础。

---

〔1〕 奥古斯丁，《上帝之城》，12：27.1；吴飞译，中册第150页。

第三部分

历史：自然之外的拯救与合一

　　在《上帝之城》的写作结构里，两座城的发展被当作世界历史的第二个阶段。但正如我们最开始所说的，世界历史的第一个阶段，即本书前两部分讨论的内容，严格说来并不是时间中的一个阶段，虽然按照《圣经》的字面意思，从上帝创世到人类被造，再到他们被赶出伊甸园，该隐杀弟建城，还是有时间的流逝的。现在我们要讨论的世界历史的第二阶段，才是通常意义上的历史。

　　由于这段历史只是奥古斯丁的世界历史中的一个阶段，本来在古典历史学家看来至关重要的历史事件和转折，在他看来都变成不重要的了。在奥古斯丁的世界历史中，只有一件事是有意义的，那就是耶稣基督的言成肉身和受难，其他的历史事件都变成可有可无的。奥古斯丁对人类历史的全部理解，都以言成肉身为基准点，而不再像奥罗修斯那样，根据罗马建城的时间纪年。在他看来，甚至旧约历史的全部意义，也都在于它与耶稣基督的关系。接续了《马太福音》的传统，奥古斯丁将人类历史分为六个阶段，并使它们对应于创世六日和人生的六个阶段。但旧约历史的意义还是象征性的，即，旧约中所写的耶路撒冷历史，只不过是因为象征上帝之城而有意义；当上帝之城一旦在耶稣身上显现出来，地上的耶路撒冷就失去了意义。同样，奥古斯丁也以上帝之城的历史为标准，衡量罗马历史和罗马人的生活方式。他宣称,在上帝面前,所有古典德性都可能是罪恶。奥古斯丁在继承了古典历史学家的种种叙事方式乃至历史理论之后,却将价值评判完全颠倒过来。为了维护上帝之城的绝对神圣,奥古斯丁彻底击碎了永恒罗马的梦想。

第七章

两座城的历史：没有第三座城

两座城的开端是善恶天使的分离，人类历史的开端是人的堕落。现在，无中生有的世界已经展示出它的至善和堕落，按照上帝的形象造的人也已经因罪生活在了尘世之中，人类历史终于可以真正开始了。但围绕上帝之城和魔鬼之城，还有种种问题需要澄清。首先，两座城究竟是怎样的关系？它们是否就是针锋相对的两个人类阵营？或者，在善恶两座城之外，是否还有第三座？而所有这些问题都指向奥古斯丁基督教思想的一个核心问题：人类的政治生活到底有什么意义，它和灵魂的拯救究竟有什么关系？

这些都是奥古斯丁研究史上著名的问题，曾经引发很多争论。这些争论往往围绕对一些具体字词或段落的解读展开，但背后却是如何把握奥古斯丁政治思想的问题。

一 地上之城中的上帝之城

从犯罪以后，人类就分裂成了两座城。奥古斯丁在《上帝之城》第十五卷的开头说："关于这两个城在我们不知道数目的天使中，或者在两个初人中的起源，我已经谈得够多了，看来，我现在要谈论两个城的发展，从二人生育后代开始，到人类不再生育为止。"[1]

---

[1] 奥古斯丁，《上帝之城》，15：1.1；吴飞译，中册第228页。

两座城在天使中的起源很清楚，就是天使和魔鬼的分裂。堕落天使不服从上帝，成为魔鬼，他们就组成了地上之城。人类却不能如此截然二分，但奥古斯丁又认为在人类之中存在两个城。那么初人是怎么分裂为上帝之城和地上之城的呢？是亚当属于上帝之城，夏娃属于地上之城吗？还是亚当夏娃堕落前属于上帝之城，堕落后属于地上之城？或是有别的可能性？

　　人类无法像天使和魔鬼那样，判然分为两座城的成员，这正是人类历史的基本特点。按照我们的理解，哪怕在没有堕落的时候，亚当和夏娃也尚未像天使们那样，成为上帝之城的公民；堕落之后，所有人都成为魔鬼的俘虏，但都没有像魔鬼们那样，彻底丧失皈依上帝的可能性。天使代表着皈依上帝的理想状态，魔鬼代表着背叛上帝的极端状态；魔鬼和天使的判然二分，其实是对摩尼教善恶二元论的继承和修改，只是因为天使和魔鬼不再是光明之神和黑暗之神，它们在宇宙体系中的位置和存在的哲学基础都和绝对的二元论不同了。

　　人，则是生活在这两极之间的。一方面，上帝按照自己的形象造了人的形式，赋予了人皈依的可能性；另一方面，由于原罪，人并没有真正完成这个皈依，就背叛了上帝。人堕落的方式和魔鬼很像，但是人并没有变成像魔鬼那样不可救药。如何把握皈依的可能性和已经堕落之间的模糊地带，是一个极为重要也非常困难的理论问题，因而导致了奥古斯丁关于人的灵魂的几种说法。正是因为这种模糊性，在两个初人那里，上帝之城与地上之城的区分也是模糊的，即，并不能明确区分出来，究竟谁属于上帝之城，谁属于地上之城。堕落后的亚当和夏娃，都属于地上之城，但都有皈依上帝之城的可能性。奥古斯丁所谓两座城的对立在初人之中的起源，指的就是人性中的神性和罪性的起源。人的灵魂中有上帝的形象，有灵性，有沉睡了的理智灵魂，这就是上帝之城的起源；而人背离了上帝的形象，偏离了灵性的灵魂，堕入罪中的身体，都是地上之城的起源。在这个意义上，两座城在初人夫妇中就已经起源了。

　　正是在这个意义上，奥古斯丁会强调人的内在分裂："哪怕在一个人身上，我们都能体会使徒说的道理：'属灵的不在先，灵魂性的在先。以后才有属灵的。'"[1] 在人类中，两座城的对立在根本上是每个人心灵中的自我对立。

但在初人之后，心灵秩序中的对立，又逐渐演化为世界历史中两个阵营的对立。这当中的第一步，就是亚当和夏娃生下的两个儿子：该隐和亚伯。"在整个人类中也一样。两个城开始死生相继的过程，其中最先问世的，乃是这个世俗之城，随后才是上帝之城中的公民，是此世中的过客。"[2] 本来，如果把两座城在人类社会中的对立理解成每个人的内在对立，这种对立就不该体现在两个人身上，但奥古斯丁现在说，该隐和亚伯的对立，就是善恶两座城的对立。这里面潜藏着一个很大的矛盾。在基督教思想史上，这个矛盾表现出来就是，已经接受了《新约》的人该如何对待《旧约》。在基督教早期几百年的历史中，这是一个争论不休的问题。灵知派拒绝承认犹太人的圣经，甚至认为《旧约》中的上帝就是黑暗之神。大公教会将《旧约》也当作经典，却面临着如何面对新旧两约之间的矛盾的问题。奥古斯丁以自己的方式把这个问题重新提了出来。他把两座城的分别当作内在的分别，在理论上也是在拒斥灵知派的二元论。而且他也明确将《旧约》当作经典，甚至主张从字面上理解它。但在对《旧约》的字面解释中，他却把该隐和亚伯当作了善恶之城的代表。人类似乎从伊甸园被赶出来后，就分裂成了两个阵营，一善一恶。他这不是把二元论又偷偷地迎回来了吗？

奥古斯丁或许意识到了这对矛盾。他没有说该隐和亚伯的对立只是比喻，但还是强调，这里面蕴含着重要的比喻意义。在兄弟二人中，该隐为长，亚伯为次。此中蕴含的意思是：人类最初全都属于地上之城，只是有少数人被拣选了，才成为上帝之城的公民。而这个次序最根本的隐喻，仍

---

[1] 奥古斯丁，《上帝之城》，15：1.2；吴飞译，中册第 228 页。
[2] 同上。

然是每个人的内在转化：

> 最先的人是该谴责的，我们必须从他开始，但不必停留在他那里；后面的是正直的，我们必须朝那里前进，并要在到达后停留在那里。虽然并不是每个坏人都会变好，但没有好人不是最先是坏人的；但是如果一个人变好得越快，他就能越迅速地保住为自己挣得的名字，能让后来的名字掩盖先前的名字。[1]

该隐早于亚伯出生，杀害了亚伯，而且还建了一座城，按照他的儿子的名字，称之为"以诺"。[2] 奥古斯丁指出，这是具象化的地上之城。在以诺城之后，又出现了大大小小无数个城，直到后来几乎统一了全世界的巴比伦和罗马。所有这些城，都是地上之城，没有一个是上帝之城，因为，"天上的圣徒之城，虽然产生了公民，但这些公民却在大地上旅行"[3]。亚伯并没有另外建一座城，因此，他和别的圣徒都脱胎于地上之城，他们和所有的人一样，"起源于一开始就整个被谴责的质料"，上帝从这质料中，先是造了卑贱的器皿，后来又造了贵重的器皿。[4] 他们无法脱离自己的质料，因此不可能真正走出地上之城，去另建新城；地上所有的城，都是地上之城，不可能有真正的上帝之城。

这些圣徒与地上之城的关系是，他们要作为旅客，在大地上旅行，不能把地上之城当作自己的家乡，但又不可能离开这座城去另建一座城。在此，奥古斯丁的用意极为清楚：凡是在地上建的城，即地上任何的社会和政治集团，在根本意义上都只能属于地上之城。无论是家庭、城邦、帝国，乃至地上的教会，都不是人的精神归依。要做上帝之城中真正的公

---

[1] 奥古斯丁，《上帝之城》，15：1.2；吴飞译，中册第228—229 页。
[2] 《创世记》，4：17。
[3] 奥古斯丁，《上帝之城》，15：1.2；吴飞译，中册第229 页。
[4] 同上书，第228 页。

民，必须把所有这些组织和集团当成暂时的客旅，拒绝对它们中任何一个的归属感，只能把未来的天上之城当成自己真正的家乡。要在上帝之城中实现人类的重新合一，人在尘世生活中就要随时保持心灵的分离和孤独。要实现人本来具有的神圣的社会性，都不能通过现有的社会组织完成，而必须在拒绝了所有这些社会组织之后，靠每个人自己才能完成。虽然奥古斯丁说两座城的对立体现在该隐和亚伯身上，但该隐和亚伯在世界历史中各自的位置是非常不同的。该隐是第一座城的建造者，甚至就是地上政治的肇端者，但亚伯没有建任何一座城，他充其量只代表了生活在地上之城中的某些将来属于地上之城的公民；或者，更确切地说，他只代表了人类心灵中的某种力量。奥古斯丁既然说"没有好人不是最先是坏人的"，那就不能认为亚伯这里已经有了上帝之城。奥古斯丁似乎解决了他这里两座城二元对立的问题，解决的根本策略就是，把对立理解为内在的对立和分裂，而不是现实的城与城之间的对立。

既然地上没有哪座城是上帝之城或她的尘世代表，罗马当然不能成为上帝之城在人间的实现。但奥古斯丁对罗马的否定，并不是因为罗马尤其罪恶，而是对地上之城的普遍否定。按照这个道理，就不仅罗马不能，而且地上的耶路撒冷也不能是上帝之城，甚至地上的教会同样不是上帝之城。它们只能是各种形态的地上之城。我们在上一章已经看到，奥古斯丁对地上之城的否定，是对尘世人际关系的根本否定。在上帝之城中，所有这些关系都要被取消掉，甚至包括最基本的人伦关系，因为天上的人"也不娶也不嫁"。[1] 因此，现实生活中并不存在"上帝之城"，所谓"上帝之城"只存在于未来的末日之后。因为到了末日就不再有时间，上帝之城就在时间之外，或者说，它并不是一种历史现实，而只是从永远的未来向现在的一种投射；对于现实生活中的人而言，"上帝之城"更多是对现实社会的一种否定，而不是任何一种肯定性的制度建构。

---

[1]《路加福音》，20：35。

在该隐和亚伯那里本来已经解决的问题，在罗马和耶路撒冷这里似乎又重新冒了出来。如果耶路撒冷也不是真正的圣城，教会也不是神圣的组织，奥古斯丁到底在什么意义上肯定《旧约》的历史呢？人类的尘世政治难道就完全没有精神意义了吗？若是这样，不仅罗马人的德性和英勇都被否定了，犹太人建立自己国家的努力、现代西方人争取民主自由的斗争，似乎就都没有什么意义了。

正是由于这对基本的矛盾，《上帝之城》第十五卷第二章才成为一个争论不休的章节。

二　有没有第三座城

在这著名的一章，奥古斯丁用保罗关于撒拉和夏甲的说法来比喻耶路撒冷与两座城的关系。但一是因为所用的意象比较复杂，用语比较含混，二是因为他处理的本来就是个非常复杂的问题，以至于人们在理解奥古斯丁的意思时产生了极大的争论。

他首先说："这个城有一个影子，一个预兆性的像，其含义并不是要把上帝之城实现在地上，而是要指出她将在某个时间实现，这个城也被称为圣城，不是因为她真的是圣城，而是因为她是未来的圣城的像。"[1]随后，他引用了保罗在《加拉太书》中的一段话：

> 你们这愿意在律法以下的人，请告诉我，你们岂没有听见律法吗？因为律法上记着，亚伯拉罕有两个儿子，一个是使女生的，一个是自由之妇人生的。然而那使女所生的，是按着肉身生的。那自由之妇人生的，是凭着应许生的。这都是比方。那两个妇人，就是两约。一约是出于西乃山，生子为奴，乃是夏甲。这夏甲二字是指着亚拉伯

---

[1]　奥古斯丁，《上帝之城》，15：2；吴飞译，中册第229页。

的西乃山，与现在的耶路撒冷同类，因耶路撒冷和他的儿女都是为奴的。但那在上的耶路撒冷是自由的，她是我们的母。因为经上记着："不怀孕不生养的，你要欢乐。未曾经过产难的，你要高声欢呼，因为没有丈夫的，比有丈夫的儿女更多。"弟兄们，我们是凭着应许作儿女，如同以撒一样。当时那按着肉身生的，逼迫了那按着圣灵生的。现在也是这样。然而经上是怎么说的呢？是说，把使女和他儿子赶出去，因为使女的儿子，不可与自由妇人的儿子一同承受产业。弟兄们，这样看来，我们不是使女的儿女，乃是自由妇人的儿女了。基督释放了我们，叫我们得自由。[1]

保罗这里有两个层面的象征：第一，他认为，撒拉和夏甲分别象征了新旧两约；第二，他又进一步说，为奴的夏甲象征了罗马时代的耶路撒冷，成为罗马的奴仆，而自由的撒拉却象征了天上的耶路撒冷。保罗的第二个象征，应该是服务于第一个象征的：在撒拉还不能生育的时候，由夏甲生育；等到撒拉能生育了，夏甲就要被赶出去。在耶稣没来的时候，只有《旧约》；但耶稣颁布了《新约》之后，《旧约》就失去了意义。两个耶路撒冷的含义也应该是，在耶稣没来的时候，耶路撒冷代表了上帝之国；在耶稣来了之后，地上的耶路撒冷的地位就不重要了，因为耶稣宣布了天上的耶路撒冷。

我们在进一步看奥古斯丁的阐释之前先要清楚，保罗处在与奥古斯丁非常不同的时代：当时的耶路撒冷为罗马人所占领，基督徒无论在耶路撒冷还是在整个罗马，都处于边缘地位。面对这样的政治处境，保罗将希望寄托在天上的耶路撒冷。虽说基督徒并没有把建立独立政权当作自己的目标，但这种盼望多少反映出了尼采所谓的奴隶道德。

但在奥古斯丁的时代，基督徒已经不再是犹太教的异端，而且脱离了

---

[1]《加拉太书》，4：21—5：1；译文有改动。

被罗马帝国镇压的处境，罗马的基督徒早就脱离了为奴的边缘处境，而成为强大的罗马帝国的公民甚至当权者。像奥古斯丁这样批判自己所在的尘世政权，就与保罗时代有了非常不同的意义。奥古斯丁并不关心真正的耶路撒冷和犹太人[1]，他对耶路撒冷的否定，更多服务于他对罗马和所有世俗政权的普遍否定。他解释说：

> 地上之城的一部分，作为天上之城的像，不代表自己，而是代表那一个，是为奴的。她不是为自己而建的，而是为了所象征的另一个而建的。由于她又被另一个来象征，那预示性的又由另一个来预示了。撒拉的使女夏甲和她的儿子，就是这个像的像；但是影子在光照下就会消失，这光就是经上说的自由的撒拉，她象征了自由之城，夏甲是她的象征，是她的影子，侍奉她。她说："你把这使女和她儿子赶出去，因为这使女的儿子不可与我的儿子以撒一同承受产业。"使徒则说"与自由妇人的儿子"。我们发现地上之城有两个面相，在一个面相中，她展示了自己的样子，在另一个面相中，则以自己的显现，象征着天上之城。地上之城的公民是因罪而有罪过了的自然产生的；真正天上之城的公民则产生于恩典，脱离了罪，回归自然；所以后者是贵重的器皿，前者是卑贱的器皿。甚至亚伯拉罕的两个儿子都象征了这二者，一个出自名叫夏甲的使女，就是依照肉身生的以实玛利，另一个出自自由的妇人撒拉，是按照应许生的以撒。两个都是亚伯拉罕的骨肉；但是一个只是实现了惯常的自然，另一个则是应许给的，象征了恩典；一个只有人的用途，另一个获得了神的福祉。[2]

---

[1] 关于奥古斯丁著作中的犹太人问题，参考 Mireille Hadas-Lebel, *Jerusalem against Rome*, Leuven: Dudley, 2005；Paula Fredriksen, *Augustine and the Jews*, New York: Doubleday, 2008。

[2] 奥古斯丁，《上帝之城》，15：2；吴飞译，中册第230页。

奥古斯丁虽然也接受保罗关于《圣经》两约的解释，但他主要继承的是保罗的第二层象征。他首先认为，地上的耶路撒冷预示了天上的耶路撒冷。而撒拉象征了天上的耶路撒冷，夏甲则象征了地上的耶路撒冷；夏甲对撒拉的预示，就象征了地上的耶路撒冷对天上的耶路撒冷的预示，所以说，夏甲是"这个像的像"。这些意思，在保罗那段话里已经都有了，只是奥古斯丁说得更复杂。

奥古斯丁又明确强调，耶路撒冷是"地上之城的一部分"，但是这个地上之城有特别的使命，即用来象征上帝之城，就是所谓"天上的耶路撒冷"，甚至说，"她不是为自己而建的，而是为了所象征的另一个而建的"。学者们争论的焦点就在于，在两座城的关系中，地上的耶路撒冷究竟处在什么位置上。在奥古斯丁两城说的体系中，本来只有上帝之城和地上之城两座城，而耶路撒冷既是地上之城的一部分，又代表了上帝之城。它究竟算是地上之城，上帝之城，还是第三座城呢？

这一段之所以会引起巨大的争论，当然首先是因为奥古斯丁的讲法过于含混，用了太多的代词。夏甲母子"是这个像的像"，这个像是指撒拉，还是地上之城呢？撒拉母子，所象征的究竟是地上之城（即像的像），还是上帝之城呢？我们可以把它理解为：夏甲象征了撒拉，撒拉象征了地上之城的一部分，即地上的耶路撒冷，而地上的耶路撒冷又象征了天上的耶路撒冷。可以用下图表示这种关系：

夏甲──→撒拉──→地上的耶路撒冷──→天上的耶路撒冷

这种单向的比喻关系，应该是很多人的理解方式。如果按照这种或类似的理解，则地上的耶路撒冷应该是一个非常特殊的城，和别的地上之城不同，象征并代表了上帝之城，甚至可以说，是地上的上帝之城。这里，问题的实质并不是耶路撒冷或圣城的位置，而是尘世政治的意义。按照这一逻辑，若是耶路撒冷可以成为地上的圣城，则罗马也有可能成为圣城，教会更有资格成为圣城。[1]

但我们要清楚，奥古斯丁的比喻是从保罗来的。保罗说得很清楚，夏甲象征着地上的耶路撒冷，撒拉象征着天上的耶路撒冷，而夏甲和撒拉之间并没有象征的关系，只是夏甲生子预示了撒拉生子。无论在保罗的比喻还是奥古斯丁的引申中，撒拉都从来没有象征过地上的耶路撒冷；地上的耶路撒冷的命运，就是夏甲和她儿子的命运，而不是撒拉和以撒的命运。只是奥古斯丁将预示和象征两个词混用，结果反而造成了不必要的混乱。但若借助保罗来理解奥古斯丁的比喻，这四者之间的关系应该如下图所示：

地上的耶路撒冷 ——————预示——————→ 天上的耶路撒冷

象 ↑　　　　　　　　　　　　　象 ↑
征 ｜　　　　　　　　　　　　　征 ｜

夏甲 ——————预示——————→ 撒拉

在此，两个女人分别对应于两座城，两个女人之间的预示关系，象征了两座城之间的预示关系。夏甲是使女，和别的使女没有什么不同。她的唯一特殊之处在于，亚伯拉罕在撒拉没有生育时，纳她为妾，让她生了儿子，上帝以此事来预示撒拉的生育。但夏甲并不因此而不再是为奴的，等到撒拉生了子，她就要带着儿子离开亚伯拉罕的家了。同理，地上的耶路撒冷和其他的地上之城也没有什么不同，其特殊之处仅在于，它被用来预

---

[1] 德国学者雷斯岗（Hans Leisegang）就是这么认为的。1925 年，他发表了题为《奥古斯丁"上帝之城"学说的起源》的演讲，提出了一个著名的说法，指出奥古斯丁的思想中其实有三座城：一、天上的上帝之城，或称"天上的灵性之城"；二、地上的上帝之城，或称"地上的灵性之城"，撒拉和她的儿子以撒象征这座城；三、严格意义上的地上之城，或称"地上的肉身之城"，夏甲和她的儿子以实玛象征这座城。按照这种理论，则耶路撒冷是地上的灵性之城。它虽在地上，其实质却是和上帝之城一样的，或者说，它是上帝之城在尘世中的代表。耶路撒冷是地上的灵性之城。它虽在地上，其实质却是和上帝之城一样的，或者说，它是上帝之城在尘世中的代表。这一说法在后来的《上帝之城》研究中，特别是在德语学术界，引起了很多共鸣。见 Hans Leisegang, "Der Ursprung der Lehre Augustins von der Civitas Dei," *Archiv für Kulturgeschichte*, XVI（1925），pp. 127-128。

示天上的耶路撒冷。等到天上的耶路撒冷显现出来了，它的使命也就结束了，仍然要被当作地上之城来看待。[1]

耶稣来临之时，上帝之城就显现了出来，于是，地上的耶路撒冷就失去了象征它的意义，可以被废弃掉了。奥古斯丁将地上之城分为两部分，一部分是没有任何象征意义的，另一部分是有象征意义的，但在本质上，这两部分没有不同。奥古斯丁在《上帝之城》中的基本思想是，只有两座城，不可能有第三座城。耶路撒冷虽然比较特殊，但它的存在不会破坏两座城的基本结构。

上帝之城与地上之城之间的二元结构是世界历史的基本结构，不会出现第三座城，因此凡是地上的政治和社会制度，都属于地上之城，不会在任何意义上属于上帝之城。在犹太—基督教的思想体系中，以色列和耶路撒冷是最有资格成为地上的上帝之城的，但如果连耶路撒冷都只是为奴的夏甲，其他的政权就更不可能成为上帝之城的代理。身在罗马的奥古斯丁并不关心犹太人和他们的耶路撒冷，他表面上是否定了耶路撒冷的神圣意义，实质上是彻底否定了尘世中任何制度的根本意义，对尤西比乌等人的历史观做出了重大的修改，同时也能够以更冷静的方式面对罗马的衰亡。但这一推论却推到了更极端的程度。如果罗马和耶路撒冷都不可能是地上的上帝之城，教会这种人为的组织，在根本上也并不等同于上帝之城。奥古斯丁警告基督徒：

> 只要上帝之城还在尘世中做客旅，即使和上帝之城在一起的人中，也有一些，虽然通过圣事和上帝之城连在一起，但是将来不会和她一起，享受圣徒才会享有的那种永恒幸福。他们一部分是潜藏的；

---

[1] 1950 年，克兰兹（F. Edward Cranz）发表了《〈上帝之城〉第十五卷第二章与奥古斯丁关于基督教团契的思想》一文，对雷茨岗的学说做了简明但有力的批判。克兰兹指出，在这一章的文本中，找不到对三城说的支持。F. Edward Cranz, "De Civitate Dei, XV, 2, and Augustine's Idea of the Christian Society," in *Speculum*, Vol. 25, No. 2（1950），pp. 215-225.

一部分是公开的。……于是，两个城在这个时代交织在一起，相互混杂，直到最后的审判才会分开。[1]

此外，他在第十八卷第四十九章、第十九卷第六章、第二十卷第二十七章等很多地方，给出了类似的说法。[2]

三　人类之城？

奥古斯丁在《上帝之城》第十五卷第二章的比喻虽然复杂了些，但细读文本，他的逻辑还是能够理出来的。但为什么那么多优秀的学者会陷入谬误呢？其实，这个问题仅仅在表面上是对那段文本的理解问题，更重要的，是对奥古斯丁政治哲学和整体思想的全面把握。像雷斯岗那样的错误解读并不只是现代学者的一个错误，他的说法只不过是对中世纪以来一种很常见的误解的一种继续。中世纪的教廷和世俗国家都很重视《上帝之城》，一个重要原因就是认为可以从中得到支持，证明自己代表了上帝之城。[3]恰恰是这种误解长期以来支配了对《上帝之城》的解读。

而这里更实质的问题是，在奥古斯丁的思想体系中，究竟如何看待尘世的政治制度。如果坚持两城说，则人类的任何社会制度都是魔鬼之城；那么，在上帝之城面前，人类的社会政治制度就没有任何积极的意义了，世界历史将彻底变为心灵秩序。无论教会还是基督教国家，似乎都没有任何存在的价值。决定是否获得拯救的，都是每个人自己的心灵。虽然我同意，奥古斯丁在理论上已经走到了这个极端，但是，在现实政治中，这是不可操作的一种理论假设。因而，在讨论很多具体问题的时候，奥古斯丁

---

[1]　奥古斯丁，《上帝之城》，1：35；吴飞译，上册第45页。

[2]　关于教会与上帝之城的关系，也可参见 Yves M. J. Congar, "Civitas Dei et Ecclesia chez Saint Augustin," *Revue des Études Augustiniennes*, Vol. III-1 (1957), 1-14。

[3]　F. Edward Cranz, "De Civitate Dei, XV, 2, and Augustine's Idea of the Christian Society."

常常无法贯彻他对人世制度的这种彻底否定。比如在《上帝之城》第十五卷第四章，他就充分肯定了尘世中的和平的意义：

> 地上之城不会永恒（当她最后得到应有的惩罚时，就不再是一个城了），但也有自己的好。这个集团也会快乐，但只能是这种事物提供的那种快乐。……当为正义的原因而战的人胜利时，谁会怀疑那是令人兴奋的胜利，达到了人们希求的和平？这些是好的，而且无疑是上帝的赐予。但是如果我们忽视了更好的、属于天上之城的好，忽视了那永恒而最高的胜利中有保障的和平，而只欲求这类的好，或者认为这是唯一的好，或者爱它胜过爱那我们相信是更高的好，接下来必然是悲惨，而且悲惨还会不断增加。[1]

按照这一段的叙述，地上的和平也是一种好，而且是上帝的赐予；只是比起上帝之城中的永恒善好来，要低一个层次。这样的理解，确实像雷斯岗说的那样，带有很强的柏拉图主义色彩。如果地上的和平与幸福都是上帝的赐予，地上的王国也应该是上帝所赐的。奥古斯丁说："哪怕是地上的好（那些不能想象出更大的好的人只追逐这些），也是服从于唯一的上帝的权柄的。"[2] 这些拥有地上幸福与和平的城，既然也获得了上帝的赐予，岂不是应该区别于魔鬼之城？至于以色列或基督教国家，不是更不能称为魔鬼之城了吗？奥古斯丁对希腊罗马的哲学、文化、艺术、政治等等，都表现出相当高的敬意，对柏拉图、西塞罗、瓦罗、普罗提诺、波斐利等哲学家赞赏有加，对李维、撒路斯提乌斯等历史学家非常喜爱，对维吉尔的诗篇烂熟于心，对西庇欧、加图、勒古鲁斯等英雄极为崇敬，自己更是熟谙异教世界的各种学问和文化传统。难道他真要把自己热爱的这

---

〔1〕 奥古斯丁，《上帝之城》，15：4；吴飞译，中册第231—232页。
〔2〕 同上书，4：34；吴飞译，上册第170页。

一切都归入魔鬼的阵营吗？

或许正是基于这样的考虑，很多人不愿意接受奥古斯丁两城说的极端推论，而是要么把一个地上实体等同于上帝之城，要么认为，在魔鬼之城与上帝之城之间，还存在另外一个城。而他们在奥古斯丁的著作中，也往往能找到很多证据。[1]究竟是否存在第三座城，不能只考虑支持双方观点的文本材料，还要全面把握奥古斯丁的思想，从而厘清这些材料各自的位置和作用。[2]按照奥古斯丁的概念，尘世之好确实也是上帝的赐予，具有一定的积极意义，但这些好是可以利用（*uti*）的功用，而不是应该安享（*frui*）的结果：

> 我们说的结果，指的就是其自身能让我们快乐，而不指向别的目的的东西；而功用，就是我们用来追求别的目的的东西。因此，尘世的事物更多有功用，而不是结果，这样我们就能安享永恒；而堕落的人则不同，他们更愿意安享钱财，利用上帝；不是为上帝花钱，而是为钱服侍上帝。[3]

---

[1] 几乎就在克兰兹发表文章驳斥第三座城的同时，著名的瑞士主教热尔耐（Charles Journet）也在《言成教会》第二卷提到了第三个城的问题："在他关于两座神秘之城的神学语境中，奥古斯丁自己特别为第三座城划出了一块地方，这个城不能和魔鬼之城相混，这是一个人类之城，有它巨大的尘世价值。" Charles Journet, *L'Eglise de Verbe Incarné*, tom 2, Paris: Desclee De Brouwer, 1962, pp. 26-34.

[2] 法国著名的奥古斯丁研究学者马鲁（Marrou）为批判热尔耐的观点，写了《上帝之城、地上之城：没有第三座城？》一文。但在否定热尔耐之前，马鲁非常同情地指出热尔耐立论的理由。他承认，在《上帝之城》中的很多地方，特别是第十五卷第四章和第十九卷关于尘世和平的几章中，奥古斯丁高度评价了尘世和平的价值。对于深受柏拉图主义影响的奥古斯丁来说，这些东西是某种"好"，是毋庸置疑的。但是，这些好的东西是否构成了一个城，即热尔耐所谓的"人类之城"，却是另外一个问题。马鲁认为，热尔耐的说法之所以不符合奥古斯丁的思想，最根本的问题在于，这些尘世的好并不带有积极的价值。这些"好"只不过是对人有用而已，就像人利用空气、水分、食物等等，可以维持和保护人的身体，而与永恒的幸福和谴责无关。H. I. Marrou, "Civitas Dei, civitas terrena: num tertium quid?" *Studia Patristica*, II（II）, 1957, pp. 342-350.

[3] 奥古斯丁，《上帝之城》，11：25；吴飞译，中册第104—105页；参考 William Riordan O'Connor, "The *Uti/Frui* Distinction in Augustine's Ethics," *Augustinian Studies*, 1983, Vol. 14, pp. 45-62。

利用与安享，是奥古斯丁非常重要的一对概念。[1]在奥古斯丁看来，凡是存在的事物，都有好的自然，因为只要是自然，就是好的，所以哪怕魔鬼也有好的自然。如果彻底没有自然，就不可能存在了。但是大部分存在物只能利用，不能安享。在严格意义上，可以安享的，只有上帝，其他一切都只能利用。尘世中的各种事物虽然好，但不能成为安享的对象，这样，它就不可能有真正积极的价值。尘世中的好，是好人和坏人都要利用的；因此，上帝之城必须利用地上之城中的和平，哪怕是巴比伦的和平。尘世中的好并没有使巴比伦脱离地上之城或魔鬼之城的地位，因此根本不足以构成第三座城。[2]

奥古斯丁绝对否定了尘世生活的积极意义，另一方面又相对地肯定了地上之城中的和平、道德、幸福。他认为尘世生活中的这些价值，和空气、水分、食物等维持肉体生命的物质没有实质的区别。而这种极端立场，虽然在理论上并非不可能理解，但在任何社会和政治实践中都难以被全面实行。这正是奥古斯丁的两城说在历代被不断误解和修正的根本原因，其中应该不乏有意的曲解。

不过，误解和修正并不意味着根本的摒弃和克服。奥古斯丁的尘世之好与绝对之好之间有一种辩证关系，却是一种非常古怪和危险的辩证关系。相对于可以安享的上帝之城，尘世之好只是暂时利用的，虽然不是恶，但不能成为追求的对象。若把尘世之好当成了安享的对象，就有了恶。政治的价值只有相对的意义，每种政治价值被确立之后，都面临着被相对化甚至否定的命运。于是，任何地上政治都在一定意义上是好的，但又都可以被否定掉。不仅各个世俗国家不足以成为上帝之城的代言人，就是教会也可能被斥为魔鬼之城，而这正是西方历史上不断发生的事情。神学政治的这种辩证法在不断抽空现实政治的意义，将人间的价值归向虚

〔1〕 William Riordan O'Connor, "The *Uti/Frui* Distinction in Augustine's Ethics," *Augustinian Studies*, 1983, Vol. 14.

〔2〕 H. I. Marrou, "Civitas Dei, civitas terrena; num tertium quid?"

无，结果不会带来和平，反而会制造无数的冲突与战火。

四　真正的共和

在对奥古斯丁政治学说的研究中，除去上述三座城的问题外，还有一些著名的争论，其核心问题仍然是尘世之城究竟有没有积极的价值。奥古斯丁两城说的基本出发点既经明确，这些问题也就比较容易理解了。

其中一个问题，就是什么是真正的共和（res publica），以及罗马是否有过真正的共和。《上帝之城》第二卷第二十一章谈到了西塞罗的《共和篇》中，西庇欧关于共和的定义：

> 他说，共和就是"人民之事"（res populi）。人民（populum）指的并不是所有人和大众的集合，而是按照对"正义（iuris）"的认同和共同的利益集合起来的团契（sociatum）。[1]

到了全书第十九卷第二十一章，奥古斯丁又回到了这个问题：

> 按照西塞罗的《共和篇》中西庇欧给出的定义，罗马从来没有过共和。在本书的卷二，我曾经许诺说要证明这一点。现在是时候了，我要尽可能简洁清楚地解释这一点。简单说来，共和（res publica）就是人民之事（res populi）。如果这个定义是对的，那罗马就从未有过共和，因为从未有过人民之事，即他对共和的严格定义。他把人民定义为，共同认可什么是正义，并且是利益共同体的大众的团体。他在对话中解释了，他说的"共同认可什么是正义"是什么意思，以此表明，没有正义就没有共和；而在没有真正的正义的地方，不会有"法

---

〔1〕　奥古斯丁，《上帝之城》，2：21.2；吴飞译，上册第72页。

律"（*ius*）。因为，"法律"就是正义地做的事；不正义地做的事，不会是"法律"。人类的邪恶制度，不能说成或认为是法律。……正义就是让人各得其所的一种德性。那么，让人自身离开上帝，让他屈从于肮脏的鬼怪的，算是什么人的正义？[1]

将这两段放在一起，我们就能清楚地看出奥古斯丁对西塞罗的共和定义的基本看法了。他以基督教的方式诠释了西塞罗对"共和"的定义，认为按照这种定义，是不可能有真正的共和的。西塞罗把共和定义为"人民之事"，而人民是按照对正义的认可和共同利益结成的团体；不按照正义结合起来的团体不算人民，自然也就无法组成共和。按照柏拉图和西塞罗的定义，"正义"就是每个人各得其所，奥古斯丁也承认这一点。但是放在他的思想体系中，各得其所就是首先要让上帝得到他应该得到的；而堕落后的人都已经屈从于魔鬼，背离了上帝，这已经算是不正义了。所以，无论政治制度成为怎样的，只要无法使人真正脱离魔鬼的统治，都不可能是正义的。

按照这一说法，奥古斯丁实际上赞成《共和篇》中对话的另一方对尘世政治的看法："如果不靠非正义，共和就不能建立和发展，这是一个极强的说法，因为让人服从人的统治就是非正义的；但是，对于一个庞大的共和来说，如果帝国之城不采用这种非正义，就不能节制诸省。"[2] 在现实政治中，一定要让人服从人；但奥古斯丁认为，这本身已经是不正义的了，而任何共和都必须靠这一基本原则才能建立，可见，世俗国家必然建立在不正义的基础之上，那就更不可能是真正的共和了。

到了第十九卷第二十四章，奥古斯丁又重新审视了这个问题。他说：

---

[1] 奥古斯丁，《上帝之城》，19：21.1；吴飞译，下册第156—157页。
[2] 同上书，19：21.2；吴飞译，下册第157页。

如果不这样，而是以别的方式定义人民，比如："人民就是众多理性动物的集合，这些理性动物因为热爱的事情相和谐而组成社会。"那么，要看某个"人民"是什么样的，就要看他们爱什么。不管他们爱什么，只要不是众多牲畜的集合，而是理性的被造物的集合，并且因为所爱的东西相和谐而组成社会，那么，称为人民就不荒谬。而他们所爱的东西越好，人民就越好；他们所共同爱的越坏，其和谐就越坏。按照我们的这个定义，罗马人民是人民，他们的事无疑就是人民之事（共和）。[1]

奥古斯丁在这里提出了对人民的一个新定义，认为一群人只要共同爱某些东西，就可以组成人民。[2]所爱的对象可以是正义，也可以是非正义，不管这个对象是好是坏，只要他们之间达成共识就行。这样，虽然尘世中的国家不可能按照真正的定义构成，但是它们还可以成为共和。在这个意义上，罗马人民既然是人民，他们的国家当然就是共和。

五 相关的争论

上述几章是奥古斯丁论世俗国家问题的核心章节，历来学者都有很多争论。夏洞奇先生非常详细地描述了从卡莱尔到当代几位著名的奥古斯丁研究专家对这些问题的基本看法，[3]有兴趣的读者可以参考。本书尽可能不涉入学者的这类争论，但在此处，我们却不得不清理几种代表性的主张，以澄清奥古斯丁的真正观念，以及他在西方政治思想史中的位置。

---

〔1〕 奥古斯丁，《上帝之城》，19：24；吴飞译，下册第 164 页。
〔2〕 Jeremy du Quesnay Adams, *The populus of Augustine and Jerome: a study in the patristic sense of community*, New Haven: Yale University Press, 1971.
〔3〕 夏洞奇，《尘世的权威》，上海：上海三联书店，2007 年，第 198—217 页。

菲吉斯（John Figgis）认为，奥古斯丁笔下的政治是"自然的"、正面的[1]；伯内尔在他批判马库斯的文章中，也认为世俗政治有更积极的意义。布朗认为，奥古斯丁笔下的政治完全是负面的[2]；在一定程度上，奥多诺万（Oliver O'Donovan）也是这样认为的。[3]有相当一部分学者，如卡莱尔、迪恩、马库斯都认为，世俗政治介于地上之城与上帝之城之间。虽然他们的具体观点有很大的分歧，但他们在某种程度上都可以被看作支持存在"第三座城"的一派。马库斯的经典著作《尘世》（Saculum）发表之后，这一派更是占据了主导的地位。[4]马库斯是这样理解奥古斯丁在第十九卷第二十四章里对政治的定义的：

> 地上和平是所有人都关心的，不论是天上之城的，还是地上之城的公民；双方都看重它、热爱它。奥古斯丁对共和的正面定义看起来是精心设计的，目的就是要为这种重叠留出空间。组成共和的人民共同看重某些东西；他们不一定在同一个价值层面上看重它们，更不用共同认定什么是最高价值。共和将不可避免地把有着各种不同的终极忠诚的人包容在它的人民当中。但这些忠诚是落在共和的领域之外的。[5]

这是马库斯观点一段非常典型的表述。在他看来，奥古斯丁在第二十四章给出的定义非常符合现代自由主义国家的模式。当奥古斯丁给出这个

〔1〕 John Figgis, *The Political Aspects of St. Augustine's 'City of God'*. London：Longmans, Green, and co., 1921.

〔2〕 Peter Brown, "Saint Augustine", in *Trends in Medieval Political Thought*, Oxford：Basil Blackwell, pp. 1-21.

〔3〕 Oliver O'Donovan, "Augustine's *City of God* XIX and Western Political Thought," *Dionysius*, Vol, Dec, 1987.

〔4〕 Peter J. Burnell, "The Status of Politics in St. Augustine's City of God," *History of Political Thought*, Vol. XIII. No. 1., Spring, 1992, pp. 13-29.

〔5〕 Markus, *Saculum*, p. 69.

定义时，他虽然认可了尘世之城必然是罪的产物，而且与最终的救赎无关，但这并不意味着它就没有正面的意义。地上和平是上帝之城和地上之城的公民都非常看重的，因而代表了两座城重叠的部分。组成世俗之城的人民可以有各种各样的终极追求，有各种各样的价值体系，这些都可以非常不同；但是，地上和平对他们都很重要，虽然他们未必是在同一个层面上来理解地上和平。于是，就因为他们的这一共同价值，世俗之城负责保护人民中的所有成员不受侵犯，确保他们都享有足够的和平，为他们追求各自的终极价值提供必要的条件，而不去强行干涉。这样一个世俗之城，颇似政教分离的现代国家。国家的功能，更多是消极的保护："他再不认为，社会和政治制度是帮助人们在世上追求正确的秩序的代理。它们现在的任务，是减少无序。奥古斯丁坚持说政治权威并非来自人的自然，而是他有罪的状态的一个结果，正是这个意思。"[1]

伯内尔对马库斯的观点做了系统的批评，其中一个核心问题，也是对两个定义的理解。首先，伯内尔认为，马库斯等学者对西塞罗的第一个定义过于忽视了。无论在第二卷还是第十九卷，奥古斯丁都从未说过西塞罗的定义就一定是错的，他举出的第二个定义就一定是对的。他只是先后详细分析了两个定义而已。而且，单就第二个定义而言，奥古斯丁也没有像马库斯和奥多诺万理解的那样，认为世俗政治与正义完全无关。在马库斯和奥多诺万看来，奥古斯丁将正义问题完全移出了世俗政治的领域，奥多诺万认为奥古斯丁的世俗政治就是魔鬼的政治，马库斯则认为是中性的政治。但伯内尔认为，奥古斯丁按照另外一种理解来定义政治，并不意味着政治就必然是非正义的。他的根本理由是，奥古斯丁认可了，社会性是人类的一种天性：

　　　　对奥古斯丁来说，政治是人类自然就会从事的一种活动；强制，

---

〔1〕　Markus, *Saculum*, p. 84.

或者至少政治的多元主义（政治最明显的两个特点）并非政治自然的特点，而只是在某些条件下的特点；存在某种特点的公民德性，因为国家可以做其他制度都不能做的正义和可赞美的事；原则上，公民德性是超自然的基督教德性的基础。[1]

因此，伯内尔得出结论说，对奥古斯丁而言，公民国家是实现正义的主要自然手段，而公民德性是人类最主要的道德善好之一；随着人类的堕落，公民社会的善好被大大降低了，但并没有被消灭。[2]

如果说，马库斯把奥古斯丁理解成了现代政治哲学的先声，伯内尔则是把奥古斯丁当作了古典政治哲学的继承者。他这里描述的奥古斯丁，更像生活在城邦中的柏拉图和亚里士多德。除去对文本具体理解上的分歧之外，两派学者都有着更深层的思想关注，这是我们不应该忽视的。

1987年，奥多诺万在《狄奥尼索斯》上发表论文《奥古斯丁的〈上帝之城〉第十九卷与西方政治思想》，从完全相反的角度批评马库斯的解释。[3]他的批评和马鲁对热尔耐的批评有些类似：在奥古斯丁看来，凡是谈到功用的时候，都要和功用的目的联系起来看。悬隔目的的、完全中性的"利用"是不存在的。因此，奥古斯丁虽然认为地上的好是好人和坏人都会利用的，但他认为更决定性的是利用这些的实际目的。"正是在这里，奥古斯丁与现代人的差别表现得最为尖锐。马库斯的优秀著作却模糊了这一差别，这是他的一大弱点。"上帝之城的公民，是不可能成为地上之城的好公民的，而且，在两座城之间，也不可能有第三座城，没有中间地带或重叠的部分。"对奥古斯丁来说，真正的基督徒永远不会是真正的罗马人。"[4]

---

〔1〕 Burnell, "The Status of Politics in St. Augustine's City of God," p. 25.

〔2〕 Ibid., p. 29.

〔3〕 Oliver O'Donovan, "Augustine's *City of God* XIX and Western Political Thought," pp. 89-110.

〔4〕 Oliver O'Donovan, "Augustine's *City of God* XIX and Western Political Thought," p. 98.

从对奥古斯丁的文本的解释来看，奥多诺万和马库斯并没有很大的不同。他们都认为，奥古斯丁修改了西塞罗的定义，认可他自己在第二十四章提出的新定义。但奥多诺万不同意马库斯对奥古斯丁的现代诠释，因为奥古斯丁所关心的和现代人非常不同：

> 在将政治社会与德性剥离开之后，奥古斯丁并没有像现代理论家那样，在情感的基础上重建社会，而是采取了完全不同的路线。他所做的完全相反，用新的词汇重塑传统的社会与道德概念，使它既能解释使社会存在得以可能的道德秩序的现实，又能解释它有缺陷的本质特征。[1]

奥多诺万认为，奥古斯丁与现代政治思想家另外的一个巨大不同是，奥古斯丁没有"进步"的观念。这就涉及了我们所谈的历史哲学问题。奥古斯丁重视历史，而且有一套非常系统的历史哲学，但是，他笔下的世俗世界的历史，是没有进步可言的。这并不意味着奥古斯丁不讲历史的发展。他谈到了从家庭到城邦，再到世界帝国的发展，但这不过是对维吉尔罗马帝国概念的一种颠倒。奥古斯丁虽然认可了罗马的发展，但他并没有赋予它一种积极的意义。特别是，奥古斯丁没有启蒙时代以来人们对世界历史进步的乐观态度。

> 于是，世界历史呈现出来，一个和平而文明的世界帝国的演进，是这个历史的关键。在这个意义上，奥古斯丁是个历史主义者：当他在讲述罗马帝国的发展时，政治理论中的普遍问题都谈到了。但这个历史却是魔鬼的历史，只是以预言的方式讲出了上帝的神圣目的，遵

---

[1] Oliver O'Donovan, "Augustine's *City of God* XIX and Western Political Thought," p. 102.

循其潜在的路径，将世界历史用于更高的目的。[1]

世俗历史虽然有它自身的演进，但这一演进无助于灵魂的救赎，甚至和道德也无关系。在上帝之城面前，它只不过是魔鬼的历史。

对奥古斯丁这一思想的讨论很多，以上是不得不列出的最有代表性的三种观点。在笔者看来，还是奥多诺万的解释最接近奥古斯丁的本意，但马库斯和伯内尔的解释都有各自的道理。我们若把三派各自的说法放在一起看，就可以清楚地看到奥古斯丁的政治思想居于从古典向现代过渡的中间位置。他和古典政治哲学家一样，强调人类的社会性和相关的道德；但所有三派观点都承认，这种道德不是绝对和最高的，而且都和人类的原罪相关。三派的差别在于，尘世道德的这种相对性到底是在什么限度之内的。伯内尔认为，原罪只是在一定程度上削弱了人的社会道德，但并没有取消它。马库斯和奥多诺万都认为，奥古斯丁并不认可世俗社会的道德意义。但他们对奥古斯丁的这种否定态度并不相同。马库斯认为，奥古斯丁将政治与道德分离，恰恰是给道德的自由追求留出足够的空间；奥多诺万却认为，马库斯所说的完全是现代人的观念，并不符合奥古斯丁的思想。[2]

虽然我承认奥多诺万的最后结论，但马库斯的观点的意义正在于，他揭示出，奥古斯丁的思想与现代政教分离的思想之间有很大程度的相关性，或者说，现代思想正是从奥古斯丁的基督教政治思想发展出来的，只是，在奥古斯丁与现代人之间，还有很多过渡环节，不能简单地将二者等同起来。在这个意义上，奥多诺万与马库斯的讲法恰好可以相互补充。他

---

[1] Oliver O'Donovan, "Augustine's *City of God* XIX and Western Political Thought," p. 106.

[2] 英年早逝的 Perraeu-Saussine 的文章《天堂：〈上帝之城〉中的政治主题》也坚持上帝之城与地上之城的绝对二分，是一篇非常优秀的论文。见 Emile Perraeu-Saussine, "Heaven as a Political Theme in the *City of God*," in *Paradise in Antiquity: Jewish and Christian Views*, edited by Markus Bockmuehl and Guy G. Stroumsa, Cambridge: Cambridge University Press, 2010。

们都认为，奥古斯丁将世俗政治与道德分开。在马库斯看来，这种分开导致的是信仰的多元化；但在奥多诺万看来，这种分开导致的，却是世俗政治和历史的意义丧失。两个人所讲的，正是现代政治的两个维度，而这两个维度，在奥古斯丁那里都已经存在了。

伯内尔的讨论，则揭示出奥古斯丁思想另外一个层面的张力。我们在上一章已经谈到，奥古斯丁肯定了人的社会性，但否定了世俗社会的现实制度。伯内尔所肯定的，是社会性是人的天性这一点，并将奥古斯丁对社会性的肯定推展到对具体社会政治制度的讨论当中。他的问题在于，他没能充分考虑奥古斯丁在社会性这个问题上的辩证态度。但他的文章也揭示出奥古斯丁社会思想与古典政治思想之间的微妙关系。奥古斯丁虽然充分吸收了希腊罗马哲学中的方方面面，但所有这些都必须放在基督教的上帝这个永恒标准下衡量，必须服从于上帝的绝对价值。如果不朝向上帝，德性就都变成了罪过。[1] 但是，这些"罪过"毕竟和真正的罪过不同，还是世俗政治所必需的，因此，奥古斯丁在许多地方还会有限地肯定它们；而在现实的政治实践中，更不可能做到奥古斯丁说的那样极端。

介于古典与现代之间的奥古斯丁的基督教思想呈现出很大的弹性。如果强调古典的倾向，就会有伯内尔那样的解释；如果注重现代的价值，就可能有马库斯的解释；但如果要更深入地揭示基督教思想的内核，则需要奥多诺万那样的目光。

除去上面讨论的方面之外，奥古斯丁和西塞罗对正义的理解还有一个非常重要的不同。当西塞罗借西庇欧之口讨论城邦中的和平时，他用了这样一个比喻：

> 就像在弦乐或者管乐，以及歌唱当中，音乐是由不同的声音协调而成的，有教养的耳朵不能忍受怪异和不和谐；非常不同的声音相互

---

[1]　奥古斯丁，《上帝之城》，19：25；吴飞译，下册第165页。

配合，达到协调一致，就能形成和谐；因此，当理性像合唱，把很不同的声音协调起来一样，能够协调高贵的、低贱的、中间阶级的人，城邦也会达到协调。音乐家所谓的歌唱中的和谐，就是城邦中的协调，是使共和免于伤害的最高超和最好的纽带，没有正义，城邦就不会有和平。[1]

西塞罗这里的正义与和平概念，依赖于城邦中不同部分的差异与相互协调，即，首先要承认人和人之间有差异，但在这自然差异的基础上，要使它们尽可能相互配合，协调一致。如果忽视或不依循自然的差别，导致不和谐，就如同怪异的音乐，不可能是真正的正义。作为正义的各得其所，就是有差异的人之间的协调与配合。这和柏拉图在《理想国》中描写的城邦各阶层之间的分工合作是一致的。

奥古斯丁虽然引用了西塞罗的这段话，但他把各得其所理解为首先要把上帝的归上帝，对于每个人来说，上帝的归上帝就只是对心灵秩序的调整，完全失去对城邦秩序的关注。当奥古斯丁给出对正义和人民的新定义时，他就根本忽视了相互协调这个含义。这使奥古斯丁对正义和社会的理解，完全指向了另外的方向。[2]

六　基督徒皇帝

《上帝之城》中还有一个重要章节，经常被用来讨论世俗政治的问题，那就是第四卷第四章。这一章的全文如下：

---

[1]　西塞罗，《共和篇》，2：69；《上帝之城》，2：21；吴飞译，上册第 71 页引。

[2]　罗明嘉认为，奥古斯丁和西塞罗一样，强调城邦中的和谐。虽然奥古斯丁在一些地方确实也这么说过，但就其对上帝之城的理解而言，应该不是这样的。参见罗明嘉，《奥古斯丁〈上帝之城〉中的社会生活神学》，张晓梅译，北京：中国社会科学出版社，2008 年，第 205 页。

没有了正义，王国岂不就是一大群强盗（*Remota itaque iustitia quid sunt regna nisi magna latrocinia*）？而强盗就是一个小王国。团伙是人组成的，听首领的号令，通过盟约组织起来，根据共同认定的规则分赃。它如果不断招降纳叛，坏事日益增多，划定地盘、建立据点、攻占城池、约束人民，就越来越可以公然有王国之名。这个名字不是在去掉贪欲后才能获得，而是只要不受惩处，就能得到。亚历山大大帝俘虏的海盗就是这样回答他的，精彩而真实。国王审问他为什么要占领海面，海盗毫不屈服，说：你自己要抢夺整个地球；但是因为我的战船太小，所以你叫我强盗；因为你的战船巨大，所以你称为统帅。[1]

理解这段话的关键在第一句。由于 *remota iustitia* 在语法上的模糊性，使这句话可以有两种理解方法：第一，如果没有了正义，王国岂不就成了一大群强盗？第二，因为没有了正义，王国岂不就是一大群强盗吗？如果按照第一种理解，则王国本来是应该有正义的，当王国没有了正义，它就蜕化为一大群强盗，这是国家的一种特殊情况；如果按照第二种理解，则国家本来就是没有正义的，和一大群强盗没有什么区别，这是国家的一种常态。

显然，这里的"正义"并不是世俗的德性，因为强盗之间也要听从号令、遵守盟约、平均分赃。奥古斯丁在第十九卷第十二章更明确地讲到强盗们之间的和平："他们因为暴乱而与别人不同，但也要和自己的同谋或同案犯维持某种和平，否则就不能完成所想做的。即使盗贼，为了更有力和更安全地侵扰别人的和平，也要与同伙维持和平。"[2] 似乎强盗们正像奥古斯丁说的那样，彼此之间有一种共同热爱的对象，然后组织了起

---

〔1〕 奥古斯丁，《上帝之城》，4：4；吴飞译，上册第137页。围绕这一段的争论，参考夏洞奇，《尘世的权威》，第199—200页。
〔2〕 奥古斯丁，《上帝之城》，19：12.1；吴飞译，下册第144页。

来，并且维护一种秩序。奥古斯丁在接下来的第五章就举了强盗成为王国的一个例子：

> 当时坎帕尼亚有数量极少的角斗士，从竞技场中逃出来，组成强大的军队，举出三个头领，在意大利极为宽广的地域，带来极为残酷的涂炭。让我们的对手说，是什么神的帮助，使他们从一小撮低贱的强盗变成了一个王国，令罗马的儿郎闻风丧胆、高高的城垣战栗恐惧?[1]

在随后的第六章，奥古斯丁又举了国王变成强盗的例子。他谈到了亚述国王尼努斯。尼努斯在位期间，亚述王国不断征讨周围的国家，大大扩充了自己的疆域，而且按照奥古斯丁的说法，亚述王国延续的时间远远超过了罗马。他评论说："他们和邻国发动战争，继而征讨其它无辜的民族，仅仅出于霸欲，这不叫大盗巨寇，还叫什么呢?"[2]

第四卷的第五、第六两章紧随第四章之后，可以看作这一章正反两方面的佐证。角斗士们由强盗组成了王国，亚述王国则由王国蜕化为强盗。而海盗与亚历山大的对话，正是对这个问题的评注：强盗与皇帝没有实质的区别，只是规模大小的差别而已。[3]

若是按照第十九卷第二十四章关于人民的定义，再联系上述几个例子，我认为奥古斯丁的意思非常清楚：人类的世俗政治本来就和真正的正义无关，只不过是因为彼此共同爱的东西结合起来的团体，在本质上和强

---

〔1〕 奥古斯丁，《上帝之城》，4：5；吴飞译，上册第138—139页。
〔2〕 同上书，4：6；吴飞译，上册第140页。
〔3〕 408年，在希波附近的卡马拉（Camala）的一个异教集会上，爆发了一场骚动，当地人请求奥古斯丁出手援助，使参与者免予处罚，奥古斯丁粗暴地拒绝了。他让他们关心上帝之城，追求永恒幸福。这一事件可与奥古斯丁几年后在《上帝之城》中表达的政治观相参照。此事见新发现的奥古斯丁书信104，对它的研究参考 Emile Perraeu-Saussine, "Heaven as a Political Theme in the *City of God*," in *Paradise in Antiquity: Jewish and Christian Views*, edited by Markus Bockmuehl and Guy G. Stroumsa, Cambridge: Cambridge University Press, 2010, pp. 179-180。

盗没有任何区别。这样的理解和我们前面谈到的奥古斯丁对人间制度的讲法是一致的。

如果是这样，世俗政治的存在还有什么意义呢？特别是，建立基督教国家有什么意义呢？《上帝之城》第五卷第二十四章通常被当作奥古斯丁的"君主之鉴"。他在这一章里详细讲了自己认为怎样才是一个符合基督教标准的好皇帝：

> 我们说基督徒皇帝是幸福的，并不是因为他们统治的时间更长，或者是能寿终正寝，留下儿子继位，也不是因为能镇压共和的敌人，或者能够防范和镇压敌对公民对自己的反叛。此世的烦扰生活中这样那样的好处与慰藉，就是敬拜鬼怪的人也能够得到；这不属于上帝之国，而那些基督徒皇帝属于上帝之国。这些出自上帝的悲悯，但是上帝不希望信仰他的人把这当成至善。如果皇帝们以正义治国，如果那些赞美和谄媚的唇舌，那些过度的谦卑和礼敬不会让他们过于自大，如果他们不忘自己是凡人，我就说他们是幸福的。如果他们能够让自己的权力成为威严的上帝的侍婢，如果能在最大可能的范围内让人们服侍上帝，如果他们敬畏、热爱、服侍上帝，如果他们爱上帝的国（那个不必担心与人共享的国）胜过爱自己的国，如果他们缓于刑罚、敏于恕道；如果他们是为了王道的必要和保卫共和而用刑，而不是因为怀恨泄愤；如果他们网开一面不是因为徇情枉法，而是为了让人们改恶从善；如果对于他们不得不颁布的严厉政策，他们还能用悲悯仁义、宽宏大量来补充；如果他们在可以纵情声色时克己复礼；如果他们比所有人都更憎恶荒唐的欲望；如果他们做这些都不是出于对空洞的光荣的热望，而是因为对永恒幸福的挚爱；如果他们为了赎罪，不忘记以谦卑、忏悔、祈祷向真正的上帝献祭，那他们就是幸福的。我们说，这样的基督徒皇帝现在拥有幸福的希望，以后会有幸福的现

实，我们期待幸福将会降临他们。[1]

　　一个好的基督徒皇帝，未必国祚绵长，在政治上实现国家的长治久安或江山永固，甚至未必有多少世俗的政治智慧。评价一个皇帝好不好，和评价一个平常人是不是好的基督徒，没什么根本的区别，都在于他的内心信仰是否虔敬，并且是否在自己能力和职权所及的范围内服侍上帝。皇帝和其他基督徒所不同的，只是他的职位。他只要和其他基督徒一样，保持谦卑的虔敬之心，爱上帝胜过爱世上的一切，就可以成为好皇帝。如果没有虔敬之心，如果不以一切政令来服侍上帝，哪怕他的国家治理得再好，也算不上一个好的基督徒皇帝。基督徒皇帝君士坦丁一世不仅是个虔敬的基督徒，而且享受了圆满的地上幸福，其文治武功堪与奥古斯都媲美。但是："皇帝当基督徒并不能只是为了能像君士坦丁这么享福，每个人当基督徒都是为了永恒的生命。上帝让朱维安比朱利安垮台得还快得多；他让格拉泰死在僭主的刀剑下，但他的厄运却比服侍罗马诸神的老庞培轻得多。"[2] 朱维安和格拉泰都是基督徒，但他们却遭受了悲惨的命运。可这也并不意味着基督徒皇帝必须悲惨地殉道，老庞培比格拉泰更悲惨。在奥古斯丁的心目中，皇帝西奥多一世比君士坦丁等人更能成为基督徒皇帝的典范。西奥多真正确立了大公教会在罗马的统治地位，残酷打击罗马的传统宗教和基督教异端，摧毁朱庇特的神像。据奥古斯丁说，他遵照基督教的要求，宽容自己在内战中的敌人，在犯错之后认真地行告解："当他以帝王之尊面对民众俯伏于地的时候，人们更多为这景象而哭泣，而不是因为自己的罪引起他的愤怒而害怕。什么会比这样一种宗教的谦卑更神奇呀？"[3]

　　国家的强大与绵长固然出自上帝的赐予，但不是一个基督徒皇帝的最

---

[1] 奥古斯丁，《上帝之城》，5：24；吴飞译，上册第 210 页。
[2] 同上书，5：25；吴飞译，上册第 211 页。
[3] 同上书，5：26.1；吴飞译，上册第 213 页。

第七章　两座城的历史：没有第三座城　　　273

终目的。奥古斯丁在《上帝之城》第四卷第三章谈道："让好人长期统治辽阔宽广的土地，也是有用的；但是这更多对治于人者有用，而不是对治人者。因为和治人者相关的，只是他们的虔敬和正直，上帝的伟大赐予，已经足够使人到达真正的幸福了，人们可以用这过上好的生活，以后进入永恒。"[1] 一个皇帝如果将国家治理得井井有条，这是上帝通过他赐给了他的臣民各种好处；但这些对于皇帝自己来说，并没有什么实质的意义，因为并不能增加他的虔敬。

正是在这个意义上，奥古斯丁在同一章指出："就像文章是由单个字母组成的一样，城邦和王国的元素是每个单个的人，无论她占地有多么广阔。"[2] 我们在本书的导言中就谈到，这是对柏拉图大字与小字的比喻的一个颠倒，也是奥古斯丁历史哲学的一个重要观念。这一表述，其实已经和柏拉图对城邦政治的理解非常不一样了。奥古斯丁和柏拉图的区别，不只是由大到小还是由小到大的问题。在柏拉图那里，城邦正义的实质是人尽其才，即每一类人都要做不同的工作，彼此依赖，任何人都不能被其他人取代。只有城邦内部井然有序了，才会有城邦的正义，然后才能谈灵魂的正义。西塞罗在谈共和内部的和谐时，也很强调这一点。但当奥古斯丁说个人与国家的关系像文字和文章时，他没有再区分不同人之间的分工，而认为每个人之间都是一样的文字，甚至文字组成的文章也不具有另外的结构，而只是每个单个文字的放大和重叠。

奥古斯丁比喻说，一个很贫穷但健康的人，胜过一个富有但疾病缠身的人，就像一个满怀信仰的小国，胜过一个充满不敬的大国。但我们不能从国家政治的角度来理解这个对比，而要从国家元首的角度，因为对于臣民来说，也许还是更强大的国家好一些。一个统治小国的虔敬的君主，胜过一个统治大国的不敬的皇帝。一个皇帝，虽然可以影响到千百万的其他

---

[1] 奥古斯丁，《上帝之城》，4：3；吴飞译，上册第137页。
[2] 同上书，第136页。

人，但在得救的问题上，和任何一个平民一样。奥古斯丁所谓的，王国由很多单个的人组成，其根本含义，正是我们在上一章所说的，人类的集体，是由具有同样的拯救问题的单个人组成的。社会的集体性无法取代任何个人心灵的努力，哪怕他是皇帝。一个看似悖谬的结论是：虽然奥古斯丁强调人类的集体性，但这种集体性在任何意义上都不能取代或补充个人的努力，它恰恰使每个个体回到自己的心灵秩序。

奥古斯丁对君主问题的讨论还使我们看到，虽然地上之城都属于魔鬼之城，但地上之城的君主并不是魔鬼之城的领袖。魔鬼之城与上帝之城的划分，是从心灵秩序的角度说的，只有作恶最大的魔鬼才是魔鬼之城的领袖；但皇帝作为一国之君，却是从政治秩序的角度说的。奥古斯丁认为，尘世政治中必然有不义，皇帝不可避免地卷入这种不义，就像堕落之人不可避免地会有性情、死亡、战争一样。但皇帝仅仅在政治上成为地上的领袖，却未必会成为魔鬼之城中恶的领袖。政治统治和心灵秩序是不相干的，所以皇帝还是可能获得个人的拯救；但也是因为政治秩序与心灵秩序不相干，君主在政治上的各种作为，并不妨碍他的灵魂的拯救。奥古斯丁并没有取消尘世政治，也不可能取消，他只是否定了尘世政治的道德意义。

或许正是因为奥古斯丁否定的是地上之城在心灵秩序中的位置，所以一些研究者才会认为，地上之城未必是魔鬼之城，而可能是中性的第三座城，甚至是地上的灵性之城。但我认为，这并不意味着它不是魔鬼之城。只要是地上之城，就必然依靠不平等和不义来掌管，而这些都是罪的结果，因而地上之城一定是魔鬼之城。当然，这个微妙的区分为理解尘世政治留下了相当大的弹性空间，使后来的政治哲学家有可能在一定程度上肯定它的意义——但也只能是一定程度上。

七　世界历史

正是在上述的基本理论之上，奥古斯丁继承和修改了之前对世界历史的理解。奥罗修斯的历史观颇能代表此前基督徒对世界历史的认识：

> 如果权力来自上帝，由于其他的权力都来自王国，王国的权力岂不更是都来自上帝？但如果各个王国彼此敌对，如果某个王国变成最强大的，使所有其他王国的权力都服从于它，岂不是好得多？于是，巴比伦王国首先兴起，然后是马其顿，再后来是阿非利加，最后是罗马，直到我们今天。也是由于同样不可言说的计划，在世界的四大方位，四个主要的王国在不同阶段兴起，即：东方的巴比伦王国，南方的迦太基王国，北方的马其顿王国，西方的罗马。[1]

从这一段里，可以看到奥罗修斯，以及他所代表的罗马基督徒理解世界历史的基本框架。首先，他们以东西南北四个方位为纬，以巴比伦、马其顿、迦太基、罗马的兴衰为经，其中，东方的巴比伦和西方的罗马，是一头一尾，构成了世界历史的主角。罗马是四个王国的终结者，有着特别神圣的意义。因此，罗马史构成了世界历史的总纲。奥罗修斯著作中的纪年，都以罗马的建城为基点，以"建城前"和"建城后"来计算每个事件的年代。此书的主体，是四个城，特别是罗马的历史，犹太人的历史只是一笔带过。

以四个大国来连缀世界历史，出自早期基督教对《但以理书》这个段落的解读："我夜里见异象，看见天的四风陡起，刮在大海之上。有四个大兽从海中上来，形状各有不同。"[2] 侍者向但以理释说："这四个大兽就是四王将要在世上兴起。然而，至高者的圣民，必要得国享受，直

---

〔1〕 奥罗修斯，《历史》，2：1，英译本 *The seven books of history against the pagans*，Catholic University of America Press，1964，p. 44。

〔2〕 《但以理书》，7：2—3。

到永永远远。"[1] 奥罗修斯虽未明确这样诠释，但他应该受到了这一解释传统的影响。奥古斯丁在《上帝之城》中批评了这一解释传统的另外一个版本：亚述、波斯、马其顿、罗马。[2]

在奥罗修斯与奥古斯丁的著作之间，我们还是可以看到很多相似性。比如，奥古斯丁对世界地理的认识和奥罗修斯是一样的；[3] 在相继兴起的几个大国中，他也认为巴比伦和罗马是最重要的。[4] 这些可能是二人相互交流的产物。不过，奥古斯丁与奥罗修斯最大的不同是，他没有以四个大国的兴衰为世界历史的主轴，更没有以罗马史为世界历史的基准。他以基督的言成肉身为基准，以犹太人为上帝之城的象征，按照上帝之城和地上之城两条线索，重新构建了世界历史。《上帝之城》第十八卷，是他对世界历史进程的简要概括，其中很多材料来自尤西比乌和哲罗姆的《编年史》，大多数事件可以在奥罗修斯的书中找到更详细的叙述。但是，由于叙述的框架极为不同，这就成为一套全新的历史架构。我们以下表概括这一章中的世界历史：

世界历史对照表：

犹太人	亚述（巴比伦）	西锡安	阿尔戈斯	雅典	罗马
	第一代王伯鲁斯	爱基阿流斯			
亚伯拉罕出生于迦勒底	第二代王尼努斯的扩张	欧罗普斯			
	第三代王塞米勒米斯扩张				

---

〔1〕《但以理书》，7：17—18。

〔2〕 奥古斯丁，《上帝之城》，20：23.1；吴飞译，下册第214页。

〔3〕 同上书，16：17中对世界地理的描述；吴飞译，中册第298页。

〔4〕 同上书，18：2.1，吴飞译，下册第49页。在这里，奥古斯丁谈的是亚述和罗马，他经常把亚述和巴比伦当作一个王国。

亚伯拉罕出巴比伦	第四代王尼努斯二世（尼尼亚）	泰尔克西恩，死后被尊为神		
以撒出生	阿里乌斯			
亚伯拉罕死去	薛西斯（巴勒乌斯）	图利阿库斯（图利马库斯），死后被献祭		
亚伯拉罕的孙子出生			依纳库斯建国	
上帝给以撒应许	第八代王阿尔玛米特尔	流齐波		
雅各	第九代王波罗库斯	仍然是流齐波	佛洛纽斯，希腊建立律法和法官制度。佛洛纽斯的弟弟费郭斯死后为神，伊纳库斯的女儿伊西斯为女神	
以撒去世	第十代王巴勒乌斯	莫撒普斯（凯非索斯）	阿皮斯	
约瑟来到埃及			阿皮斯死在埃及，成为埃及的神塞拉皮斯	
雅各死在埃及	仍然是巴勒乌斯	伊拉图斯	阿尔古斯，种植农作物，死后为神	
约瑟死在埃及	第十二代王玛米突	普莱缪斯	仍然是阿尔古斯	
摩西出生	第十四代王撒弗鲁斯	奥尔拓波利斯	克利雅苏斯，有普罗米修斯、阿特拉斯等成神	
摩西出埃及	亚斯卡塔德	马拉图	特里欧帕	克刻洛普斯

约书亚	第十八代王亚悯塔	寇拉斯	达纳乌斯，从出埃及到约书亚时代，希腊人设置祭神仪式	埃里克特翁尼亚斯	
士师时代			希腊出现了更多神话，出现了神学诗人		
底波拉做士师	第二十八代王兰帕烈		阿尔戈斯被麦锡尼吞并		劳伦图姆王国崛起，萨腾之子匹库斯为第一个国王
					法乌努斯
押顿做士师	陶塔诺斯	伯利斐得		马内瑟修斯	拉丁努斯，改名拉丁，特洛伊战争
参孙做士师		波拉斯古斯			埃涅阿斯
				莫兰索斯	阿斯卡纽斯
希里做士师	第二十九代王欧纽斯	灭亡		科德罗斯	西尔维乌斯[1]
士师时代结束，扫罗和撒母耳时代					西尔维乌斯诸王
大卫				共和时期	
所罗门在耶路撒冷建神殿					建阿尔巴城
罗波安，分裂为两国					
	转入米底斯，亚述灭亡				阿文廷努，尊为神

---

[1] 根据奥古斯丁，《上帝之城》，18：19—20；此处奥古斯丁的叙述有些混乱。他先说埃涅阿斯死时雅典国王是科德罗斯，后来提到西尔维乌斯和他的身世时，又说那时雅典的国王是莫兰索斯。但莫兰索斯在科德罗斯之前，而阿斯卡纽斯在西尔维乌斯之前。

				普洛卡斯、阿慕流斯、努密托尔先后做国王，罗慕洛建立罗马
亚哈斯或希西加/何西阿				
以色列十个部落被迦勒底掳去				泰勒斯时代	罗慕洛为王，西彼拉预言
玛拿西为王，以赛亚被杀					努马
约西亚为王，耶利米等做先知					安克·玛提乌斯
西底加为王，犹太人被巴比伦人所掳，但以理、以西结做先知				自然哲学繁荣	老塔昆
居鲁士和大流士解放犹太人，哈该、撒迦利亚、玛拉基等先知					骄傲者塔昆，罗马进入共和时代
重建神殿，以斯拉做先知，没有国王					
亚历山大征服以色列					
费拉德尔夫求经，七十子本《圣经》的翻译，犹太内战					
艾匹法内俘获犹太人					
叙利亚王安提俄库斯折磨，马加比起义					
阿尔西莫为大祭司					

亚里斯托布鲁斯兼任大祭司和国王				
亚历山大为国王				
亚历山德拉为女王				
亚里斯托布鲁斯和胡肯努争夺王位，庞培立胡肯努为祭司，安提帕特为总督，朝贡罗马				罗马征服各地
卡西乌斯掠夺神殿				罗马内战
希律王，耶稣诞生				奥古斯都实现全球和平

　　这就是奥古斯丁笔下，耶稣诞生之前的世界历史。他和奥罗修斯一样，将各个民族的历史整合到了一起。但这里所描述的只是地上之城的历史；耶路撒冷的历史才是真正的主线，是所有这些王国历史的参照系。当然，奥古斯丁仍然为罗马的特殊性保留了一点位置，因为奥古斯都实现了全球的和平，并且耶稣要在罗马统治的时候降生。不过，这并没有使罗马获得什么神圣的特殊性。同时，耶路撒冷的历史虽然是神圣历史，但它的神圣性到耶稣来临就终结了，甚至在耶稣来临之前很久就充满了渎神的事情。它同样并不具有特别的神圣性，虽然犹太人总是承担着一些特殊的使命。

第八章
罗马的历史：毫无光荣的霸欲

有了上一章所讲的基本政治观念和世界历史框架，我们就能理解奥古斯丁对待罗马的态度了。《上帝之城》对罗马的基本态度是批判，但这绝不是因为奥古斯丁不认同罗马帝国，或不喜欢罗马文化。无论在政治上对罗马帝国的认同，还是在文化上对希腊罗马文化的熟悉和喜爱，奥古斯丁都不弱于任何一个罗马基督徒，甚至不弱于一般有教养的罗马异教徒。哪怕对他所批判的很多内容，比如罗马的神话与宗教、竞技比赛，以及流行一时的星相学，奥古斯丁都曾经非常热爱。他与受罗马帝国压迫的犹太人不同，与被罗马皇帝镇压的早期基督徒更不一样。奥古斯丁对罗马的批判，绝不是简单回到《启示录》中的态度。他的批判，是站在自己内心深处的上帝之城，对罗马所代表的尘世政治的全面批判。无论基督徒还是异教徒，都相信罗马是尘世政治的最高峰。奥古斯丁对这一点并没有异议，他也不认为蛮族有可能取罗马而代之，更没有想过，教会要成为一个新的罗马帝国。他的批判不会撼动罗马在西方政治史上的这个地位。因此，对罗马的热爱与批判可以在他这里并行不悖。而我们也必须小心区分，奥古斯丁对罗马的哪些方面是批判的，对哪些方面是赞美的，在表面的批判背后，是否潜藏着挥之不去的热爱，而在那与生俱来的热爱之外，是不是又在努力说服自己放弃罗马。

我们的基本观点是：奥古斯丁虽然否定了罗马的政治，他却不是以新的政治，而是以内在价值来否定的。他把罗马的政治刻画成十分丑恶可笑的样子，但又不能丢掉这种政治，结果反而把它变成通向上帝之城的路上不得不住的旅店。因此，奥古斯丁在政治上并没有放弃，也不可能放弃罗马，更没有提出超越于罗马帝国之上的政治理想；但是，他却用一种新的文明理想，即上帝之城，来否定罗马的精神追求。于是，人类历史的意义彻底向内转向了心灵秩序，光荣伟大的罗马帝国所剩下的，只有残酷的政治斗争、虚妄的人生追求和阴冷的权谋之争，不再具有历史的神圣意义。奥古斯丁的工作，就是把自己身处其中且深深热爱的祖国变成一个尔虞我诈的罪恶渊薮。他脱下了披在罗马帝国身上的托袈裟，甚至进一步剥去了罗马文明的骨肉，使罗马帝国变成一具赤裸裸的僵尸，于是它的政治表演不再具有任何传奇的色彩，而完全变成了可怕的骷髅之舞。

正是在这个意义上，奥古斯丁终结了西方古典文明理想。他对罗马精神的戕害远远大于阿拉利克对罗马城垣的攻打。

一　罗马历史中的霸欲

哈丁（Brian Harding）指出，奥古斯丁不仅是罗马历史学传统的终结者，而且属于这个传统，是这个传统中最后一个伟大作家。[1]这一说法卓有见地。从尤西比乌到奥古斯丁，代表了罗马史学传统在基督教时代的发展，虽然由他们发展出来的罗马历史学已经变得非常不同了。和对希腊罗马哲学的态度一样，奥古斯丁对罗马历史的态度，也并不仅仅是批判。他继承了罗马历史学家的基本叙事风格，甚至很多重要观念，在这些方面的成就不亚于罗马任何一个伟大的历史学家。只是他从基督教的角度，重新整理和评价了罗马历史。

撒路斯提乌斯是对奥古斯丁影响极大的罗马历史学家之一。奥古斯丁用来批判罗马历史的概念"霸欲"（*libido dominandi*），就是撒路斯提乌斯

---

〔1〕 Brian Harding, *Augustine and Roman Virtue*, London: Continuum International Publishing Group, 2008, p. 51.

从修昔底德那里学来的。因此，当奥古斯丁以这个概念来理解罗马史时，他背后是从修昔底德到撒路斯提乌斯的一个深厚传统。[1]在撒路斯提乌斯的《喀提琳阴谋》中，"霸欲"是这样出场的：

> 当亚细亚的居鲁士，希腊的雅典人和拉克戴蒙人开始征服各个城市和民族，把霸欲（*libido dominandi*）当作发动战争的借口，把最大限度地扩充霸权看成是最大荣誉的时候，人们终于从这种危险的事业认识到，精神的作用在战争中是最大的。[2]

对撒路斯提乌斯而言，历史学也是对人性的一种探讨。他把霸欲的产生当作人类文明的一个转折点，因为军事征服帮助人们认识到了精神力量的伟大。撒路斯提乌斯也并不是毫无限制地肯定霸欲。他清楚地知道，霸欲本身并不是一种德性，只有将它用于正途，才能起到好的作用。在他的历史著作中，撒路斯提乌斯并没有频频使用这个词，但这一观念贯穿于他的历史分析的始终：

> 最初使人们的灵魂受到促动的与其说是贪欲毋宁说是野心——野心确实是一种缺点，但是它还不算太违背道德。因为光荣、荣誉和权力，这些是高尚的人和卑劣的人同样热烈期望的，只是前者通过正当的途径获得它们，而没有高贵品质的后者通过狡诈和欺骗取得它们罢了。[3]

此处说的"野心"和霸欲是同义词。撒路斯提乌斯承认，霸欲或野心

─────────────────────

〔1〕 Brian Harding, *Augustine and Roman Virtue*, p. 61.
〔2〕 撒路斯提乌斯，《喀提琳阴谋·朱古达战争》，2；王以铸、崔妙因译，北京：商务印书馆，1996 年，第 94 页。
〔3〕 同上书，11；王以铸、崔妙因译，第 101 页。

本身确实是缺点，但可以激发德性。罗马之所以能够成为自由的帝国，正是靠了正确地运用霸欲：

> 罗马这个自由国家一旦争得了自由，便在很短的时期内，变得令人难以置信的强大和繁荣，人们满脑子的对光荣的渴望竟是如此强烈。首先，一旦青年能够忍受战争的艰苦，他们便在军营中接受极为严格的军事训练，他们更加喜爱的是精良的武器和战马，而不是妓女和狂欢。因此，任何劳苦对他们这些人都不陌生，任何地区都不过于崎岖或过于陡峭，任何手持武器的敌人都不足畏惧；勇气是最重要的。不仅如此，为争取荣誉他们相互间还进行最激烈的竞争；每个人都力求第一个把敌人打倒，第一个登上城墙，并且力求在众目睽睽之下完成这样的事迹。他们把这视为财富、美名和高贵的地位。他们渴望人们的赞美，但对金钱却挥霍无度。他们的目的在于取得无限的声名，但财富则只限于他们用诚实的手段所能取得的那些。我能列举出一些战场，在这些地方罗马人只用很有限的兵力便打败了他们的敌人的大军，我还说得出罗马人攻占过哪些有天然屏障的城市。[1]

任何一部罗马史都不可能忽视罗马的军事征服。无论古代的李维、维吉尔、撒路斯提乌斯，还是现代的马基雅维利、吉本和孟德斯鸠。罗马靠军事征服而成为世界帝国，这是一个无法否认的事实。但如何看待这种军事征服背后的精神力量，却言人人殊，特别是在古代史学家和现代史学家之间有一个巨大的分野。虽然撒路斯提乌斯极力赞美罗马的军事力量，但这军事力量所体现的，却是德性。因为要不断征战，所以罗马的年轻人不喜爱妓女和狂欢，而热衷于精良的武器和马匹。他们彼此竞争，渴望赞美，并不看重金钱。罗马的强大绝不仅仅在于它征服了多少城市，统治了

---

[1]　撒路斯提乌斯，《喀提琳阴谋》，7；王以铸、崔妙因译，第98—99 页，译文略有改动。

多大地盘，更重要的是，它能够在美德中繁荣昌盛。

因此，若是罗马在奢侈腐败中强大起来，这种表面的强大只能带来实质的衰落。正是在这个意义上，撒路斯提乌斯认为，罗马在击败了它最强大的敌人迦太基，从而变得不再有真正的劲敌之后，就开始衰落了。那个时候，罗马再无敌国外患之忧，和平导致了奢侈贪婪之风的盛行，罗马很快丧失了原来的光荣：

> 一旦财富开始受到人们的尊敬，并且当光荣、军事统帅权和政权随之也受到尊敬的时候，德行便开始失去其光采，贫困被认成是一种耻辱，廉洁反而被说成是一种恶意的表现。因此，由于财富的缘故，同狂妄自大结合在一起的奢侈与贪婪便沾染上了我们的青年一代。他们干着掠夺的勾当，毫无节制地浪费；他们毫不珍视自己的财产，却又觊觎别人的财产；对于节制、贞节，人的和神的一切事物，他们无不采取蔑视的态度；简言之，他们既极为胆大妄为又毫无顾忌。[1]

当罗马失去了外部的敌人，霸欲不再用于对外的军事征服，反而导致了内讧。特别是从苏拉发动内战之后，霸欲不断被用于罗马内部的争夺，成为罗马衰落的重要原因。在这个时候，人们看重金钱和权势，妄自尊大、奢侈浪费，放弃了原来的德性，罗马的光荣才因而黯淡下来。在撒路斯提乌斯笔下，喀提琳就是错误地使用了霸欲的人。他以满怀激情的演讲，激起了人们的忠诚和对自由的渴望，这些都是罗马历史上极为可贵的德性。但是，喀提琳利用这些德性来推翻政府、谋求在内的统治权，这就使他和古老的罗马人完全不同了。[2]喀提琳和他的追随者都表现出了极大的勇敢。撒路斯提乌斯对喀提琳集团被剿灭时的状况的描写，是《喀提

---

〔1〕 撒路斯提乌斯，《喀提琳阴谋》，12；王以铸、崔妙因译，第102页。
〔2〕 Brian Harding, *Augustine and Roman Virtue*, p. 65.

琳阴谋》中令人难忘的一个段落:

> 几乎每一个人在牺牲时都用自己的身体覆盖了在战斗开始他活着时所占据的位置。确实,被近卫军冲散的核心地点的少数人稍稍离开了其余的人,但即使是这些人,他们的伤口也是在前面的。但是人们发现喀提琳远在他的士兵的前面,在被杀死的一堆敌人中间,还在轻轻地喘着气,脸上表现出在他生前给他以鼓舞的一种坚强不屈的精神。最后,在全部军队中,没有一个自由人出身的公民是在战斗中或是在逃跑时被俘的,这表明所有的人不爱惜他们自己的生命就如同不爱惜敌人的生命一样。[1]

乍读这一段,人们会觉得这是在写一群杀身成仁的英雄,而很难想到,他们竟然是危害罗马共和的坏人。但撒路斯提乌斯这样描写他们的死状,并不是为了赞美喀提琳等人的德性,而恰恰是对霸欲的深刻反思。喀提琳的霸欲也是非常强大而有力的,与当初罗马人用来征服帝国的霸欲没有区别,但现在,由于这种霸欲没有用在正确的地方,它反而变成了罗马内乱的根源。

在撒路斯提乌斯笔下,当罗马人将霸欲指向外部,靠它来征服其他城邦和民族的时候,它就激发了罗马人的精神力量,使他们热爱德性,成为一个伟大的民族;但是,当罗马人将它指向内部,用它来谋取在国内的地位,它就成为诸多恶习的温床,导致了频繁的内战和罗马的最终衰落。但撒路斯提乌斯真正赞美的,并非霸欲,而是军事征服中体现出的诸般德性。霸欲的意义,仅仅在于它激发或压抑这些德性。撒路斯提乌斯用这个概念来分析罗马早期的强盛与灭亡迦太基之后的衰落,这大大影响了奥古斯丁对罗马历史的理解。

---

[1] 撒路斯提乌斯,《喀提琳阴谋》,61;王以铸、崔妙因译,第154—155页。

二 奥古斯丁理解的霸欲

奥古斯丁接受了撒路斯提乌斯对罗马历史的很多重要判断，特别是创造性地继承了"霸欲"的概念。在分析罗马历史的时候，奥古斯丁比撒路斯提乌斯远为频繁地使用"霸欲"一词。首先，在面对罗马的盛衰时，奥古斯丁完全接受了撒路斯提乌斯的历史分析，即认为罗马曾经因为霸欲对外而强盛，后来却因为霸欲对内而衰落。不过，他这里的霸欲不再像撒路斯提乌斯笔下那样，可以激发精神力量，而变成了本质上就邪恶的一种欲望。奥古斯丁并没有否定撒路斯提乌斯对罗马盛衰的分析，而是全盘接受了下来，却在这种历史分析背后加上了一层重重的底色：罗马靠了霸欲强盛起来又怎么样？那不过是原罪的一个结果而已。

在《上帝之城》里，奥古斯丁反复引用撒路斯提乌斯的话，来分析罗马道德的衰落。他说："在第二次布匿战争和最后一次布匿战争之间，罗马人民达到了最好的道德风尚和最高度的和谐。之所以有这样好的状态，不是因为对正义的爱好，而是因为迦太基的屹立威胁着他们不稳定的和平。"[1] 在布匿战争中，老加图曾经提议彻底灭亡迦太基，但西庇欧反对这一提议。普鲁塔克说：

> 这或许是因为他看到罗马人在放纵无度的情况下，在许多方面已经犯了过分的错误。人们以国家的昌盛富强而骄傲，藐视元老院的控制，随着他们疯狂的欲望，强拖着整个国家任意胡行。所以他希望保持对迦太基的恐惧，犹如使用缰绳一般去约束群众的鲁莽行动，使他们认识到迦太基虽然还不是强大得足以征服罗马，但也并非如此软弱

---

[1] 奥古斯丁，《上帝之城》，2：18.1；吴飞译，上册第66—67页。

而可等闲视之。[1]

奥古斯丁完全同意西庇欧和撒路斯提乌斯的判断，也承认对迦太基的灭亡导致了罗马的衰败。不过，奥古斯丁认为，迦太基的灭亡与否并没有带来实质的变化。他不像西庇欧和撒路斯提乌斯那样，以为迦太基灭亡之前的道德是真正优良的道德。他的看法是，这种恐惧所带来的，并不是什么道德，因为它只是威慑作用，并非出自"对正义的爱好"，因此，罗马人即使在迦太基被灭亡之前，也谈不上真正的道德。奥古斯丁虽然接受了罗马历史学家对很多政治事件的分析，但他完全剥离了这些事件的道德意义，把它们化约为赤裸裸的政治权谋。这是奥古斯丁对待罗马史的一般策略。

奥古斯丁宣称，《上帝之城》第二卷到第五卷的主题是，罗马诸神没有给罗马带来尘世的幸福。这几卷除了指出诸神并没有使罗马免于各种灾难之外，其重要的内容是，诸神没有赐给罗马优良的道德。他的主要策略，就是解构早期罗马历史中的德性。他在讲了迦太基的灭亡导致罗马的堕落之后评论说："在人类的各种罪过之中，霸欲在整个罗马民族中尤其强烈，当这种欲望征服了少数当权者后，也会使别的人疲惫涣散，就像把他们囚禁在枷锁中一样。"[2] 解构罗马历史的首要工作，就是对霸欲概念的再诠释。

把霸欲放在奥古斯丁总体的思想框架中，我们不难理解他对这个概念的批判。他认为，霸欲和所有别的欲望一样，是原罪的结果，来自堕落之后人性的软弱。他在谈原罪的时候说：

> 这种报复的淫欲，被称为怒；对占有钱财的淫欲，是贪婪；不惜一切都要做成某事的淫欲，是固执；对光荣的淫欲，称为虚荣。这众

---

[1] 普鲁塔克，《希腊罗马名人传》，马可·加图部分，吴彭鹏译，商务印书馆，1990年，第374页。
[2] 奥古斯丁，《上帝之城》，1：30；吴飞译，上册第42页。

多而不同的淫欲，有些有恰当的词语表示，有些没有。比如，谁能给霸欲（*libido dominandi*）一个合适的名字？频繁的内战表明，在僭主的心灵中，它有巨大的力量。[1]

在这一段，奥古斯丁将霸欲和诸多欲望列在一起，认为这些欲望和性欲一样，都是人在堕落之后，身体与灵魂相冲突的结果。在这一段里讨论霸欲时，奥古斯丁是从内战来证明它的力量的。这就类似于撒路斯提乌斯论及罗马陷入内战之后的霸欲。在《上帝之城》的前半部，奥古斯丁也遵循了撒路斯提乌斯的历史理解，大量讨论了共和时代末期的内战，特别是苏拉和马略血腥的屠杀。

但奥古斯丁并不认为，霸欲只有在用于国内的时候才是坏的。在他看来，霸欲是地上之城的根本特点，本身就意味着罪恶："在地上之城，君主们追求称霸万国，就像自己被霸欲霸占一样。"[2]

"被霸欲霸占"，是奥古斯丁经常使用的一个说法。在奥古斯丁看来，人在堕落之后，灵魂无法指挥身体，会被身体所控制，其实就是被各种欲望所控制。而在所有这些欲望中，霸欲是尤其残酷的一个。在《上帝之城》第十九卷备受关注的第十五章中，他将霸欲与奴隶制，乃至普遍的政治制度的起源联系起来谈：

> 人们做了别人的奴仆，要比做自己的欲望的奴仆幸福，因为欲望的霸权无比野蛮，会毁掉必朽的心。我且不说别的，只举霸欲为例。在人类的和平秩序中，那些受别人霸占的人可以产生服从的谦卑，这是有益的；而称霸的骄傲是害人的。上帝最先创造的人，按照自然，没有人是人的奴仆，也没有人是罪的奴仆。神法命令自然秩序得到保

---

〔1〕 奥古斯丁，《上帝之城》，14：15.2；吴飞译，中册第212页。
〔2〕 同上书，14：28；吴飞译，中册第226页。

护，避免受到干扰。[1]

霸欲的错误，不在于它指向了罗马之内，而在于它指向了任何一个和自己一样为上帝所造的人。在任何人类制度当中，只要牵涉到人的不平等，就被认为是罪恶的霸欲的结果。由此我们也就可以理解，奥古斯丁虽然充分肯定了人的社会性，但对现实的政治制度却一概否定，因为在现实中，如果没有领导和被领导的等级关系，就形不成任何社会制度；而一旦有了领导和被领导的关系，奥古斯丁就说那是霸欲的结果。[2] 从这个逻辑出发，无论是对罗马公民，对奴隶，还是对外邦人的霸欲，都是有罪的，至于充满霸欲的地上之城的君王，他们都为霸欲所控制，本身就处在一种堕落有罪的状态。

于是，奥古斯丁推出了一个真正的罗马人不可能接受的结论：被别人霸占反而比被霸欲霸占更好。但这一耸人听闻的说法，却好像是柏拉图的《高尔吉亚篇》中所谓遭受不义比施加不义更好的说法的一个极端版本。

基于这样的霸欲概念，奥古斯丁虽然也认为迦太基的灭亡导致了罗马的腐化堕落，但他并不认为这件事情导致了罗马历史的实质变化。在他看来，即使在灭亡迦太基之前，罗马也早已经被邪恶的霸欲控制了。正是这种霸欲使罗马人有了称霸世界的战争，才有了对迦太基的灭亡，从而导致了后来的堕落："那无比骄傲的心智中的霸欲何时才会安静？直到随着尊荣的提升，到达了称王的大权。如果野心不那么流行，这种尊荣的提升也就没了作用。如果不是在一群被贪婪与奢侈腐化的民众当中，野心也难以流行。"[3] 在他看来，霸欲和追求奢侈的欲望是完全一致的。所以，正是在那些贪婪而腐化的罗马人当中，霸欲才会特别流行，霸欲的存在和滋

---

[1] 奥古斯丁，《上帝之城》，19：15；吴飞译，下册第 151 页。
[2] 但家庭当中出于爱的权力算不算霸欲，是奥古斯丁研究者争论不休的问题。详见本书第十章的讨论。
[3] 奥古斯丁，《上帝之城》，1：31；吴飞译，上册第 42 页。

长已经表明了罗马人的罪，不必等到灭亡迦太基之后。

在这样理解霸欲的前提下，奥古斯丁又将西庇欧和撒路斯提乌斯的政治智慧吸纳了进来：

> 西庇欧极有先见之明地提出警告，不愿意灭亡那最大、最强、最富的敌人的城邦；当时他就警惕物质的富足，因为这会使人民变得贪婪和奢侈。如果不灭亡那个城邦，欲望会被恐惧所压制；欲望得到压制，就不会奢侈；奢侈得到制约，贪欲也不会发展；因为这些罪过遭到了抑制，对城邦有用的德性就会繁荣和增长，与德性相应的自由也会维持。[1]

这一段分析，几乎就是对撒路斯提乌斯观点的重述，表面看上去没有什么不同之处。但我们若细加分析，就会发现，他这里的逻辑和撒路斯提乌斯并不一样。在撒路斯提乌斯看来，恰恰是霸欲的发动催动了人们的德性，而不灭亡迦太基的真正意义，在于人们一直可以把霸欲指向这个强大的敌人，从而促进城邦的德性；对迦太基的灭亡，使外部没有了这样的强敌，人们只能把霸欲指向内部，就导致了内战和堕落。无论普鲁塔克还是撒路斯提乌斯，都没有认为罗马要靠恐惧维护德性。但在奥古斯丁看来，不灭亡迦太基的意义在于，罗马因为恐惧而抑制霸欲。抑制了霸欲，就会把所有其他欲望也稍加收敛，从而就不会有各种罪过，对城邦有用的德性可能有所增长，自由也得以维持。在奥古斯丁的逻辑里，霸欲和其他欲望是一样的，霸欲的膨胀必然会导致贪欲和所有其他欲望的膨胀，因而霸欲不可能促进德性，反而是恐惧对霸欲的抑制使罗马人消极地保留了德性与自由。而罗马的德性之所以要靠恐惧来维持，正是因为它不是真正的德性。

这是非常微妙的一个区别，但已经足以说明奥古斯丁对罗马历史观的

---

[1] 奥古斯丁，《上帝之城》，1：31；吴飞译，上册第42页。

修改了。尽管他接受了撒路斯提乌斯对这一历史事件的具体解释，但他完全否定了罗马人可能有的德性，而是以一种赤裸裸的威慑作用来理解政治的机制，根本否定了霸欲的价值。所以他尽管对西庇欧非常尊敬，但还是认为，西庇欧没有全面反对罗马的神是出于无知甚至是对神的谄媚。

三　罗马国父的光荣与罪恶

罗马的诗人和历史学家在提到罗马早期的历史时，尽管出于各种具体目的，有种种不同的说法，但大多尽可能赞美罗马的美德与光荣，无论是通过神话来讲述高贵的血统，还是通过对传奇历史的叙述。比如，在提到罗马早期的历史时，撒路斯提乌斯说：

> 不论是在家里还是在战场上，都培养美德；到处都表现出最大的和谐，人们几乎不知道贪欲为何物。在他们中间普遍存在的正义和善好与其说建立在法律之上，不如说乃是出于自然。争吵、不和与争斗都是保留给他们的敌人的。公民与公民之间所比试的只是看谁能成就更多的功业。对诸神的奉祀，他们是毫不吝惜的，但在家中他们过的却是俭朴的生活，对朋友也是诚心实意的。[1]

奥古斯丁频繁引用撒路斯提乌斯的这段话，特别是中间关于正义和善好出于自然那句。但他引用恰恰是为了批驳，因为在奥古斯丁看来，罗马人并不是像撒路斯提乌斯说的那样，到灭亡迦太基之后才堕落的。他在《上帝之城》前半部，特别是第三卷，做的一项重要工作，就是全面解构罗马的早期历史。他采用的基本史料，是从李维和维吉尔等人那里直接拿来的；他用来批判罗马历史的一些观点，也往往不是自己发明的，而是从

---

[1]　撒路斯提乌斯，《喀提琳阴谋》，9；王以铸、崔妙因译，第100页。

西塞罗等罗马人那里借来的。[1]在第三卷中，他甚至很少直接从基督教的角度谈问题。但是，当他将罗马人的材料和自我批评糅在一起，就形成了与罗马史学家都非常不同的历史观。

奥古斯丁首先通过对罗马神话的批判，否定了罗马人的祖先，把埃涅阿斯和罗慕洛的半神身份说成奸淫的结果。根据罗马的神话，埃涅阿斯是特洛伊的安奇塞斯和女神维纳斯的儿子，罗慕洛是马尔斯的儿子，其祖先的神圣血统，是罗马城的神圣性的来源。但奥古斯丁先是说，正如特洛伊因帕里斯的奸淫而毁灭一样，罗马也应该因为维纳斯的奸淫而蒙羞。至于罗慕洛和雷姆斯的母亲西尔维娅，本来是维斯塔的女祭司，应该宣誓守贞的，她不论和谁生下罗慕洛，都是不对的——即使罗慕洛的父亲真的是马尔斯，这也并不能改变西尔维娅奸淫的事实。[2]传说，罗慕洛和雷姆斯出生后无人抚养，就有母狼来哺育他们。奥古斯丁猜测说，那所谓的母狼，也许是个妓女，因为妓女有时被称为母狼。[3]

其实，对罗慕洛的建国神话提出质疑，在共和时期的知识分子中就已经出现了。比如普鲁塔克也不相信罗慕洛的父亲是战神，甚至说过，母狼很可能是行为不检点的妇女。[4]但这并不影响普鲁塔克对罗马的高贵起源和光荣历史的坚信。至于对神话中诸神故事的道德性的质疑，早在柏拉图的对话中就出现了，但苏格拉底对神话故事的质疑也没有导致他对城邦宗教的彻底否定。奥古斯丁却处处指出，希腊罗马这些知识分子只不过出于畏惧而不敢揭穿那些神话。否定这些神话未必就要否定罗马及其历史的神圣性，像尤西比乌和奥罗修斯都不相信那些古代神话，但他们仍然坚信罗马历史的神圣性。只有奥古斯丁，才从这样一个角度把前人已有的批评综合起来，推向了一个极端，彻底否定了罗马建国的神圣性。看上去，奥

〔1〕 Brian Harding, *Augustine and Roman Virtue*, p. 77.
〔2〕 奥古斯丁，《上帝之城》，3：3—5；吴飞译，上册第90—92页。
〔3〕 同上书，18：21；吴飞译，下册第72页。
〔4〕 普鲁塔克，《希腊罗马名人传》"罗慕洛传"，吴彭鹏译，第43页。

古斯丁似乎更相信这些神话的真实性。

罗慕洛与雷姆斯共同建起了罗马城，在即将建成时，罗慕洛杀死了雷姆斯。虽然这个兄弟相残的惨剧总难以在道德上得到肯定，罗马知识分子对此也并不讳言，但出于历史和政治的理性，李维还是对它有正面的评价。他不仅暗示，罗慕洛将权力掌握在一个人手中有助于城邦的政治凝聚力，而且还利用了另一个说法，认为雷姆斯很可能对新建的城表达了轻蔑和不敬的态度，罗慕洛处死他，是出于维护罗马城的神圣。[1] 奥古斯丁却抓住这个问题大做文章，认为罗马刚建城时发生的这件事，已经注定了罗马就是建立在罪的基础上的。而如果像一些传说中讲的那样，这事是别人干的，则这人也很可能是罗慕洛指使的，那和罗慕洛亲手杀弟没有区别。如果这人不是罗慕洛指使的，则罗慕洛和罗马人应该为他复仇，"否则，就是整个城做的这件事，因为整个城都忽视了这事，那罗马城杀害的就不是弟弟，而是父亲，那就更糟了"[2]。但这一评价还是没有超出罗马人已有的说法。普鲁塔克非常严厉地批评了罗慕洛的杀弟和很多其他行为。[3] 西塞罗在《论责任》中明确说，罗慕洛为了表面上的利益杀死自己的手足，不管他是人是神，这都是有罪的。[4]

但奥古斯丁并未停留在西塞罗式的道德评判。在他看来，罗慕洛杀弟这件事的意义，更在于它和该隐杀弟的相似。所以，他在讨论人间的两座城的起源时，又提到了这件事：

> 地上之城的第一个建造者是杀弟者；他的弟弟是永恒之城的公民，是这个土地上的过客，哥哥因被嫉妒心征服，就杀了他。在他建

---

〔1〕 李维，《自建城以来》，1：7；王焕生译，北京：中国政法大学出版社，2009 年，第14—15页。

〔2〕 奥古斯丁，《上帝之城》，3：6；吴飞译，上册第93页。

〔3〕 普鲁塔克，《希腊罗马名人传》"忒修斯、罗慕洛合论"，陆永庭译，第82—83页。

〔4〕 西塞罗，《论老年·论友谊·论责任》，3：10；徐奕春译，第229页。

造了这个城之后很久，在我们所谈的地上之城的未来的首都（她将统帅万国）建造的时候，发生了一件与这最早的例子，也就是希腊人所谓的 ἀρχετύπω 相呼应的同类的事。当一位诗人谈到那个故事的时候，好像就是在说这件事："兄弟的血湿了最早的墙。"就在罗马建城时，雷姆斯被哥哥罗慕洛所杀，这在罗马史中有见证。[1]

在这里，奥古斯丁同样承认了，罗马作为统帅万国的世界帝国，有着不同一般的意义，但她的这个意义却具有强烈的讽刺性，因为这在于她的邪恶。该隐杀弟，导致了第一座地上之城的出现；罗慕洛杀弟，开启了最强大的地上之城的历史。两个杀弟之罪相互呼应，以至卢坎描述罗慕洛的诗句，完全可以用在该隐的事情上。不过，两个杀弟之罪的象征意义还是不一样。该隐和亚伯，代表的是地上之城与上帝之城的斗争，但罗慕洛和雷姆斯，却都是地上之城的公民：

> 两个都追求建造罗马共和的光荣；但是两个不能共享这光荣，只能一个拥有。如果有人和他分享权力，想要霸业的光荣的人的霸业就削弱了。一个人要想拥有完全的霸业，那就要除掉同伴；于是，在无罪时本来更小，但也更好的，因为罪行就更大，却也更糟了。[2]

罗慕洛和雷姆斯追求的都是霸业的光荣，他们的驱动力都是霸欲。没有这霸欲时，罗马很弱小，但无罪；霸欲使罗马变得强大，但也罪孽深重。奥古斯丁以基督教语言改写了罗马史家的评价，描述的仍然是这个事实：罗慕洛一人专权有利于权力的集中，从而可以使罗马变得更加强大。奥古斯丁并没有否认李维的这个政治逻辑，但他认为，推动罗慕洛这样做

---

[1] 奥古斯丁，《上帝之城》，15：5；吴飞译，中册第 232 页。
[2] 同上。

和罗马这样发展的，其实是有罪的霸欲。

罗马城建起来后，人口稀少，就建立了避难所，凡是罪人，甚至奴隶跑到那里，都可以赦罪，成为罗马公民。[1] 由此导致了罗马最初男人过剩，女人过少。罗马人向邻近城邦求婚，遭到了拒绝，因为他们不愿意把女儿嫁给这些罪人和奴隶。为了解决这个问题，罗慕洛设立了孔苏斯节的竞技比赛，邀请邻近城邦的人来观看，然后在比赛中强抢了前来观看的萨宾女子，萨宾国王为了报复罗马，用计攻进了罗马城，与罗马人展开了激烈的巷战。后来被抢的女人跳出来调停双方，罗马与萨宾结为同盟。[2] 对于此事，西塞罗笔下的西庇欧评价说："虽说此计划别出心裁并有点野蛮，却是为了保证他的王国与民族的繁荣，这显示出他是个伟大的人物，甚至在当时就遥知未来。"[3] 这一评价颇能代表罗马人对此事的态度。但作为罗马建国神话中一个著名的传奇故事，罗马人强抢萨宾女子的事却颇能代表罗马人粗犷的豪情与好战的德性，其中在竞技场上的抢亲、罗马与萨宾的战争，以及萨宾女人的干预，都是罗马人非常喜欢的情节。所以尽管西塞罗等知识分子会在一定程度上否定它，人们一般不会像对待罗慕洛杀弟那样严厉批判此事。奥古斯丁的评价是这样的：

> 罗马人取得了胜利，他们用残酷地杀害了岳父的手，去搂住死者那可怜的女儿的腰；那些女儿也不敢为被杀的父亲而哭泣，以免得罪胜利的丈夫；而就在战争进行当中，她们不知道应该为谁祈祷。不是维纳斯，而是战争女神贝罗娜送给罗马人民这些婚姻。……萨宾的女人同战争的双方都是亲人，在她们的丈夫出征的时候害怕父亲的死伤，在他们凯旋的时候又会哀悼，但是又没有害怕和哀伤的自由。要么她们孝顺地为自己的同胞公民、邻居、兄弟、父亲或朋友遭到惨死

---

〔1〕 李维，《自建城以来》，1：8；王焕生译，第16—17页。
〔2〕 同上书，1：9—13；王焕生译，第19—23页。
〔3〕 西塞罗，《国家篇·法律篇》，沈叔平、苏力译，北京：商务印书馆，2002年，第61页。

而悲伤，要么为丈夫的胜利而残忍地欢笑。同时，因为战场上变化多端，有些人的父亲杀死了她们的丈夫，还有些人的父亲和丈夫在对方的刀下双双毙命。……要不是那些被劫的女子披头散发冲了出来，扑倒在她们的父亲面前，不是用胜利的武器，而是用孝顺的乞求，来平息他们最正义的愤怒，这么大的坏事还不会就此结束。……这是怎样的婚姻法，这是怎样的战争起因，这是怎样的同盟共治，怎样的亲家，怎样的联盟，怎样的神性啊！[1]

这段描述和评论，具有强烈的修辞效果，是《上帝之城》中写得非常精彩的一段。罗马人强抢萨宾女人，再和她们的父兄作战，最后又靠着这些女人结束战争，这极具戏剧性的故事被奥古斯丁描述成背信弃义、翁婿相残的惨剧。但是，他的这一指控的理由非常像普鲁塔克笔下的萨宾妇女指责自己的父兄时所说的话：

过去我们被现在委身以属的那些人粗暴地、无法无天地抢劫走了，但是，尽管被人劫走，我们的父老、兄弟、亲友对我们却不闻不问，直到时间用强有力的纽带将我们同那些曾经是我们最恨的人连结在一起的时候，你们反而来过问我们了。他们曾粗暴地、无法无天地对待我们，可是现在，他们去打仗的时候，我们为他们担惊受怕；他们被杀死了，我们为他们而痛苦哀悼。……即使你们为了别的缘故打仗，也应该看在我们的份上停下来！因为你们都是岳父和外公了，在你们的敌人中间有了亲戚的关系了。假如这场战争是为了我们而进行的话，请把我们和你们的女婿、外孙一起带走吧！让我们这样回到父辈和亲友的身边去吧！但是，请不要使我们失去自己的孩子和丈夫。

---

[1] 奥古斯丁，《上帝之城》，3：13；吴飞译，上册第 101—102 页。

我们恳求你们，别再让我们成为战争的受害者了。[1]

　　在普鲁塔克笔下，这些妇女责怪父兄向罗马人发动战争，认为是他们不顾已成事实的姻亲之情，来杀害自己的女婿和外孙。在普鲁塔克看来，是萨宾人显得更不近人情，发动的是非正义的战争，最后弄了个赔了夫人又折兵的下场。罗马人的抢劫尽管比较野蛮，在这场战争中反而成了受害者。奥古斯丁却用了相同的逻辑，将矛头对准了罗慕洛和罗马人。在他看来，萨宾人为了女儿来打罗马人才是正义的战争。有趣的是，奥古斯丁还为罗慕洛出了个主意：

　　　　对于那个不愿意把自己的少女嫁给接壤的邻邦结成秦晋的民族发动战争，比起同要追回被劫的少女的民族交战，当然更正义些。战争从一开始就该发动了；马尔斯会帮助他好战的儿子；如果他求婚被拒绝，受到伤害，就用武器来报仇，让他以这样的方式追求他想要的女人。如果被不义地拒绝了婚姻，那么也许战争之法会带来正义的胜利，让他们抢走女人；但和平之法不会让他们劫掠得不到的女人，父母的愤怒是正义的，他们和这些父母作战，就是不正义的了。[2]

　　奥古斯丁并没有否定战争，更没有否定为了抢女人而发动战争，他否定的只是，因为抢了人家的女儿而和追讨女儿的岳父作战。他给出的建议是，在萨宾人拒绝和亲之后，罗马就应该向萨宾发动战争，直接以武力抢夺女人，而不必以欺骗的方式抢女人，然后再被迫与萨宾人发动战争，因为那样的战争是正义的战争。奥古斯丁的建议，竟然是让罗慕洛以光明正大的战争去抢女人。在这个建议中，奥古斯丁似乎比马尔斯的儿子更加好

―――――――――

[1]　普鲁塔克，《希腊罗马名人传》"罗慕洛传"，陆永庭译，第63—64页。
[2]　奥古斯丁，《上帝之城》，2：17；吴飞译，上册第65页。

战，尽管他深信，哪怕正义的战争也必然充满了罪恶。

罗马后来与萨宾结盟共治。奥古斯丁认为，萨宾国王其实是被罗慕洛杀害的。罗慕洛奠定了罗马的基本制度，并留下了军事征服的榜样。最后，在一个风雨交加的日子，罗慕洛消失了，罗马人就认为他到天上，成了神。西塞罗已经不再相信这个传说，但还是认为，罗慕洛被尊为神，是因为他的赫赫功业。[1] 李维和普鲁塔克也都不相信，罗慕洛真的成了神。

罗马的历史学家对罗慕洛早有很多批评，有些甚至相当严厉，但他们都认为，罗慕洛为光荣的罗马奠定了最初的基石，他是罗马伟大的创建者。奥古斯丁一方面并未抛弃罗马人对罗慕洛的政治性理解，承认罗慕洛的很多做法有利于罗马的政治稳固和发展，另一方面又将罗马人对罗慕洛的诸多批评综合到一起，更认真地将罗慕洛描写成一个充满了罪的人。于是，在他的笔下，罗马就是靠了杀弟、弑父、奸淫、背信弃义、翁婿相残建立起来的，也恰恰是这些罪，使罗马能够逐渐发展强大起来。

四　战争与帝国的扩张

奥古斯丁根本否定了霸欲的价值，也否定了帝国不断扩张的意义。他谈到，亚述帝国完全出于霸欲而扩张和强盛，毫无正义可言，与强盗真的没有区别。[2] 而罗马在时间和辽阔程度上都比不上亚述。奥古斯丁尖锐地嘲讽了以地上之城的强大为追求目标的帝国理想，和撒路斯提乌斯的文明理想已经越走越远了：

　　让他们来看看，因为王国的疆域而兴奋，是不是好人该做的事。
　　如果他们发动正义战争，罗马所征讨的敌人的邪恶确实帮助了王国的

---

[1]　西塞罗，《国家篇》，2：10；沈叔平、苏力译，第63—64页。
[2]　奥古斯丁，《上帝之城》，4：6；吴飞译，上册第139—140页；见本书上一章的分析。

扩张。但是，如果邻国都和平而正义，不会因为什么伤害而挑起战争，那么王国一定很小。如果所有王国都很小，与邻居和平相处、安居乐业，这样在世界上就有很多民族的王国，就像在城市里有很多公民的家庭一样。于是，发动战争、征服各族、扩张王国，被坏人当成了幸福，被好人当作不得已的必要。但是因为正义者被不义者统治更糟糕，把这称为幸福也并非不合适。但无疑，和邻国和谐相处比通过战争征服坏的邻居是更大的幸福。你要是为了征服某个人，希望恨某个人或怕某个人，那你的祈祷就是坏的。如果罗马人总是发动正义战争，而不是不敬的或邪恶的战争，还能得到这么大的帝国，那么他们一定是把"异邦邪恶"当女神来服侍。[1]

要通过征服成为世界帝国，就不可能保持正义。罗马变得如此强大，其崛起当中必然夹杂着很多不义。或者说，他们的正义只对罗马公民有效，对奴隶和外邦人都无效，也就是奥古斯丁在关于共和的第二个定义里所说的，罗马人民有共同认可的利益，但并不拥有真正的正义。奥古斯丁无情地嘲讽了罗马人的政治理想，奚落罗马人引以为荣的世界帝国，也批评了尤西比乌等人永恒罗马的思想。在他看来，罗马人既要扩张，又自诩为正义，就必然虚伪地崇拜"异邦邪恶"女神。

但罗马人并不像奥古斯丁丑化得这么猥琐和虚伪。他们堂堂正正地征伐，在我武惟扬中展现自己的德性。细看这一段，奥古斯丁并没有因为扩张战争中必然有的不义而完全否定罗马的征伐。他虽然深刻地揭露了战争的不义，却更深地指出，人生在世，这种不义是必须要有的。在这一段，奥古斯丁的逻辑推理似乎少了一个环节。他先是说，如果所有王国都很小，彼此和平相处，就没有战争、很幸福，随后却说："于是，发动战争、征服各族、扩张王国，被坏人当成了幸福，被好人当作不得已的必要。"

---

[1] 奥古斯丁，《上帝之城》，4：15；吴飞译，上册第150页。

奥古斯丁虽然没有像撒路斯提乌斯那样，以为战争和征服的出现导致了精神性的追求，却也并不认为小国寡民的状态是真正的幸福。这种小国寡民的状态，正是罗马帝国强大起来以前的希腊世界，但奥古斯丁从不认为希腊城邦的状态比罗马帝国更好。他在第十九卷谈战争问题的时候，就补充了这个推理环节：

> 智者会发动正义战争。当然，如果他记得自己是人，那他就会痛苦地意识到，正义的战争是必须的。而如果不是正义的，他们就根本不会发动，那么智者就根本不会介入战争。是因为相反一方的邪恶，迫使智者发动正义战争；我们该为人的邪恶而痛苦，因为，即使这邪恶不必然导致战争，这仍然是人的邪恶。[1]

奥古斯丁关于战争起源的观点，不过是对罗马人的说法的改头换面而已。在西塞罗、恺撒、撒路斯提乌斯、维吉尔、李维等罗马人看来，战争之所以是必要的，是因为没有战争就无法维护罗马的自由，而战争的发动则催动了精神性的追求。在奥古斯丁看来，战争之所以是必要的，是因为人类社会中必然存在罪恶。而且在他看来，即使完全没有战争，罪恶也并不会消失，所以哪怕在小小的城邦里，罪恶仍然存在。正是因为有这些罪恶，所谓正义的人为了矫正罪恶或自我防卫，就必须发动战争，虽然这是所谓的正义战争，但战争中仍然不乏新的残酷和罪恶。[2] 于是奥古斯丁说："因为正义者被不义者统治更糟糕，把这称为幸福也并非不合适。"

---

〔1〕 奥古斯丁，《上帝之城》，19：7；吴飞译，下册第139页。
〔2〕 奥古斯丁在关于正义战争的理论发展中有重要地位，参见 Robert Markus, "Saint Augustine's Views on the 'Just War'," in *The Church and War, Studies in Church History*, 1983, No. 20; Lisa Sowle Cahill, *Love Your Enemies: Discipleship, Pacifism, and Just War Theory*, Minneapolis: Fortress, 1994, chapter 4; John Mark Mattox, *Saint Augustine and the Theory of Just War*, London: Continnum, 2008; 也可参考 Robert L. Holmes, "Augustine and the Just War Theory," in *The Augustinian Tradition*, edited by Gareth Matthew, Berkeley: University of California Press, 1999, pp. 323-344。

相对于被更不义的敌人统治，在正义战争中战胜敌人，也可以算作一种幸福了，所以像君士坦丁和西奥多一世这样的基督徒皇帝也不能免于发动战争。奥古斯丁说，这是"不得已的必要"，因为这种"幸福"只是消极的幸福，只是没有陷入更大的不幸福而已。

可见，奥古斯丁还是接受了罗马历史学家所说的，罗马必须发动战争和扩张帝国的逻辑。不过，罗马历史学家认为这是对自由的捍卫和追求，奥古斯丁认为这是不得已的必要；罗马历史学家认为这是激发精神性追求的机会，奥古斯丁认为这只是对更大的罪恶的一种防范；罗马历史学家认为这是塑造罗马的光荣的必由之路，奥古斯丁却认为这使罗马不可避免地卷入人类的罪恶当中。奥古斯丁并没有否定罗马历史学家的逻辑，他接受了这个逻辑，但完全改变了这个逻辑背后的德性含义，使罗马人那里的精神追求，变成了悲惨世界中不得已的罪上加罪。等到一千年后，当马基雅维利强行剥离开基督教的影响，更纯粹地理解罗马的德性追求时，却发现自己再也回不到真正的古罗马了，因为他塑造出了一个比奥古斯丁这里还要怪异的罗马形象。马基雅维利似乎正是在奥古斯丁带来的弑父情结中挣扎。

奥古斯丁否定了罗马帝国的文明理想，使罗马的光荣再也不可能恢复，并不仅仅是因为他武断地改变了罗马人的政治和战争观。无论奥古斯丁带来的结果有多么阴暗，我们必须承认，他这种古怪的道理有着相当强大的力量，要不然也不可能终结罗马帝国的伟大理想。当奥古斯丁批判罗马帝国的时候，他无疑抓住了罗马人一些非常致命的问题。对霸欲概念的重新解释，正源于撒路斯提乌斯思想中已有的问题。撒路斯提乌斯以霸欲来诠释罗马的光荣，同样的霸欲又导致了罗马的衰败。但霸欲本身并不是一个正面的概念，甚至也不是中性概念，因为撒路斯提乌斯自己也承认，霸欲和野心毕竟不怎么好，这样一个不怎么好的欲望，成为罗马伟大德性的催生剂，这里的问题是显而易见的，对善恶问题极端敏感的奥古斯丁一把抓住了这个要害。

所以，奥古斯丁把"霸欲"的罪恶本质一揭到底，给以彻底的否定。由于霸欲和所有其他欲望一样，被贬斥为原罪的结果，霸欲所带来的文治武功和罗马的奢侈腐败就没有了本质的差别，奥古斯丁似乎解决了撒路斯提乌斯的理论问题。但是，奥古斯丁在解决撒路斯提乌斯的问题的同时又制造了新的问题。这样的处理方式否定了罗马历史的意义，陷入了历史虚无主义。无论罗马的盛衰成败都不再重要，因为在神圣的上帝之城面前，罗马的一切都不算什么。其实，在某种意义上，奥古斯丁对霸欲的否定，只不过是撒路斯提乌斯历史观的进一步发展，是撒路斯提乌斯思想矛盾的充分展现。奥古斯丁虽然引入了基督教的视角，但他对霸欲的基本理解和撒路斯提乌斯并无差别，对于罗马的强大与霸欲的关系的诠释，也和撒路斯提乌斯没有区别。奥古斯丁的基督教式诠释，只是将罗马帝国政治理性的内在矛盾更尖锐地揭示出来而已。

在奥古斯丁之后，若是不能在根本上化解撒路斯提乌斯的矛盾，并应对奥古斯丁的挑战，就不可能回到古罗马，更不可能在罗马的基础上进一步提升。马基雅维利没有能力面对撒路斯提乌斯的矛盾，也无法回应奥古斯丁的挑战，他只能对奥古斯丁的上帝之城假装看不见，自觉地让自己进入了魔鬼之城。这种掩耳盗铃的方式，怎么可能击败强大的基督教呢？

五　阿尔巴战争

罗慕洛确立了罗马的尚武品格，努马确立了罗马基本的宗教制度，罗马第三任国王图鲁斯·霍斯提利乌斯（Tullus Hostilius）在位时，吞并了阿尔巴。史学家们在谈到这场战争时大多强调，图鲁斯发动这场战争，并不只是为了吞并阿尔巴，更重要的是要以此激发罗马人的斗志。李维就谈到，图鲁斯是个非常好战的国王，甚至超过了罗慕洛。努马在位时期一直没有战争，长期的和平使罗马人精神懈怠。他为了克服国内这种懒散的作风，一直寻找机会发动战争，等到阿尔巴和罗马的农民发生了冲突，机会终于来了。[1] 维吉尔也说："图鲁斯将打破国家的安逸，激发怠惰的人们起来习武，把懒散的军队引向胜利。"[2] 在阿尔巴战争中，发生了三个霍拉斯与三个库里阿斯角斗的著名故事，这个故事尤其体现了罗马英雄的德性。

阿尔巴城是埃涅阿斯的儿子阿斯卡纽斯建立的城邦，罗慕洛最初也出自阿尔巴。图鲁斯攻打阿尔巴，双方都伤亡惨重，相持不下。于是两个城决定各自派出三个勇士，根据他们的角斗结果来决定两座城的命运。罗马派出了三个霍拉斯，阿尔巴派出了三个库里阿斯。两个霍拉斯被杀，但第三个霍拉斯在绝境中反败为胜，以一敌三，为罗马赢得了胜利，成为罗马的英雄。

但当这个霍拉斯凯旋时，他的妹妹却失声痛哭，因为三个库里阿斯中有一个是她的未婚夫。霍拉斯被妹妹煞风景的懦弱行为激怒，杀死了她，说："凡是为敌人哀哭的罗马女人，都该这样去死。"虽然霍拉斯是罗马城的英雄，但铁面无私的法律却不能轻易放过他，法制精神同样是罗马人引以为豪的。图鲁斯命法官审判此案，法官起初判处霍拉斯死刑，但在他父亲的哀求下免刑，只是象征性地让霍拉斯蒙着头在绞架下走过。但后来，阿尔巴并没有服从罗马的统治，经过战争之后，罗马才征服了阿尔巴。[3]

这又是罗马早期历史中很富戏剧性的一个故事。罗马人在赞美勇士霍拉斯的同时，对于其中一些细节也存在争议。李维自己也认为，罗马与阿尔巴的战争是母女城邦之间的战争，如同内战。但战争的结果，使两个城邦合并，却是有利的[4]；霍拉斯杀妹一事，在当时就有很大的争议。虽然霍拉斯是为罗马立功的英雄，但他也不能随便杀人，何况是杀自己的亲

---

〔1〕 李维，《建城以来史》，1：22；张强等译，上海：上海人民出版社，2005年，第66—67页。
〔2〕 奥古斯丁，《上帝之城》，3：14.2；吴飞译，上册第104页；维吉尔，《埃涅阿斯纪》，6：814—815，杨周翰译本，第168页。
〔3〕 李维，《自建城以来》，1：23—28；王焕生译，第34—41页。此中译本在这里有删节，又可参考张强等译，《建城以来史》，第68—85页。
〔4〕 李维，《建城以来史》，1：23；张强等译，第68—69页。

妹妹。罗马人经过一番讨论之后，宣布霍拉斯无罪，"主要是出于对他的勇气的钦佩，而不是出于公正"[1]；在最后征服阿尔巴时，罗马人非常残酷地肢解了阿尔巴的国王，李维说，除了这唯一一次酷刑之外，罗马的刑罚都非常文明。[2]

奥古斯丁对此事的批判，仍然是罗马人自己的批判的继续。他也认为，"母女城邦之间交战，更有甚于内战"；对于霍拉斯的妹妹，他说："在我看来，这一个女子有这样的情感，她比整个罗马民族都更有人性。她为未婚夫保持已许诺的忠贞，或是为那个杀死了自己妹妹所许嫁的人的哥哥而痛苦，我认为她的哭泣是无罪的。"[3] 这些都是罗马人曾经有过的观点。而奥古斯丁最严厉的批评是，罗马人出于霸欲发动战争，才有了母女城邦之间的交战，和霍拉斯家族的不幸：

> 霸欲可以激起人们巨大的坏心，拖垮人类。就是因为这种欲望，罗马在战胜阿尔巴时，胜利就征服了她自己。她把自己做的那丑事称为值得赞美的荣耀。……谁也别对我说：某某很伟大，因为他和某某打仗并且胜利了。即使是角斗士也打仗，也胜利，并且他们的残忍也会得到奖励和赞美；但是我想，宁可承担好吃懒做的后果，也不必这样身披重甲地求取光荣。[4]

图鲁斯是为了用战争激发斗志，才向阿尔巴挑衅，这正是维吉尔和李维所强调的。但在他们看来，恰恰是这一点，使得无论阿尔巴战争中发生了什么，都可以原谅。虽然罗马人也承认，这个故事中很多地方是可以争论的，但因为所有那些未必符合道德的事情服务于罗马的强大，它们就

---

〔1〕 李维，《自建城以来》，1：26；王焕生译，第41页。
〔2〕 李维，《建城以来史》，1：28；张强等译，第84—85页。
〔3〕 奥古斯丁，《上帝之城》，3：14.1；吴飞译，上册第103页。
〔4〕 同上书，3：14.2；吴飞译，上册第104页。

都可以容忍，因为罗马的利益高于一切。罗马和平过久，人们变得过于安逸，图鲁斯通过战争激发斗志，其道理和西庇欧不想彻底灭亡迦太基是一样的。奥古斯丁完全接受了罗马人的这个逻辑，也认为一切的真正原因是图鲁斯想找机会发动战争，但他的基本态度却截然不同。他认为，宁可好吃懒做，也不应该以残忍的杀人来求取光荣。国家在战场上的胜利，和角斗士在竞技场上的胜利一样，没有什么意义。

后来马基雅维利在说到这件事时，对阿尔巴战争也有很多批评。他从政治理想出发，认为两个城邦以几个角斗士来决定城邦的命运，这种孤注一掷的方式很不可取。[1] 而对霍拉斯的杀妹，马基雅维利认为，霍拉斯无论有多大的功劳，都必须遭受法律的惩罚："如果公民为城邦立下大功，为此而享有至高无上的名望，假如他不再担心受罚，便会有恃无恐地作恶。用不了多久，他就会变得骄矜无度，文明的生活也将随之瓦解。"[2] 马基雅维利完全没有奥古斯丁那种道德的批评，不谈什么人性或悲悯，而是直截了当地以冷冰冰的法律说话，但两个人对霍拉斯的谴责却如出一辙。

六　政体问题的消失

《上帝之城》常常被当作奥古斯丁最重要的政治哲学著作，他在这部书里讨论了正义、人民、共和、霸欲、战争这些重要的政治概念，但希腊罗马政治学中非常重要的一个维度却消失了，那就是关于政治体制的讨论。无论在柏拉图还是亚里士多德那里，君主制、贵族制、民主制这三种政体，都是最基本的政治哲学问题。古典拉丁文里虽然并没有"民主"这个概念，但罗马人引以为荣的，也是他们自由的政治体制。维吉尔将战争

---

〔1〕　马基雅维利，《论李维》，1：23；冯克利译，上海：上海人民出版社，2006 年，第 110 页。
〔2〕　同上书，1：24；第 112 页。

称为自由的技艺,这个"自由"概念除了指罗马不受外敌的侵扰之外,更指罗马的共和体制,按波利比乌斯(Polybius)的说法,混合了民主、贵族、君主三种政体。在共和后期,一切问题的焦点就是,罗马的共和是否会遭到破坏,而奥古斯都更是自诩以特殊的方式保存了罗马的自由。在现代的政治讨论中,政体问题重新成为一个焦点,罗马共和也成为现代共和制度的重要思想来源。[1]马基雅维利和孟德斯鸠等人在反思罗马历史时,也无不从政体的角度思考罗马的成败。但这样一个至关重要的政治哲学问题,在最重要的基督教政治思想著作《上帝之城》中,竟然消失了。

奥古斯丁当然不可能讨论所有的政治问题,有些重要的问题他不讨论,本来也没有什么大惊小怪的。但是,他不讨论政体问题,却是不可忽视的一件事。除了因为政体问题是罗马政治的头号政治问题外,我们处处都在说奥古斯丁深刻地影响了现代西方的政治思想,而政体问题依然是现代西方的头号政治问题。其实政体问题不只是在奥古斯丁笔下消失了,在从中世纪到文艺复兴前期的漫长时间里,政体问题都变得不那么重要,教会内部,教会与世俗政权,以及国王与封建诸侯的关系,才是最重要的政治问题,而要到马基雅维利之后,古典政体问题才重新成为讨论的焦点。[2]可是,奥古斯丁的时候既没有发生教会与国家之间的权力争端,欧洲封建制也尚未真正产生,这些问题都还没有成为现实问题。虽然政体问题在帝国中后期也已经距离现实政治越来越遥远了,但它并未从知识分子的讨论中消失,特别是那些讨论罗马共和历史的历史学家。奥古斯丁的学生奥罗修斯是在奥古斯丁的指导下撰写七卷《历史》的,其中对很多问题的看法直接来自奥古斯丁。但他在叙述罗马历史时,仍然不忘记强调政体的变化,特别是在讲王制变为共和制和共和变为帝国的时候。生活在罗马帝国的奥古斯丁,在连篇累牍地批判罗马历史的时候,居然不谈政体问

〔1〕 Fergus Millar, *The Roman Republic in Political Thought*, Hanover and London: University Press of New England, 2002.

〔2〕 Ibid., p. 55.

题，这个现象不能不引起我们的关注。奥古斯丁究竟是真的认为这个问题本来就不重要，还是有意地取消了这个问题呢？

既然奥罗修斯那么严肃地对待罗马的政体变化，我们就无法想象，奥古斯丁会认为这个问题根本不值得理睬。我们在上一章看到，奥古斯丁其实非常认真地讨论过共和问题。但是，他是在最原初的意义上讨论共和的，即，把它理解为"人民之事"，而不是理解为一种政体，特别是他在重新定义了"人民"，将正义的因素完全从"人民"和"共和"的概念中剔除之后，奥古斯丁对共和的讨论更是完全与政体无关了。

而在对罗马历史的批判中，奥古斯丁数次触到了政体问题，但都以他独特的方式把这个问题回避了。

李维的《罗马史（建城以来史）》，是罗马共和思想的重要材料，特别是在此书的前十卷，贯穿了作者的共和观念，成为后人理解罗马共和的主要思想和史料来源。而李维写作《罗马史》第一卷的一个重要用意，就在于描述罗马人民在经历了七个国王之后，怎样从最初由奴隶和罪犯组成的乌合之众，变成一个能够治理自己，可以赶走国王、选举执政官、建立共和政体的，文明的公民团体。[1]奥古斯丁对早期罗马史的批判主要依赖李维的史料，但在理论上并没有与李维关心的政体问题直接对话，而是主要回应了撒路斯提乌斯关于罗马道德衰落的思想，试图证明，被霸欲支配的罗马人，哪怕在迦太基被灭亡之前，也完全没有良好的道德。但这种道德批判也是对李维的一种批判。

我们在前文已经看到，奥古斯丁嘲讽了罗马的高贵血统，将罗慕洛的建城描写成罪恶的产物，对阿尔巴战争也全面否定。按照奥古斯丁的理解，罗马王国的建立者是奸淫的产物，而罗马城的历史则以罗慕洛的杀弟、对萨宾妇女的强暴、与萨宾岳父的战争始，通过对阿尔巴的弑母强大起来。到了最后一个国王骄傲者塔昆的时代，先是塔昆夫妇弑杀岳父，继

---

[1] Brian Harding, *Augustine and Roman Virtue*, p. 74.

而有小塔昆对卢克莱西亚实施强暴，罗马人却又不惩罚小塔昆，而是不分青红皂白地赶走了正在为罗马人民攻打阿迪亚的国王。罗马王国始于奸淫和亲人相残，终于亲人相残和奸淫，时时充满了不义，处处被罪恶所推动。这种叙事，完全消解了李维那里从乌合之众到文明公民的历史意义，更看不出罗马逐渐强大的轨迹。这段历史除了展示地上之城的罪恶之外，完全没有任何正面价值。那么，布鲁图斯建立的共和国又怎么样呢？

七　罗马共和的自由政治

因卢克莱西亚事件，布鲁图斯带领罗马人民推翻了塔昆，建立了共和，布鲁图斯与卢克莱西亚的丈夫柯拉廷诺斯成为这一年的两个执政官。这是罗马历史上的重大转折。布鲁图斯得到了罗马人的普遍尊崇，几乎被当作罗马的第二个创建者。[1]李维、维吉尔和撒路斯提乌斯都认为，共和建立之初，是罗马历史上极为辉煌的时代，尽管塔昆的复辟威胁着罗马人刚刚得到的自由。按照撒路斯提乌斯的说法，正是因为塔昆的复辟危险和俄特鲁利亚带来的战争，罗马人才维护了平等和节制的法律。[2]李维更是盛赞布鲁图斯的历史功绩，认为他是罗马共和制度的伟大缔造者。

布鲁图斯在他执政的一年中，确立了罗马共和的执政官制度。这一年里罗马风雨飘摇，布鲁图斯并没能把罗马的政局稳定下来，但是他严格遵循了共和的制度原则，坚决维护了自由的神圣性。布鲁图斯不仅像罗慕洛那样体现了罗马的德性，而且体现了自由罗马的新德性。他对自由罗马的意义，更多是符号性的。

除去带领罗马人驱逐了国王之外，布鲁图斯做的主要还有这样几件事：第一，他坚决粉碎了塔昆复辟的阴谋，甚至不惜处死自己的儿子和内

---

〔1〕　Brian Harding, *Augustine and Roman Virtue*, pp. 81-82.
〔2〕　撒路斯提乌斯《历史》（残篇），1：10。

弟；第二，他驱逐了另一个执政官柯拉廷诺斯，理由是他的名字里也有"塔昆"，有复辟之嫌；第三，他在与塔昆复辟的军队作战时，和塔昆的儿子单挑，同归于尽。这几件事无一不是在严格捍卫共和政体、坚决拒绝王政复辟，甚至颇有矫枉过正之嫌。

但奥古斯丁完全颠倒了历史的叙述方式。在他看来，布鲁图斯根本没有什么伟大之处。他和罗慕洛一样，所追求的不过是权力和尘世的光荣而已。

布鲁图斯杀子，是罗马历史上一个著名的故事。奥古斯丁引用维吉尔的评价，说：

> 后来维吉尔写到此事时虽然不乏赞美，但是宽厚的他却也悚然动容。他说道："他的几个儿子发动新的战争，他为了美好的自由。"维吉尔随后叹息着写道："咳，不幸啊，不得不把他们处死。不管后人怎样看待这事，"他说的是，不论后人怎么看待他做的事，也就是，不管后代如何热爱和赞美他，由于他杀了自己的儿子，他总是不幸的。随后维吉尔又这样安慰这个不幸的人："他的爱国之心和求得美誉的强烈欲望占了上风。"[1]

维吉尔的评价见于《埃涅阿斯纪》第六卷。安奇塞斯在向埃涅阿斯展示罗马的未来的时候，这样谈到布鲁图斯："他将是第一个接受执政职位的人，执掌无情的斧钺，他的几个儿子发动新的战争，他为了美好的自由，咳，不幸啊，不得不把他们处死。不管后人怎样看待这事，他的爱国之心和求得美誉的强烈欲望占了上风。"[2]我们之所以要把维吉尔这段话原封不动地再抄一遍，是因为它在《埃涅阿斯纪》中和在《上帝之城》中读的

---

〔1〕　奥古斯丁，《上帝之城》，3：16；吴飞译，上册第109—110页。
〔2〕　维吉尔，《埃涅阿斯纪》，6：820—823；杨周翰译，第168页。

感觉完全不同。在《埃涅阿斯纪》中，虽然也不乏叹息，但维吉尔的主要态度是赞美布鲁图斯的德性和他对自由罗马的坚决维护。他的爱国之心和对荣誉的渴望，恰恰是一个自由的罗马人高贵的德性。描写布鲁图斯的这寥寥数语，具备了希腊悲剧的基本特点。布鲁图斯的儿子破坏共和，布鲁图斯遭遇了不幸的命运，生活中遇到了尖锐的矛盾，但他没有屈服于命运，而是用自己高贵的德性来和命运抗争，最终成就了伟大而自由的人格。

奥古斯丁虽然原封不动地抄录了维吉尔的赞美，但他对诗句的拆解和评注使侧重点完全颠倒了过来。在他看来，布鲁图斯的不幸是更重要的，维吉尔最后那句赞美，反而是无奈的安慰。这样一变，似乎对祖国的热爱和对美誉的追求都没有什么意义了。在此，奥古斯丁仍然使用了他对待罗马历史的老套路，一方面接受罗马人的逻辑，另一方面彻底瓦解这种逻辑的道德意义。布鲁图斯为了维护新生共和的自由，不得不杀死亲生儿子，做出巨大牺牲，但归根到底，共和并无实质的意义，其中的自由也不是真正的自由，布鲁图斯的牺牲就不仅毫无意义，他的德性也不成其为真正的德性，甚至可能是虚荣心在作怪。维吉尔那里的悲剧意义，被彻底消解了。

关于布鲁图斯驱逐柯拉廷诺斯一事，李维的叙事中也不无惋惜。柯拉廷诺斯的全名是卢修斯·塔昆·柯拉廷诺斯（Lucius Tarquinius Collatinus）。由于当时罗马人对塔昆家族的憎恨，尽管柯拉廷诺斯在驱逐国王、建立共和的事情中有功，大家还是不愿意名字中有"塔昆"的人做执政官。布鲁图斯按照民意做事，强迫柯拉廷诺斯离开了罗马，让瓦勒里乌斯继任执政官，并永远驱逐塔昆家族中的任何人。柯拉廷诺斯在听到布鲁图斯的决定时一脸惊诧，但在众人的压力下，只得蒙羞离开。[1] 奥古斯丁则极力斥责布鲁图斯在这件事情上的不公正：

　　　柯拉廷诺斯倒霉是因为他和塔昆同姓，也叫塔昆。他应该被要求

---

[1]　李维，《自建城以来》2：2；中译本均未收。

改换名字，而不是改换祖国；他的名字中的这个词可以去掉，人们都可以直接称他为卢修斯·柯拉廷诺斯。本来没有这个名字丝毫无损，但是他没有丢掉这个名字，这个首任执政官就被强令丢掉了荣耀，这个好公民就离开了祖国。朱纽斯·布鲁图斯所做的令人生厌的恶行对共和毫无益处，难道这是什么光荣吗？难道他做这些也是因为"他的爱国之心和求得美誉的强烈欲望占了上风"吗？僭主塔昆被赶走后，和布鲁图斯一同被选为执政官的是卢克莱西亚的丈夫，卢修斯·塔昆·柯拉廷诺斯。人民看他的道德，而不是名字，那是多么正义！布鲁图斯的首席同事刚刚上任，布鲁图斯就剥夺了他的祖国和荣耀，是多么不义！[1]

奥古斯丁的言外之意是，布鲁图斯排挤柯拉廷诺斯，完全是出于权力欲。和杀害自己的亲人一样，他这样做还是为了"求得美誉"，而这所谓的美誉不过就是尘世生活中的名与利。所以奥古斯丁在总结这一年的时候说："就是这一年，罗马共和产生了执政官，这种新的尊荣和权力。"这是奥古斯丁很少见的直接评价共和政体的地方。在他看来，共和制和君主制没有根本的不同，只不过是一种新的"尊荣和权力"，可以引起人们新的欲望和争夺。布鲁图斯与柯拉廷诺斯的争夺，不过是罗慕洛与雷姆斯之间的争夺的重演。在第二卷第十七章，奥古斯丁将罗慕洛与布鲁图斯放在一起，讽刺罗马正义和平等的法律。布鲁图斯确实是第二个罗慕洛，但这不是因为他们对罗马的贡献，而是因为他们都被霸欲所征服。[2]

至于布鲁图斯在战场上的阵亡，奥古斯丁没有讲这种牺牲对罗马有什么益处，而是借此再次哀叹这个执政官的不幸命运："这位布鲁图斯亲手

---

〔1〕 奥古斯丁，《上帝之城》，3：16；吴飞译，上册第110页。
〔2〕 Brian Harding, *Augustine and Roman Virtue*, p. 82.

杀了自己的儿子，而由于他不能战胜敌将——即塔昆的儿子，杀了他，也被他所杀，与他同归于尽。塔昆自己的寿数倒超过了他。这不是为他那无辜的同僚柯拉廷诺斯报了仇吗？"〔1〕

我们可以对比奥罗修斯对这段历史的描述。奥罗修斯虽然照着奥古斯丁的意思，也把罗慕洛以来罗马诸王的罪恶和灾难描述了一遍，并以此批判早期罗马的道德，在叙述布鲁图斯时，也要强调他的罪恶并不亚于罗慕洛，但他还是指出："国王被赶出了罗马城，罗马人认为他们应该自己来看顾自己的事情，而不是让别人限制他们的自由，创立了执政官的职位，由此，共和发展的成年就要到来了，而人们也要做出更大胆更艰难的事情。"〔2〕这段话写得犹犹豫豫、辞不达意。他本来要像奥古斯丁那样批判罗马的道德，却无意中赞美了罗马的共和与自由。从奥罗修斯与奥古斯丁的异同，以及奥罗修斯的犹豫中，我们可以推测奥古斯丁的想法。奥古斯丁应该是告诉过奥罗修斯，要尽可能描写罗马人的罪恶与灾难，特别不要以为从王国到共和的变化有什么实质意义，所以奥罗修斯要写布鲁图斯并未超过罗慕洛，也要指出，在共和时期，罗马人只会做出更大胆的罪恶，遭受更严重的灾难。在历史的进程中，共和的创立其实没有多大意义，但他忘不掉罗马历史学家的通常理解，还是保留了李维对共和制的评价痕迹。

奥罗修斯对罗马早期历史的评价无关大旨，但他对奥古斯都的评价就与奥古斯丁的计划彻底偏离了。在罗马共和后期，如何捍卫罗马的自由又成为焦点问题，无论奥罗修斯还是奥古斯丁，都不可避免地触及这个问题。奥古斯丁谈到了共和后期的很多事件，提到了格拉古兄弟、马略、苏拉、喀提琳、庞培等人，奥罗修斯也详细地记录了这个时期的混乱与内战。奥罗修斯虽然也没有忘记写下屋大维的种种罪恶，但在谈到奥古斯都

---

〔1〕 奥古斯丁，《上帝之城》，3：16；吴飞译，上册第110页。
〔2〕 奥罗修斯，《历史》，2：4；英译本，第50页。

的最终胜利时，他无比庄严地写道，在罗马建城之后的 725 年 1 月 6 日，奥古斯都结束了各地的战争，亲自关上了雅努斯神殿的门，在罗马恢复了希腊人所谓的君主制。他特别强调，奥古斯都关上雅努斯神殿门的这一天，1 月 6 日，恰恰是基督教的主显节，"在各个方面，我们都可以证明，恺撒的帝国为基督的来临做好了准备"〔1〕。

奥古斯丁首先这样评价奥古斯都时代的政体改变："看起来，奥古斯都以各种方式取消了罗马人的自由，但在他们眼里，这自由已经没有什么光荣，成了充满争斗、灭亡、灾难和颓废的自由。奥古斯都要恢复帝王的独断，这样就可以改革罗马共和，让她那衰老赢弱之躯恢复健康。"〔2〕在他看来，共和的自由本来已经充满了罪恶，没有维护的必要；倒是奥古斯都以君主制的方式，或许能使罗马恢复健康。但奥古斯都本人又是怎样的呢？奥古斯丁也轻描淡写地谈到："在他统治帝国期间，基督降生了。"但基督降生在奥古斯都时代，丝毫不会使奥古斯都更伟大，也不会使他的帝国更神圣。奥古斯丁特别讲到了屋大维对西塞罗的出卖：

> 也是为了保卫祖国的自由，西塞罗强烈地抵制安东尼。随后出现了另外一个恺撒，一个年轻而惊人的天才，裘力斯·恺撒的养子，我说过，他后来叫做奥古斯都。西塞罗偏向于这个年轻的恺撒，让他培养实力对抗安东尼，希望他能够赶走安东尼，击垮他的统治，恢复共和的自由。西塞罗真是瞎了眼，一点也不识时务。他扶植这个年轻人的地位和实力，但是这个年轻人自己却和安东尼达成妥协，默许西塞罗的被杀。他虽然多次宣扬共和的自由，却把自由归入自己的权柄之下。〔3〕

〔1〕 奥罗修斯，《历史》，6：20；英译本，第 275 页。
〔2〕 奥古斯丁，《上帝之城》，3：21；吴飞译，上册第 122 页。
〔3〕 同上书，3：30；吴飞译，上册第 131 页。

在这里，奥古斯丁将奥古斯都描写成一个忘恩负义、恩将仇报、贪婪狡诈、玩弄权术的窃国大盗，不仅出卖了西塞罗，而且将罗马的自由玩弄于自己的股掌之间。相比而言，这是奥古斯丁非常正面地谈罗马共和的自由的段落，惋惜罗马自由的丧失和西塞罗的被害，斥责奥古斯都的背叛之举。但是，罗马的这种自由在根本上是无意义的，因为这种自由无法防范道德的堕落，它并不是真正的自由。真正的自由，乃是使灵魂获得新生，从魔鬼与死亡的控制下摆脱出来。奥古斯丁之所以对奥罗修斯的著作那么不满，还不只是因为奥罗修斯笔下的李维痕迹和对奥古斯都帝国的赞美，而是因为，他并没有把基督教所宣扬的那种真正自由讲出来，对罗马的梦想仍存眷恋，对尘世之城的批判并不彻底。因此，奥罗修斯无法彻底抛弃罗马人的标准，也就无法彻底否定罗马文明，时不时仍然要用罗马历史学家的评价来讲出基督教的价值观，将基督教的梦想附着在罗马帝国的命运上。

奥古斯丁所要做的，是彻底否定罗马文明的追求，在另外的基础上重建文明理想。在他的这套新理想中，政体的变化毫无意义，或者说，无论政体怎样变化，都影响不到真正的自由。他在否定了罗马人的文明理想的同时，也把罗马人的一些评价标准重新纳入自己的体系中。

虽然奥古斯丁没有花多少笔墨谈罗马的政体，从奥古斯丁描写西塞罗和奥古斯都的那一段就可以看出，奥古斯丁对罗马人的自由并非毫无兴趣。他在一定程度上还是尊重罗马的政治自由的，不过，这种自由制度毕竟只是一种人为的"尊荣和权力"，不是上帝之城中的真正自由。尽管他也会惋惜共和的覆灭与西塞罗的惨死，但这都构不成他政治思想中最重要的内容，虽然它可能会成为政治实践中最重要的问题。

奥古斯丁终结了对政体的古典讨论，并不是因为在罗马帝国中，政体问题已经不再具有重要意义，也不是因为教会与帝国的关系和封建制度将取代政体问题，成为政治思想的头号问题。在奥古斯丁严格的政治思想框架中，教会与帝国的关系也并不是真正的头号政治问题，虽然人们有可能这样解读他的两城说。他带来的实质改变是，政体问题从此与真正的幸福和自由分离开来，究竟是共和制还是君主制，虽然对现实的政治操作和政治格局影响重大，但并不会影响到人们对精神自由的追求。因此，在他的思想框架之下，可以讨论帝国与教会的关系，也可以重新讨论民主与君主的优劣，但这些问题都将蜕化为次一等的问题。在这个层面上，当马基雅维利重新把共和问题提出来的时候，他并没有能力真正矫正被奥古斯丁扭转了的讨论取向，而只能笼罩在奥古斯丁的阴影之下，不自觉地讨论第二等的问题。无论马基雅维利怎样挣扎，他绞尽脑汁也无法跳出奥古斯丁的手掌心。他连奥罗修斯的那份自由都不再具有了，尽管他不会像奥罗修斯那样，把奥古斯丁当作自己的老师。[1]

八　德性的内在转向

我们前面说，奥古斯丁对奥罗修斯最大的不满，在于奥罗修斯仍然没有放弃罗马的文明理想，他对罗马的批判完全是消极的、表面的，根本没能找到取代罗马文明理想的新理想。那么，奥古斯丁自己是否找到了这样一种新理想呢？他将霸欲理解为罪的产物，否定了罗马扩张和政体转变的实质意义，那么，他的正面理想到底在哪里呢？奥古斯丁建立新文明理想的哲学基础，就是本书前两部分所呈现的基督教创世论与人性论，而在此基础上确立的理想，将在随后的几章展开。在《上帝之城》里，这些是在全书的后半部，即第十一卷到第二十二卷呈现出来的。不过，正如奥古斯丁自己所说，哪怕在他批判罗马文明的时候，这条线索已经潜在地存在了。而对这条线索的挖掘，不仅会帮助我们更好地理解他的前十卷，也可以揭示出奥古斯丁政治思想的丰富性。

---

〔1〕　比起马基雅维利来，但丁在《论世界帝国》中的态度倒是更像尤西比乌和奥罗修斯。参见本书结语部分。

我们前面已经多次提到，奥古斯丁对罗马历史的批判，常常只是把罗马人已有的批判重新组合与诠释，因而这种批判就不是简单的批判，而是将罗马的很多思想容纳进新的框架之中。他并没有用另外一种政治观念来批判罗马的政治，而是全面地批判尘世政治。比如，他虽然极力否定霸欲，但也没能给出一个政治概念来取代霸欲；他虽然否定罗马的扩张，但还是认为扩张是罗马得以强大的唯一途径；他虽然不认为共和体制下的自由是真正的自由，但还是为这种自由的丧失而叹息。在政治层面上，奥古斯丁似乎无法以新的观念来取代他所批判的对象，因为他的批判根本就不是政治层面上的。

奥古斯丁对罗马历史和政治的批判，都是以宗教批判的名义进行的。这个事实我们此前从未指出来，但现在，我们必须注意到它了。在《上帝之城》的前半部，奥古斯丁并没有直接颠覆罗马政治，而一直在批判，罗马诸神没有保佑罗马免于灾难，也没有赐给罗马人伟大的道德，当然更不可能给罗马人带来永恒的生命。是在这样一个框架下，奥古斯丁批判了罗马人的道德和政治。虽然对诸神的批判常常流于护教士的诡辩与意气之争，但这些并不是可有可无的虚文。它提醒我们，奥古斯丁真正关心的并不是帝国是否强大，共和制和君主制究竟哪个更好，如何捍卫罗马的自由，等等问题。他最关心的问题是，诸神是否给罗马人带来了真正的幸福。

从这个思路理解，我们可以看到，奥古斯丁在批判罗马的早期历史时，真正关心的不是每个国王的文治武功，而是他们个人的结局。他在《上帝之城》第三卷第十五章专门讨论了罗马诸王的结局。罗慕洛在暴风雨中死去，虽然有人传说他到天上成了神，但历史学家大多相信他要么被暴风雨吞噬，要么被元老院处死了。至于随后的国王，

> 除去努马·蓬皮利乌斯和安克·玛提乌斯（Ancus Martius）是死于疾病之外，别的人都不得善终。图鲁斯·霍斯提利乌斯，我已说

过，征服和毁灭了阿尔巴，而他的整个屋子被雷电吞噬。老塔昆（Priscus Tarquinius）被他的前任安克的儿子刺杀。塞维乌斯·图利乌斯（Servius Tullius）被他的女婿骄傲者塔昆卑鄙而丑恶地杀害，塔昆继承王位。[1]

塞维乌斯被公认为罗马最贤明的国王，却遭到了最悲惨的结局；塔昆是最后一个国王，且被公认为罪恶最重的国王，但是，他却"在罗马附近的图斯库兰小镇上和他的妻子过了十四年平静的布衣生活，终老于此"[2]。对罗马国王的这种评价方式，与上一章讨论的君主之鉴形成呼应。奥古斯丁认为，国家的强大与否只是对治于人者有用，对治人者无用。国王和任何人一样，都只是一个人，他的幸福不取决于国家的强大，而取决于他的灵魂的拯救。罗马这些国王的结局与他们的文治武功完全不成正比，可见王位和罗马的强大都无益于他们的幸福。

奥古斯丁对布鲁图斯不幸结局的感慨，是他对罗马诸王命运的评价的继续。正是因为他更看重个人的幸福，奥古斯丁才篡改了维吉尔对布鲁图斯的评价。在他看来，尽管布鲁图斯赶走了国王，建立了自由的共和国，但是他忍痛杀了自己的儿子，又在战阵上死于非命。爱国之心和对美誉的追求没有给他带来幸福，反而葬送了他。奥古斯丁认为，这正是霸欲给人带来的伤害。罗马那些伟大人物，被自己的霸欲所征服，追求一些无意义的东西，不仅对罗马人民无法带来实质的益处，而且将自己陷溺在不幸的生活中，无法自拔。这是地上之城中的必然命运。从罗慕洛到布鲁图斯，虽然追求到了很高的尊荣和权力，却不得好死，结局悲惨，所以他们所追求的就都是虚幻的、无意义的。奥古斯丁根本否定了罗马历史的意义，认为地上之城的扩张和绵延，都是虚幻的事，一个罪恶深重的大国，还不如

---

[1] 奥古斯丁，《上帝之城》，3：15；吴飞译，上册第107页。
[2] 同上书，第108页。

一个与世无争的小国，而基督徒皇帝的文治武功，虽然会给他的臣民带来很大的好处，但对于自己并无益处。和他们自己相关的，"只是他们的虔敬和正直，上帝的伟大赐予，已经足够使人到达真正的幸福了，人们可以用这过上好的生活，以后进入永恒"[1]。

从这样的角度理解罗马史，罗马当然不再是神圣而光荣的永恒之城，而变成了充满罪恶的变乱之城，一个西方的巴比伦。无论罗马的历史多么辉煌，无论罗马的自由多么高贵，无论罗马所辖的范围多么广阔，都不是最重要的。只要生活在罗马的心灵没有从魔鬼和死亡中得救，这一切成就就都是毫无意义的，罗马的自由，就都是虚假的，共和不过是霸欲导致的另一种权力而已。罗马英雄的德性，也不再是高贵的品质，而变成了自欺欺人的虚妄；他们上演的那些令人扼腕的故事，也不再是展现德性的悲剧，而变成了自相矛盾、虚伪而不幸的惨剧。被解构的不仅是罗马的历史，而且是一切尘世政治的历史。奥古斯丁把人们的注意力，彻底转向了内心。在他看来，真正的世界历史，都在人们的心灵当中。

正是因为奥古斯丁的罗马批判是宗教批判和心灵批判，一方面，他对政治的否定是全面的、彻底的，但另一方面，政治问题和政治德性还可以回到这个框架之中，作为第二层次的问题存在。所以，奥古斯丁虽然对罗马历史无情地否定，却又接受了罗马历史学家的很多具体判断。同样，他靠批判建立起来的理论框架，甚至可以将对罗马及其英雄的赞美容纳进来：

> 东方王国长期以来气象恢宏，于是上帝也想扶植一个西方帝国。这个帝国虽然在时间上晚一些，但其广阔伟大却更加恢宏。这个帝国中最伟大的人们为了荣耀、赞美和光荣，心系祖国，从而也为自己争得光荣，他们毫不迟疑地把祖国的安全置于自己的安全之前，因为热

---

[1] 奥古斯丁，《上帝之城》，4：3；吴飞译，上册第137页。

爱赞美这一种罪过，而避免了贪财和别的种种罪过。上帝把这个帝国交给了这些人，让她战胜别的很多民族中的巨大的坏事。[1]

奥古斯丁提到了很多罗马英雄。对托夸图斯、勒古鲁斯、西庇欧、加图、卡米卢斯等人，他都抱有真诚的敬意。但是，他认为所有这些人的德性都要打一个折扣。他们之所以舍生忘死，把祖国的安全置于自己的安全之前，是因为他们热爱赞美，但对赞美的热爱本身却是罪。他们虽然能够避免其他各种罪过，过有德性的生活，但他们的德性并不纯粹。

奥古斯丁为人生境界划分了几个层次。最低层的，是那些明目张胆放纵欲望的人，尤其是赤裸裸追求霸权的人，其典型代表是罗马皇帝尼禄：

> 那些鄙弃光荣但追求霸权的人，残暴恣睢、奢侈淫逸，超过了禽兽。一些罗马人就是这样的。他们虽然不看重别人的尊重，但并不缺乏对霸权的欲求。历史上这样的例子很多；但这类罪过的巅峰堡垒当然是狂热的皇帝尼禄首先达到的。尼禄是那样奢侈淫逸，以致人们根本不必害怕他有什么男子汉的威严；他是那样残暴，以致不知道的人根本不会相信他有温柔的时候。[2]

在撒路斯提乌斯看来，霸欲虽然不是正面的德性，但它可以激发精神的努力，常常带来德性的追求。尼禄并不缺乏霸欲的追求，但这种追求只会使他更加残暴，并没有让他获得男子汉的威严，完全没有带来德性的追求。因此，尼禄是只有赤裸裸的霸欲、却并未因此有任何德性的人，无论在罗马人的谱系还是奥古斯丁的境界中，都处在最低层。

比尼禄略高一个层次的，是伊壁鸠鲁学派所主张的，那些虽然以享乐

---

[1] 奥古斯丁，《上帝之城》，5：13；吴飞译，上册第194页。
[2] 同上书，5：19；吴飞译，上册第204页。

为最终目的，但为了更好地享乐，而过有德性的生活的人。奥古斯丁引用西塞罗的比喻，把享乐比喻成一个放荡的女王，德性都是她的侍婢，殷勤服侍着她：

> 女王命令"明智"小心探问，怎样让享乐女王能够安全地坐在王位上。她命令"正义"施舍各种利益以维护某些友谊，而这对于她保持身体的享乐是必要的；避免伤害任何人，是为了不冒犯法律，否则享乐就不能安全地存在。如果还不至于导致死亡的痛苦降临，她命令"勇敢"使女主人，即欲望女王，心灵的想法坚韧，回忆起从前的快乐，从而就减轻了当前急剧的痛苦。她命令"节制"摄取适量的营养，哪怕是再好吃的，不加节制也是有害的，会破坏健康和享乐；因为伊壁鸠鲁学派认为享乐主要在于身体健康，不节制是对享乐的严重冒犯。这样，所有的德性的尊荣，都是为了服务于享乐这个霸道而毫无荣耀可言的小女人。[1]

这些人表面看上去按照德性做事，但他们并不是因为喜爱德性而这样做，这也是希腊、罗马的哲学家都已经批判过的人。

为了人间的赞美和荣誉而过有德性的生活，是西塞罗等人提倡，被很多罗马英雄所实践了的，应该高于这种伊壁鸠鲁式的德性。但奥古斯丁认为，这与伊壁鸠鲁的那幅图景不过是五十步笑百步的区别而已：

> 如果他们画出另外一幅画，让德性服务于人间的光荣，那也不会更好看。虽然光荣并不是什么放荡的女人，但她自我膨胀，极为虚妄。德性是坚实而牢固的，不该服务于她。除非为了取悦于他人和服务于随风而逝的光荣，"明智"什么也提出不了，"正义"什么也赐

---

[1] 奥古斯丁，《上帝之城》，5：20；吴飞译，上册第 206 页。

予不了，"勇敢"什么也承担不了，"节制"什么也节制不了。如果人们鄙弃光荣，不顾别人的评价，自以为智慧、自我陶醉，那也难免道德低下之讥。如果这样的人还有德性的话，那德性就以另外的方式臣属于人们的赞美；自我取乐的人不过还是取乐于人。[1]

这些人以人间的光荣替换了享乐，但人间光荣不过是个虚妄的女人而已。使德性服务于这个虚妄的女王，并不见得就好多少。奥古斯丁在这一类人中又做了微妙的区分：一类是完全依赖他人的赞美的，另一类并不依赖他人的评价，而是更实质地按照德性原则做事。但奥古斯丁认为，这两类人也没有根本的不同。后者只不过是自我陶醉而已，他们在骨子里还是臣服于人们的赞美。

完全为了别人的赞美做好事，和不依赖别人的评价、讲究慎独的人，应该是相当不同的人，怎么能属于同一个境界呢？奥古斯丁的意思，并不是说，那些表面上慎独的人，其实还是希望别人赞美他，而是，他们所追求的好，还是出于人的标准，无论是否他人，都没能以神的标准要求自己，因而并无根本的区别。在他看来，只有以上帝为最终的标准，才会有真正的德性。

奥古斯丁对罗马英雄的真正态度是：他们虽然有高贵的德性，但若不是为了上帝，而是为了任何地上的目的去做这些事，那就是虚妄无意义的，最终并不会给自己带来好的结局："如果谁不是靠圣灵所带来的虔敬的信仰和对理智之美的追求来驾驭下流的欲望，而是靠对人间的赞美和对光荣的欲望来节制，那还不是神圣的，只是较少下流而已。"[2] 只有为了上帝这个终极目的，这些德性才是真正的德性，这才是唯一重要的标准。按照这个标准，前面所说的三种境界都是一样的，因为他们都是在按

---

〔1〕 奥古斯丁，《上帝之城》，5：20；吴飞译，上册第 206 页。
〔2〕 同上书，上册第 194 页。

照人间的标准做事，都不可能获得拯救。这三者的区分，是罗马人已经有的，在奥古斯丁这里，就完全变成了次要的、可有可无的区分。

九 对罗马英雄的赞美与哀悼

正是因为他的思想框架中有不同的层次，奥古斯丁对待罗马英雄的态度也常常有很多层次。若是仅仅从基督教的角度出发，他常常会非常严厉地批评一些英雄；但若按照世俗的标准，他又会赞美这些英雄。比如对布鲁图斯，我们前面看到，他在批判罗马的早期历史时，不仅惋惜布鲁图斯的悲惨命运，而且指责他在霸欲的驱使下赶走了柯拉廷诺斯。但是到了第五卷第十八章，他又充满热情地赞美布鲁图斯杀死儿子的英雄行为：

> 如果为了这暂时的地上之城，布鲁图斯能够杀死他的儿子，那么为了永恒的天上的祖国，鄙弃世上的那些花言巧语，又算什么大不了的呢？上帝之城并没有强迫任何人这样做。上帝之城要求人们把为儿子聚敛和积攒的钱财捐助给穷人，或是在必要的时候为了信仰和正义放弃钱财。和这些相比，杀死儿子要难得多。地上的财物不能给我们或我们的儿子带来幸福，要么我们活着的时候就会失去，要么死后被我们不认识的人甚至我们不愿意的人所占有；但是上帝能让我们幸福，他是心智的真正财富。但是布鲁图斯，因为他杀了儿子，即使在赞美他的诗人看来，也是不幸福的。维吉尔说："他的几个儿子发动新的战争，他为了美好的自由，咳，不幸啊，不得不把他们处死。不管后人怎样看待这事。"但是在随后的诗句里，维吉尔又安慰这不幸的人："他的爱国之心和求得美誉的强烈欲望占了上风。"就是这两者——自由和对人间赞美的欲求——驱使罗马人创造了奇迹。如果为了将死之人的自由，为了必朽的人所追求的赞美，使父亲杀死儿子，那么追求真正的自由又是多么伟大！真正的自由能把我们从邪恶、死

亡、魔鬼的统治下解放出来。不是对人间赞美的欲求，而是对解放人类的热爱驱使我们，不是脱离塔昆王的统治，而是脱离出鬼怪和鬼怪之君的统治，不要求杀死儿子，而是把基督手下的穷人当作自己的儿子。[1]

与前文所描述的布鲁图斯对比，我们可以看到奥古斯丁更微妙的态度。在此，他不仅没有否定布鲁图斯杀死亲人的做法，反而还赞美他的德性，这个态度与维吉尔无异；只是，他又非常惋惜，因为布鲁图斯终究是个不幸的人。之所以不幸，并不是因为他杀死了自己的儿子，而是因为他追求的是虚妄的光荣，热爱的是短暂的地上之城，捍卫的是必死之人的自由。如果以同样的德性服务于上帝之城的光荣，追求从邪恶、死亡、魔鬼的统治下解放出来，获得真正的自由，则布鲁图斯的做法不仅无可厚非，而且应该赞美和提倡。亚伯拉罕能够为了上帝牺牲自己的儿子，他所做的，正是这样的事。

随后，奥古斯丁又列举了托夸图斯、卡米卢斯、穆修斯、库尔提乌斯、德西乌斯父子、普尔维乌斯、勒古鲁斯、瓦勒里乌斯、辛辛那图斯、法布里西乌斯等人的故事，以激励基督徒用同样的德性服务于更好的上帝之城，文长不具录。[2]这一段写得文采飞扬、气势雄浑，是《上帝之城》中非常漂亮的段落。关于每个英雄的段落都有三个层次：他首先不遗余力地赞美罗马的英雄们为了祖国牺牲自己和家庭的伟大品质，随后哀叹他们的高贵德性没能为自己赢得真正的幸福，最后又鼓励基督徒，为了天上更伟大的祖国，要像罗马的英雄们那样生活。我们既可以把它读成奥古斯丁对罗马德性的赞美诗，也可以把它当作他对罗马英雄们的悼亡诗，还可以把它当作激励基督徒的布道辞。三个完全不同的主题完美地交织在对

〔1〕 奥古斯丁，《上帝之城》，5：18.1；吴飞译，上册第199—200页。
〔2〕 同上书，5：18.2；吴飞译，上册第200—203页。

每个英雄的故事的叙述当中，天衣无缝，展现出奥古斯丁对待罗马德性极为微妙复杂的态度。

从这一大段记叙当中，我们可以看到，奥古斯丁对罗马人的德性，绝对不是简单的否定。他只是要罗马人改变生活目标，将同样的德性服务于上帝之城。奥古斯丁不满意罗马人不断扩张的霸道，也不满意他们为了人间的赞美而追求德性的心理动机，于是以上帝之城和其中的永恒生活来重新激励人们。但我们知道，上帝之城并不是一个现实的政治实体。要服务于上帝和上帝之城，在现实中并不是将忠诚交给另外一个政治实体，而只是放弃对罗马的忠诚，因为那只是上帝之城的公民在羁旅中暂时的住所；将目标设定为自我的救赎，因为人只能在自我之中寻找上帝。就像奥古斯丁在讨论君主的德性时所说的，君主治理好国家，对他自己并无益处，他根本上还要关心自己内心的拯救。这样，奥古斯丁提倡的，根本上是一种内在转向。在转向内在的自我之后，人们还要勇于像罗马英雄那样，抛弃外在的自我和尘世的利益。

完成了这一内在转向，罗马是否存在也就不重要了。她只不过是一个非常伟大的地上之城，和心灵的拯救没有关系。她被蛮族毁灭之后，也并不妨碍罗马城中的基督徒心灵的拯救。人们可以另外寻找新的旅店，只要其中的东西可以利用就行，因为任何一个地上之城都只是暂时的寄居之地，不是心灵的真正家乡。

虽然奥古斯丁批判罗马和所有地上之城中的罪恶，深刻地揭露出罗马的伟大扩张背后的肮脏实质，但是，他无意对地上之城做任何的改变，因为只要是地上之城，就不可能免于罪恶。哪怕是基督徒皇帝，他的真正身份也只是地上之城中的一个普通公民，无论治国好坏，都必须自己求取自己的救赎，因而也无力将他所治理的那个地上之城变成上帝之城。因此，无论在君士坦丁大帝之前，还是在他之后，罗马都不可能改变自己作为地上之城的实质，也不必改变。只要基督徒皇帝能像帝国中的每个基督徒一样，追求心灵的完善和自我的拯救，就不会像罗慕洛以来的那些国王一样，在虚幻的霸欲中死于非命。奥古斯丁就是以这样的方式，改变了对罗马历史的书写，表面上化解了罗马的陷落所带来的恐慌，实质上剥夺了尘世政治的德性意义。

这样的改变，把罗马人的德性引向了上帝之城和对拯救的追求，将罗马人的政治德性改造为一种信仰德性，尘世政治则完全留给了力量和阴谋。奥古斯丁在否定了罗马传统的霸道的同时，并未提供一套政治性的王道理想。他可以否定现实政治中的理念和道德，但他不能否定政治本身。人们毕竟仍然生活在各个政治共同体中，有自己的家庭、城邦、帝国，虽然只是把它们当作羁旅中的住处，却须臾不可离开。而今，所有这些自然形成的共同体都不再具有神圣和高贵的意义，人们不必再为了它们而牺牲生命，现实政治既然属于邪恶的魔鬼之城，那就只能以现实主义的态度对待它。霸道在失去了高贵的理念之后，彻底沦落为了霸术，已经不再有任何道义可言。奥古斯丁将政治德性转化为信仰德性之后，也就摧毁了罗马人的政治理念，其结果并没有消灭他所揭露和痛斥的政治罪恶，反而助长了这些罪恶。

在现实政治当中，完全否定政治德性是不可能的。像奥古斯丁讲的那样生活，是无法实现的。哪怕在中世纪的基督教王国中，还是有古代遗存下来的，和各民族中形成的道德风俗，约束着人们的政治行为；到了现代，随着希腊罗马文化的复兴，古代人所珍视的很多品质，也参与到了现代国家的建构当中。不过，奥古斯丁却为西方的现代政治理性打下浓重的底色。他和他的继承者无论怎样批判罗马的霸道，始终未能超出罗马人的政治德性，找到一套可以替代它的王道政治。

十　对罗马宗教的批判

在梳理了奥古斯丁对于罗马历史与政治的基本态度之后，他对罗马宗教的批判的意义也就逐渐显露了出来，《上帝之城》最芜杂的前十卷也就容易理解了。奥古斯丁宗教批判的核心意义，就在于为罗马政治和历史去神圣化、去道德化。

奥古斯丁利用瓦罗的理论，区分了三层神学：神话神学、城邦神学、自然神学。所谓神话神学，就是诗人们所描述的神话故事；所谓城邦神学，就是城邦的宗教祀典；所谓自然神学，就是哲学家们对神话的哲学解释。[1] 这三层神学的区分虽然出现在宗教批判的后半部分，却是他宗教批判的总纲。奥古斯丁对这三类神学的基本策略是，批判神话神学和城邦神学，但肯定自然神学。

对希腊罗马的自然神学，奥古斯丁虽也有一定程度的否定，但对柏拉图等哲学家给以相当大的肯定，因为柏拉图主义哲学为他提供了最主要的思想武器。[2] 他甚至认为，自己所尊敬的苏格拉底、柏拉图、西塞罗、塞涅卡等哲学家，其实已经意识到了神话神学与城邦神学的虚妄，只是不敢揭穿而已。

他对神话神学和城邦神学都猛烈批判，而这双重批判的核心问题，都在道德上。他首先抓住了神话神学中，诸神那些不道德的行为，比如朱庇特、维纳斯、马尔斯等的淫行。在这方面，奥古斯丁确实继承了希腊罗马一些哲学家的态度。比如，《游叙弗伦》中的苏格拉底就表示，他无法接受神话中诸神的很多做法，罗马的西塞罗、恺撒、塞涅卡等人，也的确都表达过对某些神话的怀疑。奥古斯丁接续了他们的"自然神学"，将他们对宗教的哲学批判推进到一个更极端的程度。在这个意义上，奥古斯丁试图追求一种更加哲学化的宗教。

由于古典神话中的诸神都有喜怒哀乐，奥古斯丁进一步利用斯多亚派的哲学指出，这些性情是哲学家都不会有的，就更不应该发生在诸神身上。而根据拉贝奥、斯凯夫拉和阿卜莱乌斯的说法，奥古斯丁指出，古典

---

[1] 奥古斯丁，《上帝之城》，6：3；吴飞译，上册第 223 页。
[2] 奥古斯丁与异教一神论的关系，参考 Gillian Clark, "Augustine's Varro and Pagan Monotheism," in *Monotheism between Pagans and Christians in Late Antiquity*, Leuvern：Peeters, 2010。

神话中的神有善有恶，若把它们纳入基督教的框架当中，其实就是善恶天使，而不可能是真正的神。他又研究发现，希腊罗马的很多神，都是死去的人，以此就进一步否定了罗马诸神的神性。通过这样几个层次的批判，奥古斯丁瓦解了古典宗教中的神话神学。

在判教的较量中，神是否存在，具有什么法力，等等，当然都是非常重要的问题。但对于更深层的理论而言，这还只是表面的工作，触及不到一个宗教体系最核心的部分。古典神话中某些故事的真实性早就遭到了哲学家们的质疑，但这并未威胁到这个宗教体系的存在。到了奥古斯丁的时代，罗马的神谱早就经过了巨大的变化，奥古斯丁主要批判很早以前的罗马诸神，但对当时的一些神并未提及。这也表明，最实质的问题并不在于某些神究竟是否存在，而在于罗马的宗教体系是否还有意义。

因此，奥古斯丁更加致命的批判，是指出罗马诸神并未使罗马人道德高尚。对罗马宗教的批判，本来是对异教徒的攻击的一个直接回应。虽然其回应的主要论点是，异教诸神也并没能使罗马免于类似的灾难，但奥古斯丁并没有像奥罗修斯那样，把主要精力用于罗列异教时代的各种灾难。他回应的首要问题是："为什么他们的神不愿意照管他们，使他们不会堕入如此糟糕的道德呢？"[1]

表面看上去，这确实击中了罗马宗教的要害，因为罗马宗教应该是罗马道德的捍卫者和提升者，而如果罗马诸神没有起到这种作用，他们的存在还有什么意义呢？但是，奥古斯丁的提问方式在两个重要方面改变了罗马宗教对道德的理解。第一，罗马诸神并不是以发布诫命的方式来维护道德的；第二，奥古斯丁理解的道德与罗马人的道德有了重要的不同。

奥古斯丁批评罗马诸神，说他们把"好的生活的诫命隐藏起来"。[2]但这里涉及对宗教理解的一个根本差异。希腊罗马的神话和宗教，确实是

---

〔1〕 奥古斯丁，《上帝之城》，2：4；吴飞译，上册第50页。
〔2〕 同上。

以提升德性为重要功能的，但这种提升，并不是像基督教那样，主要通过道德诫命来完成。希腊罗马宗教，本来就没有明确的经典和教义，而是通过城邦中的宗教实践，将家庭、城邦、帝国结合成一个神圣的道德共同体。家庭中的、城邦中的，乃至城邦之间或整个帝国的祀典，都起到非常重要的作用。[1] 赛诗会和戏剧表演，既是重要的宗教活动，也是提升公民德性不可缺少的场合。当然，并不是所有的诗都能起到净化心灵、提升德性的作用，所以柏拉图才主张删诗。柏拉图的这一主张，恰恰表明了诗歌对城邦德性的重要性。

但奥古斯丁对戏剧表演和祭祀仪式都极力否定，冷嘲热讽，说戏剧表演中常常充斥了众神卑鄙下流的故事，祭祀中常常出现下流或疯狂的场面。仅仅否定戏剧和祭祀中的某些内容还不算什么，但奥古斯丁批判的实质是，这种以祭祀和戏剧来提升道德的方式，本来就是错误的敬神仪式。[2] 在《上帝之城》第十卷，奥古斯丁花了很大篇幅讨论宗教与祭祀，不仅否定了希腊罗马的祭祀仪式，而且否定了《旧约》中的祭祀仪式。随着对祭祀仪式的改变，他也改变了对"宗教"的理解：

> "宗教"（religio）一词所表达的不是别的，就是对上帝的服侍；我们用这个名词来翻译希腊文的 θρησκεία 一词。按照拉丁文的表达习惯，不仅在一般人那里，就是在饱学之士那里，人们在各种亲缘友谊等关系中，都应该遵行 religio；因此，在讨论对神性的服侍时，这个词不可避免会有模糊之处。我们不能满怀信心地说，"宗教"就是对上帝的服侍；这样我们就会违背这个词指遵守各种人间的关系和责任的义项。"虔敬"（pietas）一般应该理解为对上帝的服侍，希腊人称

---

[1] 参考库朗热，《古代城市》，吴晓群译，上海：上海人民出版社，2006 年；Jörg Rüpke edits, *A Companion to Roman Religion*, Wiley-Blackwell Publishing Ltd., 2011。

[2] 如奥古斯丁，《上帝之城》，8：27.2；吴飞译，上册第 272 页。

之为 εὐσέβειαν。但是这个词也用于指对父母的义务。[1]

在拉丁文中，无论 *religio* 还是 *pietas*，虽然都包含了针对神的神圣含义，但也都不只是针对神的。在古典宗教体系中，这一点很好理解。因为宗教是和社会伦理紧密关联的，重要的社会制度当然也有神圣的色彩。对父母孝敬，对朋友诚实，对祖国忠诚，本来就具有神圣性。西塞罗认为，"宗教"（*religio*）一词来自反复读（*re-legere*），就是反复朗读宗教经典的意思。[2] 基督教思想家拉克唐修则认为，宗教来自重新维系（*re-ligare*），指的是重新维系上帝和人之间已经松弛了的关系。[3] 这两种解释虽然未必准确，但都有些词源上的根据，而且符合罗马城邦宗教的传统。但奥古斯丁要完全打破这种传统理解，让"宗教"和"虔敬"都变成惟有人和上帝的关系，而与其他任何社会关系无关。这样，无论家祭还是公祭，无论戏剧还是竞技，都不可能再表达人们的虔敬，因而也就不再是纯正的宗教。奥古斯丁褫夺了这些社会制度的神圣性。

罗马人的宗教仪式并不是只有在神殿中才有，而是渗透到了生活中的方方面面。他们处处都有宗教，随时都在敬神。但这也恰恰成为奥古斯丁猛烈批判的一个方面。他嘲笑罗马人要侍奉那么一大群神，比如，"每家有个看门人，如果这个看门的是凡人，一个也就足够了。但是却有三个神看门，佛库鲁斯负责大门，卡地亚负责锁钥，利门提努斯负责门槛"[4]。奥古斯丁嘲笑罗马人这样的敬神方式使诸神的权力非常有限，管大门的就不能管门槛，还不如人间的看门人。其实，这些都是真正的上帝的赐予，只要服侍唯一的上帝，就足以得到诸神管辖的那些事了。殊不知，奥古斯丁在抬出唯一神圣的上帝的时候，却使社会生活变得空前世俗化了。

---

[1] 奥古斯丁，《上帝之城》，10：1.3；吴飞译，中册第 29 页。
[2] 西塞罗，《论神性》，2：28。
[3] 拉克唐修，《神圣原理》，4：28。
[4] 奥古斯丁，《上帝之城》，4：8；吴飞译，上册第 142 页。

至于奥古斯丁理解的道德与罗马人的道德已经非常不同，我们在前文已经看到了。撒路斯提乌斯认为道德自然而高尚的时期，被奥古斯丁理解为充满欲望的时期；罗马人所看重的尚武精神，奥古斯丁以为是堕落的结果。

罗马人也并没有认为奥古斯丁所否定的那些事情就是好的。罗慕洛和霍拉斯所做的坏事，是很多罗马人也否定的，但他们并不认为这些事情的发生就足以否定罗马的整个时代。罗马人既然是从生活的自然来理解神圣与德性，就不会强求一个毫无瑕疵的世界；吹毛求疵的奥古斯丁不能容忍任何的错谬，他的道德理想只能在未来的上帝之城中。在他看来，既然诸神治下的罗马存在各种悲惨和不公，那么这种社会就是没有道德和正义的，诸神就没能提升罗马的道德；而人们通常认为的那些道德，与上帝之城中的道德比起来，都算不上道德，而只能是罪的结果。[1]

但是，奥古斯丁又认为，罗马诸神其实无能力管辖罗马人，包括罗马人在内的整个人类，都在上帝的管辖之下。既然如此，他对罗马诸神的批判，不是全都能用在基督教的上帝身上吗？人世的悲惨、道德的堕落、处处可见的不公，难道上帝不该负责吗？奥古斯丁又一次遭遇了令他最为头疼的理论问题：恶的起源。于是他只能说，上帝永远是公正的，但这公正不是每个人都能体会到，也不是时时都会显明出来的，要到末日之时，才会彰显。上帝并没解决罗马诸神遗留的问题，反而把真正的道德永远地推迟到了末日审判。奥古斯丁彻底褫夺了尘世社会的道德性。

尘世生活既不神圣，也无道德，这就是奥古斯丁对罗马宗教的批判，也是他批判罗马历史的最终结论。这样我们也就可以理解，奥古斯丁对罗马即使非常热爱，他也会极力否定和压制自己的爱国之心，因为他认为这既不是神圣的，也不算真正的道德。难怪在祖国面临覆灭之时，他会表现出那种骇人的冷静。

----

〔1〕 奥古斯丁认为，尘世的德性都和罪有关，详见本书第十章。

第九章

以色列的历史：并不神圣的圣城

奥古斯丁将罗马历史贬为魔鬼之城的历史，因为凡是尘世政治都是魔鬼之城的政治。相对于这个魔鬼之城，上帝之城的历史，就是逐渐摆脱魔鬼的控制、心灵走向拯救的历史。它不应该是王国盛衰的历史，而只能是心灵秩序的历史。但心灵秩序怎么可能构成世界历史呢？在《上帝之城》第十八卷对世界历史的梳理中，奥古斯丁让以色列的历史来代表上帝之城的历史，但和所有其他的地上之城一样，其中还是不乏帝王将相的历史。于是，奥古斯丁指出，上帝之城历史的真正意义，并不在于犹太民族政治的盛衰变迁，而是在于它对耶稣基督的象征。在世界的心灵史中，只有一个历史事件，那就是耶稣基督的言成肉身和十字架上的受难。相对于这个神圣事件而言，以色列的历史只是象征，就像我们在撒拉与夏甲的故事中已经看到的那样。地上耶路撒冷的历史，也没有实质的神圣意义，因为耶路撒冷不过是另外一个地上之城而已。奥古斯丁在赞美以色列历史的神圣象征意义的同时，却也取消了以色列作为一个国家的历史意义。在这方面，他比保罗还要极端。

一　神圣历史的分期

从基督教角度梳理以色列的历史，一个标准的历史分期模式是保罗在《罗马书》中立下的：一、没有律法之先，从亚当到摩西；二、律法之下，从摩西到耶稣来临之前；三、恩典之下，耶稣来临之后。[1] 奥古斯丁在《上帝之城》中也曾用到过这个模式。比如在谈论原罪、死亡、律法、恩典的关系时，奥古斯丁心中应该想到了保罗的这个历史三阶段说。[2] 不过，《上帝之城》第十五到第十八卷的安排，却遵循了另外一个划分法，即本书第一章所提到的，按照创世六日的类比划出的六个阶段：一、从亚当到挪亚；二、从挪亚到亚伯拉罕；三、从亚伯拉罕到大卫；四、从大卫到巴比伦之囚；五、从巴比伦之囚到耶稣来临；六、从耶稣来临到世界末日。他又认为，这六个阶段对应于人生的六个时期。在这六个阶段中，前五个都是《旧约》中以色列的历史，也就是《马太福音》开头叙述耶稣家谱时划分的历史阶段[3]，涵盖了保罗分期法中的前两个阶段。我们用一个简表来描述他的历史分期[4]：

---

[1] 《罗马书》，5：12—21。

[2] 奥古斯丁，《上帝之城》，13：5；吴飞译，中册第155—156页；奥古斯丁还在一些地方用到过这种分期方式，如《信望爱手册》（*Enchiridion de Fide，Spe et Charitate，PIA0*），31〔118〕；《八十三个问题》（*De diversis Quaestionibus octoginta tribus，PIA0*），71：7，66：3；《论三位一体》（*De Trinitate，PIA2*），4：4〔7〕，周伟驰译本为第四卷第二章第7节，上海：上海人民出版社，2005年，第133页。Wachtel有个更详细的讨论，参见 Alois Wachtel, *Beiträge zur Geschichtstheologie des Aurelius Augustinus*, Bonn：Ludwig Röhrscheid Verlag, 1960, s55。

[3] 《马太福音》，1：17："亚伯拉罕的后裔、大卫的子孙、耶稣基督的家谱：亚伯拉罕生以撒，以撒生雅各，雅各生犹大和他的弟兄，犹大从他玛氏生法勒斯和谢拉，法勒斯生希斯仑，希斯仑生亚兰，亚兰生亚米拿达，亚米拿达生拿顺，拿顺生撒门，撒门从喇合氏生波阿斯，波阿斯从路得氏生俄备得，俄备得生耶西，耶西生大卫王。大卫从乌利亚的妻子生所罗门，所罗门生罗波安，罗波安生亚比雅，亚比雅生亚撒，亚撒生约沙法，约沙法生约兰，约兰生乌西亚，乌西亚生约坦，约坦生亚哈斯，亚哈斯生希西家，希西家生玛拿西，玛拿西生亚们，亚们生约西亚，百姓被迁到巴比伦的时候，约西亚生耶哥尼雅和他的弟兄。迁到巴比伦之后，耶哥尼雅生撒拉铁，撒拉铁生所罗巴伯，所罗巴伯生亚比玉，亚比玉生以利亚敬，以利亚敬生亚所，亚所生撒督，撒督生亚金，亚金生以律，以律生以利亚撒，以利亚撒生马但，马但生雅各，雅各生约瑟，就是马利亚的丈夫，那称为基督的耶稣、是从马利亚生的。这样，从亚伯拉罕到大卫，共有十四代；从大卫到迁至巴比伦的时候，也有十四代；从迁至巴比伦的时候到基督，又有十四代。"

[4] 参考 Kari Kloos, "History as Witness: Augustine's Interpretation of the History of Israel in *Contra Faustum* and *De Trinitate*," in *Augustine and History*, edited by Christopher T. Daly, John Doody, and Kim Paffenroth, Lanham：Lexington Books, 2008, p. 34。

阶段	时间	上帝创世	人生阶段	神圣意义	晚上的意义	早上的意义
一	亚当到大洪水	第一日，创造光	婴儿期	人类的第一个阶段，见到光	大洪水，人类的婴儿期的事情都忘了	挪亚方舟的拯救
二	挪亚到亚伯拉罕	第二日，分开上下的水，创造苍穹	少年期	挪亚航行在水上。因为少年期无法繁衍，所以还没有上帝的选民	巴别塔与语言的混乱	亚伯拉罕带来的信仰
三	亚伯拉罕到大卫	第三日，陆地和水分开	青年期	开始出现上帝的选民，和迷信的民族分开，如同陆地与水分开	扫罗犯罪	大卫建国
四	大卫到巴比伦之囚	第四日，创造日月星辰	壮年期	伟大的君王如同太阳般明亮	国王的罪，导致被巴比伦所掳	信仰散播到外邦
五	巴比伦之囚到耶稣来临	第五日，创造水里和天上的动物	中年期	以色列在外邦流浪，如同海里和天上的动物	以色列人罪恶更重	基督来临
六	耶稣来临到末日	第六日，创造地上的动物，造人	老年期	在旧人的老年，新人诞生，是灵性之人	尚未到来，可能是敌基督来临	基督重临
七	末日	第七日，上帝休息		末日审判之后的休息	没有晚上	

　　奥古斯丁改变的，并不仅是怎样分期而已。在保罗的分期模式中，由于以律法与恩典并列，《旧约》历史和《新约》历史都有重要的意义，虽然《旧约》历史终将被《新约》历史所取代。律法代表着《旧约》的意义，也是以色列人的拯救历史中最重要的主题；但到了《新约》之中，以

恩典为核心的拯救模式取代了以律法为核心的拯救模式。《马太福音》的分期方式，讲的就是以色列的历史，强调的是耶稣作为大卫的嫡系子孙，在犹太人的民族谱系中出身高贵。无论马太还是保罗，都没有取消以色列历史的意义。相对而言，马太对以色列历史更加强调。

奥古斯丁虽然从马太那里借来了历史分期模式，但他完全改变了马太的用意，甚至走到了比保罗还要极端的程度。在马太的分期模式中，重点完全在以色列的家族传承上，但在奥古斯丁这里，以色列的整个历史都服务于耶稣基督的来临。以律法为核心的以色列历史没有自身的意义。他不像保罗那样，认为律法可以和恩典并列，需要恩典取代它来创造新的历史，而是认为，本来就不存在以律法为核心的历史阶段。他用耶稣来临后的历史吞噬了耶稣来临前的以色列历史，认为此前历史的意义，仍然是心灵的历史，只是对耶稣来临的象征。如果说律法也可以构成历史，那历史只能算魔鬼之城的历史，不算上帝之城的历史。

在保罗以律法和恩典为关键词的历史分期中，摩西无疑是一个至关重要的人物；但奥古斯丁由于没有采用保罗的历史分期，所以他就没有花多少篇幅来谈摩西。在他这里，挪亚、亚伯拉罕、大卫、巴比伦之囚是决定性的转折点，其中尤以亚伯亚罕为最重要。奥古斯丁没有以保罗那里的律法与恩典，或马太笔下的家族传承为分期标准，而是以每个时期中两个城的关系来理解世界历史的变迁，最终一切都指向耶稣基督。换言之，每个时代的意义，都在于它与耶稣之间的关系。其含义正像奥古斯丁解释撒拉与夏甲的寓意时指出的，都是对以耶稣为首的上帝之城的一种象征。

二　从亚当到亚伯拉罕

亚伯拉罕之前有两个阶段，是以色列民族形成之前的时期，历史进程中呈现出两座城平行的发展。

第一个阶段，即从亚当到挪亚之间，地上之城传了八代，上帝之城传了十代。亚当的两个儿子，成为人类两座城的祖先："无论是地上之城的那一支，还是天上之城的那一支，两支的祖先都是亚当。亚伯被杀，这杀戮中包含了奇妙的圣事含义，从此产生了两个支脉的祖先，该隐和塞特。两个人的子孙都有记载，他们开始了必朽者的两个城。"[1]

杀弟的该隐生了个儿子以诺，然后建了一座城，并以儿子的名字命名。该隐的后代，就是地上之城的支脉：

> 以诺生以拿，以拿生米户雅利，米户雅利生玛土撒利，玛土撒利生拉麦。拉麦娶了两个妻，一个名叫亚大，一个名叫洗拉。亚大生雅八，雅八就是住帐篷，牧养牲畜之人的祖师。雅八的兄弟名叫犹八，他是一切弹琴吹箫之人的祖师。洗拉又生了土八该隐。他是打造各样铜铁利器的。土八该隐的妹子是拿玛。[2]

后来拉麦又生儿子。从亚当到拉麦的儿子，一共是八代人。其中该隐杀了人，拉麦也杀了人。奥古斯丁指出，这一系八代人以杀人始，以杀人终，因为他们都是属于魔鬼的人。奥古斯丁解释说，"该隐"名字的意思是"得"，"以诺"的意思是"献"。地上之城就献给了建城的地方，因为他们追求的目的都在此世。

在亚伯死后，亚当与夏娃又生了一个儿子，叫塞特，塞特生以挪士，以挪士生该南，该南生玛勒列，玛勒列生雅列，雅列生以诺，以诺生玛土撒拉，玛土撒拉生拉麦，拉麦生挪亚。这一支脉并没有另外再建一座城，因为他们的终极目的不在此世。奥古斯丁解释说，亚伯的名字的意思是"哀痛"[3]，塞特的意思是"复活"，他们两个象征了基督的死而复生。

---

〔1〕 奥古斯丁，《上帝之城》，15：17；吴飞译，中册第253—254页。
〔2〕 《创世记》，4：18—22。
〔3〕 此处译文误作"光"，当改正。

这一支的第七代也叫以诺，但这个以诺，经上没有明确说他的死，而是说"神将他取去"[1]。奥古斯丁说，这象征了基督徒延迟的献祭。

从亚当这共同的根苗，生出了遭毁灭的器皿和得荣耀的器皿。两座城"都是从亚当打开的那个必朽之门起步的，都会朝着自己应有的目标行进攀升"。[2]

到了大洪水之前，两座城相互混杂，已经难以分清。"上帝之子抛弃了只有好人才特有的更大的好，陷入了微不足道的好。"[3] 奥古斯丁这样解释的根据，是《创世记》第六章第二节："上帝的儿子们看见人的女子美貌，就随意挑选，娶来为妻。"奥古斯丁认为，这里说的"上帝的儿子们"，指的就是上帝之城中的人，即"按照肉身由塞特繁衍的人，抛弃了正义之后，就陷入了这集团当中"。[4] 塞特一系的人，因为受到诱惑而堕落，也加入到了地上之城，于是上帝看到人类充满了罪恶，"我的灵就不永远住在他里面"[5]，要毁灭人类。

奥古斯丁认为："我们有理由相信，在洪水发生时，地上找不到一个人不该遭受死亡的责罚，因为这是对他们的不敬的回报。"[6] 即使挪亚，也并不是完全无罪的人。虽然《圣经》上说挪亚是个"完全人"，但"这并不是说，他像上帝之城里的公民那样，是不朽的完全人，就和天使一样，而是说，他在地上这羁旅中，是尽其可能的完全的"。[7] 挪亚并非无罪之人，只是相对较好而已。他凭自己的德性，并不足以免死；只是上帝施以特别的恩典，解救了他和他的家人。挪亚的拯救，是通过方舟。洪水象征了充满罪恶的地上之城，方舟就象征了羁旅中的上帝之城。奥古斯丁认

---

〔1〕《创世记》，5：24。
〔2〕 奥古斯丁，《上帝之城》，15：21；吴飞译，中册第261页。
〔3〕 同上书，15：22；吴飞译，中册第262页。
〔4〕 同上书，15：23.4；吴飞译，中册第266页。
〔5〕《创世记》，6：3。
〔6〕 奥古斯丁，《上帝之城》，15：24；吴飞译，中册第267页。
〔7〕 同上书，15：26；吴飞译，中册第268页。

为，方舟的长宽高正合一个人身体的比例，因此，它就如同一个躺下的人，方舟边上开的门，正对应于耶稣肋下被刺的伤口："这正是要进入他的必经之门，因为从那伤口流出的，正是洗涤信仰者的圣事。"[1] 总之，这方舟象征了基督的身体，象征了教会，象征了使人得救的上帝之城。

第二个阶段，从洪水退去，一直到亚伯拉罕的时候。挪亚的三个儿子很快又分裂为上帝之城和地上之城。挪亚赐福给闪和雅弗，诅咒含的儿子迦南；奥古斯丁认为，这里有丰富的寓意。作为在方舟中被拯救的人，闪和雅弗分别代表行了割礼的和没有行割礼的，即犹太人和希腊人；而含也曾经在方舟中，他代表的，就是基督教中的那些异端，即现在在教会中、但将来不在上帝之城中的人，"不仅象征了极明确与教会分离的人，而且象征了那些在言辞上荣耀基督、生活上却下流卑鄙的人"[2]。

挪亚的三个儿子各自繁衍后代，他们的后代各自建立民族，总共形成了七十三个民族。含的后代大部分属于地上之城，著名的猎户宁录就是含的后代，奥古斯丁认为，巴比伦城就是宁录建造的。闪和雅弗的后代有些也堕落了，比如亚述就是闪的儿子。

这中间的一个重大事件，就是巴别塔的建造，因为这标志着人类的又一次堕落。宁录带着他的人民建造一座对抗上帝的塔，上帝对他的惩罚是变乱了人类的语言，而巴比伦的名字的意思就是"变乱"。

在闪的后代中，代表上帝之城的一系一直指向亚伯拉罕：闪生亚法撒，亚法撒生沙拉，沙拉生希伯，希伯生法勒，法勒生拉吴，拉吴生西鹿，西鹿生拿鹤，拿鹤生他拉，他拉生亚伯拉罕。

奥古斯丁认为，在巴别塔之前，人类的语言都是一样的，那就应该都说希伯来语。到希伯的时候，发生了巴别塔的事，语言变乱了，只有希伯家还说这种语言，所以称之为"希伯来语"。希伯将他的儿子命名为法勒，

---

〔1〕 奥古斯丁，《上帝之城》，15：26；吴飞译，中册第268页。
〔2〕 同上书，16：2；吴飞译，中册第275页。

意思就是"分"，因为那个时候，整个人类都因为语言的变乱而分裂了。希伯这一系，直到亚伯拉罕，还保持着对上帝的虔敬。[1]

三　亚伯拉罕的应许

在奥古斯丁理解的《旧约》历史中，亚伯拉罕是一个关键环节，因为，"从那时起，开始有了更明确的证据，我们读到了更明白的神圣应许"[2]。亚伯拉罕故事的核心，就是上帝给他的几个应许。亚伯拉罕在哈兰的时候，上帝向他显现，给了他第一个应许：

> 主对亚伯兰说："你要离开本地、本族、父家，往我所要指示你的地去。我必叫你成为大国，我必赐福给你，叫你的名为大，你也要叫别人得福。为你祝福的，我必赐福与他。那咒诅你的，我必咒诅他，地上的万族都要因你得福。"[3]

奥古斯丁认为，这个应许里包含了两部分内容。第一部分，是针对亚伯拉罕肉身的子孙的，即应许他们将拥有迦南的土地；第二部分，是针对亚伯拉罕灵性的子孙的，因为"地上的万族都要因你得福"。第二部分的应许远为重要。

第一部分应许所针对的，就是肉身的以色列民族，也就是地上的耶路撒冷；第二部分应许所针对的，是灵性的以色列。它包含世界上万族中的信仰者，他们将共同组成天上的耶路撒冷。上帝在这个应许中，就包含了这两个城的未来，也暗含了两座城之间的象征关系。

亚伯拉罕一行到了迦南之后，上帝又在示剑地方向亚伯拉罕显现，再

---

[1]　以上均见《上帝之城》卷十五各章，不具引。
[2]　奥古斯丁，《上帝之城》，16：12；吴飞译，中册第292页。
[3]　《创世记》，12：1—3。

次给他应许："我要把这地赐给你的后裔。"[1] 这是第二个应许，其中明确只包括应许的第一部分。

后来，亚伯拉罕住到迦南，罗得住到所多玛，上帝给了他第三个应许：

> 从你所在的地方，你举目向东西南北观看。凡你所看见的一切地，我都要赐给你和你的后裔，直到永远。我也要使你的后裔如同地上的尘沙那样多，人若能数算地上的尘沙才能数算你的后裔。你起来，纵横走遍这地，因为我必把这地赐给你。[2]

这个应许里所说的，应该也只限于亚伯拉罕肉身的子孙，奥古斯丁也承认，"这个应许是否和那个让他做万国之父的应许相关，不能清楚地看出来"[3]。但从沙尘这个比喻看，他认为这里已经暗示了第二部分应许："因为，已有了针对依照灵性的诸多子孙，而不是依照肉身的子孙的应许，此处应该不只针对以色列民族，而且包括亚伯拉罕的全部后裔，他们的众多数目与沙尘数目相比，更恰当些。"于是，他再次从应许中读出了关于亚伯拉罕的肉身之子和灵性之子两部分人。而且，上帝对亚伯拉罕说，他的子孙占有那地，将"直到永远"，可是以色列人并没有永远占据耶路撒冷，虽然他们还有一部分仍然住在迦南地别的城里，所以这应许不是指他们。而住在整个大地上的基督徒，将一直到末日之时。[4]

后来，上帝再次向亚伯拉罕显现，给了他第四个应许。这是一个相当复杂的应许。上帝先是对亚伯拉罕说："我是你的盾牌，必大大地赏赐你。"亚伯拉罕则说，他为子嗣的问题苦恼。上帝就向他应许，一定会赐

---

[1]《创世记》，12：7。
[2] 同上书，13：14—17。
[3] 奥古斯丁，《上帝之城》，16：21；吴飞译，中册第300页。
[4] 同上书，中册第301页。

给他亲生的继承人，这是子嗣问题第一次成为应许的内容。于是，上帝把天上的列星指给亚伯拉罕看，告诉他，他的后裔将像列星那么多；然后，上帝再次说，将要把迦南地赐给亚伯拉罕。奥古斯丁认为，之所以用列星作比，除了和沙子的比喻一样，强调数目极多之外，"更多指的是以后天上的高贵的幸福"[1]。"亚伯兰信上帝，上帝就以此为他的义。"[2] 然后，亚伯拉罕要求上帝对这应许做出确证，上帝就指示亚伯拉罕做了一套非常复杂的仪式：

> "你为我取一只三年的母牛，一只三年的母山羊，一只三年的公绵羊，一只斑鸠，一只雏鸽。"亚伯兰就取了这些来，每样劈开，分成两半，一半对着一半地摆列，只有鸟没有劈开。有鸷鸟下来，落在那死畜的肉上，亚伯兰就把它吓飞了。日头正落的时候，亚伯兰沉沉地睡了。忽然有惊人的大黑暗落在他身上。……日落天黑，不料有冒烟的炉并烧着的火把从那些肉块中经过。当那日，主与亚伯兰立约，说："我已赐给你的后裔，从埃及河直到伯大河之地，就是基尼人、基尼洗人、甲摩尼人、赫人、比利洗人、利乏音人、亚摩利人、迦南人、革迦撒人、耶布斯人之地。"[3]

奥古斯丁首先指出，亚伯拉罕向上帝索取确证，绝不是因为他不相信上帝所说的，而只是让上帝告诉他，这将怎样发生：

> 上帝用动物给了亚伯拉罕这个象征：母牛、母山羊、公绵羊，两只鸟，斑鸠和雏鸽。亚伯拉罕本来不怀疑将来这会发生；通过这些动物，他知道了这事将怎样发生。母牛象征着律法约束下的人民，母山

---

〔1〕 奥古斯丁，《上帝之城》，16：23；吴飞译，中册第302页。
〔2〕 《创世记》，15：6。
〔3〕 《创世记》，15：7—21。

羊象征着这群人未来的犯罪，公绵羊象征着同一群人将会为王。这些动物据说都是三岁的，因为，从亚当到挪亚，从挪亚到亚伯拉罕，再从亚伯拉罕到大卫，这是三个重要的时间段。在扫罗被责后，按照主的意愿，大卫被立为以色列民族的第一个王。在这第三个阶段，即从亚伯拉罕到大卫的这个阶段，这个民族经历年月，成熟起来，进入第三个时代。这些也许还有别的、更恰当的象征意义。但我不会怀疑，那加上的斑鸠和雏鸽，象征着他灵性的后裔。那里说："只有鸟没有劈开。"肉体的会有纷争，但是灵性的不会，不论是像斑鸠一样，避居于人世的繁忙与喧嚣之外，还是像雏鸽一样，隐身于尘世之中。两种鸟都简单而无辜，象征着就在这个被赐予土地的以色列人民当中，将来会有些人成为应许之子，有王国的继承者，将要享受永恒的幸福。而在他分割动物时，那降临到尸体上的大鸟不是什么好事。大鸟象征了这空气中的精灵，在这肉身的分隔中寻求自己的食物。亚伯拉罕坐在动物旁边，这象征了即使在肉身的后裔的纷争中，真正的信仰者也会坚持到最后。日落时分，惊恐慑住了亚伯拉罕，还有那巨大而可怕的黑暗，这都象征了此世将末时信仰者巨大的搅扰和焦虑，主在福音书里提到这一点，说："因为那时必有灾难，从世界的起头，直到如今，没有这样的灾难。"[1]

在这段不无牵强的解释里，奥古斯丁将地上和天上两个耶路撒冷的历史都包括在其中。母牛、母山羊、公绵羊，都是三岁的，代表了《旧约》历史的三个阶段，到了大卫的时候，以色列有了国王，建立了国家，就真正成熟了起来。这三只动物代表的，就是亚伯拉罕肉身的子孙的历史，包括了他们的律法、犯罪和王国。这些动物的肉会被分开，因为肉身的以色

---

[1] 奥古斯丁，《上帝之城》，16：24.2；吴飞译，中册第303—304页，本段译文有较大错误，此处已改正。

列会分裂，会有内战。而斑鸠和雏鸽，则代表了亚伯拉罕灵性的后裔，其中斑鸠代表了隐居的基督徒，雏鸽代表了参与到现实事务中的基督徒。这些灵性的后裔，有些就来自他肉身的后裔，有些来自世界的万国。鸟不会被劈开，因为上帝之城的公民之间不会有分裂和争斗。大鸟象征了魔鬼，黑暗象征了末日。

后来，亚伯拉罕纳了使女夏甲为妾，生下以实玛利。撒拉与夏甲各自的象征，我们在前文已经讨论过了。到亚伯拉罕九十九岁的时候，上帝给了他第五次应许：

> 亚伯兰年九十九岁的时候，主向他显现，对他说："我是全能的神。你当在我面前作完全人，我就与你立约，使你的后裔极其繁多。"亚伯兰俯伏在地。神又对他说："我与你立约，你要作多国的父。从此以后，你的名不再叫亚伯兰，要叫亚伯拉罕，因为我已立你作多国的父。我必使你的后裔极其繁多。国度从你而立，君王从你而出。我要与你并你世世代代的后裔坚立我的约，作永远的约，是要作你和你后裔的神。我要将你现在寄居的地，就是迦南全地，赐给你和你的后裔永远为业，我也必作他们的神。"神又对亚伯拉罕说："你和你的后裔，必世世代代遵守我的约。你们所有的男子，都要受割礼。这就是我与你，并你的后裔所立的约，是你们所当遵守的。你们都要受割礼，这是我与你们立约的证据。你们世世代代的男子，无论是家里生的，是在你后裔之外用银子从外人买的，生下来第八日，都要受割礼。你家里生的和你用银子买的，都必须受割礼。这样，我的约就立在你们肉体上作永远的约。但在第八日肉身不割阳皮的男子，他的灵魂必从民族中剪除，因他背了我的约。"神又对亚伯拉罕说："你的妻子撒莱，不可再叫撒莱，她的名要叫撒拉。我必赐福给她，也要使你从她得一个儿子。我要赐福给她，她也要作多国之母，必有百姓的君王从她而出。"亚伯拉罕就俯伏在地嬉笑，心里说："一百

岁的人还能得孩子么？撒拉已经九十岁了，还能生养么？"亚伯拉罕对神说："但愿以实玛利活在你面前。"神说："不然，你妻子撒拉要给你生一个儿子，你要给他起名叫以撒。我要与他坚定所立的约，作他后裔永远的约。至于以实玛利，我也应允你，我必赐福给他，使他昌盛，极其繁多，他必生十二个族长，我也要使他成为大国。到明年这时节，撒拉必给你生以撒，我要与他坚定所立的约。"[1]

奥古斯丁认为，这次应许的主要内容是关于亚伯拉罕的灵性之子的，"要在以撒中召唤万国"[2]，因为，上帝应许近百岁的老人生子，不符合自然规律，所以以撒完全是恩典之子，不是自然之子。而未来的灵性之子，"不是通过生育，而是通过未来的重生完成的"。随后的割礼的含义，也在于此。割礼所象征的，是"去除衰老，更新自然"。上帝不仅叫亚伯拉罕的家人行割礼，而且让他的奴隶们都行割礼，表明这恩典不限于亚伯拉罕肉身的子孙。割礼要在出生以后第八天举行，因为耶稣是在安息日结束后的那天（即第八天）复活的，所以这象征着复活后的耶稣。[3] 亚伯拉罕和撒拉的改名，同样象征着《旧约》变为《新约》，旧人变为新人。"亚伯兰"的意思，是"高高在上的父"，而"亚伯拉罕"的意思，奥古斯丁认为就是"万国的父"；"撒莱"的意思，是"公主"，而"撒拉"的意思是"德能"（virtus）。应许中提到的"君王"和"国度"，指的就是耶稣和他的上帝之城。[4]

四 完人亚伯拉罕

亚伯拉罕灵性的后代，究竟是什么意思呢？肉身的后裔和灵性的后裔

---

〔1〕《创世记》，17：1—21。
〔2〕奥古斯丁，《上帝之城》，16：26.2；吴飞译，中册第307页。
〔3〕同上书，中册第308页。
〔4〕同上书，16：28；吴飞译，中册第310页。

的区分来自保罗。保罗在《罗马书》中说："肉身所生的儿女，不是上帝的儿女；惟独那应许的儿女，才算是后裔。"[1] 何谓"应许的儿女"？保罗又说：

> 因为上帝应许亚伯拉罕和他的后裔，必得承受世界，不是因律法，乃是因信而得的义。……所以人得为后嗣是本乎信，因此就属乎恩，叫应许定然归给一切后裔。不但归给那属乎律法的，也归给那效法亚伯拉罕之信的。亚伯拉罕所信的，是那叫死人复活使无变为有的上帝，他在主面前作我们世人的父。如经上所记，"我已经立你作多国的父。"他在无可指望的时候，因信仍有指望，就得以作多国的父，正如先前所说："你的后裔将要如此。"他将近百岁的时候，虽然想到自己的身体如同已死，撒拉的生育已经断绝，他的信心还是不软弱，并且仰望神的应许。总没有因不信，心里起疑惑；反倒因信，心里得坚固，将荣耀归给上帝，且满心相信，上帝所应许的必能作成。所以这就算为他的义。[2]

这是保罗讨论因信称义问题非常著名的段落。在此，保罗把两种后裔分别称为"因律法"的后裔和"因信称义"的后裔。他将亚伯拉罕当作因信称义的典范，来自于《创世记》中的那句话："亚伯拉罕信上帝，上帝就以此为他的义。"所谓"灵性的后裔"，应该就是指那些像亚伯拉罕一样因信义的人。

但怎样来理解亚伯拉罕的信呢？《创世记》中记载的亚伯拉罕并不是一个毫无瑕疵的人。除去我们在第八章谈到的，他会因恐惧而害怕这样的性情之外，亚伯拉罕还做过几件容易引起争议的事：他曾经与侄子罗得发

---

[1] 《罗马书》，9：8。
[2] 同上书，4：13—22。

生争执，以致分开来居住；他到了埃及时，谎称撒拉是自己的妹妹；他纳妾，不仅因为撒拉不孕而娶了夏甲，而且在撒拉死后，还娶了基士拉；在上帝给他应许的时候，他多次嬉笑；等等。

但为了将亚伯拉罕立为信仰的榜样，奥古斯丁需要尽可能把他塑造成一个完人。虽然他可以说挪亚并不是完全无罪的人，但对于亚伯拉罕的那几件事，他要想尽办法为他开脱。首先，关于他和罗得的争执，尽管奥古斯丁承认人都会有缺点，但还是开脱说，这"是出于维系家族的必要性，而不是因为仇怨不合"〔1〕。关于在埃及撒谎的事，奥古斯丁说："这不是撒谎，撒拉就是他妹妹，因为他们血缘接近。……他没有说撒拉是自己的妻子，也没有否定这一点。"〔2〕关于他纳夏甲的事，奥古斯丁解释说："根据当时的情况，我们不能怪罪亚伯拉罕纳妾。他这样做是为了传宗接代，不是为了满足自己的淫欲。他没有得罪妻子，而是遵从她的意愿。她相信自己不能自然生育，所以借了能生育的使女的子宫，出于自己的意愿这么做，相信这是对自己的不孕的一种弥补。"〔3〕奥古斯丁认为，撒拉运用了保罗所说的，丈夫不能主张自己的身子，要妻子来主张的道理。〔4〕甚至因为同一理由，奥古斯丁允许撒拉随意虐待夏甲，直到把她赶走。于是，这变成了亚伯拉罕的一个优点："他这样利用女人，是个多么男子气的男人！他对妻子有节，对侍妾有礼，从来不是毫无节制。"〔5〕如果说，在没有儿子的时候，亚伯拉罕纳夏甲是为了子嗣，那么，在撒拉死后，他又纳了基士拉，就无法这样解释了。奥古斯丁也感到此处不好开脱，但他还是说："我们不能认为亚伯拉罕淫欲无度，因为他已经那么年迈，又有那么神圣的信仰。"〔6〕奥古斯丁勉强给出的一个解

〔1〕 奥古斯丁，《上帝之城》，16：21；吴飞译，中册第300页。
〔2〕 同上书，16：19；吴飞译，中册第299页。
〔3〕 同上书，16：25；吴飞译，中册第305页。
〔4〕 《哥林多前书》，7：4。
〔5〕 奥古斯丁，《上帝之城》，16：25；吴飞译，中册第305页。
〔6〕 同上书，16：34；吴飞译，中册第316页。

释是，夏甲和以实玛利象征了《旧约》中地上的耶路撒冷，那么，基士拉和她所生的那些孩子，就象征了基督教中的异端。撒拉是亚伯拉罕的正妻，基士拉是在撒拉死后娶的，但《圣经》上有时也称她为妾。这应该是因为，她所生的和夏甲生的一样，不属于上帝之城。但这个解释太牵强了，奥古斯丁也觉得不大对，于是补充说："但是，如果谁不想接受这样的含义，那也不能指责亚伯拉罕。也许，这个故事就是为了反对后来的异端对再婚的攻击。万国之父在妻子死后再婚，不是证明这是无罪的吗？"[1]

上帝在给亚伯拉罕第五次应许时，亚伯拉罕伏地嬉笑，心里说："一百岁的人还能得孩子么？撒拉已经九十岁了，还能生养么？"他笑的意思，显然是并不相信上帝的话。如果说，上面的几件事还只是世俗道德的问题，这件事却直接和信仰相冲突了，对亚伯拉罕的信已经构成了更实质的否定。面对这么大的冲突，奥古斯丁说："亚伯拉罕的笑是出于感激的赞美，不是狐疑的嘲笑。他心灵里是这样的话：'一百岁的人还能得孩子么？撒拉已经九十岁了，还能生养么？'这不是怀疑，而是惊叹。"[2] 撒拉在听到又一次应许时也笑了。[3] 奥古斯丁却没有为撒拉开脱，说她"怀疑但兴奋地笑"，因为她的信仰"不完全"。[4] 为什么同样的事情发生在亚伯拉罕身上，就是"敬畏而兴奋"的笑，发生在撒拉身上，就成了"怀疑但兴奋"的笑呢？

挪亚和撒拉都被当作上帝之城中的人，但奥古斯丁并不惮于谈到他们的缺点和信仰的不完全；而对于亚伯拉罕，奥古斯丁却尽可能帮他洗脱，使他尽量接近于完人，把他塑造成基督教信仰的典范。

---

〔1〕 奥古斯丁，《上帝之城》，16：34；吴飞译，中册第317页。
〔2〕 同上书，16：26；吴飞译，中册第308页。
〔3〕 《创世记》，18：12—15。
〔4〕 奥古斯丁，《上帝之城》，16：31；吴飞译，中册第313页。

五　亚伯拉罕的信

真正决定亚伯拉罕作为因信称义的典范地位的，并不是他对自己老年得子的信心，而是他牺牲以撒祭神那件事。上帝命令亚伯拉罕杀死自己的独生子以撒，在亚伯拉罕动手之前，又派天使阻止了他。这是亚伯拉罕一生中最著名的一个故事，但也是存在巨大问题的一个故事。奥古斯丁在以此诠释亚伯拉罕的信之前，先说："亚伯拉罕本来不信，上帝会喜欢用人做祭祀。但是对于神的诫命，就如雷电一般，需要服从，这是不必争论的。而且，亚伯拉罕立即相信，他的儿子在做了祭祀后，会复活的。"[1]

这段话有三个层次：第一，亚伯拉罕对上帝的善有足够的信心，相信他不会让自己杀害以撒来做祭祀；第二，当上帝给出这个不近人情的诫命，亚伯拉罕虽然无法理解，但是毫不犹豫地服从了；第三，亚伯拉罕坚信，他的儿子会复活，因为他的后裔要通过这个儿子繁衍，没有了以撒，也就没有了上帝应许的后代。在这三个层次中，最重要的无疑是第二个，即，不论上帝给出怎样的命令，都必须服从，因为上帝的命令高于尘世中的一切。理论上，只要有这一方面的信就足够了，人在服从上帝时应该不计后果。但保罗和奥古斯丁都深知，仅仅第二个层次过于不近人情，是很难让人接受的，于是有了第一和第三个层次的信。有了这两个层次的信，亚伯拉罕或许会认为，无论上帝现在让他做什么，都不会伤害他，最终都会给他和以撒带来最大的好处，所以他才会按照第二个层次，去服从上帝那不近人情的命令。不过，无论怎样强调这两个层面，都无法掩盖第二个层面的实质。当天使阻止了亚伯拉罕的时候，他对亚伯拉罕所说的，只涉及第二个层次：

---

[1]　奥古斯丁，《上帝之城》，16：32.1；吴飞译，中册第314页。

亚伯拉罕就伸手拿刀，要杀他的儿子。主的使者从天上呼叫他说："亚伯拉罕，亚伯拉罕。"他说："我在这里。"天使说："你不可在这童子身上下手。一点不可害他。现在我知道你是敬畏上帝的了。因为你没有将你的儿子，就是你独生的儿子，留下不给我。"[1]

主的使者第二次从天上呼叫亚伯拉罕说，主说："你既行了这事，不留下你的儿子，就是你独生的儿子，我便指着自己起誓说，论福，我必赐大福给你。论子孙，我必叫你的子孙多起来，如同天上的星，海边的沙。你子孙必得着仇敌的城门，并且地上万国都必因你的后裔得福，因为你听从了我的话。"[2]

奥古斯丁对这两段话没有过多解释，只是把它们原封不动地抄录下来。他想要解释的只有一点：上帝并不是当时才知道亚伯拉罕是敬畏上帝的。永恒而又全知的上帝怎么可能此前不知道亚伯拉罕是什么人，要等到试探了以后才知道呢？所以，这里的意思其实是：上帝通过试探亚伯拉罕，让人们知道了亚伯拉罕的信仰是怎样的，立下一个信的典范。这个典范的实质就在于："你没有将你的儿子，就是你独生的儿子，留下不给我。"保罗在《希伯来书》中的评论是："亚伯拉罕因着信，被试验的时候，就把以撒献上。这便是那欢喜领受应许的，将自己独生的儿子献上。"[3] 奥古斯丁解释说："虔敬的父亲充满信仰地牢记这应许，因为这应许要靠上帝命令他杀死的儿子来实现。"[4] 以撒是亚伯拉罕唯一的儿子，是上帝在亚伯拉罕百岁的时候，多次应许之后才赐给他的儿子，上帝关于他的后裔的应许，必须通过这个儿子才能实现。可以说，以撒是亚伯拉罕唯一的希望和他尘世生活的全部意义所在。但是现在，上帝要亚伯

---

[1]《创世记》，22：10—12。
[2] 同上书，22：15—18。
[3]《希伯来书》，11：17。
[4] 奥古斯丁，《上帝之城》，16：32.1；吴飞译，中册第314页。

拉罕交出他的独生子。这件事的意义就在于，亚伯拉罕必须交出对自己最重要的儿子，否则上帝就要收回他的应许。但吊诡之处是，亚伯拉罕只有杀掉自己的儿子，那通过他的儿子实现的应许才会兑现。

亚伯拉罕的信，在于他为了对上帝的敬畏，肯舍弃自己的一切；他把上帝放在尘世生活中的一切之上，包括家庭和爱子。哪怕他不知道上帝会饶过以撒，哪怕他不知道以撒还会回来，他也必须把对儿子的爱放在对上帝的虔敬之后。这就是亚伯拉罕作为基督徒信仰的典范所在。

亚伯拉罕的杀子与布鲁图斯的杀子隐然对应。布鲁图斯为了祖国的自由杀死儿子，奥古斯丁认为那是不幸的；但亚伯拉罕为了上帝的命令而杀子，奥古斯丁就认为这是因信称义的典范，足以抵消他所有的缺点。

亚伯拉罕牺牲以撒的典范之处还有一个重要方面，即它对上帝牺牲自己的独生子耶稣的象征。保罗说："论到这儿子曾有话说：'从以撒生的才要称为你的后裔。'他以为上帝还能叫人从死里复活，他也仿佛从死中得回同样的一个来。"[1] 奥古斯丁解释说：

> 这里"同样的一个"所指的，难道不正是这个使徒所说的"神不爱惜自己的儿子为我们众人舍了"的那一个？就像我主背着他的十字架一样，以撒也自己背着祭祀的柴到祭祀的地方去。他自己就要躺在那柴上。后来，因为以撒不用被杀死，所以他父亲被禁止下手。那么，那个做了祭物、流血为证、完成了这祭祀的公羊，究竟是谁呢？在亚伯拉罕看到他时，他的两角正扣在小树中。除了耶稣，这还能象征谁呢？那双角象征的，就是他在被祭祀之前，犹太人给他戴上的荆冠。[2]

---

〔1〕《希伯来书》，11：18—19。

〔2〕 奥古斯丁，《上帝之城》，16：32.1；吴飞译，中册第314—315页。

亚伯拉罕的独生子，象征着上帝的独生子。上帝没有让亚伯拉罕牺牲他的儿子，但上帝却牺牲了自己的儿子。当亚伯拉罕带着以撒上山的时候，以撒问："请看，火与柴都有了，但燔祭的羊羔在哪里呢?"亚伯拉罕说："我儿，上帝必自己预备作燔祭的羊羔。"[1] 真正的燔祭，是上帝亲自预备的羔羊，用来代替了以撒。上帝的羔羊和独生子，要代替人类的儿子去死。但这并不意味着，人之子就不必去死。羔羊暂时代替了以撒，帮助人类赎了罪，使人免于第二次的死亡，但第一次的死亡仍要经历，而且要效法羔羊那样去牺牲。亚伯拉罕愿意舍弃自己的亲人去追随上帝，这是基督教中的根本原则，并不因为羔羊替他儿子死去了而减免。之所以"只有从以撒生的才要称为你的后裔"，不仅因为以撒是上帝通过特别的恩典让亚伯拉罕嫡妻生的骨肉，更是因为他的牺牲象征了耶稣的牺牲。他不仅是亚伯拉罕肉身的儿子，而且继承了亚伯拉罕的信仰，是亚伯拉罕应许的后裔、灵性的后裔。

按照世俗的道德和律法，亚伯拉罕算不上一个完美的人，但是因为牺牲以撒这件事，他就因信称义了。他不仅在上帝面前称义，也让奥古斯丁愿意为贤者讳。后来谈到以撒的时候，奥古斯丁说：

> 我们不能因为他除了一个妻子不知道别的女人，就说他胜过他父亲。无疑，他父亲的信仰和服从有更高的品德，就像上帝说的，他赐给以撒的好处是因为他父亲。……我们要理解，亚伯拉罕的行事都是贞洁的，只是那些不洁和邪恶的人们，从《圣经》中的神圣族长找证据来为自己的事正名，认为亚伯拉罕做事出于淫欲；其次，我们也要知道，我们不能凭人们的一件一件的事来比较，而要看到全部。有可能，某人的生活和道德中有些品质超过别人，但是在别的上面被人超过，而那超过别人的却重要得多。根据这种健康而正确的评判，独身

---

[1]《创世记》，22：7—8。

胜过婚姻，但是有信仰的结婚者却胜过没信仰的独身者。[1]

　　奥古斯丁应该是意识到了，他一味为亚伯拉罕开脱未免牵强；于是，他给出了自己这样做更真实的理由：说亚伯拉罕是完人，不是就一两件事上说的，而要从他生活的全部来看。亚伯拉罕虽然撒谎、纳妾、要杀自己的儿子，甚至曾怀疑上帝的应许，但只要他肯为了上帝牺牲自己的一切，这就足以掩盖他所有的不足，使他成为完人。

　　奥古斯丁又讲了亚伯拉罕以后，以撒和雅各（以色列）的故事，罗列他们的故事中可以理解为预言耶稣基督的地方。以后以色列人到了埃及，摩西又带着以色列人出埃及，然后是约书亚、士师时代，这些事情，奥古斯丁都一笔带过，一直写到列王的时代。他不忘呼应亚伯拉罕的仪式："这第三个阶段由三年的公牛、母山羊、公绵羊来象征，其间设立了律法之轭，出现了众多罪人，地上的王国开始兴起。属灵的人也不缺乏，在仪式中是由斑鸠和雏鸽象征的。"[2]

六　祭司的改变

　　犹太人的《圣经》中相当重要的一部分是历史书，犹太人一直盼望着上帝给他们的应许能够实现，历史在他们的宗教、政治、生活中都有重要位置。基督教历史哲学继承了犹太人对历史的强调，但赋予它新的意义。奥古斯丁说：

　　　　看上去，《圣经》本身首先在一个一个地记录诸王次序、他们的功业、发生的事情，只不过是史书。但是若仔细研究这些叙述里所说

---

[1]　奥古斯丁，《上帝之城》，16：36；吴飞译，中册第318—319页。
[2]　同上书，16：43.3；吴飞译，中册第329页。

的事情，如果圣灵助我完成这考察，我们会发现重大或至少不微小的对未来的预言，而不只是对古代历史的记录。[1]

在奥古斯丁看来，以色列人的历史，就是按照上帝给亚伯拉罕的两部分应许在发展。第一部分应许，即亚伯拉罕和他肉身的子孙会拥有迦南地，在亚伯拉罕来到迦南后就实现了，以撒和雅各都占据了那地；后来以色列人在埃及做奴隶，摩西和约书亚带着他们回到迦南地，再次实现了这应许。但是，这个民族中将出现国王的应许，一直都没有实现，直到大卫和所罗门的时代：

> 他们的国绵延辽阔，完全符合应许；他们征服甚多，把被征服者变成自己的部落。于是，所应许的土地，即迦南的土地，在亚伯拉罕按照肉身的后裔的诸王中实现了。于是，上帝关于这块土地的应许都已实现，再没有什么剩余。如果希伯来人遵守上主的律法，就会在这块土地上保持尘世的繁荣，世世代代绵延不绝，直到尘世的终结，这个民族都会长存。但是，上帝知道事情不会这样，就给他们施加了尘世的惩罚，一方面是为了考验这个民族中少数的虔信者，一方面是为了指引后世万族中的信徒。这些信徒应该得到指引，上帝给这些人的第二个应许在《新约》中被启示，将要通过基督言成肉身来实现。[2]

两部分预言之间的关系，就成为以色列历史的主题。在此，奥古斯丁坚持字义解经法与寓意解经法相结合的思路，强调，《旧约》中的先知书，甚至整个《旧约》作为预言，有三层象征意义，第一层是针对地上的耶路

---

[1] 奥古斯丁，《上帝之城》，17：1；吴飞译，下册第 2 页。
[2] 同上书，17：2；吴飞译，下册第 3 页。

撒冷而言的，第二层是针对天上的耶路撒冷而言的，第三层是针对两个耶路撒冷而言的。[1]

撒母耳继承以利做了大祭司，大卫取代扫罗成为以色列的王，这都是以色列历史上至关重要的事件。而奥古斯丁认为，这同时也是对耶稣基督的象征，因为耶稣兼有祭司和国王的身份。

关于撒母耳的预言，大多针对的是耶稣作为大祭司的身位。奥古斯丁主要是通过两段预言来说这个问题的。首先，是撒母耳的母亲哈拿对上帝的祈祷。哈拿本来是不育的，后来她向上帝祈祷，生下了撒母耳，于是她献上了一篇祷告。这篇祷告很长，此处不赘引；奥古斯丁在《上帝之城》第十七卷第四章逐条解释她的这篇祷文，文字也极为冗长，我们不必一一讨论，只举第一句和最后一句为例："我的心因上帝快乐。我的角因上帝高举。……他将力量赐予所立的王，高举他那受膏者的角。"[2]奥古斯丁认为，这里通篇说的，其实都是基督。"基督"一词，就是希腊文的"受膏者"（χριστός）的音译。那么，基督的受膏者又是谁？基督怎样高举他们的角？他解释说：

> 基督如何高举受膏者的角？上面说的"主升上天堂"，我们应该理解为主基督。正如所说的，基督自己高举受膏的基督的角。基督的受膏者是谁？她在自己的赞美诗的第一句说："我的角因上帝高举。"我们不是要高举每个信仰他的人的角吗？我们可以说，所有受他的膏的人都是受膏者（基督）；不过，这整个身体只有一个头，就是基督。于是备受赞美的圣徒撒母耳的母亲哈拿预言了这些事；她的话象征着旧的祭司制度要改变，这预言而今实现了，因为多有儿女的，现在衰微了，而不生育的，生了七个儿子，在基督中有了新的祭司制度。[3]

---

[1] 奥古斯丁，《上帝之城》，17：3；吴飞译，下册第4—5页。
[2] 《撒母耳记上》，2：1—10。
[3] 奥古斯丁，《上帝之城》，17：4.9；吴飞译，下册第13页。

后来，有神人来见祭司以利，对他说了一大篇预言，其主题也是，祭司制度将要改变。以利是亚伦的后人，亚伦家族在摩西的时代，就成了祭司家族，但是以利的两个儿子都是坏人，无法继承祭司的职分。撒母耳并不是亚伦的后代，[1] 后来由他来继承祭司的职位，是祭司制度的重要改变。这个预言直接所指的，是撒母耳成为祭司的事。但奥古斯丁认为，这里更指向了耶稣，因为耶稣完全不是亚伦的后裔，他的来临将要改变犹太人的整个祭司制度。预言中最后的话，更明确指向了耶稣基督：

> 我要为自己立一个忠心的祭司。他必照我的心意而行，他必照我的灵魂而行。我要为他建立坚固的家，他必永远行在我的受膏者（基督）面前。你家所剩下的人都必来叩拜他，求块银子，求个饼，说，求你赐我祭司的职分，好叫我得点饼吃。[2]

奥古斯丁指出，这里说的"坚固的家"，指的就是上帝之城。"他必永远行在"中的"他"，指代的并不是祭司，而是"家"；而"行在"就是由死入生；"永远"指的是必朽状态中的所有时代，直到末日之前。按照这个理解，这里所说的，就是上帝之城在尘世的羁旅中，永远以基督为头领。后面说"你家所剩下的人"，指的是亚伦的家族中归信了耶稣的人。按照犹太人的律法，祭司是不能受到崇拜的；如果要叩拜祭司，那就说明这个祭司同时又是上帝。这些人来叩拜耶稣，求他赐给银子、饼和祭司的职分。怎样来理解这赐予呢？奥古斯丁的解释是，饼指的是"言辞"，因为《诗篇》中说过，"上帝的言语，是纯净的言语，如同银子在泥炉中炼过七次"[3]。饼，指的就是耶稣在最后的晚餐中分发的面饼，是圣餐。所谓"祭司的职分"，指的就是，"不管多么卑微，不管多么渺小，我都愿

---

〔1〕 奥古斯丁在《回顾》中修正了这一说法。撒母耳是亚伦的后代，但他并不是祭司的儿子。
〔2〕 《撒母耳记上》，2：35—36。
〔3〕 《诗篇》，12：7。

成为你的祭司的一个肢体"。他们愿聆听上帝的圣言，分享教会的圣餐，加入到教会当中，成为大写的基督的一部分肢体。[1] 至于耶稣如何带来祭司的变化，我们将在下一章讨论。

七　王位的改变

经过奥古斯丁上面的解释，无论是亚伦一系的祭司，还是撒母耳所做的祭司，最终都是在象征耶稣的祭司身位。同样，无论扫罗的王位，还是大卫的王位，也都象征着耶稣基督的王位。

奥古斯丁以一个细节来谈扫罗的王位。扫罗带兵寻找大卫时，路过一个羊圈，进到羊圈的洞里去大便，大卫正好藏在洞的深处。大卫没有杀害扫罗，而是割下了他的衣襟。[2] 大卫本来可以杀死扫罗，但为什么没有杀他？奥古斯丁认为，大卫唯恐侵犯了扫罗身上的圣事："我的主乃是耶和华的受膏者，我在耶和华面前万不敢伸手害他，因他是耶和华的受膏者。"[3] 他之所以尊重这圣事，不是因为扫罗自己，而是因为，扫罗作为受膏者，象征了未来的耶稣。当扫罗犯了罪，撒母耳警告他，说上帝要寻找另外一个人来作王，奥古斯丁认为，"这要么指大卫，要么指《新约》中所说的中保，这在大卫和他子孙的受膏中已象征了"[4]。

撒母耳后来警告扫罗说："今日上帝使王国从以色列，从你的手里断绝。"[5] 此处通常的理解都是，"今日上帝使以色列国与你断绝"。但奥古斯丁的理解是，从扫罗手里（de manu tua）指的就是"从以色列"（ab Israel），而"王国"（regnum）并不是指以色列王国。这样，王国从扫罗

---

〔1〕　奥古斯丁，《上帝之城》，17：5；吴飞译，下册第13—17页。
〔2〕　《撒母耳记上》，24：2—6。
〔3〕　同上书，24：6。
〔4〕　奥古斯丁，《上帝之城》，17：6.2；吴飞译，下册第18—19页。
〔5〕　《撒母耳记上》，15：28。

手里断绝，就是与地上的以色列分开，即上帝之城与象征它的以色列分开，那就是，以色列不再象征着上帝之城。[1]

奥古斯丁还指出，扫罗在位四十年，其实和大卫在位的时间一样长，而撒母耳警告他时，还只是他在位的早期。如果这句话指的是，扫罗将丧失以色列的王位，那么，预言将在三十多年后才会实现，这警告还有什么意义？所以，这指的只能是地上的以色列与天上的以色列的分裂，即亚伯拉罕两种后裔的分裂。

在七十子本《圣经》里，撒母耳随后又说："以色列将要分为两个。"奥古斯丁说，如果这指的是，在所罗门的儿子罗波安在位时，以色列分为犹太和以色列两个国家，那就应该向大卫或所罗门警告，为什么要向扫罗警告呢？奥古斯丁认为，这只能解释为，"这指的是敌视基督的以色列和亲近基督的以色列；就是使女所生的以色列和自由人所生的以色列"[2]。

当地上的以色列不再象征了天上的以色列，它就变成了敌视基督的地上之城，与其他的地上之城没有任何区别，不具备任何神圣的特质，更不算什么第三座城：

> 凡是已经皈依了基督，正皈依基督，或将皈依基督的人，不论按照上帝的前知，还是按照人类共有的自然，都不属于这个民族。同样，凡是出于以色列，而最终坚持亲近基督的，他们都不属于以色列，因为以色列人敌视基督，直到此生的终点都坚持如此。[3]

于是，从扫罗到大卫的变化，被认为象征了从《旧约》到《新约》的变化。[4]扫罗与大卫的关系，类似于夏甲与撒拉的关系。上帝向大卫

---

[1]　奥古斯丁，《上帝之城》，17：7.1—2；吴飞译，下册第19—20页。
[2]　同上书，17：7.3；吴飞译，下册第20—21页。
[3]　同上书，17：7.4；吴飞译，下册第21页。
[4]　同上书，17：8.1；吴飞译，下册第22页。

预言，他的后裔将要建造神殿："他必为我的名建造殿宇。我必坚定他的国位，直到永远。"[1]奥古斯丁认为，这说的并不是所罗门建造的神殿，因为所罗门的国并没有坚固到永远，他建的神殿更是被很快毁灭了，更何况，在所罗门建造的神殿里，曾经聚集了很多外邦女子，而且他曾经服侍伪神。预言中又明确地说："你寿数满足，与你列祖同睡的时候，我必使你的后裔接续你的位。我也必坚定他的国。"[2]但所罗门即位的时候，大卫还在世，并不满足预言中所说的条件。

既然种种迹象都表明，这里说的不是所罗门，那就只能是指耶稣基督，因为耶稣从肉身上说，就是大卫的后代。即使名为"和平的缔造者"的所罗门，在某种意义上也是耶稣的象征。而那神殿，指的就是耶稣基督来临时，用信仰者的心灵所建起的神殿：

> 不论此时距离耶稣基督来临还有多长时间，无疑那是在大卫王死后，按照这应许，基督来临时为上帝建造神殿，不是用木头和砖石，而是用人，我们为这神殿的建造而欢呼。使徒曾谈到这神殿，即信仰基督的人："神的殿是圣洁的，这殿就是你们。"[3]

奥古斯丁随后举出了《诗篇》中据说是大卫所写的作品，认为其中很多处都象征了耶稣基督的来临：

> 在上帝之城的演进过程中，大卫是地上耶路撒冷的第一个王，为未来张本。大卫其人，工于歌诗。他喜爱乐律，不是出于俗世的爱好，而是因为信仰的意愿，用伟大事物的神秘象征，服务于他的上

---

〔1〕《撒母耳记下》，7：13。

〔2〕 同上书，7：12。

〔3〕 奥古斯丁，《上帝之城》，17：8.3；吴飞译，下册第24页。

第九章　以色列的历史：并不神圣的圣城　　359

帝，那就是真正的上帝。[1]

虽然奥古斯丁将大卫当作一个历史转折点，但按照他的解释，无论扫罗、大卫、所罗门，还是以色列以后的诸多国王，其王位都是对耶稣的王位的象征：

> 所有的国王都可成为他的受膏者，因为他们都得到神秘的受膏仪式来加冕，不仅大卫和后来的王，甚至此前的扫罗，也是如此。扫罗是这个民族中第一个得到敷油的王。大卫自己就把他称为主的受膏者。但只有唯一的真正基督，那些关于敷油的先知书都在讲他的象征。[2]

在以色列历史上的这个关键时期，祭司制度和政治制度都发生了很大的变化。随着以色列王国的产生，奥古斯丁认为上帝的选民进入了成熟期。它之所以是成熟期，是因为地上的耶路撒冷与基督的关系越来越明显，基督的来临也越来越近了。

耶稣改变王位，将彻底否定尘世的政治制度，和他的信徒们一起建立千年王国。对此，我们将在第十二章讨论。

八 以色列的结局

在大卫和所罗门之后，以色列分裂为南北二国，两个王国的人相继被迦勒底人掳去，七十年后才重获自由。在《上帝之城》中，奥古斯丁没有详谈被掳一事的象征意义；但在《入教要理》中，奥古斯丁花了不少篇幅

---

〔1〕 奥古斯丁，《上帝之城》，17：14；吴飞译，下册第31页。
〔2〕 同上书，17：10；吴飞译，下册第26页。

讲巴比伦之囚的象征意义。《入教要理》显示，对新基督徒教育的第一步，就是要向他讲历史，以致有学者认为，《上帝之城》只不过是一部更厚的《入教要理》。[1]贯通他在《入教要理》中的历史讲述的，就是两座城的观念。其中是这样谈巴比伦之囚的：

> 因为耶路撒冷象征了圣徒之城和团契，巴比伦就象征了坏人之城和集团。……这些是一个象征，象征了基督的所有圣徒的教会，也就是天上的耶路撒冷的公民，会服侍这个尘世的国王。使徒教诲说："在上有权柄的，人人当顺服他。凡人所当得的，就给他；当得粮的，给他纳粮；当得税的，给他上税。"所有其他的东西，只要不妨害对上帝的服侍，我们都要按照世人的习惯，给当权者。即使主自己，为了给我们做出遵守这种健康的信条的榜样，也毫不犹豫地为他所化身的那个人缴税。另外，做仆人的基督徒和好的信仰者也被命令和平而忠诚地服从尘世的主人。但他们以后会审判这些人，如果他们最后发现主人们是坏的；如果主人们也皈依了真正的上帝，他们会和主人们一同为王。所有人都被命令服从地上的人的权力，直到被预定的世界末日，七十年正象征了这段时间。那时候，教会将从这变乱的尘世中获得解救，就像耶路撒冷从巴比伦之囚中获得解救。[2]

巴比伦之囚，象征的是上帝之城与地上之城的关系。我们记得，奥古斯丁强调，由宁录所建的巴比伦就是变乱之城，因为它代表着语言的分化和人类的彻底分裂。作为最大的地上之城，巴比伦就象征着魔鬼之城。耶路撒冷被巴比伦所掳，象征着上帝之城与地上之城的关系，即，上帝之城必须在地上之城中旅行，不仅要暂时利用地上之城中的各种工具，而且要

---

[1] J. van Oort, *Jerusalem and Babylon*, p. 175 以下。
[2] 奥古斯丁，《入教要理》（*De Catechizandis Rudibus*, *PL40*），21 [37]。

暂时服从于地上之城的掌权者，哪怕他们是坏人。

此处的说法可以佐证我们在讨论第三座城时所说的观点。奥古斯丁引用了《新约》中耶稣和保罗的一些说法，证明上帝之城的公民应该服从尘世的权威，还要找机会向他们传教。但这并不意味着，这座城是第三座城。虽然这个城的一些公民，乃至君主，可能皈依教会，成为上帝之城的公民，但这并不能改变地上之城作为魔鬼之城的本质。

以色列人从巴比伦被释放之后，回到了耶路撒冷，重建神殿。但是，以色列人却更加渎神，灾难也更加接连不断。以色列先是被亚历山大征服，后来又遭到叙利亚的蹂躏，最后又被纳入了罗马人的统治之下。到后来，犹太人接受了外邦人希律做他们的国王。在这个时候，耶稣到来了，犹太人也就彻底结束了他们作为上帝之城的象征的使命，沦落为一个普通的地上之城。不过，奥古斯丁认为，犹太人还担负着特殊的历史使命。他们散布到世界各地，使上帝的教导四处传播。"因为犹太人的散播，由于他们居住在各处，他们把见证传播到了整个地球，让基督的教会在各处增长。"[1]

奥古斯丁还认为，在世界末日的时候，犹太人将会改变他们在耶稣面前的固执态度，皈依基督教："在末日之时，审判之前，伟大而神奇的以利亚将向犹太人解释上帝的律法，犹太人将信仰真正的基督，就是我们的基督，这在信仰者的言辞和心里都反复出现的。"[2]

---

[1] 奥古斯丁，《上帝之城》，18：47；吴飞译，下册第 110 页。

[2] 同上书，20：29；吴飞译，下册第 225 页；关于奥古斯丁对犹太人的看法，参考 Mireille Hadas-Lebel, *Jerusalem against Rome*, Leuven：Dudley，2005。

第十章

言成肉身：唯一的历史事件

在以心灵秩序来理解的世界历史中，言成肉身是唯一重要的历史事件，但奥古斯丁却没有一部专书讨论这个问题。在奥古斯丁浩如烟海的著作中，很多重要的神学主题，像自然、恩典、自由意志、灵魂、灵性、三位一体、原罪等，都得到过专书讨论，但令人不免惊讶的是，他竟然从未写过一本专门讲基督论的书。这并不意味着基督论在奥古斯丁的思想中不重要。他不仅像所有教父和以后的基督教神学家一样，将基督论放在至关重要的位置，而且在这个问题上还有很多重要创见。只是，他的基督论散见于几乎所有重要著作当中，而并没有为此专门写一本书。

从20世纪50年代以来，出现了越来越多关于奥古斯丁基督论的研究著作。奥古斯丁的基督论，触及到方方面面的问题[1]，我们在此也不能面面俱到，只能选择其中与历史哲学相关的问题来讨论。在奥古斯丁世界历史的六阶段说中，基督来临，标志着人类历史第五个阶段的开始。而在三阶段说中（两座城的开端、发展、结局），基督来临是第二个阶段（即亚当堕落后人类历史的全部）中唯一一个具有实质意义的历史转折点。以色列的历史虽然象征了上帝之城的历史，但它本身仍然没有实质的历史意义，一切都是作为耶稣基督的象征和预言而发生的；罗马历史更是没有任何意义，只是因为耶稣基督出生在罗马帝国的时代，而具有一点特殊的价值。耶稣的言成肉身和受难，无疑具有举足轻重的历史意义。但

---

[1] Goulven Madec, *Le Christ de Saint Augustin*, Paris: Desclée, 2001, p. 54.

有趣的是，奥古斯丁在《上帝之城》中，同样没有辟出专门的部分，来讨论这个历史事件。他还是只把对这个事件的论述散在讨论其他问题的部分中。

奥古斯丁的世界历史，首先因为他所理解的创世方式，而有哲学上的含义；基督教的神秘主义，则又赋予历史的演进以特殊的宗教含义；在上帝之城与地上之城的两分中，这一历史进程也有政治的含义。在哲学上，人的堕落是人对自己的形式的遗忘和扭曲，导致了原罪和死亡；在宗教上，是魔鬼的欺骗和人对上帝的背叛；在政治上，是人类的不断分裂和相互仇杀。耶稣来临作为一个历史事件，必须在哲学上、宗教上、政治上，都完成他的拯救，也就是对死亡、罪恶、魔鬼与地上之城的战胜。这就使我们必须从这几个不同的角度来理解耶稣来临这个事件。

一　言成肉身的哲学意义

圣言是三位一体的第二位格，也就是永恒真理。既然是永恒的上帝，那就应该是不在时间与空间中变化的。那么，圣言怎么会化为肉身，怎么会通过马利亚生出来，又怎么会在尘世中说话、做事，甚至死在十字架上呢？这些神秘事件很难得到哲学上的解释，所以，柏拉图主义者看不起基督教中关于童贞女受孕、言成肉身、设立圣餐、耶稣复活等没有哲学根据的神秘故事。奥古斯丁虽然在遇到巨大困难时就会说，上帝隐秘的智慧是人所无法了解的，但他还是要尝试在哲学上讲清楚言成肉身的故事。

针对言成肉身的哲学难题，奥古斯丁首先问："子被差是从哪里到哪里？"[1] 耶稣自己回答说："我从父出来，到了世界。"[2] 这意思好像是说，圣父不在世界。但上帝是充满天地的，他应该无时无刻不在他自己

---

[1]　奥古斯丁，《论三位一体》，2：5 [7]；周伟驰译，上海：上海人民出版社，2005 年，第68页。
[2]　《约翰福音》，16：28。

的世界。既然如此，圣子就是从他本来就一直在的世界，又来到了世界。这奉差还有什么意义呢?[1] 除了圣子，圣灵也曾经被差遣，但圣父从未被差遣。上帝的三个位格，应该是同样充满天地、永恒不变的，都不应该有位置的移动，也都不应该在时间中变化。那么，为什么圣父不被差遣，圣子和圣灵却被差遣呢? 奥古斯丁引用保罗在《加拉太书》中的话，回答说:"当他说:'上帝就差遣他的儿子为妇人所生'，他就十足地表明了子被'差'的方式，乃是'由妇人所生'。所以，就他为上帝所生而言，他是已经在世界了;但就他为马利亚所生而言，他是被差到了世界。"[2] 按照这样的理解，奉差，并不是从一个地方到另外一个地方，而是由马利亚所生，化身为人。那么，这是怎样差遣的呢?

> 父是吩咐子去，给子一个命令要完成呢，还是请求子去，或是建议子去呢? 无论是以哪种方式作的，都确是凭着言成就的。但上帝的言就是上帝的儿子。所以当父凭着言送他时，发生的事就是，子被父和父的言差遣。这样，子就是被父和子差来的了，因为子是父的言。[3]

奥古斯丁认为，这种理解的错误在于，误把圣言当成了时间中的话语。圣父不可能在时间中说话，圣言也不可能在时间中有始终。因此，圣父派出圣子，并不是用一句在时间中说的话命令他，就像上帝创世时，不是用时间中的话创造一样:

> 尽管在"太初有言，言就是上帝"的太初没有任何时间和开端，在圣言里却无时间性地有了言成肉身且住在我们中间的时间。"及至

---

[1] 奥古斯丁，《论三位一体》，2:5 [7];周伟驰译，第68—69页。
[2] 同上书，2:5 [8];周伟驰译，第69页。
[3] 同上书，2:5 [9];周伟驰译，第70页。

时候满足，上帝就差遣他的儿子为妇人所生"，就是说，生在时间里，好叫那成肉身的言向人显现出来；而成就这事的时间早已无时间性地定在圣言之内了。所有的时间系列都已无时间性地包含在上帝永恒的智慧里了。[1]

言成肉身虽然在世界历史中是发生在某时某地的一个事件，但对于永恒的上帝而言，它早就预定好了，包含在上帝永恒的智慧，即圣言里。在圣言成为肉身之后，并不是上帝的第二位格全部化为了耶稣那个人，不可见的、永恒的圣言仍然和圣父永恒共在。不可见的圣父和不可见的圣子共同派遣了可见的圣子，让他以被造物的形式显现给人。按照同样的道理，也可以理解圣灵的被差。因为圣灵也会以可见的被造物向人们显现，所以说，圣灵也会被差遣："他这么做的目的，不是为了使人看见他的实体，因为他本身仍旧像父和子一样不可见且不变，而是为了让人的心受外表可见之物的打动，从他在时间里的公开显现进入他隐藏着的永远临在。"[2]

但这样的理解会有一种危险的倾向。在《旧约》里，上帝也曾借助天使或各种被造物说话，甚至曾借助先知说话；如果按照上面的理解，这些似乎也是一种差遣了。于是，圣子的言成肉身，就和《旧约》中上帝通过先知的说话，圣灵在鸽子中的显现，是一样的了。甚至可能，耶稣就像《旧约》中上帝利用的那些被造物一样，只不过是圣言显现的一个工具。这种理解已经陷入否定基督的人性的异端了。奥古斯丁强调，圣言在耶稣身上化为肉身，和所有这些情况都不一样。

在《旧约》的这些情况中，上帝只是通过某种被造物向人显现，传达某个消息，但那被造物并没有变成上帝，上帝用完它之后，它还是原来的被造物，人只能通过它了解上帝想要传达的特定消息，并不能通过它认识

---

[1] 奥古斯丁，《论三位一体》，2：5〔9〕；周伟驰译，第70页。
[2] 同上书，2：5〔10〕；周伟驰译，第71页。

上帝的永恒真理。言成肉身，并不只是上帝通过肉身讲话，也不只是展示在肉身中，而是要成为肉身本身，是使人认识永恒真理、获得拯救的途径。奥古斯丁说：

> 因为言在肉体里是一件事，言成肉身又是一件事；就是说，言在人里面是一件事，言成了人又是一件事。"言成了肉身"里的所谓"肉身"，当然是指人，正如另一句话"所有肉身，都要看见上帝的救恩"里的"肉身"也指人一样。不是没有灵魂和心智的肉体，而是"所有男人和女人"意义上的"所有肉身"。[1]

圣子为马利亚所生，成为耶稣，并不是借助耶稣来说话做事，而是成为一个被造的人。创世的上帝成为卑微的被造物，"所以他被差遣，就是受造"[2]。上帝将他自己的智慧造成一个人，但这人并不因此而不再是永恒的智慧。就像从光源流出来的光，并不比光源黯淡，而是同样明亮。这里所强调的，正是耶稣基督的神人二性。他的神性与上帝是同等的，并不因为变成可见的而有所减弱。他的人性，和所有男人女人是同等的，并不因为他是神而有所不同，只是没有原罪，这是耶稣与其他人唯一的不同之处。

耶稣的神人二性，作为一个神秘事件，总有无法完全被哲学语言解释清楚的地方。但奥古斯丁既然以哲学语言解释了三位一体的神秘，他也试图将这一哲学理解贯彻到对言成肉身的理解当中。既然是"言"成肉身，就一定是三位一体中的第二位格化为肉身，而不是另外的位格；既然圣子和圣灵都可以被差遣，而圣父不能，这就自有其内在的哲学理由。圣言是上帝的智慧，圣灵是上帝的爱，而圣父是上帝的存在。智慧和爱都可以被

---

[1] 奥古斯丁，《论三位一体》，2：5[11]；周伟驰译，第71—72页。
[2] 同上书，4：19[25]；周伟驰译，第149页。

人体会到，但上帝的存在是不易被人察觉的。在圣言与圣灵之间，又只有圣言化为肉身，因为人要通过智慧才能得救：

> 当他被每个人体悟到，他就被差到每个人那里，而他之被体悟到，是按照有理性的人领悟力的大小进行的，或者是向上帝前进，或者是在上帝里面已经完全。所以子称为奉差，并不是因为他为父所生，乃是因为言成了肉身向世人显现了，对此他说："我从父出来，到了世界。"或是因为他在时间里被某个人的心灵感知到了，即所谓"求主差他来，叫他临在，与我同工"。他受生是指他是从永恒到永恒——他是永恒之光的光亮。但他之被差，乃指他在时间里被人体悟到了。[1]

圣言为圣父所生，又奉圣父之差来到世间。受生与奉差并不是一回事。受生，强调的是第一位格和第二位格之间的关系；但奉差，强调的却是他与这个世界上的人类的关系。作为上帝的永恒智慧，他之奉差，就是以世人能理解的方式，向世人显现出来，被世人所领悟。但并不是凡是看到耶稣的肉身的人，都看到了永恒的圣言和智慧。世人必须通过耶稣基督这个人，领悟到永恒的智慧，这就是言成肉身的目的。天使可以直接聆听永恒的智慧，软弱的人类却要通过化身为人的耶稣来聆听这智慧。对于无力直接感知真理的人，圣父和永恒的圣言特别派出化为肉身的、可见的圣言，这是对人的恩典，其目的，是要让陷溺在罪中的人类，像天使一样，皈依永恒的真理。

于是，言成肉身的根本使命，就是让人通过耶稣这个肉身，认识上帝中永恒的真理。奥古斯丁认为，虽然一切被造的有形无形之物中都包含着永恒真理，但是，由于人不是天使，"人们若能先考察和认知一切有形和

---

[1] 奥古斯丁，《论三位一体》，5：20 [28]；周伟驰译，第152页。

无形的被造物，知道这些都是可变的，然后靠自己的心智超越这些，到达不可变的上帝的实质，由此学习到，凡是不是上帝本身的自然，都只能是上帝创造的，这可是非凡而少见的"[1]。奥古斯丁并未绝对否定人直接认识永恒真理的可能，但认为人直接认识上帝极其罕见，因为上帝并不通过有形或无形的被造物对人讲话，直接向人讲述真理。如果有谁真的像《旧约》中的先知那样直接认识了真理，那他并不是通过肉身的感官，而是用心灵中最好的部分，即灵性。这是人的心灵中固有的上帝的形象：

> 使人更接近上帝的部分，就是他更高的部分，超越了身体中那些和动物共有的较低部分。人的心智中自然就有理性和理智，但会因为黑暗而根深蒂固的罪过，不仅不能亲近和安享，甚至无法承受上帝的不变之光，除非能够日日新，得到救治，才能享受这巨大的幸福。[2]

人因为有原罪而失去和扭曲了真正的自我，所以无法很好地运用理性认识真理。要救治这种罪过，就要通过人之外的其他办法。这个办法，就是上帝派出自己的真理，化身为人，让人通过他认识那不变的真理。这种认识，并不是认识耶稣这个人，而是通过这个肉身之人，认识那仍然不可见、不可变的绝对真理：

> 因为世人凭自己的智慧，既不认识上帝（因为"光照在黑暗里，黑暗却不接受光"），上帝就乐意用人所当作愚拙的道理，拯救那些信的人；这就是上帝的智慧了，因此言就成了肉身，住在我们中间。但当他在时间中彰显出来，被某人处于灵性进程中的心灵所体悟时，他

---

[1] 奥古斯丁，《上帝之城》，11：2；吴飞译，中册第78—79页。
[2] 同上书，中册第79页。

就真可说是奉差，但不是到世界，因为他不是在外表上彰显出来，即不是向五官彰显出来。因为我们自己，就我们能用心思把握永恒之事而言，也可说不是在这世界；一切义人的灵，即使是还在肉身里活着的灵，就他们认识属神的事而言，也不是在这世界。[1]

虽然真理取了奴仆的形象，采用了被人当作愚拙的方式，但他所揭示的，仍然是不可见的真理，是圣子化为肉身后没有失去的神性。人仅仅通过外在感官，可以认识耶稣的人性，但要认识耶稣的神性，却必须通过内在的理性，即心灵中按照上帝的形象造的部分。仅仅有信仰并不足以成义，但圣子的人性在有信仰者的心灵和圣子的神性之间架起一座桥梁，使他们有可能认识上帝的真理。于是有信仰者借助这个桥梁，寻找真正的自我，修复被遗忘和扭曲了的形式，真正转向（皈依）上帝。

那么，人怎样通过耶稣这个人，来认识永恒的真理呢？是通过耶稣做的事，来展现出人类的生命与永恒圣言之间的关系，使人通过耶稣这个中保，走向永恒的上帝，皈依人的真正本质。

二 耶稣作为中保

奥古斯丁频繁引用《提摩太前书》第二章第五节的话："因为只有一位神，在神和人之间，只有一位中保，乃是降世为人的基督耶稣。""中保"的身份，不仅概括出了耶稣联系神和人之间关系的纽带，而且成为奥古斯丁批判新柏拉图主义者阿卜莱乌斯宗教理论的重要根据。[2]

阿卜莱乌斯在《苏格拉底之神》中提出一套理论，认为，高空的神和地上的人之间距离悬远，无法沟通；于是，住在空气中的精灵因为处在神

---

[1] 奥古斯丁，《论三位一体》，5：20 [28]；周伟驰译，第152页。
[2] 关于基督教的中保概念，参考 Bernard Sesboüé, *Jésus-Christ l'unique médiateur*, Paris: Desclée, 1991.

和人的中间位置，可以做人和神的中介：

> 他们在我们和诸神的中间位置，无论就所住的位置而言，还是就
> 其自然而言。……是有灵魂的物种、理性的心智、充满性情的心灵、
> 空气的身体、永恒的寿命。在我提到的这五个特点中，前三个和我们
> 一样，第四个是他们独特的，最后一个和不朽的神一样，但他们因为
> 受性情所动，而和神不同。[1]

正是因为精灵（damon）的这种中间地位，他们可以将人的祈祷传达
给神，将神的命令传达给人。苏格拉底的守护神，就是这样一种中间地位
的精灵。阿卜莱乌斯希望能够将希腊罗马的传统宗教系统化，但这个相当
粗糙的理论中存在很多问题。奥古斯丁抓住了阿卜莱乌斯的问题，指出，
按照哲学家的理论，真正的神，甚至有智慧的哲学家，都是不被情感感染
的。那些精灵既然会被性情所感染，就说明他们和必朽的人一样，处在悲
惨之中，所以，他们其实就是堕落的天使。于是，奥古斯丁将 damon 理解
为完全邪恶的鬼怪，不再是中性的精灵。而阿卜莱乌斯所谓那些高空中的
神，就是好的天使。于是，奥古斯丁以这种方式给古典神话中的神安排了
位置：他们都是天使，那些好神是善良的天使，鬼怪和坏神则是堕落的天
使，神话中说的，那些会和人交流，与人有同样的性情，为人的祈祷和贿
赂所动，甚至不时做一些坏事的，都是鬼怪。[2]

奥古斯丁抓住阿卜莱乌斯的理论，并不仅仅是为了批判古典神话和宗
教，更要借助"鬼怪"的中介地位，来理解耶稣作为中保的宗教意义。鬼
怪如果能作为中介，那是因为他们既是不朽的，又是有性情的，或者按奥
古斯丁的理解，是悲惨的。之所以是不朽的悲惨，恰恰因为他们罪恶之

---

〔1〕 Apuleius, *The Works of Apuleius*, p. 362.

〔2〕 奥古斯丁，《上帝之城》，9：13.3；吴飞译，中册第 15 页。

重，使悲惨永无终结，其实是永死。这样的中介，怎么可能带来拯救和永生？他们的作用，只会将人也引入永死之中。在《论三位一体》中，奥古斯丁并没有谈阿卜莱乌斯，但他更明确地解释了魔鬼作为假中保这一命题：

> 那欺骗者为人作死的中保，以骄傲的人所盲从渎神的洁净礼和献祭为名，来装作生命的中保，其实他既不能与我们同死，也不能凭他自己复活。他虽能用他一次的死，造成了我们双重的死；但他不能造成一次复活，作为我们更新的圣事和末日复活的榜样。[1]

魔鬼假装神和人的中保，其实却是人和死亡的中保，因为他引诱人去犯了罪，堕入死亡。在此，奥古斯丁还是将异教信仰和仪式理解为魔鬼的伎俩。但由于魔鬼也是堕落的被造物，而非恶的太初，魔鬼的假中保概念是有问题的。虽然在原罪的故事中，是魔鬼引诱人堕落了，但人之堕落的根本原因，却在于他的自由意志。特别是，如果我们认为在被引诱之前，人已经产生了骄傲的意志，则这根本不是通过魔鬼才完成的，更不是因为魔鬼的中间位置。魔鬼和人的堕落更实质的关系，在于人的堕落是对魔鬼的堕落的一种模仿，因而人在堕落后就加入到了魔鬼为首的地上之城。就人对魔鬼的模仿而加入他的城而言，这个假中保和真中保的作用是类似的；就魔鬼并非人的堕落的必须力量而言，这个假中保的作用，却和真中保的作用非常不同。理解魔鬼作为人的假中保的这两层意义，可以帮助我们理解，为什么好的天使并不能做真中保：

> 如果好的鬼怪是不朽和幸福的，他们不可能是不朽而幸福的神和必朽而悲惨的人的中介。如果他们和神共有这两个特点，即幸福和不

---

[1]　奥古斯丁，《论三位一体》，4：13 [17]；周伟驰译，第141页。

朽，那就不会和人一样悲惨和必朽；他们就应该远离人类，与神在一起，而怎么还能做二者的中介呢？要做二者的中介，就不能两个特点都和其中一方一样，而只能其中一个特点和一方一样，另一个和另一方一样。[1]

他这里说，天使并不介于神和人之间，无法在双方之间沟通。但我们看到，在奥古斯丁的理论体系中，天使还是处在中间位置的。在天地创造的时候，就是天使在永恒不变的真理和物质质料之间运动，将万物的道理赋予质料，天使也可以在对万物的沉思中，认识上帝的真理。此外，在《旧约》中，天使又会以各种形象向人显现，传达上帝的命令。奥古斯丁认为，在《旧约》中，上帝的显现都是通过天使完成的，上帝从未直接显现过：

> 在我们的救主言成肉身之前，凡说到上帝显现给列祖们的地方，列祖们所听到的声音，所看到的现形，都是天使们的作为。他们要么是代表上帝说话行事，像我们已指明先知们常行的那样，要么从别的受造者取了可以象征性地将上帝向人表现的形象，像《圣经》多次表明先知们也曾用过的那样。[2]

天使之所以有这两种中间作用，都是因为上帝是永恒不变的，而被造物是可变的，要在不可变的上帝和可变的世界之间建立关联，必须通过一种中间存在。而天使既能直接聆听圣言，是永远存在且幸福的，又和其他被造物一样，是可变的；有了天使这种中间存在，奥古斯丁就可以用基督教的方式，讲出比新柏拉图主义更加复杂的创世论。在这个意义上，奥古

---

[1] 奥古斯丁，《上帝之城》，9：13.3；吴飞译，中册第 15 页。
[2] 奥古斯丁，《论三位一体》，3：11 [27]；周伟驰译，第 121 页。

斯丁和阿卜莱乌斯理解的中介作用，是有一些相似的。

既然天使可以起到这种中间作用，那奥古斯丁为什么又认为，天使无法充当上帝和人之间的中介，必须通过耶稣基督来做中保呢？奥古斯丁说：

> 当时候满足，上帝之子被差往这个世界，为妇人所生，好为了人子们的缘故而成为人子时，人就与上帝之言相偶合，甚至在一种意义上混合成了一个位格。天使们能预表这一位，预先宣扬他，但不能充当这一位。至于圣灵藉鸽子或火舌形象所作的显现，即服役的受造物用暂时的动作和形式来彰显圣灵的实体与父和子同永恒、共不变，则它们并没有与圣灵合为一位，像言成肉身那样。[1]

在此，奥古斯丁不仅区别了言成肉身与天使的神显，而且区别了它与圣灵借鸽子和火舌的显现。圣灵借助被造物来显现，和上帝借助天使来显现，是类似的，即都是上帝借助被造物显现。奥古斯丁在第三卷花了很长的篇幅讨论，当上帝在《旧约》中借助天使说话时，究竟是哪个位格在说话，"父、子、圣灵真是藉着天使们显现。天使们表达上帝，有时为父，有时为子，有时为圣灵，有时无分彼此"[2]。但圣子言成肉身，却与这二者都不同。耶稣其人，并不只是圣子表述自身的工具，而是圣子变成的人。天使可以宣扬他，但不能充当他。在这个人身上，必朽之人与上帝的永恒真理相遇了，甚至生成一个位格。这种位格生成，是已经堕落的必朽之人聆听圣言、认识真理的方式。天使虽然不需要这样才能听到圣言，但他需要聆听圣言以归向上帝，却和人没有区别：

---

[1] 奥古斯丁，《论三位一体》，4：20 [30]；周伟驰译，第154页。
[2] 同上书，3：11 [26]；周伟驰译，第120页。

但智慧受遣与人同在是一事，受遣成人又是一事。它进入圣洁的灵魂中，使人成为上帝的朋友和先知，正如它也充满圣洁天使，藉着他们行与天使的服役相称的万事。但是当时候满足，智慧就奉遣，不是要充满天使，也不是要作天使——除了他宣示父的旨意即他自己的旨意外——也不是要与人同在或在人里面，因为这在从前列祖和先知身上实现了；而是为了言本身成为肉身，就是成为人。[1]

圣言是永恒的智慧和真理，其中包含着万物的道理。对于有生命的被造物而言，生命都在它之中。所以，万物只有归向它，才能获得其存在、形式、生命，因此，天使同样需要归向圣言，被圣灵所充满。[2] 在归向圣言这一点上，无论天使、耶稣来临之前的人，还是耶稣来临之后的人，都是一样的。其区别在于，天使可以直接聆听圣言，也可以通过被造物理解圣言；而人不能直接聆听圣言，通过被造物聆听圣言也非常困难。在言成肉身之前，它通过天使宣布了自己，有些人借助天使的话，体悟到了圣言。但这并不意味着他们可以脱离言成肉身，而独立认识圣言。只是，他们"在这已为将来而预言了的奥秘里得着了救恩"。即，天使通过某种方式，向他们宣布了圣子将来会言成肉身。他们虽然没有亲眼见到耶稣这个人，但能够通过天使的话领悟到言成肉身所体现的真理，于是借此得了救恩，听到了永恒的圣言。但是，这样的人少之又少。至于那些生活在耶稣来临之后的人，也可以在这个奥秘中获得救恩。

耶稣作为中保，就是要使人获得一条通向真理的道路。在耶稣来临之前，人们通过天使的预言，知道有这条道路，然后还要通过这条道路才能得到救恩，而不能通过天使直接得救；在耶稣来临时，有亲眼看见这个人的，也可能通过这条道路获得救恩；但大部分人生活在耶稣之后，他们不

---

[1] 奥古斯丁，《论三位一体》，4：20 [27]；周伟驰译，第151页。
[2] 参考 Ghislain La Font, "Le Sacrifice de la Cité de Dieu," *Recherches de science religieuse*, tom 53, 1965, pp. 177-219。

是通过天使，也不是通过亲眼见到耶稣的肉身，而是通过阅读《圣经》或别的途径，得到这个救恩。因此，无论通过天使，通过亲眼见，还是通过阅读《圣经》，都是走上这条道路、认识这位中保的不同途径，而其中任何一条途径，都不能绕开中保自身。

正如前面说的，魔鬼作为假中保，并不能代替人的意志的自由选择，只能侧面帮助人，按照自己的意志去选择堕落；同样，天使也无法直接促成人的得救，而只能帮助人找到得救的道路。在这个意义上，魔鬼和天使起到的都是侧面辅助的作用，因此，他们都不能成为真正的中保。

但在另外一个意义上，魔鬼却是人类堕落的榜样。人的堕落，正是对魔鬼堕落的模仿，因而堕落之人，就都进入魔鬼为首的地上之城；同样，耶稣作为中保，也为人类的拯救提供了一个榜样，人类模仿耶稣基督，就可以进入以基督为首的上帝之城。因此，奥古斯丁把基督和魔鬼分别称为"骄傲之王"和"谦卑之王"。[1] 在这个意义上，魔鬼和天使似乎不是相反的两个极端，反而和耶稣基督隐然对应。奥古斯丁的这一思想倾向，不能说不是摩尼教一个隐而不彰的痕迹。

不过，耶稣这个中保究竟怎样起作用，还有更复杂的故事和理论。通过耶稣对魔鬼的战胜，基督在一场特定的赎罪祭中，作为大祭司将自己的生命作为祭品献给上帝。耶稣以祭司的身份，引导人与上帝和解，这才能完成他作为中保的作用。[2] 所以，我们要在讨论了耶稣与魔鬼的交易，以及耶稣受难作为一场祭祀之后，才能充分理解耶稣作为中保的含义。

三 基督与魔鬼

言成肉身，将人从罪中拯救，就是基督对魔鬼的战胜。耶稣死在十字

---

[1] 奥古斯丁，《论三位一体》，4：12 [15]；周伟驰译，第 139 页。
[2] J. F. O'Grady, "Priesthood and sacrifice in City of God," *Augustiniana* 21, 1971, pp. 27-44.

架上，为什么就能战胜魔鬼？这是历代基督论都需要回答的问题。奥林（Gustaf Aulén）认为，奥古斯丁的基督论属于典型的古典模式，即，认为这一过程是基督战胜了魔鬼，把人类从魔鬼的控制之下解救出来。但是，基督并非通过强力抢夺了人类，因为在人堕落之后，魔鬼就对人有合法的统治权。基督以自己的死和魔鬼做了一个交易，甚至欺骗了魔鬼，从而达到了救赎的目的。[1]

在《论三位一体》中，奥古斯丁认为，魔鬼作为假的中保，通过自己的一次死亡，引诱人类进入了两次死亡；而基督则通过自己的一次死亡，免去了人类双重的死亡。

我们在第五章已经谈到过人的身体之死和灵魂之死。相对于人而言，奥古斯丁认为，魔鬼和基督都只有一次死亡。魔鬼只有灵魂的死亡，而没有身体的死亡；基督只有身体的死亡，而没有灵魂的死亡。人类的双重死亡，是灵魂已死的魔鬼造成的：

> 亚当犯罪使我们通往死路；罪是从一人入了世界，死又是从罪来的，于是死就临到众人，因为众人都犯了罪。魔鬼是这条路的中保，叫人犯罪，将人抛往死地；他也用他自己一次的死造成我们双重的死。他因不信而有灵魂的死，但他并无身体的死；可是他叫我们不信，以致我们该受身体的死。我们因被恶说服便讨来了一个死，而另一个则是因公平的处罚而将我们抓住的。[2]

这里描述的过程是这样的：魔鬼在背叛上帝时，灵魂已经死了；他劝说亚当和夏娃不信，背叛上帝。当亚当不信了，就同样也有了灵魂的死亡。但由于灵魂的死亡，上帝就惩罚人类，让人的身体也会死。身体之死

---

[1] Gustaf Aulén, *Christus Victor*, New York: Macmillan Company, 1966, p. 51.
[2] 奥古斯丁，《论三位一体》，4: 12 [15]；周伟驰译，第 139 页。

是对灵魂已死的人的公正处罚。但这样一个处罚的结果，却使人归在了魔鬼的权柄之下。作为假中保，魔鬼无法在上帝和人之间建立关联，却能在死亡和人之间建立关联。在这个意义上，奥古斯丁把他称为死亡的中保。魔鬼虽然灵魂有罪，但身体并不会死；可是当他诱惑人犯罪之后，人不仅灵魂死了，而且身体也随之变成必死的。所以奥古斯丁说："魔鬼自己没有落到被他拉下水的人那样的地步，因为尽管他因不信而有灵死，却没有身死，因为他没有取过人的身体；所以他看来是一个大头目，手下有一帮小鬼帮他施行欺骗性的统治。"[1] 于是，人就有了灵魂和身体双重的死亡。

耶稣作为中保的目的，正是为了解除这双重死亡：

> 他成了与我们同一自然的人，只是没有罪。按自然说，我们不是上帝；按自然说，我们是人，由于罪而不义。所以上帝成为义人，替罪人向上帝代求。罪人虽不匹配义人，人与人却是对等。他取了与我们相同的人性，以废掉我们因罪而有的不肖，他因取了我们的必死性，就使我们与他的神性有分。罪人由必被定罪而来的死，自应被义者发怜悯所自择的死废去了，因他一次的死等于我们双重的死。[2]

言成肉身后，圣子取了和其他人一样的身体，但是他没有罪，是个完全的义人，因此就既无灵魂之死，也不必有身体之死的惩罚。他是亚当之后唯一一个无罪之人。也可以在这个意义上，称他为第二亚当。第二亚当从一降生，就开始了与魔鬼的斗争。魔鬼对圣子的攻击，和对其他人一样，是从灵魂开始的，因为他知道，身体之死是灵魂之死的结果，若没有灵魂之死，就不该有身体之死。于是，就有了魔鬼对耶稣的三次试探：

---

〔1〕 奥古斯丁，《论三位一体》，4：10〔13〕；周伟驰译，第138页。
〔2〕 同上书，4：2〔4〕；周伟驰译，第129页。

真中保也自愿受假中保的试探，这样他就成了克服试探的中保，既是人的榜样，也是人的援助。魔鬼虽力图设法潜入他的内心，但从一开始就被逐出，因为他既在灵里死了，就不能打入那在灵里活着的主。他在主受洗以后在旷野向他施展了一切试探，但都不能得遂。于是他就尽力要让他在身体上死去，这身死是真中保从我们这里得到的。但他在哪里做什么，就在哪里被征服；他在哪里表面上得了权柄杀害主的身体，他那辖制我们的内在权柄就在哪里被打倒了。[1]

魔鬼对耶稣的试探，与他对亚当的试探形成对照。耶稣是个完全人，和亚当以及所有其他的人都不同，他具有人完美的形式，即上帝的形象。上帝的形象没有被扭曲的人，意志不会作恶，灵魂不可能背叛上帝，就不可能追随魔鬼而堕落。因此，魔鬼试探的一开始，就被耶稣逐出了内心，他不可能杀死耶稣的灵魂。既然无法杀死灵魂，身体之死不会随着灵魂之死而来，魔鬼无法通过这个办法战胜耶稣，于是就要直接在身体上杀死耶稣。但将自己的身体交给魔鬼，这正是耶稣战胜魔鬼的必由之路。

圣子言成肉身后，不仅变成一个卑微的人，而且主动承担了人的必死性，这就使必死之人得以接近他的神性，从而可以免除双重的死亡。但他的死为什么可以打败魔鬼，免除人的双重死亡呢？奥古斯丁在《论三位一体》中给出了这样的解释：

　　人原来好像是他有绝对权柄掌握的，因为人自愿受了诱惑。魔鬼自己不受血肉必朽坏的妨碍，人则因其必死身体的软弱而贫穷，所以前者就控制了后者。他好像又富足又强大，因而非常骄傲地将那褴褛多难的人辖制了。他驱使罪人堕落到他自己所不能至的死地，也将救

[1] 奥古斯丁，《论三位一体》，4：13 [17]；周伟驰译，第 141 页。

赎主驱到那死地。（不过，救主是自愿去那里的。）所以上帝的儿子俯允作我们的朋友，同我们死，而我们的仇敌，因为自己不来到死地，就自以为比我们优秀伟大。（我们的救主说：人为朋友舍命，人的爱心没有比这个大的。）既然主受难被交给魔鬼，魔鬼就自以为胜过了主，因为《诗篇》中的话，"你叫他比天使微小一点"，就是指着主说的。他被那好像公义地与我们作对的恶者无辜地置于死地，好极其公义地战胜他，掳掠掳掠者，将我们从罪有应得的捆绑中释放出来，用他自己被不义地流出来的公义的血，涂掉了于我们不利的债券，使我们这些罪人称义得赎。[1]

虽然人本来不属于魔鬼，但是自愿犯了罪的人，魔鬼对他有权柄，这是对人应有的惩罚，是公正的。虽然魔鬼是罪恶的，虽然他靠欺骗使人犯了罪，但人的犯罪毕竟是出于自愿，是他们的自由意志选择的结果，所以，魔鬼对他们的控制是公正的，人们都成为地上之城的公民，魔鬼的属下。而人既然都属于地上之城了，上帝和所有人类之间，就存在敌意。正如奥林所说，教父们不论怎样在理论上批驳灵知派，这一理解还是有很强的二元论色彩。[2]

上帝要战胜魔鬼，将人从魔鬼的束缚中解救出来，不能凭强力，而必须考虑到魔鬼合法地控制人类这个事实。于是，耶稣基督虽然拒绝将灵魂交给魔鬼，但他主动把自己的身体交给了魔鬼。魔鬼无法在灵魂上战胜耶稣，也转而杀死他的身体。他自以为可以像处置所有犯了罪且必死的人那样，通过死亡，将耶稣也纳入自己的控制之下。于是，魔鬼处死了他本来无权处死的耶稣。但他的这个做法是不合法的，耶稣的身体之死不是灵魂之死的结果，而是魔鬼强加给他的："他就在我们所来到的尽头与我们相

[1] 奥古斯丁，《论三位一体》，4：13 [17]；周伟驰译，第141—142页。
[2] Gustaf Aulén, *Christus Victor*, p. 34.

遇，但他并没有走我们所走过的路。我们真是由罪而通往死，他却是由义而临到死；所以，我们的死是罪的罚，他的死却是为罪而献的赎罪祭。"[1]耶稣虽然和其他人一样死了，即在人类的尽头和人相遇，但由于他是无辜的，他的死不是罪的结果，魔鬼杀害他就是不义的，于是就被耶稣战胜了。耶稣用他自己的死，还清了必朽之人对魔鬼承担的债，使人得以脱离魔鬼的羁绊。这就是耶稣对人的救赎。

上帝为人而死，这是和魔鬼做的一个交易，甚至是对魔鬼的一种欺骗。但这里更重要的一个含义是，上帝为那些背叛了他、与他为敌，而今属于地上之城的人去死，是对罪人的爱。追随魔鬼、背叛上帝的人，本来已经没有什么可爱的，但上帝为这些人舍命，"人的爱心没有比这个大的"。这样的做法，是上帝主动与那些背叛他的人和解，是上帝给人的特别恩典，是人本来不配领受、却得到了的眷顾。

耶稣凭自己的身体之死，将人类从灵魂之死和身体之死中解救出来，但这并不意味着耶稣死在十字架上以后，人类就全都脱离了罪和死亡的桎梏。耶稣所行的不是魔法，而是给出一条获得拯救的道路。耶稣之死的意义，更多是给人做出示范，而不是代替人类自己的努力：

> 如是他就可以作那些在天上得见上帝者的榜样；作那些在地上崇拜他者的榜样；作健全人的榜样，叫他们恒忍；作病人的榜样，叫他们得痊愈；作临死人的榜样，叫他们不惧怕；作死人的榜样，使他们可以复活。[2]

作为有罪之人的榜样，耶稣是要人们追随他，像他一样谦卑，像他一样灵魂坚强，首先要去除灵魂中的罪，灵魂获得生命后，身体也就会消除

---

[1] 奥古斯丁，《论三位一体》，4：12 [15]；周伟驰译，第140页。
[2] 同上书，7：3 [5]；周伟驰译，第201页。

必朽性，获得它的生命。为了说明人和基督的关系，奥古斯丁频繁引用保罗在《腓立比书》中说的一段话：

> 你们当以基督耶稣的心为心。他本有上帝的形象，不以自己与上帝同等为强夺的，反倒虚己，取了奴仆的形象，成为人的样式。既有人的样子，就自己卑微，存心顺服，以至于死，且死在十字架上。所以上帝将他升为至高，又赐给他那超乎万名之上的名，叫一切在天上的、地上的和地底下的，因耶稣的名，无不屈膝，无不口称耶稣基督为主，使荣耀归与父上帝。[1]

按照彭拿迪艾尔和沃尔韦林的理解[2]，对这段话的解释包含了奥古斯丁基督论的主要方面。但在描述基督自身的特点之前，保罗特别强调的是，信徒要"以基督之心为心"，即要像基督那样去做，才能获得真正的拯救。以基督的做法为榜样，先通过谦卑获得灵魂的拯救，是奥古斯丁基督论的核心观点。为了模仿基督，人们不仅要像他一样谦卑，像他一样坚强，甚至要像他一样去死。死亡虽然是罪的结果，是坏事，但基督用这个坏事，达到了好的目的，而且为人们立下了典范。可是基督的死还不能代替其他人的死。其他人都必须经历基督曾经经历过的事情，像基督一样牺牲，才能得到救赎。人们必须与基督同死，才能与他一同复活："上帝对人说：你若犯罪，你就会死；而今他对殉道者说：死去吧，你无罪了。……当初是靠怕死使人不敢犯罪，而今是承担死亡使人赎罪。"[3] 当然，他并不是在字面上认为，人们真的都要像耶稣那样被杀

---

[1] 《腓立比书》，2：5—11。

[2] 1955年，法国著名学者彭拿迪艾尔（A.-M. La Bonnardière）注意到奥古斯丁对这段话引用之频繁，认为它是奥古斯丁的基督论背后的一段关键经文。数年后，彭拿迪艾尔的学生沃尔韦林（Albert Verwilghen）专门就奥古斯丁对这段话的解释写了《奥古斯丁的基督论与灵性论》一书（Albert Verwilghen, *Christologie et spiritualité selon Augustin*, Paris: Beauchesne, 1985）。

[3] 奥古斯丁，《上帝之城》，13：4；吴飞译，中册第155页。

死；他更多强调的，是上帝之城与地上之城的永恒对立，是对人类社会政治制度的绝对否定，是上帝的真理与尘世生活的不可妥协。像基督那样死，就是要坚决拒绝尘世的诱惑，在对现实政治的拒绝与批判中，走向上帝之城。

奥林将古典的救赎模式称为一场戏剧。这场戏剧从言成肉身开始，经过魔鬼对耶稣的三次诱惑，其高潮是十字架上的受难。但受难并未终结这个戏剧，因为它还有至关重要的一场：复活。

> 至于他的这个肉身，正是对它的复活的信，使我们得救并称义。保罗说："你若口里认耶稣为主，心里信上帝叫他从死里复活，就必得救。"又说："他被交给人，是为我们的过犯；复活，是为叫我们称义。"所以，正是主身体的复活给我们的信仰以价值。因为甚至不信者也相信他受难，身体死在十字架上，但他们不信他的身体复活了。我们坚信他的身体复活了，好像是从稳固的磐石观看这件事，因此我们带着确实的盼望等候"得着儿子的名分，乃是我们的身体得赎"。因为我们盼望着，那正确的信仰使我们确信已在我们的头基督里成就的事，也在我们这些作他肢体的里面成就。因此他不会叫人看见他的背，除非当他经过的时候——好叫人相信他身体的复活。[1]

耶稣的复活是给人的一个信号，向人们展示，魔鬼并不能真的战胜他，以及他的受难的目的何在。而耶稣之所以能复活，是因为他"凭自己活着"[2]。无论灵魂的生命还是身体的生命，最终的依据都来自上帝。圣子正是赐予万物生命者，无罪而死的耶稣，当然可以从圣子获得生命。耶

---

〔1〕 奥古斯丁，《论三位一体》，2：17〔29〕；周伟驰译，第90—91页。
〔2〕 同上书，4：13〔17〕；周伟驰译，第141页。

稣的身体能够复活，根本上是因为灵魂没有死，作为对灵魂之罪的惩罚，身体之死当然就会被消解了。于是，他也为其他人的复活做出了榜样。

不过，如何理解复活，却有着进一步的问题。若说耶稣身体的复活是为未来的末日复活做榜样，这榜样到底该怎样理解？既然到末日审判的时候，无论好人还是坏人，身体都可以复活，这个榜样的意义何在？不管做好事坏事，所有人的肉身都会复活，那又有什么可以追随耶稣的呢？奥古斯丁也深知这里的问题，因而给出了第一次复活和第二次复活的区分。关于这一问题，我们在第十二章再详细讨论。

四　受难作为祭祀

在奥古斯丁的基督论中，很重要的一部分，是将耶稣的受难理解为一场祭祀，而且以这个祭祀为核心，来理解基督教的宗教意义。按照《利未记》，犹太人的五祭分别是燔祭、素祭、平安祭、赎罪祭和赎愆祭。基督教的祭祀体系已经和犹太教完全不同，以基督之死为核心，衍生出所有圣事。所以，在基督教的传统中，耶稣基督的祭祀，有时被说成所有这五祭。但无论保罗还是奥古斯丁，最喜欢把耶稣之死说成赎罪祭。《利未记》中这样解释赎罪祭的意义："你晓谕以色列人说：'若有人在上帝所吩咐不可行的甚么事上误犯了一件，或是受膏的祭司犯罪，使百姓陷在罪里，就当为他所犯的罪，把没有残疾的公牛犊献给上帝为赎罪祭。'"[1]在《新约》中，保罗频繁将耶稣之死称为赎罪祭，如："神就差遣自己的儿子成为罪身的形状，作了赎罪祭。"[2]"基督献了一次永远的赎罪祭，就在神的右边坐下了。"[3]

奥古斯丁正是利用了保罗的这个意象，来理解耶稣基督的赎罪祭。不

---

〔1〕《利未记》，4：3。
〔2〕《罗马书》，8：3。
〔3〕《希伯来书》，10：12。

过，当基督教不再严格区分五祭，将基督之死理解为任何一种祭祀的时候，就把不同祭祀之间的差别取消了。这在根本上改变了古典宗教（无论犹太教还是希腊罗马宗教）对祭祀的理解。布罗基里（G. de Brogilie）区分了奥古斯丁所讲的祭祀的几层含义：基督教中日常的圣餐礼，耶稣受难作为祭祀，以及以爱献上的不可见的祭祀。在不同的层面上，这三者都是真正的祭祀。[1]日常的圣餐礼和十字架上的牺牲，都是可见的祭祀，圣餐礼是对十字架上的牺牲的象征，而十字架上的牺牲，是为了让人们将爱和忏悔之心献给上帝，在基督中结合成上帝之城。通过这一层层的象征，祭祀的完美含义是在基督中的爱和忏悔。而《旧约》中所讲的各种祭祀，则只是这真正的祭祀的预言，其地位更不重要。传统宗教中所强调的仪式都变成了次要的、辅助性的。在这个意义上，奥古斯丁把哲学的思考彻底灌入了宗教仪式的内核。

以上简单概括了奥古斯丁的祭祀观，我们随后来逐层讨论。

他在《上帝之城》中谈到了祭祀的五部分：在什么时间地点，应该祭献什么，谁该献祭，献祭时交给谁，献完的祭物交给谁吃。[2]在《论三位一体》中，他说祭祀由四部分构成：向谁献祭，由谁献祭，所献的是什么，为谁献祭。[3]不同著作中的说法虽略有不同，但其核心思想是一致的，即，赎罪祭的各部分都是围绕耶稣基督来理解的。

针对希腊罗马的宗教，奥古斯丁指出，他们"对上帝犯了双重的罪，一方面是服侍了不该服侍的对象，一方面用不该用来服侍的方式进行服侍"。[4]这种传统崇拜方式背后的一个理念是，神需要那些祭品。阿卜莱乌斯在《苏格拉底之神》中明确说过，处于中间位置的精灵喜爱那些祭

---

[1] G. de Brogilie, "La notion augustinienne du sacrifice invisible et vrai," *Recherches de science religieuse*, tom 48, 1960, pp. 135-165.

[2] 奥古斯丁，《上帝之城》，15：7.1；吴飞译，中册第 235 页。

[3] 奥古斯丁，《论三位一体》，4：14 [19]；周伟驰译，第 143 页。

[4] 奥古斯丁，《上帝之城》，7：27.2；吴飞译，上册第 272 页。

品。[1] 但是，说神需要人的祭品，这是柏拉图在《游叙弗伦》中就已经批评过的观点。[2] 阿卜莱乌斯也充分考虑到了这个问题，才说只是中间的精灵需要祭品，而在上的天神并不需要。奥古斯丁对古典宗教的批评，更严格地遵循了柏拉图的这一观念："所谓正确的拜神方式，不是对上帝有好处，而是对人有好处。"[3]

但不仅希腊罗马的宗教是这样，《旧约》中的祭祀方式也建立在类似的信念之上。奥古斯丁没有直接批评《旧约》中的祭祀，而是认为，这些都是对真正的祭祀的象征：

> 古代的族长曾以牲畜的祭肉献给上帝，而今上帝的选民读到这些，但是不再这么做了。我们对此唯一的理解就是，这些做法象征了我们现在所做的，我们因此可以亲近上帝，并劝导邻人走向同样的目的。可见的祭祀是指涉不可见的祭祀的圣事，是神圣的象征。[4]

上帝不仅不需要那些祭肉，就是人间的正义，也不是上帝所需要的。一切祭祀都不会对上帝有什么好处，而只是对人有好处。那么，真正的祭祀究竟是怎样的呢？奥古斯丁引用《诗篇》里的话说，真正的祭品，就是"忧伤痛悔的心"[5]，因为上帝说："我喜爱怜恤，不喜爱祭祀。"[6]但究竟是谁忧伤痛悔的心，和谁对谁的怜恤呢？

当然首先是罪人忧伤痛悔的心和相互的怜悯；但这怜悯还必须指向上

---

[1] Apuleius, *The Works of Apuleius*, London：George Bell and Sons, Forgotten Books 影印本，2010，p. 362。

[2] 柏拉图，《游叙弗伦》，13c7—9。

[3] 奥古斯丁，《上帝之城》，10：5；吴飞译，中册第34页。

[4] 同上。

[5] 《诗篇》，50：16—17。

[6] 《何西阿书》，6：6；《马太福音》，9：13，12：7。

帝："我们要亲近上帝，结成神圣的团契，达到这至善的目的，就能得到真正的幸福，而真正的祭祀就是为此所需要做的全部工作。如果人们的悲悯只针对人，而不涉及上帝，那就不是祭祀。"[1] 人与人的怜悯，怎样涉及上帝呢？奥古斯丁认为，这怜悯首先不是针对别人的，而应该是针对自己的："人若以上帝的名字圣化自己，向上帝发誓，虽然从此世死去了，却在上帝中活着，他自己就是祭品。这也属于悲悯，是每个人对自己的悲悯。"[2] 将心献给上帝，就是要将自我彻底献给上帝。正是基于这样一种观念，奥古斯丁认为该隐的献祭之所以引起上帝的愤怒，并不是因为他献的东西不好，而是因为他没有把自己的心交给上帝：

> 虽然他把自己的一些东西给了上帝，但他把自己给了自己。这样做的人，都不追随上帝的意志，而是追随自己的意志，也就是，不按照正义的心，却按照下流的心生活。他们给上帝献祭，却认为应该得到回报，不想治疗变态的欲望，回归健康，反而要满足欲望。[3]

该隐知道上帝喜欢亚伯的祭品，而不喜欢他的，就嫉妒弟弟。奥古斯丁认为，这正是该隐之心的体现："该隐认识到上帝看重他弟弟的祭祀，不看重他自己的祭祀，就应该模仿弟弟，变得更好，而不是自我膨胀，与他争竞。"[4] 要把自我彻底献给上帝，就是要在上帝中寻找自我的道理、形式和本质。因为每个人的无论身体还是灵魂，最终都来自上帝，也必须在上帝之中完善。

---

〔1〕 奥古斯丁，《上帝之城》，10：6；吴飞译，中册第35页。
〔2〕 同上。
〔3〕 同上书，15：7.1；吴飞译，中册第236页。
〔4〕 同上。

五　人的祭祀与基督的祭祀

奥古斯丁为了说明真正的祭品，他从身体开始层层推进：

> 我们用节制来锤炼自己的身体，身体也是一种祭品——只要我们是为了上帝这样做（也是理所当然这样做），我们就不会让自己的肢体成为邪恶的罪的武器，而成为上帝的正义的武器。使徒激励人们说："所以弟兄们，我以神的慈悲劝你们，将身体献上，当作活祭，是圣洁的，是神所喜悦的。你们如此事奉，乃是理所当然的。"身体比灵魂更低，被用作灵魂的奴仆和工具，但如果能把它很好地、正确地用于上帝的目的，那就是祭品。〔1〕

人堕落的一个主要后果，就是身体不再服从灵魂，或者说，灵魂之内的冲突转化为身体与灵魂的冲突，使身体无法服务于理性的灵魂，反而成为邪恶的武器。奥古斯丁将保罗的说法纳入自己的学说框架中，认为所谓将身体当作活祭，就是让理性灵魂更好地控制身体，服务于上帝。他接着说灵魂：

> 如果是这样，灵魂自身岂不是能够更多地服务于上帝？其中爱上帝的火焰熊熊燃烧，吞没了世俗的欲望，改造自己成不可变的，让上帝喜悦，因为接受了他的美好，这也是祭品。随后使徒又说："不要效法这个世界。只要心意更新而变化，叫你们察验何为神的善良、纯全、可喜悦的旨意。"〔2〕

----

〔1〕　奥古斯丁，《上帝之城》，10：6；吴飞译，中册第35—36页。
〔2〕　同上书，中册第36页。

要将灵魂当作祭品，就是充分寻求灵魂的本质，使其中的理性部分恢复上帝的形象，即"接受了他的美好"，戒除灵魂中的欲望。到此为止，奥古斯丁谈的都是人的自我和上帝的关系。随后，他又进一步谈到了人们之间的关系：

> 真正的祭品就是对我们自己或对邻人的悲悯之事，都指向上帝；真正的悲悯把我们从悲惨中解救出来，从而获得幸福。如果不通过下面所说的好事，这就无法做到："但我亲近神是与我有益。"整个被救赎的城邦（那就是圣徒聚集和结成的城），就是向上帝献出的整个祭品。[1]

真正的祭品，首先包含对罪恶深重的自己的怜悯，同时也包含对邻人的悲悯。前者是自我的忏悔，后者有着更强的社会性。但对于奥古斯丁而言，这两者并无根本的差别。"爱上帝"和"爱邻人"，被称为一切律法的总纲。但爱邻人并不是爱邻人本身，而是让邻人像自己那样爱上帝："爱自己的人，不过就是要幸福。而要达到这个目的，就要与神亲近。人若知道了怎样爱自己，上帝命令的，要爱邻人如己，那不过就是，尽其可能地让邻人爱上帝。"[2] 每个人都把自我当作祭品献给上帝，无论自我的身体还是灵魂。被救赎者的城邦，就是由这样的基督徒组成的共同体。不同个体之间不仅没有自然的纽带，而且要否定所有这样的纽带，然后大家共同亲近上帝，结成圣徒的城。将整个圣徒的城理解成祭品，并不是内在祭祀的外在化，因为是每个圣徒的心灵组成的这城，在这座城里面，同样包含着内在祭祀的含义。[3] 保罗在《哥林多前书》中说："岂不知你们

---

〔1〕 奥古斯丁，《上帝之城》，10：6；吴飞译，中册第36页。
〔2〕 同上书，10：3；吴飞译，中册第32—33页。
〔3〕 J. F. O'Grady, "Priesthood and sacrifice in City of God," *Augustiniana* 21, 1971, pp. 27-44.

是神的殿，神的灵住在你们里头吗?"[1] 奥古斯丁用保罗的这一意象，将信徒们又说成上帝的神殿：

> 因为我们全体就是他的神殿，每个个体也是神殿。他会屈尊居住在全体合起来的神殿，也会住在我们每个人当中；全体的神殿中的上帝并不比一个人的神殿中的上帝大，因为他不会因为人多而变大，也不会因为分割而变小。[2]

这段话颇能代表奥古斯丁所理解的个体与上帝之城的关系。每个基督徒的心灵都是神的殿，上帝居住在其中；所有基督徒的全体也是神的殿，上帝也住在其中。但全体基督徒组成的神殿并不比每个基督徒的神殿大。这个殿，是一个一个自我重叠起来，组成的一个大的自我，并不构成一个有机的整体。奥古斯丁所肯定的社会性，就是自我的这种不断重叠，而不是柏拉图和西塞罗笔下不同分工的公民之间的互相依赖与协调。所以，建立于社会分工的基础上的人间政治制度，永远无法实现这个意义上的人人平等，于是就永远和奥古斯丁讲的社会性相背离。也正是因为自我与全体之间的这种关系，所以他笔下的个体秩序和世界历史永远是一致的。世界历史就是每个自我的心灵史，每个自我的心灵史，同时也可以是整个世界的历史。因而，全体基督徒组成的这个上帝之城，最终化约为一个人的身体；全体基督徒共同走过的世界历史，最终变成了一个人的心灵史；每个基督徒都要变成一个小的基督，全体基督徒通过每个自我共同构成的祭品，最终变成了一个人的自我献祭。上面所说的各个层次的祭品，最终归结为耶稣基督自己作为的祭品：

---

〔1〕《哥林多前书》，3：16—17。
〔2〕 奥古斯丁，《上帝之城》，10：3.2；吴飞译，中册第31—32 页。

这祭品是通过大祭司献给上帝的，他为了我们而受难，以奴仆的形式，把自己都当作了祭品，我们的身体就有了他这么一个伟大的元首。他祭献了这个形式，自己在其中被祭献了。他靠这形式做了中保，做了祭司，也做了祭品。[1]

基督是一个大的身体，每个基督徒作为这个身体的肢体，共同组成了大的基督。保罗在他的书信中多次解释这个意象。他在《罗马书》中说："正如我们一个身子上有好些肢体，肢体也不都是一样的用处，我们这许多人，在基督里成为一身，互相联络作肢体，也是如此。"[2] 在《哥林多前书》中说："你们就是基督的身子，并且各自做肢体。"[3] 他又在《以弗所书》中说，信徒们"各尽其职，建立基督的身体……连于元首基督"。[4] 保罗在强调基督徒都共同组成基督的身体的同时，也一再讲明，大家要各尽其职，有不同的用处。但他这里主要是在说大家在教会中有不同的职责，而不是在讲每个人心灵的不同。奥古斯丁特别发展了保罗的这一意象，极力强调众人组成的这个大的身体。在他看来，上帝之城，即完美的教会，就是基督的身体，而耶稣，则是这个身体的头。正如所有人都来自第一亚当，所有圣徒最终都共同组成第二亚当。于是，当基督徒追随基督，共同组成他的身体的时候，也要作为基督的肢体，随着整个基督一同受难，甚至受难乃是组成基督身体的方式。于是，所有追随耶稣的人在他的身体里面，共同成为赎罪祭。

在这场赎罪祭中，基督既是祭司，又是祭品。他将无罪的自己作为祭品献上，替有罪的众人赎罪。他的这个身体，又是由无数基督徒组成的。他在把自己作为祭品献上的时候，就是献上了整个上帝之城，即献上了组

---

[1] 奥古斯丁，《上帝之城》，10：6；吴飞译，中册第36页。
[2] 《罗马书》，12：4—5。
[3] 《哥林多前书》，12：27。
[4] 《以弗所书》，4：12，15。

成上帝之城的每个个体的自我。那些自愿追随基督和模仿基督的人，加入到基督这个大的身体中，像他一样，将自己的身心都当作祭品献给了上帝。这些自我和基督最大的不同是，他们都是有罪的自我，而基督是无染原罪的、完美的自我。基督言成肉身，取了仆人的形象，像有罪的人那样去死；信徒们则模仿这个完美的人，像他一样献祭自我，在基督之中完成自我的救赎和完满。

耶稣基督不仅是祭品和祭司，而且是接受祭品的上帝："他以上帝的形象，与圣父一起享用祭品，他与圣父一起，是唯一的上帝。"[1] 这里讲的是耶稣的神性；就其人性而言，耶稣是不能享用祭品的。

于是，如何理解耶稣受难作为赎罪祭，奥古斯丁现在已经有了一个非常清楚的表述：祭司是耶稣基督；祭品是耶稣基督，以及在耶稣基督里面的所有信徒；接受祭祀的，是三位一体的上帝，其中也包括圣子自己；祭祀的真正神殿，是每个基督徒的内心，以及大家组成的全体，献祭的神坛，也是每个人的内心。[2]

正是在这场祭祀当中，我们可以理解中保的含义。和合本译者把这个词译成"中保"而非"中介"，意在强调，耶稣并非像天使那样居于上帝和人之间，而是有做生意中的"中保人"的意思。人与上帝决裂了，归入魔鬼的统治。耶稣言成肉身，死在十字架上，一方面代表人类，和魔鬼做了一桩生意，把罪人赎了出来；另一方面，又为人做出了榜样，使人可以像他那样，与上帝和解。作为大祭司，耶稣基督让人得以向上帝献出最好的祭品。于是，耶稣就是这场救赎中的中保，改变了人和上帝与魔鬼的关系。但耶稣作为中保虽是上帝给出的恩典，他并不能替人去做生意，人的救赎最终还要取决于自己的意志。

---

〔1〕 奥古斯丁，《上帝之城》，10：20；吴飞译，中册第54页。
〔2〕 同上书，10：3.2；吴飞译，中册第31—32页。奥古斯丁，《论三位一体》，4：14〔19〕；周伟驰译，第143页。

六　圣餐礼

对于基督教而言，真正的祭祀只有一次，就是耶稣在十字架上的受难。《旧约》中种种的祭祀，都是对这一次祭祀的预言和象征："一次真正的祭祀用多个祭祀来象征，就如同一件事可以用多个词来表示，反复申明而不冗赘。"[1] 这不仅是就《旧约》中的祭祀而言，也是就基督教中的每次圣事而言。无论耶稣来临之前，还是来临之后，所有归信他的人，都是在加入他之中，来共同完成这次祭祀。人们加入他是通过洗礼完成的；而模仿他一起献祭，是通过圣餐礼完成的。虽然圣餐礼一次又一次地在举行，但严格说来，这些都不是真正的祭祀，而只是使信徒们加入到真正的祭祀中来而已。[2]

耶稣在最后的晚餐的时候，吩咐门徒要纪念他，把面饼当作他的肉，将葡萄酒当作他的血。这是圣餐礼的起源。圣餐礼的设定，无疑是对耶稣拯救的含义最重要的揭示，但历代对它的解释非常不同，圣餐礼之争就成为基督教文化史上不断出现的重要主题。

对奥古斯丁而言，圣餐礼所强调的，是基督徒模仿基督，在基督里的合一，因而它既有很强的宗教含义，又具有深刻的政治意义。萨奇（A. Sage）注意到，奥古斯丁在早年的著作中谈到圣餐礼时，常常使用教父传统中流行的概念，如象征（*signum*）、样式（*similitude*）、样子（*figura*）、形象（*imago*），等，但在后期著作中，他更加喜欢用圣事（*sacramentum*）这个词。[3] 这是一个非常敏锐的观察。在他的成熟著作中，奥古斯丁愈

---

〔1〕　奥古斯丁，《上帝之城》，10：20；吴飞译，中册第 54 页。

〔2〕　Gerald Bonner, *Freedom and Necessity: St. Augustine's Teaching on Divine Power and Human Freedom*, Washington: The Catholic University of America, 2007, p. 32.

〔3〕　A. Sage, "L'Eucharistie dans la pensée de saint Augustin," *Revue des études augustiniennes*, t. 15, 1969, pp. 209-240.

来愈强调圣餐礼作为圣事的宗教功能，而不只是讲它的象征意义，更没有像中世纪后期的变体论那样，证明基督真的就在那面饼和葡萄酒之中。

奥古斯丁在讲耶稣受难作为祭祀之后说："在这时候，他自己是祭司，自己献祭，自己是祭品。他希望，在教会的祭祀中，有一种日常的圣事，来表明这一点：教会是身体，基督是元首，教会通过他献出自己。"[1] 圣餐礼就是这种日常的圣事，目的就在于揭示基督受难作为赎罪祭的宗教含义。耶稣在《约翰福音》中说："我是从天上降下来生命的粮，人若吃这粮，就必永远活着。"[2] 保罗在《哥林多前书》中说："我们虽多，仍是一个饼，一个身体。"[3]《新约》中的这些语句，都是对圣餐含义非常明确的揭示。奥古斯丁更加清楚地指出："他们吃下的不仅是饼，而且就是基督的身体本身，于是就成了基督的身体的组成部分。"[4]

但随即就会出现一个问题。是不是吃下面饼这个行为真的有那么神奇的力量，以至于不论某人的行事道德如何，他只要行了这圣事，就会得到永生？奥古斯丁说："正如因为所有的基督徒神秘的受膏，我们把他们都称为基督，我们也把他们都称为祭司，因为他们都是一个祭司的肢体。"[5] 按照这句话里的意思，似乎圣餐礼具有神奇的魔力，可以把人变成基督的肢体。但这一理解倾向不仅会保留传统祭祀中的巫术色彩，还会关系到更重要的理论问题。

因为这个问题不仅触及如何理解圣餐礼和耶稣基督的受难，而且涉及如何理解地上的教会和上帝之城的关系。如果这样来理解圣餐礼的功效，则必然意味着，凡是加入教会的人，将来都是上帝之城的公民，或者说，教会就是上帝之城在地上的显现。而这一点已经违背了奥古斯丁一再强调

---

〔1〕 奥古斯丁，《上帝之城》，10：20；吴飞译，中册第 54 页。
〔2〕 《约翰福音》，6：51。
〔3〕 《哥林多前书》，10：17。
〔4〕 奥古斯丁，《上帝之城》，21：20；吴飞译，下册第 261 页。
〔5〕 同上书，20：10；吴飞译，下册第 191 页。

的，在地上不可能有第三个城的说法。

将圣餐礼理解为使人加入基督的身体的圣事，在当时已经是一种被普遍接受的观点。不过，怎样来理解这种加入，却存在种种不同的意见。特别是在当时教派林立、彼此攻击的氛围下，吃了圣餐的异端是否会加入到上帝之城，就成为一个反复争论的问题。而奥古斯丁在和裂教者多纳图派的争论中，更是反复思考这个问题。其中一派的观点，即认为圣餐礼本身具有使人得救的功效：

> 即使他们后来滑入了异端甚至异邦的偶像崇拜，但因为他们在基督的身体（即大公教会）里，接受了基督的洗礼，吃了基督的身体，所以不会永死，而会进入永生；而他们所有的不敬之事，哪怕数量很多，也不会使惩罚变成永恒的，而只会变得漫长和严厉。[1]

这派人认为，异端虽然被赶出了教会，但是由于他们行过圣餐礼，所以还是在基督统一的身体里的。他们会因为自己犯的错误而遭受一段时间的惩罚，这惩罚甚至会很漫长和严厉，但是，他们终将会被赦罪，进入永生。奥古斯丁对这一观点的批判是：

> 若是认为，大多甚至所有那些建立异端的不敬者脱离了大公教会，形成异端统治，比一直陷溺于罗网中、从未成为大公教徒的人处在更好的状态，这想法完全不可容忍，极大偏离了健康教义的说法。这些建立异端的不敬之人，不会因为曾在大公教会中接受了洗礼而脱离永刑，也不会因为参加了圣餐圣事，吃了基督的圣体，就脱离永刑。[2]

---

〔1〕 奥古斯丁，《上帝之城》，21：20；吴飞译，下册第261页。
〔2〕 同上书，21：25.3；吴飞译，下册第271页。

他甚至认为，那些曾经吃过圣餐，但是后来脱离或分裂了教会的人，比起从未加入过教会的人更坏，他们进入天国更没有可能。圣餐礼并非一种神奇的魔法，让人吃了就可以获得永生，而是代表着得救者在基督的教会中的联合。

于是就有了另外一种完全相反的观点，认为那些吃了圣餐的异端不会得救，只有加入到大公教会中的人才会得救：

> 那些人认为，所有得了洗礼，并吃了圣餐的人，并不都会得到解放，而只有那些大公教徒，哪怕活得很坏，他们说，也会得免罪，因为他们不仅接受了洗礼和圣餐，而且真的吃了基督的身体，因而成为基督身体的一部分；使徒就这身体说："我们虽多，仍是一个饼，一个身体。"因此，那些真正在他的身体中结为一体的，即，成为基督徒，从而成了基督的肢体的，会虔敬地在祭坛上参与圣事，吃他的身体，即，吃基督的身体，喝基督的血。那些异端和分裂者会从这同一的身体分离出去，还可以参与同样的圣事，但是不能得到益处，甚至还得到害处，在审判中，他们会被认为犯了更重的罪，而不是在更长的时间后得救。因为他们不"用和平彼此联络"，而这才是圣事带来的结果。[1]

按照这种观点，吃圣餐本身并没有那么神奇的效果。圣餐礼只是对基督徒在教会中合众为一的一种象征，目的是要使所有虔敬的信徒结合起来。所以，凡是背叛了大公教会，或是因为思想异端而裂教的，都没有"用和平彼此联络"，没能加入到真正的教会，即基督的身体当中。由于他们没有真的和基督联为一体，他们就无法获得永生。这种说法虽然也在强调圣餐礼的政治性，但它的前提是，大公教会就等同于上帝之城。凡是加

---

〔1〕 奥古斯丁，《上帝之城》，21：25.2；吴飞译，下册第270—271页。

入了大公教会的，将来都会获得拯救；凡是脱离或分裂了这个教会的，都无法获得拯救。

奥古斯丁将这两派观点列在一起，但二者是截然相反的，前者强调的是圣餐礼的拯救功能，后者强调的是教会作为拯救实体的意义。对于后面这一观点，奥古斯丁也做了严厉的批评。在他看来，在基督中联为一体虽然是一种政治性的结果，但这种政治结果的意义，都在每个人的心灵中。吃下基督的血和肉，必须在行事上模仿他，像他那样去牺牲，否则的话，是不可能真正加入到他的身体当中的：

> 坚持在基督中就是坚持对基督的信仰。而同一个使徒也定义"信"为"使人生发爱的"。正如他在别处说的："爱是不加害于人的。"他们都不能说是吃了基督的圣体，都不算是基督的肢体。我且不说别的，基督的肢体不能同时是娼妓的肢体。他还说："吃我肉喝我血的人常在我里面，我也常在他里面。"这所表明的，不是参加圣事，而是真正吃基督的圣体，喝他的血；这就是在基督里面，基督也在他里面。如果这么说，那么也可以说："谁不在我里面，我也不在他里面，他不要说，也不要认为，他吃了我的肉，喝了我的血。"凡不是他的肢体的，就不在基督里面。把自己变成娼妓的肢体的，就不是基督的肢体，除非他忏悔和否定罪恶，回归于好。[1]

毕竟，圣餐礼没有独立的意义；它只是在揭示耶稣作为赎罪祭的意义。因此，真正吃耶稣的肉、喝耶稣的血，不只是参加这种仪式，而是真正与基督合为一体。人若吃了基督的肉喝了基督的血，基督就进入到人的身体里面，与他成为一体；人也进入到基督里面，同他合为一体。正如我们前面一再强调的，基督的身体这个政治体，就其宗教意义而言，并不是

---

[1] 奥古斯丁，《上帝之城》，21：25.4；吴飞译，下册第271—272页。

由分工不同、各司其职的不同成员组成的，而是由有共同的信仰、有共同的心灵秩序的人组成的，他们都必须和基督相似。因此，所谓加入教会，并不是仅仅成为教会这个团体中的一员，承担其中的一份工作，而是要模仿基督，成为一个小的基督。所以，若是在吃圣餐礼的同时，还与娼妓联为一体，就不可能像基督一样生活和受难，基督就不在他里面，他也不在基督里面。圣餐礼并不能给人带来拯救，它只是人们模仿基督、与基督合为一体的礼仪象征。

因为上帝之城不是任何人间意义上的政治体，它所要求的并不是品性各异的成员之间相互的依赖与联合，而是心灵秩序完全相同的人的集合，所以，以一种政治或社会组织形态建立起来的教会，并不是那个上帝之城。在这个意义上，奥古斯丁强调，现实的大公教会中的成员，虽然也结成了一体，但这并非基督的身体，无法保证他们都得到永生。

七　以基督为根基

反对奥古斯丁的人引用《哥林多前书》中关于基督是根基的说法，提出来："大公教会的基督徒以基督为根基，在上面搭建草木与禾秸，不会脱离在他当中的合一，不论在这基础上度过任何邪恶的生活。"[1] 保罗是这样说的：

> 因为那已经立好的根基，就是耶稣基督，此外没有人能立别的根基。若有人用金、银、宝石、草木、禾秸在这根基上建造，各人的工程必然显露，因为那日子要将它表明出来，有火发现，这火要试验各人的工程怎样。人在那根基上所建造的工程，若存得住，他就要得赏

---

[1] 奥古斯丁，《上帝之城》，21：26.1；吴飞译，下册第272页。

赐。人的工程若被烧了，他就要受亏损，自己却要得救，虽然得救乃像从火里经过的一样。[1]

那些人的理解是，"以基督为根基"就是以对基督的信仰、参加圣餐礼为根基，根基上的建筑，指的是人们不同的道德行事。金银宝石的建筑，就是高尚的道德；草木禾秸的建筑，就是低下的道德。按照这样的理解，只要有了对基督的信仰，无论道德高低，都会得永生。道德高尚的，会得到更高的赏赐；道德低下的，虽然会受到折磨，就像"从火里经过一样"，但最终也还会得永生。

奥古斯丁认为，这样的理解是完全错误的。在他看来，所谓以基督为根基，就是在做所有事的时候都要把基督放在第一位，而并不是把对基督的信仰当成做坏事的通行证。他认为，那以草木禾秸做建筑的，并不是道德低下的人，而是确实有尘世的欲望、眷恋世间的生活，特别是牵挂亲人的人。他们虽然有这样的尘世之亲，但并没有把这些看得比基督重要：

> 那些同样必须以肉身的方式爱，但是并不把这爱放在主基督前面的人，如果被试探，让他二者择一，就不会选择他们，而会选择基督。他们将在火里得救，因为他们会失去亲人，他们的爱有多深，遭受的悲哀就有多大。[2]

那些娶了妻但把基督放在自己的家庭前面的人，就是这种以禾秸作建筑的人。而那些做了金银宝石的建筑的，则指一切以基督为目的，人世间的爱完全服从基督之爱的人：

---

[1]《哥林多前书》，3：11—15。
[2] 奥古斯丁，《上帝之城》，21：26.4；吴飞译，下册第276页。

谁若按照基督的方式爱父母和儿女，在进入基督的王国、亲近基督的时候和他们共勉，或者把他们当成基督的肢体来爱，那么，我们就发现，他们的爱不是草木和禾秸的建筑，不会被烧毁，而是金银和宝石的建筑。他们怎能爱亲人胜过爱基督？对他们的爱也是为了基督。[1]

尤其能做到以金银宝石为建筑的，就是那些坚持独身、侍奉上帝的人。前面说的这两种人都会得到永生，只是或迟或早的区别罢了。而和他们相比，那些不以基督为根基的人是这样的：

我且不谈人之妻，被用于肉体的交媾和肉身的快乐的人，而是说每个虽然不是因为这样的快乐，但还是以孝敬之名来爱的人，以肉身的方式，将人类道德放在基督之爱前面的人。他不把基督当作根基，从而在火中得救赎，而是根本不会得救赎，因为他不能和救世主同在。对此，救世主最为明确地讲："爱父母过于爱我的，不配作我的门徒；爱儿女过于爱我的，不配作我的门徒。"[2]

奥古斯丁和他的论辩者的根本区别，并不在于是否认为道德败坏的人能进天堂，而是在于，他们把对基督的信仰放在什么位置上。如果一个人夫妻恩爱、孝顺父母、忠于祖国，但没有对基督的信仰，或是不把宗教信仰当成第一位的，他也会认为此人无法得救；至于那些既有比较坚定的信仰，但又非常牵挂自己的家庭的人，他虽然会得到永生，但必将遭受痛苦的折磨，因为他们终究会失去亲人，而在天国的幸福中，是没有亲情的位置的；而如果一个人六亲不认、通敌卖国，但是却把对基督的信仰放在第

---

[1] 奥古斯丁，《上帝之城》，21：26.4；吴飞译，下册第 276 页。
[2] 同上书，21：26.4；吴飞译，下册第 275—276 页。

一位，奥古斯丁会认为这个人是以金银宝石为建筑了。当然，上面说的是比较极端的情况。但奥古斯丁确实承认：

> 如果按照尘世的方式生活，如果在肉身中生活，如果陷入肉欲的病态中，就像外邦人一样不认识上帝，虽是大罪，使徒，或者说基督通过使徒，允准这可以原谅。这样的人都可以把基督作根基。如果他不把这样的情感和欲望放在基督之前，虽然他把建筑置于草木和禾秸之上，但还是以基督为根基了，因此，他就像"从火里经过一样"，得救了。[1]

可见，在奥古斯丁看来，能否得救的最根本要素，在是否把基督放在第一位，超过所有的人间之爱。生活在尘世中的人，不可能脱离自己的社会环境，难以彻底弃绝自己所在的家庭、城邦等等，对这些的眷恋程度，就成为对拯救的阻碍程度。而在进入上帝之城之后，人将失去所有这些自然纽带，于是，人对亲情的眷恋程度，就又相当于他痛苦的程度。虽然基督的身体内在一定程度上可以容忍尘世的自然之爱，但在根本上，这种自然之爱终将被抛弃。或者说，在上帝之城中，自然之爱是没有位置的。

八 作为普世之道的宗教

正是因为将耶稣受难当作一个永恒的祭祀，将圣餐礼当作对这个祭祀的表达和实现，将基督当作信仰的根基，奥古斯丁对"宗教"概念本身的含义也有巨大的改造。我们在第八章谈奥古斯丁对罗马宗教的批判时已经讲到，在希腊罗马的宗教传统中，"宗教"（religio）被理解为通过仪式对诸神的服侍，与现实的社会生活息息相关。奥古斯丁却认为，宗教就是重

---

[1] 奥古斯丁，《上帝之城》，21：26.2；吴飞译，下册第 273 页。

新选择（re-eligo），即人在背叛上帝后重新选择上帝。[1] 与西塞罗和拉克唐修的定义相比，他这个说法没有任何词源学上的根据，完全是望文生义。但借助这个概念，他却讲出了相当系统的对基督教祭祀制度的理解：

> 我们靠着内心的祭坛上燃烧的爱火，把谦卑而满怀赞美的祭祀献给他。这样一来，只要他能被看到，我们就看着他，亲近他，清洗掉所有的罪和对邪恶的欲望，把自己献给他的名字。他是我们的幸福的源泉，是我们所有的欲望的目标。我们选择（eligentes）他，或说重新选择（religentes），因为我们曾忽视而背离他：我们这样重新选择（religentes）他，宗教（religio）一词就是这么来的。[2]

在奥古斯丁的理解中，宗教是对人和神关系的表达，祭祀是人神关系的修复方式。由于他对上帝的理解是明确的，他对耶稣受难这个唯一的祭祀的理解也是确定的，那么，在他这里就不存在这个或那个宗教，只有唯一的宗教，而这个宗教，就是拯救所有人的灵魂的普世之道。

据说，波斐利曾经在著作中慨叹，在希腊人的哲学中，在印度人的道德说教中，在迦勒底人的法术中，都找不到拯救人类灵魂的普世之道。什么样的道路是普世之道？"这个普世之道，难道不是各国共享的神事，而是某个民族特有的吗？"[3] 以前各个民族的宗教和哲学中之所以没有拯救灵魂的普世之道，就是因为它们都带有过强的民族性，无法否定尘世生活的这些自然纽带。

于是，从迦勒底走出了一个人，他"离开自己的国土，离开自己的民族，离开他父亲的家"。[4] 亚伯拉罕的经历似乎具有极强的象征性。

---

〔1〕 奥古斯丁，《上帝之城》，10：3.2；吴飞译，中册第32页。奥古斯丁，《回顾》，1.13.9。
〔2〕 同上书，10：3.2；吴飞译，中册第32页。
〔3〕 同上书，10：32.1；吴飞译，中册第72页。
〔4〕 同上书，10：32.2；吴飞译，中册第73页。

他脱离了所有这些自然关系，成为一个没有祖国、没有民族、没有家的人，甚至还要亲手杀掉自己的儿子，于是普世之道就向他显现了。通过亚伯拉罕灵性的后裔，普世之道被赐予万国。当亚伯拉罕肉身的后裔彻底被他灵性的后裔否定和取代之后，这道真的化为肉身，来到了人间。希伯来人只能预言它，但"这道不是一个民族的，而是所有民族的；主的法与言不会停留在锡安和耶路撒冷，而要从那里传播，使它遍布世界"。[1]

波斐利还说，他在历史研究中没有找到普世之道，因为历史都是各民族的历史，都发生在具体的民族和城邦之中。"除去因为最高权威而控制了普天之下的历史之外，还能找到更辉煌的历史吗？除去如此清晰地讲述过去、预见未来的，还有更值得相信的历史吗？"[2] 奥古斯丁的历史，之所以能成为普世的世界历史，恰恰因为它否定了每个民族的历史，使帝王将相的故事都变得不再重要。于是，历史和宗教都变成了哲学，时间在永恒中被消解，才变成了普世的大道。

基督来临，构成了奥古斯丁世界历史的根本转折点。在这之前，世界历史是魔鬼主宰的地上之城的历史，是罪恶的历史、堕落的历史；对于上帝之城的公民来说，则是预言的历史、盼望的历史。基督的来临，打败了统治世界的魔鬼，将人类从原罪的深渊中拯救出来。人类历史中的所有事件都变成可有可无的，上帝的言成肉身才是对历史的根本改变。耶稣这个中保的受难，是一个永恒的祭祀事件，表达了人和上帝之间唯一的正确关系。基督作为第二亚当，人类堕落之后唯一无罪的人，将所有的追随者吸收到自己当中，在祭献自己的同时，将加入他的所有悲伤愧悔的心都献了出去。耶稣基督的到来，否定了人类的一切政治制度，否定了人类的一切自然关系，将人类按照新的灵性原则，根据每个人与

---

〔1〕 奥古斯丁，《上帝之城》，10：32.2；吴飞译，中册第73—74页。
〔2〕 同上书，10：32.3；吴飞译，中册第75页。

上帝的关系，重新组织起来，成为第二亚当巨大的身体。一方面，奥古斯丁极为强调人的社会性，另一方面，这个第二亚当却不是各自不同的人组成的有机整体，而是心灵变得完全一样的人的不断叠加。这种社会性并不会取消个体心灵的独立性。每个人的心灵中都有整个世界，每个人的世界都是孤独的。

第四部分

末日：普世大同抑或二元终结

　　《上帝之城》第十九到第二十二卷，谈的是世界历史的最后一个阶段，即两座城的结局。其中第十九卷谈的是哲学和社会政治中的政治善恶问题，第二十卷谈的是末日时的情形，第二十一和第二十二卷谈的，分别是坏人的永死和好人的永生。这是所有善恶的最终结局和归宿，奥古斯丁一直在讨论的两座城，到这个时候才清晰地分开来，善恶两个阵营才真正各得其所。换言之，在这个阶段之前，上帝之城的公民一直和地上之城的公民混杂在一起，谁也无法明确区分出来，直到末日之时，上帝之城这个实体才真正实现出来。只有对应于末日之时实现出来的上帝之城，前文的所有讨论才有意义。所以，虽然这是历史的最后一个阶段，但它作为人类的终极归宿，在整个的世界历史进程中，一直都悬在人们的头上。

　　如前所述，第三个阶段和第一个阶段一样，虽然被划为历史的一个阶段，但其中所讨论的，都是哲学和神学问题。终结，似乎只是作为终极善恶，在影响着历史的进程。那么，这个阶段真的能作为一个历史阶段存在吗？这里的"终极"究竟只是就最高极而言，还是也就历史的终点而言？若把它当作一个真实的历史阶段，即人类历史的最后时刻，会面临着很多无法解释的问题。比如，在末日之后是什么？如果末日之后就没有时间了，那么好人是否变得和上帝一样永恒？如果好人真的能变成永恒，坏人又怎么办呢？难道他们在烈火中的永死也是一种永恒吗？

正是因为诸如此类的理论困难，从古代的奥利金，到今天的莫尔特曼，一直有很多基督教神学家认为，不能把末世理解成一个历史阶段，而只能把它当作人类历史的一个参照系。类似的问题，我们在谈世界的开端的时候也谈到过了。

但坚持将字义解经法与寓意解经法结合起来的奥古斯丁，虽然把《启示录》中的很多地方解释成末日之前发生的事，但他并不接受奥利金那种纯粹寓意的解释，而宁可将末日当作时间的终结，哪怕要因此面对很多非常棘手的理论问题。

第十一章

终极善恶：人类价值的全面消解

　　第十九卷是《上帝之城》中被研究最多的一卷，因为奥古斯丁在其中
集中阐释了自己的政治思想。在这部看上去以政治哲学为主题的著作中，
似乎唯有这一卷，才是名副其实的政治哲学著作。

　　但是，在讨论两座城的终结的时候，奥古斯丁为什么要岔开来讲这么
多政治问题呢？备受关注的这一卷，是否又是奥古斯丁跑题的一个产物
呢？学者们讨论最热烈的问题，如家庭、奴隶制、友谊、战争、国家的产
生等，无疑是跑题的结果。但是，就整卷关心的问题而言，我还是认为，
它在整部《上帝之城》中有非常重要的位置。[1]

　　这个问题的焦点不仅是第十九卷本身的读法，而且是奥古斯丁关于政
治和历史问题的总体思想。诚然，奥古斯丁一再表明，上帝之城中的生活
是社会性的；但我们在前文一再强调，他所理解的社会性，和一般理解的
社会性与政治性，有着巨大的差别。奥古斯丁确实用了相当长的篇幅批判
尘世社会中的社会制度，而且其中的很多讨论非常精彩，成为西方政治思

---

〔1〕 巴罗（R. H. Barrow）在谈到这一卷在全书中的位置时说："奥古斯丁关心的是历史批评，
而不是要发展出关于国家的一套理论。" R. H. Barrow, *An Introduction to Augustine's City of
God*, London：Faber and Faber Limited, p. 229. 虽然不能说奥古斯丁完全没有对国家理论的关
注，但巴罗的判断还是有道理的。奥多诺万为了批评这一说法，提出了对整卷的另一种读
法。他认为，第十九卷虽然看上去是对瓦罗思想的逐条批判，但奥古斯丁对待瓦罗的态度有
强烈的反讽。在他看来，瓦罗并没有把社会生活很当真，而奥古斯丁在对瓦罗的批判中，却
用了大部分篇幅来谈社会生活，因为在奥古斯丁看来，社会生活是至关重要的。在这个意义
上，《上帝之城》的第十九卷是一篇关于政治思想的论文。Oliver O'Donovan, "Augustine's *City
of God* XIX and Western Political Thought," pp. 90-93.

想史上的经典文本，但这并不能证明，奥古斯丁重视这种尘世中的社会政治生活，因为他的这些讨论，大多是否定性的。正如奥多诺万所言，第十九卷的主体内容，是对全书第五部分的一个导言。奥古斯丁真正关心的，是后面三卷里谈的上帝之城中的永恒幸福。

奥古斯丁并不是以政治／宗教的主题划分，来安排他讨论上帝之城与地上之城关系的结构的。对他而言，决定性的因素是两座城历史中不同的阶段，前面四卷谈的是发展，后面四卷谈的是结局，而"终极目的"正是结局的应有之义。奥多诺万注意到奥古斯丁讲的 *finis* 是终极目的，而非结果，但在奥古斯丁笔下，终极目的就是结局，因为，这对他而言既是一个哲学命题，也是一个历史命题。我们前面谈到，奥古斯丁世界历史的第一个阶段，即两座城的开端，讨论的其实是太初、世界的构成、人性及其堕落等哲学命题。世界历史的最后一个阶段，即两座城的结局，讨论的正是终极的善恶，以及好人坏人的最终结局等哲学问题。对于他而言，两座城在理论上的终极目的，和她们在历史中的末日归宿，在本质上是同一个问题。正是靠了他纳哲学入历史的一贯思路，第十九卷成为全书最后一部分的第一卷。虽然这一卷里充斥着关于具体政治问题的讨论，但这些都是服务于这一核心主题的。虽然不能说奥古斯丁完全不关心国家理论，但他对国家理论的探讨，完全服务于对两座城的终极目的和结局的总体理解，即，他虽然极为强调人的社会性，但他否定了人类的任何社会政治制度。

一 至善与至恶

正是因为奥古斯丁直接关心的不是政治问题，所以第十九卷一入手谈的，并不是政治问题，而是从终极善恶的角度对古典哲学的批判。此卷的开篇是：

> 至于地上和天上这两个城，我认为应该谈谈对他们的终点的争

论；在这本书所允许的范围内，我首先要解释，那些必朽者用来在不幸福的此生追求幸福的道理，从而把他们那虚妄的希望与我们的希望区分开。我们的希望是上帝赐予的，将来所实现的，也是真正的幸福。我不仅靠神的权威来分析，而且为了那些不信者，也要以理性澄清。[1]

为了澄清基督教的末日和终极善恶，他先要批判古典思想中的终极善恶。《上帝之城》是奥古斯丁少数直接针对古典思想的著作，全书充满了对希腊罗马的宗教批判、历史批判、政治批判和哲学批判。这一卷是对全书中的古典批判，特别是对瓦罗思想批判的一个总结。

奥古斯丁清醒地意识到，仅仅从基督教的立场批判古典思想，是远远不够的，因此他也要从"理性"的角度澄清对终极善恶的认识：

> 我们所谓的"终极的好"，就是做别的事所追求的目的，而它自身就是自身的目的；那"终极的坏"，则是做别的事所躲避的东西，而它则因为自身而躲避。我们这里所说的终极的好，并不是说它是最后的好事，在到达它以后，就没有好了，而是说，在完成这个好之后，就充满了好；终极的坏也不是说，在它之后就没有坏事了，而是说，凡是伤害，都引导我们朝向它。[2]

这段话与亚里士多德在《尼各马可伦理学》中关于至善的定义是非常像的。[3] 奥古斯丁继承了希腊哲学中对哲学根本问题的讨论传统，并指出，上帝之城和地上之城的终点，分别是至善和至恶。他和古典哲学家的区别就在于，"那些在虚妄的此世用智慧研究这些的人，所努力的，就是

---

[1] 奥古斯丁，《上帝之城》，19：1.1；吴飞译，下册第124页。
[2] 同上。
[3] 亚里士多德，《尼各马可伦理学》，1：2；廖申白译，北京：商务印书馆，1993年，第5页。

在此世趋向至善，规避至恶"[1]。虽然如此，他也并未彻底否定这些哲学家的努力，而是认为，他们在理性的指引下，离真理之路非常近了。

奥古斯丁引用瓦罗的《论哲学》，根据对终极善恶的理解，用六个因素，身体好坏、灵魂的德性、社会生活、新学园派的怀疑论、犬儒主义的生活方式、安宁地思考还是积极投入社会生活，划分不同的哲学观点，分成288个学派，然后又把不重要的因素一个一个剥离开，最终回到了三个最基本的学派，分别以德性、自然的最初目标，或二者的结合为至善，而瓦罗则在其中选择了以德性为至善。在奥古斯丁看来，瓦罗所代表的柏拉图学派，是尘世哲学家中最接近真理的学派，他们的哲学也应该是最接近正确的。这派认为，人是由灵魂和身体共同组成的，因而二者都很重要，至善既包括德性，也包括自然的最初目标，同时又应该是社会性的，即不仅使自己生活幸福，也要使周围的人生活幸福，崇尚安宁又积极的生活。[2]

而奥古斯丁则认为，真正的至善就是永生，至恶就是永死。在上帝之城中的永恒幸福面前，所有这些学派都是错的，因为哲学家们都只是在尘世中寻找至善。他分别否定了自然的最初目标和德性的价值。

奥古斯丁针对瓦罗所讲的人性指出，无论身体还是心灵的幸福，都是靠不住的。首先，健康安宁是身体首要的好，但在尘世之中，各种疾病会困扰着人的生活的方方面面，不可能获得真正的好。而心灵的好，则包括两个方面，感觉和理智。各种疾病有可能破坏人的感觉，甚至侵蚀人的理智，使人变得疯癫痴傻。这些都可能发生在智者身上，因此，那些哲学家对自然的最初目标的追求，无法得到保障。[3]

在理论上，奥古斯丁承认所有自然都是上帝创造的，人的身体之好和灵魂之好都来自上帝，因此都是真正的好。也正是因此，他才会认为，亚

---

〔1〕 奥古斯丁，《上帝之城》，19：1.1；吴飞译，下册第124页。

〔2〕 同上书，19：3；吴飞译，下册第129—131页。

〔3〕 同上书，19：4.2；吴飞译，下册第132页。

当在伊甸园中尚未犯罪的时候，这些自然应该都是最完美的；在末日复活之后，人的这些自然也都会回到最完美的状态。对自然如此肯定的奥古斯丁，为什么会否定自然生活呢？因为他认为，所有这些好的东西，都是上帝无中生有创造出来的；脱离了上帝这个至善，万物都会化为虚无。身体和灵魂的自然之好之所以是不稳定的，就是因为它们根本上来自虚无。奥古斯丁就这样抽掉了自然生活的自然基础。

随后，奥古斯丁又批判了德性。他承认，德性是人"自身的至善"，但是在尘世生活中，德性所能做的，也只是和人类与生俱来的罪做长期斗争，而不能获得幸福。首先，节制这一德性的意义，就在于它与人身体中的各种欲望所做的斗争。正是因为肉身的欲望无处不在，所以灵与肉的斗争就是永无休止的：

> 我们要完成终极的至善，所要做的是什么？不就是让肉身不再想对抗灵性吗？不就是让我们不再有什么罪过，罪过不再想对抗灵性吗？在此生，无论我们怎样希望，我们都无力做到这一点。[1]

明智，虽然也是一种高贵的德性，但它的意义在于区分好坏善恶。如果没有恶的存在，也就不需要明智这种德性了："既要明智，不就证明，我们身在坏事之中，或者坏就在我们之中吗？"[2]

正义，就是让人各得其所。奥古斯丁继承了柏拉图对正义的这一经典定义，认为最大的各得其所，就是让上帝的归上帝，而现在人的灵魂为魔鬼所控制，就是最大的不义。人不服从上帝，肉身不服从灵魂，根本就谈不到真正的正义。现在既然需要正义这种德性，就表明人在与各种不正义的事情做斗争，而没法获得真正的幸福。

---

〔1〕 奥古斯丁,《上帝之城》, 19：4.3；吴飞译，下册第133页。
〔2〕 同上书, 19：4.4；吴飞译，下册第133页。

勇敢，就更符合奥古斯丁的逻辑。如果世界上没有坏事，为什么还需要勇敢这种德性？只要需要勇敢，就表明坏事的存在。[1]

奥古斯丁对德性的批判，使我们想起了他对性情的解读和批判。本来，在希腊哲学，特别是斯多亚派当中，性情和德性是完全相反的两个方面：德性，是哲学家所具有的高贵的东西；性情，却来自人的弱点，是哲学家应该尽可能避免的东西。但在奥古斯丁这里，对两者的讨论却可以勾连起来。他对性情的批判远比斯多亚派极端。他不仅认为各种性情都来自原罪，甚至斯多亚派认为中性的前性情，也被他归于罪的范畴。可是，人生在世，却无法避免性情。既然无法避免性情，就不必矫情地刻意避免，应该好好地利用各种性情做好事。刻意避免，反而是虚伪的了。同样，在对死亡的分析中，他说可以把死这种坏事用于好事，也在遵循同样的逻辑。而今，对德性的讨论却呈现出奥古斯丁思想的另一面。虽然他和古典哲学家一样，承认德性是高贵的，但是之所以需要德性，恰恰表明坏事的存在。哪里有德性，哪里就有罪恶。我们前面谈到过奥古斯丁对罗马早期历史和各种英雄的批判。按照他的逻辑，罗马历史中随时充满了罪恶。但他并没有否定罗马存在德性高贵的英雄这回事，而是指出，无论有多少英雄，罗马都是充满罪恶的；甚至正是这些英雄人物的存在，表明罗马历史中处处都是罪恶。于是，性情虽然来自罪恶，却可以用来做好事；德性虽然是高贵的，却必然伴随着罪恶。[2]这样的思路使他不仅彻底解构了罗马历史，而且颠覆了人类社会的一切价值。虽然他认为上帝创造的自然都是好的，但在现实生活中，没有什么东西完全是好的，一切都与罪恶相伴。[3]

---

〔1〕 奥古斯丁，《上帝之城》，19：4.4；吴飞译，下册第133—134页。

〔2〕 Penelop Johnson, "Virtus: Transition from Classical Latin to 'De Civitate Dei'," *Augustinian Studies*, 1975, No. 6; James Wetzel, *Augustine and the Limits of Virtue*, Cambridge: Cambridge University Press, 1992.

〔3〕 奥古斯丁在《论三位一体》中指出，这一说法来自西塞罗的《霍腾休斯》(已佚)。他自己反而认为，在此生之后还会有另一形式的四大德。两处讨论可以相互补充。见《论三位一体》，14：9〔12〕，周伟驰译，第382—383页。

瓦罗不仅肯定了人性的自然和德性，而且认为社会生活也很重要。因此，奥古斯丁在批判了德性之后，就以类似的逻辑，批判了社会生活的价值。而正是为了批判社会生活，才有了奥古斯丁的研究者们所津津乐道的政治问题讨论。他首先肯定了社会生活的意义：

> 他们希望智慧的人过社会生活，这是我们更为赞同的。看我们现在撰写了十九卷之多的这本书，包含了上帝之城的开端、发展、结局，如果没有圣徒们的社会生活，这个上帝之城如何可能？[1]

但是，肯定社会性并不意味着肯定具体的社会生活。我们在前面几次强调，奥古斯丁肯定的只是人的社会性，但不是人类的社会政治制度。他恰恰认为，人类的社会制度是充满了危险和罪恶的，任何人类关系都不能信任：

> 不是在人间事务的每个角落，我们都能感到伤害、疑心、敌意、战争，以及各种必然的坏事吗？和平是好的，但只是不确定的好。我们虽然想和人媾和，但是并不知道他们的心；即使我们今天能知道，明天却又不知道如何了。谁比一家人更亲近，或可能比一家人更亲呢？但是，就是在一家之中，险恶的阴谋还是经常造成坏事，谁又能真正安全？家里的和平有多甜蜜，这冲突就有多痛苦；人们认为这和平是真的，但其实这都是最狡黠的虚构。……如果家庭都不能阻挡人类共同遭受的坏事，城邦又怎么避免这些危险？城邦越大，她的讲坛上就越是充满了民事诉讼和刑事犯罪。[2]

亲爱之人给自己带来痛苦，奥古斯丁曾经深有体会。他在《忏悔录》

---

〔1〕 奥古斯丁，《上帝之城》，19：5；吴飞译，下册第136页。
〔2〕 同上书，19：5；吴飞译，下册第136—137页。

第四卷曾经讲过，一个朋友的死使他如何陷入巨大的痛苦之中，并使他最终归纳出，自己之所以痛苦，就在于他爱的是一个必死之人，而不是永恒的上帝。如果爱上永恒的上帝，爱的对象永远不会死，就不会带来这样的痛苦；但如果爱上任何尘世的东西，就如同用沙子搭起来的建筑，终归会毁掉的。[1] 此处对家庭和友谊的批判，应该就来自奥古斯丁的自我反思。亲爱之人给自己带来痛苦，并不仅仅是因为亲人有可能背叛自己，而更多是因为人都是必朽的、不稳定的，对他们的爱都是没有保障的。背叛只不过是这种没有保障的一个结果而已。于是，不仅在相互背叛的亲人之间，而且在相互忠诚的亲人之间，甚至尤其是相互忠诚的亲人与朋友之间，必朽之人都会相互带来痛苦。这不是个别不幸家庭的特殊情况，而是所有人类之爱的必然结局。

由于人类不是全知全能的，社会生活中总会有各种各样的问题，产生各种各样的错误。古典哲学家会自然和勇敢地看待人类生活中无法避免的悖谬。但因为奥古斯丁将所有的好都归于上帝的创造，将所有的坏都归结为天使与人类的堕落和对上帝的背叛，将终极的好理解为对至善上帝的皈依，所以，任何的悖谬、错误、矛盾、冲突，都被归结于罪，都被当作应当避免的东西。

奥古斯丁特别举了城邦律法中的错误。人类的法律总会出现各种纰漏，比如可能会冤枉好人，可能会放走坏人，甚至在必要的时候，还可能会拷问证人。"哲学家认为，所有这些坏事都不是罪；因为智慧的法官不是有意作出这些伤害的，而是因为不了解真相而不得不如此。"[2] 可是，奥古斯丁追问说，虽然这不是法官的错，这样做的法官难道就会毫无愧疚吗？他们是不是比没有这样做的人更不快乐呢？而这，恰恰是他所说的"人间必然有的悲惨，而不是智者的恶意造成的"[3]。

---

〔1〕 奥古斯丁，《忏悔录》，4：8〔13〕。
〔2〕 奥古斯丁，《上帝之城》，19：6；吴飞译，下册第138页。
〔3〕 同上。

二　永久和平

　　人间的种种不幸、命运的偶然、不可避免的隔膜与障碍、为捍卫正义而不得不发动的战争，古典思想家都曾经面对这些问题。在古希腊悲剧中，恰恰是这些无法避免的灾难成就了悲剧英雄的美德。奥古斯丁却把这些张力说成了罪恶的结果、人类的宿命、无法化解的矛盾、永无终结的悲惨。无论家庭、城邦，还是罗马这样的世界帝国，都在这样的灾难中呻吟。语言的不同不再是一个不可避免的社会事实，而成为巴别塔带来的惩罚。战争的不可避免更是人类社会悲惨的结果。即使是正义战争，也必然伴随着巨大的罪恶和悲惨。人间的任何情谊都是不可靠的，尘世中的生活让人随时小心谨慎，防范各种危险，而无法达到永久和平。这使奥古斯丁转入了对和平问题的讨论。

　　"我们终极的好就是和平，就是我们说过的永生，特别是联系到我们这辛苦的论述的核心，上帝之城。"[1] 奥古斯丁将至善转化为和平这个词，一个重要用意是强调至善的社会性。尘世之城充满了各种争斗，而上帝之城就是和平之城。作为它的预兆，耶路撒冷的名字就是"和平之像"的意思。不过，奥古斯丁又指出："'和平'一词习惯上被用于必朽的事物，那里没有永生。所以，在谈到这个城的结局时，我更喜欢用'永生'，而不是'和平'，因为那里有此城的至善。"[2] 和前面谈过的四大德一样，"和平"一词似乎总是伴随着战争、隔膜，或至少是差异。只要人和人之间不是完全一样的，就会产生误解和矛盾，就可能发生纠纷，就有可能导致冲突乃至战争；反过来，和平，似乎必然是不同的人之间的协调、容忍、谅解，即"和而不同"。用奥古斯丁的话来说，冲突是必朽者之间必

---

[1]　奥古斯丁，《上帝之城》，19：11；吴飞译，下册第 142 页。
[2]　同上书，第 143 页。

然发生的问题，而和平就是解决必朽者的冲突的手段。但"永生"这个词，并不强调人和人之间的差异和社会性。一个人就可以获得永生，很多人也可以共同获得永生，只要他们各自和上帝的关系理顺了。社会性的永生，似乎是没有差异的"同而不和"。但奥古斯丁又指出他不得不用"和平"这个词的理由：

> 但是，对于那些不熟悉《圣经》的人，坏人的生命甚至也是永生，他们把那些哲学家关于灵魂不朽的说法和我们关于不敬者受惩罚的说法混杂起来，那么，不敬者要是没有永生，怎么能受永恒的折磨呢？所以我们要说明，这是至善的上帝之城里的完美，是永生中的和平，或和平中的永生，这样所有人都能更容易理解了。[1]

奥古斯丁认为，第二次死亡就是永远受折磨，坏人的身体永远存在，但灵魂处在极度的痛苦中。从一般意义上讲，这似乎也是永生，因为他们永远存在。正是为了区别于坏人的这种"永生"，奥古斯丁只好采用"和平"这个更通俗些的说法；[2] 但对他而言，永久和平与永生，其实是一样的。

于是，他对和平的概念也作了修改。对于奥古斯丁而言，和平不只是不同人之间的关系，而且包括一个人和自己的关系，或者说，一个人的不同部分之间的关系。对他而言，和平作为人的自然欲求，分为很多个层次：

> 身体的和平，就是各个部分依照其性情获得秩序；非理性的灵魂的和平，在于欲望的有序满足；理性灵魂的和平，在于认识和行动按

---

[1] 奥古斯丁，《上帝之城》，19：11；吴飞译，下册第143页。
[2] 但坏人的永罚是否也是一种永生呢？这句话表明奥古斯丁已经意识到这里面的问题。我们将在本书最后一章讨论这个致命的问题。

照秩序得到协调；身体和灵魂之间的和平，就是生灵都依照秩序维持生命与健康；必朽的人和上帝之间的和平，就是依照秩序，在信仰中遵从永恒的法律；人们之间的和平，就是和谐地维持秩序；家里的和平，就是一同居住的人有序地命令与和谐地遵从；城邦的和平，就是公民之间有序地命令与和谐地遵从；天上之城的和平，就是结成安享上帝的最有序、最和谐的团体，并在上帝之中相互安享；万物的和平，就是秩序的平稳。秩序，就是分配平等和不平等的事物，让万物都各得其所。[1]

按照这一理解，和平就是万物遵循秩序的存在方式。他将人类社会中的和平延伸开来，向下，延伸到身体和灵魂之间，乃至灵魂内部的不同部分和身体内部的不同部分；向上，延伸到人和上帝之间，以及万物之间。通过向上向下的延伸，和平不再只是针对人类社会的概念，甚至对人而言，最根本的不和平都不是人与人之间的，而是人与自我之间的，即我们在前面看到的，灵魂与身体的分裂，以及灵魂内部的分裂和游移。因为这种根本的不和平，才导致了人在时间中的撕扯和支离破碎，产生了相互冲突的意志，最终走向了死亡。这才是人类不和平的根源。如果不能治愈自我的分裂，人就不可能真正消除不和平。这样我们也就可以理解奥古斯丁将永久和平等同于永生的意义。死亡正是灵魂中的不和平的结果，第二次死亡之所以是永死，是因为遭受它的人的自我处在极度的割裂和冲突当中，是永久的不和平。

从这个角度理解，则和平成为万物的追求对象，因为万物的自然之好都在于对秩序的遵循。非理性被造物追求其组成各部分之间的和平，理性被造物追求灵魂内部的和平，以及灵魂与身体的和平。和平就是万物所追求的善，万物都追求自己最想要的善。哪怕是罪大恶极的坏人，也都在追

---

[1] 奥古斯丁，《上帝之城》，19：13.1；吴飞译，下册第146页。

求他自己理解的和平：

> 每个人都要求和平，哪怕好战的人；没有人为了战争媾和。虽然
> 有人想扰乱当前的和平，但他们并不憎恨和平，而是想把当前的和平
> 变成自己愿意要的那种和平。他们并非不愿意和平，而是想要自己喜
> 欢的和平。于是，他们因为暴乱而与别人不同，但也要和自己的同谋
> 或同案犯维持某种和平，否则就不能完成所想做的。即使盗贼，为了
> 更有力和更安全地侵扰别人的和平，也要与同伙维持和平。[1]

坏人之所以成为坏人，不是因为他们不追求和平，而是因为他们没有
意识到不同层次的和平之间的差别，未能把永久和平放在第一位，结果只
追求某一部分的和平，反而破坏了更重要、更高层次的和平。上帝之城与
地上之城之间的根本差别就在于："在地上之城里，尘世之物的一切功用
都是为安享地上和平；而在天上之城，是为了安享永久和平。"[2]

基于奥古斯丁对和平的这种理解，地上之城中当然不会有真正的和
平。与上帝之城中的永久和平相比，地上和平是没有什么意义的："我们
说的在此世得到的幸福，是指好的生活能够给我们的一点和平；但是那里
的幸福，我们称为终极的幸福。与之相比，此世的幸福其实是悲惨。"[3]

但奥古斯丁并不认为，地上和平就不能有好的作用。如何看待地上之
城的和平，又是一个引起诸多争论的问题，因为它和我们前面谈到的，有
没有第三座城，以及尘世政权是否有意义的问题，紧密相关。对于尘世和
平的意义，奥古斯丁是从两方面来谈的。一方面，虽然地上之城只是上帝
之城的公民的羁旅，他们不该安享此中的一切，但是他们可以，而且必须
利用地上和平：

----

[1] 奥古斯丁，《上帝之城》，19：12.1；吴飞译，下册第143—144页。
[2] 同上书，19：14；吴飞译，下册第149页。
[3] 同上书，19：10；吴飞译，下册第142页。

天上之城，或更确切地说，天上之城的一部分，在这必朽中旅行，按照信仰生活，也有必要利用这种和平，因为在这必朽的生命结束之前，这种和平也是必要的；虽然他获得了救赎的应许和灵性的赐予，就在他在地上之城（或者说，枷锁中的生活）中旅行时，他还接受了地上之城的法律，因为，维护必朽的生命的物品，是靠这些法律管理的，他无疑要服从。[1]

奥古斯丁甚至说，在这必朽的处境中，两座城之间需要暂时达到和谐。基督徒皇帝统领地上之城，或者基督徒之间结成尘世的教会，应该就是上帝之城与地上之城达到和谐的状况。在这个意义上，地上之城中的和平，"也指向了天上的和平"[2]。这是奥古斯丁对地上之城肯定态度最强的地方。但是，这绝不意味着，地上之城就不再是魔鬼之城，而能成为人间的上帝之城，或者第三座城。奥古斯丁随后在谈到上帝之城的宗教法律时说：

> 其中的宗教法律不可能和地上之城有什么共同之处，在这方面一定与之相悖，对于观念不同的人，一定是负担，一定会遭受他们的愤怒、仇恨、迫害的阻碍，除非反对者的心灵被地上如此众多的信徒和他们总能得到的神佑所震慑。[3]

在两座城暂时媾和的时候，地上之城虽然能够指向上帝之城的和平，但她所起的作用，最多不过像地上的耶路撒冷一样，成为上帝之城的像，而不会有实质的价值。

上帝之城中的公民不仅可以利用地上之城中的和平，而且可以利用地

---

〔1〕 奥古斯丁，《上帝之城》，19：17；吴飞译，下册第153页。
〔2〕 同上书，第154页。
〔3〕 同上书，第153页。

上之城中的烦扰："在这个软弱之地，在这邪恶的日子里，甚至这些烦扰也不无功用。因为这会引导人们以极大的热情寻求真正的安全，在那里就有无穷而确定的和平了。"〔1〕这里说的烦扰，并不只是相对于地上之城里的和平而言的战争，也包括地上之城表面的和平背后的悲惨。他说，与上帝之城里的幸福相比，地上之城的幸福其实是悲惨。从他对和平的严格定义来看，地上之城的和平，只不过是人和人之间暂时的媾和，而每个人的身体和灵魂、灵魂内部，都仍然在发生激烈的冲突；即使城邦之间没有冲突了，城邦之内也还会有大大小小的冲突，家庭之内随时在爆发各种各样的争斗。人生在世，永远处在这样的冲突当中，甚至这些冲突就包含在尘世所谓的和平之中。

所以，上帝之城的公民利用地上之城中的和平来指向上帝之城中的和平，与利用地上之城中的烦扰，来激励自己追求上帝之城中的永恒幸福，其实是同一个问题的两个方面："如果我们正确地生活，德性正确运用此生的好事，就能获得必朽的事务中可能达到的和平。而如果我们没有和平，即使是人类忍受的坏事，德性也能用于好事。"〔2〕

三 政治的起源

正是在讨论地上和平与永久和平的关系时，奥古斯丁写下了这一卷的第十四、十五两章，《上帝之城》中引起争论最多的两章。在第十四章的结尾，奥古斯丁讨论了家中的权力关系：

> 这样，就形成了家中的和谐，即，共居之人都有秩序而和谐地命
> 令和服从。发布命令的人，帮助被命令的人：丈夫命令妻子，父母命

---

〔1〕 奥古斯丁，《上帝之城》，19：10；吴飞译，下册第 142 页。
〔2〕 同上。

令儿女，主人命令奴仆。遵从命令的，是被帮助的人，正如女人遵从男人，儿女遵从父母，奴仆遵从主人。而"因信得生"的义人还在走向上帝之城，在他的家里，即使发命令的人，也是那好像被命令的人的奴仆。他们并不是因霸欲发命令，而是出于助人的职责，不是出于做领袖的骄傲，而是因为他们心怀悲悯。[1]

在第十五章，他主要讨论了奴隶制的起源，指出，人类本来并没有奴隶制，"奴仆"一词最初出现在《圣经》中，是在挪亚惩罚他儿子的时候。由此可见，奴隶是因罪产生的，是对罪人的一种惩罚：

> 上帝最先创造的人，按照自然，没有人是人的奴仆，也没有人是罪的奴仆。神法命令自然秩序得到保护，避免受到干扰。奴役正是神法发布的惩罚。因为，如果没有违背神法的事发生，也就不会施加奴役这种惩罚。因此，使徒告诫奴仆们服从他们的主人，并且出于心灵的良好意志，心甘情愿地服从。[2]

对于奥古斯丁研究中的这个热门话题，我们不得不再次梳理一下近期的学术争论。1965 年，马库斯发表了《政治权威的两种概念》的著名论文，指出，这两章分别讲了两种政治权威。在第十四章，奥古斯丁描述了家庭之中，夫妻、父子，乃至主奴之间出于爱的权威，在第十五章，他描述了奴隶制的产生，主要是战俘转化来的奴隶，以及由此而产生的强制权力。马库斯认为，根据奥古斯丁对尘世政治的总体理解，奴隶制就是政治权威的原型。之所以产生奴隶，是因为罪，因此，国家权力也是罪的产物，而不是第十四章所讲的那种出于爱的权力。[3]

---

〔1〕 奥古斯丁，《上帝之城》，19：14；吴飞译，下册第 150 页。
〔2〕 同上书，19：15；吴飞译，下册第 151 页。
〔3〕 Robert Morkus, *Saculum*, pp. 197-210.

马库斯的说法成为现代奥古斯丁政治哲学研究中的经典论说，得到了多数研究者的接受，但也有一些学者开始批评这一观点。特别是 20 世纪 90 年代以来，伯内尔、伯特（Donald X. Burt）、海金（John von Heyking）等人都对马库斯的经典观点提出了有力挑战。其实，他们的说法也并不是全新的。传统上就认为，奥古斯丁在一定程度上是肯定现实的政治权威的，只是从 19 世纪以后，卡莱尔率先批判了传统论说，再经马库斯的详细论证，才产生了现代研究界的经典观念。伯内尔等人，只不过是回到了卡莱尔之前的传统观点。[1]

之所以会有这些争论，正像伯内尔说的那样，是因为奥古斯丁论著太多，前后不同时期、不同语境下的说法常常不同，甚至一部《上帝之城》中都时有自相矛盾之处，从而造成了不同解释的可能性。但从奥古斯丁对世界历史、两座城的理解，以及第十九卷的总体语境中看，马库斯的观点还是有他的道理的。而这些批评者的说法，也有其内在的逻辑。从他们之间的相互辩驳中，呈现出奥古斯丁思想的内在张力。

我们首先来看伯内尔的批评。奥古斯丁在第十五章解释了《创世记》第一章第 26 节的话："使他们统治海里的鱼，空中的鸟，地上的牲畜，和全地，并地上所爬的一切昆虫。"奥古斯丁认为，这说明上帝命令人统治各种动物，但上帝并没有让人和人相互统治，所以，他最初立的义人是牧人，如亚伯。[2] 在《政治在圣奥古斯丁〈上帝之城〉中的位置》这篇文章中，伯内尔认为，奥古斯丁只是说，上帝没有让人像统治动物那样统治人，但并没有说不让人治理人。如果接着第十四章所说的，家庭之中可以因为爱而产生政治权威，相互治理，那么，政治权力就完全可以像家庭中的治理权力那样，出于爱来实行，而不像奴隶主对奴隶那样出于强制。奴隶制度，是为了惩罚罪人而设立的社会制度，是因为罪而产生的、矫正

---

〔1〕 对这一争论过程的详细描述，参见夏洞奇，《尘世的权威》，第 168—188 页。

〔2〕 奥古斯丁，《上帝之城》，19：15；吴飞译，下册第 150 页。

性的社会制度，但家庭不是，国家也不是。为了证明他关于家国连续性的观点，伯内尔特别举了第十三章的两句话："家里的和平，就是一同居住的人有序地命令与和谐地遵从；城邦的和平，就是公民之间有序地命令与和谐地遵从。"[1] 既然奥古斯丁以完全相同的语句描述家里和城邦里的和平，那么，两种权威就应该是一样的，不应该有马库斯所说的那种本质的区别。因此，政治权力应该来自家庭中那种出于爱的权力，而未必是主奴之间由罪产生的强制权力。[2] 伯内尔的观点的实质在于家庭和国家的关系。第十六章的一段话似乎能更有力地支持他的说法：

> 人的家庭要么是城邦之始，要么是城邦的一小部分，所有的开始都指向自己的结局，所有的部分都指向自己所组成的整体。这足以表明，家中的和平指向城邦的和平，即，家中有序的命令与和谐的遵从指向公民间有序的命令与和谐的遵从。这样，从城邦的法律中，家长应该总结出自己的诫命，用来治理家庭，使家庭与城邦的和平相谐调。[3]

和这里类似的句式还有："对地上和平的维护和追求，也指向了天上的和平。"[4] 而持类似观点的海金，正是从这里取了他的书名《奥古斯丁与政治作为尘世中的向往》（*Augustine and Politics as Longing in the World*）。依照这个逻辑，则家庭、地上之城、上帝之城，三者都遵循一样的逻辑，没有实质的差别。我的看法是，伯内尔指出家国之间的连续性是对的，但在奥古斯丁那里，家庭和城邦作为地上之城中的社会制度，和上

---

〔1〕 奥古斯丁，《上帝之城》，19：13；吴飞译，下册第146—147页。
〔2〕 Peter J. Burnell, "The Status of Politics in St. Augustine's *City of God*," *History of Political Thought*, Vol. VIII, No. 1, Spring, 1992, pp. 13-29.
〔3〕 奥古斯丁，《上帝之城》，19：16；吴飞译，下册第152页。
〔4〕 同上书，19：17；吴飞译，下册第154页。

帝之城有着本质的区别。而这个争论的实质在于,奥古斯丁对家庭的看法有极大的内在张力。

我们前面看到,奥古斯丁一方面肯定了婚姻和生育,另一方面又否定了性欲。奥古斯丁非常强调婚姻三好:第一,它是以生育为目的的;第二,它可以帮助人拒绝淫欲的诱惑,维护夫妻之间的忠贞;第三,它是上帝设立的一项圣事。[1] 正是基于这三好,奥古斯丁批判了摩尼教对婚姻的否定。而又是出于对淫欲的否定,奥古斯丁在晚年猛烈批判佩拉鸠派。这三者固然都是"好"的,但其作为"好"的意义却是不同的。第一好之所以为好,是因为奥古斯丁对人类社会性的肯定。婚姻的纽带使人结合起来、生育后代;第三好之所以为好,是因为上帝在人堕落之前就祝福人"生养众多,遍满地面"。第三好和第一好所强调的要点是一致的。但第二好就不同了。这一点来自保罗著名的说法:"我对着没有嫁娶的和寡妇说,若他们常像我就好。倘若自己禁止不住,就可以嫁娶。与其欲火攻心,倒不如嫁娶为妙。"[2] 在这个意义上,婚姻本身不是必要的,只是因为堕落之后的人有强烈的淫欲,为了避免人行淫,用婚姻来限制住他。奥古斯丁在《上帝之城》第二十卷中讨论基督的根基上面草秸的建筑和金银宝石的建筑的区别时,谈的也是这个意思:虽然只要有基督的根基就能得救,但那些娶妻成家的,只有草秸的根基,没有娶妻、一心向主的,就有金银宝石的建筑了。[3] 也正是因为奥古斯丁还是承认真正的禁欲高于婚姻,才有了他对约维安的批判。按照这个逻辑,婚姻家庭也是为矫正罪而设的制度。这样,第一好和第三好不是与第二好矛盾了吗? 婚姻家庭究竟是为矫正罪而设的制度,还是本来就是好的制度呢? 正是因为这三好之间的张

----

[1] 这一说法见于奥古斯丁的很多著作。比如《婚姻之好》(De Bono Coniugali, PL40)、《圣贞》(De Sancta Virginitate, PL40)、《淫乱婚姻》(De Coniugiis Adulterinis, PL40)、《论节制》(De Continentia, PL40)等。

[2] 《哥林多前书》,7:8—9。

[3] 奥古斯丁,《上帝之城》,21:26.4;吴飞译,下册第276页。参考本书第十四章。

力，在早期基督教中，才有了那么多不同的派别和争论，奥古斯丁的立场也才显得那么微妙。[1]

究竟什么不是矫正性的好，而是真正的好？我认为，在奥古斯丁这里有一个绝对的标准，那就是，如果在末日以后上帝之城里还有，就是真正的好；如果只在地上之城里才有，而到了上帝之城里就没有了，那就最多只是矫正性的好，而不是真正的好。比如身体，奥古斯丁说是好的，不是恶的，所以，上帝之城中的人不仅有身体，而且他们的身体是最健康的。但前面谈过的很多东西，都只是矫正性的好，比如四大德，就是上帝之城里没有的；人生在世必要的情感，也是上帝之城里没有，但尘世生活中必要的；用来做好事的死亡，更是上帝之城中没有的。而婚姻、家庭和国家，恰恰也都是上帝之城里没有的。他对耶稣的话"当复活的时候，人也不娶也不嫁，乃像天上的使者一样"[2]评论说："主否认复活的时候还有婚姻，但没有否认有女人。"[3]奥古斯丁坚持认为性别不是恶，所以，男女的区别在上帝之城中也还有，但婚姻没有了，家庭也没有了。他又说，在上帝之城里，"不再有必要完成统治必朽者的义务，因为对于进入不朽的幸福的人们，已经没有必要和义务帮助"[4]。他谈家庭中的关系时，又说了一段意味深长的话：

> 在进入不朽境界之前，父们统治的义务，比奴仆们容忍和服从的义务更重。如果有人在家里因为不服从而破坏了家中的和平，他会被责备、鞭打，或别的正义而合法的惩罚纠正，只要这是人类社会允许的。这些对被纠正者有利，因为他重新获得了自己已脱离的和平。谁若从好变成了坏，帮助他不会带来好处；同样，谁若做了严重的坏

---

[1] 参考孙帅，《自然与团契：奥古斯丁思想中的婚姻与家庭》。
[2] 《马太福音》，22：30。
[3] 奥古斯丁，《上帝之城》，22：17；吴飞译，下册第316页。
[4] 同上书，19：16；吴飞译，下册第152页。

事，赦免他并不是没有罪的。要想让自己无辜，不仅不能对任何人做坏事，而且要阻止人犯罪或惩罚罪。这样，要么是犯罪的人在亲身经历中得到了纠正，要么立下例子警示别人。[1]

这是对家庭中的强制关系的更详细论述，是对第十四章所谓出于爱的权力的引申。按照人间和平的原则，家人犯了罪，家长就必须惩罚，否则就无法恢复和平。但是，这只对被纠正者有利，对纠正者却无利。对被纠正者有利，是就他恢复了家中的和平而言；对纠正者无利，不仅是就地上的和平而言，更多是就他的救赎而言。这段话很像我们前面引过的一句话，即在第四卷第三章，奥古斯丁讨论君王时说的："让好人长期统治辽阔宽广的土地，也是有用的；但是这更多对治于人者有用，而不是对治人者。因为和治人者相关的，只是他们的虔敬和正直。"[2] 在这个层面上，奥古斯丁笔下的家与国又一次联结起来了。对比两处，我们不得不承认，奥古斯丁笔下家庭中的权力关系，确实和国家中的权力关系一脉相承。但是，当我们读到家长负有更重的责任，读到纠正错误没有好处、赦免错误反而有罪的时候，我们是否应该想到他在第十九卷第四、五、六章所反复申明的，人间生活充满了不幸的说法呢？就他讨论奴隶制的第十五章，其实也有类似的说法："在人类的和平秩序中，那些受别人霸权的人可以产生服从的谦卑，这是有益的；而霸权的骄傲是害人的。"[3] 虽然奴隶制是正当的，但当奴隶有时恰恰可以培养谦卑，做奴隶主的人反而会因为骄傲而陷入霸欲。家长的权力、奴隶主的权力、君王的权力，虽然程度各有不同，但似乎也没有本质的区别。

因此，虽然我同意伯内尔所说的，家庭和政治的权力来源是类似的，我并不认为奥古斯丁就肯定了这两种权力，认为它们不是罪的产物。虽然

---

[1] 奥古斯丁，《上帝之城》，22：16；吴飞译，下册第152页。
[2] 同上书，4：3；吴飞译，上册第137页。
[3] 同上书，19：15；吴飞译，下册第152页。

奥古斯丁充分肯定了家庭和国家在充满危险和罪恶的尘世中的纠正作用，甚至认为家庭是上帝所设立和赐福的，体现了人性中的社会性，但他还是认为，这种到了上帝之城中终究会消亡的制度，毕竟和人的罪有关，不能无条件肯定。在这个层面上，说奴隶制是为了惩罚人类的罪而设立的制度，其意义是一样的。

伯特的批评，集中于两个方面。首先，他认为，按照奥古斯丁的逻辑，社会性属于人的本性，而在堕落之前，人应该有婚姻与生育，既然人会有婚姻与生育，那就会有人数的增长，增长到一定程度，就需要秩序和组织，那就需要有政治共同体。[1]

这是伯特根据他对伊甸园中的人性的理解，推导出来的一种国家状态。但他的这个推理有很多地方并不符合奥古斯丁对伊甸园的理解。我们前面说过，伊甸园中既无婴儿，也无老人，所有人都处于壮年，身体和灵魂都处在最健壮的状态。如果里面真的有生育，只会是两个成人生下另外的成人，严格说来，并不存在我们今天意义上的家庭。即使这算作家庭，家里也不需要权力，因为每个人都能充分运用人类的理性能力，不会需要父母对孩子的保护、教育，或纠正。如果所有这些人都不堕落，哪怕人类数目增长到成千上万，仍然不需要权威，让某人来指导其他人做什么，因为每个人都拥有最高的理性和身体能力；就像在上帝之城里，没有人可以做其他人的权威，所以就不可能产生国家。如果产生国家，即使不意味着有人可能犯罪，也意味着有人会出错，而这就意味着人已经堕落了。这正是我们前文在理解原罪问题时反复讨论的吊诡之处。

伯特的另外一个理由是，除了家庭和国家，还存在另外一种社会共同体，就是奥古斯丁处身其中的教会。宗教组织是由人自愿组成的，需要权威，但既不同于家庭，又不同于奴隶制。[2]奥古斯丁一再强调尘世中的

---

[1] Donald X. Burt, *Friendship and Love*, Grand Rapids, Michigan: Eerdmans Publishings Co., 1999, pp. 131-136.

[2] Ibid. , p. 137.

教会良莠不齐，并不等于未来的上帝之城，虽然在理论上，教会应该尽可能接近上帝之城。就现实的权力状况而言，教会要么变成一个具有强制权力的团体，要么变成一个类似家庭的、温情脉脉的爱的共同体，但它并不构成第三个团体。换言之，尘世的教会始终是地上之城的一部分。

海金的批评和伯特的第一点批评类似。他认为，在人堕落之前和之后，都应该有政治，只是堕落前的政治是教育性的，堕落后的政治是强制性的。[1]殊不知，如果伊甸园中真的有完全无罪的状态，虽然那种状态不如复活后的上帝之城，人们之间也应该都是完全平等、绝对成熟的，并不存在人教育人的问题；如果人们不是平等和成熟的，那就应该已经有人堕落了。

伯特和海金的批评都没有抓住要害，没有真正的力量。只有伯内尔的批评，抓住了一个根本问题。马库斯和伯内尔都非常深入地进入了奥古斯丁，虽然他们的角度和结论非常不同。对照他们的两个观点，恰恰可以帮助我们看清奥古斯丁思想中的张力。面对这一张力，奥古斯丁还是坚持一些看上去很矛盾的说法，说明他有着更深的考量，而这既是他的思想的力量所在，也是奥古斯丁的乖戾之处。

虽然研究者们因为政治起源的问题而就这两章争论不休，但我们必须清楚，奥古斯丁写这两章的首要目的并不是谈政治的起源，甚至不是谈家庭与奴隶制，而是在继续谈瓦罗所说的社会性问题，证明社会性虽然是好的，但社会生活中充满了不幸。就尘世的和平而言，他认为，无论家庭中出于爱的治理，还是奴隶制中出于强制的暴力，都是正义的，但这并不意味着家长和奴隶主是正义的。他为家长和奴隶主提出的建议是，虽然在世俗事务中还是难免有所区别，但是在信仰上要一视同仁：

---

[1] John von Heyking, *Augustine and Politics as Longing in the World*, Columbia: University of Missouri Press, 2001, p. 52.

就尘世的善好而言，他们的孩子所应得的，和他们的奴仆所应得的，是不同的。但在服侍上帝方面（他们希望在上帝那里获得永远的好），他们的家庭中的所有成员都是平等的，友爱互助。……而真是家长的那些人，像对待儿女一样帮助家中所有的人，服侍和敬拜上帝，希望和祈祷进入天上的家。[1]

这个建议，与他在第五卷给出的"君主之鉴"何其相似！最理想的君主、最理想的家长和最理想的奴隶主，就是那些尽可能忘掉他们与自己所统治的人的本来关系，把他们只是当作另外的基督徒，带领他们一起进入上帝之城的人。至于尘世中的那些制度，无论是怎样起源的，无论体现了爱还是惩罚，都是罪的产物，都是羁旅中不得不用的工具，在上帝之城中都应该被抛弃掉。

四　尘世生活与永恒幸福

瓦罗关于哲学流派的划分，是第十九卷的总纲。在区分了两座城的社会性之后，奥古斯丁又简单谈到了瓦罗所提到的下一个因素：新柏拉图主义的怀疑论。[2] 关于这个问题，奥古斯丁说，上帝之城中的信仰是不容怀疑的。而在确立了这信仰之后，"如果我们怀疑那些我们没有靠感觉和理性认识，《圣经》里面没有清楚讲述，也没有经过不能不相信的见证者变为我们的知识的，那我们就不该受到责备"[3]。

随后，奥古斯丁谈到了"基督徒的形象和道德"。从讨论的内容上看，这部分与谈和平时的很多问题是连在一起的；但从主题上看，这是针对瓦罗所谈的犬儒派而言。瓦罗虽然也曾把犬儒主义的生活方式当作区分哲

---

[1]　奥古斯丁，《上帝之城》，19：16；吴飞译，下册第151—152页。
[2]　同上书，19：1.2；吴飞译，下册第126页。
[3]　同上书，19：18；吴飞译，下册第154页。

学学派的一个因素，但他认为，这"对他们认为的这种真正终极都形不成分别"[1]。奥古斯丁直接继承了瓦罗的基本思想："凡是追随那让人走向上帝的信仰的，只要不违背神圣的诫命，他生活的形象和道德不论怎样，都和上帝之城无关。"[2]

瓦罗的下一个因素，是安宁还是积极的生活。对此，他自己的看法是："在安宁、积极、两者结合这三种生活模式之中，他们认为自己最喜欢第三种。"[3] 奥古斯丁则认为，"究竟是否持有对真理的爱，是否完成爱的职责，是不同的，但无论采取那三种生活方式中的哪个：安宁，积极，还是二者兼有，都可以"[4]。借这个机会，奥古斯丁谈到了教会中"监督的职分"，回答了伯特所提的教会中的权威问题：

> 我们可以利用荣誉和权力，因为如果正确而得当地运用，就能服务于我们手下人的利益和拯救，而这就是遵循了上帝。……那是劳动的名字，不是尊荣的名字。这个词来自希腊文，指的是，被任命监管别人的人要指导人，对他们负有关怀之责。…… 因此，谁若喜欢统治，而不喜欢服务，就不是合格的监督者。[5]

教会的组织，是运用尘世的权力服务于上帝的一种制度，但这不是一种尊荣，而是一种劳动和服务。奥古斯丁说监督应该指导人，"负有关怀之责"，希望其中的权威能够像家庭里那样是出于爱，谁若喜欢霸权胜过服务，就不该做这样的监督者。而这种权威，都是出于"对真理的热爱"。如果没有做监督的负担，就自己运用闲暇追求真理；如果被加给了

---

〔1〕 奥古斯丁，《上帝之城》，19：3.2；吴飞译，下册第131页。

〔2〕 同上书，19：19；吴飞译，下册第155页。

〔3〕 同上书，19：3.2；吴飞译，下册第131页。

〔4〕 同上书，19：19；吴飞译，下册第155页。

〔5〕 同上。

这负担，就不仅自己爱真理，而且让别人也像自己一样爱真理。如果失去了对真理的爱，"这必然的负担一定会变得沉重"[1]。沉重，不仅是因为自己陷入了忙碌中，而且因为很容易陷入到对权力的追逐中，堕入了尘世社会生活的种种不幸；若是这样，教会权力就已经变得和奴隶制中的强制性权力类似了。这一段应该是奥古斯丁对自己被强迫做希波主教的反思，也是对后来教会权力政治化的天才预言，而丝毫不支持伯特关于教会作为第三种政治权威的说法。

至此，奥古斯丁对瓦罗所列举的六条因素——作了讨论，第二十章是一个总结：

> 上帝之城中的至善就是永恒和完美的和平，不是必朽者在生死之间经历的转瞬即逝的和平，而是不朽者栖居其间，不必遭受任何灾难的和平。谁能否认那个生活是最幸福的？与那个生活相比，谁能认为，这个心灵与身体享受外部事物之好的生活不是最悲惨的？然而，如果谁能利用此生，一心朝向那个目的，以无比的热诚与信仰热爱和盼望，说他现在幸福也并不荒唐，虽然这是根据他的希望，而不是就现实说的。现实若无希望，其中的幸福就是虚假的，有巨大的悲惨，因为那就无法利用灵魂中真正的好，那就不是真正的智慧，如果仅在此世明智地看，勇敢地生活，节制地交往，正义地分配，而不是指向那个目的，"上帝就在万物之上，为万物之主"的地方，那确定的永恒和完美的和平，就不是智慧。[2]

这个总结包含若干个层次：首先，真正的至善，就是上帝之城里永恒而完美的和平，与这种至善相比，尘世中的生活都是悲惨的；其次，若是

---

〔1〕 奥古斯丁，《上帝之城》，19：19；吴飞译，下册第156页。
〔2〕 同上书，19：20；吴飞译，下册第156页。

利用此生，无论是家庭、国家，还是尘世的教会，朝向这永久的和平，那也可以说他是幸福的，因为他有幸福的希望，虽然他的生活还是悲惨的；第三，如果谁并不朝向这永恒的和平，而只是靠尘世的德性来生活，那他就没有真正的幸福，也没有真正的智慧。

第二十一到第二十八章，是这一卷的最后几章。奥多诺万觉得这八章不属于这一卷的主体，可以算作整卷的附录。但我认为，这八章是前面二十章的主题的继续，或者可以说，是上述的总结的详细展开。其中，第二十一和第二十四章，是对西塞罗关于共和的定义的重新考察，回答了他在第二卷第二十一章留下的话头。他在这部以驳异教徒为主题的著作最开始的地方，提出西塞罗的疑问，在全书最后一部分回答了这一疑问，给出了关于共和的新定义，正完成了第十九卷的根本使命：全面总结对异教思想的批判。第二十二、二十三两章谈的是基督教的祭祀，借用了波斐利对神谕的解释。在奥古斯丁看来，这正是他得出第二十四章关于人民的新定义的最有力支持。第二十五到第二十八章，再次强调了基督教的唯一价值，对比上帝之城中的永恒幸福与地上之城中的暂时和平，以及如何利用地上之城中的和平，服务于上帝之城，并在第二十八章谈到了仅属于地上之城的人的结局，以开启后面的三卷。

虽然在这八章里还是不时有跑题的地方，但其用意非常明显，与前二十章讨论的内容构成一个有机的整体，而不是附录。这既是在总结两座城的最终结局，也是在总结全书对异教思想的批判。在这里，对异教思想的批判，和对地上之城的批判合一了。因而，在从第二十到第二十八章这九章里，我们可以读出第十九卷乃至全书中对异教批判的几个层次。

在宗教上，异教诸神和祭祀制度都是虚假的，只有基督教是唯一真正的宗教；当然，异教诸神也可能是好的，但他们只不过是较好的天使，不能接受崇拜，只能辅佐上帝，自己也应该侍奉三位一体的上帝。

在政治和社会上，尘世的社会制度都是没有价值、应该否定的，尘世的和平与幸福是短暂的、虚假的，尘世生活在根本上充满了各种各样的不幸，而这种不幸最集中的体现，在于地上之城中不可能有真正的正义、人民与共和，对西塞罗共和定义的批判，是对尘世政治的总体批判；但若是上帝之城中的公民能较好地利用地上之城的一些制度，利用人间的权力和荣誉，服务于上帝之城，帮助其他人走向真正的信仰，这些尘世制度，也会发挥较好的作用，能最好地发挥这种作用的，当然是教会，但若是家庭、国家，乃至奴隶制度可以服务于上帝之城，也可以利用，但这并不改变这些制度作为地上之城的本质，包括地上的教会。

在哲学上，第十九卷构成了对异教哲学的直接批判。无论是瓦罗划分出的288个学派，还是瓦罗所属的柏拉图主义，虽然在很多地方接近真理，但如果这些智慧无法指向上帝之城中的幸福，那就都算不上真正的智慧。奥古斯丁层层批判了瓦罗哲学的六个方面，与他前文批判瓦罗的三种神学构成呼应。

在历史观上，地上之城的历史充满了各种罪恶，没有真正的意义。第十九卷并不直接针对历史问题。但是，按照奥古斯丁对世界历史的理解，终极善恶最终就实现在世界末日。所以，他在第一章关于终极善恶的讨论，和最后一章关于地上之城的终结的讨论，构成了纳哲学入历史的基本构架，也开启了全书最后一部分对世界历史的终结的讨论。

第十二章

终极神义：末日的历史意义

　　按照基督教的历史观，末日是世界历史的终结。但这个终结到底应该怎样理解？它究竟何时到来，甚至是否真的是一个历史时刻？它与人类历史究竟有何关系？历代神学家对这些问题都有相当不同的回答。对于奥古斯丁这个将哲学与历史充分结合的神学家来说，这些问题更是根本性的。

　　在基督教最初的几个世纪中，神学家们继承了《新约》经典中的理解，认为末日应该很快就会到来；在罗马陷落的时候，哲罗姆以为这意味着末日即将来临，也是对这一理解传统的继续。

　　但随着基督教思想的深入发展，一些更具哲学眼光的神学家开始改变了这一思路。奥利金和多纳图派的泰科尼乌斯（Tyconius）都认为，所谓的末日审判，并不是历史终结的那个时刻，而是对于历史中的善恶斗争和上帝的审判的一种隐喻。[1]奥古斯丁受这派思路的影响很大，特别是在与多纳图派的辩论中，泰科尼乌斯的思想对他产生了深远的影响。[2]为了反驳哲罗姆等人对罗马陷落的判断，将罗马的衰亡与末世论剥离开来，也是奥古斯丁的一项重大任务。因此，他也非常强调，不可为末日限定时间。由于奥古斯丁对末日的隐喻意义的强调，在对末世论的理解上，一些

---

〔1〕　Paul B. Harvey, "Approaching the Apocalypse：Augustine, Tyconius, and John's Revelation," in *History*, *Apocalypse*, *and the Secular Imagination：New Essays on Augustine's City of God*, edited by Mark Vessey, Karla Pollmann, and Allan D. Fitzgerald, O. S. A., Bowling Green, Philosophy Documentation Center, 1999, pp. 139、145.

〔2〕　J. van Oort, *Jerusalem and Babylon*, p. 254 以下。

学者把奥古斯丁当作一个重要的转折点，认为他终结了对末日的历史性理解。[1]

但奥古斯丁并没有走到泰科尼乌斯那么极端。他在强调末世论的哲学意义和隐喻意义的同时，始终保留了对它的历史性理解。正是因为两方面都很重要，奥古斯丁才能在末世论的问题上坚持他纳哲学入历史的一贯模式。李尔利（S. D. Leary）称之为喜剧式理解和悲剧式理解的结合。[2]

419 年末或 420 年底，奥古斯丁与撒罗纳主教海西基乌斯（Hesychius）通信，谈到了哲罗姆对《但以理书》的理解，认为《但以理书》中所预言的并不是末日审判，而是基督的第一次来临。[3] 海西基乌斯回信，表示对哲罗姆和奥古斯丁的诠释难以接受，并指出，《新约》里多处预言末日审判的时间，根据这些说法，末日审判显然已经很近了。[4] 奥古斯丁给他回了一封非常长的信，这封信后来被称为《论尘世的终结》（De Finis Saeculae）。[5] 在这封信里，奥古斯丁详细讨论了《新约》中被认为在预言末日审判的段落，只要可能，他就把它们解释成对耶稣的死或耶路撒冷的毁灭的预言，而不是对末日审判的预言，结果，剩下的那些只能解释成预言末日审判的段落，都没有说明确的时间，即使一些地方说，末日已经近了，奥古斯丁也指出，从耶稣来临到末日审判是世界历史的最后一个阶段，所以，在这个阶段的最开始说末日近了并无不可，但这最后一个阶段可能会持续几千年。他并未否定耶稣还是真的会来，但认为耶稣并不希望他的追随者知道他来的确切时间。包括他的使徒，都并不知道他什么时候再来，所以，在这个问题上最好保持开放的状态，只要相信他还

---

[1] 参见 Kevin L. Hughes, "Augustine and the Adversary," in *History, Apocalypse, and the Secular Imagination*, p. 221。

[2] S. D. O'Leary, *Arguing the Apocalypse: A Theory of Millennial Rhetoric*, New York: Oxford University Press, 1994.

[3] 奥古斯丁，《书信》（*Epistolae, PL33*），第 197 页。

[4] 同上书，第 198 页。

[5] 同上书，第 199 页。

会来就好，不必急于知道他何时来。

在写这封信时，奥古斯丁应该正在写《上帝之城》的第十六或第十七卷。到后来写《上帝之城》最后三卷时，他虽然对《但以理书》的理解已有不同[1]，但总体上，还是将这封信里的思想充分发展，把很多传统上认为是讲末日审判的段落，说成是在讲世界历史中的事。[2]

一 历史与末世论

消解罗马历史的神圣意义，是奥古斯丁写《上帝之城》的一个重要主题。而要完成这一任务，他不仅要解构罗马历史的意义，而且要剥离罗马帝国与末世论的关系。在《上帝之城》第十八卷的最后部分，奥古斯丁批判了从罗马历史中寻找末日的种种版本，包括基督教内部和基督教外部的。

基督教内部有一派认为，因为以色列人在被摩西带出埃及之前，在埃及曾经遭受了十次迫害，所以，基督教也应该遭受十次迫害，以后就再无迫害，直到敌基督到来。但奥古斯丁指出，基督教遭受的迫害已经远远超过了十次，所以这种算法是很荒谬的。[3]在基督教外部，则流传着一种说法，说彼得曾经谈到，基督教将会持续 395 年，以后就到了末日。随着时间的推进，这种说法会不攻自破。[4]这些为末日设定具体年限的说法，都会随着年代的超越而自动失效。因而，像奥利金和泰科尼乌斯等具有哲学头脑的神学家都开始思索，末世论的意义究竟何在。这对奥古斯丁无疑也构成了一个巨大的问题。

---

〔1〕 奥古斯丁，《上帝之城》，20：23.1；吴飞译，下册第 214 页。
〔2〕 关于奥古斯丁末世论与他的总体思想的关系，以及它在早期基督教历史中的位置，参考 Jacob Taubes, *Occidental Tschatology*, Stanford：Stanford University Press, 2009, pp. 79-81。
〔3〕 奥古斯丁，《上帝之城》，18：52.1—2；吴飞译，下册第 115—117 页。
〔4〕 同上书，18：53.2；吴飞译，下册第 118 页。

末日的来临意味着历史的终结，在此之后再无时间和历史。对于生活在时间和历史中的人类来说，这不仅是很难想象的，在哲学上也是不容易讲通的。上帝是个永恒的现在，但人和其他被造物都是时间中的存在，得救后的人类会摆脱支离破碎的悲惨状态，但不可能变成上帝那样的永恒。如果时间和历史真的会终结，人类将以何种方式继续存在呢？人既不会变得永恒，也不会消失其存在，末日在哲学上就会变得极难理解。

如果我们认为，作为世界之开端的"太初"并不是世界历史的第一个时刻，而是导致世界开端的永恒真理，则太初必然是时间之外的。同理，所谓的末日或许也只是在展示作为永恒正义的上帝与世界历史之间的关系，代表着上帝作为绝对的权威，对尘世善恶的终极判决。上帝是永恒的现在，同时也是永恒的太初和永恒的末日。人若是能够以记忆指向永恒的太初，并以此为自己的本质和开端，再以期望指向永恒的末日，以此为自己做事的最终准则，那就可以将自己的存在收束于永恒的现在，改变在时间的流动中的悲惨状态，使自己的过去、未来、现在都统一在一起。若如此理解，则末日并不是世界历史的最后一个时刻，而是一直潜在地存在于历史当中。正是在这个意义上，马鲁在解释奥古斯丁的时间学说时说，他并不认为两座城真的有个时间上的终结，因为地上之城的终极恶和上帝之城的终极善，都内在地存在于两座城的历史当中。[1]

如何解释末世论作为一个历史时刻，在哲学上确实存在很大的困难；马鲁的推论也确实有一定的道理。但是，奥古斯丁至少在字面上，并没有否定末日作为历史时刻的存在。他相信："最后的迫害将来自敌基督，耶稣将来临，把他消灭。"[2] 而因为耶稣在《使徒行传》里对问他何时审判的人说，"父凭着自己的权柄所定的时候、日期，不是你们可以知道

---

[1] Henri de Marrou, *Time and Timeliness*, Sheed and Ward, 1969.
[2] 奥古斯丁，《上帝之城》，18：53.1；吴飞译，下册第117页。

的"[1]，奥古斯丁便得出结论说："可见，我们要计算和确定出这个尘世还剩下多少年，必然徒劳无功，因为我们听到真理的口中说出，我们不能知道这些。"[2] 奥古斯丁不希望人们妄自探测末日来临的时间，其字面的原因是，末日究竟何时到来是不可知的，但这既可以理解成，末日终将来临，只是何时来临不可知；也可以理解成，末日根本不会来临，人们不必在时间中等待它的来临。

二 末世论作为神义论

但若是认为奥古斯丁相信末日是世界历史的最后阶段，也有很强的理论意义。在很大程度上，奥古斯丁的末世论也是神义论。他明确区分了上帝在平日的审判和末日的审判："在我们说上帝的审判日时，还加上'末'或'最后'，是因为他现在也在审判，从人类的一开始就在审判，那时候，为了惩罚初人的大罪，上帝把他们从伊甸园赶出来，与生命之树隔离。"[3]

上帝一直就在审判天使和人类，不过，平时的这些审判只是偶尔公开，大多数时候却是隐秘的。而到了末日审判时，一切都是公开的："在这以后，就没有无知的人会再问，为什么不义的人幸福，而正义的人不幸福。因为所有的好人无不充满真正的幸福，所有的坏人无不得到罪有应得的最大不幸福。"[4]

对于奥古斯丁来说，末日审判与平时审判的一个最大差别在于，末日审判是神义论的最终彰显。[5] 虽然奥古斯丁认为，上帝的意志体现在世

---

〔1〕《使徒行传》，1：7。

〔2〕 奥古斯丁，《上帝之城》，18：53.1；吴飞译，下册第118页。

〔3〕 同上书，20：1.2；吴飞译，下册第170页。

〔4〕 同上书，下册第171页。

〔5〕 Karla Pollmann, "Moulding the Present: Apocalyptic as Hermeneutics in *City of God* 21-22", in *History, Apocalypse, and the Secular Imagination*, p.178.

界历史的全部进程之中，上帝从来都是正义的，因而现实中发生的一切都是有道理的，但是，上帝并不能让最终的审判全部显露出来。尘世生活的变幻莫测，是奥古斯丁一直思考的问题；我们在上一章也看到，尘世生活的这种不确定性，是奥古斯丁否定人类社会制度的重要原因之一。但奥古斯丁又相信，上帝的意志是世界上发生的所有事情背后的原因。自由意志与上帝的预定之间的矛盾，从奥古斯丁在世的时候，就成为一个争论不休的问题，但在本书中，我们并没有花多少笔墨来处理这个问题。和自由意志问题紧密相关的，是恶的起源，即后来所谓的神义论问题。这不仅是奥古斯丁早年就非常关心的问题，更是正统基督教与灵知派争论的关键所在。在一定程度上，是奥古斯丁把这个问题变成了基督教的要害问题。在本书中，我们并未在基督教哲学的推理中考究这个问题的逻辑，但是呈现出了奥古斯丁对这个问题的历史理解。魔鬼用自由意志选择了背叛上帝，从一开始就堕落了；人也是用自由意志背叛了上帝，从一开始就堕落了。背叛了上帝的天使和人，组成了地上之城；而上帝之城的公民，则以这个城为羁旅，成为其中的过客。奥古斯丁之所以否定尘世生活和人类的各种社会政治制度，是因为它们都属于地上之城。但是，在地上之城的历史中，上帝为什么不帮助上帝之城的公民，反而很多时候让地上之城中的坏人发达，让上帝之城的公民受苦呢？人间的诸种不幸，是奥古斯丁思考的重要动力：

> 我们不知道，是靠了上帝怎样的审判，好人会贫寒，坏人会富有；某些人因为道德败坏，应该受痛苦的折磨，但我们不知道他为什么很快乐。而那些过着值得赞美的生活的人，我们相信他们应该快乐，但他们却在悲哀中。[1]

---

[1] 奥古斯丁，《上帝之城》，20：2；吴飞译，下册第171页。

《上帝之城》并不是一般的神学著作和哲学著作，其支配性的理论框架乃是历史神学。奥古斯丁对自由意志和预定论之间的矛盾的根本解决，在于上帝的神意在世界历史中的显现。由于每个人的心灵秩序都是在世界历史的整个进程中展开的，在世界末日之前，任何人的故事都没有最终结束。所以，坏人暂时的发达，和好人暂时的不幸，都没有反映出最终的神意。每个人的善恶，即使盖棺时都无法论定。相反，作为世界历史中的一个片段，现世的变换和无常，都有意义：

> 在这尘世之中，好人不会因好事而膨胀，也不会被坏事打倒；坏人在幸福中会被腐化，遭受不幸就是一种惩罚。上帝在分配现在的命运时，还是经常表明他在起作用。一方面，如果他现在就给所有的罪施加明显的惩罚，人们就会认为，没有什么留给末日审判了；另一方面，如果神不公开惩罚现在的任何罪过，那神意就无人相信了。在好事上也是这样，如果上帝不赐给那些向他祈祷的人以很明显的慷慨，我们就会认为那些赏赐不归他管；但如果他不加分别地赐予所有祈祷者，我们岂不是会认为侍奉他就是为了得到这些奖赏，那么这侍奉就不会把我们变得虔敬，反而变得充满欲望和贪婪。[1]

在尘世生活中，上帝虽然不会把最终的正义展现出来，但也并不总是赏罚不明的。有的时候，他还是会将正义展现给人看，以便人们能够相信，神意还是在起作用，上帝不会完全弃好人于不顾。但在很多时候，上帝并不按照真正的正义判决，有这样几个目的：第一，不要把虔敬与正义的结果变成商品交换的关系，让人们以为虔敬是换得幸福的货币，这样才能培养人们真正的虔敬；第二，幸福并不是对坏人的奖赏，反而会使他们腐化；第三，坏事也未必是对好人的折磨，反而成为激励和鞭策他们的方

---

〔1〕 奥古斯丁，《上帝之城》，1：8.2；吴飞译，上册第14页。

式。而所有这些之所以能起作用，根本上是因为，到末日的时候，一切正义都会真正彰显出来：

> 等我们到达了上帝的审判，那个被称为审判日或者主之日的时候，不仅一切在审判中都各得其所，而且，就是从最开始的审判，一直到这个时候以前的审判，都会变成无比正义的。那时也会清楚，究竟是因为上帝怎样的审判，现在上帝很多（几乎全部）正义的审判无法被必朽者的感觉和心智认识。但即使现在，有一点是虔敬者的信仰所清楚的：即使那些不清楚的，也是正义的。[1]

历史中的一切，都要靠末日的那场审判来确定其意义。事实上，整部书所谈的"上帝之城"，都是末日之后的概念，用波尔曼的说法，是将末日时发生的概念带回现在中，以"形塑现在"（moulding the present）。[2]在现实的历史中，只有地上之城，并不存在任何形式的上帝之城，最多只是有未来的上帝之城的公民，在地上之城旅行。而究竟谁会是以后的上帝之城的公民，除了上帝，没有人知道，甚至这些公民们自己都难以确切地知道，他们究竟是否会进入上帝之城。奥古斯丁引导着读者们以为，世界历史似乎就是两座城平行发展的历史，但只有站在末日回溯历史，才可能会看出这样的平行历史；或者完全从永恒上帝的角度看历史，能看出是平行的历史来。若只是从生活在尘世之中的人的角度来看待，人们看到的，将只有地上之城，其中包括忠于这个城的公民，和少数不安于地上之城的生活、希求一个虚无缥缈的救赎的人。

将末日的概念带到现在，奥古斯丁在地上之城的公民中，强行划分出另外一个集团，让他们以为自己属于未来的上帝之城，放弃对地上之城中

---

〔1〕 奥古斯丁，《上帝之城》，20：2；吴飞译，下册第 172 页。
〔2〕 Karla Pollmann, "Moulding the Present: Apocalyptic as Hermeneutics in *City of God* 21-22," in *History, Apocalypse, and the Secular Imagination*, p. 178.

的幸福的追求，忍受尘世中的一切苦难，要么等待一个终将到来的末日，要么以尘世生活之外的某种标准，来权衡尘世生活的好坏，以此构成了末世论的神义论，并成为他整部书的核心概念。因此，不论奥古斯丁怎样理解末日，若是没有末日审判的概念，两座城的划分都将没有意义。世界历史的终点，构成了他划分世界历史最重要的标准。

三　两次复活

正是因为奥古斯丁既强调末日审判的比喻意义，也强调它作为时间之终结的历史意义，他对末日时将会发生的很多事情，都做了类似的区分。他首先区分的，就是对末日复活的理解。

在末日审判的时候，死人和活人都要复活。就像死亡分为第一次死亡和第二次死亡一样，奥古斯丁也把复活分为第一次复活和第二次复活。第一次复活，是灵魂的复活，凡是认信了耶稣并追随他的人，都会获得第一次复活，所以，这次复活就不是发生在历史的终点，而是根据每个人灵魂状况的不同，发生在他们的心里。但第一次复活只能拯救灵魂，尚不能免除身体的死亡。第二次复活发生在末日，是所有人的身体复活，那时候，好人会得救，死人会遭到永罚，即进入第二次的死亡。正如第二次死亡是只有坏人才有的，第一次复活是只有好人才有的；但第一次死亡和第二次复活，是所有人都会有的。

在《约翰福音》里，耶稣说："我实实在在地告诉你们，那听我话、又信差我来者的，就有永生，不至于定罪，是已经出死入生了。我实实在在地告诉你们，时候将到，现在就是了，死人要听见上帝儿子的声音，听见的人就要活了。"[1] 通常的理解是，这里讲的就是末日复活，因为下文又谈道："时候要到，凡在坟墓里的，都要听见他的声音，就出来。行

_____

〔1〕《约翰福音》，5：24—25。

善的复活得生，作恶的复活定罪。"[1] 这里说从坟墓中复活，且好人坏人都要复活，当然指的是末日时发生的复活。但奥古斯丁认为，两句说的不是一件事，因为后一句没有说"现在就是了"。他指出，上引第一句话说的，其实是第一次复活："这里说的不是第二次复活，即末日会发生的身体复活，而是说第一次，就在当下发生的。为了强调是第一次，他说：'时候将到，现在就是了。'这不是身体的，而是灵魂的复活。"[2]

第一次复活，只有信耶稣、遵照耶稣的教导做的人才会有。这样就可以使他们出死入生。奥古斯丁更明确地解释第一次复活的含义："谁若信了使不敬的人称义的神，就会走出不敬，得以称义，也就是从死亡复活，这样我们就能获得第一次复活，就是现在的复活。除了那获得永恒的幸福的，不会获得这第一次复活。"[3] 相对于第一次复活，第二次复活是所有人都要经历的肉身的复活。但这肉身的复活未必是给人生命：

> "行善的复活得生"，这是活的人；"作恶的复活受审判"，这是讲没有生命的人，因为他们将在第二次死亡中死去。做坏事的人的生活是坏的；他们的生活是坏的，是因为他们在现在的第一次复活，即灵魂的复活中，没有复活，或者即使复活了，也没有坚持到最后。[4]

虽然第二次死亡和第一次复活的说法是《新约》中已经有的，但奥古斯丁的两次复活说还是有很大的原创性。他的这种解释，与他的两次死亡说完全对应，已经大大改变了《新约》中对末日复活的理解。因此，他设想有人会反驳自己：

---

[1] 《约翰福音》，5：28—29。
[2] 奥古斯丁，《上帝之城》，20：6.1；吴飞译，下册第177页。
[3] 同上。
[4] 同上书，20：6.2；吴飞译，下册第179页。

有人认为，复活只能就身体来说，因而争辩说，第一次复活将是身体的复活。他们说，只有曾跌倒的，才能再次爬起。身体死的时候跌倒了；就是因为跌倒（cadendo），我们才称之为"尸体"（cadavera）。他们说，不可能有灵魂的复活，只能有身体的复活。[1]

《新约》中并未谈到过灵魂的复活，但奥古斯丁指出，保罗在《歌罗西书》中说的，"你们若真与基督一同复活，就当求在上面的事"[2]，和在《罗马书》中说的，"叫我们一举一动有新生的样式，像基督藉着父的荣耀从死里复活一样"[3]，都不可能是指身体的复活，而应该是灵魂的复活，因为好人坏人的身体都复活，但他们并不都是与基督一同复活，更没有求天上的事。

至于跌倒与复活的问题，奥古斯丁也认为，《圣经》中几处谈跌倒，并不是指身体的死亡，比如"切莫离开主，否则你们会跌倒的"[4]，"他或站住，或跌倒，自有他的主人在"[5]，"所以自己以为站得稳的，须要谨慎，免得跌倒"[6]。这些地方指的，都不是身体的死亡，而是灵魂的堕落，也就是奥古斯丁所谓的灵魂之死。既然有灵魂之死，就应该有灵魂的复活。奥古斯丁指出这些地方的矛盾，其实是指出了《圣经》关于死亡与复活的说法在字面上的一些矛盾之处。他以关于两次死亡和两次复活的说法来弥合这些矛盾，同时也将基督教关于死亡和复活的说法系统化起来。

按照他对两次死亡的理解，既然最重要的死亡是灵魂之死，身体之死只不过是灵魂之死所带来的一个必然后果，那么，也就应该有灵魂的复

---

〔1〕 奥古斯丁，《上帝之城》，20：10；吴飞译，下册第190页。
〔2〕 《歌罗西书》，3：1。
〔3〕 《罗马书》，6：4。
〔4〕 《便西拉智训》，2：7。
〔5〕 《罗马书》，14：4。
〔6〕 《哥林多前书》，10：12。

活,而且灵魂的复活应该比身体的复活更重要。耶稣的复活,是对得救之人的复活的象征,但既然所有人的身体都要复活,所以它所象征的并不是身体的复活,而是灵魂的复活。当耶稣基督战胜魔鬼,以自己的死赎了人们的原罪,那些追随耶稣基督,像他一样战胜了魔鬼的人,就已经克服了死亡,获得了灵魂的复活。身体之死只是对灵魂之死的惩罚,所以灵魂复活了的人就不应该再有身体之死。上帝并未轻易免除他们的身体之死,一是因为我们在第五章所说的,不能将灵魂中的信仰当作换取生命的商品,另外也因为,灵魂复活的人有可能无法坚持到底,灵魂仍然可能因背叛而再次死亡。耶稣的拯救并非一劳永逸的魔法,人的心灵秩序仍然处在历史的变动和考验当中,灵魂的复活既然指的是灵魂对上帝的遵从和忠诚,它就有反复的可能。

虽然奥古斯丁仍然相信世界末日时会发生所有人身体复活的事,但这次复活已经不重要了,因为无论好人坏人都要复活。真正重要的,是每个人的灵魂能否复活;而被救者灵魂的复活,往往不发生在世界末日的时候,并且灵魂的复活不是每个人都会发生的,而是取决于上帝对人的拣选,和人的自由意志是否追随了上帝。于是,奥古斯丁进一步消解了末日复活的神话色彩,把复活的最重要部分理解成心灵秩序的内在改变。这样一种思想变化,也决定了他对世界末日其他方面理解的改变。

四 魔鬼的绑缚

奥古斯丁正是以两次复活的理论,来解释约翰在《启示录》中所说的千年王国。奥古斯丁在谈撒母耳和大卫对基督来临的预言时,曾经说,其中预言了祭司制度和王位的双重转折,因为基督既是新的祭司,又是新的王。耶稣基督作为新的祭司,我们在第十章已经详细谈过了。但耶稣基督作为新的国王,却要在千年王国的意义上来理解。"基督"一词来自希腊文的"受膏者",本来就是指国王。奥古斯丁说:"按照《新约》,基督将要统治，不是在肉身上，而是在灵性上。"[1] 在谈到地上耶路撒冷的国王时，他说他们象征了天上的耶路撒冷的王："他们暂时执掌地上王国，但他们在真正的信仰中和真正的基督中，希求天上的耶路撒冷王国，因为他们是那个王国的儿子。"[2] 而天上的耶路撒冷之王是怎样的王，奥古斯丁借助对《启示录》中约翰所谈的千年王国来诠释：

> 我又看见一位天使从天降下，手里拿着无底坑的钥匙，和一条大链子。他捉住那龙，就是古蛇，又叫魔鬼，也叫撒旦，把他捆绑一千年，扔在无底坑里，将无底坑关闭，用印封上，使他不得再迷惑列国，等到那一千年完了。以后必须暂时释放他。我又看见几个宝座，也有坐在上面的，并有审判的权柄赐给他们。我又看见那些因为给耶稣作见证，并为神之道被斩者的灵魂，和那没有拜过兽与兽像，也没有在额上和手上受过他印记之人的灵魂，他们都复活了，与基督一同作王一千年。这是头一次的复活。其余的死人还没有复活，直等那一千年完了。在第一次复活有分的，有福了，圣洁了。第二次的死在他们身上没有权柄。他们必作神和基督的祭司，并要与基督一同作王一千年。[3]

这段话里不仅谈到了第二次死亡，而且谈到了第一次复活，应该是奥古斯丁两次复活理论的经文来源。奥古斯丁讲出了对这一段的三种理解方式。其中第一种，是千禧年主义（*Milliarios*）的理解方式：

> 但是有人说，那时复活的人会在毫无节制的肉身宴饮中度过闲暇。这宴饮中提供很多酒食，不仅毫无节制可言，甚至超过了可以相

---

[1] 奥古斯丁，《上帝之城》，17：7.2；吴飞译，下册第20页。
[2] 同上书，17：10；吴飞译，下册第27页。
[3] 《启示录》，20：1—6。

信的程度。只有肉身的人才会这样认为。属灵的人用希腊词 $χιλιαστάς$ 来称呼相信这些的人，要把这个词翻译过来，我们可以称之为"千禧年主义者"（*Milliarios*）。[1]

这种理解不仅把复活完全理解成肉身的复活，而且把上帝之城中的幸福理解成肉身的狂欢。这是奥古斯丁坚决排斥的理解。第二种理解是：

> 经上又说："主看一日如千年，千年如一日。"那么六千年正好是六日圆满，随后就是第七日礼拜日，也就是后面的一个千年。圣徒们复活来庆祝这个礼拜日。如果相信这里说的礼拜日的节庆是灵性的，是在主面前出现的，那么这意见还可容忍。其实我就曾有这种意见。[2]

这种解法，排除了千禧年主义者肉身性的理解，而且与奥古斯丁以创世六日来解释世界历史分期的讲法相合，即认为这里说的千年万国，就是创世的第七日，也即永恒的礼拜。奥古斯丁自己就曾持有这种理解方式。不过，在写《上帝之城》最后这几卷时，他已经以另外的方式来理解永恒的礼拜了（见下一章），因而也改变了对千年王国的理解。[3]

通过对耶稣基督的救赎计划的重新诠释，奥古斯丁形成了对千年王国的第三种理解方式，这种理解与第二种理解最重要的差别是，奥古斯丁不再认为，所谓的一千年是末日时候才发生的，而将它投射到历史进程中。

这种理解中的第一点，在于如何看待《启示录》约翰叙事的第一部分

---

[1] 奥古斯丁，《上帝之城》，20：7.1；吴飞译，下册第180页。

[2] 同上。

[3] 关于奥古斯丁对千年王国的三种理解方式的讨论，参见 Virginia Burrus, "An Immoderate Feast: Augustine Reads John's Apocalypse," in *History*, *Apocalypse*, *and the Secular Imagination*, pp. 185-187。

中天使与魔鬼的斗争。他印证了耶稣在《马可福音》中说的一句话，"没有人能进壮士家里，抢夺他的家财；必先捆住那壮士，才可以抢夺他的家财"[1]，认为其中说的"壮士"就是魔鬼，而其中所说的"家财"，指的是被魔鬼霸占着的人。这样，耶稣的意思就是，除非先把魔鬼捆住，没有人能把人的灵魂从魔鬼的控制下救出来。而耶稣以自己的死欺骗了魔鬼，就是捆住了他，于是他就可以和魔鬼完成交易，救出那些被他控制的灵魂。

《马可福音》里的这句话，恰恰和约翰所描述的第一段话很像："我又看见一位天使从天降下，手里拿着无底坑的钥匙，和一条大链子。他捉住那龙，就是古蛇，又叫魔鬼，也叫撒旦，把他捆绑一千年。"于是，对照两处的说法，奥古斯丁认为，约翰所看到的，就是基督战胜魔鬼，从他的统治下解救灵魂的意思。

至于这里所谓的一千年，奥古斯丁已经否定了前面说的，把它当作第七日，即永恒的礼拜的理解，而是认为，它可以有另外两种理解方式。第一种，如果仍然放在他按照创世六日理解的历史分期中，则它指的乃是第六日，即从耶稣来临到世界末日之间的日子，而不是第七日；第二种，他认为也可以像《圣经》里面在用到千百等数字时经常出现的情况那样，这里是在用一千年这个整数来指代所有的时代。[2]不论按照哪种理解，这里的一千年都是指的末日之前的历史阶段。

通过重新诠释捆绑魔鬼和一千年，奥古斯丁已经立下了他解释这一段的基本构架，即，它描述的不再是末日之时发生的神秘事件，而是象征着在末日到来之前，一直就在发生着的历史进程。对后面的内容的解释，则在丰富着这一理解的具体内容。下面一句说，将魔鬼"扔在无底坑里"，奥古斯丁的理解是：

---

[1] 《马可福音》，3：27，"家财"和合本作"家具"。
[2] 奥古斯丁，《上帝之城》，20：7.2；吴飞译，下册第181页。

这个名称象征着多得不可计数的不虔敬的人，他们内心深处极为邪恶，抗拒上帝的教会；这不是说魔鬼以前就不在那里；说把他扔在那里，是因为他远离了信仰者，就开始进一步控制了不敬者。不敬者进一步被魔鬼控制，不仅远离上帝，而且还无缘由地憎恨上帝的仆人。[1]

按照奥古斯丁的这种理解，魔鬼的被绑缚和被关，分别指完全不同的两件事：

> 每当他的一个属下被夺走，这个壮士就被绑一次。在魔鬼开始被关时活着的人，当他们死了的时候，魔鬼被关进去的深坑并不会终结。憎恨基督徒的新人不断出生，代代相传，直到尘世的终结；在他们盲目而深邃的心里，魔鬼每天都被关进去，如同无底的深坑。[2]

每有一个人得救，魔鬼就被绑缚一次；每有一个人堕落，他就被关进去一次。由于奥古斯丁将"绑缚"与"被关"强行分开，这一段的逻辑就变得非常费解。当他说魔鬼被绑缚时，固然是上帝战胜了魔鬼；但说魔鬼被关进深坑，却不再是这个过程的继续，而是与它完全相反的，魔鬼与恶人的关系。于是，当约翰说魔鬼的绑缚和被关时，就不能理解成上帝击败魔鬼的前后相继的两个阶段，而要分别理解成他与好人的关系和坏人的关系，二者之所以并列，并不是在强调上帝对魔鬼的战胜，而是强调上帝之城与魔鬼之城之间界限分明。由于魔鬼的被绑，不断有人被救出他的控制，加入到上帝之城；他一再被关，表明接受魔鬼诱惑、加入他的队伍中的人越来越多。两个城的人都越来越多，世界日益分裂为针锋相对的两个

---

[1] 奥古斯丁，《上帝之城》，20：7.3；吴飞译，下册第181—182页。
[2] 同上书，20：8.3；吴飞译，下册184—185页。

阵营。在从基督来临到末日审判的这个时代，就像马鲁所说的，未必是上帝之城越来越强大，逐渐压倒和战胜了地上之城，直到最后将它彻底击败[1]，而是两个阵营都越来越强大，甚至魔鬼的阵营增长的速度可能更快一些，因为在尘世的历史中，始终是地上之城占有压倒性的优势。

按照奥古斯丁的这种理解方式，随后几句的重点，正是两座城的日益分离。后面的"将无底坑关闭"，就是禁止魔鬼走出来，不得违背禁令，再来诱惑好人；"用印封上，使它不得再诱惑列国"，指的是要将被魔鬼引诱和不受魔鬼引诱的人清楚地区分开来。对于人而言，这本来应该是末日审判时才会彰显的事，但对上帝而言，他们之间的界限早已分明，甚至可以说，"上帝在创立世界之前就选择了他们，救人们脱离黑暗的权势，把人们迁到他的爱子的国里"[2]。对于上帝已经预定要得救的人，魔鬼是不能诱惑的；但这并不意味着，在尘世中接受了洗礼、吃了圣餐、加入到地上教会中的人，不会再次遭到诱惑，"因为看起来站得稳的，会不会跌倒；看起来跌倒的，是不是会爬起，这都不确定"[3]。为了阐释这种差别，奥古斯丁特意指出："经上不说'不得再迷惑任何人'，而是说'不得再迷惑万国'，无疑，他想让我们理解为组成教会的万国。"[4] 其实，地上教会中还是有些成员会被诱惑的，他们要么是灵魂先复活了，但后来因再次被诱惑而死，要么是灵魂根本就没有真正复活，只是通过外在的仪式，滥竽充数地加入了教会。这些人并不属于上帝的国，魔鬼可以诱惑他们，但并不能诱惑将会组成上帝之城的任何人。

于是，这几句描述的是这样一个复杂的故事：在魔鬼被捆住以前，所有的人因为原罪，都在魔鬼的控制之下；但在这魔鬼被耶稣绑住以后，他控制下的一部分人的灵魂被救出去了，他们的灵魂复活了。上帝清楚地知

---

[1] Henri de Marrou, *Time and Timeliness*.
[2] 奥古斯丁，《上帝之城》，20：7.3；吴飞译，下册第182页。
[3] 同上。
[4] 同上。

道，其中有一部分人将要组成未来的上帝之城，他们完全不会受到魔鬼的诱惑；但也有一部分人，将来还会再次跌倒，即仍然会遭到魔鬼的诱惑，他们会和那些没有被救出的人一样，让魔鬼进入自己的内心深处，仍然是地上之城的成员。将来要组成上帝之城的成员，与将来追随魔鬼的人，在上帝眼里是判然分明的，但在世人的眼里并不清楚。这就是末日审判和平时的审判的差别，其实还没有等到末日的时候，在上帝的眼里就已经非常清楚了，因为对于永恒的上帝而言，并没有末日和历史的差别。在此，奥古斯丁已经最大限度地去除了末日作为一个历史时刻的意义，因为末世论作为神义论也未必是到末日时才完成的。但是，他仍然没有彻底取消末日的历史色彩，因为对于人来说，两座城的区别毕竟是到那时候才会公开出来。说魔鬼无法诱惑上帝之城的公民，还是将末日的审判投射到历史中来说的，虽然可以帮助现世的信仰者建立信心，但对于人们对现实的判断，还是没有实在的意义。

五 魔鬼的释放

下面的半句话，就在谈历史与末日的关系："等到那一千年完了。"在奥古斯丁的框架中，这半句的意思又颇为费解。难道是说，在这一千年之中，魔鬼不得诱惑，但在一千年完结之后，就可以诱惑了吗？前面将一千年要么理解为整个世界历史，要么理解为世界历史的最后阶段，则这一千年完结之后，当然指的就是末日。奥古斯丁不可能把这里理解为，到了末日的时候，魔鬼反而会诱惑上帝之城，于是他将此处解释为一种特定的句式，指的是，在整个这一千年中，无底坑都是关闭的，印都是封好的，魔鬼都不得诱惑注定组成上帝之城的人。

虽然奥古斯丁能够很勉强地把这一句解释过去，但下面的一句又说，"以后必须暂时释放他"，意思紧相连属，很难再以同样的方式解释通。前面说，魔鬼被绑缚了，所以他不能诱惑注定组成上帝之城的人；现在魔鬼被释放了，他不就应该有能力诱惑上帝之城里的公民了吗？更何况，约翰在后文明确说了，魔鬼将会带着他的追随者诱惑组成教会的万国："他们上来遍满了全地，围住圣徒的营与蒙爱的城。"[1]

奥古斯丁的解释是，虽然魔鬼和他的属下被释放了，而且他们聚集起来攻击上帝之城，但没有人会被他们诱惑。正是因为上帝之城里的人的灵魂已经足够坚强，可以抵御他们的诱惑，所以上帝才允许把他们暂时释放：

> 如果他不被释放，他的邪恶力量就更不明显，圣徒之城充满信仰的忍耐力就难以得到验证，万能者把魔鬼的大坏处用于好事的计划也难以被看到。所以，上帝并没有完全取消魔鬼对圣徒的试探，而是为他们"内在的人"提供屏障，那里栖息着对上帝的信仰，而魔鬼外面的进攻反而让人们得益。[2]

魔鬼在被绑缚的时候，注定组成上帝之城的人的灵魂还比较软弱，不足以靠自己的力量抵抗魔鬼的诱惑，所以上帝将魔鬼绑缚了起来，但即便如此，魔鬼还是在人间施展着巨大的力量，基督徒和他之间的战争极为凶险。到了末日的时候，上帝之城的公民已经有了足够的力量，可以抗拒魔鬼的诱惑了，于是上帝就将魔鬼释放了出来，让他和他的部下充分展现出他们的力量，这样，"上帝之城看到了她所征服的对手是多么强大，也就知道自己的救赎者、保佑者、解放者的光荣多么巨大"[3]。《启示录》上说，魔鬼会被释放四十二个月，或一千二百六十天。[4]奥古斯丁认为，这三年零六个月，就是魔鬼被释放、可以肆意妄为的日子。在这个时

---

〔1〕 《启示录》，20：9。
〔2〕 奥古斯丁，《上帝之城》，20：8.2；吴飞译，下册第184页。
〔3〕 同上。
〔4〕 《启示录》，11：2；12：6；13：5。

期，魔鬼虽然很强大，但并不足以诱惑上帝之城的公民。

但这种解释面临着一个巨大的困难。我们在第十章说，耶稣基督之所以能够救赎世人，是因为他靠自己在十字架上自愿的死，欺骗了魔鬼，即将他绑住了，和他完成了交易。如果仍然放在这个语境下来理解，魔鬼的被释放是什么意思呢？是不是说，这个时候，壮士的家财都被抢夺了，即，凡是将进入上帝之城的人，都已经得到了救赎，因此就不必再绑缚魔鬼了呢？要是这样理解，则应该意味着，在这三年零六个月当中，不再有人进入上帝之城，因为上帝之城的人数在此前已经凑足了："在那么短的时间中，不会有人再继续加入基督的选民，而魔鬼会和已经成为基督徒的人战斗。其中一些人会被征服，追随魔鬼，从而注定无法进入上帝的儿子的行列。"[1] 如果这个时候上帝之城的人数已经凑足了，两座城的分野已经向世人显露出来，末日似乎就已经来临了，只是因为，地上教会中还是有些并不属于上帝之城的人，还要在这时候遭到诱惑，叛离上帝，所以两座城的分界仍然没有彻底清晰。

三年半的时间虽然很短，但毕竟还是个历史时期。奥古斯丁感到，若认为这段时间里完全无人新加入教会，就必须认为，基督徒在这三年半里不会生孩子，或是生了孩子也不给他们洗礼，甚至，即使洗礼了，这些新生的孩子都将属于魔鬼之城。这种理解是奥古斯丁所不能接受的。于是，他推翻了刚刚得出的结论，认为，这短暂的时间和此前的一千年完全一样，

> 不乏背离教会和加入教会的人；但那时候，无论是为小儿洗礼的父母，还是刚开始信仰的，都足够强大，可以战胜壮士，虽然他摆脱了束缚。那时候，魔鬼会前所未有地以全部鬼蜮伎俩和压迫性力量同人们战斗，但是人们会非常警觉地理解这些，有巨大的耐力来对抗，

---

[1] 奥古斯丁，《上帝之城》，20：8.3；吴飞译，下册第185页。

虽然他没有被捆绑，也能夺走他的家财。[1]

和前面的一千年一样，在这三年半里，既有人新皈依上帝，也有人新叛离上帝。换言之，上帝之城和地上之城还是相互混杂着的，没有泾渭分明地区别开来，因为这毕竟还是人类历史的进程中发生的事。只是，上帝之城的公民到了这个时候，灵魂已经足够强大，完全可以从魔鬼那里解救自己的灵魂。但这并没有否定前面所说的先要绑缚魔鬼才能抢夺家财的话，因为只有耶稣基督先前绑缚了魔鬼，将罪人从他的控制下救出，现在才可能不靠绑缚他，也能抢夺他的家财。这种抢夺家财指的是什么呢？奥古斯丁指出：

> 那时候不仅很多有信仰的好人，而且也有此前教会之外的人，足够强大了，依靠上帝的恩典的保佑，通过学习《圣经》（那上面预言了他们和别人的结局），知道会发生什么，相信了此前不相信的，会变得更加强大，哪怕魔鬼不被束缚而且更壮，也可以征服他。[2]

这些人可以抵抗魔鬼的诱惑，加入上帝之城，并不意味着，他们可以不靠神的恩典，凭自己的能力就能战胜自己的罪；更不意味着，他们不必走耶稣基督开辟出来的那条普世大道，就可以得救，而只是说，他们凭自己对《圣经》的学习，就能理解耶稣基督，模仿他，并找到他开辟的那条道路。耶稣基督对魔鬼的绑缚对他们仍然有意义，就在于，模仿耶稣，仍然是获得拯救的唯一道路。

不过，魔鬼被释放的这短暂时间，究竟在世界历史的哪个阶段呢？如果认为，魔鬼先是被绑缚一千年，然后被放出来三年零六个月，基督徒再

---

[1] 奥古斯丁，《上帝之城》，20：8.3；吴飞译，下册第185页。
[2] 同上书，下册第186页。

与基督一同作王一千年，那就意味着，在这三年零六个月里，基督徒既没能绑缚住魔鬼，也没能与基督一同为王，而奥古斯丁认为这样理解是不对的。虽然在这三年零六个月里，魔鬼最强大，两座城之间的战斗最激烈，但因为上帝之城的公民都不会屈服，它也恰恰是展现光荣的时期，因为"在那个时候战斗越是激烈，抗拒的光荣就越是辉煌，殉道者也越是金冠灿烂"[1]。奥古斯丁特别指出，即使在魔鬼被释放出来以前，基督徒们也在遭受苦难，这三年半与前面的一千年只是程度不同而已，并没有根本的区别。所以他认为，"在那三年半中，那些殉道被杀的灵魂（包括已经离开身体的，和将要在最后的迫害中离开的）与基督一同为王，然后这必朽的尘世终结，过渡到没有死亡的王国"[2]。无论在魔鬼被绑缚的一千年，在他被释放的三年半，还是在末日到来之时，上帝之城的公民们都在和基督一同为王，或者说，他们任何时间都在和基督共同为王，无论魔鬼处在怎样的状态，因为对于上帝而言，上帝之城是永远存在的。

奥古斯丁对魔鬼的释放的详细分析，就表明了他对敌基督的理解。《新约》里说，在末日来临之前，必有敌基督到来。对于敌基督究竟是谁，基督徒们有很多不同的理解。有人认为敌基督就是罗马帝国，有人认为他就是尼禄，他没有死，而是秘密地藏了起来，以后会重新来迫害基督徒。这些理解方式，和那些将末日限定在某个年份的做法，出于同一条思路。而奥古斯丁则将敌基督理解为魔鬼和他的追随者，其实就是地上之城。正如"基督"一词常常不只是指耶稣这个人，而包括所有模仿耶稣的、加入到他的身体中的人们，敌基督也未必只是一个人，而很可能是魔鬼（也许确实会有一个人代表他），和模仿他、加入到他之中的全体，也就是整个地上之城。[3]

敌基督对基督徒的迫害，并不是某个特别的事件，而只是上帝之城与

---

〔1〕 奥古斯丁，《上帝之城》，20：13；吴飞译，下册第194页。
〔2〕 同上。
〔3〕 同上书，20：19.2—3；吴飞译，下册第203—204页。

地上之城一直就有的矛盾和冲突的极端体现而已。也正是因此，奥古斯丁认为，敌基督统治的这三年零六个月，并不构成一个特别的历史时期。它只不过是此前一千年历史的进一步发展，甚至可以说是包括在那一千年当中的。[1] 在这个时候，一方面，上帝之城的公民力量足够强大了，可以更好地对抗魔鬼的诱惑；另一方面，因为有不同寻常的迫害，也有很多人背叛了上帝，加入到地上之城。在某种意义上，甚至可以说，敌基督时的争战，只不过是对世界历史中两座城的冲突的一种抽象概括。但为了尽量避免陷入摩尼教的二元论，奥古斯丁将这两座城的对立放在世界历史当中看待。

六 千年王国

讲清楚了他关于两次复活的观念，以及他对魔鬼和敌基督的解释，奥古斯丁对千年王国的理解也就呼之欲出了。第一次复活和魔鬼的被绑缚是同时发生的，不在末日的时候，而是在耶稣第一次来临之后；魔鬼的被释放，即敌基督的来临，虽然发生在末日之前不久，但也并不属于末日，而是对世界历史中两城之争的自然延续和极端发展。既然这样，约翰说，人们在第一次复活后，与基督一同作王一千年，指的就也不应该是末日时候的事，而是世界历史之中的事。而基督来临后，也曾使魔鬼被绑缚了一千年，那么，魔鬼被绑缚的一千年，就是他们与基督共同为王的一千年："魔鬼被绑缚千年，在此期间，圣徒们和基督共同为王一千年，这无疑也要以同样的方式理解：即从基督的第一次来临开始的时间。"[2]

《启示录》中先说魔鬼被绑缚的一千年，然后说他的被释放，后面又说第一次复活和与基督共同为王的一千年，让人容易以为，这是前后相继

---

[1] 奥古斯丁，《上帝之城》，20：13；吴飞译，下册第194页。
[2] 同上书，20：9.1；吴飞译，下册第186页。

的三个不同阶段，但奥古斯丁的解释彻底打乱了经文的本来顺序，给这千年王国一个完全不同的解释。这千年王国就是上帝之城，但不是末日审判后彰显出来的上帝之城，而是将末日时的上帝之城拉回历史当中，是世界历史进程中的上帝之城。

为了区分未来永恒的上帝之城与这个千年王国，奥古斯丁引了《新约》中的几段经文。比如在《马太福音》中，耶稣说："我就常与你们同在，直到世界的末了。"[1] 在世界末日之前，耶稣就一直和他们同在。耶稣经常说的"我的国""天国"等字眼，在奥古斯丁看来，并非都是同一个意思。它有时指末日之后的永恒王国，有时指末日之前的千年王国。比如耶稣说："收割的时候，就是世界的末了。收割的人，就是天使。将稗子薅出来，用火焚烧。世界的末了，也要如此。人子要差遣使者，把一切叫人跌倒的，和作恶的，从他国里挑出来。"[2] 奥古斯丁认为，此处说的"他国里"就不可能是指永恒王国，因为永恒王国里不可能有稗子。耶稣又说："所以无论何人废掉这诫命中最小的一条，又教训人这样做，他在天国要称为最小的。但无论何人遵行这诫命，又教训人遵行，他在天国要称为大的。我告诉你们，你们的义若不胜于文士和法利赛人的义，断不能进天国。"[3] 这句话里用了三个"天国"，奥古斯丁认为，它们的含义并不一样。第一个和第二个"天国"是一个意思，里面有最小的，也有最大的，但在永恒王国之中，那最小的根本不可能存在，所以这句里的前两个"天国"，指的当是千年王国。但最后一个"天国"，是只有胜过了文士和法利赛人的义的才能进的，那就不可能有最小的，指的应该是永恒王国。

若这样理解，似乎千年王国就是指地上的教会，其中不仅有注定将进入永恒王国的圣徒，也有那些虽然名为基督徒、但终将被魔鬼诱惑走的人。但奥古斯丁又说：

---

[1]《马太福音》，28：20。
[2] 同上书，13：39—41。
[3] 同上书，5：19。

现在的教会也是基督的王国和天上的王国。他的圣徒即使现在也和基督一同为王，但是为王的方式和那时候不同；稗子虽然和好种子一同成长，但是并不和好种子一同为王。与基督一同为王的，都按照使徒的话做："所以你们若真与基督一同复活，就当求在上面的事。那里有基督坐在神的右边。你们要思念上面的事，不要思念地上的事。"使徒还谈到，"他们却是天上的国民。"他们能和基督以这样的方式一同为王，即，他们就是基督的王国。我且不说别的，如果他们直到尘世的末日，直到一切诱惑都被收集出的时候，他们只"都求自己的事，并不求耶稣基督的事"，那他们怎么成为基督的王国呢？[1]

确实，地上的教会就是那千年王国，但真正和基督一起为王的，却不是地上教会中所有的成员。奥古斯丁连引保罗的三句话，证明，只有虔心信仰的，才能进基督的王国，才能与基督一同为王。但所有这三句话，讲的似乎都是信徒们进入永恒之国的要求，而没有明确千年王国与永恒王国的差别。可见，在千年王国中与基督一同为王的，正是以后上帝之城中的公民。基督的圣徒现在也和基督一同为王，将来也和基督一同为王，两个城的组成并无根本的不同，千年王国，只不过是将末日的永恒王国投射到世界历史当中而已。但奥古斯丁又指出，这些圣徒现在和将来为王的方式不同。这种不同体现在什么地方呢？就在于，圣徒们现在虽然并不和那些伪圣徒一同为王，却和他们错杂在一起，共同生活和成长。

尘世中的教会虽然也称为基督的国，但并非其中的所有人都是基督的身体，共同组成他的国。把它称为基督的国，是因为其中包括了所有将属于上帝之城的人。那些将叛离上帝之城的人，虽然暂时也在里面，但到了上帝之城真正彰显出来的时候，却将被驱逐出去。正如耶稣常用的那个比

---

[1] 奥古斯丁，《上帝之城》，20：9.1；吴飞译，下册第187页。

喻里所讲的，在一片麦田里，麦苗有些会成熟，但有些是秕子，打不出粮食来；麦田中甚至长满了杂草，无法和麦苗区分开来。这些秕子和杂草，虽然和将成熟的麦子长在同一片田里，甚至和它们一同接受阳光雨露和各种肥料，但它们并不属于这片麦田，到了收割的时候，就会被清除出去。在尚未收割的时候，麦田之所以称为麦田，是因为以后收割后的粮食而得名的。

奥古斯丁解释约翰所说的"没有拜过兽与兽像"的人，认为"兽"应该就是魔鬼和明确追随魔鬼的地上之城的成员。而"兽的像指的是兽的伪装，也就是那些表面上宣扬信仰，却在无信仰中生活的人的伪装"〔1〕，他们就是那些秕子。兽与兽像共同组成了地上之城，是此世的统治者。"那些因为给耶稣作见证，并为神之道被斩者的灵魂，和那没有拜过兽与兽像，也没有在额上和手上受过他印记之人的灵魂"，则在千年王国中，与耶稣基督一同为王。千年王国既然与上帝之城的组成人员完全一样，它就不只包括教会中的活人，而且包括已经殉道的人，甚至以这些殉道者为主。"这里只提到了殉道者的灵魂，因为这种死后的王位特别属于那为真理奋战到底的人。"〔2〕

虽然千年王国中也包括活人，但在世界历史的整个进程中，千年王国的精神，主要是靠与地上之城争战的殉道者体现出来的。由于这个千年王国还在地上，处在地上之城的包围中，总是在与地上之城争战，所以奥古斯丁又将它称为"充满武力的王国"，而将来的永恒之城，才是"最和平的王国"。这是千年王国与永恒王国最大的区别。信徒们要与基督一同为王，就必须不断地与魔鬼争战，与地上之城争战，与地上教会中隐藏的敌人争战，与自身的罪性争战。一方面，千年王国必须继承罗马人勇武好斗的德性，虽然战争的对象和目的都已不同；另一方面，与敌基督最后的决

---

〔1〕 奥古斯丁，《上帝之城》，20：9.3；吴飞译，下册第189页。
〔2〕 同上书，20：9.2；吴飞译，下册第188页。

战，正是延续了千年中的争战：

> 那时候，魔鬼诱惑了这些国家，使他们参加争战。在做这些之前，魔鬼也用各种可能的坏事诱惑。这里说"出来"，指的是他把本来潜藏着的仇恨爆发为公开的迫害。这是最后的迫害，临近最后的审判，整个大地上的圣教会都要遭受，即，整个基督之城要遭到整个魔鬼之城的挑战，无论二者存在于大地上的什么地方。[1]

在《启示录》里，约翰这样描述魔鬼的被击败："就有火从天降下，烧灭了他们。"[2] 奥古斯丁特别指出，这里的火并不是后来惩罚不敬者的永火，而"最好理解为圣徒的强力，使他们不会屈服于那些野蛮者，不会按他们的意志做事"[3]。之所以说"从天降下"，是因为圣徒们靠了天上的上帝才能如此坚强，才能够有这么大的力量战胜敌基督。这里说的"烧灭"，并非最终的消灭，只是拒绝了他们的诱惑，打退了敌基督最强大的攻势，因为这场争战并没有发生在末日，而只是历史当中的最后一场争战。[4]

只要还在历史之中，千年王国就是勇武之城，充满了争战；争战的发生并不妨碍圣徒们与基督一同为王，甚至正是在争战当中，才成就了他们的王位；魔鬼被释放出来，攻击基督的城，并不是圣徒为王之后的事，所以在与敌基督争战的时候，圣徒们更光荣地与基督一起为王，"在那三年半中，那些殉道被杀的灵魂（包括已经离开身体的，和将要在最后的迫害中离开的）与基督一同为王，然后这必朽的尘世终结，过渡到没有死亡的王国"[5]。

---

〔1〕 奥古斯丁，《上帝之城》，20：11；吴飞译，下册第 191 页。
〔2〕 《启示录》，20：9。
〔3〕 奥古斯丁，《上帝之城》，20：12；吴飞译，下册第 192—193 页。
〔4〕 同上书，下册第 193 页。
〔5〕 同上书，20：13；吴飞译，下册第 194 页。

七　进入永恒王国

在与敌基督的最后决战之后，千年王国过渡到永恒王国，曾经在千年王国中与基督一同为王的，将要在永恒王国中继续与基督一同作王。奥古斯丁虽然并没有把末日仅仅理解成隐喻，承认人类历史确实会有终结，但他还是暗示，这种过渡并不是自然而然的过渡。对这个问题的理解，就体现在他对末日来临时活着的人的处理上。

《圣经》里预言了，在耶稣基督末日重临时，所有死人都会复活，但那些还没有死的人会怎么样呢？奥古斯丁前面说，教会里的活人和已经死去的灵魂共同与基督为王一千年，但到末日时仍然活着的人，是否就不会死去，因而也不必复活，而是一直待在那王位上呢？保罗在《帖撒罗尼迦前书》里这样描写末日的到来："那在基督里死了的人必先复活。以后我们这活着还存留的人，必和他们一同被提到云里，在空中与主相遇。这样，我们就要和主永远同在。"〔1〕按照保罗的理解，到末日的时候，已经死去的人应该先复活，但还活着的人升到云端是什么意思呢？保罗还说："你所种的若不死就不能生。"〔2〕没有死亡就不会复活，就无法进入不朽。所以奥古斯丁认为："如果基督来临时会发现还活着的圣徒，会升起来与基督相遇，我们相信他们会迅速通过死亡走出身体，然后很快变为不朽。"〔3〕

如果说，此世的千年王国既包括教会中的活人，也包括已经死去的圣徒，则永恒的上帝之城只包括曾经死去的圣徒。在每个时间点，虽说所有过去死了的圣徒，甚至将来的圣徒，都在千年王国里为王，但魔鬼不能诱惑他们，只能诱惑当时活着的基督徒；种子与稗子混杂的情况，也只可能

---

〔1〕《帖撒罗尼迦前书》，4：13—17。
〔2〕《哥林多前书》，15：36。
〔3〕奥古斯丁，《上帝之城》，20：20.3；吴飞译，下册第207页。

在活人中才会发生。因此，虽然千年王国只是永恒之城投射到现在，她还是实现在活人中的。但与此不同，末日显露出来的上帝之城，包括耶稣在内，其所有成员都是曾经死去的。圣徒们若不先死去再复活，就无法承受上帝之城。

之所以如此，是因为上帝在亚当犯罪后曾经说："你本是尘土，仍要归于尘土。"[1] 活着的人升到云端与基督相遇，难道因为这些都发生在空中和云端，就认为他们没有归于泥土，甚至不是保罗所谓"种的"吗？既然这话是对亚当和他的所有后裔说的，任何人就都不能免于这一惩罚：

> 上帝对人说："你本是尘土，仍要归于尘土。"我们不能认为，以后的圣徒会免于这个判决。只是他们死亡时，身体不会化为尘土，而是迅速死去，也迅速复活，都发生在空气里。这句话里说的"归于尘土"，意思就是："你丢掉了性命，就要回到获得生命之前的状态。"意思是，你要是断了气（exanimatus），就要回到你获得这口气（animatus）之前。上帝向尘土造的脸吹生命的气息，于是造出了有灵魂的生命人。这就是说："你是得到了灵魂（生命的气息）的泥土，以前你不是；你要成为没有生气的泥土，就像原来一样。"死人所有的身体都是这样的，哪怕还没有腐烂；未来的圣徒们，如果也会死，不论死在哪里，只要他们失去了生命，哪怕马上就会重新获得，也是这样的。这样，他们会化为尘土，因为活人会变为尘土。[2]

这段话意味深长。上帝之所以说人要归于泥土，是因为人犯了罪，必须遭到惩罚，即奥古斯丁说的"你丢掉了性命，就要回到获得生命之前的状态"。人丢掉的是灵魂的生命，因此也必须丢掉身体的生命，作为对他

---

[1]《创世记》，3：19。
[2] 奥古斯丁，《上帝之城》，20：20.3；吴飞译，下册第207页。

的惩罚。灵魂背叛的结果，是灵魂的内在冲突和身体与灵魂之间的相争，这种相争最终会导致身体与灵魂的分离。泥土是人的身体的质料，上帝吹的那口气是灵魂的质料。所谓归于泥土，就是使灵魂与身体分离，而不是身体一定要化为土这种物质元素。所以，只要身体死了，就是归于泥土了。末日时活着的圣徒虽然不会化为物质的泥土，但他们必须死亡，即遭受对原罪的惩罚，然后再进入不朽。

于是，说末日来临时活着的人必须先死去，意思就是，他们还必须为原罪受罚。这和奥古斯丁前面说的，洗礼虽然能拯救，却不能免除死亡，哪怕有了第一次的复活，还必须经历身体的死亡，道理是一样的。人因为犯了罪而必须去死，遭到魔鬼的控制。不论魔鬼被绑缚、被释放，还是被彻底战胜，魔鬼对罪人仍有这点控制权，人若不经历死亡，是不能彻底脱离魔鬼的控制的。在这个意义上，死是基督徒最后的敌人，人若不战胜死，就不可能彻底战胜魔鬼，进入上帝之城；而战胜死亡的唯一办法，就是像耶稣那样去死。

从言成肉身之后，死亡这种惩罚，又被用做了好事，成为耶稣战胜魔鬼、救赎罪人的方式。所有圣徒都要模仿耶稣，加入到他的死之中，否则就不能得救。他们的死，代表了对地上之城的不妥协和坚决排斥，是对魔鬼的最后战胜。只要有圣徒还没有死，魔鬼对他就还有控制权，两座城之间的争战就没有结束。这样，活着的圣徒迅速死去，并不是在战胜了魔鬼之后，在平静和快乐中死去，然后马上复活去见上帝，而是在与敌基督战斗到最激烈的时候，靠自己的死来战胜最后的敌人。他们的死，仍然是与敌基督战斗的一部分，可能比以前的圣徒之死还要痛苦、还要惨烈。

这才是敌基督统治的最后结局：所有在世的圣徒都惨烈地死去了，像他们之前的圣徒一样，在死亡中战胜了魔鬼。但就地上之城而言，这似乎也是一场表面上的胜利，因为所有的基督徒要么投降了，要么被杀死了，就像杀死耶稣是一场表面的胜利一样。在魔鬼之城庆祝胜利的狂欢中，基督来临，审判所有的死人和活人，宣布上帝之城的胜利。就像《帖撒罗尼迦前书》里说的："人正说平安稳妥的时候，灾祸忽然临到他们，如同产难临到怀胎的妇人一样，他们绝不能逃脱。"[1]

但是，难道地上之城里的人就没有死吗？保罗和奥古斯丁谈的，都只是上帝之城中的圣徒。但同样的逻辑也适用于地上之城中的人。他们也必须遭受死亡的惩罚，在身体死后重新复活，再接受基督的审判。这样，我们看到的就是一副更加可怕的场面：不仅所有的基督徒都死了，而且地上之城的公民也全军覆没。两个城的人都同归于尽，无论是身体战胜了灵魂的，还是灵魂复活、战胜了身体的欲望的，大家都在痛苦的灵魂挣扎中，抛弃了自己的身体。于是，整个大地上都是死尸，再没有一点生命的气息，世界陷入了大火之中。魔鬼控制了所有的人，因为所有人的罪遭受了最终的处罚；但魔鬼也再无权柄，因为已经没有新的灵魂归到他的统治之下了。

大火烧灭了整个世界，新天新地出现，所有的尸体都从地上爬起来，世界上曾经有过的所有人都重新出现，哪怕他们早已肢体不全，哪怕他们的尸体早已腐烂多年，哪怕他们早已在山崖下化为齑粉，或是在大海中葬身鱼腹，甚至被吃到了某个人的肚子里——奥古斯丁特别论证了，无论吃人的那个人，还是被吃的那个人，都将复活，重新获得自己的身体。[2]审判，就是在所有人死后，对所有曾经出现过的人进行的。这个时候，上帝之城和魔鬼之城才被真正分开，对死人的末日审判与活人的世界历史也被完全分开。虽然奥古斯丁将这描述成历史的进一步发展，但所谓的末日审判却更像上帝对世界历史中的人和事的终极评判。新天新地，真的是整个天地都没灭了之后的又一片天地，还是一直高悬于人类头顶的另一副天地？在奥古斯丁这里，似乎两种可能性始终都存在着。

---

[1] 《帖撒罗尼迦前书》，5：3；参见奥古斯丁在《书信》199 中对这一段的诠释。
[2] 奥古斯丁，《上帝之城》，22：20—21；吴飞译，下册第 320—322 页。

第十三章

终极生死：循环论抑或二元论

两座城的最终结局，既可以看作世界历史的最后一刻，也可以看作奥古斯丁所理解的哲学上的终极善恶，是神义论的彰显。我们在前一章看到，奥古斯丁已经将约翰《启示录》中的很多内容，那些传统上被认为是末日发生的，转化为世界历史进程中的事情。之所以要这样做，其哲学上的理由是，正如太初在时间之外，因而上帝的创造完全是一瞬间同时完成的，末日也应该在时间之外，不应该再发生前后相继的故事。凡是在末日发生的，都可以不发生在时间之中，因为末日是在世界历史结束之后。

太初，是世界历史开始之前；末日，是世界历史结束之后。二者都不应该在时间之中。而上帝本来就不在时间之中，是一个永恒的现在。对于他而言，既无开始，也无终结，不仅太初的创造和末日的审判，甚至整个世界历史，都是在一瞬间同时发生的。只是对人类而言，创造是历史之太初，审判是历史之末日。因此，末日应该与太初重合。太初就是上帝的永恒真理，而末日就是上帝之城，即完美的第二亚当——基督的身体。所以，世界历史起于第二位格，也终于第二位格。由于时间的创造、人类的堕落、历史的展开所带来的种种问题，都应该在末日的时候有一个了结。

随着耶稣基督的第二次来临，人所扭曲的形式，即上帝的形象，在末日的时候应该复原了，因而人也该完成他的皈依了。我们在最开始就谈到了天使的创造和皈依，现在，人也应该像天使们那样皈依了。而这皈依，必然带来很多其他问题的解决：人应该获得或恢复他的灵性；从第一亚当中分裂了的人，应该在第二亚当之中重新合一；我们一直在谈、但从未实现过的上帝之城，也终于应该显现出来了；上帝创世六日之后的第七日，即礼拜日，现在终于要到来了。所有这些，都是上帝之城的公民应该庆祝的伟大胜利。

但与此同时，我们首先要看看另外那个城，虽然那个城应该不再是世界上主导性的城，但它的存在还是给理解上帝之城造成了种种障碍和困难。比如，既然说所有人都从一个亚当里分裂了，那么为什么不是所有人都加入到第二亚当里重新合一，而是只有一部分基督徒才能合一呢？而且，按照基督教思想一般的理解，人类的大多数恰恰是属于地上之城的；能够有第一次复活，最终进入上帝之城的，只是极少数人。地上之城的命运，才是大多数人的命运；进入上帝之城的，只是例外。于是，我们看到了奥古斯丁末日论中一个不可忽视的悖谬：虽然上帝之城的命运似乎和创世论中的主题更能自然呼应，但大多数人的命运，取决于地上之城在末日的状况。

奥古斯丁也深知，他必须先处理地上之城的末日状态，才能更好地讨论上帝之城的末日，他自己给出的原因是，"说身体会承受永恒的折磨，好像比在永恒的幸福中没有痛苦更不可信"[1]，或者说，理解终极的恶，在哲学上是更大的挑战。我们也按照奥古斯丁的顺序，从地狱中的永罚开始。

一 永死如何可能

对恶的理解，是奥古斯丁思想中极为根本的问题，在他之后更成为困扰整个基督教传统的哲学问题。奥古斯丁从他哲学思考的起点，就为恶的起源问题烦恼；到皈依基督教后，批判摩尼教、重新解释恶的起源，更成为他一个最基本的哲学任务。而在末日审判的问题上，如何理解终极的恶，也同样成为一个非常困难的问题。

---

[1] 奥古斯丁，《上帝之城》，21：1；吴飞译，下册第233页。

按照二元论的理解，善恶各有其存在和根源；但按照奥古斯丁的理解，恶并不是独立存在的，而只是善的缺失，任何被造物都是至善的上帝无中生有创造出来的，因而它们在自然上都是善的。魔鬼虽被认为是地上之城的头领，但他并不是一个可以和上帝分庭抗礼的恶神，而只是一个堕落天使，就其自然而言也是上帝创造的，只是因为不愿意聆听圣言而变坏了。并不存在一个坏的太初，当魔鬼或人不服从上帝时，他们并没有找到坏的太初，而只是将应该给上帝的，给了自己或是其他被造物。之所以这样做是坏的，是因为任何被造物都是无中生有的。

由于对恶之起源的这种理解，奥古斯丁在谈终极恶时就有了理论上的困难。终极善是皈依上帝，但终极恶并不是皈依一个坏的太初。恶的深层根源是虚无，因为万物都是无中生有造出的，但虚无也不是终极恶，因为虚无就是什么都不存在，并没有一个叫作"虚无"的东西。虽然恶来自虚无，但虚无并不是恶，而是不存在。所有的恶都不是不存在，而是使存在依赖于不存在。所以，终极恶也并非变得不存在，回归绝对的虚无，而是使存在彻底断绝与上帝，即绝对存在的关联，依靠在不存在上。在奥古斯丁看来，人虽然来自虚无，但自从被造后，就不可能再回到虚无，而是要么得到善的恩典，要么遭到恶的处罚。他正是在这个意义上，来理解恶人的永死的。

永死是人的第二次死亡。我们前面谈到过，人的死亡，无论第一次死亡还是第二次死亡，都不是消失其存在，而是使身体与灵魂的冲突达到最尖锐、最剧烈的程度。在第一次死亡中，身体的死亡只是一个不可把捉的点，但第二次死亡，却要使这个点无限延续下去。

在《上帝之城》第二十一卷的起首数章，奥古斯丁不厌其烦地举例证明，"人那有灵魂和活着的身体，不仅不会随着死亡消解，而且还会承受永恒之火的折磨"[1]。他在此处试图解释，在第二次死亡中，死亡这一

---

[1] 奥古斯丁，《上帝之城》，21：2；吴飞译，下册第233页。

刻为什么可以无限延长下去。奥古斯丁首先举例指出，有些必朽而可腐的生物是可以生活在火中的，但他随即意识到，这一论证并无说服力，"因为这种生灵不会永远活着，或者在热量里活得没有痛苦；并且，它们的自然本来就适应这些火，使得它们在其中更有利而不会受折磨，好像它们在其中更有利比受折磨不是更不可信"[1]。永火中的状况与这种非常不同，因为永火中的人的自然并不适合在火中存在，而是会被火烧得非常痛苦，在这种痛苦的折磨下，他为什么不会消失其存在，反而永远存在下去，仍然需要解释。

遭受最大的痛苦而又永远存在，这就是奥古斯丁所理解的终极之恶，超过了人世间的所有坏事，是对恶人的绝罚。但这种绝罚意味着，身体与灵魂之间越来越尖锐的冲突不会导致身体与灵魂的分离。奥古斯丁为批判对永罚的误解，在第二十一卷第三章，写下了他的永死论的关键段落：

> 他们所知道的肉身，没有不是可朽的；那他们的全部道理就是，凡是他们没有经历过的，他们就不能认为是对的。从这个道理，他们认为痛苦证明了死亡，但其实痛苦更表明了生命的存在。我们可以问，痛苦者是否会永远活着。但肯定的是，所有痛苦的人都活着，所有痛苦都只能发生在活人身上。因此，痛苦的人一定活着，但是痛苦不一定会杀人，因为，虽然我们的必朽的身体早晚会死，但是痛苦根本不会杀死它，某些痛苦之所以会杀死身体，是因为，这身体与灵魂结合，灵魂会屈服和逃离极端的痛苦。我们的肢体的聚合极为脆弱，我们的元气也很软弱，无力抗拒那带来巨大或极端的痛苦的力量。而到末日之时，身体与灵魂以这样的方式结合，它们之间的纽带不会因时间的长度而破坏，也不会因痛苦而断裂。现在，没有肉身能承受痛苦的感觉而又不死，但是那时候的肉身和现在的不同，正如那时候的

---

〔1〕 奥古斯丁，《上帝之城》，21：2；吴飞译，下册第233—234页。

死亡和现在的不同。那时候死亡不是什么也没有了，而是永恒的死亡，因为灵魂没有了上帝就不再生存，死亡也并不会逃脱身体的痛苦。[1]

这一段的内容可以分为三个层次。在第一个层次，奥古斯丁反驳了自己的批评者。批评者认为，痛苦必然导致死亡。这其实是奥古斯丁自己的学说的一个推论。他认为，尘世中的各种欲望和痛苦来自灵魂对上帝的背叛，而这种背叛就体现为身体和灵魂的冲突，这种冲突的极端形态，正是身体和灵魂的分离，即死亡。但奥古斯丁现在说，这种痛苦恰恰表明了生命，而不是死亡。这和他在第十三卷的说法是一致的：在身体和灵魂即将分离，人处在尖锐的痛苦中的时候，他恰恰处于死前的活着的状态，而不是在死或死后。在必朽的此世，这种尖锐的对立确实总会带来死亡，但它毕竟不等同于死亡，因而也不必然带来死亡，所以正在感到痛苦的人一定是活着的。奥古斯丁此处是在一般的意义上使用死亡一词，即用它来指代存在的消失。

在第二个层次，奥古斯丁重新分析了必朽之人的身体之死，从而对痛苦与死亡的关系作了一个新的界定。他指出，人之所以有身体之死，即灵魂与身体的分离，是因为必朽之人的身体和灵魂结合得并不那么紧密。当灵魂无法忍受那极端的痛苦之时，就会逃离身体，这就是身体之死。身体没有被痛苦杀死，而是被灵魂抛弃了。痛苦并无杀死身体的力量，但灵魂若不与身体结合，就不必承受作用于身体的巨大痛苦；身体不与灵魂结合，也无法感觉到这痛苦。于是，奥古斯丁更彻底地解释了灵魂和身体的分离：二者的分离并不是它们之间的冲突的自然结果，而是灵魂对身体的最终背叛。他又一次赋予死亡一种道德化的解释，进一步取消了死亡作为自然事件的意义，也使死亡更不像存在的消失。

---

[1] 奥古斯丁，《上帝之城》，21：3.1；吴飞译，下册第234页。

在第三个层次，奥古斯丁以这种理论解释了末日时坏人可能的状态。在那个时候，身体和灵魂以顽强的纽带被结合在一起，不会断裂，灵魂也不可能背叛身体。于是，二者必须老老实实地结合着，忍受巨大的折磨，而不能以自己的方式逃出去。这就是永死，不是消失存在，而是永远感受着临死时的那种折磨，即永远在死着。

二 永死是怎样的

奥古斯丁这种永死论的一个理论支点，是身体与灵魂的关系。因此，他随后花了大量的篇幅证明，"痛苦是灵魂的痛苦，不是身体的痛苦，哪怕痛苦的原因存在于身体中"[1]。这并非奥古斯丁的发明，而是希腊哲学中的传统说法。亚里士多德在《论灵魂》中将感觉能力理解为灵魂第二层次的能力，奥古斯丁继承了这一哲学传统。但当亚里士多德这样讲的时候，他并没有把身体和灵魂当成两个可以相互独立的实体，更不会认为灵魂可以单独存在。

奥古斯丁更直接接受的哲学传统不是亚里士多德主义，而是柏拉图主义。在柏拉图的《斐多》中，苏格拉底给出了关于灵魂不朽的三个论证，还频繁引用古代神话中关于灵魂转世的说法，但其中充满了辩证色彩。奥古斯丁继承了苏格拉底表面的结论，说：

> 因此，如果灵魂（无论是只有灵魂痛苦，还是主要由灵魂痛苦）按照他们的说法，是不朽的，那么，身体就不会因为痛苦而死亡。所以，如果身体导致了灵魂痛苦，既然能导致灵魂痛苦，那身体为什么不会导致灵魂死亡？这当然是因为，造成痛苦的未必造成死亡。那为

---

[1] 奥古斯丁，《上帝之城》，21：3.2；吴飞译，下册第235页。

什么不能相信，身体可以承受火焰带来的痛苦，但是不死？[1]

奥古斯丁取消了柏拉图灵魂学说中的辩证性，将灵魂不死说推到一个极端。按照他的理解，对于陷溺于原罪中的人而言，恰恰是身体与灵魂的结合，导致了痛苦——这也类似《斐多》中提到过的一个说法，因为，灵魂只有与身体结合，才会感受到作用于身体的痛苦；身体也只有与灵魂结合，才会有感受痛苦的能力。身体的死亡，并不是痛苦导致的，而是为了逃脱这种痛苦。到末日的时候，身体与灵魂的结合同样是痛苦的原因，但是因为没有分离的可能，所以永远也无法逃脱这种痛苦。末日的永死之所以是对恶人最大的惩罚，就是因为它取消了逃脱痛苦的可能性："是在灵魂不愿意的情况下，第二次死亡把她约束在身体里。"[2] 这种约束，使人最大程度地体味堕落的后果，而堕落的最严重后果就是死亡，这是比身体死亡痛苦得多的死亡，所以称之为第二次死亡或永死。

但这随即又带来一个问题：死亡和存在到底是什么关系？这正是我们在第五章曾经讨论过的一点。我们在那里谈到，对于奥古斯丁而言，死并不等于不存在，对人而言最大的坏事也不是不存在。但奥古斯丁还是知道，人们对死亡的一般理解就是"不复存在"，而且他有时候也会以这种方式使用"死"这个词。虽然柏拉图就曾经将死亡定义为"身体和灵魂的分离"，但这种分离还是在"不复存在"的意义上理解的，即，死亡要么可以理解为生命的不复存在、灵魂（即生命）不复存在于身体中，或身体与灵魂结合的状态不复存在。奥古斯丁在《上帝之城》第十三卷里理解死亡的时候，强调垂死的痛苦并非在死，在某种意义上，就是因为那个时候生命还存在（灵魂还在身体里），所以都不是死；而他所理解的死后，就是没有生命、灵魂不在身体里的状态。虽然奥古斯丁

〔1〕　奥古斯丁，《上帝之城》，21：3.2；吴飞译，下册第236页。
〔2〕　同上书，21：3.1；吴飞译，下册第234—235页。

在那里的讨论极为复杂，但他还是承认，在死亡与不存在之间有一定的关系。按照这一思路，只要人能感到痛苦，死亡就还没有到来，即不是在死，虽然死后的生命不存在状态同样不是在死。在死是灵魂与身体分离的那一刻，是痛苦消失的那一刻，是生命从存在过渡到不存在的那一刻。

但是现在，奥古斯丁所描述的永死，似乎不是将那一刻固定下来，而是将垂死的痛苦无限延长。但垂死前的任何时刻都不等同于死亡，而且，按照奥古斯丁的逻辑，如果我们举出垂死时的任何一刻，无论这一刻的痛苦有多么剧烈，无论这一刻距离死亡是多么近，我们总能找到比它更接近死亡、比它更痛苦的一个时刻，因为垂死是时间中的一个线段，而死却是一个没有长度的点。在垂死的过程中，人越是接近死亡就越痛苦；但在死这个点本身却不是最痛苦的时刻，而是痛苦消失的时刻。若把地狱中的永死理解为垂死状态的无限拉长，它似乎不是与天堂中的永生相对立的一种状态，倒像是与伊甸园中无限长的快乐时光相对立的一种无限痛苦的状态。

但这并不是奥古斯丁所理解的永死。我们在第五章已经谈到，奥古斯丁理解的第二次死亡，就是使死着的那一刻变成永恒，而不是将死前的痛苦无限拉长。但当他在第二十一卷描述永死的时候，它就很容易变成垂死痛苦的无限拉长。之所以会出现这种状况，还是因为至恶与不存在之间关系模糊。从存在论上讲，与绝对存在的上帝相对立的，应该是绝对的不存在；但是，从奥古斯丁的善恶观来看，与上帝那里的至善相对立的，却不是不存在，而是堕落了的无中生有的被造物。

关键还是善恶问题。摩尼教将善恶分别理解为相对立的两种存在，奥古斯丁继承了新柏拉图主义，认为恶并不存在另外一个本源，但恶又不是不存在，而是一种有欠缺的存在。这一说法是对二元论的毁灭性打击。他不仅否定了恶的本原的存在，而且根本取消了将虚无当作至恶的可能。虽然恶都是因为某种虚无，虚无却并不是一种存在，因此，严格说来并不存在至恶。因为恶只是相对于善而言的，不存在只是相对于存在而言的，既没有独立的恶，更没有独立的不存在。恶的力量来自于善，恶的程度并不是按照它接近于虚无的程度递增的，在某种意义上，反而是根据它所具有的善的自然的程度增加的。正如魔鬼之所以比恶人更可怕，并不是因为它更接近不存在，而是因为它具有和天使一样的、最好的自然。同样，垂死的人之所以极为痛苦，并不是因为他接近不存在，而是因为他的身体和灵魂都还很敏感。于是，越接近死亡未必就越痛苦，而是在身体与灵魂都还很敏感的情况下，它们彼此之间的冲突越尖锐越痛苦。在身体与灵魂尚未完全分离之时，若灵魂已经变得昏厥，或是身体已经变得麻木了，人的痛苦反而不那么重了。这样，第二次死亡确实不是使生命消失的那一刻变得永恒，而是将感觉最敏锐的垂死时刻无限拉长。

由于奥古斯丁在第二十二卷已经彻底否定了将死亡等同于存在的丧失，他的理解也可以自圆其说。死亡，无论是身体死亡还是灵魂死亡，也无论是第一次死亡还是第二次死亡，都不是存在的消失，其根源都是人的灵魂的内在冲突。灵魂与身体的分离并不是对死亡的定义，而只是灵魂的内在冲突过于剧烈所导致的一个偶然后果。到末日之时，灵魂与身体永远陷于剧烈的冲突中，身体和灵魂不会分离，也不会导致麻木或昏厥的情况。人永远都处于极度清醒、极度敏感的状态，因而对那些痛苦的感受就极为尖锐。

遭受永死的人也永远处在时间的撕扯中，他们的过去、现在、未来永远不能统一，反而在最激烈的冲突中。正如并不存在一个非存在，也不存在一个"坏的永恒"。只要不是永恒，就处在时间当中，就在无比剧烈的冲突中。

处在永死中的人，其身体与灵魂牢牢结合在一起，在时间的撕扯中相互折磨，剧烈冲突。我们也就可以理解，奥古斯丁不会认为，永死的处罚只是针对灵魂的。《以赛亚书》中这样描述末日的永刑："他们的虫是不死的，他们的火是不灭的。"[1] 很多人认为，这句话里的火和虫，都是比喻性的说法，指的都是灵魂的折磨："无论是火还是虫，他们认为都是要惩罚心灵，而与身体无关。他们说，那些与上帝之国分离的人，心灵要遭受悲哀的煎熬，他们的忏悔太晚，也太无效了。"[2] 而另有人认为，火是针对身体的，虫子是针对灵魂的，奥古斯丁认为，这种说法更可信一些。但他最愿意接受的却是，无论火还是虫，针对的都是身体。他已经举出过例子，证明某种虫子可以在火中生活而又不死，因而，可以将此处理解为，火指的就是物质之火，虫就是真的虫子，都没有比喻的意义。但若是这样，难道灵魂就不受折磨了吗？奥古斯丁的回答是：

> 在《圣经》里没有明说心灵的痛苦，但我们可以因而理解，即使在不说的时候，身体既然遭受了痛苦，灵魂当然也受到徒劳无功的忏悔的折磨。我们在《旧约》里读道："不敬者的肉身的罪罚，就是烈火和虫子。"可以说得更简明些：不敬的人会遭报应。为什么说"不敬者的肉身"？还不是因为，火和虫这二者都是对肉身的惩罚？[3]

人之罪虽然最终来自灵魂的背叛和撕裂，但它表现在身体与灵魂的冲突，和身体自身的痛苦。恶人身体的复活，才使这种痛苦成为可能，因为身体与灵魂的结合带来了痛苦，而不是避免了痛苦。

三 永远的惩罚

奥古斯丁坚持，地狱中的惩罚虽然不是永恒的，却是永远的，即，一旦遭受永罚，就再无翻身之日。而这就涉及我们在本章开头提到的一个重

---

[1] 《以赛亚书》，66：24。
[2] 奥古斯丁，《上帝之城》，21：9.2；吴飞译，下册第249页。
[3] 同上书，下册第249—250页。

要问题：众人都来自同一个亚当，为什么不是所有人都归于第二亚当呢？若是大部分人不进入永生，而遭受永火，怎么会有全人类的拯救呢？

> 而人类就是这样分配的，在一些人当中，悲悯的恩典得以显明，在别的人当中，正义的报复得以显明。两者不能在所有人中显明：因为，如果所有人都待在正义的刑罚之中，救赎的悲悯恩典就无从显现；反过来，如果所有人都从黑暗中回归光明，那么严厉的复仇就无从显现。不能被救的比被救的人多很多，所有人本该都遭受的惩罚就如此展示出来。如果所有人都被惩罚，没有人可以抱怨说这报复的惩罚不正义；因为他慷慨地解救了这么多人，人们就该全心感激他的恩典。[1]

按照这段话里的逻辑，由于所有人都在亚当里犯了罪，本来所有人都是该遭受永罚的。因为死亡是对灵魂的堕落的惩罚，若是所有人进入永火中，无人可以抱怨上帝的惩罚不正义。但现在，上帝慷慨地拯救了其中的一些人，这恩典是人本来不配获得的，因此被救者更该感谢上帝。基于这一理解，奥古斯丁批判了对永刑抱有幻想的种种学说，特别是奥利金的说法：

> 他们不相信，最正义的法官会宣判，让应该在地狱里受罚的人，全部或一部分遭受永刑，而是认为，在或长或短的一定时间以后，他们根据自己的罪的大小得到释放。其中，奥利金尤其悲悯。他认为，魔鬼自己和他的使者们，在经历了严厉和长时间的应得惩罚后，就应该从这折磨中解脱，与圣天使们在一起了。[2]

---

〔1〕 奥古斯丁，《上帝之城》，21：12；吴飞译，下册第253—254页。
〔2〕 同上书，21：17；吴飞译，下册第258页。

持这种说法的人出于人的悲悯，不仅宽恕所有的罪人，甚至会宽恕魔鬼。奥古斯丁认为，他们犯了巨大的错误。这种观点，继承了柏拉图主义所讲的，一切惩罚都是矫正性的说法[1]，认为全人类都会获得拯救。随后，奥古斯丁又举出了比这种说法稍微可以容忍一点的观点：

> 他们说，神所预言的，坏人和不敬者的真正结局，都是罪有应得的。但是等到审判来临之时，悲悯就要起作用了。他们说，悲悯的上帝会因为他的圣徒们的祈祷和干预而赐福。如果圣徒们在遭受他们的敌意时，都会为敌人祈祷，那么，在看到他们卑微地服罪、俯伏于地的时候，圣徒会更加劲地祈祷![2]

这种观点把基督教"爱敌人"的诫命发挥到了极致：既然在尘世中可以爱你的敌人，到了天国更加完满，岂不是更应该爱敌人？《旧约》中有尼尼微的故事为证。上帝预言，因为尼尼微人的恶行，尼尼微将要毁灭。但后来，因为尼尼微人忏悔了，上帝并没有实施他预言的惩罚。[3] 这些人认为，末日的惩罚就和尼尼微的覆灭一样。上帝以此来警示世人，并不是虚假的，因为若按照他们的罪，他们是应该遭受永刑的；但圣徒们的祈祷，最终会让上帝赦免所有的罪人。但这一派并不认为，魔鬼也会遭到赦免。[4]

随后，奥古斯丁又列举了另外几种关于永刑的错误理解：认为只要参与了圣餐礼的，即使有罪，最终还会脱离永刑；认为只要加入大公教会的，即使犯了罪，受过一段时间的处罚后，就会脱离永刑；认为只要有大公信仰的，哪怕道德败坏，在经过一段时间的地狱之火后，就会脱离永

---

〔1〕 奥古斯丁，《上帝之城》，21：13；吴飞译，下册第254页。
〔2〕 同上书，21：18；吴飞译，下册第259页。
〔3〕 《约拿书》，3。
〔4〕 奥古斯丁，《上帝之城》，21：18.2；吴飞译，下册第260页。

刑；认为，虽然道德没有变好，但只要做了好事，就可以免予处罚，或从轻处罚，最终脱离永刑。这几种观点可归为一类，即认为道德的堕落会带来地狱中一段时间的惩罚，但外在的信仰会使人免予永刑。我们在第十章已经谈到过奥古斯丁对这类观点的反驳了。

所有这些观点，都倾向于将末日之后的归宿分为三种：遭受永刑的，暂时遭受惩罚但终究会上天国的，和直接进入天国的，预示了后来的炼狱说。[1]奥古斯丁坚持认为，在末日审判中，人们只有两种命运，要么上天国享受永生，要么进地狱遭受永火，没有第三种可能。他对这些说法一一做了反驳。

他首先指出，耶稣说的"你们这被诅咒的人，离开我！进入那为魔鬼和他的使者所预备的永火里去"，[2]和《启示录》里面讲的"那迷惑他们的魔鬼被扔在硫磺的火湖里，就是兽和假先知所在的地方。他们必昼夜受悲哀，直到世世代代"，[3]都不可能是假的。无论魔鬼还是追随他们的人，所遭受的惩罚都应该是永远的。[4]

但另外一派的说法却相当有说服力。他们承认，罪人确实应该遭受永罚，但基督徒对敌人也会悲悯，所以在天国中会为他们祈祷，使上帝赦免他们。看上去，这一派的讲法非常符合基督教的道德训诫。为了反驳这一说法，奥古斯丁首先提醒人们，虽然上帝命令人们爱敌人，但在此世的生活中，却没有让教会为魔鬼祈祷。而现在不为魔鬼祈祷的原因，就是末日之时不为坏人祈祷的原因：

> 现在，她之所以为人类当中的那些敌人祈祷，是因为他们还有时间让自己的忏悔获得结果。教会为他们最大程度地祈祷，难道不正是

---

[1] 参考 Jacque Le Goff, *The Birth of Purgatory*, Chicago: The University of Chicago Press, 1986。

[2] 《马太福音》, 25: 41。

[3] 《启示录》, 20: 9—10, "世世代代", 和合本作"永永远远"。

[4] 奥古斯丁, 《上帝之城》, 21: 23; 吴飞译, 下册第263—264页。

因为使徒所说的，"神给他们悔改的心，可以明白真道，叫他们这已经被魔鬼任意掳去的，可以醒悟，脱离他的网罗。"但是，如果教会确切地知道，有哪些人，虽然还生活在此世，但命中注定要和魔鬼一起走进永火，那就不会为他们祈祷，正如不会为魔鬼祈祷一样。[1]

在他看来，基督教的道德诫命都不是抽象的，只有放在基督教的历史观之下才有意义。教会之所以要为自己的敌人祈祷，并不是因为人们要无原则地爱敌人，而是因为在末日到来之前，任何人都有改变的可能。因而只要尚在尘世当中，表面上的敌人就总有可能变成虔敬的信徒。教会对任何人都不能放弃希望，所以可以为他们祈祷。但魔鬼没有悔改的可能，所以人们并不为他祈祷。即使为世人所做的祈祷，上帝也并不是一概都听的，因为虽然人们并不知道谁会悔改，但上帝非常清楚，谁是教会真正的敌人，谁是朋友。上帝并不会因为人的祈祷而改变对人的态度，而只会按照他确定的计划来断人善恶。

出于同样的原因，"虽然教会会为所有人祈祷，但现在也不会为死去的不信者和不敬者祈祷"[2]。不为这些已死者祈祷，是因为他们毫无疑问是坏人，且再无悔改的可能。有时候，教会也会为某些死去的人祈祷，这是因为，"一方面，他们在身体中生活时，并没有活得那么坏，以至被认为不应该得到悲悯；另一方面，他们也还没有活得那么好，以至于完全没必要得到悲悯"[3]。人只要死去了，其善恶就盖棺论定了，不会再有改变，但这只是对上帝而言的；对于凡人，这些介于好坏善恶之间的人究竟能否得救，仍然是个谜，所以他们会为他们祈祷。奥古斯丁甚至会再退一步，认为也有些人，在死时遭受了灵性的惩罚，但在复活之后，还会得到赦免。但这些人之所以会得到赦免，也是因为上帝已经预定了他们的命

---

[1] 奥古斯丁，《上帝之城》，21：24.1；吴飞译，下册第 265 页。
[2] 同上书，21：24.2；吴飞译，下册第 265 页。
[3] 同上书，下册第 265—266 页。

运，而不是因为他们在死后发生的什么事，改变了上帝的计划，更不是因为他人的祈祷起到了作用。

这种死时得到惩罚、但复活后可以进入永生的，其实就是那些以基督为根基，但在上面建了禾秸的建筑的人。奥古斯丁在第二十五、二十六和二十七章花了很大篇幅来谈这个问题，我们在本书第九章也已经讨论到他的基本观点了。在奥古斯丁看来，所谓以基督为基础的禾秸建筑，并不是说有了信仰但道德败坏，而是虽然有肉身的生活，乃至一些坏事，但不会将这些放在上帝之前。他们的结局，即"像从火里经过一样"，并不是说他们先在地狱之火里烧灼，然后得到永生，而是说，他们在失去自己所爱的尘世之人或尘世之物时，会感到痛苦："他们将在火里得救，因为他们会失去亲人，他们的爱有多深，遭受的悲哀就有多大。"[1] 按照奥古斯丁的标准，这些将基督放在第一位的人，本来就是可以得救的；他们和那些所谓的本来不该得救、但因为他人的祈祷而得救，或是只有外在的信仰、而无内在的德性的人，都不同。对于他们是否得救，上帝的计划从来没有改变过。

总之，所有这些人，无论是活着的敌人，死去了但不知是敌是友的人，还是那些按照肉身生活、但将上帝放在第一位的人，上帝对他们的预定都不会改变，只是他们的善恶都未能充分向人显明，因而人们可以为他们祈祷。严格说来，为这些命运未定的人祈祷并不会改变上帝的预定，而只是表达了祈祷者个人的信仰。

可见，为敌人祈祷的必要性，来自尘世生活的不确定性。但对奥古斯丁而言，末世论就是神义论。末日到来之时，就是一切善恶是非最后的彰显之日。末日审判中所定的恶人，就是确定的恶人，已经没有可能再变成好人，他们和前面所说的那几种人都已经不同。如果那时候再为恶人祈祷，就已经无法表明人们的信仰，反而暴露出巨大的谬误。

---

[1] 奥古斯丁，《上帝之城》，21：26.4；吴飞译，下册第276页。

奥古斯丁所批判的几种观点虽然各有不同，但有一个共同的问题，即，未能从末世论的角度来衡量善恶和道德。"爱敌人"并非一个绝对的律令，而只是对生活在尘世中的基督徒的一个要求。尘世生活的不确定性使这条诫命得以可能。它和我们说过的尘世中的性情、德性、死亡一样，是矫正性的，因而在上帝之城中就已失效。至于末日审判时的永火，却无论如何不是矫正性的，因为它是在世界历史之外的，是对尘世历史的最终判决。

四 第二亚当的成年

奥古斯丁用他的历史观和末世论，反驳了奥利金等人的说法。但是，他尚未解决另一方面的问题：拯救是否全人类的拯救？

虽然众人要在基督的身体中和合为一，但奥古斯丁坚持认为，并非第一亚当的所有后代都要加入第二亚当，而是只有很少数的人会进入上帝之城。这就构成了与奥利金等人极为不同的世界观。那认为所有堕落的人都将获得拯救的，多少是继承了新柏拉图主义循环论的时间和历史学说，认为被造的万物终将回归太一。奥古斯丁虽然有第一亚当和第二亚当的学说，但他坚决拒绝循环论的历史观，所以，第二亚当并非对第一亚当的回归，而是另外一个亚当。

奥古斯丁是这样看待人类的救赎在上帝的创世计划中的位置的："从人的必朽的后代中，上帝凭他的恩典聚集起了一个伟大的人民，让他们填充堕落天使在上界之城里留下的空位，使得这个城里的公民不会数目变少，反而会因人口充盈而喜悦。"[1] 上帝之城里本来只有天使，其公民的数目是确定的；但是因为一些天使堕落了，他们就留下了一些空位子。上帝允许人堕落，是因为他预见了，他将从人的堕落中造出好的结果，那

---

[1] 奥古斯丁，《上帝之城》，22：1.2；吴飞译，下册第285页。

就是，让他们去填充那些堕落天使的位置。因此，有多少天使堕落了，就会有多少人进入天国。只有这些人，才是组成第二亚当的肢体。

奥古斯丁正是在这个意义上理解得救者复活时的状态的。保罗在《以弗所书》里说："直等到我们众人在真道上同归于一，认识上帝的儿子，得以成为完美的人，满有基督长成的身量。"[1] 有些人对这句话的理解是，所有人复活时，都和耶稣一样高，那么比他高的就要变矮，比他矮的就要变高。奥古斯丁不同意这种解释。他认为，较合理的解释是，耶稣死时是三十岁的壮年期，人们无论死时年龄多大，复活时都是像耶稣这个年龄的身量，即身体最成熟健壮时的身量，也就是亚当在伊甸园中的状态。不过，一个更好的理解是，"当基督中的所有成员都加到他们的头上时，基督就完美地成年了"[2]。他又解释说："看，这是怎样完美的人，有元首，有身体，具备所有的肢体，在自己的时候得到完满。而每天，这同一个身体都在增长，就像教会在建造，所以说她：'你们就是基督的身子，并且各作肢体。'"[3]

耶稣和他的追随者共同组成千年王国，即上帝之城在尘世中的状态。随着越来越多的成员效法基督，加入到其中，其预定的数目逐渐完成。等到末日复活时，所有预定进入上帝之城的人，都已经加入到了基督的身体之中，于是基督这个完美的人就成年了，上帝之城也就最终显露出来。说基督是第二亚当，是因为他和伊甸园中的第一亚当一样，没有原罪，是最完美的人。追随和模仿基督的人都会加入到他之中，但并不是第一亚当的所有后代，都加入到第二亚当之中。所有人都是第一亚当的后裔，是就自然的繁衍而言的；但组成第二亚当的众人，却不是因为自然，而是因为恩典，加入到基督之中。

奥古斯丁的世界历史不是从一到多、再由多回到一的自然循环，而是

---

〔1〕《以弗所书》，4：13。
〔2〕 奥古斯丁，《上帝之城》，22：15；吴飞译，下册第314—315页。
〔3〕 同上书，22：18；吴飞译，下册第317页。

以恩典的一取代自然的一的线性历史。从自然的一到恩典的一，中间是漫长的世界历史。如果以哲学语言来理解这种世界历史，则自然的一是所有人的开端和起源，恩典的一是上帝的选民的终极善好。按照自然，所有人都从上帝那里得到了存在，从亚当繁衍而来，享受上帝给予世界的一切恩赐[1]，但是，他们却无法进入上帝之城，所享受的恩赐终会结束，进入无穷无尽的永火中，遭受折磨；只有那因为恩典加入到基督之中的人，超越了自然，使自己变得和天使一样，进入上帝之城，享受永生。人之所以能够得到恩典，加入基督，首要的条件是弃绝自然。

但是，奥古斯丁在谈创造的时候，又没有把自然和恩典截然分开，恩典好像不是自然之外的，而是自然的内在圆满。比如他谈人的被造，认为上帝的形象就是人的形式，同时也构成了人的自然，而人的堕落则是因为人没有服从和皈依上帝，遗忘或扭曲了这形式，放弃和撕裂了自己真正的自我和本质。如果按照这个模式来理解，人在末日的得救，就是找回自我、本质、形式，即上帝的形象，这应该是人最完美的自然。如果恩典就是自然的内在圆满，为什么只有少数人得到拯救，进入上帝之城，而大多数人只能进入永罚呢？

之所以大多数人不能得到自然的这种圆满，奥古斯丁认为，是因为原罪和堕落。堕落使人遗忘了真正的自我和自然，堕落后的人虽然仍然有上帝的形象为其本质和形式（如果没有，人就根本不可能存在了），但并不能认识到自己的本质和自我，无法运用自己的灵魂中最高的部分，于是不能回到真正的自然；也是出于同样的逻辑，堕落了的人虽然仍然具有社会性，但是人所创造出来的每一种社会政治制度，都充满了罪恶。

在这个意义上，人的拯救就是回归到自然、自我、本质、形式，即恢复上帝的形象。但这所谓的自然，却和现实中人的自然完全不同。现实中各种被认为"自然"的东西，要么是原罪的产物，要么是为了矫正原罪而

---

[1] 奥古斯丁，《上帝之城》，22：24.1—3；吴飞译，下册第327—329页。

不得不有的应对方式。不仅人的各种欲望不属于这自然，人的生老病死不算自然，家庭、城邦、帝国等社会制度不算自然，而且就连人的德性，也都是非自然的。人的拯救不是恢复到这些自然，而恰恰是弃绝这些自然。所以，人必须放弃现实中的自我，才能回归到比自我更深、比自我更高的真正自我，即上帝；人必须弃绝现实生活中的家庭、城邦、帝国和所有其他社会政治制度，才能恢复人真正的社会性；人也必须放弃节制、正义、智慧、勇敢等人间德性，才可能获得上帝之城中应有的德性。现实中的人，恰恰是处在丢失了真正自然的状态。

但人什么时候曾经有过这所谓真正的自然呢？我们前面几次谈到，正如魔鬼应该是一创造就堕落了，人也是一创造就堕落了的。魔鬼之所以不可能当过幸福的天使，是因为他若是真正幸福过，就应该具备完美的知识，不可能再发生谬误，自愿堕落而失去这完美的幸福；人若是曾经完美地幸福过，遵从上帝、拥有灵性、具备完美的知识，那他也不应该有意堕落。

奥古斯丁强调，伊甸园中的状态和末日时天国中的状态并不相同。在伊甸园中的人，只有灵魂性的身体，在天国中，人有灵性的身体；在伊甸园中，人并不是不朽的，通过饮食才能不死，但在天国中，人已经变成不朽的，并没有饮食的必要；在伊甸园中，人有选择犯罪或不犯罪的自由能力，但在天国中，人的意志只会指向好事，不可能犯罪。或许可以说，在伊甸园中的，是人完美的自然状态，在天国中的，是人得了恩典、与天使相同的状态。这样，人就有了三个状态：有完美的自然、尚未堕落的状态，堕落的状态，在天国中恩典的状态。虽然奥古斯丁一再这样讲，但我认为，按照奥古斯丁的整体思想，所谓伊甸园中的状态，其实是不可能存在的。难道人能既不得救、又不堕落吗？难道人能处在善恶之间、生死之间吗？人若是得到并遵循自己真正的自然，就是在天国中永恒幸福的状态；否则，就是堕落于尘世中的、有罪的状态。正如并不存在魔鬼之城和上帝之城之外的第三座城，也不存在被救和堕落之外的第三种状态。人要么通过恩典，回到上帝创造的那种完美自然，要么因为堕落，陷入我们在现实中看到的自然，而不存在那种不善不恶、不死不生的状态。关于这一点，我们在本书第二部分已经详细讨论过了。

这样看来，人是从未有过奥古斯丁所讲的那种自然状态的。人一开始被造就堕落了，上帝创世六日和伊甸园中的堕落，都是同一瞬间发生的，并不存在人生活在伊甸园中这样的一个历史阶段。人要回归的自然，不仅是亚当的后代从未见过的，就是亚当自己也从未拥有过的一种状态，而且大多数人也不可能获得这种自然。只有少数得到了上帝的恩典、主动弃绝尘世中的自我和自然的人，才能获得这种自然，才能真正建立自我，才能清晰地看到自己身上的上帝完美的形象。当人看到这个形象的时候，人的创造才真正完成。

上帝在创造天使的时候，天使直接聆听圣言，这是他们的皈依，通过这皈依，精神质料被赋形了，天使的创造完成了；在这一瞬间，不愿意聆听圣言的天使，就堕落成为魔鬼。上帝在按照自己的形象造人的时候，虽然人的灵魂的质料和形式、身体的质料和形式都已完备，但人始终没有完成天使那样的皈依过程。人不仅无法直接聆听圣言，甚至不愿意遵循自己里面的上帝的形象。于是，人的灵魂一开始就背叛了真正的自我，堕入罪恶之中。严格说来，人的创造并没有真正完成。上帝创世的七日，并不是世界历史的第一个星期，在这一星期之后，才发生了后来所有的故事。我们前面看到，奥古斯丁将这七日理解为世界历史的全部历程。前六日是世界历史的六个阶段，在这六个阶段都过去之后，人才真正皈依上帝，于是，人才有了真正完美的自我，才能遵从自己的形式。在这之后，人的创造才完成了，进入了第七日。

五　永恒的礼拜

关于创世第七日的安息和祝圣，我们在第二章已经解释过了。现在简单回顾一下其中的主要内容。

奥古斯丁指出，无论从字义还是寓意来理解上帝的休息，都不能认为上帝工作会劳累，需要休息来恢复精神，也不能认为上帝会有从工作到休息的变化。他说：

> 当写《圣经》的先知们说上帝休息了的时候，他们指的是，那些在上帝之中的被造物的休息，是上帝让他们休息的；先知们也向听他们讲话和读他们的书的人们许诺，如果他们首先在此世靠信仰接近上帝，当上帝完成了在他们之中并通过他们完成的善工之后，他们会在上帝中获得永恒的休息。[1]

上帝的休息，就是组成上帝的被造物的休息，或者说，是整个上帝之城的休息。众人都参与到上帝之中，和合为一。奥古斯丁更明确地说："上帝在第七日的休息，指的是我们在上帝中休息。有了整全，也就是一切都完成之后，才能休息；而部分只能劳作。只要我们只知道部分，我们就要劳作。"[2]

上帝的安息，是上帝在自己之中的安息。有时也可以说上帝在信仰者当中安息，并不是因为上帝需要信仰者，"只有上帝将在他之中的安息赐予我们，才能说他在我们之中安息了"[3]。上帝在人里面安息了，和人在上帝里面安息了，其实是同一个意思，正如在圣餐礼中，说基督进入了人的身体，和人进入了基督的身体，意思是一样的。虽然说只有对被造物而言，才有工作和休息之间的实质区别，但是，被造物的真正安息，却是在上帝之中安息，或者说，上帝就是他们的安息，因为上帝是至善，是在所有的善工完成之后，使人获得最大安宁的幸福源泉。上帝将这一日祝

---

〔1〕 奥古斯丁，《上帝之城》，11：8；吴飞译，中册第84页。

〔2〕 同上书，11：31；吴飞译，中册第111页。

〔3〕 奥古斯丁，《〈创世记〉字解》，4：16〔27〕。

圣，并不是因为被造物是神圣的，而是因为这一日的安息就是永恒的上帝，所以第七日没有晚上。

上帝始终都在休息，而精神被造物，无论人还是天使，只要皈依（转向）了上帝，就会享有永远的安息，没有终结。末日审判之后，上帝之城中的永生，就是这种永恒的安息。

在这永恒的安息中，上帝之城的公民将获得灵性的身体。在灵性的身体中，"神将赐超乎所有理智的和平"〔1〕。那时人的理智，不仅超越了现世之人的理智，而且可能超越了天使的理智，只是不能超越上帝的智慧。上帝之城中的和平，是上帝构造的，只有上帝知道其中的奥秘，无论天使还是人，都不可能知道，"但是，因为我们会以我们的方式参与他的和平，我们知道，那是我们的至高点，那是我们之间和我们与上帝之间的和平，是我们所能获得的最高的和平"〔2〕。

这最高的和平，不仅包括人与人之间，人与天使之间，人与上帝之间，更包括人的各部分之间的和平。那时候，人们加入到天使之中，可以面对面地看到上帝，上帝的天使也称为人的使者，正如上帝的基督也称为人的基督，"他们是上帝的，是因为他们不离开上帝；他们是我们的，是因为他们开始和我们共为那城的公民"〔3〕。

人和天使都成为上帝之城的公民，就意味着人不再低于天使，而是和天使完全一样，都直接聆听圣言。严格说来，上帝之城里只有一种关系，就是每个公民与上帝之间的关系。不同公民之间虽然因为品德不同，也有等级，但并不构成一个有机的整体：

> 将来会有这级别，这是毫不含糊的。那个幸福的城会看到自身之中伟大的善好，在下的不会嫉妒在上的，就像现在，别的天使不会嫉

---

〔1〕《腓立比书》，4：7。
〔2〕奥古斯丁，《上帝之城》，22：29.1；吴飞译，下册第337页。
〔3〕同上书，下册第338页。

炉大天使；谁也不愿得到他不曾接受的，而是处在最和平而和谐的限
制中，严格遵从自己接受的，就像身体中的指头不愿成为眼睛，而两
种器官都和平地包含在整个身体中。人们除了接受或大或小的赐予，
还将接受另一件共同的赐予，就是不贪图更多。[1]

奥古斯丁甚至认为，那时候身体的各部位之间，也不再各司其职：

> 身体的所有肢体和内脏都会不朽，现在我们看到各部分各司必要
> 的职分，那时这都不必要，而是享受充盈的、确定的、安全的、永恒
> 的幸福，用于赞美上帝。我们谈过的所有这些，现在是潜藏的，但到
> 了那时，身体之间数量的和谐就不再是潜藏的，无论是外观还是内
> 脏，都在整个身体中和谐分布。[2]

由于人的身体将变成不朽的，必朽时的很多功能将不再使用。比如，
那时候的人不再有饮食的必要，所以嘴和胃将不再用于饮食；那时候的人
也不再结婚生育，生殖器官也不再用于生育；那时候的人应该也不再生病
和排泄，排泄的器官也不再用于排泄，防疫的器官也不再用于防疫。若是
以此推下去，多少器官将不再具有它们在尘世的功能？也许任何器官都将
没有实用的必要，因为不朽之人再无一点欠缺，不会遭到任何危险的侵
袭。它们存在的必要，仅仅在于表现出被造物的美丽与和谐，赞美上帝。
于是，

> 精神所愿的，身体一定听从；使精神或身体不美的，精神也不会
> 愿意。那里没有错误的赞美，也没有奉承的赞美，只有真正的光荣；

---

〔1〕 奥古斯丁，《上帝之城》，22：30.2；吴飞译，下册第344页。
〔2〕 同上书，22：30.1；吴飞译，下册第343页。

那里有真正的尊荣，因为应该得到的不会被拒绝，不该得到的也不能妄得。不该得的也不会询问，因为只有尊荣的才被允许在那里。那里没有自身之内的对抗，也没有相互之间的反对，所以有真正的和平。[1]

那时没有身体和灵魂之间的冲突，也没有身体内部的不和谐。于是，人们不会再因恐惧而变色，因登高而眩晕，因欲望而羞涩，因犯罪而喜悦，甚至根本就不会再有任何性情。身体器官之间不再互相依赖，不再互相需要，当然也不再冲突。这种和谐，并不是相互配合、若合符节的和谐，而是彼此独立、完全可以不相往来的和谐。

那时候的人不再犯罪，不像在伊甸园里那样，可以选择犯罪和不犯罪，也不像在尘世中一样，无论怎样选择都会犯罪，而是虽然有自由抉择的能力，但无论怎样选择都不会犯罪，因为，"在那个城里，所有人都有一个共同的、不可分的自由意志，解脱了所有的坏，充斥了所有的好，毫无缺陷地安享永恒快乐的喜悦，罪忘记了，惩罚忘记了；人们的解救没有忘记，不会对解救者不知感恩"[2]。

奥古斯丁强调，那时的人虽然记得经历过的所有坏事，但将忘记那些经历的滋味。这就如同医生的知识一样：他们虽然对各种病都了解，但并没有亲身得病的经历和体验。这些人虽然生前曾经有过坏的经历，甚至自己也有过罪，痛定可以思痛，但不能体味痛，因为他们的生活中没有任何不好的感觉。他们甚至可以观看坏人在永火中的情形[3]，但绝不会设身处地地体味他们的痛苦，更不会对他们产生怜悯和同情，因为这些情感，都是必朽之人才会有的弱点。对永火的这种知识，只会使他们更加热爱和

---

〔1〕 奥古斯丁，《上帝之城》，22：30.1；吴飞译，下册第343页。
〔2〕 同上书，22：30.4；吴飞译，下册第345页。
〔3〕 同上书，20：22；吴飞译，下册第213页。

赞美上帝之城中的永生。[1]

这就是第七日的和平与安息。在伊甸园中的时候，蛇诱惑人变得和神一样，结果人因为骄傲而背离了上帝；现在，人因为谦卑，反而加入到了上帝之中："上帝是要把我们变成神，但不是通过背离，而是通过参与。"[2]于是，每个人使自己变成上帝的一部分，也就是，使自己和天使一样，变成小的上帝，充分安享上帝的至善，人的所有好事，都是上帝的，使人可以在上帝之中永远休息。第七日，就是已经显明出来的上帝之城，包括所有皈依上帝的天使和人，他们和上帝结为一体，在上帝永恒的休息中享受永福。

《上帝之城》中对第七日的表述与《〈创世记〉字解》中略有不同。他说，第七日还是会有终结的，但这一日的终结不是晚上，

> 而是主的第八日，是永恒，因为基督的复活而成圣，不仅是灵性的永恒，而且还会预见到身体的休息。我们在那里会休息并看到上帝，看到上帝并爱他，爱他并赞美他。看，这就是永无终结的终结。除非到达那个没有终结的王国，我们还要到什么样的终结?[3]

第八日与第七日的区别似乎在于，天使和人虽然加入到了上帝之中，但他们毕竟还是处在时间之中的，不可能像上帝那样永恒，所以，第七日只是天使和人在时间当中永远地休息，但第八日却是上帝的永恒。不过，到了末日的时候，时间已经消失了，人和天使虽然是时间中的造物，但现在没有了时间，他们想变化也已不可能。他们那永远的休息，也已经融入不可变化的永恒，从第七日进入了第八日。这是永无终结的终结，因为在没有时间的永恒里，不会有始，也不会有终。但在没有时间的上帝之城

---

[1] 奥古斯丁，《上帝之城》，22：30.4；吴飞译，下册第345页。
[2] 同上书，下册第346页。
[3] 同上书，22：30.5；吴飞译，下册第346—347页。

里，既无变化，也无延展，这个没有终结的终结，就是一个绝对的终结。可是，不存在于时间中的终结，怎么会终结时间中的世界历史呢？时间之外的永恒存在，不会随着时间的延展而变化，是个永恒不动的点；但时间之内的历史，似乎也不会被时间之外的永恒所终结，而是在这一点的永恒注视下，没有休止地流动着。这个终结，就是由所有的被救者组成的上帝之城，也就是永恒的上帝。他永恒地存在于世界历史之外，但又是世界历史的起点和终点，甚至是世界历史中唯一的真正存在。

奥古斯丁就是这样，以一种似乎永远不会到来的终结，把人类的生活理想拔升到一个不能再高的极点。这个完美的终极理想若真的到来，就会摧毁人类所有的自然生活方式，因为这些都是不神圣的、矫正性的；但恰恰是因为这个理想似乎永远不可实现，人类的所有自然制度仍然在起着作用，而且可能会永远起作用下去，只要时间仍然存在。但这种制度都没有任何道德的意义，而是充满了尔虞我诈和残酷恣睢。结果，人类的自然并没有被摧毁，也没有真的变成矫正性的，但这个神圣的理想却变成了塑造性的，改造着人类的自然。

六　线性历史？

奥古斯丁一直希望以彻底的线性历史来替代新柏拉图主义的循环历史观。相比伊甸园中的人而言，末日时的人确实不是一种循环或回归。末日之时真正获得了上帝的形象的人加入到上帝之城中，比堕落之前的亚当更加完美；而那些堕入永火的恶人，是亚当的堕落的最终后果，也不可能回到伊甸园中的状况。在这个意义上，人类历史确实摆脱了循环论。

奥古斯丁拒绝循环论，不愿意让上帝看上去好像依赖被造世界，更重要的一个考虑是，他把善恶之间的距离当作绝对的。这种绝对性，丝毫不亚于灵知派的善恶二元之间的永恒对立。虽然奥古斯丁拒绝了灵知派那种认为善恶来自两个神的极端观点，但他也不愿意像奥利金等人那样，把善恶当成最终没有差别的。善恶之别不可化解，所以恶人最终无法升入天堂，甚至也不能取消自己的存在。奥古斯丁给他们安排的一个结局是，他们在永火中接受的惩罚将是无穷无尽的。于是，在世界的末日，人类并未全部归入上帝之城当中，而是永远分裂为上帝之城与魔鬼之城。奥古斯丁拒绝了摩尼教的两个开端，却给了世界两个终结，只不过将善恶之间的绝对距离从开端推到了末日。难道这不仍然是一种二元论吗？在世界末日，本来混杂在一起的全人类，泾渭分明地分为天堂与地狱，这难道不是一种更彻底的分裂吗？末日与以前的区别在于，以前的善恶之分是隐秘的，而今的善恶之分是显明的。

　　但是，在另外一个意义上，奥古斯丁的世界历史仍然是一个循环论。虽然人不会回归到伊甸园中的状态，但世界历史的开端是上帝永恒的太初，末日是永恒的上帝之城，世界历史经过一圈的循环之后，最终又回到了起点。这和普罗提诺所说的，被造物终究回到太一，其实是同一个逻辑。但这种循环论与两座城的永恒对立之间，存在着无法化解的巨大张力。

　　一方面，奥古斯丁以无限的数字来比喻人类历史，好像它只有开端没有终结[1]；另一方面，他又明确讲到，世界会有一个末日。无论如何，这是一对不可化解的矛盾。要彻底化解这对矛盾，似乎只有运用寓意解经法，将末世论当作与世界历史并行的永恒原则，而不是时间中的一个终点。在很多地方，我们确实可以看到奥古斯丁有这一倾向，但坚持字义解经法的他，还是没有完全放弃历史的说法。

　　于是，就像我们在本书中几次看到的那样，奥古斯丁再次将自己陷入了一个极为矛盾的理论困境。他在谈原罪的时候，不愿否定婚姻的神圣性而又强调性欲的罪恶；在谈上帝之城与地上之城的时候，坚持不会有第三座城；而今，他又一方面坚持末日的历史意义，另一方面强调线性历史

——————————

[1] 奥古斯丁，《上帝之城》，11：4.2；吴飞译，中册第82页。

观，否定循环论。也和前面几次一样，奥古斯丁之所以固执地坚持一种极为困难的说法，应该有着相当重要的考虑，使自己不愿摆脱这个难以维护的理论立场。正是在罗马帝国摇摇欲坠的历史时刻，面对古典思想和摩尼教的双重压力，奥古斯丁既要努力维护上帝一元论，以及上帝与造物的永恒距离，又要强调两座城之间的不可调和。在他这里，上帝之城与魔鬼之城在最后的永恒对峙，恰恰是神义论的最终彰显，也是上帝之城，即耶稣基督的身体作为世界末日，使世界重新回归到至善的上帝的最后证明。可是他却由此把自己逼进了死胡同。如前所述，摩尼教的善恶二元论是解决恶的起源非常方便的一种理论模式，韦伯也认为它是独特的神义论。[1]奥古斯丁以上帝一元论取代了二元论，却不能不解释恶的问题。他不仅要解释清恶的起源问题，而且必须为善恶的报应给出一个不逊于摩尼教的清晰答案。而如果像普罗提诺或奥利金那样，解释力量就反而不及二元论了。结果，奥古斯丁将善恶之间的绝对距离推到了末日审判。末日之后地狱的存在，保证了他的神义论的力量，也维护着他的线性历史观，却为末日是否真的归于上帝的问题，提出了一个永远的质疑。

结果，无论是普罗提诺的循环历史观的问题，还是摩尼教的善恶二元论问题，奥古斯丁都没有真正解决，反而以另外的方式保留了下来。在尘世历史中，善恶的二元对立保留在每个人的心灵深处；在尘世历史结束之后，据说不仅天堂里所有人变成一样的，而且他们的内心和身体都变成一样的，没有任何内在的冲突，但善恶的对立并未消失，而是变成了天堂与地狱的永恒对立。这种对立怎么可能是历史终结之后的情景？如果历史终结之后是善恶二分的，为什么在历史开始之前不是呢？奥古斯丁靠什么否定灵知派的二元论？在这善恶二分的永恒中，上帝和组成他的身体的被救者，真的能进入永恒的礼拜吗？

---

〔1〕　韦伯，《宗教社会学》，康乐、简惠美译，桂林：广西师范大学出版社，2005年，第182页。

结语:奥古斯丁与西方文明的命运

一　奥古斯丁之死

奥古斯丁大约在 427 年完成了《上帝之城》。与此同时，他也开始重新阅读自己一生的著作，着手写作《回顾》。此时距离 410 年罗马的陷落已经十多年了，奥古斯丁的想法和状态，已经和他刚刚听到罗马陷落时不同。而就在他整理自己著作的时候，他所在的希波城很快就再次面临蛮族的威胁了。

在这十几年中，蛮族人在罗马的移民和军事侵扰从来没有中断过。不仅意大利，奥古斯丁所在的北非也已经感到了蛮族同样的威胁。429 年，八万汪达尔人跨越了直布罗陀海峡，攻入北非，几乎没有遭到罗马军队的抵抗。蛮族人大肆烧杀掳掠，波西迪乌斯（Possidius）[1] 写道：

> 上帝的子民看到整个整个的城市遭到了洗劫，乡村同样被夷平，其中住的人要么被杀，要么四散逃亡。教会里面的主教和教士不知踪影，圣贞女和修道士也在劫难逃，他们有些被折磨致死，有些被刀剑所杀，有些做了俘虏，身心受辱，玷污了信仰，服侍那罪恶而残忍的敌人。[2]

---

〔1〕　关于波西迪乌斯，参考 Erika Hermanowicz, *Possidius of Calama: a Study of the North African Episcopate at the Time of Augustine*, Clarendon：Oxford University Press, 2009。

〔2〕　波西迪乌斯，《奥古斯丁传》（*Vita Sancti Augustini episcopi auctore Possidio*, *PL42*），28.6。

多数汪达尔人是阿里乌斯派的基督徒，波西迪乌斯特意描写了汪达尔人对大公教会的劫掠，似乎在这场劫难中，奥古斯丁所描述的那种蛮族人不杀教会中人的景象并未发生。汪达尔人长驱直入，同样的灾难离希波也越来越近了。

希波城还是一个有军事防御的城，所以很多主教逃进了希波，包括波西迪乌斯。到429年冬天，汪达尔人终于包围了希波城。[1]奥古斯丁深切地感到了日益临近的灾难，蛮族人劫掠教堂的事时时传来，但奥古斯丁还是非常镇定，仍然在继续他的思考、写作和教会中的种种工作。他有一次对大家说："你们要知道，我向上帝祈祷过了，他要么把这个围城解救出来，要么，如果他不愿意这样，就要使他的仆人们足够强大，足以承受他的意志，或者，他甚至可以把我从尘世中收走。"[2]

奥古斯丁像他写的那样，努力做到将尘世的荣辱生死置之度外。他不断用普罗提诺的名言提醒自己："谁若以为城垣的崩塌、必朽者的死亡是大事，那他就不是伟大的人。"[3]奥古斯丁在说这句话时，也许想到了他自己关于地上之城的讨论。但他表现出来的平静和智慧，让人感到，他终生都没有放弃对异教哲人的崇拜和学习。

430年8月，奥古斯丁病倒了。他让人抄写了大卫四首关于忏悔的诗篇，挂在自己的病房里，每天都非常投入地吟诵他们。除了治疗和送食物之外，他禁止其他人到他的房间，以免打扰他的祈祷。8月28日，奥古斯丁抛弃了这个围城，去世了。

奥古斯丁自始至终是个希腊哲学的爱好者。哪怕在弥留之际，他摆在床头的虽然是大卫的诗篇，我们还是可以在他的身上看到苏格拉底、柏拉图、亚里士多德、加图、西塞罗、塞涅卡、普罗提诺，乃至波斐利的影子。虽然是靠了上帝和天堂的支撑，使他尽可能用理性控制自己对死亡的

---

〔1〕　Peter Brown, *Augustine of Hippo*, Berkeley: The University of California Press. 1975, pp. 424-425.
〔2〕　波西迪乌斯，《奥古斯丁传》，29. 1。
〔3〕　同上书，28. 11。

畏惧，但他仍然在努力让自己像古代哲学家那样平静地死去。

但是，正如他在《上帝之城》中表现出的平静态度一样，奥古斯丁平静的死让人感到的却不只是智慧。城外的汪达尔人在烧杀奸淫，希波城随时会被攻陷，城里的人们惶惶不可终日，而城中的奥古斯丁，却把这些全都置之脑后，他的书房里一片安宁，他埋头于自我心灵的安慰，陶醉在对死后世界的幻想当中，默默地祈祷。在这平静的祈祷背后，我们也感到了一丝孤独甚至冷酷。从苏格拉底在监狱中安详的死，到加图在围城之中勇敢的死，西塞罗惨烈但悲壮的死，塞涅卡面对尼禄的淫威睿智的死，再到奥古斯丁在围城中平静的死，我们看到了古代哲学家之死的谱系，但这个谱系上的人物也在不断发生变化。比起与众弟子坐而论道的苏格拉底，围城中的奥古斯丁显得过于平静，反而失去了哲学家应有的一份自然与从容。

奥古斯丁无疑是西方思想史上最有智慧的人之一，但无论年轻时的心灵挣扎、中年时戏剧性的皈依、希波城的被迫就职、与诸多异端的唇枪舌剑，还是围城中看似平静的死，始终谈不上真正的从容。在《忏悔录》中，我们看到的是一个燥热如火的心灵，烧掉了他的自然情感和日常生活；在《上帝之城》中，我们看到的是一个阴冷如冰的头脑，冻结了他的祖国和同胞的命运。

奥古斯丁死后一年，汪达尔人终于攻破了他经营多半生的希波城，把它变成了阿里乌斯派的地盘。波西迪乌斯带着奥古斯丁的遗著逃回了罗马，写出了最早的一部奥古斯丁传记。

455 年，汪达尔军队越过地中海，攻陷了罗马城，教皇列奥一世恳求他们不要烧杀。汪达尔人带着罗马的皇后、公主和价值连城的宝物，回到了北非。这是继 410 年以后，罗马遭受的又一次陷落和洗劫，但没有再激起知识分子那么大的恐慌。二十年后，西罗马帝国彻底灭亡了，但罗马的大公教会却一直延续下去，西方文明从此进入了中世纪，世界历史开始了新的进程。

二　古今之间的奥古斯丁

奥古斯丁留给后人的，并不只是近百部著作，更重要的是一种生活方式，是《忏悔录》中燥热的心灵与《上帝之城》中阴冷的城墙。我们必须在这个层面上来看待奥古斯丁在西方古今之间的关系。

奥古斯丁将心灵秩序纳入世界历史，区分上帝之城与地上之城，以合众为一为最高的社会形态，终结了古典的文明理想，全面型塑了中世纪以来的文明形态。这已经成为一个公认的事实。只是，人们对此的评价不同。比如，李斯特认为他为古典思想施加了洗礼，极端正统派则认为现代人恰恰背叛了奥古斯丁才导致了后来的堕落。[1]

而在我看来，奥古斯丁确实没有将古典思想彻底消灭，他不仅将很多古典成分保留了下来，而且为古典文明在后来的复兴留下了巨大的空间。不过，我还是认为，现代西方的主要问题，必须由奥古斯丁来负责。他虽然保留下来了古典文明很多具体的遗产，但他终结了最重要的古典遗产，那就是希腊罗马的文明理想，而这恰恰是西方古典文明的灵魂。

必须承认的是，奥古斯丁还是非常忠实地继承了希腊罗马文明中的很多元素，只是在基督教的框架中将它们发挥到了极致。比如，他的基本哲学体系是新柏拉图主义的；他对善恶问题的关注与柏拉图哲学中对"好"的问题的关注直接相关；而他的精神质料概念虽说来自对亚里士多德的误读，但也在相当大的程度上继承了亚里士多德哲学的精神；他的时间哲学也是通过新柏拉图主义，从亚里士多德那里学来的，虽然有了重大的修改。

---

[1]　近年来，极端正统派对奥古斯丁与现代西方思想的关系有新的评价，使这一问题变得更复杂了，但是还未能挑战传统的看法。参见 Michael Hanby, *Augustine and Modernity*, London：Routledge, 2003。

再比如他与罗马政治观和历史哲学的关系，也有相当程度的继承。我们看到，奥古斯丁非常熟悉罗马的史诗和历史学著作。他对罗马历史的分析中处处可以看到维吉尔、撒路斯提乌斯、西塞罗、普鲁塔克、李维等人的痕迹。奥古斯丁对罗马历史中具体事件的分析，都没有超出这些前辈，他小心翼翼地把罗马的政治智慧保留了下来。在一定程度上，奥古斯丁思想是希腊的哲学智慧与罗马的政治智慧发展的产物。

但是，奥古斯丁并不是以信而好古的态度对待古典文明的，甚至也不能以"洗礼"一词来概括他的态度。古代哲学家的智慧虽然大量出现在他的著作中，其中却已经没有了古代对话中的辩证法和从容的生活态度，反而为他怪异的性情作辩护，甚至被他用来否定祖先们赖以生存的城邦与帝国，否定前辈们的文明理想。以理性控制情感，本来是古代哲学家们追求和尽可能践行的生活境界，奥古斯丁却连自然的本能都否定了，结果反而使狂热的情感得到了许可，甚至成为获得拯救的必要手段；德性是城邦生活中的珍宝，是希腊赖以繁荣、罗马得以强大的高贵品性，奥古斯丁却把它们贬为悲惨世界中的无奈之举；死亡，是每个人面临的人生大限，虽然会把尘世中的美好全部抹杀，却也可以成就高贵的品德，奥古斯丁也在与死亡奋战，却把死亡彻底贬为罪的结果，让每个人为自己的死亡负责。于是，自然遭到了否定，德性成为二流的矫正之好，死亡被赋予了过强的道德色彩，在上帝的预定之下，命运再也无法成就德性，希腊人所珍视的悲剧精神彻底灭亡了，人们从此生活在一个没有真正的自然、命运、偶然、德性、悲剧感的世界中。所有的关系都变成了自我与更深的自我的关系。人们无法再与外在的命运抗争，同时也无法固守自己的方寸之间，因为心灵中随时都有惨烈的战争。

在这样一种心灵秩序中，希腊罗马人所看重的城邦生活同样被彻底否定了。家庭不再是人类情感最终的归宿，城邦不可能成就人的自然，祖国不再是每个人的命运与荣誉所系，战争的光荣变得苍白，帝国的威武变得委靡，生活世界不再具有任何神圣的意义，伟大的人物与祖先的故事都变得可有可无，周围的世界一下子变得无比陌生。奥古斯丁将一切都纳入世界历史当中，但这个世界历史中只有一个主角，只有一个历史事件，上帝创造、拯救、审判，这就构成了全部历史，而人类被分配的角色只有背叛、堕落、模仿、皈依，被这个无所不在的唯一主角挤压成了一个干瘪的"像"。但是，这个像仍然有自己的历史，那些故事和人物虽然不再被认为足以惊心动魄，却仍然在粉墨登场。于是，伟人的德性只剩下肮脏的野心，政治智慧只剩下阴险的权谋，高贵的尚武精神只剩下血腥的屠杀。要说奥古斯丁刻意塑造这样一个苍白恐怖的世界或许不公平，但他把尘世生活等同于死亡，把芸芸众生等同于魔鬼的部下，把地上之城等同于可怕的地狱，他所塑造的世界，怎么可能不是这样一幅恐怖的景象呢？

确实，希腊人的哲学与罗马人的政治都没有消亡，但它们在经过奥古斯丁的"洗礼"之后，并没有进入天堂。这难道还是柏拉图的哲学、奥古斯都的罗马吗？这是奥古斯丁的后代，是这位博学精思但又性情乖戾的希波主教的灵性的子孙。他运用希腊哲学编织出来的思想终结了罗马的文明形态，却无法使后人不再怀念罗马的光荣。在奥古斯丁之后，这种怀念中就总掺杂着非常复杂的情感，使得人们再也不可能真正回到罗马。奥古斯丁之后的哲学，已经无法再在美好但又变幻莫测的自然中寻求智慧，而只能在潜意识的深处自我安慰，使人们在焦虑、忧郁、痉挛、冷漠的转换中寻求刺激；奥古斯丁之后的罗马，已经不再是精神饱满的武士，而变成了冷酷可怕的僵尸，因为奥古斯丁为罗马换上了一身非常不合体、但又永远脱不下的铠甲。

三 对奥古斯丁主义的挑战与成就

正是靠了这些思想遗产，奥古斯丁被称为基督教的第二个缔造者，决定性地影响了西方文明。[1]

但由于他的政治学说过于极端，中世纪占统治地位的政治奥古斯丁主义是教皇格列高利一世修改之后形成的。格列高利使罗马教会更名正言顺地代表上帝之城，并让世俗君主听命于教皇。但到了查理曼帝国时，梦想着恢复罗马的光荣的皇帝反而使教会听命于帝国。但他没有回到罗马帝国，在他的三个孙子争权夺利的斗争中，教会的权力再次上升。[2]格列高利和查理曼都很喜欢奥古斯丁，都标榜自己是上帝之城的代理人。西欧中世纪的政教之争，虽说自有权力对比的原因，奥古斯丁为双方都提供了武器。[3]

奥古斯丁主义作为正统思想，统治了中世纪教会八百年。[4]但随后，奥古斯丁思想面临着巨大的挑战，这来自托马斯·阿奎那和随后的文艺复兴。马库斯曾经详细梳理过奥古斯丁政治观在13世纪经院哲学中的位置，指出托马斯·阿奎那在自己的思想成熟期已经接受了亚里士多德关于政治更积极的定义，而不再像奥古斯丁那样全面否定地上政治。[5]阿奎那自然法学说中对道德维度的强调，使他不再像奥古斯丁那样彻底否定尘世政治的道德意义。托马斯主义的这一观念与随后古典思想的复兴相结合，使被奥古斯丁终结的罗马精神似乎又复活了。于是，我们看到了但丁对罗马帝国和恺撒的赞美，看到了马基雅维利对罗马德性的向往，看到了古代政

〔1〕 Joseph Schnaubelt, *Augustine-Second Founder of the Faith*, Peter Lang, 1990.

〔2〕 H. -X Arguilière, *L'augustinisme politique: Essai sur la formation des théories politiques du Moyen Âge*, Paris: Librairie philosophique J. Vrin, 2006.

〔3〕 Francis Oakley, *Empty Bottles of Gentilism: Kingship and the Divine in Late Antiquity and the Early Middle Ages*, New Haven: Yale University Press, 2010.

〔4〕 关于奥古斯丁思想在中世纪的影响，参考 Edward King, *St. Augustine and his Influence in the Middle Ages*, Sewanee mediaeval colloquium, 1988; R. W., Dyson, *Normative Theories of Society and Government in Five Medieval Thinkers: St. Augustine, John of Salisbury, Giles of Rome, St. Thomas Aquinas, and Marsilius of Padua*, Edwin Mellen Press, 2003; H. - X Arquillière, *L'Augustinisme Politique: Essai sur la Formation des Théories Politiques du Moyen Âge*, Paris: Librairie Philosophique J Vrin, 2006。

〔5〕 Robert Markus, *Saculum*, p. 211 以下。

体问题在现代的重新讨论，也看到了古典历史写作方式的复兴。这些都是现代政治的核心议题。这是否意味着文艺复兴以来的西方已经超越了奥古斯丁呢？

文艺复兴以后的西方人当然没有抛弃基督教，但是，他们持守的是否仍然是奥古斯丁的基督教呢？比如，在但丁的《论世界帝国》中，我们仿佛可以看到尤西比乌和奥罗修斯的很多观点复活了。但丁也认为罗马是上帝赐予的神圣帝国，基督不仅降生在罗马，甚至必须服从罗马法律的裁处。由于人是按照上帝的形象造的，所以要模仿上帝，"人类服从一个统一的政体就能与上帝的形象最接近"[1]。而到了新教兴起之后，奥古斯丁确立的原罪说、三位一体论等等，也相继被一些教派抛弃了。

一个不可否认的事实是，古典智慧，特别是罗马共和的政治与历史智慧，是现代西方文明赖以兴起的重要因素。但这并不意味着，奥古斯丁主义就被抛弃了。托马斯不仅是个亚里士多德主义者，也仍然是个奥古斯丁主义者[2]，虽然不像波纳文图拉那么正统。他没有奥古斯丁那样的乖戾之气，对尘世政治和古典思想也没有奥古斯丁那么彻底的否定。在一定程度上，他试图调和奥古斯丁主义与古典思想的关系，修补奥古斯丁造成的文明断裂。但是，他所理解的心灵秩序，仍然是奥古斯丁确立的，他所理解的永恒幸福，也仍然是奥古斯丁确立的。同样，但丁虽然在《论世界帝国》中表现出类似尤西比乌和奥罗修斯的倾向，但《神曲》中的神圣秩序，却遵循了奥古斯丁的基本理解，虽然他并没有给奥古斯丁在天堂留一个很显赫的位置。[3]

因此，经院哲学和文艺复兴都没有阻断奥古斯丁思想对西方文明的深刻影响。等到马基雅维利打着罗马共和的旗号自觉地宣扬魔鬼之城，

〔1〕 但丁，《论世界帝国》，1：8，朱虹译，北京：商务印书馆，1986年，第10页。

〔2〕 Michael Dauphinais, Barry David, Matthew Levering edit, *Aquinas the Augustinian*, Washington：Catholic University of America Press, 2007.

〔3〕 朱振宇，《〈上帝之城〉与〈神曲〉中的政治神学》，《哲学门》第十七辑。

马丁·路德和加尔文公开以奥古斯丁的名义改造基督教，自然法理论演变为享乐主义的时候，托马斯所修复和掩盖的部分再次断裂了。西方世界通过笛卡儿、莱布尼茨、莎士比亚、帕斯卡、卢梭、黑格尔、陀思妥耶夫斯基、弗洛伊德、海德格尔等，一次次因为听到奥古斯丁的声音而战栗。

在现代西方，奥古斯丁主义也面临过很多次表面上的挑战。比如黑格尔的世界历史，在一定意义上又是对奥古斯丁世界历史观的一个巨大挑战，因为黑格尔把尘世政治的历史当作上帝意志的体现，而不再像奥古斯丁那样，完全否定尘世政治的意义。[1] 这次挑战，与阿奎那对奥古斯丁的挑战是类似的。但是，黑格尔的历史观对奥古斯丁的依赖，却丝毫不亚于阿奎那。他那进步的线性史观，就是奥古斯丁式的世界历史的另外一个版本。福山喊出的历史终结论，乃是黑格尔式历史观的巨大问题，而这里所暴露的，正是奥古斯丁末世论的哲学困境。

从阿奎那开始，出现了亚里士多德政治学的复兴；随着现代民主政治的展开，人们越来越肯定现实政治的意义；后来又有了黑格尔这样的世界历史观。但这些思想不仅始终未能突破奥古斯丁立下的基本框架，甚至还越来越依赖于奥古斯丁的历史框架。

在某种意义上，奥古斯丁主义从来都没有遭到过实质性的挑战。无论托马斯主义还是黑格尔主义，或是其他各种各样肯定世俗价值的学说，都不仅没有撼动奥古斯丁的思想框架，反而展开了这个框架之下的种种可能性。奥古斯丁设立了一个高不可攀的文明理想，这个理想只有在末日的天堂中才会有意义。至于不完美的尘世，他无法放弃，也不可能放弃，于是，尘世生活只能带着原罪的深刻痕迹，无法以最高价值为目标的生活理想，充满了矫正性的德性、情感和社会制度，等等。阿奎那和黑格尔都并

---

[1] 参考 Floy Doull and David Peddle, "Augustine and Hegel on the History of Rome," in *Augustine and History*。

没有突破这个框架，只是在奥古斯丁设立的框架中尽可能肯定尘世生活的价值而已。所以他们虽然不像奥古斯丁自己那样绝对否定尘世的价值与德性，但只要这些价值不可能成为上帝之城中的最高价值本身，它们就无法摆脱罪的痕迹。于是，他们的思想充其量只不过是奥古斯丁世界历史观的不同诠释。甚至到了所谓的"后现代"，阿伦特、德里达、利科、福柯等人都无法摆脱奥古斯丁的影响[1]，更不用说极端正统派那些自觉的奥古斯丁主义者了。

四　现代的精神气质

现代西方文明为什么始终都无法摆脱奥古斯丁的影响？我们看到，那些对奥古斯丁的挑战，大多来自社会政治层面。无论是阿奎那对亚里士多德政治学的重新肯定，但丁对尤西比乌和奥罗修斯罗马观的重述，马基雅维利对罗马共和主义的复兴，卢梭对社会契约论的阐述，还是黑格尔对尘世历史的肯定，都是在世界历史的层面，针对全人类的命运，提出了与奥古斯丁不同的方案。但在心灵秩序的层面，他们却不可能抛弃奥古斯丁。既然只能依照奥古斯丁的方式来理解人性和灵魂中的幸福，他们提出的政治历史方案再不同，也不可能真正游离出去。正是在心灵秩序的层面，奥古斯丁决定性地改变了西方文明，或者可以说，奥古斯丁塑造了现代西方人最深层的精神气质，因而也就决定了西方文明的历史命运。[2]也正是因为这一点，在奥古斯丁的思想体系中，心灵秩序是更根本的。

终生困扰奥古斯丁的，是善恶之间的关系，这既是奥古斯丁无法摆脱

---

〔1〕 John D. Caputo and Michael J. Scanlon edit. , *Augustine and Postmodernism: Confessions and Circumfession*, Bloomington and Indianapolis: Indiana University Press, 2005.

〔2〕 奥古斯丁对现代西方思想的影响，当然首先是在神学上，参考吕巴克的名著：Henri de Lubac, *Augustinianism and Modern Theology*, G. Chapman, 1969。但他对现代思想的影响绝不限于神学，这一点早已是公认的事实，有无数研究，我们不能一一列举。

的理论难题，也是折磨他的生活的个人苦恼。对这个问题的苦苦追索曾使他误入摩尼教，因为摩尼教的二元论为善恶问题提供了一个最简洁有力的解答。[1] 后来，奥古斯丁离开了摩尼教，加入了大公教会，但善恶问题仍然深深地折磨着他，成为他构筑自己的思想体系的核心难题。为了解决这个问题而又不陷入二元论，奥古斯丁精心编织了关于创世、堕落、拯救的一系列说法。他抛弃了二元论中善恶二神的观念，讲出了善恶天使分离的故事，并把同样的善恶二分放在了每个人的内心深处。就这样，奥古斯丁将自然、命运、偶然排除出了现实世界，将人类的生存处境理解成非善即恶的、一个完全道德化的世界。他既抛弃了二元论的离经叛道之处，又充分保留了二元论的基本精神和理论力量。也正是为了维护善恶二元的绝对对立，奥古斯丁才坚持线性历史观，而抛弃了新柏拉图主义的历史循环论。

由于有了这样的世界构成和人性结构，也就有了相应的拯救模式和皈依模式。每个人心灵中的上帝是世界历史这部大戏中唯一的主角，而心灵中的善恶二分，是这部戏的基本场景，这部戏的主要情节，就是心灵中的善如何战胜恶。所以，在这部戏中，家庭、城邦、帝国都没有意义，甚至仁人志士和礼乐征伐的价值也被全部掏空了。其中真正重要的，是内在自我的分裂、忧郁、孤独、焦虑、苦恼、困惑、悲悯、忏悔、哀痛、爆发、狂喜。奥古斯丁虽然是循着斯多亚哲学的理性来理解情感问题的，但他已经抛弃了斯多亚派的核心价值。斯多亚哲学对自我的控制和滋养，在于不以物喜不以己悲的理性与平静，但奥古斯丁经过复杂的思想转换后，却认为这种态度必须被抛弃，生活在尘世中的人，反而必须在本来平静的内心制造波澜，挑动心灵深处的战争，揭示出本来或许意识不到的忧郁，将自己带入深切的焦虑与忏悔当中，然后为自己的罪孽而痛苦，在苦苦的追索中变得孤独和悲悯，在爆发中战胜自我，获得狂喜。连耶稣那样本来不受

---

〔1〕 参见韦伯，《宗教社会学》，第182页。

情感搅扰的无罪之人，都要激起爆裂的激情，模仿他的人更不能让自己安于平静与恬淡。

而这正是现代人的精神气质。对恶的起源的思考不仅成为奥古斯丁自己的思想体系中的核心问题，甚至成为西方人理解宇宙秩序和精神世界的首要问题。在莱布尼茨把这个问题概括为"神义论"后，它更成为无数现代思想家思考的焦点。陀思妥耶夫斯基一次次再现了善恶问题带给奥古斯丁的种种情感，韦伯则使现代社会科学家直面这个问题带给现代人的精神气质。虽然进入 20 世纪以后，善恶问题不再那么频繁地成为哲学家直接关注的对象，但它始终藏在哲学家思考的背景中，更在各种文学和影视作品中不断现身，提醒人们自己并未退出历史舞台。[1]

自由意志和预定论的张力是奥古斯丁人性论的根本命题，与他关于堕落和拯救的全部思考都息息相关。这也给现代西方人制造了一次次重要的哲学和宗教争论。伊拉斯谟、路德、加尔文、霍布斯、洛克、康德等一流思想家无不为解决这个问题而殚精竭虑。他们表现出或阴郁、或狂热、或冷酷的精神气质，都可以在奥古斯丁的思想中找到渊源。

奥古斯丁对深度自我和灵魂结构的理解，直接影响了现代精神医学和心理学的思考模式。没有奥古斯丁的三位一体学说，就不可能有现代心理学，不可能有潜意识的概念，也不可能有现代精神分析学派的思考方式。

在一定程度上，是奥古斯丁终结了希腊悲剧的精神，因为他取消了命运与德性的撞击的意义，而莎士比亚的悲剧虽然宏大深邃，却与希腊悲剧的气质非常不同，这不能说不是拜奥古斯丁所赐。堂吉诃德、哈姆雷特、浮士德虽然性格迥异，却都是奥古斯丁"灵性的后裔"。而韦伯所看到的，新教以来塑造的人格，几乎都带着《忏悔录》中奥古斯丁的影像。

哈姆雷特说："让我在果壳中做一个国王。"这句带有强烈奥古斯丁

---

[1] Charles T. Mathewes, *Evil and the Augustinian Tradition*, Cambridge：Cambridge University Press, 2001.

色彩的名言，简洁地概括了现代人的精神气质。奥古斯丁使每个人的心灵成为世界历史的真正舞台，让每个个体成为自己的罪的奴隶，但也成为自我的国王。于是，天堂和地狱都在心灵深处，高贵与悲惨都取决于每个人的心灵秩序。心灵秩序决定了世界历史的走向。

五　世界历史的种种方案

奥古斯丁之所以影响了现代西方的世界历史观，正是因为他让每个人的心灵成为历史的真正舞台，决定性地塑造了现代西方的精神气质。现代西方的政治社会观念虽然表面上在挑战奥古斯丁的经典模式，却无法真正摆脱奥古斯丁，因为这些政治社会观的人性论基础都在奥古斯丁那里。现代的世界历史，就是由孤独、焦虑、相互平等、相信意志自由的个体心灵演出的。

现实政治中的个体不可能完全平等，而且必然充满欲望与野心，所以奥古斯丁猛烈批判现实政治的罪恶。但他不能取消现实政治，只能使心灵退出现实政治，结果政治变成真正赤裸裸的霸欲游戏。在这个意义上，马基雅维利和霍布斯都是奥古斯丁"灵性的子孙"。既然现实政治不属于心灵秩序，让野心和虚荣成为政治的主角，也就没有什么关系了。

本来，现代早期对政体问题的讨论，也是在心灵秩序之外的。虽然人们向往希腊的民主和罗马的共和，但他们知道不可能通过民主或共和实现灵魂的拯救。早期洛克之所以反对宗教宽容，就是为了让国家权力尽可能地帮助灵魂的拯救；但后期洛克放弃了这一想法，因为他更清楚地意识到，将拯救交给每个人的心灵秩序，才是更方便的策略，虽然也更冷酷。[1]

---

〔1〕　吴飞，《在良心与自然法之间：洛克宗教宽容论的思想张力》，《思想与社会》第八辑，上海：上海三联书店，2012年。

在近代政治思想兴起之际，人们既向往心灵的自由，也追求政治上的自由，但这两方面是绝对分开的，因为他们和奥古斯丁一样，相信政治上的自由不等于心灵的自由。对两种自由之间关系的不同处理，导致了不同的思路。简单说来，马基雅维利和霍布斯热衷于政治的自由，拒绝讨论心灵自由的问题；路德、加尔文更关心心灵的自由，并希望政治上的自由能够帮助心灵的自由；洛克早期也希望依靠政治自由实现心灵自由，但后来他对这个方案失望了，于是让两种自由分开，各行其道。而随着对政体问题的深入讨论，因为对政治自由有不同的理解，政治哲学家之间划分为更多的流派，呈现出更加纷繁复杂的局面。但所有这些讨论，都没有超出奥古斯丁设立的基本框架。

随着现代文明的推进，经济学、历史主义、社会学相继兴起，对人类命运的思考又多了许多思路，但所有这些仍然建立在奥古斯丁确立的心灵秩序之上，与基督教思想有密切关联。[1]作为现代经济学理论基础的市场观念，正来自于奥古斯丁思想中关于世界的善好秩序的观念，现代经济学允许人们通过对私利的追逐实现整个市场的利益最大化，这与奥古斯丁的神义论密不可分。[2]进化论与历史主义都和基督教的线性历史观有着直接的关系，同时也都难免奥古斯丁历史观的痼疾。[3]现代思想中的社会观念，更是奥古斯丁思想直接的结果。奥古斯丁的两城说塑造了政治之外的一种团契。这个团契不同于家庭、城邦，或世界帝国，是由没有任何

---

〔1〕 早期基督教的社会思想及其对现代社会的影响，特洛尔奇的研究仍然是经典著作。Ernst Tro-
eltsch, *The Social Teachings of the Christian Church*, Louisville: Westminster/John Knox Press,
1992；极端正统派的米尔班克则是近年来不可忽视的一个人物，他指出，现代政治、经济、
社会三个概念都与神学传统有密切关联，虽然他并不认为这些直接来自奥古斯丁。John Mil-
bank, *Theology and Social Theory: Beyond Secular Reason*, Blackwell Publication, 2006.

〔2〕 敏奇（Elizabeth Mensch）指出，现代自由市场的理论都可以在奥古斯丁的思想框架中得到辩
护。尽管市场经济中必然有各种不义和腐败，但这恰恰是不完美的尘世生活的应有之义。见
Elizabeth Mensch, "St. Augustine, Markets, and Liberal Polity," in *Theology and the Soul of the Liberal
State*, edited by Leonard V. Kaplan and Charles L. Cohen, Lanham: Lexington Books, 2011。

〔3〕 关于基督教救恩历史与现代世界历史之间的关系，参考卡尔·洛维特，《世界历史与救赎历
史》，李秋零、田薇译，上海：上海人民出版社，2006 年。

自然关联的陌生人组成的精神性团体。这一思想逐渐催生出了现代西方的"社会"概念。[1]

现代政治哲学是对古典政治思想的恢复，虽然其中充斥着古典概念，但在在都难以摆脱基督教思想的痕迹。经济学、历史主义、社会学则都是现代的新兴学科，它们都相信世界是一个有机整体，部分的恶或混乱不会妨碍总体的美好。这些现代学科的价值基础都是神义论。它们接受的不仅是奥古斯丁的人性观，而且是他对世界格局和历史走向的总体判断。但这些学科面临的困境，也正是奥古斯丁世界历史观的困境：如果不归于循环论，就会归于终极二元论，而生活在这种神义论图景当中的人们，虽然拥有整个世界，每个人的世界却都是孤独的。

由此看来，我们不仅不能说奥古斯丁思想在中世纪以后被颠覆或取代了，甚至要说，这一思想体系的多重面向，是到了现代才真正展开的。阅读奥古斯丁的著作，人们常常慨叹前后矛盾、不够系统，但恰恰是在这看似不系统的著作当中，蕴含着各种可能性。在现代的思想者手中，这些可能性得到了充分的发展，促成了许多新的思考。

奥古斯丁的思想传统足以开出各种不同的思想倾向，甚至在他自己的学说中就已经容纳了很多看似相反的说法。希腊的哲学、罗马的政治智慧、历史分析，乃至英雄的德性，都可以在他的思想中占有一席之地，就像各民族的神在罗马的万神殿中可以占有一席之地一样。他既可以批判布鲁图斯的行为毫无意义，又可以赞美他伟大的牺牲精神；既可以嘲笑加图对恺撒的嫉妒，又可以赞美他的深厚德性；既可以将罗马共和制贬为一

[1] 奥古斯丁与现代政治之间的关系，是很多研究者谈论过的问题。我们在第七章和第十二章都涉及了。此外，吉尔松的《上帝之城变形记》罗列了"上帝之城"衍生出来的种种观念，可资参考。Etienne Gilson, *Les Métamorphoses de la Cité de Dieu*, Paris: Librairie Philosophique J. Vrin, 2005；还有艾尔史坦的《奥古斯丁与政治的限度》，借助奥古斯丁思考现代政治思想，也是一部应该关注的著作。Jean Bethke Elshtain, *Augustine and the Limits of Politics*, Notre Dame: University of Notre Dame Press, 1995；关于奥古斯丁与中世纪以及现代政治观念联系的近期研究，也可参考 Miles Hollingworth, *Pilgrm City: St. Augustine of Hippo and his Innovation in Political Thought*, London: T&T Clark, 2010，第四章。

钱不值，又可以盛赞西塞罗为共和的牺牲。这就难怪，像阿奎那[1]、但丁[2]、马基雅维利、路德[3]、加尔文[4]、笛卡儿[5]、莎士比亚[6]、洛克[7]、帕斯卡[8]、卢梭[9]、康德[10]、黑格尔、韦伯、弗洛伊德[11]、海德格尔[12]、福柯[13]（这是一个远不全面的名单，甚至我把现

---

[1] Michael Dauphinais, *Aquinas the Augustinian*, Catholic University of America Press, 2007.

[2] Simone Marchesi, *Dante and Augustine: Linguistics, Poetics, Hermeneutics*, Toronto : University of Toronto Press, 2011.

[3] 路德是公开宣称的奥古斯丁主义者，这是尽人皆知的。奥古斯丁对宗教改革的影响，参考 Arnoud S. Q. Visser, *Reading Augustine in the Reformation: the Flexibility of Intellectual Authority in Europe,1500-1620*, New York : Oxford University Press, 2011。

[4] Benjamin Breckinridge Warfield, *Calvin and Augustine*, Presbyterian and Reformed Publishing, 1974.

[5] 奥古斯丁对笛卡儿的影响众所周知。参考 Gareth Matthew, *Thought's ego in Augustine and Descartes*, Ithaca: Cornell University Press, 1992; Zbigniew Janowski, *Index Augustino-Cartésien: Textes et Commentaire*, J. Vrin, 2000。

[6] Lisa Freinkel, *Reading Shakespeare's Will: the Theology of Figure from Augustine to the Sonnets*, New York : Columbia University Press, 2002.

[7] Philip L. Quinn, "Disputing the Augustinian Legacy: John Locke and Jonathan Edwards on *Romans* 5: 12-19," in *The Augustinian Tradition*. 虽然洛克无论在意志学说还是在原罪学说上都是以反奥古斯丁的姿态出现的，但他的哲学和神学思想中仍有深刻的奥古斯丁影响，更不用说政教分离思想的奥古斯丁根源了。参考吴飞，《在良心与自然法之间：洛克宗教宽容论的思想张力》。

[8] 帕斯卡是现代著名的奥古斯丁主义者。相关研究如 Philippe Sellier, *Pascal et Saint Augustin*. Paris: A. Collins, 1970; James R. Peters, *The logic of the heart: Augustine, Pascal, and the Rationality of Faith*, Grand Rapids: Baker Academic, 2009。

[9] 虽然卢梭的《忏悔录》与奥古斯丁的《忏悔录》看上去没有直接的联系，但卢梭对人性和社会的理解仍然与奥古斯丁密不可分。参考 Wing Kuan Anselm Lam, *The Natural Goodness of Man in Rousseau's "Confessions" a Reply to Augustine's "Confessions"*, Ph. D Dissertation of Boston College, 2009; Ann Hartle, "Augustine and Rousseau: Narrative and Self-Knowledge in the Two *Confessions*," in *The Augustinian Tradition*。

[10] Herbert Rommel, *Zum Begriff des Bösen bei Augustinus und Kant: der Wandel von der ontologischen zur autonomen Perspektive*, Frankfurt am Main: Lang, 1997; John E. Hare, "Augustine and Kant: and the Moral Gap," in *The Augustinian Tradition*.

[11] Peter Rudnytsky, *Freud and Forbidden Knowledge*, New York: New York City University Press, 1994.

[12] 从海德格尔的《宗教生活现象学》以及阿伦特的《爱与圣奥古斯丁》中，我们都可以看到奥古斯丁对海德格尔学派的直接影响。相关的研究可参考 Craig D. N. Paulo edits, *The Influence of Augustine on Heidegger: the Emergence of an Augustinian Phenomenology*, Lewiston: Edwin Mellen Press, 2006。

[13] Joyce Schuld, *Foucault and Augustine: Reconsidering Power and Love*, Notre Dame: University of Notre Dame University, 2003.

代西方全部重要的思想家都列出来，都并不过分〔1〕） 这些表面上非常不同的思想家，要么是把奥古斯丁的思想运用到了新的具体情境，要么持守奥古斯丁思想的某一方面，要么将他的思想元素改头换面换个说法，但都始终未能走出他的框架，因而也就无法彻底摆脱奥古斯丁的焦虑和矛盾。

虽然古罗马一再成为现代西方人的理想，但这更像弗洛伊德所谓的"背叛性孝顺"。对希腊罗马文明的谋杀，是奥古斯丁犯下的原罪，后来的众人都在他之中犯了罪，焦虑也就临到了众人的心灵。现代的中国人虽然也被抛到这种现代的焦虑当中，但我们或许还有一点微茫的希望，因为毕竟我们中的很多人还没有参与这个罪行。

---

〔1〕 有趣的是，在上述名单中，马基雅维利、黑格尔、韦伯与奥古斯丁的关系最少人研究。但在我看来，奥古斯丁对马基雅维利政治观的影响，对黑格尔历史观的影响，以及对韦伯社会观的影响，恰恰是奥古斯丁对现代社会影响最深、最直接的几个方面。

附录 尘世之城与魔鬼之城：奥古斯丁政治哲学中的一对张力

在关于奥古斯丁政治哲学的研究中，一直存在针锋相对的两派。[1]一派认为，在奥古斯丁看来，尘世政治虽然属于地上之城，却并不等于罪恶的魔鬼之城，而是在一定程度上有积极意义，这个城可以被称为上帝之城与魔鬼之城之外的第三座城，甚至可能是上帝之城在尘世中的代表[2]；另一派认为，尘世之城就是魔鬼之城，尘世政治的意义完全是相对的、消极的，不具有积极意义。[3]在拙著《心灵秩序与世界历史》中，笔者已经

---

[1] 关于这一研究史的详细梳理，请参考夏洞奇，《尘世的权威》，上海：上海三联书店，2007年，第198—217页。

[2] 很多著名的奥古斯丁研究专家都持这一观点。卡莱尔在其名著《中世纪政治思想史》中就持这一说法。德国学者雷斯岗（Hans Leisegang）于1925年发表了题为"奥古斯丁'上帝之城'学说的起源"的演讲，提出了三座城的说法。见 Hans Leisegang, "Der Ursprung der Lehre Augustins von der Civitas Dei," *Archiv für Kulturgeschichte*, XVI (1925), pp. 127-128. 这一说法影响深远。不久之后，瑞士主教热尔耐（Charles Journet）也在《言成教会》第二卷提到了第三个城的问题："在他关于两座神秘之城的神学语境中，奥古斯丁自己特别为第三座城划出了一块地方，这个城不能和魔鬼之城相混，这是一个人类之城，有它巨大的尘世价值。" Charles Journet, *L'Eglise de Verbe Incarné*, tom 2, Paris: Desclee De Brouwer, 1962, pp. 26-34. 此外如菲吉斯（John Figgis, *The Political Aspects of St. Augustine's 'City of God'*. London: Longmans, Green, and co., 1921）、马库斯（Robert Markus, *Saculum*, Cambridge: Cambridge University Press, 1970）等，都认为尘世之城有一定的积极意义。

[3] 也有相当一部分作者持这一说法。1950年，克兰兹（F. Edward Cranz）发表了《〈上帝之城〉第十五卷第二章与奥古斯丁关于基督教团契的思想》一文，对雷斯岗的学说做了简明但有力的批判。克兰兹指出，在这一章的文本中，找不到对三城说的支持。F. Edward Cranz, "De Civitate Dei, XV, 2, and Augustine's Idea of the Christian Society," in *Speculum*, Vol. 25, No. 2 (1950), pp. 215-225. 在热尔耐提出他的三城说之后，法国著名的奥古斯丁研究学者马鲁（Henri-Irénée Marrou）写了《上帝之城、地上之城：没有第三座城？》（Civitas dei, 〔转下页〕

明确认为，第二派更符合奥古斯丁的总体思想。在奥古斯丁笔下，世界上只有两座城，不可能有第三座城，两座城之间也没有任何交叉地带，因此尘世之城就是魔鬼之城，没有任何积极的意义，不仅无助于道德的提升与灵魂的得救，而且必然带来种种的罪恶和不义；在上帝之城中，不仅没有任何政治权力，而且不存在家庭、婚姻、德性，甚至人和人之间的差别与依赖。[1]

但在完成此书之后，笔者发现这个问题可能更复杂些。奥古斯丁在很多地方有不同程度肯定尘世政治的字句，这也是为什么那么多学者相信有第三座城的原因。当然，这里的一个重要原因是，奥古斯丁否定尘世政治的思想过于极端，任何政治实践都不可能贯彻他的两城说当中的真正主张；也正是因此，当后世的奥古斯丁主义者，特别是教皇格列高利一世，接受了奥古斯丁的政治学说的时候，他们必须对它的思想稍加调整。[2]但除了这种实践因素之外，奥古斯丁的思想中是否还有更深刻的原因呢？

我在拙著中曾提到过《上帝之城》里一个非常值得关注的现象：奥古斯丁相信，尘世中的皇帝或国王仍然有可能获得灵魂的拯救，并且为这些

〔接上页〕civitas terrena: num tertium quid?）一文。*Studia Patristica*, II（II），1957, pp. 342-350. 持类似观点的还有布朗（Peter Brown, "Saint Augustine", in *Trends in Medieval Political Thought*, Oxford: Basil Blackwell, pp. 1-21）。伯内尔虽然也并没有否定尘世之城的意义，但系统批判了马库斯的学说（Peter J. Burnell, "The Status of Politics in St. Augustine's City of God," *History of Political Thought*, Vol. XIII. No. 1., Spring, 1992, pp. 13-29）。奥多诺万也批评了马库斯的说法（Oliver O'Donovan, "Augustine's *City of God* XIX and Western Political Thought," *Dionysius*, Vol, Dec., 1987）。骚西恩（Emile Perraeu-Saussine, "Heaven as a Political Theme in the *City of God*," in *Paradise in Antiquity: Jewish and Christian Views*, edited by Markus Bockmuehl and Guy G. Stroumsa, Cambridge: Cambridge University Press, 2010）也坚持两座城的绝对距离。欧克利（Francis Oakley, *Empty Bottles of Gentilism: Kingship and the Divine in Late Antiquity an the Early Middle Ages*, New Haven: Yale University Press, 2010）的近著也对地上之城持较否定的态度。

[1] 吴飞，《心灵秩序与世界历史——奥古斯丁对西方古典文明的终结》，北京：生活·读书·新知三联书店，2013年；也可参考吴飞，《奥古斯丁论尘世政治》，《北京大学学报》，2012年第2期。

[2] H. -X Arquilière, *L'augustinisme politique: Essai sur la formation des théories politiques du Moyen Âge*, Paris: Librairie philosophique J. Vrin, 2006.

君主提出了他的建议。[1]由此可见，虽然奥古斯丁把尘世之城等同于魔鬼之城，但是，尘世之城的领袖并非魔鬼之城的领袖。尽管我们可以说尘世之城就是魔鬼之城的一部分，但这个城却有两个维度，即以其尘世领袖为首的政治维度，和以魔鬼为领袖的心灵维度。这两个维度之间的张力，是奥古斯丁笔下尘世政治的真正张力。恰恰是这个张力之间的空间，一方面带来了中世纪欧洲宗教和政治的两个方向，另一方面也导致了两派学者不同的理解方向。

在奥古斯丁笔下，尽管尘世之城都属于以魔鬼为首的魔鬼之城，它不可能有拯救的意义，而且可以整个被魔鬼用于罪恶的目的，但是以皇帝或国王为首的这个由宫室与城墙构成的城，却不是心灵秩序中以魔鬼为首的罪恶之城。但另一方面，一个充满虔敬的基督徒皇帝仍然无法带领他的臣民将尘世之城改造成上帝之城或它在人间的一个代表。虽然皇帝有可能把他的全部臣民都变为基督徒，但他仍然不能带着他的这些臣民走向拯救，正如他也不可能带着他的全体臣民走向罪恶一样。每个人的拯救都要取决于他内心中的上帝与魔鬼。

在此，我仍然坚持《心灵秩序与世界历史》中的基本观点，即尘世政治必然属于魔鬼之城，只是，尘世之城与它所属的魔鬼之城并非同构；而这一点，正是理解奥古斯丁政治哲学乃至他以后的西方政治思想张力的重要入手点。

一 早期基督教的政治神学

和其他的早期基督教教父比起来，奥古斯丁的政治哲学是一个异数。我在《心灵秩序与世界历史》中谈到了奥古斯丁世界历史观的特异之处，

---

[1] 这就是《上帝之城》第五卷第二十四章，长期以来被当作奥古斯丁的《君主之鉴》。查理曼大帝、教皇格列高利四世等都非常喜欢《上帝之城》，特别是这一章，但他们对这一章的不同解释却将欧洲政治引向了完全相反的方向。

但这只不过是奥古斯丁与众不同的政治思想的一个表现而已。奥古斯丁以一种非常极端的态度，不仅彻底扭转了早期基督教政治哲学的方向，甚至根本改变了古典西方政治思想的思路。虽然他的很多继承者无法承受奥古斯丁的极端与特异，因而有意无意地修改了奥古斯丁主义，但他的思想那令人不寒而栗的力量却穿过了这些修改，一直刺透了现代西方的政治思想，使西方政治再也无法理直气壮地神化尘世政权和君主，哲学与政治之间的裂痕变得越来越不可逾越。奥古斯丁两城说的主要力量，就在于他从上帝之城的立场对尘世政治的全面否定。这一立场在《新约》，特别是《启示录》中可以找到思想资源，但并不是基督教必然发展出来的政治思想，因为在奥古斯丁的时代，特别是在东方教会中，主流倾向并不是对尘世政治的否定，而是对罗马帝国皇帝崇拜的继承。

在古典政治实践中，一直存在神化政治权威，特别是神化君主本人的倾向。在希伯来、希腊和罗马，都有这样的传统。在希伯来《圣经》中，以色列人的王国负有神圣的任务，以色列人的王更是被上帝拣选的。希腊城邦里虽然很早就产生了民主制，但是，君主制在希腊城邦中始终没有消亡，更随着亚历山大的东征而在整个希腊世界重建起来。另一方面，即使在民主政治中，希腊人的主流思想也是将政治当作寻求美好生活的必由之路。民主的雅典虽然没有神化君主，却将政治当作一项神圣的事业。苏格拉底、柏拉图、亚里士多德等哲学家并没有否定政治的这一意义，但他们从哲学的角度对政治实践做出了深刻的批判，因而在哲学与政治之间形成了巨大的张力。

在罗马共和国，政治同样被赋予了神圣的意义，而且，西塞罗等哲学家更积极地参与到政治当中，哲学与政治的张力反而在一定程度上被掩盖住了。奥古斯都建立罗马帝国之后，将希腊、罗马传统中对政治的重视和神化君主的倾向结合在一起，形成了一整套神化帝国和皇帝个人的理论和宗教仪式。奥古斯都的这些措施对于整合整个罗马帝国起到了不可忽视的作用。[1]后来的罗马皇帝,特别是戴克里先和君士坦丁,将对皇帝的神化推到了一个新的高度,甚至放弃了"第一公民"(*pinceps*)的称号,而被称为"主"(*dominus*)。[2]

君士坦丁大帝既是将基督教合法化的皇帝,也是进一步加强君主制的罗马皇帝。当时的基督徒似乎并不认为这有什么矛盾之处。相对于《旧约》中对待以色列王国的态度,《新约》中已经有了对尘世政治的批判,而在基督教未得到罗马帝国认可的时代,基督教更是充满了在政治之外寻求天上王国的期盼。不过,这些还仅是一些思想倾向,而且《新约》中也并不是完全没有肯定世俗政权的字句。尽管有些学派表现出强烈的反政治倾向,但这远未成为公认的政治哲学。即使在基督教尚未得到罗马帝国承认的时候,东部的亚历山大里亚学派也在逐渐建立基督教的政治神学,呈现出神化政治领袖的倾向。犹太人斐洛试图将人间的统治者与宇宙的统治者统合起来,而这一思想倾向被亚历山大里亚的教父克莱蒙特和奥利金所继承,最终则在君士坦丁时代的尤西比乌那里形成了一套强有力的基督教政治神学。

君士坦丁大帝对基督教的接受为尤西比乌的政治神学提供了更加宽松的政治语境。尤西比乌一方面继承了斐洛以来将上帝对宇宙的统治与君主对尘世的统治相比拟的理论传统,另一方面更以《路加福音》24:20—30中,耶稣对君主权力的认可为《圣经》依据。他将君士坦丁大帝当作一个具有祭司职责的君王,"如同上帝指派的一个全人类的主教"。他认为,君士坦丁和上帝的圣言之间有一种极为密切的关系,皇帝正是通过圣言,而具有了"神圣王国的形象",他的王国是上帝所爱的,模仿天上的权力,因而在地上掌舵,使尘世中的万事纳入正轨。[3]

尤西比乌在很多著作中都将君士坦丁大帝与上帝的圣言对比,把罗马

---

〔1〕 George Converse Fiske, *Augustus and the religion of reconstruction*, University of Wisconsin, 1927.

〔2〕 参考 Francis Oakley, *Empty Bottles of Gentilism*, pp. 38-39。

〔3〕 尤西比乌,《君士坦丁传》,4—5:1,6。

皇帝比拟为上帝在地上的代表，因而不仅在罗马帝国中有着合法甚至神圣的权力，而且要负责统一世界，将全世界的政治都纳入上帝的统治之下。

于是，尤西比乌以基督教的方式继承了罗马帝国的政治神学，在基督教的拯救历史中，为君士坦丁安排了一个神圣位置，使这位世俗皇帝负有了基督教的上帝所分派的使命。尤西比乌主义在东方基督教传统中成为正统思想，后来成为拜占庭帝国的指导思想，以后又进一步体现在沙俄帝国的意识形态中。

但这种肯定世俗政治的倾向，也并不只是东方基督教所独有的；即使在西方基督教传统中，奥古斯丁之前的一些教父也呈现出非常类似的态度。比如拉丁教父德尔图良也认为，基督徒应该尊重皇帝，因为他是上帝所立的地上统治者，只有上帝比他更高。不仅这位早期拉丁教父对罗马皇帝极为尊敬，就是到了奥古斯丁的时代，这在拉丁教父中仍然是一种相当流行的态度。在尼西亚会议以后，本来教会的正统思想已经很不支持这样的政治观，而且也有一些教父表现出了不同于尤西比乌的态度。但是，这些都未撼动尤西比乌主义的地位。奥古斯丁的老师安布罗斯和学生奥罗修斯，都并没有奥古斯丁那样极端的政治态度。安布罗斯认为，罗马帝国的建立实现了先知的很多预言，在人类的拯救历史中有独特的意义；而基督出生在奥古斯都时代这件事，正是罗马神圣性的体现。西方教父中更接近尤西比乌的，是奥古斯丁的学生奥罗修斯。在 410 年罗马被攻陷以后，奥古斯丁要求奥罗修斯写一本历史书来反驳异教徒对基督教的攻击。奥罗修斯于是写了七卷本《历史》，他在这本书中虽然尽可能写出了奥古斯丁对罗马的一些具体看法，但在整体上仍然沿袭了尤西比乌主义的看法，把罗马帝国当作一个独特的政权，认为它具有神圣的意义。[1]

在这样的思想语境中，只有奥古斯丁将尼西亚精神发挥到了极致，同

---

〔1〕 对以上教父的详细描述，均可参考 Francis Oakley, *Empty Bottles of Gentilism*, pp. 79-117。

时也清楚地看到了罗马必将败亡的政治局势，提出了与众不同的思想。比起同时代的这些教父来，奥古斯丁无疑要深刻得多。一方面，他将从《新约》，特别是保罗书信，到尼西亚会议以来的基督教思想做了一个系统的总结与提升；另一方面，对希腊哲学的广泛阅读与深入理解，也使他继承了古希腊哲学与政治之间的张力，甚至走到了彻底否定尘世政治的极端态度。不过，需要注意的是，奥古斯丁并不是一个民主主义者或共和主义者，他并不关心政体问题，对君主制本身没有批评。他虽然瓦解了罗马帝国神化君主的理论基础，但他更多是在否定尘世政治本身，所以这更像希腊思想中哲学与政治的张力和《新约》批判政治的一种结合。由于奥古斯丁的这一极端主张过于尖锐，让生活在尘世中的人难以承受，特别是让大权在握的君主无法全面接受。即使在奥古斯丁之后，基督教会也惮于全盘接受奥古斯丁的极端立场，神化君主的倾向在他身后继续发展着。不过，他的思想却一直在潜在地起着作用，使西欧各国对君主的神化呈现出与拜占庭帝国非常不同的方向。

二　魔鬼和魔鬼之城

奥古斯丁的两城说首先是一种心灵秩序，而不是政治秩序，关于这一点，我在《心灵秩序与世界历史》中已经清楚地说过了，在本文中仍然需要强调，因为这是理解奥古斯丁政治思想的入手点。

上帝之城与魔鬼之城历史的开端，是两类天使的分离，也就是魔鬼的背叛。天使是上帝之城的最初成员，魔鬼是尘世之城的最初成员；上帝是上帝之城的王，魔鬼是魔鬼之城的王。在这一模式中，存在种种难以解决的理论问题。比如，魔鬼究竟是何时堕落的？他们与没有堕落的天使有什么区别？如果说上帝之城的王是至善的上帝，难道魔鬼也是至恶的吗？这样岂不是陷入了灵知派的善恶二元论了吗？在我看来，这些都是奥古斯丁思想的根本问题。我在《心灵秩序与世界历史》中已经讨论了这些问题，本文不再重复。简单说来，魔鬼的背叛导致了世界上恶的产生，导致了两座城的分离，开启了以善恶相争为主题的世界历史。魔鬼是最初的恶，因而也是罪恶之城的领袖；但天使并非最初的善，因为至善的上帝就是上帝之城的领袖，而上帝造的一切都是善的。

魔鬼的背叛是精神性的背叛。虽然奥古斯丁并没有彻底否定天使和魔鬼是有可能有身体的，但他强调，魔鬼不会有身体的欲望。比如，他在《〈创世记〉字解》里指出，魔鬼不可能有对物质的贪欲[1]；在《上帝之城》第十六卷第二十三章，奥古斯丁解释了《创世记》第六章里所说的"神的儿子们看见人的女子美貌，就随意挑选，娶来为妻"，认为这里说的不可能是天使，而是本来属于上帝之城的人，因为天使和魔鬼不可能有身体的欲望，不会娶女人为妻。魔鬼首要的罪是骄傲，是心灵的自我膨胀和不守真理，这是精神层面上的恶，而不是物质层面的贪婪和欲望，也不是政治性的嫉妒与纷争。

魔鬼自身不会有物质的欲望，但是，任何欲望和罪恶都是从魔鬼的骄傲而来的；等到这些罪恶出现之后，魔鬼就有了他们的属下，整个魔鬼之城才建立了起来。而导致魔鬼这些属下得以产生的决定性事件，则是伊甸园中的堕落。根据奥古斯丁著名的原罪论，魔鬼通过蛇引诱初人夫妇犯罪，而伊甸园中的过失使人类都有了罪，其首要的体现是，初人夫妇用无花果的叶子遮住了下体，因为他们的身体开始反叛灵魂，于是有了各种各样的欲望。以后的人都有欲望，都必然死亡，也都受魔鬼的统治，成为魔鬼之城的成员。

在魔鬼和魔鬼之城之间，似乎已经存在了一种张力。魔鬼不会有物质的欲望，他的罪是纯粹精神性的罪，即骄傲；但魔鬼之城里的人，他们的罪的主要特点是物质性的。一方面，奥古斯丁强调，由于他们的罪来自魔鬼的引诱，他们罪的实质与源头和魔鬼一样，也是心灵中的骄傲所致；另

---

[1] 《〈创世记〉字解》，11：15 [19]。

一方面，由于原罪的主要表现和直接后果都是身体性的罪，魔鬼之城中的罪的主要形式，都是物质性的欲望。于是，魔鬼之城中的罪的实质是精神性的，其表现却主要是物质性的。仅仅关注物质性的罪无法消除这些罪，因为其实质是心灵之罪；但又必须从物质之罪入手，否则就无法克服心灵之罪。因为有了这两种罪之间的张力，奥古斯丁解释说，《圣经》中那些以物质的方式来说魔鬼的，其实都是在说魔鬼之城的成员。

比如《以赛亚书》中写道："明亮之星，早晨之子啊！你何竟从天坠落？你这攻败列国的，何竟被砍倒在地上？"这是《圣经》中写魔鬼非常著名的一句话。其中前半句说的是魔鬼从天使当中堕落这回事，但后半句则说他攻败了地上的列国，是一个君王的形象。奥古斯丁解释说：

> 人们一般都认为，这是在将魔鬼当成一个君王的形象来说他，好像就是巴比伦。但这句话中的主要部分更符合他的"身体"，这是他从人类当中聚集而来的，主要是那些也因为骄傲而背离了上帝的诫命，与他紧密结合的成员。正像福音书中在提到真正的魔鬼时，也把他称为人："这是敌人做的。"[《马太福音》，13：28] 而真正的人有时也被称为魔鬼，福音书中又有例证："你们中间有一个是魔鬼。"[《约翰福音》，6：70][1]

在奥古斯丁看来，说真正的魔鬼攻败列国是不合适的，因为魔鬼没有对政治权力的欲望，不会去攻击尘世的国，但人若像魔鬼一样骄傲了，却首先体现在政治野心上。所以，《以赛亚书》中所说的"魔鬼"，其实是那些和魔鬼一样骄傲而膨胀的地上君王，他们充满了欲望，攻城略地。无疑，这些君王所统治的城就是魔鬼之城，而他们比其他恶人更适合称为魔鬼的追随者。

---

[1] 《〈创世记〉字解》，11：24 [31]。

正如基督徒组成的上帝之城被称为基督的身体，奥古斯丁认为，魔鬼之城中的这些成员也共同组成了魔鬼的身体。因此，"有很多事情以象征的方式说是魔鬼的，其实并不适合这个身体的头，而是在说这个身体和它的肢体"[1]。奥古斯丁进一步举例说，《以西结书》中所说的推罗王[2]，虽然表面上是在说魔鬼之城的王，其实还是在说魔鬼的身体，即那些像魔鬼一样堕落了的人。按照这样的解释，这一段中就有了双重的比喻，一方面，推罗王是用来比喻魔鬼的；而另一方面，说魔鬼又是在说尘世的恶人，似乎正是以推罗王为首的恶人。

严格说来，不仅上帝之城并不是严格的城，甚至魔鬼之城也不是严格意义上的城。上帝之城是由天使和被救的人组成的团契，并不是一个政治性的实体；魔鬼之城则反过来，也是由魔鬼和那些堕落的人共同组成的一个团体，也并不是一个政治实体。所以，在这个意义上，现实中的城似乎既不完全等于上帝之城，也不可能完全等于魔鬼之城。无论对初人还是他们的后代，魔鬼的攻击都是对心灵的攻击；魔鬼之城的成员所遭受的惩罚，无论在尘世还是末日之后，在实质上也都是心灵的惩罚。但是，由于心灵之罪又都转化为了身体和物质上的罪，魔鬼之城却又与尘世之城有一层特殊的关系。我们并不能完全以上帝之城的模式来理解魔鬼之城，其根本原因就在于，上帝与魔鬼并不是对等的善恶两极。

---

〔1〕《〈创世记〉字解》，11：24〔31〕。

〔2〕这段话是："人子啊，你为推罗王作起哀歌说：'主上帝如此说：你无所不备，智慧充足，全然美丽。你曾在伊甸神的园中，佩戴各样宝石，就是红宝石、红璧玺、金刚石、水苍玉、红玛瑙、碧玉、蓝宝石、绿宝石、红玉和黄金，又有精美的鼓笛在你那里，都是在你受造之日预备齐全的。你是那受膏遮掩约柜的基路伯，我将你安置在神的圣山上，你在发光如火的宝石中间往来。你从受造之日所行的都完全，后来在你中间又察出不义。因你贸易很多，就被强暴的事充满，以致犯罪，所以我因你亵渎圣地，就从神的山驱逐你。遮掩约柜的基路伯啊，我已将你从发光如火的宝石中除灭。你因美丽心中高傲，又因荣光败坏智慧，我已将你摔倒在地，使你倒在君王面前，好叫他们目睹眼见。你因罪孽众多，贸易不公，就亵渎你那里的圣所。故此，我使火从你中间发出烧灭你，使你在所有观看的人眼前变为地上的炉灰。各国民中，凡认识你的都必为你惊奇。你令人惊恐，不再存留于世，直到永远。'"（《以西结书》，28：12—19）

三 尘世之城作为魔鬼之城

上帝之城之所以不是严格意义上的城，是因为上帝之城中不可能有尘世之城中必然有的权力关系和社会阶层。奥古斯丁多次强调，末日之后的上帝之城是一个大同世界。在那里，人间的所有关系都将失去，唯一的关系是人和上帝之间的关系。上帝之城中的人将没有任何性情，没有真正意义上的德性，因为没有了不义就不需要德性，没有婚娶和生育，当然也没有国家或战争，每个人无论身体还是心灵都处在最高的状态，甚至身体中的每个器官都失去了它本来的功能，因为人已经变成不朽的，不需要每个器官发挥它的功能才能存活。这个城只有在末日之后才可能真正实现出来。而在末日之后，时间应该结束了，历史应该终结了，这个城里是永无变化的至善。（《上帝之城》，22：30）在尘世历史当中，没有哪个城是上帝之城或它的代表，奥古斯丁只能说，上帝之城的公民生活在地上之城里，如同在羁旅之中。

魔鬼之城是与上帝之城相对的一个城。正如上帝之城是至善的城，魔鬼之城就应该是至恶的城。末日审判之后，得救的组成了上帝之城进入天堂，被罚的组成了魔鬼之城进入地狱。若从奥古斯丁的时间和历史哲学推测，末日之后的魔鬼之城，也应该不在时间当中。但是，这里存在巨大的理论困难。且不说若以为末日之后存在善恶两个集团，就如同以另外一种方式表述了灵知派的善恶二元论，而且这样很可能把魔鬼和他的城当成了至恶的存在。尽管上帝是至善，魔鬼却不是至恶，因为至恶并不存在。魔鬼之城与上帝之城最大的不同是，它并不是只有在末日之后才能实现出来的，因为它的公民在尘世中并没有做客旅，而是就生活在自己的城中。

因此，我们不能认为，尘世之城是既不属于上帝之城，也不属于魔鬼之城的，绝对中立的城[1]，好像在末日审判之后，其中得救的一部分人进入天堂，组成上帝之城，另外一部分人进入地狱，组成魔鬼之城。在整个尘世历史当中，所有人都生活在地上之城里，都是魔鬼之城的公民，只是其中有一些特殊的人，得到了上帝的特别恩典，还仰望着另外一个城，把那个城当作自己的祖国。在奥古斯丁看来，只要人们之间还有区别，只要人们之间还相互依赖，只要人们还有由此而起的各种权力关系，因而有婚姻、家庭、城邦、帝国等社会制度，就是处在魔鬼的统治之下。如果说末日之后的魔鬼之城与这座尘世之城不同，那是因为末日之后发生的，是对魔鬼之城中的公民的惩罚，正如末日之后的上帝之城，是对上帝之城的公民的奖赏。但惩罚与奖赏并不是对等的两极，因为上帝之城的公民在得到奖赏后才进入上帝之城，而魔鬼之城的公民一直都在魔鬼之城里。换言之，在末日审判之前，所有人都生活在魔鬼之城中。

一方面，尘世中的所有人都属于魔鬼之城；另一方面，魔鬼之城又不等于任何一座具体的城邦。由于魔鬼之城根本上是一座心灵之城，所以它不会和任何一座地上之城完全重合。但魔鬼之城作为心灵之城意味着，凡是在心灵里有原罪的痕迹的，都是魔鬼之城的成员，因而，亚当和夏娃的所有后代都是魔鬼之城的成员，因为他们都随着亚当和夏娃的堕落而堕落了。

即使在人类尚未建起一座真正的城的时候，他们就已经属于魔鬼之城了。亚当和夏娃在偷吃禁果之后，就已经成为魔鬼的属下，加入到了魔鬼之城当中，虽然这时候还不存在一个实体的城。后来，该隐建了一座城，称为以诺。奥古斯丁指出，这是第一座人间之城。这座城是杀弟者该隐建的，建在兄弟之血的基础上，因而难以免去它根深蒂固的罪性。(《上帝之城》，15：5) 这座不义的城必然是魔鬼之城的一部分，但这并不意味着，

---

[1] 卡莱尔、迪恩、马库斯、欧克利都在一定程度上认为，尘世之城是中性的城。但我认为，虽然它在表面上是中性的城，但在实质上仍然是魔鬼之城的一部分。

在该隐建城之前，人类还没有进入魔鬼之城。到后来，人类的各个城邦之间相互攻伐杀戮，兼并扩张，很多城渐渐汇聚为统一的大城或帝国。在《圣经》当中，巴别塔的建立，就象征着这样的联合；而这种联合，正是罗马的传统历史学家所期待于罗马帝国的。但奥古斯丁指出，这恰恰意味着更多的战争、更强的霸欲、更重的罪恶，和更深的堕落。无论是亚当和夏娃组成的家庭，该隐建立的城，还是各城邦统合为一的巴比伦与罗马，带来的都是人类的堕落，而不是拯救，它们并不意味着人类实质的统一，而只是更大的分裂和仇杀。关于这一点，我在《心灵秩序与世界历史》中已经反复谈到了。

任何一座具体的城都不等同于魔鬼之城，这并不意味着地上的哪座城可以处于魔鬼之城以外，甚至可以代表上帝之城，而是表明，魔鬼之城是比尘世之城大得多的一个概念。尘世之城的建立，是发生在魔鬼之城当中的一个事件，是人类堕落的一个后果，必然建立在不义的基础上。没有哪个尘世之城能处于魔鬼之城以外，也没有哪个尘世之人能不属于魔鬼之城。尘世之城中的几个根本特点，都使它不可能脱离魔鬼之城。下面仅举几个方面。

在关于共和的著名争论中[1]，奥古斯丁修改了西塞罗的著名定义。西塞罗认为共和是人民之事，而人民是按照对正义的认同和共同的利益结合起来的团体。（《上帝之城》，2：21）通过对罗马历史的解构，奥古斯丁认为，哪怕在最辉煌的时代，罗马也不曾存在西塞罗所谓的那种正义的人民，因而也就不可能有他说的那种共和。但奥古斯丁对罗马的否定并不是出于他对罗马的偏见。他真正要说的是，包括罗马在内的尘世之城都不可能有真正的正义。之所以如此判断，主要并不是因为他对现实政治的深刻观察，而是来自他对正义的理解。

---

[1] Jeremy du Quesnay Adams, *The populus of Augustine and Jerome: a study in the patristic sense of community*, New Haven: Yale University Press, 1971.

按照柏拉图以来的定义，正义就是各得其所，而在奥古斯丁的基督教哲学中，最根本的正义就是属于上帝的归上帝，而自从初人堕落之后，本来该属于上帝的人就归了魔鬼。既然这最根本的各得其所都没有做到，尘世生活中当然就不可能有真正的正义，于是就不可能有真正的人民，西塞罗意义上的共和也就不可能实现了。(《上帝之城》，19：21）奥古斯丁认为，真正的正义与共和只有在上帝之城中才能实现。但如何理解现实中的政治呢？不能说它们不是共和，但必须修改共和的定义。按照奥古斯丁修改之后的定义，只要有共同利益就是人民，不必管是否正义。一群人如果共同爱好偷盗、杀人，或别的什么罪恶，只要他们之间能够达到足够的和谐，就已经构成了人民和国家。于是，还可以有人民，也还可以有共和，但它们未必是正义的，甚至根本不可能是正义的。(《上帝之城》，19：24）奥古斯丁认为共和与强盗没有实质的区别，尘世政治中必然充满了各种不义。强盗就是一个小的王国，帝国不过是一大群强盗。(《上帝之城》，4：4)[1] 在这个意义上，尘世中的任何城邦都必然属于魔鬼之城。

在另外一场争论，即关于政治起源的争论中，奥古斯丁同样将尘世政治的基础理解为不义与恶。在《上帝之城》第十九卷第十四章，奥古斯丁好像在说，政治权力起源于家庭当中出于友爱的统治；在第十五章，他又好像在说，政治权力起源于矫正性的奴隶制。他究竟认为政治权力起源于家庭还是奴隶制，成为学者们争论的焦点，因为这决定了他对政治权力的看法：它究竟是出于友爱的统治，还是产生于强制？[2]

但在我看来，这两种说法之间并不存在实质的矛盾，因为奥古斯丁并没有认为家庭是毫无罪恶的，也并不认为奴隶制完全是有罪的。虽然他在一定程度上肯定了婚姻和家庭的意义，但他并不认为家庭在上帝之城中仍

---

〔1〕 关于这个问题的争论，参考夏洞奇，《尘世的权威》，第199—200页。

〔2〕 1965年，马库斯发表了《政治权威的两种概念》的著名论文，得出结论认为，国家更像奴隶主对奴隶的强制。这一观点近年来遭到了伯内尔、伯特（Donald X. Burt）、海金（John von Heyking）等人的批评。其争论详情参见夏洞奇，《尘世的权威》，第168—188页。

然存在，家庭的正面意义多为矫正性的。奥古斯丁在谈家庭的时候，并不只是指父子和夫妻，他也明确将主奴关系当作家庭关系的一种。他在说主奴关系的时候指出，奴隶因被统治而产生服从的谦卑，"这是有益的"。（《上帝之城》，19：15）在说家庭关系的时候，他也说："如果有人在家里因为不服从而破坏了家中的和平，他会被责备、鞭打，或别的正义而合法的惩罚纠正，只要这是人类社会允许的。这些对被纠正者有利，因为他重新获得了自己已脱离的和平。"（《上帝之城》，19：16）而这正是奥古斯丁在谈到尘世之城的权力关系时的一贯思路。（《上帝之城》，4：3；后文详述）在奥古斯丁看来，人与人之间应该是绝对平等的，只要是产生了权力关系和不平等，就必然是罪恶的。包括主奴关系在内的家庭关系，在一定程度上都是矫正性的，是在已经不平等了的尘世中不得已产生的制度，但它们毕竟也都建立在不平等的基础上，毕竟都有权力关系在其中。家父长对儿子，可能是出于关爱而管理，奴隶主对奴隶，可能完全没有任何感情，但二者都是不平等的权力关系，也都有可能对被统治者有益，但二者之间并无实质差别，都是上帝之城中所没有，只能在罪恶和不平等的尘世中才会有的。换言之，二者都是魔鬼之城中才会有的；同样，也只有在魔鬼之城中才会有政治权力，因为它同样建立在不平等的基础上。

此外，奥古斯丁著名的霸欲（*libido dominandis*）概念，决定了他的政治哲学的最基本特点。奥古斯丁认为，和其他所有的欲望一样，霸欲是原罪的后果，是人堕落了的表现，而导致了尘世中的各种战争的，正是僭主心中的霸欲。（《上帝之城》，14：15.2）霸欲的概念，希腊的修昔底德和罗马的撒路斯提乌斯都曾经用过。特别是在撒路斯提乌斯那里，霸欲被当作罗马得以强盛的主要原因。他虽然并不认为霸欲本身是德性，但认为由于霸欲催动了罗马人对外的战争，使罗马人克己自制，充满德性。奥古斯丁和罗马历史学家的根本区别，不在于对战争的看法，而在于对霸欲的理解。奥古斯丁根本否定了霸欲的价值，认为它是欲望的一种，罪的产物。[1]

对霸欲概念的重新理解，不仅使奥古斯丁可以重新理解罗马的历史，颠倒了撒路斯提乌斯的历史观和政治观，更重要的是，他将政治秩序重新转化为了心灵秩序，或者说，政治秩序不再具有自身的意义。而正是这一点，导致了前述对正义、人民、共和、家庭、奴隶等制度的看法。由于原罪导致了人的欲望，特别是霸欲，所以现实中不可能有真正的正义或人民，因而也不可能有正义的共和，而只有各种各样的利益集团。也是由于霸欲，所以无论父子之间还是主奴之间的统治，根本上都不可能是完全正义的。

奥古斯丁和古典政治哲学家最大的差别即在于，他不再从政治本身来理解政治的起源和目的，而是诉诸心灵秩序的善恶。原罪是塑造尘世中人心秩序的核心概念，欲望是决定善恶秩序的心理根源。虽然具体到对战争和政治的评价，奥古斯丁也会有各自具体的看法，战争未必都是不正义的，政治未必都是邪恶的，但是在根本上，所有的战争和政治都来自霸欲，都是以不义为根基的。即使正义的战争，如果没有人因为霸欲而犯下不义，也不可能发动；即使正义的政治，也必然有霸欲在其中，伴随着人和人之间的不平等。因此，不义的政治是罪恶的霸欲的体现，正义的政治只不过是对不义政治的矫正，而且其间必然也会用到霸欲。在一场政治斗争或战争中，无论双方哪方取胜，都不能改变尘世政治的实质，都不可能消除霸欲和其中的不义；最根本的是要消除心中的欲望和罪恶，而这个任务不可能靠任何尘世之城来完成。

由此我们可以看到，在奥古斯丁的思想体系中，虽然任何地上之城都不完全等同于魔鬼之城，但是地上之城之所以成立，是因为原罪导致的不义。地上之城之间的争斗不可能改变心灵秩序，但这并不意味着这些争斗

---

[1] Brian Harding, *Augustine and Roman Virtue*, London: Continuum International Publishing Group, 2008, p. 65.

与善恶无干，地上之城中的所有政治斗争，都是魔鬼之城内部的斗争。（《上帝之城》，15：4）

上帝之城与魔鬼之城的分离，根本上是心灵秩序中的一种分离，而非政治秩序上的分离。这种心灵秩序会导致各种后果，人的犯罪是其中最大的一种。由于初人的犯罪，人产生了各种欲望，霸欲只是所有这些欲望当中的一种，因而，由霸欲导致的政治秩序并非魔鬼之城中的全部，魔鬼之城里有很多生活是尘世之城之外的，但尘世之城中的生活却没有魔鬼之城之外的。因此，政治秩序从属于心灵秩序，心灵秩序成为一个更根本、范围更大的思考框架，决定了人类历史的最终走向。

奥古斯丁对尘世政治的否定是双重的。一方面，他认为尘世政治必然是罪的产物，是不义的制度，属于魔鬼之城；另一方面，他又认为，尘世政治中的盛衰成败和心灵秩序无关，罗马的胜利既不意味着上帝之城的胜利，也不意味着魔鬼之城的胜利，而只是魔鬼之城内部的你争我夺。在第一个方面，他通过将尘世之城与魔鬼之城相联，否定了政治的正义；在第二个方面，他通过否定尘世政治与心灵秩序的关系，取消了政治在任何层面上的意义。奥古斯丁将政治秩序与心灵秩序分离，并不是要使尘世政治成为一个可善可恶的中立制度，而是在使政治彻底虚无主义化，即他不仅将尘世政治去神圣化，而且更加彻底地取消了政治的意义。在更根本的心灵秩序面前，尘世政治不仅没有任何积极的意义，甚至连消极意义都没有，人们完全可以在政治之外，甚至在一切尘世制度之外，只在心灵中追求美好生活。

相对于尤西比乌主义，乃至当时东西方主流的政治思想，奥古斯丁的政治观当然是一个异数。这颠覆了罗马以来对政治的一般理解，以至在政治实践中很难得到彻底的接受；但若是从理论上看，奥古斯丁却更忠实于基督教思想的实质，乃至将柏拉图、亚里士多德等希腊哲学家那里的哲学与政治之间的张力推向了一个极端。他的政治哲学有着更坚实和深刻的哲学基础，以至于相对而言，尤西比乌的思想反而显得有些肤浅了。

四　皇帝的拯救

那么，奥古斯丁如何来理解尘世之城中的统治者呢？在讨论这个问题之前，我们首先要再次强调，奥古斯丁在讨论政治的时候，对政体问题没有兴趣，即他基本不关心究竟民主制更好还是君主制更好，对罗马人曾经非常看重的共和问题毫不在意。在叙述罗马历史的时候，奥古斯丁提到过，布鲁图斯赶走塔昆王，是为罗马带来了自由，而屋大维成为奥古斯都，在罗马建立帝国，则结束了共和时代的自由。但这些都是随笔带过，并未构成奥古斯丁政治哲学的实质问题。他的这一倾向引领了欧洲中世纪的政治思想，以至希腊和罗马人都非常关心的政体问题在长达一千年的时间里被人遗忘了，直到马基雅维利的时代，才重新回到欧洲人的政治思考中。[1]因此，奥古斯丁对罗马帝国或任何君主国的批判，并不是出于对君主制的批判，而来自他对尘世政治的一般性批判。在他看来，尘世之城究竟采取哪种政体都不重要，因为这都不影响尘世之城的实质，即它在心灵秩序中的位置。

皇帝或国王在心灵秩序或神圣秩序中，究竟处在什么位置上，这是中世纪欧洲政治哲学或政治神学的实质问题。虽然奥古斯丁的观点并没有得到完全的接受，但他讨论的问题，却是中世纪的政治思想家普遍关心的问题，因此，以后的教会和世俗君主都非常喜欢奥古斯丁的《上帝之城》，经常拿它来论证自己的神圣性。而他们之所以都能从奥古斯丁的著作中找到支持自己的思想资源，正是因为奥古斯丁政治思想中的张力。

前面说，奥古斯丁彻底否定了尘世之城的意义，那么，世俗君主就都是一部分魔鬼之城的领袖，那他们岂不都是不义的？而且，这些君主要节

---

[1] Fergus Millar, *The Roman Republic in Political Thought*, Hanover and London: University Press of New England, 2002, p. 55.

制他的部下，掌握大权，也必然有一定程度的霸欲，否则就无法做好尘世之城的领袖。

但奥古斯丁并没有将世俗君主等同于魔鬼的代表，他还是认为一个基督徒可以成为好皇帝。著名的《上帝之城》第五卷第二十四章，被称为奥古斯丁的《君主之鉴》。他说："我们说基督徒皇帝是幸福的，并不是因为他们统治的时间更长，或者是能寿终正寝，留下儿子继位，也不是因为能镇压共和的敌人，或者能够防范和镇压敌对公民对自己的反叛。"（《上帝之城》，5：24）那么，什么样的皇帝才是幸福的呢？奥古斯丁继续说道：

> 如果皇帝们以正义治国，如果那些赞美和谄媚的唇舌，那些过度的谦卑和礼敬不会让他们过于自大，如果他们不忘自己是凡人，我就说他们是幸福的。如果他们能够让自己的权力成为威严的上帝的侍婢，如果能在最大可能的范围内让人们服侍上帝，如果他们敬畏、热爱、服侍上帝，如果他们爱上帝的国（那个不必担心与人共享的国）胜过爱自己的国，如果他们缓于刑罚、敏于恕道；如果他们是为了王道的必要和保卫共和而用刑，而不是因为怀恨泄愤；如果他们网开一面不是因为徇情枉法，而是为了让人们改恶从善；如果对于他们不得不颁布的严厉政策，他们还能用悲悯仁义、宽宏大量来补充；如果他们在可以纵情声色时克己复礼；如果他们比所有人都更憎恶荒唐的欲望；如果他们做这些都不是出于对空洞的光荣的热望，而是因为对永恒幸福的挚爱；如果他们为了赎罪，不忘记以谦卑、忏悔、祈祷向真正的上帝献祭，那他们就是幸福的。我们说，这样的基督徒皇帝现在拥有幸福的希望，以后会有幸福的现实，我们期待幸福将会降临他们。

表面上看，奥古斯丁对君主的劝勉似乎和古今中外大多数帝王术的作者没有多少不同，都是主张君主要以正义治国，谦虚礼敬，远离谄媚，缓于刑罚，敏于恕道，克己复礼，等等。但奥古斯丁处处都不忘提醒，做这些都是为了服务于上帝，要爱上帝之城超过爱自己的国，要以赎罪为目的，以谦卑、忏悔、祈祷向上帝献祭。如果不是为了上帝之城而做到这些，那还是以国祚绵长、国家安定为目的，这在奥古斯丁看来并不是最好的皇帝。这段话里最关键的一句是："不忘自己是凡人。"[1] 君主的身份和地位并没有任何特殊之处，更不会有神圣的光环。基督徒皇帝和其他所有的基督徒没有任何差别，他们都要以谦卑之心礼敬上帝，最终目的都是获得灵魂的救赎，进入上帝之城。他们和普通人如果说有什么差别，那也只是职务上的差别。皇帝们利用君主的身份，在国家元首的位置上服务于上帝，和一个奴隶通过谦卑地伺候主人而服务于上帝，没有实质的差别。倒是奴隶在他的位置上，更容易培养谦卑的品德，而皇帝更容易变得自大，使自己反而处在劣势当中。

这样，奥古斯丁将皇帝个人与他的政治身份完全剥离了开来。虽然一个好皇帝也需要以德治国，赏善罚恶，但这样做的目的并不是为国富兵强，而是以此来服务于上帝之城和自己灵魂的拯救。因此，这些政治功业做得究竟怎样，都没有实质的意义；重要的是，他能否保持一颗朝向上帝的谦卑之心。

奥古斯丁鼓励尘世君主不要看重尘世的成就，这在古今中外的帝王术类著作中都是异乎寻常的。固然，古代的很多思想家都曾劝勉君主要注重内在的德性修行，不可过于看重外在的政治功业。比如古希腊的色诺芬在《论僭政》《居鲁士的教育》等著作中，中国的孟子在与梁惠王、齐宣王等的对话中，以及丘处机对成吉思汗的对话中，都有类似的倾向。不过，这些古代圣哲并不认为尘世政治不重要，而只是认为单纯权力和利益的政治是不值得追求的，惟有依靠德性的政治才是更高贵的政治。但奥古斯丁却劝君主们根本不要把政治放在心上，因为他们的幸福并不取决于国祚是

---

[1] 需要注意的是，由于这一段含义极为丰富，并不是每个读者都认为这句话是最关键的。查理曼大帝就没有那么看重这句话，而是认为奥古斯丁激励君主传播和保卫基督教是更重要的；而格列高利四世等教皇却从这一段中读出了非常不同的意思。

否绵长，权力是否稳固，国家是否和平，后嗣能否即位。因为，"在此世的烦扰生活中，这样那样的好处与慰藉，就是敬拜鬼怪的人也能够得到；这不属于上帝之国，而那些基督徒皇帝属于上帝之国。这些出自上帝的悲悯，但是上帝不希望信仰他的人把这当成至善"。(《上帝之城》，5：24)

在《上帝之城》的第三卷，奥古斯丁逐个考察了罗马王国的七个国王。他不仅指出早期罗马历史中充满了各种罪恶，更重要的是，他强调，这些国王的幸福和尘世功业是不成正比的。前六个虽然贵为国王，但除了努马·蓬皮里乌斯和安克·玛提乌斯之外，其他国王都死于非命：罗慕洛是罗马城的缔造者，却在暴风雨之夜神秘地消失了，图鲁斯·霍斯提利乌斯也被雷电吞噬，老塔昆被刺客刺死，而被公认为最好的国王塞维乌斯·图利乌斯则被自己的女婿骄傲者塔昆残忍地杀害。最后一个国王骄傲者塔昆虽然恶贯满盈，被罗马人赶了出去，却在田园生活中得以善终，比大多数国王都更幸福些。就是建立共和国的布鲁图斯，虽然驱赶了国王，却先是遭到儿子的反叛，后来又在战斗中与敌人同归于尽。(《上帝之城》，3：16.2) 这些国王的结局不仅和他们的政治功业不成正比，而且与他们的德性善恶也没有关系。奥古斯丁甚至进一步指出，功业德性与幸福之间的关系既不成正比，也不成反比，而是完全没有任何规律可循。君士坦丁大帝不仅信仰虔敬，而且雄才大略、寿命长久，可以说在各方面都堪称完美，但像这样的例子少之又少。"上帝让朱维安的垮台比朱利安还快得多；他让格拉泰死在僭主的刀剑下，但他的厄运却比服侍罗马诸神的老庞培轻得多。"(《上帝之城》，5：25) 好的君主有可能有好运，也有可能有厄运；坏的君主有可能有厄运，也有可能有好运，完全没有一定之规，不能当作评价的标准。

治理国家，本来是一个皇帝的分内之事。奥古斯丁虽然并没有完全否认皇帝的治国职责，但他指出：

让好人长期统治辽阔宽广的土地，也是有用的；但是这更多对治于人者有用，而不是对治人者。因为和治人者相关的，只是他们的虔敬和正直，上帝的伟大赐予，已经足够使人到达真正的幸福了，人们可以用这过上好的生活，以后进入永恒。在这大地上，好人的统治对人类的事业有用，但对他们自己没有什么用。（《上帝之城》，4：3）

在此，奥古斯丁更清楚地阐明了他对皇帝的政治职责的态度。在他看来，君主完成他的政治职责，开疆拓土，治理国家，虽然不能说完全没有意义，但只是对他所统治的人民有意义，而对他自己则完全没有意义，因为这与他的虔敬没有关系。基督徒皇帝和其他所有的基督徒一样，应该以灵魂的救赎为最大的幸福。而所谓对治于人者有益，讲的都是尘世之城中世俗的好处，与灵魂的拯救无关，是好人和坏人都有可能得到的。皇帝最多可以在这个层面上帮助他的臣民，但这个层面上的好处却并不是最重要的好处。因此，皇帝的政治身份，既不可能给他的臣民带来拯救，也不可能使自己的心灵获得救赎。在心灵秩序的层面，所有人都是平等的，都必须通过自己的努力获得拯救。心灵中的这种努力，成为奥古斯丁评价所有人的最终标准，自然也被用到了对皇帝的评价上：一个基督徒皇帝的好坏，完全与政治功业无关，而决定于他是否尽可能地服侍上帝。因此，政治本身和君主的身份，都失去了神圣的意义。

这样我们也就可以理解，奥古斯丁为什么一方面将尘世之城当作魔鬼之城的一部分，另一方面却承认，一些皇帝可以不成为魔鬼的代表，反而有可能获得灵魂的救赎，进入上帝之城。

依照这样的逻辑，奥古斯丁颠覆了罗马帝国的神圣性。从尤西比乌到奥罗修斯都认为，基督出生在奥古斯都建立罗马帝国的同时，意味着罗马将在拯救历史中起到至关重要的作用。奥古斯丁也提到了这件事："在希律王统治犹大地的时候，罗马改变了共和国的形式，恺撒奥古斯都成了罗马皇帝，在全球实现了和平，按照从前的先知的预言，基督在犹大的伯利恒降生了。"（《上帝之城》，18：46）他这里的用语，多少继承了尤西比乌以来的说法，但他并没有在奥古斯都在全球实现和平与基督降生之间建立必然的联系，两件事的发生只是时间凑巧在一起而已；而罗马在全球实现和平，本身更无神圣的意义，因为这只不过使以色列陷入异族的统治之下而已。

五　君士坦丁与西奥多

尽管奥古斯丁对君士坦丁大帝仍然怀有很高的敬意，但他不可能像尤西比乌那样神化他。在他看来，最典型的基督徒皇帝并不是君士坦丁大帝，而是皇帝西奥多一世。

在《上帝之城》第五卷，奥古斯丁专门辟出一章来谈上帝赐给君士坦丁大帝的幸福。但这与其说是在赞美君士坦丁，不如说是在消除尤西比乌以来对君士坦丁的神化，进而清除从奥古斯都以来的罗马皇帝的神化。

前文谈到过，尤西比乌曾经花了很大力气来神化君士坦丁。虽然他的很多说法缺乏理论上的支持，但他成功地以基督教的方式延续了罗马帝国的政治神学，而且这一传统一直贯穿了东罗马帝国和沙俄帝国。但奥古斯丁是这样谈君士坦丁的：

> 皇帝君士坦丁并不敬拜鬼怪，而是服侍真正的上帝。于是，好上帝赐给他以人们不敢企及的、圆满的地上幸福，为的是不让人们以为，服侍他虽然能得到永生，但是这地上的国中的辉煌，不敬拜鬼怪就不能得到，因为那些精灵们在这些事上有能力。上帝命令君士坦丁在帝国建立一个和罗马相侔的城，这个城是罗马的女儿城，但是没有罗马那些鬼怪的神殿和塑像。君士坦丁享国日久，能够控制和捍卫整个罗马世界，唯有奥古斯都能和他媲美。他在自己指挥和发动的战争中，能够战无不胜。他击溃各国僭主，所向披靡。他年老时因病寿终正寝，子孙即位。不过，皇帝当基督徒并不能只是为了能像君士坦丁

这么享福，每个人当基督徒都是为了永恒的生命。(《上帝之城》，5：25)

在奥古斯丁看来，君士坦丁之所以值得赞美，并不是因为他的赫赫功业，而是因为他没有敬拜古典诸神，但服侍基督教的上帝。由于他的信仰，上帝赐给了他特别的恩典，让他取得那些伟大的功业，获得圆满的地上幸福。这并不是因为他的功业有多么神圣，这种幸福有多么可贵，而只是为了向世人展示，这种功业和幸福也是完全掌握在上帝的权柄之下的；如果上帝认为不需要展示这一点，他完全可以不赐给这些，也丝毫不减损君士坦丁的虔诚和他在上帝之城中的位置。这些曾经让尤西比乌大唱颂歌的功业，奥古斯丁却力图尽可能贬低它的意义。按照奥古斯丁的逻辑，有没有君士坦丁那样的功业与幸福，都没有实质的差别，因为这些东西看上去只是偶然所得的，与君士坦丁的虔敬和罗马的伟大都毫无关系。所以他说，皇帝当基督徒不应该是为了像君士坦丁大帝那样幸福，而是和所有普通的基督徒一样，为的是上帝之城里永恒的生命。

于是，君士坦丁的神圣性被彻底颠覆了，罗马帝国以来的皇帝崇拜遭到了前所未有的打击。奥古斯丁力图将基督徒的关注点移回每个人的内心世界，因而要彻底瓦解地上政治的神圣性。奥古斯丁更喜欢谈的是另外一个罗马皇帝：西奥多一世。

君士坦丁皈依基督教的政治考虑高于内心的信仰，而且他也没有彻底消除帝国内的古典宗教痕迹。西奥多则更像一个名符其实的基督徒，而且非常严厉地镇压帝国的古典宗教。在罗马帝国分崩离析、内战频仍的混乱中，西奥多重新统一了罗马，是东西罗马帝国正式分裂前的最后一位皇帝。

奥古斯丁详细记述了西奥多的这样三件事。一、他保护了格拉泰的幼弟瓦伦廷二世，并没有为了扩大地盘而趁人之危，并且遵从了隐修士约翰的预言；二、他在与篡位者尤根尼乌斯的战争中获得上帝的眷顾，上帝为他行了神迹，使他取得了决定性的胜利；三、他因为过于严厉地惩罚了一些人，按照教会的法令必须行告解，于是，他非常谦卑地行了这项圣事。在叙述这三件事的时候，奥古斯丁处处都不忘了强调，西奥多把上帝看得比自己的国家和权力更重，因而在处理各项事务时都表现出基督徒的谦卑，也获得了上帝特别的庇佑。这段叙述当中的画龙点睛之笔是第三件事，因为它尤其能够体现出一个基督徒皇帝的谦卑。奥古斯丁是这样描述此事的：

> 比起在地上称王，他更乐于把自己当作教会的成员。他到处摧毁异教的偶像，充分意识到，即使地上的好处也不能让鬼怪赐予，而要取决于真正上帝的力量。后来西奥多在帖撒罗尼迦处理一些非常严重的丑事，当时教会长老也来干预，西奥多许诺说要宽大处理。但是由于自己周围的人的鼓动所迫，他不得不惩处某些人。教会的纪律迫使他行告解。当他以帝王之尊面对民众俯伏于地的时候，人们更多为这景象而哭泣，而不是因为自己的罪引起他的愤怒而害怕。什么会比这样一种宗教的谦卑更神奇呀？他做的这类好事很多，数也数不清。他在此世做了这些事，而人间的巅峰与至高点也不过是泡影。他做了这些事情，得到的赏赐是永恒的幸福，上帝只给与真正的虔敬者。至于此生中大大小小的别的东西，比如世界本身、阳光、空气、土地、水、果实，还有人自身的灵魂、身体、感觉、心智、生命，上帝都慷慨地给了好人和坏人。在这当中上帝还给了帝国，根据他在各时代的管理而确定它有多广阔。(《上帝之城》，5：26.1)

按照奥古斯丁的理解，西奥多在行告解的时候，完全抛开了自己的帝王之尊，面对众人俯伏于地，像一个普通人那样去忏悔自己的罪。这与神圣皇帝的身份完全不相符，因为他并不看重自己的帝王身份，而是更愿意把自己当作一个普通的基督徒，一个和所有人一样有罪的凡人。他在抛开自己的帝王之尊的同时，也抛弃了罗马帝国的神圣性。奥古斯丁之所以把他当作基督徒皇帝的榜样，就在于他把人间的巅峰与至高点也看成了泡影，而只把自己当作一个普通的基督徒看待。西奥多之所以是最好的基督徒君主，恰恰是因为他尽可能地消除了君主的神圣性。因此，尽管西奥多并不能改变罗马作为魔鬼之城的一部分的实质，他却能使自己成为上帝之城中的一个成员；他虽然是这个地上之城的领袖，他却没有把自己领导的帝国当作心灵的祖国，而只是把它当作一个旅店，因为他真正的祖国在天上。罗马帝国的皇帝西奥多，却是另外一个城邦的真正公民。这应当就是本文最开始提出的问题的答案：一个皇帝若安于尘世之城的领袖，他就是魔鬼的化身，是这个魔鬼之城的领袖，因为他在心灵秩序中也是这个城的领袖了；但如果一个皇帝仅是暂时地做这个城的政治领袖，在心灵秩序上却是上帝之城的普通公民，那他就不会成为魔鬼的化身，不会成为魔鬼之城的真正领袖。

六　政治语境下的安享与利用

在上引段落的最后，奥古斯丁区分了尘世之好和永恒之好，指出帝国和其他所有的尘世之好是一样的，上帝既赐给好人，也赐给坏人。帝国没有什么神圣之处，它和世界本身、阳光、空气、土地、水、果实等物质造物，以及人的灵魂和身体中的各种功能，等等，都一样，是上帝既会赐给好人，也会赐给坏人的，是尘世的、短暂的、相对的好，而上帝之城中的生活才是永恒的、绝对的、只有好人才能获得的好。在这一说法背后，无疑就是奥古斯丁著名的安享（*frui*）与利用（*uti*）的区分。而上述对地上之城的讨论，可以使我们重新思考奥古斯丁这对概念的真正含义。

"结果是人们安享的，而功用是人们利用的。……我们说的结果，指的就是其自身能让我们快乐，而不指向别的目的的东西；而功用，就是我们用来追求别的目的的东西。"（《上帝之城》，11：25）这是奥古斯丁对安享与利用两个概念的标准定义。依照这一思路，上帝之城的永恒是安享的最终结果，而尘世中的一切都是只能利用的功用，不能当成结果来安享。这是一个基督徒应有的态度。而如果谁误把尘世之好当成了安享的结果，那就是没有真心追寻上帝，因而不可能进入上帝之城，去安享真正的永恒。但若是以安享永恒为目的，那些暂时的好也是可以利用的。正是受了这一思路的影响，有些学者会以为，尘世之好既然被当作了利用的功用，是安享上帝的手段，而尘世政治作为尘世之好的一部分，也应该是追求上帝之城的路途中的一个阶段，因而在根本意义上也是有助于拯救的最终目的的。[1]但这一思路和我们前面描述出来的奥古斯丁政治哲学显然有很大距离。究竟是哪里错了呢？

奥古斯丁的安享与利用这对概念与新柏拉图主义哲学传统有关。普罗提诺讲，由太一流溢出两个原则，再从三个实体流溢出世界万物，在万物当中物质是最低的，因而世界是一个连续的整体，从最高者到最低的存在者之间是一个闭合的、连续的体系。[2]这是西方思想中存在巨链的最初表达形式，即认为从最高的存在物到最低的存在物之间构成了一个闭合的链条，中间的每个环节之间都是相互接续的。[3]奥古斯丁的一些表达方式似乎也遵循了这一模式，即认为上帝是最高的、永恒的存在，而上帝所造的万物都是较低的、暂时的存在。他还在很多地方表示过，人的认识通过这些较低的、暂时的存在，可以逐渐攀升，最终认识上帝这个最高存在。而利用和安享之间的关系，似乎就可以在这样的存在体系中得到理解，即，通过利用那些暂时的好，逐渐达到那个最高的、永恒的好。这样，尘世帝国就成为朝向永恒之好的一个中间环节，因而也就会作为一个

---

[1] William Riordan O'Connor, "The *Uti/Frui* Distinction in Augustine's Ethics," *Augustinian Studies*, 1983, No. 14.

[2] 普罗提诺，《九章集》，5：1.10；石敏敏译本下册，略有改动，北京：中国社会科学出版社，2009年，第552页以下。

[3] 洛夫乔伊（Arthur Lovejoy），《存在巨链》，南昌：江西教育出版社，2002年。

暂时之好而存在了。

表面看上去，这似乎是尘世之城在存在的巨链当中的位置。但这一思路却忽略了奥古斯丁哲学中的另外一个重要维度：善恶之分。普罗提诺也曾经批判过灵知派的二元论，奥古斯丁一生中更是不遗余力地批判善恶二元，但不同的是，奥古斯丁虽然不同意灵知派的二元论，但善恶二元之间的对立在他的思想中还是占有一个非常重要的位置。一方面，奥古斯丁不同意世界的二元起源；但另一方面，他又必须将现实世界解释成善恶二元的，甚至是恶有更大的力量，否则就无法把耶稣基督的拯救说成必要的。而上帝之城与魔鬼之城的对立，就是现实中的善恶二分，而且这一二分将持续到世界末日之后。虽然善是万物的起源和本质，但恶却是人类世界的现实存在状态。虽然奥古斯丁在上引的那一段里把尘世帝国和其他的暂时之好相比拟，但在思考人类社会的制度时，必须把善恶这一维度考虑进去，而不能简单地把尘世帝国当作上帝创造的暂时之好。

在整个自然世界当中都有着上帝创造出的暂时之好，甚至人类的自然和身体都体现着上帝的至善，人的灵魂更是上帝的形象。在认识论上，人们都可以通过对这些被造物的认识逐渐接近对上帝的理解，这里是比较直接的安享与利用的关系。但在政治哲学上，奥古斯丁却断然否定了这种可能，人们不可能通过利用尘世政治而接近对上帝之城的安享。若是认为尘世之城和所有的自然被造物一样，是一种可以利用的暂时之好，可以指引人们接近永恒之好，就无异于让人通过恶达到善，而这在奥古斯丁看来是不可能的。虽然像西奥多这样的罗马皇帝不仅个人信仰虔诚，而且借助自己的政治权力镇压异教，传播基督教，但这些做法并不是使他得救的必要手段。像约维安那样迅速垮台的基督徒皇帝同样可能获得心灵的拯救；而像奥古斯都那样的异教皇帝，无论他的政治功业多么震铄古今，都无法进入天堂。

若是这样，又如何理解奥古斯丁将尘世政治当作上帝赐予的暂时之好的种种说法呢？在奥古斯丁的著作中，这样的说法比比皆是，因而为那些认为奥古斯丁肯定尘世政治的学者提供了很多支持。像在上引那一段里，奥古斯丁就把尘世帝国和它的胜利说成上帝的赐予，虽然不是永恒之好，却也是暂时的好。再比如，在前文引用过的《上帝之城》第四卷第三章，奥古斯丁说一个伟大而和平的帝国对治人者无益，只对治于人者有好处。如果尘世之好并不是真的好，那么，这"好处"是在什么意义上讲的呢？我们且看奥古斯丁自己对地上和平的一段分析：

> 说这个城所欲求的好不是好，是不对的，对于人类来说，占有这些是更好的。这个城欲求地上的和平，虽然只是为了最低下的事物；她却通过战争来达到所渴望的和平。如果她胜利了，没人反抗，那就得到了和平。这是那些相互争斗的派别所不能有的，他们不能同时占有财货，所以在不幸的匮乏中爆发冲突。人们用辛苦的战争获得和平，渴望那被称为光荣的胜利。当为正义的原因而战的人胜利时，谁会怀疑那是令人兴奋的胜利，达到了人们希求的和平？这些是好的，而且无疑是上帝的赐予。但是如果我们忽视了更好的、属于天上之城的好，忽视了那永恒而最高的胜利中有保障的和平，而只欲求这类的好，或者认为这是唯一的好，或者爱它胜过爱那我们相信是更高的好，接下来必然是悲惨，而且悲惨还会不断增加。（《上帝之城》，15：4）

他承认，地上之城中的和平是好的，而且是上帝的赐予。当为了尘世的正义而战的人取得胜利时，那也是让人欢欣鼓舞的。正是在这个意义上，地上之城中的和平与上帝所造的万物之好一样，是能够作为可利用的功用的，只是不能把它当作最高的或唯一的好，即，不能把它当作安享的对象来追求。安享和利用两个词确实可以准确地用在对上帝之城和尘世之城的理解上。由此也可推出，奥古斯丁所说的，辽阔而和平的帝国只对治于人者有好处，而对治人者无好处，显然其中的两个"好处"所指不同。

更准确地说，他在这里的意思是，辽阔而和平的帝国只能带来暂时的好，而无助于永恒的好。

但进一步分析，这是怎样一种暂时之好呢？奥古斯丁说，这种和平的目的是最低下的事物，而且必须通过战争才能达到。之所以必须通过战争才能获得和平，是因为人们不能同时占有某些资源，必然产生争端，因而所谓和平，其实就是用战争来战胜敌对的那一方。他在同一章里说："这并不是那种不会让爱它的人困窘的好，所以这样的城会有内讧，会分成很多派别，相互攻奸、相互打仗、相互对抗，所求取的胜利要么带来死亡，要么转瞬即逝。"和平不仅必须通过战争才能达到，并且不可能稳定，而是会带来内讧和新的战争，令人困窘，转瞬即逝。这种和平不仅不是通向上帝之城的必由之路，而且必然会走向相反的方向。

地上和平之所以是好，因为它是充满了罪恶的尘世当中一个稍好的状态，但这种稍好的状态必然以罪恶为基础，而且不能稳定，不能长久。奥古斯丁说它也是上帝的赐予，但它和阳光、空气、雨露，乃至人的身体灵魂等被造的好不一样。这些好虽也是被造的和暂时的，但魔鬼和人没有堕落的时候也会存在，因为它们是自然性的好。可若是没有人的堕落，就根本不会有纷争和战争，不需要这种和平，不需要这样的尘世之城。这种暂时的好，只是矫正性的好。

自然性的好所构成的世界，才是存在的巨链。这些不同的好之间有着内在的关联，其存在方式有着更自然的必然性，都在一定程度上反映着上帝的至善，因而人类有可能通过对它们的认识和利用思考上帝的至善，甚至逐渐接近对永恒之好的安享。

但矫正性的好针对的是罪与堕落。由于自然都必然是好的，恶不是上帝直接创造的，奥古斯丁认为，堕落来自自由意志。所以堕落是偶然的结果，因而为矫正堕落而建立的人间和平也就没有内在的必然性，在上帝创世的整体中没有它的位置。

等到上帝之城来临的时候，罪恶应该消失，那些正对罪恶的矫正性的好也将消失，人类恢复到自然性的好，并加入到永恒性的至善当中。因此，尘世之城那时候将不复存在，尘世之城中的一切，无论善恶，也将不复存在，因为它们都依赖于人的堕落。因此，人们不可能通过这些暂时之好去认识上帝，也不可能借助对它们的利用来安享上帝。如果说尘世之城中的好也可以称为可以利用的功用，这种利用也只能是消极的，即，通过利用这些暂时的好，暂时对抗尘世中的种种罪恶，维持一定程度的生活，使自己在羁旅中不至于灭亡。

奥古斯丁曾经有个比喻：在一场洪水当中，落水者暂时抓住了一块木板，借助这块木板得以不被淹死。等到洪水过去之后，他上了岸，就可以扔掉这块木板了。（《论音乐》，6：11［46］）那些尘世之好不过就是用来对抗洪水的木板，但人们不能指望依靠它来获得拯救，而且等到获救之后，也必须扔掉这块木板，否则就会陷入新的罪恶。

简单说来，地上之城与上帝之城的实质关系，仍然是心灵秩序中的关系。地上之城中的和平以及其他所有的好，都是在政治秩序上说的。政治秩序上的和平无论怎样利用，都不可能成为改变心灵秩序的阶梯，因而不可能帮助人们达到对永恒的安享。

在奥古斯丁的思想体系中，上帝创造的整个世界应该是在自然的善的秩序中的，天使和伊甸园中的人本来也属于这个秩序。这个秩序当中有自然的高低之别，因而就有安享和利用的关系。但是，当天使和人因为自由意志而堕落，他们就偏离了这一秩序，而在堕落之后形成的所有人类制度，哪怕有一定程度的善，也都不是自然秩序中应该有的，而是矫正性的。只有回到上帝创造的那种自然秩序，才能回到自然的安享与利用的关系。对上帝之城的公民而言，地上之城如同旅店。在这个意义上，他们可以利用旅店中的各种设备，不能安享这些设备。但这并不意味着这些设备是完全无害的，他们必须时时警惕旅店中的种种危险。

由于其他被造物没有理性灵魂，所以它们都不存在堕落和罪恶的问题，只有天使和人有理性灵魂和自由意志，因而也只有他们才有心灵秩序，才有对心灵秩序的偏离。人类本来的心灵秩序，应该是世界的自然秩序的一部分；当人类堕落之后，就偏离了这一心灵秩序。但吊诡的是，人的堕落不是一种简单的偏离，而是又形成了一套秩序，甚至是一套非常复杂的秩序，也有善恶好坏之分。奥古斯丁却认为，这套秩序不仅不属于自然秩序，而且还与自然秩序格格不入。其中虽然也有善，但那只是矫正性的、暂时的好；其中虽然也有德性，但这些德性是无助于心灵的拯救的。更进一步说，人类秩序中的好坏善恶都和心灵的拯救无关。人们为了恢复自然秩序，必须放弃掉这一套秩序，否定其中的价值，甚至连利用的价值也不能承认，而只有另外建立价值体系，才能使自己纳入到世界大的自然体系当中。

结果，奥古斯丁彻底否定了人类的生活秩序，反而以他所谓自然秩序为一切的标准。在这样一个标准之下，政治秩序不可能有任何积极的意义。他虽然不认为政治秩序中完全没有德性和好，但这些好却与真正永恒的好无关。

回到本文最开始提出的问题：在奥古斯丁这里，尘世之城之所以不与魔鬼之城完全重合，并不是因为尘世之城处于两座城之间的一个中立位置，而是因为其中的政治秩序与真正的善无关。在整个世界的心灵秩序中，有罪之人建立的地上之城属于魔鬼之城，这是没有问题的。但尘世之城又有一套自身的秩序，这套秩序自身又有一套善恶好坏的机制，但这套机制却与心灵秩序无关。这不是因为政治秩序有可能是好的或中立的，而是因为它已经偏离在了心灵秩序之外。因此，尘世之城不仅是恶的，而且是无意义的。这就是奥古斯丁政治哲学的基本倾向，使他不可能为尘世政治赋予正面的积极意义。

七　结语：政治奥古斯丁主义

我们在前面几次谈到，在当时的东西方教父中，奥古斯丁都是一个异数。即使奥古斯丁自己，在早年的时候也并没有走到这个极端。特别是在反对多纳图派的一系列著作中，他仍然给世俗政权，特别是当时的罗马皇帝很大的肯定。只是到了写《上帝之城》的时候，罗马陷落所带来的巨大震动，使奥古斯丁重新思考罗马帝国在世界历史中的位置，才得出了这样与众不同的结论。他当时已经看到，罗马帝国和其他所有的地上之城一样，也有盛衰兴亡，而且当时距离灭亡很可能并不遥远了，所以不再像其他教父那样，将上帝之国的实现寄托在罗马上面，而是将上帝之城与地上之城彻底分开，扭转了罗马基督徒的文明理想。

奥古斯丁思想无疑有着深刻的哲学基础，给西方文明带来了巨大的震撼，但政治思想的转换并没有那么迅速和戏剧化。毕竟，当时大多数教父并不是像奥古斯丁这样理解政治，新崛起的君主们更无法在实践中完全接受《上帝之城》中的极端主张。奥古斯丁研究专家菲吉斯说："必须和反多纳图派的那些著作对照着读，才能理解《上帝之城》。"[1] 菲吉斯所说的，与其是对《上帝之城》本身的读法，不如说是它的解读史。在中世纪的政治语境下，这成为人们接受此书最可能的阅读方式。所以欧克利说，在西欧的中世纪，本来强烈批判尘世政治的奥古斯丁主义，反而成为神圣王权得以传承的工具，和尤西比乌主义在东部发生的作用类似，查理曼大帝、虔诚者路易等也因而获得了与君士坦丁类似的神圣位置。[2]

但奥古斯丁主义真的成了西方的尤西比乌主义了吗？如此极端的两城说，难道真的和他所批判的对象合而为一了吗？

法国学者阿尔奎里耶（H. -X Arquilière）以"政治奥古斯丁主义"来称呼奥古斯丁思想在政治实践中的表现形态。通过他的描述，我们看到，奥古斯丁的政治学说与中世纪欧洲的教会和政治的磨合中，如何起到现实

---

[1] John Neville Figgis, *The Political Aspects of Augustine's* City of God, London：Longman's, 1921, p. 77.

[2] Oakley, *Empty Bottles of Gentilism*, pp. 135-6.

的作用。[1]

奥古斯丁强调心灵秩序与政治秩序的分离，上帝之城是心灵秩序中的概念。但在中世纪的文化格局中，上帝之城逐渐被等同于现实中的罗马教会。而随着基督教的传播，世俗国家都成为基督教国家。人们要在这样的语境下来理解奥古斯丁所讲的两城关系。

首先，教皇格里高利一世对奥古斯丁主义做了系统的调整和阐述。他让世俗君主从属于教会，赋予他们保卫教会和传播信仰的神圣使命。这样，在以罗马教会为首的基督教世界，世俗国家只不过是教会的一个机构和部门而已。格里高利的这一调整，消除了奥古斯丁思想中的极端之处和不利于实践之处，而又没有违背奥古斯丁思想的基本精神。按照这一思路，在整个教会中，每个基督徒的最终目的都是灵魂的拯救，君主也不例外。世俗国家本身并无神圣之处，但是它可以服务于教会的心灵秩序，因而获得一种神圣的色彩。[2]

格列高利一世之后，这一模式逐渐发展成熟。但随着政治局势的变化，人们对教会与国家关系的理解也在变化。查理曼大帝兴起之际，教皇列奥三世得到皇帝的保护，完全听命于皇帝。列奥三世为查理曼加冕后，查理曼更以罗马帝国的继承者自居。据说，查理曼很喜欢读《上帝之城》。他以自己的方式解读《上帝之城》第五卷第二十四章[3]，将帝国变成了一个神权政治，自居为上帝之城在尘世中的代理人，而罗马教会则沦为大帝国的一个部门，负责宗教事务而已。[4]于是，世俗君主重新得到了神圣化。

可是，查理曼的这种模式也并没有继续下去。到了查理曼的儿子虔诚

---

[1] H. -X Arquilière, *L'augustinisme politique: Essai sur la formation des théories politiques du Moyen Âge*, Paris: Librairie philosophique J. Vrin, 2006.

[2] Ibid., p. 141.

[3] 爱因哈德，《查理曼大帝传》，24。

[4] H. -X Arquilière, *L'augustinisme politique*, p. 164.

者路易的时候，皇帝不再如此强势，而且神圣罗马帝国很快陷入了内部的纷争，政教关系发生了新的变化。教皇格里高利四世反而要介入各位皇子之间的纠纷。格里高利四世对《上帝之城》第五卷第二十四章做出了新的解释，帝国又成为罗马教会的一个机构。于是，世俗君主丧失了查理曼时期获得的至高无上的地位，而只是基督教会的一个成员。教皇重新成为基督教世界的真正首领。[1]

从此之后，政教关系成为欧洲历史上的核心问题。之所以如此，固然和每个时期具体的政治形势与力量对比有关，但奥古斯丁理论中的张力和弹性是一个重要的原因。查理曼试图恢复罗马帝国，但查理曼的长寿没有造就长治久安的盛世，反而埋下了兄弟相残的伏笔，导致帝国迅速分崩离析。在政治奥古斯丁主义之下，皇帝并没有维护灵魂得救的足够正当性。教皇同样无法维持政治稳定，除了其政治力量的问题之外，根据奥古斯丁的两城说，地上教会也并不等于末日之后的上帝之城。所以，无论世俗君主还是罗马教皇，虽然都可以在《上帝之城》中获得支持自己的理论资源，但同样的理论始终潜藏着瓦解他们的神圣地位的可能性。当他们宣称自己是上帝之城的地上代理时，很快就会走到自己理想的反面。

一方面，奥古斯丁政治学说的弹性为世俗君主重讲神圣政治提供了可能性；另一方面，他的思想的精微之处也正是摧毁这些神圣政治的理论武器。虽然皇帝和教皇都在不断地重新解释《上帝之城》，特别是其第五卷第二十四章的《君主之鉴》，但奥古斯丁的文本始终在提醒他们，世俗君主的虔诚与他的政治功业无关。莎士比亚让懦弱无能的理查二世和亨利六世戴上神圣的光环，却让威风凛凛的亨利五世陷入心灵的焦虑当中，真正的国王也许只能在果壳当中，这正是对奥古斯丁思想的深刻阐释。在欧洲国王的葬礼中，充满神圣的雕像常常与迅速朽败的枯骨相互对应。国王这

---

〔1〕 H. -X Arquilière, *L'augustinisme politique*, p. 181.

两个身体之间的强烈对比[1]，其理论根源正在于奥古斯丁政治思想中的张力。

在一定程度上，新教改革也是这一张力的一个结果，而新教回到奥古斯丁的口号，试图更认真地贯彻奥古斯丁的心灵哲学，使对上帝之城的期盼更彻底地回到每个人的灵魂当中，终于导致后来的政教分离。但这一模式又在不断产生着更多的现代问题。奥古斯丁主义的深刻与精微，无疑都远胜于尤西比乌主义；但这究竟是西方基督教的幸运还是不幸，却是另外一个问题。

---

[1] Ernst Kantorowicz, *King's Two Bodies*, Princeton：Princeton University Press, 1997.

主要参考文献

奥古斯丁著作:

De Civitate Dei: Contra Paganos, CCSL (Corpus Christianorum Series Latina) 47-48 (《上帝之城：驳异教徒》，吴飞译，上海三联书店，2007—2009 年)

Confessiones, CCSL27

Confessions, notes and commentaries by James J. O'Donnell, Oxford: Clarendon Press, 1992 (《忏悔录》，周士良译，商务印书馆，1997 年)

De trinitate, CCSL50 (《论三位一体》，周伟驰译，上海人民出版社，2005 年)

Enarrationes in Psalmos, CCSL38-40

Expositions of the Psalms, V1-6, New York: New City Press, 2000-2004 (《诗篇解》)

De diversis quaestionibus octoginta tribus. De octo Dulcitii quaestionibus, CCSL44A (《论八十三个问题》)

Epistulae, CCSL31, 31A, 31B (《书信》)

De sermone domini in monte, CCSL35 (《论登山宝训》)

Retractationum, CCSL57 (《回顾》)

De Genesi ad Litteram (《〈创世记〉字解》)

De Genesi ad Litteram imperfectus (《未完成的〈创世记〉字解》)

De Genesi contra Manichaeos (《论〈创世记〉驳摩尼教》), PL (*Patrologia Latina*) 34

On Genesis, translated by Edmund Hill, Hyde Park: New City Press, 2002.

Contra duas Epistolas Pelagianorum, PL44（《驳佩拉鸠派的两封信》）

Sermones, PL38（《布道辞》）

Sur la Chute de Rome, Paris：Institut d'études Augustiniennes, 2004（《论罗马的陷落》）

De Bono Coniugali, PL40（《婚姻之好》）

De Sancta Virginitate, PL40（《圣贞》）

De Coniugiis Adulterinis, PL40（《淫乱婚姻》）

De Continentia, PL40（《论节制》）

Questionum in Heptateuchum, PL34（《〈旧约〉前七卷的问题》）

De diversis Quaestionibus ad Simplicianum, PL40（《就若干问题致辛普里安努斯》）

De Anima et eius Origine contra Vincentium Victorem, PL44（《论灵魂及其起源》）

De Fide et Symbolo, PL40（《论信仰与符号》）

De Musica, PL32（《论音乐》）

De Peccatorum meritis et remissione et de Baptismo parvulorum, PL44（《论罪有应得与赦罪，以及婴儿的洗礼》）

De Catechizandis Rudibus, PL40（《入教要理》）

Enchiridion de Fide, *Spe et Charitate*, PL40（《信望爱手册》

其他西文文献：

Adams, Jeremy du Quesnay, *The populus of Augustine and Jerome: a study in the patristic sense of community*, New Haven：Yale University Press, 1971.

Angus, Samuel, *The Sources of the First Ten Books of Augustine's De Civitate Dei*, a dissertation of Princeton University, 1906, Kessinger Publishing's Rare Reprints.

Apuleius, *The Works of Apuleius*, London：George Bell and Sons, Forgotten Books, 2010.

Arbesmann, Rudolph, "The Idea of Rome in the Sermons of St. Augustine", *Augustiniana*, IV, pp. 305-324.

Arendt, Hannah, *Love and Saint Augustine*, Chicago：The University of Chicago

Press, 1996.

Arquillière, H. -X, L 'Augustinisme Politique: Essai sur la Formation des Théories Politiques du Moyen Âge, Paris: Librairie Philosophique J Vrin, 2006.

Auerbach, Eric, Dante: Poet of the Secular World, Chicago: The University of Chicago Press, 1974.

Augustus, Res Gestae divi Augusti: Text, Translation, and Commentary, Cambridge: Cambridge University Press, 2009.

Aulén, Gustaf, Christus Victor, New York: Macmillan Company, 1966.

Barrow, R. H., An Introduction to Augustine's City of God, London: Faber and Faber limited.

Beduhn, Jason D., Augustine's Machichaean Dilemma, 2: Making a "Catholic" Self: 389-401 C. E., Philadelphia: University of Pennsylvania Press, 2011.

Beduhn, Jason D., Augustine's Manichaean Dilemma, I: Conversion and Apostasy, 373-388 C. E., Philadelphia: University of Pennsylvania Press, 2010.

Beduhn, Jason D., The Manichaean Body: in Discipline and Ritual, Baltimore: Johns Hopkins University Press, 2000.

Bockmuehl, Markus, and Guy G. Stroumsa edit, Paradise in Antiquity: Jewish and Christian Views, edited by Cambridge: Cambridge University Press, 2010.

Bonner, Gerald, Freedom and Necessity: St. Augustine's Teaching on Divine Power and Human Freedom, Washington: The Catholic University of America, 2007.

Breckinridge, Warfield, Benjamin, Calvin and Augustine, Presbyterian and Reformed Publishing, 1974.

Brogilie, G de, "La notion augustinienne du sacrifice invisible et vrai", Recherches de science religieuse, tom 48, 1960, pp. 135-165.

Brown, Peter, "Saint Augustine", in Trends in Medieval Political Thought, Oxford: Basil Blackwell, pp. 1-21.

Brown, Peter, Augustine of Hippo, Berkeley, The University of California Press, 1975.

Brown, Peter, The Body and Society: Men, Women, and Sexual Renunciation in Early Christianity, New York: Columbia University Press, 1988.

Brown, Peter, *The Making of Late Antiquity*, Cambridge: Harvard University, 1978.

Burnell, Peter J., "The Status of Politics in St. Augustine's City of God," *History of Political Thought*, Vol. XIII. No. 1., Spring, 1992.

Burnell, Peter, *The Augustinian Person*, Washington: The Catholic University of America Press, 2005.

Burrus, Virginia, "An Immoderate Feast: Augustine Reads John's Apocalypse", in *History, Apocalypse, and the Secular Imagination*.

Burt, Donald X., *Friendship and Love*, Grand Rapids, Michigan: Eerdmans Publishings Co., 1999.

Byers, Sarah, "Augustine and the Cognitive Cause of Stoic 'Preliminary Passions'," *Journal of the History of Philosophy*, Vol. 41, no. 4 (2003).

Cahill, Lisa Sowle, *Love Your Enemies: Discipleship, Pacifism, and Just War Theory*, Minneapolis: Fortress, 1994.

Caputo, John D., and Michael J. Scanlon edit, *Augustine and Postmodernism: Confessions and Circumfession*, Bloomington and Indianapolis: Indiana University Press, 2005.

Cary, Phillip, *Augustine's Invention of the Inner Self*, Oxford: Oxford University Press, 2000.

Cary, Phillip, *Inner Grace: Augustine in the Traditions of Plato and Paul*, Oxford: Oxford University Press, 2008.

Cary, Phillip, *Outward Signs: The Powerlessness of External Things in Augustine's Thought*, Oxford: Oxford University Press, 2008.

Cavadini, John C., "Feeling Right: Augustine on the Passions and Sexual Desire," *Augustinian Studies*, Volume 36, Issue 1, 2005.

Christian, William, "Augustine on the Creation of the World," *The Harvard Theological Review* Vol. 46, No. 1 (Jan., 1953), pp. 1-25.

Clark, Elizabeth, "Adam's Only Companion: Augustine and the Early Christian Debate on Marriage," *Recherches augustiniennes* 21 (1986), pp. 139-162.

Clark, Gillian, "Augustine's Varro and Pagan Monotheism," in *Monotheism between Pagans and Christians in Late Antiquity*, Leuvern: Peeters, 2010.

Congar, Yves M. J., "Civitas Dei et Ecclesia chez saint Augustin," *Revue des Études Augustiniennes*, Vol. III-1 (1957), pp. 1-14.

Conybeare, Cathrine, *The Irrational Augustine*, Oxford: Oxford University Press, 2005.

Couenhoven, Jesse, "St. Augustine's Doctrine of Original Sin", in *Augustinian Studies*, 36: 2 (2005), p. 386.

Courcelle, Pierre, *Recherches sur les Confessions de saint Augustin*, Paris: E. de Boccard, 1968.

Cranz, F. Edward, "De Civitate Dei, XV, 2, and Augustine's Idea of the Christian Society," in *Speculum*, Vol. 25, No. 2 (1950), pp. 215-225.

Daly, Christopher T., John Doody, and Kim Paffenroth edit, *Augustine and History*, Lanham: Lexington Books, 2008.

Dauphinais, Michael, Barry David, Matthew Levering edit, *Aquinas the Augustinian*, Washington: Catholic University of America Press, 2007.

Dobell, Brian, *Augustine's Intellectual Conversion: the Journey From Platonism to Christianity*, Cambridge: Cambridge University Press, 2009.

Dollimore, Jonathan, *Sexual Dissidence: Augustine to Wilde, Freud to Foucault*, Clarendon: Clarendon Press, 1991.

Doull, Floy, and David Peddle, "*Augustine and Hegel on the history of Rome*," in *Augustine and History*.

Dyson, R. W., *Normative Theories of Society and Government in Five medieval thinkers: St. Augustine, John of Salisbury, Giles of Rome, St. Thomas Aquinas, and Marsilius of Padua*, Edwin Mellen Press, 2003.

Elshtain, Jean Bethke, *Augustine and the Limits of Politics*, Notre Dame: University of Notre Dame Press, 1995.

Eusebius, *The Life of Constantine*, Oxford: Clarendon Press, 1999.

Ferrari, Leo C., "Background to Augustine's 'City of God'", *Classical Journal*, 67 (1), pp. 198-208.

Figgis, John, *The Political Aspects of St. Augustine's 'City of God'*. London: Longmans, Green, and co., 1921.

Fiske, George Converse, Augustus and the religion of reconstruction, University of

Wisconsin, 1927.

Fredriksen, Paula, *Augustine and the Jews*, New York: Doubleday, 2008.

Freinkel, Lisa, *Reading Shakespeare's Will: the Theology of Figure from Augustine to the Sonnets*, New York: Columbia University Press, 2002.

Gilson, Etienne, *The Christian Philosophy of Saint Augustine*, New York: Vintage Books, 1967.

Gilson, Etienne, *Les Métamorphoses de la Cité de Dieu*, Paris: Librairie Philosophique J. Vrin, 2005.

Gracia, Gorge, and Jiyuan Yu edit, *Uses and Abuses of the Classics: Western Interpretations of Greek Philosophy*, Hampshire: Ashgate, 2004.

Guitton, Jean, *Le Temps et L'Eternite chez Plotin et Saint Augustin*, Paris: Librairie Philosophique J. Vrin, 1959.

Guy, Jean-Claude, *Unité et structure logique de la "Cité de Dieu" de de Saint Augustin*, Paris: Études Augustiniennes, 1961.

Hadas-Lebel, Mireille, *Jerusalem against Rome*, Leuven: Dudley, 2005.

Hanby, Michael, *Augustine and Modernity*, London: Routledge, 2003.

Harding, Brian, *Augustine and Roman Virtue*, London: Continuum International Publishing Group, 2008.

Hare, John E., "Augustine and Kant: and the Moral Gap," in *The Augustinian Tradition*.

Harrison, Carol, *Christian Truth and Fractured Humanity*, Oxford: Oxford University Press, 2000.

Hartle, Ann, "Augustine and Rousseau: Narrative and Self-Knowledge in the Two *Confessions*," in *The Augustinian Tradition*.

Harvey, Paul B., "Approaching the Apocalypse: Augustine, Tyconius, and John's Revelation", in *History, Apocalypse, and the Secular Imagination: New Essays on Augustine's City of God*, edited by Mark Vessey, Karla Pollmann, and Allan D. Fitzgerald, O. S. A., Bowling Green, Philosophy Documentation Center, 1999.

Hermanowicz, Erika, *Possidius of Calama: a Study of the North African Episcopate at the Time of Augustine*, Clarendon: Oxford University Press, 2009.

Heyking, John von, *Augustine and Politics as Longing in the World*, Columbia: University of Missouri Press, 2001.

Hollingworth, Miles, *Pilgrm City: St. Augustine of Hippo and his Innovation in Political Thought*, London: T&T Clark, 2010.

Holmes, Robert L., "Augustine and the Just War Theory," in *The Augustinian Tradition*, edited by Gareth Matthew, Berkeley: University of California Press, 1999.

Hughes, Kevin L., "Augustine and the Adversary", in *History, Apocalypse, and the Secular Imagination*.

Hunter, David G., "General Introduction," in Augustine, *Marriage and Sexuality*, New York: New City Press, 1999.

Inwood, Brad, *Ethics and Human Action in Early Stoicism*, Oxford: Clarendon Press, 1985.

Janowski, Zbigniew, *Index Augustino-Cartésien: Textes et Commentaire*, J. Vrin, 2000.

Johnson, Penelop, "Virtus: Transition from Classical Latin to 'De Civitate Dei'," *Augustinian Studies*, 1975, No. 6.

Journet, Charles, *L'Eglise de Verbe Incarné*, tom 2, Paris: Desclee De Brouwer, 1962.

Kantorowicz, Ernst, *King's Two Bodies*, Princeton: Princeton University Press, 1997.

Kaplan, Leonard V. and Charles L. Cohen edit *Theology and the Soul of the Liberal State*, Lanham: Lexington Books, 2011.

Kim, Yoon Kyung, *Augustine's Changing Interpretations of Genesis 1-3: From De Genesi Contra Manichaeos to De Genesi Ad Litteram*, Lewiston: The Edwin Mellen Press, 2006.

King, Edward, *St. Augustine and his Influence in the Middle Ages*, Sewanee mediaeval colloquium, 1988.

Kloos, Kari, "History as Witness: Augustine's Interpretation of the History of Israel in *Contra Faustum* and *De Trinitate*," in *Augustine and History*, edited by Christopher T. Daly, John Doody, and Kim Paffenroth, Lanham: Lexington Books, 2008.

La Font, Ghislain, "Le Sacrifice de la Cité de Dieu," *Recherches de science religieuse*, *tom*53, 1965, pp. 177-219.

Lam, Wing Kuan Anselm, *The Natural Goodness of Man in Rousseau's "Confessions" a Reply to Augustine's "Confessions"*, Ph. D Dissertation of Boston College, 2009.

Le Goff, Jacque, *The Birth of Purgatory*, Chicago: The University of Chicago Press, 1986.

Leisegang, Hans, "Der Ursprung der Lehre Augustins von der Civitas Dei," *Archiv für Kulturgeschichte*, XVI (1925), pp. 127-128.

Lubac, Henri de, "Tripartite Anthropology", in *Theology in History*, San Francisco: Ignatius Press, 1996.

Lubac, Henri de, *Augustinianism and Modern Theology*, G. Chapman, 1969.

MacDonald, Scott, "Augustine and Platonism: The Rejection of Divided-Soul Accounts of Akrasia," in Gorge Gracia and Jiyuan Yu edit, *Uses and Abuses of the Classics: Western Interpretations of Greek Philosophy*, Hampshire: Ashgate, 2004.

Madec, Goulven, "Tempora Christiana", in *Petites etudes augustiniennes*, Paris: Institut d'etudes augustiniennes, 1994.

Madec, Goulven, *Le Christ de Saint Augustin*, Paris: Desclée, 2001.

Marchesi, Simone, *Dante and Augustine: Linguistics, Poetics, Hermeneutics*, Toronto: University of Toronto Press 2011.

Marion, Jean-Luc, *Au lieu du soi*, Paris: Presses universitaires de France, 2008.

Markus, Robert, "Saint Augustine's Views on the 'Just War'," in *The Church and War*, *Studies in Church History*, 1983, No. 20.

Markus, Robert, *Saculum*, Cambridge: Cambridge University Press, 1970.

Marrou, H. I., "Civitas Dei, civitas terrena: num tertium quid?" *Studia Patristica*, II (II), 1957, pp. 342-350.

Marrou, Henri-Irénée, *Saint Augustin et la fin de la culture antique*, Paris: E. de Boccard, 1983.

Marrou, Henri-Irénée, *Time and Timeliness*, Sheed and Ward, 1969.

Mathewes, Charles T., *Evil and the Augustinian Tradition*, Cambridge: Cambridge University Press, 2001.

Matthew, Gareth, edits, *The Augustinian Tradition*, Berkeley: University of California Press, 1999.

Matthew, Gareth, *Thought's ego in Augustine and Descartes*, Ithaca: Cornell University Press, 1992.

Mattox, John Mark, *Saint Augustine and the Theory of Just War*, London: Continnum, 2008.

McFarland, Ian A., *In Adam's Fall: A Meditation on the Christian Doctrine of Original Sin*, Chichester: Wiley-Blackwell, 2010.

Mensch, Elizabeth, "St. Augustine, Markets, and Liberal Polity," in *Theology and the Soul of the Liberal State*, edited by Leonard V. Kaplan and Charles L. Cohen, Lanham: Lexington Books, 2011.

Milbank, John, *Theology and Social Theory: Beyond Secular Reason*, Blackwell Publication, 2006.

Millar, Fergus, *The Roman Republic in Political Thought*, Hanover and London: University Press of New England, 2002.

Momigliano, Analdo, "Pagan and Christian Historiography in the Fourth Century A. D. ", in *The conflict between paganism and Christianity in the fourth century*, Oxford: Clarendon Press, 1963.

Mommsen, Theodor E., "St. Augustine and the Christian Idea of Progress: the Background of the *City of God*", in *Journal of the History of Ideas*, 12, 3 (1951), pp. 346-374.

Nightingale, Andrea, *Once out of Nature: Augustine on Time and the Body*, Chicago: The University of Chicago Press, 2011.

Nock, Arthur Darby, *Conversion: the old and the new in religion from Alexander the Great to Augustine of Hippo*, Johns Hopkins University Press, 1998.

Oakley, Francis, *Empty Bottles of Gentilism*, New Haven: Yale University Press, 2010.

O'Connell, Robert, S. J., *St. Augustine's Early Theory of Man, A. D. 386-391*,

Cambridge: Harvard University Press, 1968.

O'Connell, Robert, S. J., *The Origin of the Soul in St. Augustine's Later Works*, New York: Fordham University Press, 1987.

O'Connor, William Riordan, "The *Uti/Frui* Distinction in Augustine's Ethics," *Augustinian Studies*, 1983, Vol. 14, pp. 45-62.

O'Daly, Gerard, *Augustine's City of God*, Oxford University Press, 1999.

O'Donovan, Oliver, "Augustine's *City of God* XIX and Western Political Thought," *Dionysius*, Vol, Dec., 1987.

O'Leary, S. D., *Arguing the Apocalypse: A Theory of Millennial Rhetoric*, New York: Oxford University Press, 1994.

O'Toole, Christopher J., *The Philosophy of Creation in the Writings of St. Augustine*, Washington, D. C. : The Catholic University of America, 1944.

Oakley, Francis, *Empty Bottles of Gentilism: Kingship and the Divine in Late Antiquity and the Early Middle Ages*, New Haven: Yale University Press, 2010.

O'Grady, J. F., "Priesthood and sacrifice in City of God", *Augustiniana* 21, 1971.

Oort, J. van, *Jerusalem and Babylon: a study into Augustine's City of God and the sources of his doctrine of the two cities*, Brill, 1991.

Orosius, Paulus, *The Seven Books of History Against the Pagans*, Washington, D. C. : The Catholic University of America Press, 1981.

Pagels, Elaine, *The Origin of Satan*, New York: Random House, 1995.

Paulo, Craig D. N., edits, *The Influence of Augustine on Heidegger: the Emergence of an Augustinian Phenomenology*, Lewiston: Edwin Mellen Press, 2006.

Pelikan, Jaroslav, "The Two Cities: The Decline and Fall of Rome as Historical Paradigm", *Daedalus*, Vol. 11, No. 3, pp. 85-91.

Pelland, Gilles, *Cinq Études d'Augustin sur le Début de la Genèse*, Tournai: Desclée & Cie, 1972.

Perraeu-Saussine, Emile, "Heaven as a Political Theme in the *City of God*," in *Paradise in Antiquity: Jewish and Christian Views*, edited by Markus Bockmuehl and Guy G. Stroumsa, Cambridge: Cambridge University Press, 2010.

Pollmann, Karla, "Moulding the Present: Apocalyptic as Hermeneutics in *City of*

God 21-22", in *History, Apocalypse, and the Secular Imagination*.

Pratt, Kenneth, "Rome as Eternal", *Journal of the History of Ideas*, Vol. 26, No. 1 (Jan-Mar, 1965), pp. 25-44.

Quinn, Philip L., "Disputing the Augustinian Legacy: John Locke and Jonathan Edwards on *Romans* 5: 12-19," in *The Augustinian Tradition*.

Rist, John, *Augustine: Ancient Thought Baptized*, Cambridge: Cambridge University Press, 1994.

Rombs, Ronnie J., *Saint Augustine and the Fall of the Soul: Beyond O'Connell and his Critics*, Washington, D. C. : The Catholic University of America Press, 2006.

Rommel, Herbert, *Zum Begriff des Bösen bei Augustinus und Kant: der Wandel von der ontologischen zur autonomen Perspektive*, Frankfurt am Main: Lang, 1997.

Rudnytsky, Peter, *Freud and Forbidden Knowledge*, New York: New York City University Press, 1994.

Rüpke, Jörg, edits, *A Companion to Roman Religion*, Wiley-Blackwell Publishing Ltd., 2011.

Sage, A., "L'Eucharistie dans la pensée de saint Augustin," *Revue des études augustiniennes*, t. 15, 1969, pp. 209-240.

Schnaubelt, Joseph, *Augustine – Second Founder of the Faith*, Peter Lang, 1990.

Scholz, Heinrich, *Glaube und Unglaube in der Weltgeschichte*, Leipzig: J. H. Hinrichs'sche Buchhandlung, 1911.

Schuld, Joyce, *Foucault and Augustine: Reconsidering Power and Love*, Notre Dame: University of Notre Dame University, 2003.

Schumacher, Lydia, *Divine Illumination: The History and Future of Augustine's Theory of Knowledge*, Chichester: Wiley-Blackwell, 2011.

Sellier, Philippe, *Pascal et Saint Augustin*. Paris: A. Collins, 1970; James R. Peters, *The logic of the heart: Augustine, Pascal, and the rationality of faith*, Grand Rapids: Baker Academic, 2009.

Sesboüé, Bernard, *Jésus-Christ l'unique médiateur*, Paris: Desclée, 1991.

Socrates, *Histoire ecclesiastique*, Paris: Cerf, 2004-2007.

Sorabji, Richard, *Emotion and Peace of Mind*, Oxford: Oxford University Press, 2000.

Sorabji, Richard, *Time, Creation, and Continuum*, Chicago: University of Chicago Press, 2006.

Sozomene, *Histoire ecclesiastique*, Paris: Editions du Cerf, 1978.

Sym, Ronald, *The Roman Revolution*, Oxford: The Clarendon Press, 1939.

Taubes, Jacob, *Occidental Tschatology*, Stanford: Stanford University Press, 2009.

Tochia, Joseph, *Creatio ex Nihilo and the Theology of St. Augustine*, New York, p. 170.

Torchia, N. Joseph, "St. Augustine's treatment of *superbia* and its Plotinian Affinities," *Augustinian Studies*, Volume 18, 1987.

Troeltsch, Ernst, *The Social Teachings of the Christian Church*, Louisville: Westminster/John Knox Press, 1992.

Vannier, Marie-Anne, "*Creatio*", "*Conversio*", "*Formatio*" *chez S. Augustin*, Suisse: Editions Universitaires Fribourg Suisse, 1997.

Verwilghen, Albert, *Christologie et spiritualité selon Augustin*, Paris: Beauchesne, 1985.

Vessey, Mark, Karla Pollmann, and Allan D. Fitzgerald, O. S. A., *History, Apocalypse, and the Secular Imagination: New Essays on Augustine's City of God*, Bowling Green, Philosophy Documentation Center, 1999.

Visser, Arnoud S. Q., *Reading Augustine in the Reformation: the Flexibility of Intellectual Authority in Europe, 1500-1620*, New York: Oxford University Press, 2011.

Wetzel, James, *Augustine and the Limits of Virtue*, Cambridge: Cambridge University Press, 1992.

Wiley, Tatha, *Original Sin: Origins, Develpments, Contemporary Meaning*, New York: Paulist Press, 2002.

Williams, Bernard, *The Sense of the Past: Essays in the History of Philosophy*, ed. Myles Burnyeat, Princeton and Oxford: Princeton University Press, 2006.

Williams, N. P., *The Ideas of the Fall and of Original Sin: A Historical and Critical*

Study, London：Longmans，Green and Co.，1927.

其他中文文献：

但丁，《论世界帝国》，朱虹译，北京：商务印书馆，1986 年。

古郎士，《古代城市》，吴晓群译，上海：上海人民出版社，2006 年。

吉本，《罗马帝国衰亡史》，席代岳译，长春：吉林出版集团有限责任公司，2011 年。

李维，《自建城以来》，王焕生译，北京：中国政法大学出版社，2009 年。

李维，《建城以来史》，张强等译，上海：上海人民出版社，2005 年。

罗嘉明，《奥古斯丁〈上帝之城〉中的社会生活神学》，张晓梅译，北京：中国社会科学出版社，2008 年。

洛维特，《世界历史与救赎历史》，李秋零、田薇译，上海：上海人民出版社，2006 年。

马基雅维利，《论李维》1：23；冯克利译，上海：上海人民出版社，2005 年。

普鲁塔克，《希腊罗马名人传》，北京：商务印书馆，1990 年。

普罗提诺，《九章集》5：1.6；石敏敏译，北京：中国社会科学出版社，2009 年。

撒路斯提乌斯，《喀提琳阴谋 朱古达战争》，王以铸、崔妙因译，北京：商务印书馆，1996 年。

孙帅，《奥古斯丁〈忏悔录〉中的时间与自我》，《哲学门》第十七辑。

孙帅，《自然与团契：奥古斯丁思想中的婚姻与家庭》，上海：上海三联书店，2014 年。

韦伯，《宗教社会学》，康乐、简惠美译，桂林：广西师范大学出版社，2005 年。

维吉尔，《埃涅阿斯纪》，杨周翰译，南京：译林出版社，1999 年。

吴飞，《在良心与自然法之间：洛克宗教宽容论的思想张力》，《思想与社会》第八辑，上海：上海三联书店，2012 年。

吴天岳，《意愿与自由》，北京：北京大学出版社，2010 年。

吴天岳，《重思〈理想国〉中城邦—灵魂类比》，《江苏社会科学》2009 年第

3 期。

西塞罗,《国家篇　法律篇》,沈叔平、苏力译,北京:商务印书馆,2002 年。

西塞罗,《论老年　论友谊　论责任》,徐奕春译,北京:商务印书馆,2003 年。

西塞罗,《论神性》,石敏敏译,上海:上海三联书店,2007 年。

夏洞奇,《尘世的权威》,上海:上海三联书店,2007 年。

亚里士多德,《论天》,徐开来译,《亚里士多德全集》第二卷,北京:中国
　　人民大学出版社,1991 年。

亚里士多德,《尼各马可伦理学》,廖申白译,北京:商务印书馆,1993 年。

亚里士多德,《政治学》,吴寿彭译,北京:商务印书馆,1983 年。

张荣,《自由、心灵、时间:奥古斯丁心灵转向问题的文本学研究》,南京:
　　江苏人民出版社,2011 年。

章雪富,《斯多亚主义(I)》,北京:中国社会科学出版社,2007 年。

朱振宇,《〈上帝之城〉与〈神曲〉中的政治神学》,《哲学门》第十七辑。

后　记

2007 年，我翻译的《上帝之城》上册在上海三联书店出版时，我曾经在"译者说明"中谈到，要使此书真正有益于中国学界，必须配以相应的研究，而以我当时的能力，尚不足以完成一篇令人满意的研究性导言。我曾经许诺，在全书译竣之际，我会写出一篇导言。现在，距离全部三册出版已经三年过去了，我才完成了这项研究，而它竟然变成了一本又臭又长的著作，实在惭愧之至。

每个研究者对他的研究对象都会产生深厚的感情，要不然也不会穷年累月地耗在他的身上。我从 2003 年开始着手《上帝之城》的翻译，到现在已经快十年了。在这十年里，奥古斯丁成了我的精神之友。在翻译的过程中，我触摸着他的每一个字，似乎感到了他心灵的跳动；在阅读他的其他著作时，我又体味着他人生的变迁。我曾经为他的痛苦而悲哀，为他的欣喜而微笑，为他的睿智而感慨，当然，也曾经为他的拖沓冗长而叹息。奥古斯丁是人类历史上屈指可数的思想大师之一，同时也是一个有着喜怒哀乐的敏感的朋友。他曾经用自己的思想改变了西方历史，也曾经以自己的故事影响着无数和他一样敏感的心灵。

奥古斯丁是我的精神之友，我真心喜爱他的每一部著作，哪怕是这部公认结构混乱的《上帝之城》。但他没有成为我的精神偶像，因为我也深切地意识到他的乖戾和怪异之处，而且不愿意我关心的朋友们变成和他一样。他有一些过于极端的想法，追求不切实际的梦幻，然后又沉溺在自己的这些想法之中。作为一个思想家，他用高深的哲学建构了一座思想大厦，这座大厦的确宏伟高峻，但也充满了森森戾气。从旁边看一看，确实可以让人心驰神往，但缺乏自然气息，不可久居。

于是，我一边试图尽可能深入地了解奥古斯丁的思想，一边也在观察着这座大厦的问题。我希望在描述它的富丽堂皇之时，也能够作为一个忠实的诤友，指出这座建筑的致命缺陷，让我的其他朋友能够多一点警醒。在进入奥古斯丁所讨论的每个问题的时候，我虽然非常欣赏他的思想深度，喜欢他的冷静和气势，但又不得不指出，他的这些观念建立在荒谬的基础上，很容易误人子弟。

每个人都有缺点，狂狷之气并没有什么特殊的，但以系统的理论来精心粉饰自己的乖戾，并由此构筑一套复杂的思想，却是一个巨大的遗憾；好学深思当然是一个优点，但若不能以中正平和之心来读书为学，构造出一套似是而非的学问，就可能把成千上万的人带进歧途。奥古斯丁不幸做出了这样的事情。所以，我希望每一个读我此书的朋友能够慎之又慎。

此书既是对奥古斯丁的一个交代，也是对于所有其他朋友的一个警醒。我希望在书中尽可能展现奥古斯丁思想的深刻和伟大，但同时也毫无保留地展示他的谬误和对现代西方文明带来的种种问题。对自己的研究对象能够尽可能同情地欣赏和冷静地批评，恐怕是我们这一代研究西学应该逐渐学会的一种态度。

本书的研究和写作，得到了诸多师友的帮助。北大的赵敦华、张志刚、张祥龙、王博、韩水法、尚新建、孙尚扬、姚卫群、王宗昱、冀建中、徐凤林、沙宗平、徐龙飞、李四龙、杨立华、李猛、吴增定等教授都在我的写作过程中给予了巨大的帮助，渠敬东、应星、张旭、周飞舟、舒炜、赵晓力、强世功、唐文明、刘宁等朋友的批评，促成了本书最后一轮的修改。特别要提出的是，本书的内容曾经在 2009—2010 年的北大研究生讨论班、2012 年的本科生通选课，以及北大哲学系基督教研修班的几次课程中讲授，课上同学们的研讨和批评，是书中很多思想的直接来源。我从学生们那里学到的，不比他们从我这里获得的少。其中孙帅、赵金刚、吴功青、陈斯一、徐诗凌、杨维宇、李晓璇、吴青、顾超一、樊虹谷、刘长安、柏宇洲、许嘉静尤其给予了我极大的帮助。三联书店的冯金红是多年来的朋友，没有她的督促，这本书至今也不会完成。更要感谢我的家人一如既往的支持，使这部难产的著作终于问世。

本书导言中的部分内容以《奥古斯丁论罗马的陷落》为题发表在《复旦学报》2011 年第 4 期；第四章的主体部分分别以《奥古斯丁论前性情》为题发表在《世界哲学》2010 年第 1 期；以《对树的罪和对女人的罪：奥古斯丁原罪观中的两个概念》为题发表在《云南大学学报》2010 年第 6 期；第六章的一部分以《奥古斯丁论死亡》为题发表于中国社会科学院编《宗教哲学》第一辑；第七章的一部分以《奥古斯丁论尘世政治的意义：第三座城问题》为题发表在《北京大学学报》2012 年第 2 期。谨对这些刊物允许本书收入这些文章表示感谢。

另外，近几年来，我已经陆续发现我翻译的《上帝之城》中的一些错误，有些是相当严重的错误。本书引用到这些地方时，若有较大改动，都予以说明。在此我再次许诺，数年之内，会拿出一个错误少一些的修订译本，虽然现在不敢承诺具体的期限。

本书是中国社科基金项目"奥古斯丁基督教思想研究"（编号10CZJ008）的结项成果，在此对中国社科基金和五位匿名评审人表示感谢，这些评审人的意见大大有助于本书的修改完成。

2012 年夏于燕东园

去年年底，三联书店的冯金红提出，希望我能够对本书做一些修订，以便再版。多年来我养成了一个不知道是好是坏的习惯，即一本书一旦出版，自己就不愿意再读了。所以，这是我在此书出版后第一次系统地把它再读一遍，结果发现了其中的不少文字错误，就随手做了修订。特别是，上一版由于疏懒，未能编订一份参考文献，导致了许多读者查阅的不便。

所以这次特意编了一份主要参考文献，附于书末，以便读者检索。除此之外，书中主要内容未做大的调整。

此外，书末附上了我另外写的一篇文章，《尘世之城与魔鬼之城》。此文写于拙作交付出版之后，是我对书中政治哲学部分的一个修正，原刊于《思想与社会》专辑《奥古斯丁的新世界》，因与书中内容关系密切，故亦附于书末。

书能再版，自当感谢编辑与读者的错爱，当然也非常期待各界朋友一如既往的批评指正。

2018 年初秋于仰昆室

生活·讀書·新知 三联书店 刊行

生活·讀書·新知 三联书店 刊行